学校教育法
実務総覧

入澤　充
岩崎 正吾
佐藤 晴雄
田中 洋一
［編著］

エイデル研究所

はしがき

日本の学校制度が体系的に整備されたのは一八七二（明治五）年の学制によるが、明治時代は教育令をはじめとし、学校制度は法律ではなく勅令によって学校種ごとに整備されていた。

戦後は一転して法律によって学校制度が整備されることになった。その法律とは一九四七（昭和二二）年に公布、施行された学校教育法である。以来、学校教育法は、日本国憲法・教育基本法の理念を実現するために制定された学校制度の基準法として今日に至っている。

学校教育法制定当初の学校は「小学校、中学校、高等学校、大学、盲学校、聾学校、養護学校及び幼稚園とする」と定められていたが、時代の要請や学校で発生する様々な問題に対応するため、改正を重ねながら今日の学校種になってきた。

この学校教育法改正は約三〇回に及んでいるが、二〇〇九（平成一八）年の教育基本法の全面改正を受けて、翌二〇〇七（平成一九）年には、学校教育の多様化・弾力化をうたった改正がなされ、第一章総則の後に第二章義務教育規定が新たに設けられた。同時に、かつては第一条で一番最後に位置づけられていた幼稚園を最初の学校種とし、さらに幼稚園に関する各規定を第三章に格上げをした。さらに、盲学校、聾学校、養護学校は法律上、特別支援学校に集約されることになった。また、二〇一六（平成二八）年四月一日施行により小中一貫校としての義務教育学校が新設されたところである。これは一九九八（平成一〇）年に中等教育学校が設置されて以来の新たな学校種の誕生になる。

このように、幾度も学校制度が改革されてくる中で、教育学、法律学の各専門分野及び学校現場の指導的立場にある者が、学校教育法全条をそれぞれの角度から解釈し、かつ学校経営上のさまざまな問題に対応する必要があるという認識のもと本書の企画に着手した。結果、各分野の専門家が各条をそれぞれの立場から詳説するタイプの学際的な学校教育法コンメンタールとして本書が上梓されることになった。

具体的には構成を二部に分け、第一部では全条の学術的な解釈、特に学校経営上重要な箇所についてポイント解説を行い、併せて判例や通達を収録することとした。第二部では教育現場で起こっているさまざまな問題事例を取り上げ、今後の学校経営に役立てることができるよう事例ごとに対応策を示した。本書が学校現場の方々にとっての事典的役割を果たし、またこれから教育学を学ぼうとする諸学生に参考書として活用されることを願っている。

本書の企画は、二〇一二（平成二四）年であったが、総勢三二名の執筆者のそれぞれの事情で発行が今日に至ってしまったが、幸いなことにその後の法改正についても取り上げることができた。ともあれ、いち早く原稿を執筆してくださり、何度も加筆修正をしてくださった先生方に深くお詫びを申し上げると同時に厚く御礼を申し上げる次第である。

特記すべきは、執筆の遅延を粘り強く見守り、督促をしてくれたエイデル研究所の編集部の皆さん、また編集者として数々の良書を企画している小泉弓子さんがいなければ、本書はまだ日の目を見なかったことを明示しておきたいと思う。

そして、最後まで鞭を打ってくれた熊谷耕さんと村上拓郎さんに心より感謝を申し上げたい。

編集委員一同

学校教育法 実務総覧　目次

第一部　法令解説

第一章　総則

第二章　義務教育

第三章　幼稚園

第四章　小学校

第五章　中学校

第五章の二　義務教育学校

第六章　高等学校

第七章　中等教育学校

第八章 特別支援教育

第九章 大学

第一〇章　高等専門学校

第一一章　専修学校

第一二章　雑　則

第一三章　罰　則

第二部　実務Q&A

《凡例》
＊1　学校教育法、同施行規則・施行令は次のように表記する。
一段落中の初出▼本法　本法施行規則　本法施行令
初出以降▼本法　同施行規則　同施行令
＊2　条文の見出しは、『教育小六法　平成28年度版』（学陽書房、2016年）に基づく。

執筆者一覧（50音順、2016年5月現在）

入澤　充（国士舘大学）＊
岩崎　正吾（早稲田大学）＊
宇内　一文（常葉大学）
大澤　正子（元帝京短期大学）
大南　英明（全国特別支援教育推進連盟理事長）
小幡　政明（大田区立馬込中学校）
笠井　尚（中部大学）
北神　正行（国士舘大学）
木田　竜太郎（京都文教大学）
小林　福太郎（東京女子体育大学）
佐藤　晴雄（日本大学）＊
塩澤　雄一（葛飾区教育委員会）
篠原　清昭（岐阜大学）
高橋　興（青森中央学院大学）
高橋　望（群馬大学）
田中　洋一（東京女子体育大学）＊
玉井　康之（北海道教育大学釧路校）
白村　直也（浜松学院大学）
原　忍（都立五日市高等学校）
半澤　嘉博（東京家政大学）
廣田　健（北海道教育大学釧路校）
平井　貴美代（山梨大学）
藤井　千惠子（国士舘大学）
冨士原　雅弘（東海大学）
堀井　啓幸（常葉大学）
堀井　雅道（国士舘大学）
松下　丈宏（首都大学東京）
村上　純一（文教大学）
雪丸　武彦（長崎県立大学）
和田　孝（帝京大学）

＊は編集委員

第一部

法令解説

第一章　総　則

〔学校の範囲〕

第一条　この法律で、学校とは、幼稚園、小学校、中学校、義務教育学校、高等学校、中等教育学校、特別支援学校、大学及び高等専門学校とする。

本条の概要

本条文は、学校教育法で定める「学校」の範囲を示したものである。これら学校はいわゆる「一条学校」（または「一条校」）と呼ばれ、文部科学省が所管する最も狭い意味での正規の学校に位置づけられている。

学校には、様々な種類や形態のものがある。本条文で定める学校以外にも、本法第一一章で定める専修学校や第一二章で定める各種学校があるほか、学校教育法によらない学校として、各省庁が設置する学校や法に基づかない学校も事実上存在している。

本条文で定める「一条学校」は九種類あり、それぞれ学校段階に則して位置づけられ、幼稚園から大学までの各段階に分けられている。したがって、スキップ（飛び級）を認めていないわが国においては、幼稚園を除く各学校への進学は、原則として前の段階の学校を卒業しないと不可能である。原則外の扱いとして、大学への進学は高等学校卒業程度認定試験（旧大検）合格者、または指定された専修学校高等課程を修了した者ならば進学可能とされている。

義務教育学校はこの条文によって「一条校」とされ、平成二八（二〇一六）年度から設置可能になる。

中等教育学校と高等専門学校は他の学校の段階と一部重複し、中等教育学校は前期課程が中学校、後期課程が高等学校の段階と重複し、高等専門学校は大学の前期二年間と重複している。中等教育学校は、中学校と高等学校を接続させた六年間の一貫教育を行う中等教育学校として平成一〇（一九九八）年に制度化され、高等専門学校はそれより古く、中堅技術の短期養成機関として昭和三七（一九六二）年に創設された学校である。

特別支援学校は、幼稚園から高等学校までとは別の系統に位置づけられ、幼稚園段階から高等学校段階まで設置される。この学校は、平成一八（二〇〇六）年の本法改正（以下、「平成一八年改正」と略）によって定められたが、それ以前は、法的に養護学校、盲学校、聾学校に分けられていた。法的には特別支援学校とされるが、現在も、養護学校等の旧来の名称を用いることが認められている。

専修学校及び各種学校は学校教育法で定められてはいても、「一条学校」すなわち狭い意味での「学校」には位置づけられていないことから、それとは異なる扱いがなされる。

なお、短期大学及び大学院は大学に含まれるので、条文では特に定めていない。

そのほか、幼稚園と保育所の連携等に関する取り組みも進みつつあるが、本条に関わる改正が図られてはいない。

ポイント解説

段階性と系統性

学校制度は、段階性と系統性という二つの視座の交差によって成り立つ。段階性とは、発達段階に則したヨコの区分を意味する視点で、幼児教育、初等教育、中等教育、高等教育の各段階に分けられる。幼稚園は幼児教育段階で、初等教育段階は小学校で、という具合に段階に応じた学校が制度化されていたのである。ただ、わが国の場合、中等教育段階が中学校と高等学校の二つの校種にわたっているが、これらを一貫した新たな学校、すなわち「中等教育学校」が創設された。

一方、系統性は、教育内容やその対象に応じて制度をタテにする区分を意味し、普通教育、職業（専門）教育、特別支援教育などのように分けられる。戦前までは、系統性が複雑に絡み、それら系統に加えて、エリート教育系統（高等教育進学までの系統）／一般大衆教育系統（義務教育で終了する系統）、男子系統（中学校など）／女子系統（高等女学校など）があり、かなり複雑になっていた。また、戦前までは、初等教育はそれら系統に関わりなくすべてを対象にしていたが、中等教育からそれぞれの系統に分かれる分岐型の制度を採用していた。それら進学決定には、家庭の経済力などに左右される傾向にあった。

戦後、民主化に向けて、系統性は弱められ、分岐型から単線型の制度に改められて、「一条学校」が定められたのである。

名称使用の制限と法によらない学校

「一条学校」は、他の教育機関とは異なり、義務教育諸学校を含み、また各学校での修了資格が法的に認められることから、他の教育機関との混同を避けるために、「専修学校、各種学校その他第一条に掲げるもの以外の教育施設は、同条に掲げる学校の名称又は大学院の名称を用いてはならない」（本法第一三五条）とされている。つまり、類似機関にその名称を付すことが禁じられている。例えば、バイパス校と呼ばれる受験準備教育機関は「高等学校」ではなく、高等学院等の名称とされているのは、その例になる。幼稚園も第一条による学校でない場合には、幼児園等の名称が用いられている。これらは法によらない学校である。

最近では、そうしたバイパス校のほかに、不登校児童・生徒を対象にした学校としてフリースクールが設置されるようになった。義務教育段階のフリースクールは、教育委員会の一定指導と学校との連携などの条件を満たせば、通学児童・生徒を就学指定された小学校や中学校で卒業させることができる。

ちなみに、私立学校では、小学校を小学部または初等部・科、中学校を中学部または中等部・科と称している例も見られるが、これらは本条文でいう小学校と中学校のことであるように、「一条学校」が本条文と異なる名称を用いることは特に禁じられていない。

関係省庁が設置する学校

「一条学校」は文部科学省所管の学校に限られるが、それ以外の各省庁が所管する学校が設置されている。防衛省の防衛大学校・防衛医科大学、厚生労働省の職業能力開発校（職業訓練校）、国土交通省の航空保安大学校・海洋保安大学校、気象庁の気象大学校などがある。大学以外の大学校のうち、大学・大学院の教育課程と同等の教育を行っていると認められる場合には、学位授与機構から学位を授与される。

短期大学・独立大学院大学の位置づけ

「一条学校」には記されていない短期大学や大学院は、「大学」とみなされる。そのうち大学院のみを置く独立大学院については、本法第一〇三条によって、「教育研究上特別の必要がある場合においては、第八五条の規定にかかわらず、学部を置くことなく大学院を置くものを大学とすることができる」とされる。つまり、大学院のみの大学の設置が認められているのである。総合研究大学院大学や政策研究大学院大学などが該当する。

本条を考える視点

本条は、文部科学省が所管する最も狭い意味での学校を定義したものである。

中学校と高等学校の教育を一貫して行う学校である中等教育学校は独自の学校とされるが、その他のタイプの中高一貫教育の取り組みも推進されるようになった。なぜなら、事実上、中学校の設置者が市区町村で、公立校のほとんどの高等学校の設置者が都道府県になっているように、設置者にズレがあることから、設置者が柔軟に対応できるよう、制度上は中学校と高等学校の位置づけを維持しながらも、中高一貫教育を進めるタイプの施策も徐々に浸透してきている。現在、中高一貫教育の形態は、以下のような三タイプに分けられている。

① 中等教育学校
「一条学校」の中の一つの学校として、一体的に中高一貫教育を行うタイプ

② 併設型の中学校・高等学校
高等学校入学者選抜を行わずに、同一の設置者による中学校と高等学校を接続するタイプ

③ 連携型の中学校・高等学校
市町村立中学校と都道府県立高等学校など異なる設置者間でも実施可能な形態として、中学校と高等学校が教育課程編成や教員・生徒間交流等の連携を深める形で中高一貫教育を実施するタイプ

以上の施策は、平成一一（一九九九）年度（法改正は前年）から導入可能になっている。

小中一貫教育校については制度上認められているわけではなく、あくまでも市区町村教育委員会による実質的な取り組みにとどまるが、近年、その取り組みが広がりつつある。初期の取組としては、東京都品川区や三鷹市などの実践が有名である。

そして、平成二七年六月二四日に公布された本法一部改正によって、新たな一条学校として義務教育学校が創設された。義務教育学校は、「心身の発達に応じて、義務教育として行われる普通教育を基礎的なものから一貫して施すことを目的とする」学校で、平成二八年四月一日に施行された。

第二部関連頁　七八一頁

関連条文　資料

■**関連条文**　本法第一三五条〔名称の専用〕、第八五条〔学部等〕

■**関連資料**　「中高一貫教育制度の導入に係る学校教育法等の一部改正について」（平成一〇年六月二六日文初高第四七五号、文部省高等教育局長通知）、「中等教育学校並びに併設型中学校及び併設型高等学校の教育課程の基準の特例を定める件」及び「連携型中学校及び連携型高等学校の教育課程の基準の特例を定める件」の改正について（平成二三年一一月一日二三文科初第一〇四二号、文部科学省初等中等教育局長通知）

〔学校の設置者〕

第二条　学校は、国（国立大学法人法（平成十五年法律第百十二号）第二条第一項に規定する国立大学法人及び独立行政法人国立高等専門学校機構を含む。以下同じ。）、地方公共団体（地方独立行政法人法（平成十五年法律第百十八号）第六十八条第一項に規定する公立大学法人を含む。次項において同じ。）及び私立学校法第三条に規定する学校法人（以下学校法人と称する。）のみが、これを設置することができる。

２　この法律で、国立学校とは、国の設置する学校を、公立学校とは、地方公共団体の設置する学校を、私立学校とは、学校法人の設置する学校をいう。

本条の概要

本法第一条に定める学校は無制限に設置できるものではなく、一定の要件を満たした上で設置可能となる。本条文は、その要件を示したものである。すなわち、学校設置者は、①国（国立大学法人等を含む）、②地方公共団体（公立大学法人を含む）、③学校法人を原則とするのである。このうち、②地方公共団体が設置する公立学校は都道府県立学校と市町村（特別区を含む）立学校に分けられる。

原則として学校の設置者は本条に記された三者に限られるが、幼稚園については、学校法人以外の設置者が認められ、財団法人や宗教法人、個人などが設置した例が少なくない。

公立学校については、都道府県には特別支援学校の設置義務があり、市区町村には小学校と中学校の設置義務が課せられているが、それら設置義務のない学校をそれぞれが設置することもできる。

高等学校については、いずれの地方公共団体にも設置義務が課せられていないが、高校進学ニーズの高まりに応じるために、事実上、その多くは都道府県が設置している。市町村立高等学校のうちほとんどは市立（一九四校）だが、町立一六校、村立四校があり、村立は北海道三校と奈良県一校である（平成二七年度）。

大学や幼稚園も同様に地方公共団体に設置義務がないことから、地方公共団体によって設置校数にばらつきが現れている。公立幼稚園設置数は、最低が石川県の二園で、最高が兵庫県の三九二園である（平成二七年度）。なお、県立幼稚園が新潟県（旧県立女子短期大学付属で、現在は「新潟県立幼稚園」）と長野県（県立短期大学付属）に一園ずつ設置されている。また、公立大学・短期大学設置数は、広島県が最高の八校（大学七校、短期大学一校）で、未設置は、栃木県、徳島県、佐賀県の三県である。

なお、国立学校は、独立法人化によって国立大学法人等の所管に改められ、また公立学校でも同様に公立大学法人化によって所管を改めたところがある。

ポイント解説

設置者管理主義

そもそも学校は、設置者が管理するという設置者管理主義が適用される。学校経費を含めた管理の考え方は設置者管理負担主義と称する（本法第五条）。ただし、大学以外の公立学校については、地方教育行政の組織及び運営に関する法律第三二条によって、教育委員会が管理することと定められている。

中等教育学校の設置者

平成一〇（一九九八）年に制度化（設置は翌年度）された中等教育学校は、中学校と高等学校のそれぞれの設置者が事実上ほとんど異なることから、なかなか設置が進まない。

平成二七（二〇一五）年現在、国立四校、都道府県立二五校、市区立六校、私立一七校が設置されている。

学校法人

私立学校は、その特性に鑑みて、自主性が重視され、公共性を有するものとされている。これを設置する学校法人は、私立学校法で、「私立学校の設置を目的として、この法律の定めるところにより設立される法人をいう」（第三条）と定義される。学校法人は、「その設置する私立学校に必要な施設及び設備又はこれらに要する資金並びにその設置する私立学校の経営に必要な財産を有しなければならない」（第二五条）とされ、資産の所有が義務づけられ、学校経営に充てるための収益事業が認められている。学校法人を設立しようとする場合には、所轄庁の認可を得ることが必要とされるが、その所轄庁は、大学及び高等専門学校については文部科学省となり、それら以外の学校については都道府県知事とされる。

設置者の例外

株式会社立学校

平成一四（二〇〇二）年制定の構造改革特別区域法に基づいて、いわゆる「株式会社立学校」の設置が認められるようになった。同法は、「地域の特性を生かした教育の実施の必要性、地域産業を担う人材の育成の必要性その他の特別の事情に対応するための教育又は研究を株式会社の設置する学校」（第一二条第一項）＝株式会社立学校の設置を可能とし、私立学校法第三条に規定する学校法人に、「学校設置会社」を加えることとされた。

実際、高等学校はすべて通信制になっているが、サポート校に生徒を通学させているケースが七割にも上ることから文部科学省は指導に乗り出した。このほか、一部大学で不適切な運営を行った例も見られるように、学校設置の弾力化の問題点も指摘できる。なお、学校法人設置の学校ではないので、私学助成の対象とされないというデメリットがある。

私立幼稚園

本法附則第六条によって、「私立の幼稚園は、第二条第一項の規定にかかわらず、当分の間、学校法人によって設置されることを要しない」とされ、学校以外の設置者の設置が認められている。これは、幼稚園入園のニーズに公立幼稚園の整備が追いつかなかった実情を踏まえた措置である。平成二七（二〇一五）年現在、財団法人立三園、宗教法人立三五一園（寺院や教会などの設置園）、その他法人立四園、個人立三五六園となっている。

一部事務組合方式

地方自治法に基づいて、地方公共団体（特別区を含む）はその事務の一部を共同処理するために、一部事務組合を設置することができる。学校もその対象とされ、複数の地方公共団体による組合立学校が設置されている。本法第四〇条は、「市町村は、前二条の規定によることを不可能又は不適当と認めるときは、小学校の設置に代え、学齢児童の全部又は一部の教育事務を、他の市町村又は前条の市町村の組合に委託することができる」と定める。

組合立学校の設置数は少なく、平成二七（二〇一五）年現在、全国で小学校一二校、中学校二七校のみである。市町村合併によって組合立学校は減少傾向にある。特に、平成一六（二〇〇四）年度から一七（二〇〇五）年度にかけて大きく数を減らしている。一七年までは合併による手厚い財政措置がなされていたからである。

大学の場合にも、「〇〇公立大学」などの名称を持つところは一部事務組合によって設置されている。

本条を考える視点

本条は、学校の設置者の範囲とそれぞれの名称について定めているが、株式会社立学校（学校設置法人）や学校法人以外による幼稚園の設置という例外措置がとられている。しかし、そうしたタイプの学校に関しては不適切な運営実態が指摘され、そのため文部科学省等からの指導が行われる例もあるなど問題点が指摘できる。教育における規制緩和が教育水準の確保や教育の機会均等を妨げる可能性がある点に留意したい。

また、義務教育学校以外の学校については地方公共団体に設置義務がないことから、地方公共団体の財政規模によってその設置数等が左右され、地域間の格差が存在することも問題視される。公立幼稚園や公立高等学校が未設置の市町村も珍しくない。公立幼稚園や高等学校が設置されているところでは、戦後しばらくの間、私立学校に依存してきたために、公立校が整備されてくると、公私間の競合調整が課題となっている。

関連条文　資料

■関連条文、法令　本法附則第六条、地方教育行政の組織及び運営に関する法律（昭和三一年六月三〇日法律第一六二号）第三二条、私立学校法（昭和二四年一二月一五日法律第二七〇号）、構造改革特別区域法（平成一四年一二月一八日法律第一八九号)、文部科学省関係構造改革特別区域法施行規則(平成一五年三月三一日文部科学省令第一七号)、地方自治法(昭和二二年四月一七日法律第六七号)第二八四条第二項、学校基本調査 平成二七年度(文部科学省)

〔学校の設置基準〕

第三条 学校を設置しようとする者は、学校の種類に応じ、文部科学大臣の定める設備、編制その他に関する設置基準に従い、これを設置しなければならない。

本条の概要

本法施行規則は、第四〇条で、小学校の設備や編制その他については第四章第一節に定めるもののほか、小学校設置基準によるとしている。第四章第一節は以下のような事項を定めている。

標準学級数(第四一条)、分校の学級数(第四二条)、校務分掌(第四三条)、教務主任・学年主任の設置(第四四条)、保健主事の設置(第四五条)、事務主任の設置(第四六条)、その他主任の設置(第四七条)、職員会議の設置(第四八条)、学校評議員の設置(第四九条)、(一部異なるが、中学校、高等学校等にも準用)

本法施行規則等自体も設置基準として適用されるわけである。

このほか、本条でいう「設置基準」には、「一条学校」の校種ごとに、幼稚園設置基準、小学校設置基準、中学校設置基準、高等学校設置基準、大学設置基準、短期大学設置基準、大学院設置基準、高等専門学校設置基準などが定められているほか、専修学校設置基準もある。ただし、中等教育学校については、中学校と高等学校の設置基準に従うこととされ、独自の設置基準を持たない。

不思議なことに、戦後六〇年近く小学校と中学校の設置基準は定められていなかった。義務教育機関については、事実上、国庫負担等に関わる他の法律で縛ることができたことから、設置基準なしでも支障がなかったからである。しかし、平成一四（二〇〇二）年に小学校設置基準、中学校設置基準が改めて制定されることとなった。なお、現在においても、特別支援学校設置基準は未制定である。

ポイント解説

小学校設置基準

平成一四（二〇〇二）年三月に制定され、学級規模をはじめとする各事項に関して、以下のような基準を定めている。

最低基準性（第一条）。「小学校を設置するのに必要な最低の基準とする」ことが定められている。

一学級の児童数（第四条）。一学級の児童数は、特別の場合を除き、四十人以下とする。特別の事情があり、教育上支障がない場合は、この限りでない。

学級の編制（第五条）。学級は学年の児童で編制するが、特別の事情があるときは数学年の児童を一学級に編制する複式学級も可能とする。

教諭の数等（第六条）。小学校に置く教諭（主幹教諭・指導教諭を含む）の数は一学級当たり一人以上とするが、特別の事情があり、教育上支障がない場合は、校長や副校長、教頭が教諭を兼ね、また助教諭もしくは講師をもって教諭に代えることができるとされる。また、他の学校との複数発令も可能とされている。

一般的基準（第七条）。小学校の施設及び設備は、指導上・保健衛生上・安全上及び管理上、適切なものでなければならないとされる。このほか、公立学校に関しては、公立義務教育諸学校の学級編制及び教職員定数の標準に関する法律などで具体化されている。

校舎及び運動場の面積等（第八条）。校舎及び運動場の面積は、法令に特別の定めがある場合を除き、以下の別表に定める面積以上とされる。ただし、例外も認められている。

また、校舎と運動場は同一の敷地内か、隣接する位置に設けるものとされる。この場合も、例外を認める。

別表（第八条関係）

イ　校舎の面積	
児童数	面積（平方メートル）
一人以上四〇人以下	五〇〇
四一人以上四八〇人以下	五〇〇＋五×（児童数－四〇）
四八一人以上	二七〇〇＋三×（児童数－四八〇）
ロ　運動場の面積	
児童数	面積（平方メートル）
一人以上二四〇人以下	二四〇〇
二四一人以上七二〇人以下	二四〇〇＋一〇×（児童数－二四〇）
七二一人以上	七二〇〇

校舎に備えるべき施設（第九条）。校舎には、少なくとも以下の施設を備えるものとされる。

一　教室（普通教室、特別教室等とする。）

二　図書室、保健室

三　職員室

このほか、必要に応じて、特別支援学級のための教室を備えるものとされる。

その他の施設（第一〇条）。学校には、校舎及び運動場のほか体育館を備える。特別の事情があり、かつ教育上支障がない場合はこの限りでないとされる。

校具及び教具（第一一条）。学校には、学級数及び児童数に応じて、指導上・保健衛生上・安全上必要な種類と数の校具及び教具を備える。

他の学校等の施設及び設備の使用（第一二条）。学校は、特別の事情があり、かつ教育上・安全上支障がない場合には、他の学校等の施設・設備を使用できる。

中学校設置基準

中学校設置基準は、小学校設置基準と同日に制定され、それと同様の基準を示しているが、「校舎及び運動場の面積等」に関しては以下の別表によるものとされ、小学校よりも広い面積の基準を定める。

別表（第八条関係）

イ　校舎の面積	
生徒数面積	（平方メートル）
一人以上四〇人以下	六〇〇

四一人以上四八〇人以下	六〇〇＋六×（生徒数－四〇）
四八一人以上	三三四〇＋四×（生徒数－四八〇）
ロ　運動場の面積	
生徒数面積	（平方メートル）
一人以上二四〇人以下	三六〇〇
二四一人以上七二〇人以下	三六〇〇＋一〇×（生徒数－二四〇）
七二一人以上	八四〇〇

高等学校設置基準

平成一六（二〇〇四）年三月に制定された高等学校設置基準は以下の固有な基準を定める。

設置基準の特例（第二条）、学科（第五条〜六条）。授業を受ける生徒数（第七条）。小中学校では一学級当たりの児童生徒数が定められているが、高等学校の場合には選択科目を考慮して「同時に授業を受ける一学級の生徒数」とされ、四〇人以下と定められている。公立高等学校の学級編制や教職員定数等に関しては、公立高等学校の適正配置及び教職員定数の標準等に関する法律で具体的に定められている。

教諭の数等（第八条）。「副校長・教頭の数は全日制課程、定時制の課程ごとに一人以上とされ、教諭（主幹教諭、指導教諭を含む）の数は当該学校の収容定員を四〇で除して得た数以上で、かつ教育上支障がないものとされる。教諭の数計算について、小中学校と異なって校長等の管理職で代替することはできないが、助教諭または講師をもって代えることは可能である。他校の複数発令（併任）は可能である。

校舎の面積（第一三条）。次の表に定める面積以上とされるが、例外も認められている。生徒数一二一人以上の場合には、収容定員が影響するところが小中学校と異なる。

収容定員面積	（平方メートル）
一二〇人以下	一二〇〇
一二一人以上四八〇人以下	一二〇〇＋六×（収容定員－一二〇）
四八一人以上	三三六〇＋四×（収容定員－四八〇）

運動場面積は、学科や課程にかかわらず八四〇〇平方メートル以上とされ、大規模な中学校（生徒数七二一人以上）と同数値になっている。

本条を考える視点

学校設置基準については最低基準だとされ、基準以上の良環境の整備が期待されている。その一方では、地域等の実態など特別の事情があり、教育上支障がないと認められる場合には、基準に達しない例外も認められている。一学級当たりの児童生徒数、複式学級の編制、教諭数の算定、校舎・運動場の面積、体育館の設置、他校の併任などの例外的運用が可能だとされる。従って、基準以上の学校とそれ以下の学校との間に教育格差が生じる可能性も考えられる。

また、特別支援学校については設置基準が制定されず、小学校、中学校、高等学校に準ずる教育と自立を図るための教育を行うとされる。児童生徒数や教職員数等は、本法施行規則第八章第一一九条から第一四一条に規定されている。公立の場合は、公立義務教育諸学校の学級編制及び教職員定数の標準に関する法律等によって定められている。学校施設に関しては、文部科学省の特別支援学校施設整備指針が示されている。この設置基準は今後の政策課題の一つになるかも知れない。

第二部関連頁　七七九頁

関連条文　資料

■関連法令　幼稚園設置基準（昭和三一年一二月一三日文部省令第三二号）、小学校設置基準（平成一四年三月二九日文部科学省令第一四号）、中学校設置基準（平成一四年三月二九日文部科学省令第一五号）、高等学校設置基準（平成一六年三月三一日文部科学省令第二〇号）、短期大学設置基準（昭和五〇年四月二八日文部省令第二一号）、大学設置基準（昭和三一年一〇月二二日文部省令第二八号）、大学院設置基準（昭和四九年六月二〇日文部省令第二八号）、高等専門学校設置基準（昭和三六年八月三〇日文部省令第二三号）、公立義務教育諸学校の学級編制及び教職員定数の標準に関する法律（昭和三三年五月一日法律第一一六号）、公立高等学校の適正配置及び教職員定数の標準等に関する法律（昭和三六年一一月六日法律第一八八号）

■関連資料　特別支援学校施設整備指針（文部科学省文教施設企画部、平成二一年三月）

〔設置廃止等の認可〕

第四条　次の各号に掲げる学校の設置廃止、設置者の変更その他政令で定める事項（次条において「設置廃止等」という。）は、それぞれ当該各号に定める者の認可を受けなければならない。これらの学校のうち、高等学校（中等教育学校の後期課程を含む。）の通常の課程（以下「全日制の課程」という。）、夜間その他特別の時間又は時期において授業を行う課程（以下「定時制の課程」という。）及び通信による教育を行う課程（以下「通信制の課程」という。）、大学の学部、大学院及び大学院の研究科並びに第百八条第二項の大学の学科についても、同様とする。

一　公立又は私立の大学及び高等専門学校　文部科学大臣

二　市町村の設置する高等学校、中等教育学校及び特別支援学校　都道府県の教育委員会

三　私立の幼稚園、小学校、中学校、義務教育学校、高等学校、中等教育学校及び特別支援学校　都道府県知事

②　前項の規定にかかわらず、同項第一号に掲げる学校を設置する者は、次に掲げる事項を行うときは、同項の認可を受けることを要しない。この場合において、当該学校を設置する者は、文部科学大臣の定めるところにより、あらかじめ、文部科学大臣に届け出なければならない。

一　大学の学部若しくは大学院の研究科又は第百八条第二項の大学の学科の設置であつて、当該大学が授与する学位の種類及び分野の変更を伴わないもの

二　大学の学部若しくは大学院の研究科又は第百八条第二項の大学の学科の廃止

三　前二号に掲げるもののほか、政令で定める事項

③　文部科学大臣は、前項の届出があつた場合において、その届出に係る事項が、設備、授業その他の

事項に関する法令の規定に適合しないと認めるときは、その届出をした者に対し、必要な措置をとるべきことを命ずることができる。

④ 地方自治法（昭和二十二年法律第六十七号）第二百五十二条の十九第一項の指定都市（第五十四条第三項において「指定都市」という。）の設置する高等学校及び中等教育学校については、第一項の規定は、適用しない。この場合において、当該高等学校及び中等教育学校を設置する者は、同項の規定により認可を受けなければならないとされている事項を行おうとするときは、あらかじめ、都道府県の教育委員会に届け出なければならない。

⑤ 第二項第一号の学位の種類及び分野の変更に関する基準は、文部科学大臣が、これを定める。

本条の概要

本条は、学校の設置廃止、設置者の変更等についての認可制を定めることで、それらが適正に行われることを確保しようとするものである。

平成二三（二〇一一）年の本法改正（以下、「平成二三年改正」と略）以前、本条では学校の設置廃止等に係る認可についてそれを必要とする学校と必要としない学校とに分け、国立学校及び本法によって設置義務を負う者の設置する学校については認可を必要としないことが明記されていたが、改正に伴い、現在では設置廃止、設置者の変更その他政令で定める事項については認可を必要とする学校のみが明記されている。一方、本条第二項においては、認可を要しない事項についての規定がなされている。

なお、設置廃止等に係る認可を行う具体的な主体につき、平成一一（一九九九）年の本法改正（以下、「平成一一年改正」と略）以前はこれを「監督庁」としていたが、現在では具体的に規定されており、公立及び私立の大学及び高等専門学校については文部科学大臣、市町村立の高等学校、中等教育学校及び特別支援学校については都道府県の教育委員会、私立の幼稚園、小学校、中学校、義務教育学校、高等学校、中等教育学校、特別支援学校については都道府県知事がそれぞれ認可権者とされている。

ポイント解説

「設置廃止等」の具体的内容

学校の「設置」

本条にある「学校の設置」とは、所要の人的及び物的要素をもって組織される施設が法的に学校としての地位を取得することをいう。ある施設が設置基準を満たした状態にあり、その施設を学校たらしめる意思表示がなされることが必要とされる。

「設置者の変更」

「設置者の変更」とは、学校そのものの同一性は保持しつつ、設置者すなわち管理主体及び経営主体が変更されることをいう。

学校の「廃止」

「学校の廃止」とは、学校が法的に学校としての地位を喪失することをいう。本条でいう「学校の廃止」は設置者の申請に対する認可によって学校が廃止されることを指しており、法令の改廃による廃止や設置者の学校設置能力喪失による廃止は含まれない。

大学の学部等の設置廃止認可

本条第二項により、学位の大幅な変更を伴わない学部等の設置については認可を受けることを要しないとされている。大学の学部、大学院の研究科、短期大学の学科の設置廃止について、従来は一律に文部科学大臣の認可が必要とされていたが、平成一四（二〇〇二）年、規制緩和改革の流れの中で大学の機動的な組織改革を可能とするため、その弾力化が図られたものである。

なお、本法第九五条及び本法施行令第四三条に基づき、事前届出に係る事項が設備、授業その他の事項に関する法令に適合しないと認められるときには、文部科学大臣は大学設置・学校法人審議会への諮問を経て届出を行った者に対し必要な措置をとることができるとされている。また、大学又は高等専門学校の設置の認可に関して文部科学大臣が行った処分に対しては、本法第一三九条により行政不服審査法による不服申し立てができないこととされている。これは、大学又は高等専門学校の設置の認可に関しては大学設置・学校法人審議会に諮問しなければならないとされていることに鑑み、十分に慎重な手続きを経てなされた処分であるため不服申し立ての必要はないとされているためである。

本条を考える視点

本法施行規則第三条により、義務教育の学校設置は市町村教育委員会から都道府県教育委員会への届出が必要とされている。このとき、都道府県教育委員会は市町村教育委員会からの学校設置の届出に対し、これを拒否することはできないとされている（昭和二七年七月二二日地方連絡課長回答）。

関連条文　資料

■関連条文　本法第二条〔学校の設置者〕、第九五条〔設置認可等を行う場合の諮問〕、第一三九条〔不服申立ての制限〕、本法施行令第四三条〔法第九五条の審議会等で政令で定めるもの〕、本法施行規則第三条

■関連資料　昭和二七年七月二二日地方連絡課長回答

「学校教育法施行規則第二条〔執筆者註：現行施行規則では第三条にあたる〕、学校教育法によって設置義務を負う者の設置する学校の名称及び位置の変更は、設置者において都道府県教育委員会に届出をなすべきことを規定しているが、届出は許可や認可と異なり、相手方たる公の機関に一定の行為を要求し又は期待するものではなく、たんに事実上の届出をすれば足りるものであるから、受理者において拒否することはできない。この点に関して具体的な根拠条文はないが、行政上の一般理論から上のように解されるのである。」

〔幼稚園の設置廃止等の届出〕

第四条の二　市町村は、その設置する幼稚園の設置廃止等を行おうとするときは、あらかじめ、都道府県の教育委員会に届け出なければならない。

本条の概要

本条は平成二三年改正に伴い新たに追加された条文である。

改正前、幼稚園の設置廃止等の届出に関しては、平成三（一九九一）年の本法改正（以下、「平成三年改正」と略）時に指定都市立幼稚園がそれまでの認可制から都道府県教育委員会への届出制に改められていた。今次の改正では、市町村立の幼稚園すべての設置廃止が都道府県教育委員会への届出制に変更されたことになる。

この改正は平成二一（二〇〇九）年一〇月の地方分権改革推進委員会第三次勧告「自治立法権の拡大による『地方政府』の実現へ」の中で求められた国の「義務づけ」見直しに伴うもので、従来の認可制から届出制になったことで幼稚園の設置廃止に係る手続きが大幅に簡素化されたことになる。

〔学校の管理・経費の負担〕

第五条　学校の設置者は、その設置する学校を管理し、法令に特別の定のある場合を除いては、その学校の経費を負担する。

本条の概要

本条は、学校の管理及び経費負担の任を設置者が負うべきことを規定したものである。学校についての設置者管理主義及び設置者負担主義といわれる原則を明文で定めたものであり、学校の管理・運営については原則としてその設置者が第一義的な責任を負うべきことを規定したものである。本法第二条に定められている通り、学校を設置することができる主体は国（国立大学法人法第二条第一項に規定する国立大学法人及び独立行政法人国立高等専門学校機構を含む）、地方公共団体（地方独立行政法人法第六八条第一項に規定する公立大学法人を含む）及び私立学校法第三条に規定する学校法人のみとされているが、本条はこれら設置者がその設置する学校の管理・運営についての責任を負うことを規定したものとなっている。

なお、本条にある「法令に特別の定のある場合」について、これは財源負担のみならず経費の支弁を意味するものと解されており、具体的には義務教育職員の給与や義務教育に係る教材の経費を定めた市町村立学校職員給与負担法や義務教育費国庫負担法、学校教育の水準の維持向上のための義務教育諸学校の教育職員の人材確保に関する特別措置法（以下「教員人材確保法」とする）、公立の義務教育諸学校等の教育職員の給与等に関する特別措置法（以下「教職給与特別法」とする）、義務教育諸学校等の施設費の国庫負担等に関する法律（以下「施設費負担法」とする）の規定といったものがこれに該当する。

ポイント解説

学校の管理

学校管理の具体的内容

本条でいう学校の「管理」について、その内容は具体的には人的管理、物的管理、運営管理の三つに分けることができる。人的管理とは学校の人的構成要素である教職員の人事管理のことを指し、物的管理は学校の物的構成要素である施設・設備の管理を、運営管理とは児童生徒の管理と、教職員人事管理及び施設・設備管理以外の学校運営管理を指す。

学校管理の主体

学校を管理する主体は学校の設置者であり、国、地方公共団体又は学校法人の権限がある機関がこれを行うことになる。具体的には、国立大学法人が設置する学校においては国立大学法人の学長、国立高等専門学校においては独立行政法人国立高等専門学校機構理事長、公立大学においては設置者である地方公共団体の長又は公立大学法人理事長、公立大学以外の公立学校においては設置者である地方公共団体の教育委員会又は公立大学法人理事長、私立学校においては設置者である学校法人の理事会が各々の学校を管理する権限を有していることになる。

学校管理規則

前述の管理主体のうち、特に教育委員会については、地方教育行政の組織及び運営に関する法律（以下、「地教行法」とする）第三三条において、所管する学校における施設、設備、組織編制、教育課程、教材の取扱その他学校の管理運営の基本的事項について必要な教育委員会規則を定めることとされている。この規定に基づき定められているものがいわゆる学校管理規則である。

人的管理の特例

既述のように、学校の管理主体は各々の設置者であるとされているが、このうち人的管理に当たる学校教職員の人事管理については、地教行法第三七条・第六一条が本条に対する特例となっており、市町村立の小・中学校、後期課程に定時制課程のみを置く中等教育学校、特別支援学校の教職員並びに指定都市を除いた市町村立の定時制課程の高等学校（中等教育学校の後期課程を含む）の教職員の任免権は、設置者たる市町村の教育委員会ではなくその学校が設置されている都道府県にあるとされている。

「法令に特別の定のある場合」

本条の「法令に特別の定のある場合」について、具体的には教職員の給与に係る負担がこれに該当する。

市町村立学校職員給与負担法第一条により、市町村立及び特別区立の小学校、中学校、中等教育学校の前期課程及び特別支援学校の校長、副校長、教頭、主幹教諭、指導教諭、教諭、養護教諭、栄養教諭、助教諭、養護助教諭、

寄宿舎指導員、講師（常勤及び地方公務員法第二八条の五第一項に規定する短時間勤務の職員）、学校栄養職員及び事務職員の給与、扶養手当、地域手当、住居手当、初任給調整手当、通勤手当、単身赴任手当、特殊勤務手当、特地勤務手当、へき地手当、時間外勤務手当、宿日直手当、管理職員特別勤務手当、管理職手当、期末手当、勤勉手当、義務教育等教員特別手当、寒冷地手当、特定任期付職員業績手当、退職手当、退職年金及び退職一時金並びに旅費並びに定時制通信教育手当（中等教育学校の校長に係るもの）並びに非常勤の講師の報酬及び職務を行うために要する費用の弁償は都道府県の負担とされている。

また、同じく市町村立学校職員給与負担法第二条により、指定都市を除いた市町村立の高等学校（中等教育学校後期課程を含む）で定時制の課程を置くものの校長、定時制の課程に関する校務をつかさどる副校長、定時制の課程を担当する教頭、主幹教諭（定時制の課程に関する校務の一部を整理する者又は定時制の課程の授業を担任する者に限る）並びに定時制の課程の授業を担任する指導教諭、教諭、助教諭及び講師（常勤の及び地方公務員法第二八条の五第一項に規定する短時間勤務の職を占める者）についての公立高等学校の適正配置及び教職員定数の標準に関する法律第七条の規定に基づき都道府県が定める高等学校等教職員定数に基づき配置される職員の給料その他の給与、定時制通信教育手当並びに非常勤の講師の報酬も都道府県の負担とされている。

なお、都道府県が負担した給与費等について、退職手当、退職年金及び退職一時金並びに旅費を除いたものについては、義務教育費国庫負担法に基づき国が原則として実支出額の三分の一を負担することとされている。

本条を考える視点

本条に関わって付言すべき点として、学校の教育活動に関わって発生した事故の損害賠償をめぐる問題がある。

公立学校の場合、教職員の過失で事故が発生した際には国家賠償法第一条により設置者たる公共団体が損害賠償責任を負うことが通例である。また県費負担教職員の過失により事故が発生した場合には、国家賠償法第三条第一項に基づき都道府県も連帯して責任を負うことになる。

一方、私立学校の場合には、教職員の過失で事故が発生した際には民法第七一五条に基づき使用者たる学校法人が賠償の責を負うことになる。ただしこの場合には国家賠償法は適用されないため、教職員の過失の程度を問わず使用者は加害行為を行った教職員に求償することが可能となる。なお、私立学校において施設・設備の瑕疵が原因で事故が発生した場合には、民法第七一七条第一項に基づき賠償の責は学校法人が負うことになる。

その他、国立大学法人、独立行政法人の職員等が行った行為により損害が発生した場合に国家賠償法が適用されるのかという問題があるが、この点については、国立大学法人の職員による職務行為が国家賠償法第一条第一項の「公務員による公権力の行使」に当たるとする判決があり（東京地裁平成二一年三月二四日判決）、国立大学法人及び独立行政法人も国家賠償法上の賠償責任を負う主体となり得るとされていることになる。

第二部関連頁　七七七頁

関連条文　資料

■関連条文・法令　本法第二条〔学校の設置者〕、国立大学法人法（平成一五年七月一六日法律第一一二号）第二条第一項、地方自治法第二三二条、第二四四条の二、地方教育行政の組織及び運営に関する法律第二三条、第二四条、第三二条、第三三条、第三七条、第六一条、地方公務員法（昭和二五年一二月一三日法律第二六一号）第二八条の五、地方独立行政法人法（平成一五年七月一六日法律第一一八号）第六八条第一項、私立学校法第三条、公立高等学校の適正配置及び教職員定数の標準等に関する法律（昭和三六年一一月六日法律第一八八号）第七条、職員給与負担法（昭和二三年七月一〇日法律第一三五号）、教員人材確保法（昭和四九年二月二五日法律第二号）、教職給与特別法（昭和四六年五月二八日法律第七七号）、施設費負担法（昭和三三年四月二五日法律第八一号）、民法（明治二九年四月二七日法律第八九号）第七一五条、第七一七条第一項、国家賠償法（昭和二二年一〇月二七日法律第一二五号）第一条、第三条第一項

〔判例〕　東京地裁平成二一年三月二四日判決

「国立大学法人の職員が公権力を行使する公務員にあたるといえるか否かについてみると、①国立大学法人の成立の際に存在していた国立大学の職員が職務に関して行った行為は、純然たる私経済作用を除いては一般に公権力の行使に当たると解されていて、大学院の委員会における活動も、すべて公権力の行使に当たると解されていたこと、②国立大学法人は、国立大学を設置し、これを運営することをその業務としており、その財政は別として、委員会における活動の実態等においては格別の変更はないこと、③国立大学法人等の成立の際に、現に国が有する権利または義務のうち、各国立大学法人が行う国立大学法人法二二条一項、二九条に規定する業務に関するものは、国立大学法人がこれを継承するとされていること等を総合すると、国立大学法人は国家賠償法一条一項にいう「公共団体」に当たり、その職員が行う職務は純然たる私経済作用を除いては一般に公権力の行使に当たると解するのが相当である。」

〔授業料の徴収〕

第六条　学校においては、授業料を徴収することができる。ただし、国立又は公立の小学校及び中学校、義務教育学校、中等教育学校の前期課程又は特別支援学校の小学部及び中学部における義務教育につ

いては、これを徴収することができない。

本条の概要

設置者負担主義の原則に基づき、学校を管理・運営する経費は設置者が負担する責を負うこととされているが、本条はその経費の一部に充てるため設置者が利用者から授業料を徴収することが可能であることを示す条文である。公立学校は地方公共団体の営造物であり、授業料は営造物の使用者から徴収する使用料の一部であるとされている（昭和二三年八月一八日自治課長回答）。

ただし、「すべて国民は、法律の定めるところにより、その保護する子女に普通教育を受けさせる義務を負ふ。義務教育は、これを無償とする。」という日本国憲法第二六条第二項を受けて、教育基本法第五条第一項では「国又は地方公共団体の設置する学校における義務教育については、授業料を徴収しない」という規定がなされており、国立又は公立の小学校及び中学校、義務教育学校、中等教育学校の前期課程又は特別支援学校の小学部及び中学部における義務教育については授業料の徴収ができないこととされている。なお義務教育の範囲については、本法第一六条並びに第一七条に定められているとおりである。

ポイント解説

無償とされる範囲

日本国憲法第二六条第二項後段にある「義務教育は、これを無償とする。」という文言について、これは保護者に対しその保護する子女の普通教育の対価を徴収しないことを定めたものとされるため、その意味するところは授業料を徴収することができないというものであり、義務教育に必要な一切の費用を無償としなければならないと定めたものとは解せないとされている（最高裁昭和三九年二月二六日判決）。ただし、教科書等の費用負担もできるだけ軽減するよう配慮、努力することは望ましいことであって、それは国の財政等の事情を考慮して立法政策の問題として解決すべき事柄であるとされている。これに基づいて義務教育諸学校の教科用図書の無償措置に関する法律が定められており、義務教育諸学校の児童生徒に対しては教科書が無償で供与されている。

私立学校の授業料徴収

私立の小学校、中学校又は中等教育学校前期課程については、授業料を徴収することは禁じられていない。これは、そうした学校への就学が保護者の自由選択によるものであり、公立学校就学に伴う授業料無償の権利を放棄したものと考えられるからである。

私立学校の授業料については学校設置認可の際の添付書類である学則に定められる。設置後の学則の変更は収容定員に係るものを除き届出事項とされており（本法施行規則第二条第一項第一号、第三条、第四条第一項第七号）、授業料の変更も届出事項に含まれている。

国公立学校の授業料

国立大学及びその附属学校の授業料については、教育の機会均等の確保や計画的な人材養成に鑑み、適正な水準確保のため国が標準的な額を定める等一定の関与をする必要があるとされ、国立大学法人法第二二条第四項に基づき文部科学省令で定めることとされている。これに基づき、国立大学等の授業料その他の費用に関する省令においてそれら学校において徴収される授業料、入学料、検定料及び寄宿料の標準的な額等が規定されている。

一方、公立学校の授業料に関する事項については、地方自治法第二二五条及び第二二八条第一項に基づき条例でこれを定めることとされており、その条例案を作成する場合には、地方教育行政の組織及び運営に関する法律第二九条により地方公共団体の長は教育委員会の意見を聴かなければならないとされている。

なお、授業料の減免については、国立学校の場合は国立大学等の授業料その他の費用に関する省令第一一条に定めがあり、公立学校の場合も条例の中に授業料減免に関する規定が設けられることが通例となっている。

本条を考える視点

本条に関わって判例の蓄積が見られるものとして、学校の入学に関連して徴収される検定料・入学料の返還に関する問題がある。

特に私立大学においては、入学料や授業料、施設整備費等の学生納付金について、学則や募集要項等でその不返還特約を定めている場合が多く、かつては判例上も公序良俗に反しないとしてこうした特約を是認するものが見られた。しかし、最高裁平成一八年一一月二七日判決において、在学契約にも消費者契約法が適用されることを前提に三月三一日までの入学辞退であれば大学は原則として授業料や施設設備費を返還する義務を負うという判示がなされた。この判決を受け、文部科学省からは平成一八（二〇〇六）年一二月二八日、入学料や授業料について一定の場合に返還に応じることを明確にする旨の通知「大学、短期大学、高等専門学校、専修学校及び各種学校の入学辞退者に対する授業料等の取扱いについて」が出されている。

第二部関連頁

七七三、七七五頁

関連条文　資料

■関連条文　日本国憲法第二六条第二項、教育基本法（平成一八年一二月二二日法律第一二〇号）第五条第一項、本

法第一六条〔義務教育年限〕、第一七条〔就学させる義務〕、本法施行規則第二条第一項第一号、第三条、第四条第一項第七号、地方自治法第二二五条、第二二八条第一項、地方教育行政の組織及び運営に関する法律第二九条、国立大学法人法第二二条第四項、国立大学等の授業料その他の費用に関する省令（平成一六年三月三一日文部科学省令第一六号）第一一条、義務教育諸学校の教科用図書の無償措置に関する法律（昭和三八年一二月二一日法律第一八二号）

■関連資料　昭和二三年八月一八日自治課長回答

「学校法にいう公立学校は、地方公共団体の営造物であって、一般に営造物の使用については、利用者から使用料を徴収しうべく、学校と学校生徒との間の関係は、この営造物利用の一般関係と異なるものではない。したがって授業料も使用料の一種である。」

「大学、短期大学、高等専門学校、専修学校及び各種学校の入学辞退者に対する授業料等の取扱いについて（通知）」

（平成一八年一二月二八日一八文科高第五三六号　文部科学省高等教育局長、文部科学省生涯学習政策局長）

一　三月三一日までに入学辞退の意思表示をした者（専願又は推薦入学試験（これに類する入学試験を含む。）に合格して大学等と在学契約を締結した学生等を除く。）については、原則として、学生等が納付した授業料等及び諸会費等の返還に応じることを明確にすること。

二　一にかかわらず、入学試験要項、入学手続き要項等に、「入学式を無断欠席した場合には入学を辞退したものとみなす」、「入学式を無断欠席した場合には入学を取り消す」などと記載している場合には、入学式の日までに学生等が明示又は黙示に在学契約を解除したときは、授業料等及び諸会費等の返還に応じることを明確にすること。

〔判例〕　最高裁平成一八年一一月二七日判決

「その額が不相当に高額であるなど他の性質を有するものと認められる特段の事情のない限り、学生が大学に入学し得る地位を取得する対価の性質を有する入学金については、その納付をもって学生は上記地位を取得するものであるから、その後に在学契約等が解除され、あるいは失効しても、大学はその返還義務を負う理由はない。（中略）消費者契約法施行後に合格者と大学との間に締結された在学契約は、同法二条三項所定の消費者契約に該当し、授業料不返還特約には消費者契約法九条一号が適用される。よって、在学契約の解除の意思表示が三月三十一日までになされた場合には、原則として、大学に生ずべき平均的な損害は存しないので、不返還特約はすべて無効となり、解除の意思表示が同日より後になされた場合には、原則として、学生が納付した授業料等は、それが初年度に納付すべき範囲内にとどまる限り、大学に生ずべき平均的な損害を超えず、不返還特約はすべて有効となる。」

〔校長・教員〕

第七条　学校には、校長及び相当数の教員を置かなければならない。

本条の概要

本条は、教育機関である学校に必ず校長と必要な教員を設置すべき原則を明示するとともに、本法第三七条で定める職種及び学校設置基準第六条で定める教員の設置数の前提をなすものである。

いうまでもなく学校は教育機関とされるが、その根拠の一つに地方教育行政の組織及び運営に関する法律第三〇条がある。同条は、地方公共団体が学校などの教育機関を設置できるとしている。この教育機関とは、文部省初中局長回答（昭和三三（一九五八）年）によれば、教育等を目的とし、専属の物的施設・人的施設を備え、関連事業を継続的に行う機関だと定義される。このうち専属の人的施設とは、専任の教職員のことだと解される。すなわち、学校は教育機関であることから、専任教職員である校長やその他教員の設置を必須とすることを条文化したのが本条である。

ポイント解説

教職員の設置定数

教諭等の設置数

本条でいう「相当数の教員」に関して、その職については本法第三七条で具体的に定められているので同条文の解説に委ねるが、教諭の設置数については学校設置基準によって、小学校及び中学校の場合には一学級当たり一人以上とされ（小学校設置基準第六条、中学校設置基準第六条第一項）、高等学校の場合には生徒の収容定員を四〇で除した数以上で、かつ、教育上支障がないものとされている（高等学校設置基準第八条第一項）。

小学校及び中学校における教職員の設置数は、平成一四（二〇〇二）年に小学校設置基準及び中学校設置基準が制定されるまでは、本法で定められていた。本法第二二条は、小学校に学級ごとに一人以上置かなければならないとされ、第五二条では中学校に一学級あたり二人を置くことを基準とすると定められていた。その後、両校の学校設置基準の制定によって学校教育法から当該条文が削除され、設置基準も改められたところである。

高等学校の教諭設置は、改正前の高等学校設置基準では生徒数及び週当たり授業時数並びに課程などの違いに応じて定められ、かつ最低数が定められていたが、平成一四（二〇〇二）年改訂によって、前記のように改められた。

これらの基準は設置最低基準とされ、実際には基準を上回る教諭が設置されている。公立義務教育諸学校に関しては、公立義務教育諸学校の学級編制及び教職員定数の標準に関する法律（以下、「標準法」と略）第七条によって、学校種及び学校規模、学級数に応じて乗ずる設置数が定められている。たとえば、小学校の場合、乗ずる数が最も高いのが「六学級規模」の一・二九二となる。つまり、六にその数を乗じると七・七五二となり、一未満を切り上げるため教諭設置数は八人となる。中学校だと、「一学級規模」の乗ずる数が最高の四・〇〇〇となる。中学校では教科担任制を採るため、複数の教科担任教員を要するからである。

なお、小学校、中学校、高等学校のいずれも、改正前の学校教育法及び学校設置基準では「教諭」の数とされているが、標準法では「教職員」定数と表記されている。この場合の「教職員」とは、副校長、教頭、主幹教諭（養護又は栄養の指導等をつかさどる主幹教諭を除く）、指導教諭、教諭、助教諭、講師のことをいう。

校長の設置数

校長の数は、標準法によって、都道府県ごとに、小学校及び中学校並びに中等教育学校前期課程の数の合計に一を乗じた数とされる。すなわち、都道府県全体としては、学校数と課程数を合計した数とされるが、学校単位で見れば、各学校または各前期課程に一人置くことになる。ただし、小中一貫教育校で校長が一人配置とされている場合でも、小学校と中学校に同じ人物が校長に任命されていることになる。学校教育法は校長の設置数を定めていないが、副校長及び教頭については、「一人以上置くとき」と明記していることから複数設置を可能としている。

その他教職員の設置数

養護教諭（養護主幹教諭、養護助教諭を含む）は、三学級以上、または児童数八五一人以上の小学校、生徒数八一人以上の中学校に一人置き、また医療機関が存しない市町村の数を考慮した設置される。事務職員は、四学級以上の小学校及び中学校並びに中等教育学校前期課程に一人設置され、このほか、その数に満たない学校については一定割合除された数が置かれることとされる。

特別支援学校の教職員設置数

特別支援学校の場合、教職員定数の算出は複雑になる。標準法によると、小学部の場合、一学級の部だと二・〇乗ずるとされ、中学部の場合には、一学級の部だと四・〇乗することになる。ただし、二七学級以上の大規模校などや特別支援学校の区分（視覚障害や知的障害などの区分）の違いによって大幅に加算されることとされる。

なお、特別支援学校は、一学級当たりの児童生徒の標準数が少ないため、結果として普通学校よりもかなり多くの教職員が配されることになる。

本条を考える視点

市町村費負担教職員の配置

標準法は、市町村立学校職員給与負担法の対象となる県費負担教職員定数の根拠とされ、かつ、義務教育費国庫負担法の対象となる県費負担教職員の設置数にも影響することから、これまで学校に置くべき教職員の数は設置者である市町村が自主的に決めることができなかった。しかし、構造改革特区により、平成一五（二〇〇三）年度から市町村費負担教職員の設置が可能とされ、その後、この仕組みは全国の市区町村でも導入可能になった（構造改革特別区域法第一三条）。この仕組みを活用すれば、市区町村は自らの財政事情に応じて標準を上回る教職員の設置ができることになり、例えば、三五人学級も可能になる。

ただ、教育の機会均等の観点に照らせば、市区町村の財政規模や財政事情によって教職員設置数に格差が生じることが懸念される。

関連条文 資料

■関連条文　本法第三七条〔職員〕、構造改革特別区域法第一三条
■関連資料　昭和三三年六月初等中等局長回答
「本条の教育機関とは、教育、学術および文化に関する事業または教育に関する専門的、技術的事項の研究もしくは教育関係職員の研修、保健、福利、厚生等の物的施設および関連のある事業を行うことを主目的とし、専属の物的施設および人的施設を備え、かつ、管理者の管理の下にみずからの意思をもって継続的に事業の運営を行う機関である。」

第二部関連頁

七七一頁

〔校長・教員の資格〕
第八条　校長及び教員（教育職員免許法（昭和二十四年法律第百四十七号）の適用を受ける者を除く。）の資格に関する事項は、別に法律で定めるもののほか、文部科学大臣がこれを定める。

本条の概要

法律に定める学校は「公の性質」を有しており（教育基本法第六条第一項）、それゆえ校長及び教員にはその能力、

資質等を示す一定の資格が求められる。本条はこの校長及び教員の積極的資格に関する規定であり、校長及び教員の欠格事由という消極的資格を定めた次条（第九条）と対となっている。ただし本条それ自体には第九条のように具体的な要件を列挙しておらず、文部科学大臣がこれを定めることとなっている。

本条の対象は、教育職員免許法の適用を受ける者や「別に法律で定めるもの」に該当する職に就く者を除いた校長及び教員である。具体的には①幼稚園、小学校、中学校、義務教育学校、高等学校、中等教育学校及び特別支援学校の校長（園長）、副校長（副園長）及び教頭、②大学及び高等専門学校の校長（公立大学の学長を除く。）、教授、准教授、講師及び助教を指す。本項では前者の校長、副校長及び教頭について概要を述べる。

本条の対象となる校長の資格は本法施行規則に定められており（第二〇条）、副校長及び教頭については校長の資格の規定を準用することとなっている（第二三条）。校長の資格は、かつて教諭の免許状の保有と「教育に関する職」における五年以上の経験という二つの要件によって構成されていた。また、教頭の資格はこの要件を準用することとなっていた。しかし、平成一二（二〇〇〇）年に校長の資格要件の緩和、平成一八（二〇〇六）年に教頭の資格要件の緩和がなされ、これらの要件がなくとも任用が可能となり、民間人校長、副校長、教頭が誕生している。

ポイント解説

教育職員免許法の適用を受けない教員とその資格

同法の第二条に適用対象となる教育職員が規定されている。すなわち、幼稚園、小学校、中学校、義務教育学校、高等学校、中等教育学校及び特別支援学校の主幹教諭、指導教諭、教諭、助教諭、養護教諭、養護助教諭、栄養教諭及び講師である。これらの教育職員を除いた一条校の教員は、大学及び高等専門学校の教授、准教授、講師及び助教であり、それらの教員の任用資格は大学設置基準（第一四条～第一六条の二）及び高等専門学校設置基準（第一一条〜第一三条の二）に規定されている。いずれの教員も大きくは①専攻分野に関する学位、業績、知識、技能、経験等を有し、②大学における教育を担当するにふさわしい教育上の能力を有すると認められる者としている。

「別に法律で定めるもの」に該当する職

地方公共団体が設置する大学の学長の資格は、教育公務員特例法第三条第二項において「人格が高潔で、学識が優れ、かつ、教育行政に関し識見を有する者」とされている。なお、これとは別に大学の学長の資格は大学設置基準第一三条の二において「人格が高潔で、学識が優れ、かつ、大学運営に関し識見を有すると認められる者」とされている。また、高等専門学校の校長の資格は高等専門学校設置基準第一〇条の二において「人格が高潔で、学識が優れ、かつ、高等専門学校の運営に関し識見を有すると認められる者」とされている。

校長の資格とその緩和

大学及び高等専門学校を除いた学校の校長の任用の資格は本法施行規則第二〇条に定められている。従来この資格は①教諭の専修免許状又は一種免許状（高等学校及び中等教育学校の校長の場合、専修免許状）の保有、②同条に掲げられた「教育に関する職」のいずれかにおける五年以上の経験が基本的要件であった。しかし、「教育に関する職の経験や組織運営に関する経験、能力に着目して、地域や学校の実情に応じ、幅広く人材を確保することができるよう」（「学校教育法施行規則等の一部を改正する省令の施行について（通知）」）、資格緩和がなされた。この結果、第一に、前述の「教育に関する職」に専修学校の校長及び教員、一条校の実習助手、寮母及び学校栄養職員が加えられた（第二〇条第一号イ、ロ、ハ）。第二に、①の要件がなくとも、「教育に関する職」における十年以上の経験があれば資格として認められるようになった（第二〇条第二号）。第三に、学校の運営上特に必要がある場合には、資格を有する者と同等の資質を有すると認められる者を校長として任命し又は採用することができることとした（第二二条）。この結果、校長の任用の幅は格段に広がった。

私立学校の特例

私立学校の場合、本法施行規則第二〇条の規定により難い特別の事情があるときは、五年以上教育に関する職又は教育、学術に関する業務に従事し、かつ、教育に関し高い識見を有する者を校長として採用することができる（第二一条）。なお、既述の資格緩和の対象には私立学校の校長も含まれており、このため、私立学校の校長には第二一条と第二二条の二種類の特例が認められていることになる。

副校長及び教頭の資格

副校長及び教頭の資格は本法施行規則第二〇～二二条の規定が準用される（第二三条）。従来準用されたのは現在の第二〇条のみであったが、「多様な人材の登用を図る」（「学校教育法施行規則の一部を改正する省令等及び学校教育法施行令第八条に基づく就学校の変更の取扱いについて（通知）」）ため、平成一八（二〇〇六）年の省令改正により教頭も第二一、二二条が準用される資格緩和がなされた。この結果、教諭の免許状を有しない者を副校長、教頭として登用できるようになった。なお、教頭が教育をつかさどる場合には、従来通り各相当学校の相当教科の教諭の免許状が必要である。

本条を考える視点

校長の資格緩和により通常の管理職試験とは異なる独自の選考試験が実施され、民間人校長が生まれている。民間人校長は公教育によい影響、悪い影響を与えている。前者として、常識、前例にとらわれない特色ある教育活動を展開していることが指摘できる。塾と連携した夜間の補習授業や社会の常識を伝える授業等はそれに該当する。教職経験を経た校長の場合、教育活動は定型化しがちであったが、民間人校長は独自の発想で変化をもたらしており、この変化は公教育の活性化をもたらすであろう。一方、公教育への悪い影響もある。例えば民間人校長が三カ月で退職した事例、職員や保護者へのハラスメントを行った事例等、教育の継続性・安定性、倫理観という点で問題も起きている。これらを新規制度導入による一過性のものと捉えてもよいが、当然ながら児童生徒への影響があるのは望ましいものではない。今後、いかにして校長としてふさわしい人材を確保し、また研修するかについて検証、再考が必要となろう。

第二部関連頁　七六九頁

関連条文　資料

■関連条文　本法施行規則第二〇条（校長の資格）、第二一条（私立学校長の資格の特例）、第二二条（免許状によらない校長の任用）、第二三条（副校長及び教頭の資格への準用）、本法第九条〔校長・教員の欠格事由〕、教育職員免許法第四条、教育公務員特例法第四条第二項、高等専門学校設置基準第一〇条の二～第一三条の二（高等専門学校の校長・教員の資格）、大学設置基準第一三条の二～第一六条の二（大学の学長・教員の資格）

■関連資料　「学校教育法施行規則等の一部を改正する省令の施行について（通知）」（平成一二年一月二一日文教地第二四四号　文部事務次官）、「学校教育法施行規則の一部を改正する省令等及び学校教育法施行令第八条に基づく就学校の変更の取扱いについて（通知）」（平成一八年三月三〇日一七文科初第一一三八号　初等中等教育局長）

〔校長・教員の欠格事由〕

第九条 次の各号のいずれかに該当する者は、校長又は教員となることができない。

一 成年被後見人又は被保佐人
二 禁錮以上の刑に処せられた者
三 教育職員免許法第十条第一項第二号又は第三号に該当することにより免許状がその効力を失い、当該失効の日から三年を経過しない者
四 教育職員免許法第十一条第一項から第三号までの規定により免許状取上げの処分を受け、三年を経過しない者
五 日本国憲法施行の日以後において、日本国憲法又はその下に成立した政府を暴力で破壊することを主張する政党その他の団体を結成し、又はこれに加入した者

本条の概要

教職に就くためには基礎要件として教育職員免許法第三条で規定されるように「各相当の免許状を有する者でなければならない」が、この教育職員免許法規定は教員としての資格要件を示すもので、本条は「校長又は教員」になることができないという資格の否定的要件を定めたものである。

昭和二二（一九四七）年の本法制定当初は、六号にわたって欠格事由が定められていた。第一号の成年被後見人又は被保佐人規定は、制定当初「禁治産及び準禁治産者」という表現が使われていたが、平成一一（一九九九）年の成年後見制度の導入で現行に改正された。成年被後見人、被保佐人については、五九頁参照。

第二号の禁錮以上の刑に処せられた者という規定は、当初、長期六年の禁錮以上の刑に処せられた者という規定であったが、昭和二四（一九四九）年に改正され現行法の規定になった。地方公務員法第一六条でも同じように「二　禁錮以上の刑に処せられ、その執行を終わるまで又はその執行を受けることがなくなるまでの者」という規定で欠格条項が規定されているが、地方公務員は、刑の執行が終わり、または執行を受けることがなくなれば公務員としての資格は回復する。したがって、公立学校の教員は、地方公務員としての資格を回復するが、教員としての資格は、刑法第三四条の二規定に基づき刑の消滅があってから資格回復がされるため、一般公務員と異なりその職務に復帰するには厳しい規定となっている。なお、制定当初の本法には「三　長期六年未満の懲役又は禁錮の刑に処せられ、刑の執行を終り、又は刑の執行を受けることのないことに至らない者」も欠格事由とされていた。

第三号の規定は、免許状の失効について規定したものである。本条第一号、第二号、第五号に該当するような事態になった場合、さらには公務員である教員が地方公務員法第二八条第一項第一号（勤務成績が良くない場合）、第三号（公務員としての適格性を欠く場合）により分限免職の処分を受けた場合は、免許状の効力を失うことになる。第四号は、教育職員免許法第一一条に基づき、国公立学校の教員が懲戒免職により解雇された場合に、その免許状を取り上げることを定めたものである。

日本国憲法第九九条は公務員らの憲法尊重擁護義務を規定したものであるが、本条第五号は、この規定を根拠とする。第五号は、日本国憲法又はその下に成立した政府を暴力で破壊するような政党や団体等を結成、加入、活動し、その政党や団体等が破壊的活動団体であると認定された場合には、校長及び教員となる資格を終身的に失うことを規定したものである。

ポイント解説

教師の使命からは当然の規定

未来の主権者を育成するという職務を遂行するためには、校長及び教員は心身共に健康であることや倫理観をもつことは基礎要件として求められる事柄であるが、本条の規定が一般公務員と異なり教育職員に対して厳しくなっているのは当然のことといえよう。

教育職員免許法第五条では、一八歳未満の者、高等学校を卒業しない者には免許状を授与しないと定めているが、これも欠格条項の一つである。ただし、文部科学大臣が高等学校を卒業した者と同等以上の資格を有すると認めた場合を除くとされているので、高等学校卒業程度認定試験規則第八条規定の合格をして、教育職員免許法に基づき教職単位を取得し、さらには教育職員検定（教育職員免許法施行規則第六一条の二）に合格すれば教員免許は授与される。

本条の規定とともに、現在では免許状の効力については、指導改善研修と免許更新講習も関連してくることも留意しておきたい。

指導が不適切な教員に対する措置

平成一九（二〇〇七）年の教育公務員特例法改正により、指導改善研修規定が新たに設けられた（第二五条の二）。本条の免許状失効規定は、分限、免職処分を受けたときに適用される条項であるが、現在では、指導が不適切な教員に対する研修後の措置も関連してくることに留意したい。

文部科学省は、指導改善研修後の措置、「免職その他の必要な措置」について、「免職」とは、地方公務員法第二八条第一項による「免職」を指し、「その他の必要な措置」とは、地方教育行政の組織及び運営に関する法律第四七条の二第一項による「県費負担教職員の免職及び都道府県の職への採用」、地方公務員法第一七条第一項の「転任」、指導改善研修の「再受講」などを想定していること（平成一九年七月三一日事務次官通知）とした。このことから、指導改善研修を受けて改善の見込みがない者が免職処分を受けた際に免許状の効力が失われる場合も生じてくる。

文部科学省は平成二〇（二〇〇八）年二月八日に「指導が不適切な教員に対する人事管理システムのガイドライン」を公表したが、その「八．指導改善研修後の措置」の中で「指導改善研修終了時の認定において、未だ「指導が不適切である」と認定された教諭等に対しては、教育公務員特例法第二五条の三に基づき、指導改善研修後の措置として、分限免職処分や地方教育行政の組織及び運営に関する法律第四七条の二に基づく県費負担教職員の免職及び都道府県の職への採用（以下「免職・採用」という。）等の措置がとられる。指導改善研修後の措置を検討するに当たっては、免職・採用等の可能性を検討した上でないと分限免職ができないということではない。その職の適格性を欠く場合等、分限免職事由に該当する場合には、分限免職を行うべきであり、それぞれ「指導が不適切である」教諭等の能力等に鑑み、任命権者である教育委員会が判断し、適切な措置を行うこととなる。」とした。

公立学校以外の学校種の教職員にも適用

本条は公立学校の教員のみならず、専修学校（本法第一三三条）、各種学校（本法第一三四条）、私立学校の役員（私立学校法第三八条第八項）にも準用される。

免許更新講習未履修者は免許失効

免許失効については、本条規定のほか、免許状更新講習制度について理解を深めておく必要がある。平成一八（二〇〇六）年の教育職員免許法の改正により更新講習制度が導入されたが、普通免許状、特別免許状取得者に関しては授与された日の翌日から一〇年間効力を有し、その後更新講習を受講しないとき、又は修了認定がなされなかった場合には効力を失うことになる。ただし、基礎要件としての教職課程の単位を取り消されることはない。さらには、更新講習を受けて認定されれば新たに免許状が授与されることになる。

免許取り上げ

懲戒免職を受け解雇された場合には免許状は取り上げとなる。昨今、教職員が関わる刑事事件が頻発しているが、懲戒免職を受けたからすぐに免許取り上げという措置をとるのではなく、刑が確定した時点で措置をとるべきであろう。

また、刑の期間を経過したときには、効力が消滅するので、資格回復をすることも留意しておかなければならない。

本条を考える視点

教育の質の確保と教育責任

本条は、教育の質の確保のため教育責任（教育基本法第九条）を果たしうる人材の確保という視点から捉えることが重要である。教育職員免許法第一条は、教育職員の免許の基準と教育職員の資質の保持と向上を図ることを目的としているが、本条第一号規定の成年被後見人制度は平成一一（一九九九）年の民法改正に基づき定められた。成年被後見人とは、民法第七条により「精神上の障害により事理を弁識する能力を欠く情況にある者」とされ、成年被保佐人とは民法第一一条「精神上の障害により事理を弁識する能力が著しく不十分である者」とされている。いずれも家庭裁判所が本人、配偶者、四親等内の親族、後見人、検察官等々の請求により、開始審判を行い、審判を受けた場合に成年被後見人、被保佐人となる。なお、民法第一四条では、第一一条規定で原因が消滅したときは請求を受けたら家庭裁判所は保佐開始等の審判取消をしなければならない、と定めている。

非常勤講師の取扱

平成二三（二〇一一）年度からの学習指導要領の実施に当たり、小学校高学年から外国語活動が教育課程として編成されるが、小学校教員で英語を専修として免許状を有する者は少なく、運用にあたりＡＬＴ（Assistant Language Teacher）を採用して授業に当たる学校が多く見られる。各自治体の教育委員会によってはＡＬＴではなくて免許状を要しない非常勤講師をその任に充てるところも出てくるであろう。本条第一号、第二号はＡＬＴ及び非常勤講師にも適用されることになる。

分限、懲戒は手続きが重要

教育職員としての資格を剥奪することに対しては、明確な手続きが重要である。破廉恥事件や重罰を科せられるような事件はともかく、処分に当たっては本人の弁明機会は最低限確保すべきである。特に、私学において処分を受けて取り消しの請求があった場合には免許状授与者は機械的に判断せず、十分に双方から意見を聴取しなければならない。

第二部関連頁　七六七頁

関連条文　資料

■関連条文　教育職員免許法（昭和二四年五月三一日法律第一四七号）第一〇条、民法第七条〜第一二条、刑法（明治四〇年四月二四日法律第四五号）第一三条、第七七条、第七八条、第九三条、第九四条、第九五条、第一〇六条、第一〇七条、第一一七条の二、第一二三条等々、刑法第三四条の二、教育職員免許法第一一条、地方公務員法第二八条一項第一号、第三号、教育職員免許法第五条、破壊活動防止法（昭和二七年七月二一日法律第二四〇号）、国家公務員法（昭和二二年一〇月二一日法律第一二〇号）、地方公務員法、教育公務員特例法（昭和二四年一月一二日法律第一号）、私立学校法

〔私立学校長の届出〕

第一〇条　私立学校は、校長を定め、大学及び高等専門学校にあつては文部科学大臣に、大学及び高等専門学校以外の学校にあつては都道府県知事に届け出なければならない。

本条の概要

日本では私人による寄附財産等による学校設置の自由が認められ、当該学校の運営に関する自主性は尊重されることになっている。この私立学校の自主性を重んじるがゆえ、私立学校に対する所轄庁の権限は限定されている（私立学校法（以下「私学法」と略）第五条）。一方、私立学校は国公立学校と同様に「公の性質」を有している（教育基本法第六条第一項）。公教育の一翼を担う以上、すべて放任されるのではなく、法令に基づき一定の規制を受けることになる。

本条はこのような規制に位置付くものであり、私立学校が校長（園長、学長）を定めた際、大学及び高等専門学校は文部科学大臣に、大学及び高等専門学校以外の学校では都道府県知事に届け出る義務を規定したものである。この届出に当たっては履歴書を添えることとなっている（本法施行規則第二七条）。

戦前の旧私立学校令では校長を監督官庁が認可することになっており、申請ののち審査を受ける必要があった。しかし、戦後、学校教育法では本条のように事後の届出でよいこととなった。規制とはいえ、現在のように干渉が抑制されることになったのは、私立学校の自主性が最大限尊重されたがゆえである。

なお、長らく本条は「監督庁に届け出なければならない」とされていたが、国と地方公共団体が分担すべき役割を明確にする観点から制定された地方分権の推進を図るための関係法律の整備等に関する法律（平成一一年法律第八七号）により、現在のように届出の主体、客体が明文化された条文となった。

ポイント解説

私立学校に対する規制の制限

戦前の私立学校行政では監督官庁に、①校長を認可する権限、②不適当と認める校長又は教員を解職させる権限、③設備、授業その他の事項に対する変更権限、④収支予算の変更権限、などを認めていた。戦後、学校教育法の当初案ではこれらの権限が残されていたが、建学の精神に基づき独自の教育を行う私立学校の自主性を重んじ、干渉を極力制限する観点から修正されることになり、①の認可制は届出制となり（本条）、②、④の権限は削除された。さらに、私学法により、③の広範な変更権限は適用除外となった（私学法第五条）。これらの結果、学校教育法において私立学校を直接的な対象とした規制を定めるものは本条のみとなっている。

私立学校の校長の採用

校長を採用するに当たっては本法第八条及び本法施行規則第二〇条に定められた積極的資格、本法第九条に定められた消極的資格をクリアした者を選ばなければならない。

前者の積極的資格として、①教員免許状の保有及び「教育に関する職」の五年以上の経験、もしくは②「教育に関する職」の一〇年以上の経験、が要件となっている（本法施行規則第二〇条）。ただし、私立学校については特例が認められており、「五年以上教育に関する職又は教育、学術に関する業務に従事し、かつ、教育に関し高い識見を有する者」を採用することができる（同施行規則第二一条）。なお、平成一二（二〇〇〇）年の校長の資格要件の緩和に伴い、私立学校でも第二〇条に掲げる資格と同等の資質を有すると認める者を校長として採用することができるようになった（同施行規則二二条）。

また、後者の消極的資格として、本法第九条に欠格事由が列挙されている。このいずれかに該当する者は、国公立学校と同様、私立学校でも校長になることができない。

私立学校の校長の届出

私立学校は校長を採用した際、文部科学大臣もしくは都道府県知事に対し、校長の採用について事後的に届け出を行わなければならない。文部科学省、都道府県ではそれぞれ規則等により届出書の様式を作成しており、この届出書に校長として就任した者の履歴書を添えることになる（本法施行規則第二七条）。実務上は、これらに加え、前述の欠格事由に該当しないことを誓約する書面を添えるほか、同施行規則第二二条、第二三条を適用して校長を採用した場合はその特別の事情について記述した書類が求められることもある。

校長の役員就任に伴う手続き

本条は、私立学校において校務をつかさどる校長を定めた際の届出の義務を示したものである。一方、私学法では、学校法人における教育（研究）と経営の調整を図ることをねらいとし、学校法人の置く私立学校の校長（複数校置く場合は一人又は複数）が役員（理事）となることを定めている（第三八条第一項第一号、同条第二項）。このため、私立学校は理事となる校長を定めた際、校長の採用の届出とは別に役員としての就任に伴う手続きも行わねばならない。

このような校長が役員として就任することに伴う手続きが必要な場合として、①学校法人の設立申請（同法第三〇条第一項、施行規則第二条第一項）、②役員変更の届け出（同法施行令第一条第二項、施行規則第一三条）、がある。この際、私立学校は校長の採用の届出の際と同様に、履歴書やその他法令上必要な書類、所轄庁から求められる書類を提出することになる。

専修学校及び各種学校への準用

本条及び本法施行規則第二七条は専修学校及び各種学校に準用されることになっている（本法第一三三条第一項、本法施行規則第一八九条、本法第一三四条第二項、同施行規則第一九〇条）。その場合、都道府県知事に届け出るとの読み替えがなされる。

本条を考える視点

本条は本法において私立学校を直接の規制対象にする唯一の条文であり、その内容は届出という干渉の度合いの低いものとなっている。文部科学大臣や都道府県知事に新たに就任した校長を知らせるという以上に、本条はどのような価値を持ちうるだろうか。

近年私立学校をめぐる問題がクローズアップされている。経営に必要な財産がなく、教員への給与未払いが起こった学校法人に解散命令がなされ、平成二六（二〇一四）年には所轄庁の措置命令等の権限を認める私学法改正がなされた。また、教育研究に充てられるべき経費を流用した問題が発覚し、文部科学省から会計上の適切な処理を行うよう通知が発せられた（「学校法人における寄付金等及び教材料等の取扱いの適正確保について（通知）」）。

このように、私立学校の問題の顕在化の結果、徐々に私立学校に対する規制の強化がなされている。近年少子化の影響により財務環境は厳しさを増しており、さらに問題が発生する可能性、そして結果的に所轄庁が教育の質の担保のため学校内部への規制をより強化する可能性もある。本条はその際、本法に唯一残された私立学校の規定として、改めてその歴史的意義が注目されることになろう。

関連条文　資料

■関連条文　本法施行規則第二七条（私立学校長の届出）、本法第八条（校長・教員の資格）、本法施行規則第二〇条（校長の資格）、第二一条（私立学校長の資格の特例）、第二二条（免許状によらない校長の任用）、本法第九条（校長・教員の欠格事由）、本法第一三三条（準用規定）第一項、本法施行規則第一八九条（専修学校への準用規定）、本法第一三四条（各種学校）第二項、本法施行規則第一九〇条（各種学校への準用規定）、私立学校法第五条、第三〇条第一項、第三八条第一項、第二項、同施行令第一条第二項、同施行規則第二条第一項、第一三条、地方分権の推進を図るための関係法律の整備等に関する法律（平成一一年七月一六日法律第八七号）第一二六条（学校教育法の一部改正）

■関連資料「私立大学における入学者選抜の公正確保等について（通知）」（平成一四年一〇月一日一四文科高第四五四号　文部科学事務次官）、「私立学校法の一部を改正する法律の施行について（通知）」（平成二六年四月二日二六文科高第二一号　文部科学事務次官）、「学校法人における寄付金等及び教材料等の取扱いの適正確保について（通知）」（平成二七年三月三一日二六高私参第九号　高等教育局私学部参事官）、「学校法人における寄付金等及び教材料等の取扱いの適正確保について（通知）」（平成二七年三月三一日二六高私参第一〇号　高等教育局私学部参事官）

〔児童・生徒等の懲戒〕

第一一条　校長及び教員は、教育上必要があると認めるときは、文部科学大臣の定めるところにより、児童、生徒及び学生に懲戒を加えることができる。ただし、体罰を加えることはできない。

本条の概要

本条の意義は、学校生活で児童生徒等が問題行動を繰り返し、他の児童生徒等に迷惑をかけ続けた場合、集団の安定を守るために当該児童生徒等に対して注意をし、迷惑行為をやめさせる、あるいは懲戒を加えることにある。その際には教育的配慮のもとに行われなければならない。

懲戒とは「こらしいましめること。不正または不当な行為に対し、制裁を加えること」（広辞苑第六版）であるが、本規定は、学齢児童、学齢生徒及び学生に対しての懲戒規定であり幼稚園児に対して懲戒を加えることはできないことになっている。幼稚園も本法第一条に基づく教育機関であるが、幼稚園は、義務教育及びその後の教育の基礎を培う機関として、心身未発達の幼児を保育することが目的（本法第二二条）であることから懲戒という作用は及ばないのである。

懲戒については本法施行規則第二六条に規定されているように、訓告、退学、停学などが該当する。訓告とは、問題行動をとる児童・生徒に教えいましめる行為で法的効果を伴わないが、退学、停学処分は法的効果を伴うから、義務教育諸学校に通う児童・生徒には制限が伴う。ただし、公立と私立ではこの処分は異なる。私立の義務教育諸学校では退学処分は許される行為だが、停学処分は許されない。

この懲戒規定は、明治一二（一八七九）年教育令第四六条で体罰の禁止が定められ、その後、明治三三（一九〇〇）年小学校令第四七条において「小学校長及教員ハ教育上必要ト認メタルトキハ児童ニ懲戒ヲ加フルコトヲ得但シ体罰ヲ加フルコトヲ得ス」と現行法に近い原型が示された。さらに昭和一六（一九四一）年の国民学校令第二〇条で「国民学校職員ハ教育上必要アリト認ムルトキハ児童ニ懲戒ヲ加フルコトヲ得但シ体罰ヲ加フルコトヲ得ズ」と規定されているのである。

児童・生徒、学生等に関する懲戒は、あくまでも教育作用として行うのであり、懲罰を加えるために行う事柄ではない。

ポイント解説

問題行動を繰り返す児童・生徒に適切な指導をすることは、教師の教育責任でもあるが、その際には、教育的配慮は欠かせない。

昨今のいじめ指導などでは、被害者側への教育的配慮が欠けていることが多く散見される。被害者側は、報復を恐れたり、自尊心などからその事実を隠す傾向にあることを教師は察しなければいけない。ゆえに徹底的に被害者側に寄り添う姿勢を保ち続けることにより被害者の心情を支えることになる。

さらに、重要なのはいじめ加害者にはいじめが人権侵害行為になるということも徹底していくことである。

校内暴力などや器物損壊行為を繰り返す者に対しても、毅然たる対応の中にも教育的配慮は必要だ。特に義務教育諸学校などではそのような行動に至った背景を把握する必要がある。つまり、問題行動をとったことの「問題点」を発見し、解決策を立案する行為が教育的配慮になる。最終的には指導上の改善策を立案し、全学で共有していくことが学校全体の教育的配慮になり、在学生や保護者、地域の人々に信頼ある学校として認識されるであろう。

なお、平成二六（二〇一四）年本法第九三条の改正に伴い、本法施行規則第二六条に五項が追加され、学生に対する退学、停学及び訓告の処分に関する手続きを定めなければならないことになった。

本条を考える視点

本条の規定で特に留意しなくてはならないのは「体罰」の禁止規定である。体罰行為がしばしば裁判になり、教育の信頼性を揺るがす問題に発展することがあるから、教師は体罰は人権侵害行為であり、さらには傷害罪（刑法

第二〇四条）や暴行罪（刑法第二〇八条）に該当することも認識しておかなければならない。

体罰裁判は、公務員である教師が加害者となった場合、民事事件＝損害賠償請求事件では、国家賠償法規定により教師個人がその責任を負うことはない。ただし、設置管理者が直接体罰をふるった教師に求償権（国家賠償法第一条第二項）を行使し、代わりに支払った損害賠償金について請求することもある。

私学においても同様で使用者責任を定めている民法規定が適用されるが、契約時に使用者が相当の注意をしていれば、体罰をふるった教師自身がその責任を直接負うこともある。

学校教育は、子どもの成長発達権を保障する場であり、子どもたちの人格形成を促す場でもある。そのような中で教師自身が人権侵害行為を行うことは絶対にあってはならないことで、「言っても言うことを聞かない子ども」には少々の体罰も許されるという風潮には抵抗感をもつような学校風土を作っていくことが大切である。

第二部関連頁　七六一、七六三、七六五頁

関連条文　資料

■関連条文

・**本法施行規則第二六条（懲戒）**　校長及び教員が児童等に懲戒を加えるに当たつては、児童等の心身の発達に応ずる等教育上必要な配慮をしなければならない。

② 懲戒のうち、退学、停学及び訓告の処分は校長（大学にあつては、学長の委任を受けた学部長を含む。）が行う。

③ 前項の退学は、公立の小学校、中学校（学校教育法第七十一条の規定により高等学校における教育と一貫し

た教育を施すもの（以下「併設型中学校」という。）を除く。）又は特別支援学校に在学する学齢児童又は学齢生徒を除き、次の各号のいずれかに該当する児童等に対して行うことができる。

一　性行不良で改善の見込がないと認められる者

二　学力劣等で成業の見込がないと認められる者

三　正当の理由がなくて出席常でない者

四　学校の秩序を乱し、その他学生又は生徒としての本分に反した者

④　第二項の停学は、学齢児童又は学齢生徒に対しては、行うことができない。

⑤　学長は、学生に対する第二項の退学、停学及び訓告の処分の手続を定めなければならない。

・**刑法第二〇四条（傷害）**　人の身体を傷害した者は、十五年以下の懲役又は五十万円以下の罰金に処する。

・**刑法第二〇八条（暴行）**　暴行を加えた者が人を傷害するに至らなかったときは、二年以下の懲役若しくは三十万円以下の罰金又は拘留若しくは科料に処する。

・**国家賠償法第一条第二項**　前項の場合において、公務員に故意又は重大な過失があったときは、国又は公共団体は、その公務員に対して求償権を有する。

・**民法第七〇九条（不法行為による損害賠償）**　故意又は過失によって他人の権利又は法律上保護される利益を侵害した者は、これによって生じた損害を賠償する責任を負う。

・**民法第七一五条第一項（使用者等の責任）**　ある事業のために他人を使用する者は、被用者がその事業の執行について第三者に加えた損害を賠償する責任を負う。ただし、使用者が被用者の選任及びその事業の監督について相当の注意をしたとき、又は相当の注意をしても損害が生ずべきであったときは、この限りではない。

・**行政手続法第三条第一項第七号（適用除外）**

■関連資料

・**法務庁通達「児童懲戒権の限界の解釈について」**（昭和23年12月22日法務庁／調査2／発第18号　法務庁法務調査意見長官）

第1問　学校教育法第11条にいわゆる「体罰」の意義如何たとえば放課後学童を教室内に残留させることは「体罰」に該当するか又それは刑法上の監禁罪を構成するか。

回答

1　学校教育法第11条にいう「体罰」とは懲戒の内容が身体的性質のものである場合を意味する。

即ち

(1)身体に対する侵害を内容とする懲戒―なぐる。ける。の類がこれに該当することはいうまでもないが更に

(2)被罰者に肉体的苦痛を与えるような懲戒も亦これに該当する。例えば端座。直立等特定の姿勢を長時間にわたつて保持させるというような懲戒は体罰の一種と解せられなければならない。

2　しかし特定の場合が上記の(2)の意味の「体罰」に該当するかどうかに機械的に判定することはできない。たとえば同じ時間直立させるにしても、教室内の場合と炎天下又は寒風中の場合とでは被罰者の身体に対する影響が全くちがうからである。それ故に当該児童の年齢健康場所的及び時間的環境等種々の条件を考え合せて肉体的苦痛の有無を判定しなければならない。

3　放課後教室に残留させることは、前記1の定義からいつて、通常「体罰」には該当しない。ただし用便のためにも室外に出ることを許さないとか食事時間をすぎて長く留めおくとかいうことがあれば肉体的苦痛を生じさせるから体罰に該当するであろう。

4　上記の教室に残留させる行為は肉体的苦痛を生じさせない場合であつても、刑法の監禁罪の構成要件を充足するか、合理的な限度をこえない範囲内の行為ならば正当な懲戒権の行使として刑法第35条により違法性が阻却され、犯罪は成立しない。合理的な限度をこえてこのような懲戒を行えば監禁罪の成立をまぬかれない。

次に然らば上記の合理的な限度とは具体的にどの程度を意味するのか、という問題になるとあらかじめ一般的な標準を立てることは困難である。

個々の具体的な場合に当該の非行が性質非行者の性行および年齢留めおいた時間の長さ等一切の条件を綜合的に考察して通常の理性をそなえた者が当該の行為をもつて懲戒権の合理的な行使と判断するであろうか否かを標準として決定する外はない。

第2問　授業に遅刻した学童に対する懲戒としてある時間内この者を教室に入らせないことは許されるか。

回答

義務教育においては、児童に授業を受けさせないという処置は懲戒の方法としてはこれを採ることは許されないと解釈すべきである。

学校教育法第26条、第40条（注：当時、現在は第35条、第49条）には小中学校の監理機関が児童の保護者に対して児童の出席停止を命じ得る場合が規定されているがそれは当該の児童に対する懲戒の意味においてではなく他の児童に対する健康上又は教育上の悪い影響を防ぐ意味に於いて認められているにすぎない。故に遅刻児童についてもこれに対する懲戒の手段としてたとえ短時間でもこの者に授業をうけさせないという処置は許されない。

第3問　授業中学習を怠り、又は喧騒その他ほかの児童の妨げになるような行為をした学童をある時間内、教室外に退去させまたは椅子から起立させておくことは許されるか。

回答

1　児童を教室外に退去せしめる行為については、第2問の回答に記したところと同様懲戒の手段としてかかる方法をとることは許されないと解すべきである。ただし児童が喧騒その他の行為によりほかの学習に妨げをするような場合、他の方法によつてこれを制止ししない時に懲戒の意味に於いてではなく教室の秩序を維持し外の一般児童の学習上の妨害を排除する意味でそうした行為のやむまでの間教師が当該児童を教室外に退去せしめることは許される。児童を起立せしめることは、それが第1問回答1の(2)及び2の意味で「体罰」に該当しない限り懲戒権の範囲内の行為として適法である。

第4問（略）

第5問　ある学童が学校の施設もしくは備品又は学友の所有にかかる物品を盗み又はこわした場合にはこれに対する懲戒としてこの者を放課後学校に留めおくことは許されるか。

回答

盗取毀損等の行為は刑法上の犯罪にも該当し従つて刑罰の対象となり得べき行為でもあるが同時にまた懲戒の対象となり得べき行為でもある。刑罰はもちろん私人がこれを課することは出来ないが懲戒を行うことは懲戒権者の権限に属する。故に懲戒のために所問のごとき処置をとることは懲戒権の範囲を逸脱しない限りさしつかえなくこれに就ては第1問回答の3、4と同様に解してよい。

第6問　第4、5問のような事故があつた場合に誰がしたのかをしらべ出すために容疑者及び関係者たる学童を教職員が訊問することは許されるか、又その為に放課後これ等の者を学校に留めおくことは許されるか。

回答

1　所問のような学校内の秩序を破壊する行為があつた場合はこれをそのまま見のがすことなく行為者を探し出し

てこれに適度の制裁を課することにより本人並に他の学童を戒めてその道徳心の向上を期することはそれ自体教育活動の一部であり従つて合理的な範囲内に於ては当然教師がこれを行う権限を有している。従つて教師は所問のような訊問を行つてもさしつかえない。ただし訊問にあたつて威力を用いたり、自白や供述を強制したりしてはならない。そのような行為は強制捜査権を有する司法機関にさえも禁止されているのであり（憲法第38条第1項第36条参照）いわんや教職員にとつてそのような行為が許されると解すべき根拠はないからである。

2　上記のような訊問のために放課後児童を学校に留めることは、それが非行者乃至非行の内容を明らかにするために必要であるかぎり合理的な範囲内において許される。尤もこれは懲戒権の行使としてではなく、前記の如き教育上の目的及び秩序維持の目的を達成する手段として許されるのである。どの位の時間の留めおきが許されるかは、第1問回答の4に準じて考えられるべきである。

第7問　学童に対する懲戒の方法としてその者に対して学校当番を特に多く割当てることはどうか。

回答

懲戒として学校当番を多く割当てることはさしつかえない。ただしこの場合には懲戒権の行使としての合理的な限度をこえてはならないのであつて、その限度をこえて不当な差別待遇又は児童の酷使にわたるようなことはもちろん許されない。

第8問　遅刻児童を防止するため、遅刻者を出した部落等の区域内の学童に誘い合わせの上隊伍を組んで登校することを命じることは許されるか。

回答

遅刻防止のため一定の区域内の児童に対し、誘い合わせて一諸に登校するように指示することはさしつかえない。尤も軍事教練的色彩をおびないように注意すべきである。

・「体罰の禁止及び児童生徒理解に基づく指導の徹底について（通知）」（平成二五年三月一三日二四文科初第一二六九号）

昨年末、部活動中の体罰を背景とした高校生の自殺事案が発生するなど、教職員による児童生徒への体罰の状況について、文部科学省としては、大変深刻に受け止めております。体罰は、学校教育法で禁止されている、決して許されない行為であり、平成25年1月23日初等中等教育局長、スポーツ・青少年局長通知「体罰禁止の徹底及び体罰に係る実態把握について」においても、体罰禁止の徹底を改めてお願いいたしました。

懲戒、体罰に関する解釈・運用については、平成19年2月に、裁判例の動向等も踏まえ、「問題行動を起こす児童生徒に対する指導について」（18文科初第1019号文部科学省初等中等教育局長通知）別紙「学校教育法第11条に規定する児童生徒の懲戒・体罰に関する考え方」を取りまとめましたが、懲戒と体罰の区別等についてより一層適切な理解促進を図るとともに、教育現場において、児童生徒理解に基づく指導が行われるよう、改めて本通知において考え方を示し、別紙において参考事例を示しました。懲戒、体罰に関する解釈・運用については、今後、本通知によるものとします。

また、部活動は学校教育の一環として行われるものであり、生徒をスポーツや文化等に親しませ、責任感、連帯感の涵養（かんよう）等に資するものであるといった部活動の意義をもう一度確認するとともに、体罰を厳しい指導として正当化することは誤りであるという認識を持ち、部活動の指導に当たる教員等は、生徒の心身の健全な育成に資するよう、生徒の健康状態等の十分な把握や、望ましい人間関係の構築に留意し、適切に部活動指導をすることが必要です。

貴職におかれましては、本通知の趣旨を理解の上、児童生徒理解に基づく指導が徹底されるよう積極的に取り組むとともに、都道府県・指定都市教育委員会にあっては所管の学校及び域内の市区町村教育委員会等に対して、都道府県知事にあっては所轄の私立学校に対して、国立大学法人学長にあっては附属学校に対して、構造改革特別区域法第12条第1項の認定を受けた地方公共団体の長にあっては認可した学校に対して、本通知の周知を図り、適切な御指導をお願いいたします。

記

1　体罰の禁止及び懲戒について

体罰は、学校教育法第11条において禁止されており、校長及び教員（以下「教員等」という。）は、児童生徒への指導に当たり、いかなる場合も体罰を行ってはならない。体罰は、違法行為であるのみならず、児童生徒の心身に深刻な悪影響を与え、教員等及び学校への信頼を失墜させる行為である。

体罰により正常な倫理観を養うことはできず、むしろ児童生徒に力による解決への志向を助長させ、いじめや暴力行為などの連鎖を生む恐れがある。もとより教員等は指導に当たり、児童生徒一人一人をよく理解し、適切な信頼関係を築くことが重要であり、このために日頃から自らの指導の在り方を見直し、指導力の向上に取り組むことが必要である。懲戒が必要と認める状況においても、決して体罰によることなく、児童生徒の規範意識や社会性の育成を図るよう、適切に懲戒を行い、粘り強く指導することが必要である。

ここでいう懲戒とは、学校教育法施行規則に定める退学（公立義務教育諸学校に在籍する学齢児童生徒を除く。）、停学（義務教育諸学校に在籍する学齢児童生徒を除く。）、訓告のほか、児童生徒に肉体的苦痛を与えるものでない限り、通常、懲戒権の範囲内と判断されると考えられる行為として、注意、叱責、居残り、別室指導、起立、宿題、清掃、学校当番の割当て、文書指導などがある。

2　懲戒と体罰の区別について

⑴教員等が児童生徒に対して行った懲戒行為が体罰に当たるかどうかは、当該児童生徒の年齢、健康、心身の発達

状況、当該行為が行われた場所的及び時間的環境、懲戒の態様等の諸条件を総合的に考え、個々の事案ごとに判断する必要がある。この際、単に、懲戒行為をした教員等や、懲戒行為を受けた児童生徒・保護者の主観のみにより判断するのではなく、諸条件を客観的に考慮して判断すべきである。

(2) (1)により、その懲戒の内容が身体的性質のもの、すなわち、身体に対する侵害を内容とするもの（殴る、蹴る等）、児童生徒に肉体的苦痛を与えるようなもの（正座・直立等特定の姿勢を長時間にわたって保持させる等）に当たると判断された場合は、体罰に該当する。

3　正当防衛及び正当行為について

(1) 児童生徒の暴力行為等に対しては、毅然とした姿勢で教職員一体となって対応し、児童生徒が安心して学べる環境を確保することが必要である。

(2) 児童生徒から教員等に対する暴力行為に対して、教員等が防衛のためにやむを得ずした有形力の行使は、もとより教育上の措置たる懲戒行為として行われたものではなく、これにより身体への侵害又は肉体的苦痛を与えた場合は体罰には該当しない。また、他の児童生徒に被害を及ぼすような暴力行為に対して、これを制止したり、目前の危険を回避したりするためにやむを得ずした有形力の行使についても、同様に体罰に当たらない。これらの行為については、正当防衛又は正当行為等として刑事上又は民事上の責めを免れうる。

4　体罰の防止と組織的な指導体制について

(1) 体罰の防止

1. 教育委員会は、体罰の防止に向け、研修の実施や教員等向けの指導資料の作成など、教員等が体罰に関する正しい認識を持つよう取り組むことが必要である。

2. 学校は、指導が困難な児童生徒の対応を一部の教員に任せきりにしたり、特定の教員が抱え込んだりすることのないよう、組織的な指導を徹底し、校長、教頭等の管理職や生徒指導担当教員を中心に、指導体制を常に見直すことが必要である。

3. 校長は、教員が体罰を行うことのないよう、校内研修の実施等により体罰に関する正しい認識を徹底させ、「場合によっては体罰もやむを得ない」などといった誤った考え方を容認する雰囲気がないか常に確認するなど、校内における体罰の未然防止に恒常的に取り組むことが必要である。また、教員が児童生徒への指導で困難を抱えた場合や、周囲に体罰と受け取られかねない指導を見かけた場合には、教員個人で抱え込まず、積極的に管理職や他の教員等へ報告・相談できるようにするなど、日常的に体罰を防止できる体制を整備することが必要である。

4. 教員は、決して体罰を行わないよう、平素から、いかなる行為が体罰に当たるかについての考え方を正しく理解しておく必要がある。また、機会あるごとに自身の体罰に関する認識を再確認し、児童生徒への指導の在り方を見直すとともに、自身が児童生徒への指導で困難を抱えた場合や、周囲に体罰と受け取られかねない指導を見かけた場合には、教員個人で抱え込まず、積極的に管理職や他の教員等へ報告・相談することが必要である。

(2) 体罰の実態把握と事案発生時の報告の徹底

1. 教育委員会は、校長に対し、体罰を把握した場合には教育委員会に直ちに報告するよう求めるとともに、日頃から、主体的な体罰の実態把握に努め、体罰と疑われる事案があった場合には、関係した教員等からの聞き取りのみならず、児童生徒や保護者からの聞き取りや、必要に応じて第三者の協力を得るなど、事実関係の正確な把握に努めることが必要である。あわせて、体罰を行ったと判断された教員等については、体罰が学校教育法に違反するものであることから、厳正な対応を行うことが必要である。

2. 校長は、教員に対し、万が一体罰を行った場合や、他の教員の体罰を目撃した場合には、直ちに管理職へ報告するよう求めるなど、校内における体罰の実態把握のために必要な体制を整備することが必要である。

また、教員や児童生徒、保護者等から体罰や体罰が疑われる事案の報告・相談があった場合は、関係した教員等からの聞き取りや、児童生徒や保護者からの聞き取り等により、事実関係の正確な把握に努めることが必要である。

加えて、体罰を把握した場合、校長は直ちに体罰を行った教員等を指導し、再発防止策を講じるとともに、教育委員会へ報告することが必要である。

3. 教育委員会及び学校は、児童生徒や保護者が、体罰の訴えや教員等との関係の悩みを相談することができる体制を整備し、相談窓口の周知を図ることが必要である。

5 部活動指導について

(1) 部活動は学校教育の一環であり、体罰が禁止されていることは当然である。成績や結果を残すことのみに固執せず、教育活動として逸脱することなく適切に実施されなければならない。

(2) 他方、運動部活動においては、生徒の技術力・身体的能力、又は精神力の向上を図ることを目的として、肉体的、精神的負荷を伴う指導が行われるが、これらは心身の健全な発達を促すとともに、活動を通じて達成感や、仲間との連帯感を育むものである。ただし、その指導は学校、部活動顧問、生徒、保護者の相互理解の下、年齢、技能の習熟度や健康状態、場所的・時間的環境等を総合的に考えて、適切に実施しなければならない。

指導と称し、部活動顧問の独善的な目的を持って、特定の生徒たちに対して、執拗かつ過度に肉体的・精神的負荷を与える指導は教育的指導とは言えない。

(3) 部活動は学校教育の一環であるため、校長、教頭等の管理職は、部活動顧問に全て委ねることなく、その指導を適宜監督し、教育活動としての使命を守ることが求められる。

別紙　学校教育法第11条に規定する児童生徒の懲戒・体罰等に関する参考事例

本紙は、学校現場の参考に資するよう、具体の事例について、通常、どのように判断されうるかを示したものである。本紙は飽くまで参考として、事例を簡潔に示して整理したものであるが、個別の事案が体罰に該当するか等を判断するに当たっては、本通知2(1)の諸条件を総合的に考え、個々の事案ごとに判断する必要がある。

(1)体罰（通常、体罰と判断されると考えられる行為）

身体に対する侵害を内容とするもの

・体育の授業中、危険な行為をした児童の背中を足で踏みつける。
・帰りの会で足をぶらぶらさせて座り、前の席の児童に足を当てた児童を、突き飛ばして転倒させる。
・授業態度について指導したが反抗的な言動をした複数の生徒らの頬を平手打ちする。
・立ち歩きの多い生徒を叱ったが聞かず、席につかないため、頬をつねって席につかせる。
・生徒指導に応じず、下校しようとしている生徒の腕を引いたところ、生徒が腕を振り払ったため、当該生徒の頭を平手で叩（たた）く。
・給食の時間、ふざけていた生徒に対し、口頭で注意したが聞かなかったため、持っていたボールペンを投げつけ、生徒に当てる。
・部活動顧問の指示に従わず、ユニフォームの片づけが不十分であったため、当該生徒の頬を殴打する。

被罰者に肉体的苦痛を与えるようなもの

・放課後に児童を教室に残留させ、児童がトイレに行きたいと訴えたが、一切、室外に出ることを許さない。

・別室指導のため、給食の時間を含めて生徒を長く別室に留め置き、一切室外に出ることを許さない。
・宿題を忘れた児童に対して、教室の後方で正座で授業を受けるよう言い、児童が苦痛を訴えたが、そのままの姿勢を保持させた。

(2)認められる懲戒（通常、懲戒権の範囲内と判断されると考えられる行為）（ただし肉体的苦痛を伴わないものに限る。）

※学校教育法施行規則に定める退学・停学・訓告以外で認められると考えられるものの例

・放課後等に教室に残留させる。
・授業中、教室内に起立させる。
・学習課題や清掃活動を課す。
・学校当番を多く割り当てる。
・立ち歩きの多い児童生徒を叱って席につかせる。
・練習に遅刻した生徒を試合に出さずに見学させる。

(3)正当な行為（通常、正当防衛、正当行為と判断されると考えられる行為）

児童生徒から教員等に対する暴力行為に対して、教員等が防衛のためにやむを得ずした有形力の行使

・児童が教員の指導に反抗して教員の足を蹴ったため、児童の背後に回り、体をきつく押さえる。

他の児童生徒に被害を及ぼすような暴力行為に対して、これを制止したり、目前の危険を回避するためにやむを得ずした有形力の行使

・休み時間に廊下で、他の児童を押さえつけて殴るという行為に及んだ児童がいたため、この児童の両肩をつかんで引き離す。

・全校集会中に、大声を出して集会を妨げる行為があった生徒を冷静にさせ、別の場所で指導するため、別の場所に移るよう指導したが、なおも大声を出し続けて抵抗したため、生徒の腕を手で引っ張って移動させる。
・他の生徒をからかっていた生徒を指導しようとしたところ、当該生徒が教員に暴言を吐きつばを吐いて逃げ出そうとしたため、生徒が落ち着くまでの数分間、肩を両手でつかんで壁へ押しつけ、制止させる。
・試合中に相手チームの選手とトラブルになり、殴りかかろうとする生徒を、押さえつけて制止させる。　以上

［判例］　最高裁平成二一年四月二八日判決

「被上告人は、休み時間に、だだをこねる他の児童をなだめていたAの背中に覆いかぶさるようにしてその肩をもむなどしていたが、通り掛かった女子数人を他の男子と共に蹴るという悪ふざけをした上、これを注意して職員室に向かおうとしたAのでん部付近を二回にわたって蹴って逃げ出した。そこで、Aは、被上告人を追い掛けて捕まえ、その胸元を右手でつかんで壁に押し当て、大声で「もう、すんなよ。」と叱った（本件行為）というのである。そうすると、Aの本件行為は、児童の身体に対する有形力の行使ではあるが、他人を蹴るという被上告人の一連の悪ふざけについて、これからはそのような悪ふざけをしないように被上告人を指導するために行われたものであり、悪ふざけの罰として被上告人に肉体的苦痛を与えるために行われたものではないことが明らかである。Aは、自分自身も被上告人による悪ふざけの対象となったことに立腹して本件行為を行っており、本件行為にやや穏当を欠くところがなかったとはいえないとしても、本件行為は、その目的、態様、継続時間等から判断して、教員が児童に対して行うことが許される教育的指導の範囲を逸脱するものではなく、学校教育法一一条ただし書にいう体罰に該当するものではないというべきである。したがって、Aのした本件行為に違法性は認められない。」（最高裁判例検索ホームページ）

東京高裁昭和五六年四月一日判決

「教師が学校教育法に基づき生徒に対して加える事実行為としての懲戒行為の法的な性質を考えてみると、右懲戒は、生徒の人間的成長を助けるために教育上の必要からなされる教育的処分と目すべきもので、教師の生徒に対する生活指導の手段の一つとして認められた教育的権能と解すべきものである。そして学校教育における生活指導上、生徒の非行、その他間違った、ないしは不謹慎な言動等を正すために、通常教師によって採られるべき原則的な懲戒の方法・形態としては、口頭による説諭・訓戒・叱責が最も適当で、かつ、有効なやり方であることはいうまでもないところであって、有形力の行使は、そのやり方次第では往往にして、生徒の人間としての尊厳を損ない、精神的

屈辱感を与え、ないしは、いたずらに反抗心だけを募らせ、自省作用による自発的人間形成の機会を奪うことになる虞れもあるので、教育上の懲戒の手段としては適切でない場合が多く、必要最小限度にとどめることが望ましいといわなければならない。しかしながら、教師が生徒を励ましたり、注意したりする時に肩や背中などを軽くたたく程度の身体的接触（スキンシップ）による方法が相互の親近感ないし一体感を醸成させる効果をもたらすのと同様に、生徒の好ましからざる行状についてたしなめたり、警告したり、叱責したりする時に、単なる身体的接触よりもやや強度の外的刺激（有形力の行使）を生徒の身体に与えることが、注意事項のゆるがせにできない重大さを生徒に強く意識させると共に、教師の生活指導における毅然たる姿勢・考え方ないしは教育的熱意を相手方に感得させることになって、教育上肝要な注意喚起行為ないし覚醒行為として機能し、効果があることも明らかであるから、教育作用をしてその本来の機能と効果を教育の場で十分に発揮させるためには、懲戒の方法・形態としては単なる口頭の説教のみにとどまることなく、そのような方法・形態の懲戒によるだけでは微温的に過ぎて感銘力に欠け、生徒に訴える力に乏しいと認められる時は、教師は必要に応じ生徒に対し一定の限度内で有形力を行使することも許されてよい場合があることを認めるのでなければ、教育内容はいたずらに硬直化し、血の通わない形式的なものに堕して、実効的な生きた教育活動が阻害され、ないしは不可能になる虞れがあることも、これまた否定することができないのであるから、いやしくも有形力の行使と見られる外形をもった行為は学校教育上の懲戒行為としては一切許容されないとすることは、本来学校教育法の予想するところではないといわなければならない。

（判例時報一〇〇七号一三三頁以下）

浦和地裁昭和六〇年二月二二日判決

「学校教育における懲戒の方法としての有形力の行使は、そのやり方如何では往々にして生徒に屈辱感を与え、いたずらに反抗心を募らせ、所期の教育効果を揚げ得ない場合もあるので、生徒の心身の発達に応じて慎重な教育上の配慮のもとに行われる限りにおいては、状況に応じ一定程度の限度内で懲戒のための有形力の行使が許容されるものと解するのが相当である。学校教育法一一条、同施行規則一三条（現二六条）の規定も右の限度における有形力の行使をすべて否定する趣旨ではないと考える。」

（判例時報一一六〇号一三五頁以下）

神戸地裁平成一二年一月三一日判決

「仮に本件殴打行為が「教育的意図」をもってなされたとしても、学校教育法一一条ただし書が、体罰の禁止を規定した趣旨にかんがみれば、「教育的意図の存することが本件殴打行為の違法性を軽減させるものとは解しがたい。すなわち、学校教育法一一条ただし書きが体罰の禁止を規定した趣旨は、いかに懲戒の目的が正当なものであり、その必要性が高かったとしても、それが体罰としてなされた場合、その教育的効果の不測性は高く、仮に、被懲戒者の行動が一次的に改善されたように見えても、それは表面的であることが多く、かえって当該生徒に屈辱感を与え、いたずらに反発・反抗心をつのらせ、教師に対する不信感を助長することにつながるなど、人格形成に悪影響を与える恐れが高いことや、体罰は現場興奮的になされがちでありその制御が困難であることを考慮して、これを絶対的に禁止するというところにある。したがって、教師の行う事実行為としての懲戒（有形力の行使）は、生徒の年齢、健康状態、場所的及び時間的環境など諸般の事情に照らし、被懲戒者が肉体的苦痛をほとんど感じないような極めて軽微なものにとどまる場合を除き、前示の体罰禁止規定の趣旨に反するものであり、教師としての懲戒権を行使するに当たり許容される限界を著しく逸脱した違法なものとなると解するのが相当である。」（判例時報一七一三号八四頁以下）

〔健康診断等〕

第一二条　学校においては、別に法律で定めるところにより、幼児、児童、生徒及び学生並びに職員の健康の保持増進を図るため、健康診断を行い、その他その保健に必要な措置を講じなければならない。

本条の概要

学校は子どもの成長発達権を学習面、生活面等から保障する機関でもあるが、学校で子どもたちの健康や安全を保障すること及び同時に職員の健康も保持していくために学校保健法が昭和三三（一九五八）年に制定された。その後、幾度かの改正を経て学校保健安全法として改訂された。本法第一二条は、この学校保健安全法が補完している規定でもある。

ポイント解説

学校保健法改正の趣旨は「学校保健及び学校安全の充実を図るとともに、学校給食を活用した食に関する指導の充実及び学校給食の衛生管理の適切な実施を図るため、国が学校の環境衛生及び学校給食の衛生管理に関する基準を策定するとともに、養護教諭、栄養教諭その他の職員の役割について定める等所要の措置を講ずる。」というものだが、この法改正により、学校保健は「養護教諭を中心として関係教職員等の連携した組織的な保健指導の充実」を図っていくこととされた。

その養護教諭は、本法第三七条第一二項に職責規定の根拠があり、さらに本法施行規則第四五条によって定められている保健主事とともに学校保健と安全に関する職務を遂行していくことになる。

文部科学省は、法改正に伴い平成二〇（二〇〇八）年七月にスポーツ・青少年局長名で以下のような通知を出している。

「一　学校保健及び学校安全に共通する留意事項　(1)施策の推進に当たっての配慮」の項で「学校の実情や児童生徒等の発達段階、心身の状況、障害の有無について適切に配慮しつつ、校長の下で組織的な対応を図るとともに、各種の関係通知、文部科学省や関係団体が作成した報告書、指導用参考書、調査結果等に御留意いただき、適切な対応に努められたい」としている。さらにほかにＡＥＤ（自動体外式除細動器）の設置などを促し、第九条の保健指導関係において「近年、メンタルヘルスに関する課題やアレルギー疾患等の現代的な健康課題が生ずるなど児童生徒等の心身の健康問題が多様化、深刻化している中、これらの問題に学校が適切に対応することが求められている」から、「健康相談や担任教諭等の行う日常的な健康観察による児童生徒等の健康状態の把握、健康上の問題があると認められる児童生徒等に対する指導や保護者に対する助言を保健指導として位置付け、養護教諭を中心として、関係教職員の協力の下で実施」されることを明確に規定したのである。

さらに特徴的なのは、第二九条で規定された「危険等発生時対処要領の作成等」である。第一項では学校の実情に応じて、危険発生時に当該学校職員がとるべき措置の具体的内容及び手順を定めた対処要領を作成することを規定し、第二項では、校長のとるべき措置が定められ、第三項においては、事故等で児童・生徒に危害が生じたときに、心身の健康を回復させるための支援を行うものとする規定を設けた。つまり各学校は危機発生時に迅速な対応がとれるようにしておかなければならないのである。

本条を考える視点

子どもたちの健康の保持増進を図る上で、関連する以下の法律を理解しておく必要がある。予防接種法（昭和二三年六月三〇日法律第六八号）、学校給食法（昭和二九年六月三日法律第一六〇号）、感染症の予防及び感染症の患者に対する医療に関する法律（平成一〇年一〇月二日法律第一一四号）、食育基本法（平成一七年六月一七日法律第六三号）、児童虐待の防止等に関する法律（平成一二年五月二四日法律第八二号）、独立行政法人日本スポーツ振興センター法（平成一四年一二月一三日法律第一六二号）、等々である。

特に重要なのは、二〇一一年の東日本大震災を原因とする放射能の汚染の問題である。二〇一一年八月に文部科学省と日本原子力研究開発機構が公表した「学校における放射線測定の手引」等は手元に用意しておく必要がある。

第二部関連頁　七五九頁

関連条文　資料

■関連法令　学校保健安全法（平成二〇年六月一八日法律第七三号）、予防接種法（昭和二三年六月三〇日法律第六八号）、学校給食法（昭和二九年六月三日法律第一六〇号）、感染症の予防及び感染症の患者に対する医療に関する法律（平成一〇年一〇月二日法律第一一四号）、食育基本法（平成一七年六月一七日法律第六三号）、児童虐待の防止等に関する法律（平成一二年五月二四日法律第八二号）、独立行政法人日本スポーツ振興センター法（平成一四年一二月一三日法律第一六二号）

■関連資料　「学校保健法等の一部を改正する法律の公布について（通知）」（平成二〇年七月九日二〇文科ス第五二二号　文部科学省スポーツ・青少年局長）

「学校において受ける線量の計算方法について」（「学校における放射線測定の手引」平成二三年八月二六日　文部科学省・日本原子力研究開発機構）

「夏季休業終了後、学校において児童生徒等が受ける線量（学校での内部及び外部被ばくを含み、自然放射線による被ばく及び医療被ばくは含まない。）については、児童生徒等の行動パターンを考慮すると、下記の式から推計される。

(1)　学校における外部被ばく分は、

（A×T1＋B×T2）×D／1000（mSv／年）で推計される。

A：校庭・園庭の空間線量率（μSv／時）

B：学校の屋内の空間線量率（μSv／時）＊

（＊：測定値がない場合には、Ａ×０．２（平屋あるいは２階だてのブロックあるいは煉瓦造りの家屋における、沈着した放射性物質のガンマ線による被ばくの低減係数／出典：原子力施設等の防災対策について（原子力安全委員会））を用いる。）

Ｔ１：１日当たりの校庭・園庭での活動時間（時／日）

Ｔ２：１日当たり学校の屋内での活動時間（時／日）

Ｄ：１年間の学校への通学日数（日／年）

(2)　学校において児童生徒等が受ける自然放射線（宇宙線：０．２９ｍＳｖ／年、大地放射線：０．３８ｍＳｖ／年／出典：財団法人原子力安全研究協会「生活環境放射線」（平成４年））は、

（０．２９＋０．３８）×（Ｄ／３６５）×（Ｔ１＋Ｔ２）／２４（ｍＳｖ／年）で推計される。

(3)　学校において測定される空間線量率には、自然放射線が含まれていることから、学校における外部被ばく分（上乗せ分）は、

(1)－(2)（ｍＳｖ／年）で推計される。

(4)　内部被ばくは、食品経由、粉じんの吸入被ばく、手などからの経口摂取、傷口からの侵入による被ばくなどの経路を考慮し、内部被ばくの全線量に対する寄与をＺ％と仮定すると、

(3)×Ｚ／（１００－Ｚ）（ｍＳｖ／年）で推計される。

(5)　したがって、内部被ばくを含めた学校における被ばく線量（上乗せ分）は、

(3)＋(4)（ｍＳｖ／年）で推計される。

以下のようなモデルを想定した場合、

Ａ：１．０μＳｖ／時

B：0.2μSv／時（「福島県学校等空間線量率の測定結果」（平成23年8月4日実施分）における平均値を採用）
T1：2時間
T2：4.5時間
（T1＋T2＝6.5時間、出典：平成18年社会生活基本調査（総務省））
D：200日
Z：10％（給食の回数を190回とし、原発事故の影響による飲食物による線量推計（0.111mSv／年、薬事・食品衛生審議会食品衛生分科会放射性物質対策部会作業グループ発表（2011年7月））及び学校グランドの利用に伴う内部被ばく線量評価（1.9％、第31回原子力安全委員会資料第31号、平成23年5月12日文部科学省）から安全側に立って仮定）
学校において児童生徒等が受ける線量は、0.534mSv／年であり、1mSv／年以下となる。

〔学校閉鎖命令〕

第一三条　第四条第一項各号に掲げる学校が次の各号のいずれかに該当する場合においては、それぞれ同項各号に定める者は、当該学校の閉鎖を命ずることができる。

一　法令の規定に故意に違反したとき

二　法令の規定によりその者がした命令に違反したとき

三　六箇月以上授業を行わなかつたとき

② 前項の規定は、市町村の設置する幼稚園に準用する。この場合において、同項中「それぞれ同項各号に定める者」とあり、及び同項第二号中「その者」とあるのは、「都道府県の教育委員会」と読み替えるものとする。

本条の概要

本条は主として私立学校を対象とした規定である。第二項は本法第四条の二に基づき平成二三年改正時に付加された規定である。

私立学校に対する閉鎖命令は、明治三二（一八九九）年の私立学校令（明治三二年勅令第三五九号）から定められていた。私立学校令第一〇条は「左ノ場合ニ於テハ監督官庁ハ私立学校ノ閉鎖ヲ命スルコトヲ得」として「一　法令ノ規定ニ違反シタルトキ　二　安寧秩序ヲ紊乱シ又ハ風俗ヲ壊乱スルノ虞アルトキ　三　六箇月以上規定ノ授業ヲ為サザルトキ　四　第九条ニ依リ監督官庁ノ為セル命令ニ違反シタルトキ」というものであった。現行法は、私立学校令「二　安寧秩序ヲ紊乱シ又ハ風俗ヲ壊乱スルノ虞アルトキ」以外はほぼ同旨である。

学校の閉鎖命令は、不利益処分であるから、多くの関係者に影響を与え、在籍する学生に対しては教育を受ける権利の侵害にもなりかねない。さらには教職員の労働基本権をも侵害することになるため慎重に行われる必要がある。そのために行政手続法第一三条第一項第一号に基づき「聴聞」を行い、事前手続を行うことになっている。

また、本条は、かつて閉鎖命令を行う主体を「監督庁」としていたが、平成一一（一九九九）年の地方分権化一括法（地方分権の推進を図るための関係法律の整備等に関する法律）の制定により、国と地方の役割分担が明確化され、さらには機関委任事務制度の廃止等が定められたために、本法第四条が改正され、学校種別の監督庁が以下のように明確化された。すなわち、本法第四条第一項第一号は「公立又は私立の大学及び高等専門学校」は文部科学大臣と規定し、第二号は「市町村の設置する高等学校、中等教育学校及び特別支援学校」は都道府県の教育委員会が行うことになった。第三号では「私立の幼稚園、小学校、中学校、高等学校、中等教育学校、特別支援学校」は都道府県知事とされた。国立大学など国立学校の閉鎖に関しては国立大学法人法が規定しているので本条は対象としていない。

ポイント解説

本法第一条に基づく学校は、本法第二条によって設置者が厳格に規定されている。さらに学校設置基準（本法第三条）を設け、教育の質と水準の維持向上を図ることを定めている。このように厳格な規定に基づき設置されている学校の閉鎖は、以下の三つに違反したときに行政処分として行われる。

一　法令の規定に故意に違反したとき
二　法令の規定によりその者がした命令に違反したとき
三　六箇月以上授業を行わなかったとき

二の「法令の規定によりその者がした命令に違反したとき」とは、私立学校法第六条で所轄庁は私立学校に対して「教育の調査、統計その他に関し必要な報告書の提出を求めることができる」ことから、これらの提出を行わなかった場合が該当する。また、私立学校振興助成法第一二条に基づき私立学校が命令に違反した場合も本条の閉鎖命令を受ける根拠となる。

本条を考える視点

本条は、前述したように私立学校を対象とした規定であるが、私立学校はそれぞれ建学の精神に基づき、特色をもって経営されている。しかし、教育条件や教育水準の維持向上は国公立学校と同様に図られる必要がある。そのためにも私学助成制度が法律によって整備されていることから、私学経営者は、教育の公共性を十分に意識した経営を心がけなければならない。

また、本条に基づき閉鎖命令が出されそれに違反した者は、本法第一四三条（学校閉鎖命令違反等の処罰）により「六月以下の懲役若しくは禁錮又は二十万円以下の罰金」に処せられる。

なお、本条第一項は、本法第一二四条に定められる専修学校、同法第一三四条に定められる各種学校にも適用される。

関連条文　資料

■**関連法令**　私立学校法、私立学校振興助成法（昭和五〇年七月一一日法律第六一号）、行政手続法（平成五年一一月一二日法律第八八号）、地方分権の推進を図るための関係法律の整備等に関する法律

■**関連資料**　**「学校法人堀越学園に対する解散命令の手続に至った経緯」（群馬県高崎市の学校法人堀越学園の閉鎖命令　平成二五年三月）**

「学校法人堀越学園においては、平成一六年の創造学園大学の開設、平成一八年の高崎医療技術福祉専門学校の開設以来、定員未充足などにより法人の経営状況が悪化し、平成一九年一二月以降、文部科学省として経営や管理運営の改善の指導を継続してきました。

この間、過去の財務計算書類や創造学園大学の設置認可申請時の書類における虚偽記載、経営悪化に伴う賃金の

未払、税金や公共料金等の滞納、学校債の償還未履行や教職員の雇用をめぐる訴訟など、様々な問題が発生しました。これに対し、文部科学省としては法人の管理運営を改善するよう指導を重ねるとともに、私立大学等経常費補助金の不交付措置（平成二一年三月）や大学等の設置認可に関する寄附行為変更不認可期間の設定（平成二二年一〇月）といった措置を講じてきました。

しかしながら、状況の改善は見られず、特に平成二四年五月以降、法人の理事の地位をめぐる関係者の対立により、法人としての統一した意思決定が困難になるとともに経営状況も急速に悪化しました。具体的には、賃金未払となる教職員の拡大や、料金滞納による電力供給の一部停止、さらには、学校法人の本来業務である大学の授業の一時休講、幼稚園の送迎バスや給食の一時停止といった事態も発生し、今後に向けた教育研究活動の維持そのものが困難となりつつあると判断せざるを得ません。

文部科学省としては、この間、事態の推移を深刻に受けとめ、学校法人堀越学園に対し現状や今後の経営方針について示すよう求めてきました。しかし、法人からは外部からの資金援助を得て法人を再建したいとの意向は示されるものの、具体的な管理運営の改善策、今後の資金計画や債務の返済計画などは提出されておりません。また、現在の財務状況や当座の資金繰りについても、資料の提出も具体的な説明もない状況にあります。

本来、学校法人は高い公共性を有する学校の運営を継続的、安定的に行う責務を負っています。また、その運営に当たっては、それぞれの学校法人が建学の精神に基づき多様な教育を展開できるよう自主性、自律性が尊重されています。

しかしながら、学校法人堀越学園においては、理事会としてのチェック機能も有効に働かず、理事の対立により法人としての意思決定すら困難な状況であり、さらには、学校法人として最も重要な在学生の修学機会を適切に確保するということについても、責任ある真摯な対応が見られません。

こうした状況では、法人の運営をこれ以上学校法人堀越学園の自主性に委ねた場合、1在学生の修学機会が突然失われる事態になりかねず、二学校の運営の継続性に疑問がある中で新たな学生等の受入れが行われ、将来不利益を被る可能性のある学生等が増えてしまう、といった事態となることを強く危惧せざるを得ません。

このため、文部科学省としては、必要な財産が保有されていないなどの私立学校法の違反が解消される見込みがなく、また、学生等に予期せぬ不利益が生じかねない状況にあり、時間的猶予もないことから、大変遺憾ながら、学校法人堀越学園に対する解散命令の手続を開始するに至ったものです。

解散を命ずる理由

学校法人堀越学園は、平成一九年度以降、これまで再三にわたり管理運営上の様々な問題について指導してきたが、現在まで改善が見られず、以下の事項について、私立学校法等に違反している。

1. 設置する学校に必要な施設及び設備又はこれらに要する資金並びに設置する学校の経営に必要な財産を有していない（私立学校法第二五条）
2. 組合等登記令に基づく必要な登記を行っていない（同法第二八条）
3. 監事のうち一名が欠けており、補充されていない（同法第三五条・第四〇条）
4. 適正な財産目録等を作成しておらず、事務所に備え付けていない（同法第四七条）
5. 学校法人の教職員に対して毎月支払われるべき賃金が支払われていない（労働基準法第二四条）

文部科学省としては、今後の学校法人の経営の改善に向けた具体的かつ有効な取組やその根拠について、文書での報告を求めてきたが、現在に至るまで、学校法人堀越学園から適切な回答がなかった。

これらの状況から、文部科学省として監督の目的を達することができないものと判断し、私立学校法第六二条第一項の規定に基づき、学校法人堀越学園に対し解散を命ずることが相当と考えている。

参照条文

〈解散を命ずる根拠〉

・私立学校法（昭和二四年法律第二七〇号）

第六二条（解散命令）　所轄庁は、学校法人が法令の規定に違反し、又は法令の規定に基づく所轄庁の処分に違反した場合においては、他の方法により監督の目的を達することができない場合に限り、当該学校法人に対して、解散を命ずることができる。

〈違反事由〉

第二五条（資産）　学校法人は、その設置する私立学校に必要な施設及び設備又はこれらに要する資金並びにその設置する私立学校の経営に必要な財産を有しなければならない。

第二八条（登記）　学校法人は、政令の定めるところにより、登記しなければならない。

第三五条（役員）　学校法人には、役員として、理事五人以上及び監事二人以上を置かなければならない。

第四〇条（役員の補充）　理事又は監事のうち、その定数の五分の一をこえるものが欠けたときは、一月以内に補充しなければならない。

第四七条（財産目録等の備付け及び閲覧）　学校法人は、毎会計年度終了後二月以内に財産目録、貸借対照表、収支計算書及び事業報告書を作成しなければならない。

2　学校法人は、前項の書類及び第三十七条第三項第三号の監査報告書（第六十六条第四号において「財産目録等」という。）を各事務所に備えておき、当該学校法人の設置する私立学校に在学する者その他の利害関係人から請求があつた場合には、正当な理由がある場合を除いて、これを閲覧に供しなければならない。

・労働基準法（昭和二二年法律第四九号）

第二四条（賃金の支払）　賃金は、通貨で、直接労働者に、その全額を支払わなければならない。ただし、法令若しくは労働協約に別段の定めがある場合又は厚生労働省令で定める賃金について確実な支払の方法で厚生労働省令で定めるものによる場合においては、通貨以外のもので支払い、また、法令に別段の定めがある場合又は当該事業場の労働者の過半数で組織する労働組合があるときはその労働組合、労働者の過半数で組織する労働組合がないときは労働者の過半数を代表する者との書面による協定がある場合においては、賃金の一部を控除して支払うことができる。

2　賃金は、毎月一回以上、一定の期日を定めて支払わなければならない。ただし、臨時に支払われる賃金、賞与その他これに準ずるもので厚生労働省令で定める賃金（第八十九条において「臨時の賃金等」という。）については、この限りでない。

〈解散命令の諮問〉

・私立学校法

第二六条（収益事業）（略）

2　前項の事業の種類は、私立学校審議会又は学校教育法第九十五条に規定する審議会等（以下「私立学校審議会等」という。）の意見を聴いて、所轄庁が定める。所轄庁は、その事業の種類を公告しなければならない。

第六二条（解散命令）（略）

2　所轄庁は、前項の規定による解散命令をしようとする場合には、あらかじめ、私立学校審議会等の意見を聴かなければならない。

学校教育法（昭和二二年法律第二六号）

第九五条　大学の設置の認可を行う場合及び大学に対し第四条第三項若しくは第十五条第二項若しくは第三項の規定による命令又は同条第一項の規定による勧告を行う場合には、文部科学大臣は、審議会等で政令で定めるものに諮問しなければならない。

学校教育法施行令（昭和二八年政令第三四〇号）

第四三条（法第九十五条の審議会等で政令で定めるもの）　法第九十五条（法第百二十三条において準用する場合を含む。）の審議会等で政令で定めるものは、大学設置・学校法人審議会とする。

大学設置・学校法人審議会令（昭和六二年政令第三〇二号）

第五条（分科会）　審議会に、次に掲げる分科会を置く。

3　学校法人分科会は、審議会の所掌事務のうち、私立学校法（昭和二十四年法律第二百七十号）及び私立学校振興助成法（昭和五十年法律第六十一号）の規定に基づき審議会の権限に属させられた事項並びに学校教育法の規定に基づき審議会の権限に属させられた事項（私立の大学及び高等専門学校に係るもののうち、審議会の定めるものに限る。）を処理することをつかさどる。

大学設置・学校法人審議会運営規則（平成一三年二月二〇日大学設置・学校法人審議会長決定）

第二条　文部科学大臣の諮問があったときは、会長は、その調査審議を分科会に付託するものとする。

第三条　分科会に付託された事項及び分科会の分担事項に係る建議については、分科会の議決をもって審議会の議決とする。

〔設備・授業等の変更命令〕

第一四条　大学及び高等専門学校以外の市町村の設置する学校については都道府県の教育委員会、大学及び高等専門学校以外の私立学校については都道府県知事は、当該学校が、設備、授業その他の事項について、法令の規定又は都道府県の教育委員会若しくは都道府県知事の定める規程に違反したときは、その変更を命ずることができる。

第二部関連頁　七五七頁

〔大学等の設備・授業等の改善勧告・変更命令等〕

第一五条　文部科学大臣は、公立又は私立の大学及び高等専門学校が、設備、授業その他の事項について、法令の規定に違反していると認めるときは、当該学校に対し、必要な措置をとるべきことを勧告することができる。

② 文部科学大臣は、前項の規定による勧告によつてもなお当該勧告に係る事項（次項において「勧告事項」という。）が改善されない場合には、当該学校に対し、その変更を命ずることができる。

③ 文部科学大臣は、前項の規定による命令によつてもなお勧告事項が改善されない場合には、当該学校に対し、当該勧告事項に係る組織の廃止を命ずることができる。

④ 文部科学大臣は、第一項の規定による勧告又は第二項若しくは前項の規定による命令を行うために必要があると認めるときは、当該学校に対し、報告又は資料の提出を求めることができる。

本条の概要

「大学等の設備、授業等の改善勧告、変更命令」について規定する本条は、平成一四（二〇〇二）年の本法改正（以下、「平成一四年改正」と略）時に全面的に改正され、第一五条として位置づけられた。違法状態の大学等に対する段階的な是正措置について規定したものである。同じくこの改正により、大学設置認可制度が弾力化され、認証評価制度が導入されている。大学等の一層の主体的・機動的な教育研究活動等を促進するために、学位の種類や分野の変更等を伴わない学部等の設置については認可を受けることを要しないこととするとともに、教育研究活動等の質の保証を図るため、国の認証を受けた評価機関が大学を定期的に認証評価し、大学評価基準に従い認証評価する仕組みを導入し、併せて勧告等の是正措置を設けることとしたのである。

法令違反があった場合には、直ちに本法第一三条に基づく学校閉鎖命令を出すのではなく、わが国の大学等の質の確保の観点から、文部科学大臣が法令違反の大学等に対し、大学設置・学校法人審議会への諮問を経て、①改善勧告、②変更命令、③学部等の組織の廃止を命ずる措置、を段階的に講じることができることとした。閉鎖命令を発動するに至る事前の緩やかな措置を導入したのである。

また、これらの措置を命ずるに当たり、事実関係の確認等の必要があるときは、文部科学大臣は、報告・資料提出を求めることができる。

ポイント解説

「法令の規定に違反」、「必要な措置」、「組織」

本条における「法令の規定に違反」とは、大学の教育研究の水準確保のため、学校教育法や同法に基づき判定される大学設置基準等に定める教育研究に係る規定に違反している場合を指す。具体的には、施設、設備、教育課程、学級編制、教職員などに関する基準に違反している場合が挙げられる。

「必要な措置」とは、当該違法状態を解消するための措置であり、具体的にどのような方法によって違反の是正を行うのかについては、当該大学の判断に委ねられている。

廃止命令の対象となる「組織」は、本法第四条の認可または届出により、教育研究水準の維持向上を図ることが求められている組織を指しており、具体的には、大学の学部や学科、大学院の研究科や専攻、短期大学、高等専門学校の学科などが挙げられる。

審議会等への諮問

本法第九五条は、「大学の設置の認可を行う場合及び大学に対し第四条第三項若しくは第一五条第二項若しくは第三項の規定による命令又は同条第一項の規定による勧告を行う場合には、文部科学大臣は、審議会等で政令で定めるものに諮問しなければならない」と規定している。すなわち、同条は、大学の設置認可を行う場合、法令違反の場合の勧告命令、変更命令、廃止命令を行う場合には、文部科学大臣に「審議会等で政令で定めるもの」、具体的には、大学設置・学校法人審議会に対する諮問を義務づけている。

本法第四条では、公私立大学の設置・廃止等については文部科学大臣の認可を得なければならないことが規定されており、慎重、公正を期すためにも、文部科学大臣は大学設置・学校法人審議会に対して諮問を行い、その結果を踏まえて判断を下すことが求められるのである。

ゆえに、文部科学大臣が大学設置・学校法人審議会に諮問を行わなければならない場合としては、以下が挙げられる。

① 公私立の大学及び高等専門学校の設置者が、学校教育法第四条第二項の規定に基づき、学部の設置等について認可が不要な場合として届出を行った場合、その届出に係る事項が、設備、授業その他の事項に関する法令、す

なわち、学校教育法や大学設置基準等の学校教育関係法令の規定に適合しないと認められ、必要な措置をとるべきことを命ずる場合（本法第四条第三項）

② 公私立の大学及び高等専門学校が、学校教育関係法令の規定に違反していると認めるときに、必要な措置をとるべきことを命ずる場合（本条第一項）

③ ②の是正勧告を行ったにもかかわらず、勧告事項に改善が見られないときに、当該学校に対してその変更を命ずる場合（本条第二項）

④ ③の変更命令を行ったにもかかわらず、勧告事項に改善が見られないときに、当該勧告事項に係る組織の廃止を命ずる場合（本条第三項）

同様に、私立学校法においても、第八条第二項において、文部科学大臣は、本法第四条第一項または第一三条第一項に規定する事項を行う場合、具体的には、私立学校の廃止や閉鎖を命ずる場合においては、あらかじめ、同法第九五条に規定する審議会等（大学設置・学校法人審議会）の意見を聴かなければならないことが規定されている。

本条を考える視点

本条が適用された事例として、創造学園大学（学校法人堀越学園／群馬県高崎市）が挙げられる。平成二五（二〇一三）年三月、学生や園児が在籍する学校法人に対しては全国で初めて解散命令が発令された。文部科学省は、解散命令を発令する以前、例えば、「学校法人運営調査委員会制度」を活用した改善のための助言など、複数回にわたる「指導」を行っている。本条の規定に準じ、解散命令を発令するに至るまでの措置を緩やかに、段階的に講じていく姿勢を指摘することができる。平成二四（二〇一二）年一〇月には、法人側の弁明を聞く「聴聞」が開催されるが、そこでも文部科学省の改善策への疑問はぬぐえず、同月、大学設置・学校法人審議会（学校法人分科会）

に解散命令発令についての諮問が行われることとなる。審議会は、来年三月までの解散が妥当との判断と答申し、その結果、解散命令が決定されることとなった。文部科学省は、解散命令は学校法人が突然破綻して学生の行き場がなくなることを防ぐための措置であり、学校運営に必要な財産がないこと、教職員への賃金未払いなどの法令違反が多く、再三の指導でも改善が見られなかったことから、解散命令が相当と判断したと説明している。

関連条文　資料

■関連条文　本法第四条〔設置廃止等の認可〕、第九五条〔設置認可等を行う場合の諮問〕

■関連資料　「学校教育法の一部を改正する法律等の施行について（通知）」（平成一五年三月三一日一五文科高第一六二号、文部科学事務次官）

第一　学校教育法の一部を改正する法律（平成十四年法律第一一八号）

一　改正の趣旨

今回の改正の趣旨は、大学等の一層の主体的・機動的な教育研究活動等を促進するため、学位の大幅な変更等を伴わない学部等の設置については認可を受けることを要しないこととするとともに、教育研究活動等の質の保証を図るため、勧告等の是正措置や認証評価制度を設けるものである。また、併せて、大学院における高度専門職業人養成を促進するため、専門職大学院制度を設けるものである。

二　学校教育法の一部改正

〔略〕

(二)法令違反の大学等に対する是正措置の整備

学校教育法や大学設置基準等の法令に違反している大学等に対する是正措置としては、これまで学校全体の閉鎖命令のみが定められていたが、我が国の大学等の質の確保の観点から、文部科学大臣が法令違反の大学等に対し、大学設置・学校法人審議会への諮問を経て、①改善勧告、②変更命令、③学部等の組織の廃止を命ずる措置を段階的に講じることができることとしたこと。(第一五条第一項から第三項まで及び第六〇条の二(現行法第九五条))

また、これらの措置を命ずるに当たり事実関係の確認等の必要があるときは、文部科学大臣は、報告・資料提出を求めることができることとしたこと。(第一五条第四項)

第二章　義務教育

〔義務教育年限〕

第一六条　保護者（子に対して親権を行う者（親権を行う者のないときは、未成年後見人）をいう。以下同じ。）は、次条に定めるところにより、子に九年の普通教育を受けさせる義務を負う。

本条の概要

ここでいう「次条」とは、就学年齢等について定めた第一七条のことだが、第一六条の条文では、年齢を記さずに義務教育の期間を九年とだけ記している。憲法や教育基本法は、普通教育を受けさせる保護者（その保護する子女または子に対する義務としている）を定め、これを受けて、本条文はその期間を示したことになる。

普通、その九年間は、小学校または特別支援学校小学部の六年間、中学校または特別支援学校中学部の三年間を意味し、中等教育学校の前期課程は中学校と同等とみなされ、義務教育諸学校なら一学年から九学年までの九年間になる。

しかしながら、本法第一八条によって、病弱、発育不完全その他やむを得ない事由のために就学困難と認められる子の保護者に対しては、その義務を猶予または免除する措置が可能とされる。

保護者が正当な理由なくその義務を怠ったときには、本法第一四四条に基づいて一〇万円以下の罰金に処せられる可能性がある。実際に、就学拒否という形で義務を履行しなかった保護者の例もある。

保護者のうち未成年後見人とは、監護・教育の権利・義務、居所の指定、懲戒、職業の許可について、「親権を行う者と同一の権利義務を有する」(民法第八五七条)とされる者で、複数の指定が認められる。ただし、親権を行う者が定めた教育の方法等に関して変更や制限を加える場合、未成年後見監督人がいるときにはその同意を得ることが必要とされる。

ポイント解説

憲法、教育基本法と関連

憲法第二六条は、義務教育に関して、「法律の定めるところにより、その保護する子女に普通教育を受けさせる義務を負ふ。義務教育は、これを無償とする。」とし、教育基本法第五条は、「国民は、その保護する子に、別に法律で定めるところにより、普通教育を受けさせる義務を負う。」と定めている。

本条はこれらを受けて、義務教育の期間を明示し、この期間を次条でさらに具体化することになる。

学習権と就学義務

憲法は、「すべて国民は、法律の定めるところにより、その能力に応じて、ひとしく教育を受ける権利を有する」(第二六条)と定め、国民の学習権を認めている。学習権は学校教育に限定されるものではなく、社会教育などにも及ぶものである。本法では保護者の就学義務を定めているものの、国民の学習権については規定していない。ただし、学習権保障のために、就学義務のほか、地方公共団体の学校設置義務(第三八条)、市町村の就学保障義務(第一九条)、雇用者の就学児童生徒の雇用制限(第二〇条)などを定めている。なお、労働基準法では雇用者に就学児童生徒を雇用することを原則として禁止している。

普通教育と義務教育の関係

普通教育とは専門教育に対する概念として、初等教育及び中等教育の基礎的な教育を意味する。本法第二九条は、小学校で義務教育として行われる普通教育のうち基礎的なものを施し、本法第四五条は、中学校で義務教育として行われる普通教育を施すことを定め、本法第五〇条は高等学校で高度な普通教育を施すことを明示している。高等学校については普通教育であるから、憲法及び教育基本法の関係条文では義務教育の対象になるよう解されるが、本条は義務として行われる普通教育を九年間、すなわち次条で定める小学校及び中学校等に限定するのである。

なお、公立高等学校の授業料無償化措置は、まさに憲法及び教育基本法の理念に沿う改革の成果だといってよい。

未成年後見人

未成年後見人は、児童養護施設等に入所児童等について指定される例や両親を欠いた児童が養子縁組のないまま親族等によって養育される例などがある。

日本国籍をもたない子の場合

日本国籍をもたない子に関しては、保護者に就学義務がないが、その申し出があれば当該の学校への就学が可能とされる。しかし、就学の申し出がないために不就学の状態に置かれている外国籍の子は少なくないといわれる。

本条を考える視点

民法上の保護者の権利と義務は、「親権を行う者は、子の利益のために子の監護及び教育をする権利を有し、義務を負う」（民法第八二〇条）と定められ、さらに保護者の子に対する懲戒権も認めている（同法第八二二条）。

その民法上の監護・教育義務と保護者の就学義務との関係はどう説明されるのだろうか。例えば、就学拒否問題として有名な羽仁進と左幸子の娘・未央の例では、わが子未央を両親が家庭で教育することを主張したが、これは民法上の権利に基づくものである。

こうした問題に関しては、堀尾輝久による「親義務の共同委託」として義務教育を捉える学説がある。つまり、未成年の子に学校教育の意義を理解するという判断能力が欠け、また、保護者が家庭で基礎教育を行える状況が保障されないことから、保護者の子に対する教育の義務と権利を公的な教育機関である学校に共同で委託するという形式をとるものと解し、法律で子の学習権を保障するために保護者に対して就学を義務づけることになる（堀尾輝久『現代教育の思想と構造』岩波書店、一九八一年）。

第二部関連頁　七五五頁

関連条文　資料

■**関連条文**　日本国憲法第二六条、教育基本法第五条、民法第八二〇条、第八二二条、第八五七条、本法第一九条〔経済的就学困難への援助義務〕、第二条〔学校の設置者〕、労働基準法（昭和二二年四月七日法律第四九号）

〔就学させる義務〕

第一七条　保護者は、子の満六歳に達した日の翌日以後における最初の学年の初めから、満十二歳に達した日の属する学年の終わりまで、これを小学校、義務教育学校の前期課程又は特別支援学校の小学部に就学させる義務を負う。ただし、子が、満十二歳に達した日の属する学年の終わりまでに小学校の課程、義務教育学校の前期課程又は特別支援学校の小学部の課程を修了しないときは、満十五歳に達した日の属する学年の終わり（それまでの間においてこれらの課程を修了したときは、その修了した日の属する学年の終わり）までとする。

② 保護者は、子が小学校の課程、義務教育学校の前期課程又は特別支援学校の小学部の課程を修了した日の翌日以後における最初の学年の初めから、満十五歳に達した日の属する学年の終わりまで、これを中学校、義務教育学校の後期課程、中等教育学校の前期課程又は特別支援学校の中学部に就学させる義務を負う。

③ 前二項の義務の履行の督促その他これらの義務の履行に関し必要な事項は、政令で定める。

本条の概要

本条第一項及び第二項は、保護者の子に対する就学義務とその時期及び期間を定めたものである。また、本条第三項は、義務教育の履行等に関する事項を政令、すなわち本法施行令で定めることを法律委任したものである。

まず、小学校または特別支援学校小学部には、「子の満六歳に達した日の翌日以後における最初の学年の初め」に就学させる保護者の義務を定める。この場合、「満に達した日」とは、誕生日の前日の満了となるので、その「翌日以後」は誕生日以後ということになる。したがって、四月一日生まれは、六歳に達するのがその前日の満了日である三月三一日になるので、その翌日は四月一日となる。四月一日は学年の初めであるから、その日にすぐに就学する形をとる。そして、「満一二歳に達した日」は三月三一日であるから、その「日の属する学年の終わりまで」とは同日の三月三一日になり、この方法は中学校を終えることになる。

つぎに、満一二歳までに小学校・小学部を修了しないときには、保護者の就学義務は「満十五歳に達した日の属する学年の終わり」とされるので、以後、法的には消失する。つまり、病弱や海外転出、不登校、あるいは外国からの移入者などの理由から、子が小学校を修了しなくても保護者の就学義務は一五歳で終了するわけである。その場合、中学校への就学ができない場合もあることから、高等学校入学資格として中学校卒業程度認定試験が実施されている。このように、本条文は、保護者の就学義務を定めたものであって、子の教育を受ける権利義務関係について定めたものではない。

ポイント解説

年齢主義

学校の修了に関しては、年齢主義と課程主義という二つの考え方がある。年齢主義は、法などで規定された年齢によって判断するもので、わが国の義務教育においてとられている考え方である。満六歳から一五歳までが義務教育期間とされ、この間、保護者に就学義務を課しているわけである。従って、特別な事情が認められない限り、教育課程の習得状況にかかわらず、児童生徒は学校を卒業または義務教育期間を終えることになる。これに対して、課程主義は、定められた課程を修了したことを卒業の要件とする考え方のことで、わが国では高等学校や大学など義務教育以外の学校で導入されている考え方である。

年齢計算の方法

就学時期は、以下のような流れで決まる。

民法（暦による期間の計算）第一四三条⇒年齢計算ニ関スル法律（明治三五年法律第五〇号）⇒「年齢のとなえ方に関する法律（昭和二四年五月二四日法律第九六号）」⇒本法一七条

年齢は戦前まで「数え年」によったが、戦後は、年齢のとなえ方に関する法律によって、以下のように満年齢に変えられた。

「国民は、年齢を数え年によって言い表わす従来のならわしを改めて、年齢計算に関する法律（明治三十五年法律第五十号）の規定により算定した年数（一年に達しないときは、月数）によってこれを言い表わすのを常とするように心がけなければならない。」

年齢計算ニ関スル法律（明治三五年法律第五〇号）は、民法第一四三条（暦による期間の計算）の方法に基づく。

第百四十三条　週、月又は年によって期間を定めたときは、その期間は、暦に従って計算する。

二　週、月又は年の初めから期間を起算しないときは、その期間は、最後の週、月又は年においてその起算日に応当する日の前日に満了する。ただし、月又は年によって期間を定めた場合において、最後の月に応当する日がないときは、その月の末日に満了する。

従って、四月一日生まれは翌年の三月三一日満了で満年齢を重ねることになる。四月二日生まれは翌年の四月一日の満了で満年齢を迎えるので、満六歳になった日の翌日はすでに学年の初めを経過していることから、約一年後の翌年四月一日の学年初めを待って小学校に就学することとなる。

要は、満年齢を迎えるのは誕生日ではなく、その前日の満了なのである。

就学猶予・免除

保護者に就学義務が課せられているが、実際に、子が病弱や発育不全、その他理由によって就学困難だと認められる場合には、就学義務の猶予または免除の措置がとられる。この措置について本法第一八条を参照されたい。

就学義務履行の督促

就学猶予・免除などの理由以外で、子を就学させない保護者に対しては、本施行令によって就学義務履行督促が行われる。まず、校長は、本法施行令第二〇条に基づいて、①児童生徒が休日を除いて引き続き七日間出席せず、②その他出席状況が良好でなく、③保護者が子を出席させない事由が正当でないと認めるとき、④その旨を速やかに市区町村教育委員会に通知する義務を負っている。
また、市区町村教育委員会は、本法施行令第二一条に基づいて、①その校長の通知を受けたとき、②その当該児童生徒の保護者が就学義務を怠っていると認めるときに、③その保護者に対して当該児童生徒の出席を督促しなければならないとされる。

本条を考える視点

本条文に関して注意すべき点として挙げられるのが、あくまでも保護者が子を就学させる義務を定めたものであって、子の教育を受ける義務を定めてはいないということである。第一項中のただし書きに、「子が、満十二歳に達した日の属する学年の終わりまでに小学校の課程、義務教育学校の前期課程又は特別支援学校の小学部の課程を修了しないときは、満十五歳に達した日の属する学年の終わり（それまでの間においてこれらの課程を修了したときは、その修了した日の属する学年の終わり）までとする」とあるように、何らかの事由で子が中学校を修了できなくても保護者の就学義務が終了することになる。

中学校の就学義務については、あくまでも年齢主義に基づくので、この満一五歳時点までに限られている。ちなみに、夜間中学校も設置されているが、これは保護者の子に対する就学義務の対象外とされる。

第二部関連頁

七五三頁

関連条文　資料

■関連条文　本法施行令第二〇条（校長の義務）、第二一条（教育委員会の行う出席の督促等）、民法第一四三条（暦

による期間の計算）、年齢のとなえ方に関する法律（昭和二四年五月二四日法律第九六号）

年齢計算ニ関スル法律（明治三五年法律第五〇号）

一　年齢ハ出生ノ日ヨリ之ヲ起算ス

二　民法第百四十三条ノ規定ハ年齢ノ計算ニ之ヲ準用ス

三　明治六年第三十六号布告ハ之ヲ廃止ス

年齢のとなえ方に関する法律（昭和二四年法律第九六号）

一　この法律施行の日以後、国民は、年齢を数え年によつて言い表わす従来のならわしを改めて、年齢計算に関する法律（明治三十五年法律第五十号）の規定により算定した年数（一年に達しないときは、月数）によつてこれを言い表わすのを常とするように心がけなければならない。

二　この法律施行の日以後、国又は地方公共団体の機関が年齢を言い表わす場合においては、当該機関は、前項に規定する年数又は月数によつてこれを言い表わさなければならない。但し、特にやむを得ない事由により数え年によつて年齢を言い表わす場合においては、特にその旨を明示しなければならない。

〔病弱等による就学義務の猶予・免除〕

第一八条　前条第一項又は第二項の規定によつて、保護者が就学させなければならない子（以下それぞれ「学齢児童」又は「学齢生徒」という。）で、病弱、発育不完全その他やむを得ない事由のため、就学困難と認められる者の保護者に対しては、市町村の教育委員会は、文部科学大臣の定めるところにより、同条第一項又は第二項の義務を猶予又は免除することができる。

本条の概要

本条は、本法第一七条の例外として、保護者が子を小学校・小学部または中学校・中学部に就学させないことを認めたものである。

本条文中の「文部科学大臣の定めるところ」とは、本法施行規則第三四条及び第三五条などのことである。同規則第三四条は、「学齢児童又は学齢生徒で、学校教育法第十八条に掲げる事由があるときは、その保護者は、就学義務の猶予又は免除を市町村の教育委員会に願い出なければならない。この場合においては、当該市町村の教育委員会の指定する医師その他の者の証明書等その事由を証するに足る書類を添えなければならない」と定めている。つまり、保護者自身の判断に委ねるのではなく、医師等による証明書を添えて保護者が市区町村教育委員会に願い出ることが要件になる。

同じく第三五条は、「学校教育法第十八条の規定により保護者が就学させる義務を猶予又は免除された子について、当該猶予の期間が経過し、又は当該猶予若しくは免除が取り消されたときは、校長は、当該子を、その年齢及び心身の発達状況を考慮して、相当の学年に編入することができる」とする。病気の治癒など「就学の困難」な状況が解消されたときには、校長は「相当の学年」、すなわち年齢に応じた学年以外にも下の学年に編入させることができるのである。

また、本条でいう「その他やむを得ない事由」には海外帰国児童生徒の日本語修得のための猶予などが含まれる。ただし、国外に転出した場合には、保護者に就学義務が課されないために、猶予や免除の措置を有しないこととされる（文部科学省通知「就学義務の猶予又は免除に関する就学事務処理上の留意点について」）。

ポイント解説

猶予と免除

就学義務の猶予とは、病気治療や入院、発育不全、日本語の修得などの事由により、一定期間について子を就学させないことを認める措置である。したがって、猶予の事由が解消したときには、就学義務が発生し、校長が判断する相当学年に速やかに就学させることとなる。就学義務の免除とは、重度の病気や障害のために、義務教育を修了する見込みがないと判断されたときに、学校に就学させないことを認める措置である。例えば、障害のために外出困難な子などに適用される。

猶予・免除の判断

本条文は、猶予・免除の事由について医師等の証明書を保護者に求めるが、学校保健安全法第一二条は、市区町村の措置に関して、就学時健康診断の結果に基づいて、本法第一七条第一項に規定する義務の猶予・免除に関して指導を行うなどの適切な措置をとらなければならないとしている。つまり、指導という形で市区町村が猶予・免除事由の正当性に関わる判断に加わることもできるのである。

被免除者の一五歳以降の扱い

就学義務を猶予・免除された場合、その子は中学校を卒業したことにならないことから、中学校卒業程度認定試験によって卒業と同等の資格を得ることができる。

この試験は、本条の規定により、病気などやむを得ない事由によって保護者が義務教育諸学校に就学させる義務を猶予又は免除された子に対して、中学校卒業程度の学力があるかどうかを認定するために国が行う試験であり、合格した者には高等学校の入学資格が与えられる。受験資格は、①就学義務猶予・免除者（過去も含む）で、満一五歳以上、②猶予・免除を受けず、かつ満一五歳に達する者で、中学校卒業の見込み等がない者、③日本国籍を有しない者満一五歳以上、④一六歳以上の猶予・免除になった者または日本国籍を有しない者のいずれかに該当する場合である。中学校の国語、社会、数学、理科、外国語（英語）の五教科で実施される。

教科書の給与

国は就学義務猶予・免除された者に対して、教科書の無償給付を実施している。これは、就学義務猶予免除者のうち教科書の給与を希望し、かつ市区町村教育委員会が教科書による学習が可能だと認める者に対して行われる。ただし、①海外居住者、②少年院在院者、③児童自立支援施設入所者で、施設内で学校教育に準ずる学科指導を受けている者は除かれる。

本条を考える視点

本条は、保護者の就学義務の猶予・免除が保護者の申請によることを前提にしているが、外国への転出等の場合には、その申請がないままに教育委員会がそれらの措置をとっている実態が文部科学省によって問題視されている。前述したように、その場合には就学義務がないため、その措置は必要ないからである。そこで、文部科学省通知は、就学事務処理の適正化を図ることを求めたところである。

また、不就学者の存在が問題視されている。これは、日本人で所在不明のために就学の督促ができず、また保護者からの就学義務猶予・免除の申請がない場合と、もう一つは、就学義務のない外国籍の子の不就学の場合とがある。後者の場合、特に、東南アジアや南米からの移住者で日本国籍を取得していない例が多い実態にある。義務教育が浸透しているはずの今日、不就学者解消のための施策展開が求められている。なかでも、外国籍の保護者とその子に対しては、ＰＲの在り方が課題になろう。

関連条文　資料

■関連条文　本法施行規則第三四条、第三五条、学校保健安全法第一一条（就学時の健康診断）

■関連資料　「就学義務の猶予又は免除に関する就学事務処理上の留意点について（通知）」（平成二三年一一月一〇日二三初初企第七二号　文部科学省初等中等教育局初等中等教育企画課教育制度改革室長）

〔経済的就学困難への援助義務〕

第一九条　経済的理由によつて、就学困難と認められる学齢児童又は学齢生徒の保護者に対しては、市町村は、必要な援助を与えなければならない。

本条の概要

本条は、日本国憲法第二六条第一項の「教育を受ける権利」と同第二項の「保護者の教育を受けさせる義務」の保障を目的とした制度であり、経済的地位による教育上の差別を禁じた教育基本法第四条の「教育の機会均等」を具体化したものである。

教育基本法第四条は、その第三項で「国及び地方公共団体は、能力があるにもかかわらず、経済的理由によって就学が困難な者に対して、奨学の方法を講じなければならない」と定めているが、本条はこれを引き取り、「就学が困難な者」に対する奨学の方法について、経済的理由で就学が困難な子どもを抱える親や保護者に対して、市町村が必要な援助を与えることにより彼らの就学させる義務を履行させるものである。

本条に基づいて、市町村が就学援助の措置をとる場合には、その経費の一部を法律又は予算措置により国は補助を行う。法律に基づく補助には以下のものがある。

① 就学困難な児童及び生徒に係る就学奨励についての国の援助に関する法律（以下、「就学奨励法」）：生活保護法第六条第二項に規定する要保護者に対して、生活保護法に規定する教育扶助が行われていない場合に、学用品費、通学費及び修学旅行費を補助する（同法第二条）。

② 学校保健安全法：義務教育諸学校の児童生徒が感染症又は学習に支障を来す疾病にかかり、学校において治療の指示を受けた場合に、要保護者及び準要保護者に対して地方公共団体は医療費の援助を行うが、国はその二分の一を補助する（同法第二五条）。

③ 学校給食法：生活保護法第六条第二項に規定する要保護者に対して、生活保護法の学校給食に関する教育扶助が行われていない場合に、設置者は学校給食費を補助するが、国はその経費の一部を補助する（同法第一二条）。

④ 独立行政法人日本スポーツ振興センター法：公立の義務教育諸学校の設置者が要保護者又は準要保護者から災害救済給付に係る共催掛金を徴収しない場合、国は掛金相当額を日本スポーツ振興センターに対して経費の二分の一を補助する（同法第二九条）。

ポイント解説

就学援助の対象者

就学援助の対象となるのは、生活保護法第六条第二項に規定する「要保護者」と市町村教育委員会が生活保護法第六条第二項に規定する要保護者に準ずる程度に困窮していると認める「準要保護者」で、義務教育過程にある児童生徒のいる世帯である。要保護世帯の認定は福祉事務所が行い、準要保護世帯の認定は教育委員会が行う。

適用基準

平成一七（二〇〇五）年より、就学援助を必要とする準要保護世帯への国庫補助負担金は、市町村への税源移譲を行った上で廃止され、一般財源に振り替えられた。改正に当たり、一般財源化を機に、多くの地方自治体が就学援助の事業規模を縮小するのではないかとの危惧が示されたが、実際に改正後多くの自治体が事業規模を縮小し、適用基準の引き下げを行っている。前述の就学奨励法をはじめとする法律では、準要保護世帯に給付する際の具体的基準は定められておらず、各自治体の裁量によっている。したがって、自治体によって異なる基準が設定されている。例えば、札幌市では四人家族で年収三八一万円以下、福岡市では四五三万円以下とされている。また、特別支援学校に児童生徒を就学させている保護者に対して、都道府県は、教科用図書購入費（高等部に限る）、学校給食費、交通費、付き添いに要する交通費（小・中学部に限る）、寄宿舎居住費、修学旅行費、学用品費（小・中学部に限る）の全部又は一部を支弁しなければならず、国はその二分の一を負担することとなっている。

就学援助の事業内容と申請方法

就学奨励法の第一条では、就学が困難な児童・生徒に就学援助を行う地方公共団体に対し、国が必要な援助を与え、義務教育の円滑な実施に資することを目的とするとしているが、国としての統一した制度がないため、その事業内容は市町村に任されており、自治体ごとに認定基準や申請方法及び援助内容に違いがある。例えば、金銭給付のみとする自治体がある一方で、金銭給付と現物給付とを併用している自治体もある。東大阪市では金銭給付のみであり、大阪市では併用している。申請方法も、居住地の教育委員会に直接申し込む方法をとる自治体がある一方で、担任の教師を通して学校に申し込む方法をとる自治体がある。その際、申請用紙や所得証明などの書類の提出も自治体によって異なっている。

平成二六（二〇一四）年九月に各都道府県教育委員会を通じて、市町村教育委員会に対して実施した文部科学省の実態調査によれば、未回答の市町村を除く一七六〇市町村から回答があったが、平成二五年度の要保護及び準要保護児童生徒数（就学援助対象人数）は、一五一万四五一五人で、前年度比三万七五〇八人減となっており、就学援助率は、一五・四二パーセントで、前年度比〇・二二パーセントの減となっている。これは、平成七（一九九五）年度の調査開始以来のことであった。その理由として、就学援助対象人数に対しては児童生徒数全体の減少、就学援助率については経済状況の改善が指摘されているが、認定基準を引き上げた自治体（三・一パーセント）がある一方で、引き下げた自治体（一・三パーセント）もあり、各自治体における援助に格差が広がっていることを示している。

学校給食費の徴収状況

また、文部科学省による「学校給食費の徴収状況に関する調査の結果について」（平成二六年一月）によれば、全国の学校給食（完全給食）を実施している公立小中学校（約二万九〇〇〇校）のうち五八三校の抽出調査において、二七一校（約四六・五パーセント）で給食費未納が確認されている。学校給食費については、学校給食法の規定により食材費等は保護者が負担することと定められているが、未納の原因について、学校側は「保護者としての責任感や規範意識」の欠如、「保護者の経済的な問題」を挙げている。

長引く不況の中で、厳しい家庭環境に置かれた子どもたちへの影響を見過ごすことはできず、子どもたちがどの地域に生まれ育っても同じ環境で学べるような、国としての補助金を充実させる等の対策が求められており、地域間の格差の是正が喫緊の課題となっている。

本条を考える視点

就学援助制度における援助内容は、学用品など教育条件改善に関する援助だけではなく、校外授業や自然教室の教材費や食事代のような教育内容への援助も含めて、きわめて多様で広範囲にわたる援助が行われており、大いに評価することができる。ただし、準要保護世帯への就学援助に関しては、法形式、援助の対象、内容、方法、認定基準など、自治体によって対応が異なっている。これらの運用実態の相違は、財政措置の問題が大きく関わっており、財政規模の小さい自治体ほど制度運用に問題があることが指摘されている。

就学援助制度の目的である、子どもの教育を受ける権利や保護者の教育を受けさせる義務を保障し、経済的地位による教育上の差別を禁じた教育の機会均等を具体化するためには、実際に援助を必要とする家庭が支給対象から漏れないような国としての統一的基準が必要であろう。

第二部関連頁

七五一頁

関連条文　資料

■**関連条文・法令**　日本国憲法第二六条、教育基本法第四条、就学困難な児童及び生徒に係る就学奨励についての国の援助に関する法律（就学奨励法、昭和三一年三月三〇日法律第四〇号）、学校保健安全法第二四条、第二五条、学校給食法第一二条、独立行政法人日本スポーツ振興センター法第一七条、第二九条、生活保護法（昭和二五年五月四日法律第一四四号）第一一条、特別支援学校への就学奨励に関する法律（昭和二九年六月一日法律一百四四号）

〔学齢児童・生徒の使用者の義務〕

第二〇条 学齢児童又は学齢生徒を使用する者は、その使用によって、当該学齢児童又は学齢生徒が、義務教育を受けることを妨げてはならない。

本条の概要

憲法第二七条第三項は、「児童はこれを酷使してはならない」と定めている。この場合の児童は児童福祉法に基づく一八歳未満の子どもを指すが、本条は、本法第一七条に基づく学齢児童、学齢生徒の就労に関して規制を行っているものである。これは戦後義務教育年限が延長されたことに伴い、学齢児童＝小学生、学齢生徒＝中学生に普通教育を施し、未来の主権（生活）者としての知識を身につけ、教養の向上を図るという教育基本法で定める義務教育規定の立法趣旨の徹底を図る規定である。

ポイント解説

年少者の就労制限については、労働基準法第五六条第一項で「使用者は、児童が満一五歳に達した日以降の最初の三月三一日が終了するまで、これを使用してはならない。」と規定しているが、例外措置として同法第五六条第二項の別表一で製造業、鉱業、運輸交通業、貨物取扱業以外は、「児童の健康及び福祉に有害でなく、かつ、その労働が軽易なものについては、行政官庁の許可を受けて、満一三歳以上の児童をその者の就学時間外に使用することができる。映画の製作又は演劇の事業については、満一三歳に満たない児童についても、同様とする。」と年少者の労働を認めている。例えば、新聞配達やゴルフ場のキャディなどの業務には健康、福祉に有害でなくその仕事が軽易なものであれば修学時間外に就かせることができる。しかし、深夜の時間帯に就労させてはならない。

年少者の労働時間に関して平成一五（二〇〇三）年以降、テレビ・映画などに出演する学齢児童や学齢生徒の子役に関しては以下のような経緯から規制緩和が行われた。同年構造改革特別区域推進本部は、「全国で実施することが時期、内容とも明確な規制改革事項「義務教育修了者前の演劇子役の就労可能時間の延長」として「義務教育を修了するまでの演劇子役の就労可能な時間を、現行の午後八時までから午後九時までに延長することを検討し、措置する。ただし、児童の福祉及び道徳を保護し、その心身の正常な発育を図る等の観点から、今後必要な措置を検討する必要があることに留意する。」という方針を示した。それを受けて「モーニング娘。特区」と呼ばれる規制緩和を行い、午後九時までの就労を認めることになった。

本条を考える視点

本条に違反をすると労働基準法第一一八条第一項に基づき「一年以下の懲役又は五〇万円以下の罰金」に処せられる。

本条は、子どもの学習権を保護者、事業者が奪ってはならないことを定めたものであり、教職員は、その趣旨を認識して子どもの進路指導や生活指導を心がけなければならない。子どもが主たる家計維持のために就労するような状況があれば当然に子どもの学習権尊重の意義から、家族との対応が求められる。

第二部関連頁

七四九頁

関連条文　資料

■**関連条文**　日本国憲法第二七条第三項、労働基準法第五六条（最低年齢）、第五七条（年少者の証明書）、第五八条（未成年者の労働契約）、第五九条、第六〇条（労働時間及び休日）、第六一条（深夜業）、第六二条（危険有害業務の就業制限）、第六三条（坑内労働の禁止）、第六四条（帰郷旅費）

■**関連資料**　就業が認められるための最低年齢に関する条約（ＩＬＯ第一三八号条約　一九七三年六月二六日採択、一九七六年六月一九日発効）

「中学生・高校生のアルバイト就労に関する指導について（通知）」（昭和五三年九月四日国初第三三号　文部省初等中等教育局長）

一八歳未満の年少労働者は、心身ともに成長期にあるところから、その就労については労働基準法上特別な保護規定が設けられており、それに基づいて従来から中学生・高校生（以下「生徒」という。）のアルバイト就労について適正な労働条件を確保するため、生徒を雇用する事業主に対する監督指導に努めるとともに、貴職に対しても、昭和四九年九月一八日付け婦発第四八一号、基発第二五三号「生徒のアルバイト就労等について」により、特段の御配慮をお願い致しているところであります。

しかしながら、昭和五二年度に、婦人少年局が貴省の御協力を得て実施した「中学生・高校生のアルバイト実態調査」の結果（別添「中学生・高校生のアルバイト実態調査―結果報告書―」参照）によると、労働基準法等の規定に抵触して就労している生徒が少なくなく、下記のとおり種々の問題がみられ、これが対策を一層進めることが必要と考えられます。

労働省においては、法定労働条件の確保のため、生徒を雇用する事業主に対する監督指導等を一層強化することとしておりますが、これが対策の万全を期すためには、学校教育の場を通じ、生徒のアルバイト就労について、生徒及びその保護者に対し、正しく法を認識させ、適正な労働条件の下で就労するよう指導していただくことが極めて重要であると考えられます。

ついては、貴職から、都道府県教育委員会を通じ、管下各中学校、高等学校に対し、左記の問題点を周知されるとともに、適正な労働条件による就労が行われるよう格段の御指導をお願い致します。

記

一　無許可で雇用されている生徒（中学生）がみられること（労働基準法第五六条関係）
中学生の就労については、当該学校長の修学に差し支えない旨の証明及び労働基準監督署長の許可を受ける必要があるが、調査対象中学校におけるアルバイト就労生徒のうち、学校に対し所定の手続きが行われた生徒は約四割にすぎず、約六割の生徒は、学校長の証明及び労働基準監督署長の許可を受けずに雇用されているものと考えられる。（報告書P一一〜一二）

二　就業禁止業務に就労している生徒（中学生）がみられること（労働基準法第五六条関係）
アルバイト就労生徒を対象とした個人調査において、夏休み中に就労した中学生のうち、就業禁止業務に就労している中学生が約三割（製造業一二・九パーセント、建設業一一・六パーセント、飲食店七・五パーセント）みられる。（報告書P五〇）

三　一週一回の休日が与えられていない生徒がみられること（労働基準法第三五条、第六〇条関係）
学期中の就労生徒のうち中学生は六割強、高校生は約四割、夏休み中の就労生徒のうち中学生は約三割、高校生は三割弱の生徒について、一週一回の休日が与えられていない。なお、業種別にみると、新聞販売店に就労する生徒に、この割合が高い。（報告書P三五、P五四）

四　一日の労働時間が七時間あるいは八時間を超える長時間就労の生徒がみられること（労働基準法第六〇条関係）
学期中に就労した中学生の一割弱が、一日二時間を超える就労となっており、修学時間（通常一時限五〇分で六時限授業）を通算すると七時間を超えている。また、夏休み中の就労については、中学生の約三割が一日七時間

を超え、また高校生の一割強が一日八時間を超えて労働している。（報告書P三五、P五五～五六）

五　休憩時間が与えられていないか又は休憩時間が短い生徒がみられること（労働基準法第三四条関係）
夏休み中の就労生徒のうち中学生は半数近く、高校生は約八割が六時間を超えて労働しているが、休憩時間が全く与えられていない生徒あるいは四五分未満の生徒が、労働時間が六～八時間の者に約一割、八時間を超える者に四割弱みられる。（報告書P五七～五八）

六　深夜に就労している生徒がみられること（労働基準法第六二条）
中学生のうち午後八時から午前五時までの間に就労したことのある生徒が約一割（学期中一二・一パーセント、夏休み中七・九パーセント）みられる。また、高校生のうち午後一〇時から、午前五時までの間に就労したことのある生徒が一割弱（学期中七・九パーセント、夏休み中〇・八パーセント）みられる。（報告書P三九、P五八）

七　安全衛生教育を実施していない事業所がみられること（労働安全衛生法五九条）
アルバイト雇用事業所のうち安全衛生教育を実施していない事業所が半数近くみられるが、特に、小規模事業所にその割合が高い。（報告書P九四～九六）

八　業務上の災害を被った生徒がみられること
アルバイト雇用事業所の一割弱（学期中六・七パーセント、夏休み中三・七パーセント）の事業所において業務上の災害を被ったアルバイト生徒がみられ、雇用しているアルバイト生徒の一パーセント弱（学期中〇・四パーセント、夏休み中〇・二パーセント）が業務上の災害を被っている。（報告書P九六～九八）

別添（略）

〔義務教育の目標〕

第二一条　義務教育として行われる普通教育は、教育基本法（平成十八年法律第百二十号）第五条第二項に規定する目的を実現するため、次に掲げる目標を達成するよう行われるものとする。

一　学校内外における社会的活動を促進し、自主、自律及び協同の精神、規範意識、公正な判断力並びに公共の精神に基づき主体的に社会の形成に参画し、その発展に寄与する態度を養うこと。

二　学校内外における自然体験活動を促進し、生命及び自然を尊重する精神並びに環境の保全に寄与する態度を養うこと。

三　我が国と郷土の現状と歴史について、正しい理解に導き、伝統と文化を尊重し、それらをはぐくんできた我が国と郷土を愛する態度を養うとともに、進んで外国の文化の理解を通じて、他国を尊重し、国際社会の平和と発展に寄与する態度を養うこと。

四　家族と家庭の役割、生活に必要な衣、食、住、情報、産業その他の事項について基礎的な理解と技能を養うこと。

五　読書に親しませ、生活に必要な国語を正しく理解し、使用する基礎的な能力を養うこと。

六　生活に必要な数量的な関係を正しく理解し、処理する基礎的な能力を養うこと。

七　生活にかかわる自然現象について、観察及び実験を通じて、科学的に理解し、処理する基礎的な能力を養うこと。

八　健康、安全で幸福な生活のために必要な習慣を養うとともに、運動を通じて体力を養い、心身の調和的発達を図ること。

九　生活を明るく豊かにする音楽、美術、文芸その他の芸術について基礎的な理解と技能を養うこと。

十　職業についての基礎的な知識と技能、勤労を重んずる態度及び個性に応じて将来の進路を選択する能力を養うこと。

本条の概要

本条は、義務教育として行われる普通教育の目標を定めるものであり、平成一九（二〇〇七）年の本法改正（以下、「平成一九年改正」と略）により新たに設けられたものである。義務教育は、日本国憲法第二六条において教育を受ける権利を保障するものとして位置づけられており、すべての人間にとって共通に必要とされる一般的・基礎的な知識・技能を施し、人間として調和のとれた育成を目指すための教育とされ、個人の人格形成と国民の育成という重要な役割を担うものである。

このような義務教育の重要性を踏まえ、中央教育審議会答申「新しい時代の義務教育を創造する」（平成一七年一〇月二六日）では、国が「義務教育九年間を見通した目標の明確化を図り、明らかにする必要がある」との提言を行っている。また、平成一八（二〇〇六）年に改正された教育基本法は、第二条において教育の目標を規定するとともに、第五条第二項において義務教育として行われる普通教育の目的を規定している。

これらを踏まえ、本法の平成一九年改正では義務教育全体としての一貫した教育の目標を示すため、従前は小学校、中学校における教育の目標が別個に規定されていたのを改め、新たに「義務教育」の章を設けるとともに、「義務教育の目標」という規定を新設したものである。新しい義務教育の目標には、旧法第一八条の小学校の教育目標八項目と旧法第三六条の中学校の教育目標三項目を整理し、それらに加えて、改正教育基本法に新たに規定された規範意識、公共の精神、伝統と文化の尊重、環境の保全に寄与する態度、国と郷土を愛する態度、家庭と家族の役割などの項目が盛り込まれ、義務教育の目的を実現するための目標を一〇の号に整理して規定している。

今後は、義務教育という括りの中で小学校、中学校の果たすべき役割や目標の下で、その連携に基づく教育の在り方が求められることになる。

ポイント解説

義務教育の目的

本条が前提とする義務教育の目的は、教育基本法第五条第二項に規定するように「各個人の有する能力を伸ばしつつ社会において自立的に生きる基礎を培い、また、国家及び社会の形成者として必要とされる基本的な資質を養うこと」にある。ここには、義務教育の目的は個人の人格形成と国民の育成という二つの重要な役割が期待されているといえる。また、「社会において自立的に生きる基礎」と「国家及び社会の形成者として必要とされる基本的な資質」の育成を図るという義務教育の目的を実現するための具体的な目標が、本条各号に規定する義務教育の目標であるという理解が必要となる。

なお、本条に規定する目標は、義務教育に携わる者が達成に向けて努力する目標であって、教育を受ける児童・生徒が達成することを義務づけられた目標という意味での到達目標ではないことに留意する必要がある。

普通教育の対象と内容

義務教育としての普通教育が行われるのは、小学校、中学校、義務教育学校、中等教育学校の前期課程、特別支援学校の小学部・中学部であり、本条はこれらの学校における教育の目標の指針となるものである。例えば、小学校では「義務教育として行われる普通教育のうち基礎的なものを施すことを目的」（本法第二九条）に、その目的を「実現するために必要な程度において」本条各号に掲げる目標を達成するよう行われるものとされ（本法第三〇条)、中学校は義務教育の完成段階であることから、中学校における教育は「義務教育として行われる普通教育を施すことを目的」(本法第四五条)に、本条各号に掲げる目標を達成するよう行われるものとされている(本法第四六条)。

この普通教育とは、憲法第二六条及び教育基本法第五条で規定している普通教育と同義であり、その内容は本条の義務教育の目標や小・中学校の目標に従って文部科学大臣が定める学習指導要領によって明らかにされるが、一般的には、すべての人間にとって日常の生活を営む上で共通的に必要とされる一般的・基礎的な知識・技能を施し、人間として調和のとれた育成を目指すための教育であり、通常、専門教育と対置される概念である。

法による「学力」規定

本法第三〇条第二項では、前述のような小学校教育の目標を受けて「前項の場合においては、生涯にわたり学習する基盤が培われるよう、基礎的な知識及び技能を習得させるとともに、これを活用して課題を解決するために必要な思考力、判断力、表現力その他の能力をはぐくみ、主体的に学習に取り組む態度を養うことに、特に意を用いなければならない」という「学力」に関する規定を設けている。この「学力」規定は、中学校、義務教育学校及び高等学校にも準用されており、これからの学校教育の目標として新たに規定されている点に留意が必要である。

学習指導要領との関連

本条各号の目標は、義務教育として行われる普通教育における具体的な目標を列記するものであり、これらの目標と本法第二九条・第三〇条及び第四五条・第四六条の目的・目標を踏まえて、小学校学習指導要領(平成二〇(二〇〇八)年)、中学校学習指導要領(同年)、特別支援学校小学部・中学部学習指導要領(平成二一(二〇〇九)年)が公示されている。

本条各号で掲げられた目標は、学校全体の活動を通して達成されるものであるが、小学校及び中学校の教科等との関係から見ると次のように整理できる。すなわち、第一号は社会科、生活科、道徳、特別活動、第二号は理科、生活科、道徳、特別活動、第三号は社会科、外国語、道徳、第四号は家庭科、技術・家庭科、社会科、生活科、第五号は国語科、第六号は算数科、数学科、第七号は理科、生活科、第八号は体育科、保健体育科、生活科、道徳、第九号は音楽科、図画工作科、美術科、国語科、第一〇号は社会科、技術・家庭科、道徳、特別活動が、それぞれ対応すると考えられる。

小中連携教育の推進

本条の規定を受けて小学校では、「心身の発達に応じて、義務教育として行われる普通教育のうち基礎的なものを施すことを目的とする」（本法第二九条）、「前条に規定する目的を実現するために必要な程度において第二一条各号に掲げる目標を達成するよう行われるものとする」（本法第三〇条一項）という役割を担い、中学校では「小学校における教育の基礎の上に、心身の発達に応じて、義務教育として行われる普通教育を施すことを目的」（本法第四五条）とし、「前条に規定する目的を実現するため、第二一条各号に掲げる目標を達成するよう行われるものとする」（本法第四六条）とされている。小学校においては、義務教育の目的に照らして「基礎的なものを」「必要な程度において」行い、中学校では義務教育の目標の達成を目指して教育を展開することが求められている。義務教育という括りの中で、九年間をかけてその目標を達成していくためには、小中連携教育を一層進めていくことが求められている点に留意することが必要である。なお、平成二八（二〇一六）年四月一日から設置されることになった義務教育学校では、小中一貫教育を実施することを目的としている。

本条を考える視点

小学校及び中学校の目標の一貫性と発展性が図られ、義務教育九年間の目標が体系化されたことは、各学校の教育目標の設定をはじめ、各教科の学習指導、道徳や特別活動の指導など日々の教育活動を展開する際に確認したい重要なポイントである。

今後、小学校では中学校との関連で「どの程度」「どこまで」指導するのかといった、取り上げられる内容の程度と範囲が問題になる。中学校では一人ひとりの生徒において目標が実際に実現されているかどうかの見極め（評価）が一層厳しく問われることになる。また、学習指導要領の最低基準性が一層明確になったことから、学習指導要領に示されている各教科等の目標や内容は、すべての児童・生徒に身につけさせる必要があり、各学校や教師はその達成に向けて取り組むことが求められることになる。その際、本法第三〇条第二項に規定する「学力」の内容からの検討も重要な課題となる点に留意が必要である。

第二部関連頁

七四三、七四五、七四七頁

関連条文　資料

■**関連条文**　日本国憲法第二六条〔教育を受ける権利〕、教育基本法第一条〔教育の目的〕、第二条〔教育の目標〕、第五条〔義務教育〕、第六条〔学校教育〕、本法第一六条〔義務教育年限〕、第二九条〔小学校の目的〕、第三〇条〔小学校教育の目標〕、第四五条〔中学校の目的〕、第四六条〔中学校教育の目標〕、第四九条の二〔義務教育学校の目的〕、第四九条の三〔義務教育学校の目標〕

旧学校教育法（昭和三六年）

第一八条〔小学校教育の目標〕

小学校における教育については、前条の目的を実現するために、次の各号に掲げる目標の達成に努めなければならない。

一　学校内外の社会生活の経験に基き、人間相互の関係について、正しい理解と協同、自主及び自律の精神を養うこと。
二　郷土及び国家の現状と伝統について、正しい理解に導き、進んで国際協調の精神を養うこと。
三　日常生活に必要な衣、食、住、産業等について、基礎的な理解と技能を養うこと。
四　日常生活に必要な国語を、正しく理解し、使用する能力を養うこと。
五　日常生活に必要な数量的な関係を、正しく理解し、処理する能力を養うこと。
六　日常生活における自然現象を科学的に観察し、処理する能力を養うこと。
七　健康、安全で幸福な生活のために必要な習慣を養い、心身の調和的発達を図ること。
八　生活を明るく豊かにする音楽、美術、文芸等について、基礎的な理解と技能を養うこと。

第三六条（中学校教育の目標）
中学校における教育については、前条の目的を実現するために、次の各号に掲げる目標の達成に努めなければならない。
一　小学校における教育の目標をなお充分に達成して、国家及び社会の形成者として必要な資質を養うこと。
二　社会に必要な職業についての基礎的な知識と技能、勤労を重んずる態度及び個性に応じて将来の進路を選択する能力を養うこと。
三　学校内外における社会的活動を促進し、その感情を正しく導き、公正な判断力を養うこと。

■関連資料　「学校教育法等の一部を改正する法律について（通知）」（平成一九年七月三一日一九文科初第五三六号文部科学事務次官）、「小中一貫教育制度の導入に係る学校教育法等の一部を改正する法律について（通知）」（平成二七年七月三〇日二七文科初五九五　文部科学省大臣官房文教施設部長・文部科学省初等中等教育局長）

第三章　幼稚園

〔幼稚園の目的〕
第二二条　幼稚園は、義務教育及びその後の教育の基礎を培うものとして、幼児を保育し、幼児の健やかな成長のために適当な環境を与えて、その心身の発達を助長することを目的とする。

本条の概要

本条は、人間の発達や学校教育体系における基礎教育として、幼稚園教育の目的を規定するものである。

平成一八（二〇〇六）年、昭和二二（一九四七）年三月に公布、施行された教育基本法が六〇年ぶりに改正され、第一条に教育の目的、第二条でそれを実現するための五つの目標（資質）を示すとともに、第一一条に新しく「幼児期の教育」が位置づけられた。第一一条では、第三条で規定する「生涯学習」とも関わって、幼児教育が目指すことは、「生涯にわたる人格形成の基礎を培う」と明確に示された。ここで幼児とは、小学校就学前の者を指し、幼児教育とは、幼児が生活するすべての場において行われる教育を指していることから、幼稚園とともに就学前教育を担っている保育所（児童福祉法第三九条）や家庭の役割も重視されていることに留意すべきである。

このような教育基本法の改正を踏まえて、平成一九年改正では、本条において、就学前教育としての幼稚園教育の目的が明確にされたのである。そして、平成二〇（二〇〇八）年三月に改訂された幼稚園教育要領には、教育基本法や本法における これらの法改正の内容が、一貫性をもって反映されることとなった。本条は、旧法第七七条と比べて、「義務教育及びその後の教育の基礎を培うものとして」という規定を加えたことで、義務教育及びその後の教育の基礎としての幼稚園教育の役割が明確にされたといえる。

もちろん、「幼児を保育」し、「適当な環境を与えて」「心身の発達を助長する」という幼児の生活経験に根差したカリキュラムの実施という点では、幼稚園教育の方法的独自性を重視した目的観は変わらない。しかし、義務教育との連続性や家庭・地域教育との連続性などいわゆる縦と横の教育との連続性がより一層重視されたこととの関わりで小学校等の学校教育との関わりをどのように捉えるか。保育所との関係をどう捉えるか。そして、形態が多様化し、教育力の低下も危惧される家庭とどう関わり合うべきかが今後の課題である。

ポイント解説

学校の最初としての位置づけ

幼稚園の実際の発足は、民間で開設された幼稚園を別にすれば、明治九（一八七六）年一一月に開園した東京女子師範学校付属幼稚園に遡る。しかし、当時の「学制」においては、小学校の一つとして「幼稚小学」の規定があるのみで、幼稚園に関する単独勅令が初めて制定されたのは、大正一五（一九二六）年四月の「幼稚園令」が最初である。ここでは、「…家庭教育ヲ補フヲ以テ目的トス」（第一条）と規定されていた。幼稚園教育（保育所も含む）が最初にあって、小学校に進学するという実際の流れが旧学校教育法（第一条）に反映されなかったのは、幼稚園教育の制度整備の遅れとともに、他の時期に比べて、家庭教育との関わりがとりわけ密であり、小学校や中学校の教育目的でいう「施す」とは異なる、幼児教育の「保育」の独自な役割にも関わっている。

本法の平成一九年改正において、旧法で最後に規定されていた幼稚園は、学校種別の最初に位置づけられた（第一条）。これは、中央教育審議会答申「教育基本法の改正を受けて緊急に必要とされる教育制度の改正について」（平成一九年三月）において、「目的の見直しに伴い、小学校以降の教育との発達や学びの連続性が明確になるよう、学校種の規定順について幼稚園を最初に規定する」とされたように、小一プロブレムなど今日的課題への対策等として幼小連携の必要性が問われ、義務教育との学びの連続性が問われていることとも密接に関わっている。本法が制定された当時、幼稚園を一条学校として認知するか否かで案が二転三転したことを考えると必然的な改正でもある。

子育て環境の変化と幼稚園の目的

少子高齢化、都市化、核家族化、情報化、国際化などの急激な変化を受けて、地域社会の絆が薄れ、子育て環境なども大きく変化している。と同時に子どもの育ちの環境も大きく変化してきた。子どもの育ちがおかしいと懸念される中で、平成一七（二〇〇五）年一月、中教審として初めて幼児教育に焦点化して「子どもを取り巻く環境の変化を踏まえた今後の幼児教育の在り方について」が答申された。

この答申では、幼児教育の重要性や幼稚園等施設（保育所を含む）が果たしてきた役割を評価しつつ、家庭や地域社会の教育力の低下など、子どもを取り巻く環境の変化を踏まえて、今後の幼児教育の在り方についてまとめられた。それは、「家庭・地域社会・幼稚園等施設の三者による総合的な幼児教育の推進」と、「幼児の生活の連続性及び発達や学びの連続性を踏まえた幼児教育の充実」の二点に集約され、ここでの議論が、教育基本法改正や本法の平成一九年改正に生かされた。

幼児教育の独自性

本法において幼稚園教育の位置づけが変わってもその独自性は基本的には変わらないといってよい。「適当な環境を与えて、その心身の発達を助長することを目的とする」のである。発達や学びの連続性についても、小学校以上の学校への発達や学びの連続性だけでなく、遊びを中心とした幼児の日々の生活の視点から捉えた家庭や地域社会での生活の連続性が重視されている。

幼稚園は、教室という空間で四五分ないし五〇分の教科の学習が行われることが多い小学校以上の学校と異なり、独自の時間、空間設定がされている。遊びを通して学ぶという教育方法があり、そのための園の環境が多様に設定されている。幼稚園設置基準で「備えなければならない」園具や教具は、幼稚園の創始者であるフレーベルの恩物の流れをくみ、幼稚園施設整備指針（平成二六年七月改訂）では多様な生活経験が可能な「環境」について細かく配慮されている。小学校教育の前倒しにならないように、こうした幼稚園教育の独自性を踏まえて、小学校教育につなげる基礎教育として、また、生涯にわたっての基礎教育としての幼稚園教育の在り方が問い直されなければならない。

本条を考える視点

幼稚園の教育と小学校教育の円滑な接続の在り方に関する調査研究会議報告「幼児期の教育と小学校教育の円滑な接続の在り方について」（平成二三年一一月）において、子どもの発達や学びの連続性を保障するため、幼児期の教育（幼稚園、保育所、認定こども園における教育）と児童期の教育（小学校における教育）が円滑に接続し、体系的な教育が組織的に行われることは極めて重要であると指摘されている。そして、幼小接続を体系的に理解するために、「教育の目的・目標」→「教育課程」→「教育活動」で展開する三段階構造で捉える必要性があるとされた。幼稚園の目的が、生涯にわたる人格形成の基礎を培う重要なものであると確認され、小学校以降の教育との発達や学びの連続性が重視されたことで、幼児期と児童期の教育目標を「学びの基礎力の育成」という一つのつながりとして捉えることが求められると同時に、幼稚園における教育活動独自の意義と課題を再確認することも求められている。

関連条文 資料

■関連条文 教育基本法第一条、第二条、第三条、第六条、第一一条、本法第一条〔学校の範囲〕、第二三条〔幼稚園の教育の目標〕、本法施行規則第三六条、児童福祉法（昭和二二年一二月一二日法律第一六四号）第三九条〔保育所の目的〕、幼稚園設置基準（昭和三一年一二月一三日文部省令第三二号）

■関連資料 幼稚園施設整備指針（平成二六年七月、文部科学省大臣官房文教施設部）、幼稚園の教育と小学校教育の円滑な接続の在り方に関する調査研究会議報告「幼児期の教育と小学校教育の円滑な接続の在り方について」（平成二二年一一月）

〔幼稚園教育の目標〕

第二三条 幼稚園における教育は、前条に規定する目的を達成するため、次に掲げる目標を達成するよう行われるものとする。

一 健康、安全で幸福な生活のために必要な基本的な習慣を養い、身体諸機能の調和的な発達を図ること。

二 集団生活を通じて、喜んでこれに参加する態度を養うとともに家族や身近な人への信頼感を深め、自主、自律及び協同の精神並びに規範意識の芽生えを養うこと。

三 身近な社会生活、生命及び自然に対する興味を養い、それらに対する正しい理解と態度及び思考力の芽生えを養うこと。

四　日常の会話や、絵本、童話等に親しむことを通じて、言葉の使い方を正しく導くとともに、相手の話を理解しようとする態度を養うこと。

五　音楽、身体による表現、造形等に親しむことを通じて、豊かな感性と表現力の芽生えを養うこと。

本条の概要

幼稚園における教育活動の方向性を基本的に定めるのは幼稚園の教育目標である。本条では、前条で定める幼稚園の目的を達成するための五つの目標を規定している。教科というものがない幼稚園においては、この五項目が幼稚園の教育課程を構成する五領域に対応する目標になっており、毎日の教育活動においていかにバランスよく達成するかが問われる。

法規に定められた目的・目標は、まさに大綱的な基準であり、各幼稚園では、地域や幼稚園の実態を踏まえて幼稚園ごとの教育目標が設定されている。しかし、現実に各幼稚園で決定されている教育目標は、幼稚園の特徴や地域差が反映されておらず、抽象的な内容が多いこと、幼稚園内における様々な集団活動（例えば行事など）の目的との統一性が見えないことなどの問題点も指摘されてきた。教育目標が子ども一人ひとりの具体的行動目標の段階まで具現化されていないと、教育活動そのものが子どもの実態とは関係なく行われ、空洞化する危険性を孕んでいる。その点、平成一九年改正により目標が達成義務とされたことで、具体的行動目標への具現化とその評価を一体的に捉えたい。

本法の平成一九年改正において、旧法第七八条で「保育の目標」とされたものが「幼稚園教育の目標」となり、また、「前条の目的を達成するために、次の各号に掲げる目標に努めなければならない」という努力義務規定は「次に掲げる目標を達成するよう行われるものとする」という達成義務になった。目標規定の内容の変化とともに、小学校などと同様に、本法に学校評価の根拠規定（第四二条）が新設された。これを受けて、本法施行規則第六六、第六七、第六八条において、保護者など学校関係者による評価の実施・公表、自己評価結果・学校関係者評価の設置者への報告に関する規定が新たに設けられたことの意味を問い直したい。

ポイント解説

旧法の目標との比較

本条に示された五つの目標を旧法との変更点がわかるように示した（傍線部が主な変更点であり、括弧に旧法を示した）。

一　健康、安全で幸福な生活のために必要な基本的な習慣を養い、身体諸機能の調和的な発達を図ること（旧法：健康、安全で幸福な生活のために必要な日常の習慣を養い、身体諸機能の調和的発達を図ること）。

二　集団生活を通じて、喜んでこれに参加する態度を養うとともに家族や身近な人への信頼感を深め、自主、自律及び協同の精神並びに規範意識の芽生えを養うこと（旧法：園内において、集団生活を経験させ、喜んでこれに参加する態度と協同、自主及び自律の精神の芽生えを養うこと）。

三　身近な社会生活、生命及び自然に対する興味を養い、それらに対する正しい理解と態度及び思考力の芽生えを養うこと（旧法：身辺の社会生活及び事象に対する正しい理解と態度の芽生えを養うこと）。

四　日常の会話や、絵本、童話等に親しむことを通じて、言葉の使い方を正しく導くとともに、相手の話を理解しようとする態度を養うこと（旧法：言葉の使い方を正しく導き、童話、絵本等に対する興味を養うこと）。

五　音楽、身体による表現、造形等に親しむことを通じて、豊かな感性と表現力の芽生えを養うこと（旧法：音楽、遊戯、絵画その他の方法により、創作的表現に対する興味を養うこと）。

何が変わったのか

幼稚園教育要領との関わりからいえば、平成元（一九八九）年告示の幼稚園教育要領から続く五領域の構成や、平成一〇（一九九八）年告示の幼稚園教育要領からの「生きる力」を育成する考え方に変化はないといえよう。しかし、前条に示された目的との関連で、子どもを取り巻く環境の変化、小学校等の学校教育との関わり、そして、評価との関わりが明確になったように思われる。大切なのは、本条における文言の変更で何が重視されたかを理解することである。ここでは、文言から変更の主な特徴と思われる点を三つ挙げておく。

① 基本的な習慣への変更や規範意識、生命などの言葉を加えるなど小学校教育等の目標との関連付けや社会生活までの学びの連続性を図ったこと。
② 園内や遊戯、絵画の削除など実際の教育活動や経験を踏まえて、活動の幅を広く捉えようとしたこと。
③「〜を通じて」という言葉を使うことにより、方法と目的の関係を明確にしたことなど。

幼稚園教育要領において、「〜を味わう」「〜を感じる」などその後の教育の方向付けを重視する視点は変わらないものの、小学校や社会での学びや生活への見通しをもって教育することが求められている。

目標と評価

特に、目標が達成義務化されたことと関わって、とりわけ、目的達成のための方法という視点に留意したい。文部科学省『幼児理解と評価』（平成二二年七月改訂）においては、実際に幼児が生活する姿から発達の全体的な状況、良さや可能性などを捉え、それに照らしてみて、①教師の関わり方は適切であったか、②環境の構成はふさわしいものであったか、③あらかじめ教師が設定した指導の具体的なねらいや内容は妥当なものであったかなどについて反省・評価をすることの必要性を述べている。指導と評価の一体化を求めることは幼稚園を含む今日の学校教育の基本なのである。

指導と評価の一体化とは、活動の結果に対して行われるだけでなく、活動の指導過程における評価の工夫を一層進めることである。また、園全体としての評価の取り組みに連続して、子どもの習熟の程度に応じた指導や協力教授など多様な活動（指導）形態が取り入れられるようにすることでもある。その点、幼稚園においてもこれまでなかなか実現できなかった「内容系列」と「条件系列」（狭義の教育課程）の融合というカリキュラム・マネジメントが問われている。指導と評価の一体化とは、子どもを変えたかったら、まず教師・幼稚園が変わらなければならないという教育活動の根底的な課題の内実を問うものなのである。

本条を考える視点

本条との関わりで、幼稚園教育要領における、第一章総則の中にあった目標が削除されている。本法で定める目標と幼稚園教育の目標がこれまで以上に矛盾なく行われることが目指されたことを示している。ただし、目標が達成義務化されたことやそれに関わる学校評価（自己評価）との関わりで概観すると、子どもの生活重視、遊び重視の教育であることを踏まえつつ、目的と手段との関係や、小学校以上の学校との学びの連続性も意識していかなければならない。

幼児期の評価は難しいという側面は確かにあるが、実際には、活動＝体験＝経験という単純な図式で教育活動が行われている場合も少なからずあり、主体なき体験学習、また、学びなき体験学習という批判もある。基礎的・基本的な知識・技能の育成（習得型の教育）と自ら学び自ら考える力の育成（探求型の教育）を対立的に捉えるのではなく、目標を明確にしてバランスよく育成したい。

第二部関連頁　七四一頁

関連条文　資料

■関連条文　教育基本法第一条、第二条、本法第二二条〔幼稚園の目的〕、第四二条〔学校運営評価〕、本法施行規則第六六条、第六七条、第六八条、幼稚園教育要領（平成二〇年三月）

■関連資料　中教審答申「幼稚園、小学校、中学校、高等学校及び特別支援学校の学習指導要領等の改善について」（平成二〇年一月一七日）、幼稚園における学校評価の推進に関する調査研究協力者会議「幼稚園における学校評価ガイドライン」（平成二〇年三月二四日）、文部科学省幼稚園教育指導資料第三集『幼児理解と評価』（平成二二年七月改訂）

〔家庭・地域への教育支援〕

第二四条　幼稚園においては、第二二条に規定する目的を実現するための教育を行うほか、幼児期の教育に関する各般の問題につき、保護者及び地域住民その他の関係者からの相談に応じ、必要な情報の提供及び助言を行うなど、家庭及び地域における幼児期の教育の支援に努めるものとする。

本条の概要

本法の平成一九年改正に伴って新設された条文である。「学校教育法等の一部を改正する法律について（通知）」には、本条に関わって以下のように書かれている。

「第二四条において、幼稚園は家庭及び地域における幼児期の教育の支援に努めるものとする旨規定しているが、具体的には、幼稚園の人材や施設・設備、これまで蓄積してきた幼児期の教育に関する知見や経験を活かしつつ、幼児期の教育に関する情報提供や相談窓口の開設、親子登園の実施、園庭の開放などを行うことが考えられること。」

幼稚園が地域における幼児期の教育のセンターとしての役割を果たすべきであることは、すでに平成一〇（一九九八）年告示の幼稚園教育要領にも書かれており、実践的には新しい内容ではない。しかし、本条は中央教育審議会答申「子どもを取り巻く環境の変化を踏まえた今後の幼児教育の在り方について」（平成一七年一月）において、家庭や地域社会の教育力の低下など、子どもの環境の変化を踏まえて、今後の幼児教育の在り方として示された、「家庭・地域社会・幼稚園等施設の三者による総合的な幼児教育の推進」の具現化の大きな柱であり、教育基本法第一〇条（家庭教育）や第一一条（幼児期の教育）と関わって新設されたことに留意したい。

幼稚園教育要領総則の留意事項に「園内体制の整備や関係機関との連携及び協力に配慮しつつ、幼児期の教育に関する相談に応じたり、情報を提供したり、幼児と保護者との登園を受け入れたり、保護者同士の交流の機会を提供したり」という文言が付加されて、幼稚園教育の本来の業務としての在園児の教育を保障しつつ、地域における子育ての拠点として「幼児期の教育のセンター」としての役割を担うことが明確になった。幼稚園や保育所が子育て支援には最も身近で適した施設であることを踏まえて、幼稚園や教員によって対応に差があるなどの苦情が出ないように配慮したい。

ポイント解説

家庭の教育力低下

二一世紀に入って、中央教育審議会答申では、学校と地域、家庭との連携に関してかなり分量を割いてきた。たとえば、中央教育審議会第一次答申「二一世紀を展望した我が国の教育の在り方について」（平成八年七月）、中央教育審議会答申「新しい時代を拓く心を育てるために―次世代を育てる心を失う危機―」（平成一〇年六月）、中央教育審議会答申「今後の地方教育行政の在り方について」（平成一〇年九月）、中央教育審議会報告「少子化と教育について」（平成一二年四月）などがある。特に、「新しい時代を拓く心を育てるために―次世代を育てる心を失う危機―」では、校内暴力の急増、いじめ問題、学級崩壊など、いわゆる最近の子どもの「新しい荒れ」の問題に関わって、家庭教育の在り方に具体的に踏み込んだ提言を行っている。これは、中央教育審議会レベルの答申では初めてのことといえる。

文部（科学）省では、この答申を踏まえて、厚生（労働）省と連携し、妊産婦及び乳幼児をもつ親に「家庭教育手帳」を、小中学生等の子どもをもつ親に「家庭教育ノート」を配布した。初めて、家庭教育の在り方に具体的に踏み込んだわりには、提言の中身は、これまで家庭教育についてよくいわれてきた内容の繰り返しで取り立てて新鮮味を感じない。ただ、見方を変えれば、現代の家庭がこれまで当たり前とされてきた家庭にしかできない教育（いわゆる家庭の教育力の基本要素）さえできていない現状を反映しているといえる。家庭教育と密接に関わって、「保育」を行っている幼稚園において、こうした家庭の状況を踏まえることは、幼稚園教育の独自の教育機能とも密接に関わっている。

地域における子育て支援

国全体の取り組みとしては、平成六（一九九四）年一二月に文部、厚生、労働、建設の四大臣合意の施策として「今後の子育て支援のための施策の基本的方向について（エンゼルプラン）」が策定され、その後、大蔵、厚生、自治の三大臣の合意によって「緊急保育対策等五ヵ年事業」が策定された。低年齢児保育の促進、延長保育、放課後児童クラブ、地域子育て支援センターの充実などに予算が計上され、平成一一（一九九九）年一二月の「重点的に推進すべき少子化対策の具体的計画（新エンゼルプラン）」に引き継がれた。その間、平成九（一九九七）年に「母子保健法」が改正され、母子保健事業の実施主体が市町村に一元化されたことを受けて、市町村教育委員会が実施する家庭教育事業が増加した。また、ボランティア的相談事業に加えて、平成一〇（一九九八）年度からは、「家庭教育カウンセラー」の研究嘱託事業、平成一二（二〇〇〇）年度からは、子育て中の身近な相談相手として「子育てサポーター」の設置も始まり、子育てに対する保護者の不安を相談できる体制も全国的に整いつつある。さらに、平成一五（二〇〇三）年七月、「次世代育成支援対策推進法」が制定され、国、地方公共団体、企業が一体となって、平成一七（二〇〇五）年度から二六（二〇一四）年度まで一〇年間に次世代育成支援対策を集中的かつ計画的に推進することとなった（現在、法律の有効期限は平成三七年度まで延長されている）。

幼稚園における育児支援

幼稚園においては、平成一〇年告示幼稚園教育要領において、積極的に子育てを支援していく開かれた幼稚園づくりをすべきである旨が書かれていた。これは、完全学校週五日制を踏まえるという視点だけでなく、当時の社会状況と密接に関わっている。

今日、「子ども・子育て支援法」（平成二四年八月二二日）をはじめ、国、各地域で様々な支援策が行われているが、影響力が大きいのは身近にある幼稚園における子育て支援ではないだろうか。経験豊かな幼稚園教諭等による子育て相談（幼稚園によっては、土曜日等を使って講演会などを開くところもある）、子育てサロンなどの保護者同士の交流機会の設定、未就園児に対する親子登園などの行事など、目の前の子どもを見ながらの子育てが共通の話題になるために影響力のある支援となっている。また、児童虐待の防止等に関する法律との関連においても、教育又は啓発、早期発見努力義務、通告義務などに関わって、幼稚園（教諭）の果たす役割は大きい。

本条を考える視点

しつけ、育児不安などの問題に関わって、本来家庭で行うべきしつけを幼稚園に委ねがちな保護者と、その問題にどこまで踏み込んでよいのか迷いがちな現在の幼稚園（教諭）との境界線はますます見えにくくなっているが、幼稚園がイニシアチブをとって保護者の悩みに応えていくことが大切なことである。幼稚園には様々な「微笑み」がある。登園時の挨拶から子育て相談に至るまで何気ない会話において「子育て」が「孤育て」にならないような多様で優しい接触が可能なのである。その点、まず、問われるべきは、現在幼稚園で行われている指導が偏った指導になっていないか、また、開かれた指導になっているか吟味することである。開かれた指導という点で、子育て支援に関わって集う子どもや保護者の情報を教育活動に積極的に生かしていくことが求められる。また、現在、特に深刻化している小学校低学年の荒れや登校拒否などの問題が学校教育の実際と結びついて起こっていることから、指導要録などの活用によって、小学校と連携して、子どもの発達や学びの情報を共有していくことも求められる。

関連条文　資料

■関連条文　教育基本法第一〇条、第一一条、児童虐待の防止等に関する法律第五条（児童虐待の早期発見等）第一項、第三項、第六条（児童虐待に係る通告）、次世代育成支援対策推進法（平成一五年七月法律第一二〇号、平成二六年四月改正）、子ども・子育て支援法（平成二四年八月二二日法律第六五号、平成二六年六月改正）

■通知　「学校教育法等の一部を改正する法律について（通知）」（平成一九年七月三一日文科初五三六号　文部科

学事務次官）

〔教育課程等の保育内容〕

第二五条　幼稚園の教育課程その他の保育内容に関する事項は、第二二条及び第二三条の規定に従い、文部科学大臣が定める。

本条の概要

平成一九年改正以前の旧本法第七九条では、「幼稚園の保育内容に関する事項は、前二条の規定に従い、文部科学大臣が、これを定める」としていたが、本条では「幼稚園の教育課程その他の保育内容に関する事項は、第二二条及び第二三条の規定に従い、文部科学大臣が定める」となった。すなわち、「保育内容」が「教育課程」という言葉に代わり、「その他の保育内容」を含めた規定となっている。「その他の保育内容」とは、これまでも各幼稚園で行われていた教育課程外の教育活動、いわゆる預かり保育のことである。大まかな言い方をすれば、「その他の保育内容」を含んで、幼稚園の教育課程について文部科学大臣が必要な事項を定めることになったのである。

本条に関わって、本法施行規則第三七条で、毎学年の教育週数を「特別の事情がある場合を除き、三九週を下回ってはならない」と定め、同施行規則第三八条で、幼稚園の教育課程その他の保育内容の基準として文部科学大臣が別に公示する幼稚園教育要領によるものと定めている。幼稚園の一日の教育課程に係る教育時間は四時間を標準とすることも幼稚園教育要領で明示されている。小学校等における学習指導要領に比べて、ねらいや内容の記述が包括的であるのは、幼稚園の修業年限が定められていないことと関わっている。しかし、それゆえに、子どもの発達段階や各幼稚園の実態に応じた綿密な指導計画に基づいて教育活動が行われることが求められていることに留意したい。

ちなみに、昭和三九（一九六四）年三月に出された幼稚園教育要領から、本法施行規則（旧第七六条）で「幼稚園の教育課程については、この章の定めるもののほか、教育課程の基準として文部大臣が別に公示する幼稚園教育要領によるものとする。」と規定され、教育課程の基準としての性格が明確になった。いわゆる預かり保育の内容については、改訂前の幼稚園教育要領でも記載されていたが、本条に関わって、幼稚園の教育課程の一環として明確にされた。

ポイント解説

幼稚園教育課程の変遷

昭和二三（一九四八）年に出された「保育要領―幼児教育の手引き―」では、副題にあるように幼保一元化も視野に入れて作成されており、見学、リズム、休息、自由遊び、音楽、お話、絵画、製作、自然観察、ごっこ遊び・劇遊び・人形芝居、健康保育、年中行事と子どもたちの生活経験が示された。昭和三一（一九五六）年に作成された幼稚園教育要領では、当時の幼稚園の普及を背景に、幼稚園の保育内容について、幼稚園教育の独自性と小学校との一貫性をもたせることから六領域（健康、社会、自然、言語、音楽リズム、絵画・製作）が示された。幼稚園教育の目標を具体化して、指導計画の作成の上に役立つように、領域別に発達の特性が示されたのである。

昭和三九（一九六四）年に告示された幼稚園教育要領は、昭和三一（一九五六）年以前の要領から次のような方針により改訂されている。①幼稚園教育の意義と独自性を明確にし、その本来の目的を達成するようにすること、

②幼稚園教育要領に盛るべき目標、内容を精選し、指導上の留意事項を明示して、その効果を一層高めるようにすること、③幼稚園教育が、家庭教育と密接な関連をもって行われるようにすること、④幼稚園における教育日数は、幼児の発達段階や土地の状況などについて特別の事情のある場合を除き、二二〇日以上が望ましいこと、なお、一日の教育時間については、幼児の心身の発達の程度や季節などに応じて適切に配慮する必要があることなどである。

幼稚園教育要領はその後二〇年以上改訂されずに、幼稚園教育の教育課程の基準となっていた。平成元(一九八九)年に告示された幼稚園教育要領では、具体的な教育目標を示す「ねらい」とそれを達成するために教師が指導する「内容」を区別して示した。領域は、総合的な指導を行うために教師がもつ視点であるということを明確にするために、幼児の発達の側面から、健康、人間関係、環境、言葉、表現の五つの領域で編成することとされた。

平成一〇年「幼稚園教育要領」の改訂と現在

平成一〇(一九九八)年に告示された幼稚園教育要領は、完全学校週五日制の下で、ゆとりある生活の中で生きる力をはぐくむ観点から、以下のような方針により改訂された。①遊びを中心とした生活を通して、一人ひとりに応じた総合的な指導を行うという幼稚園教育の基本的考え方を引き続き充実発展させること、②幼児の主体的活動が十分に確保されるための幼児理解に基づく教師による計画的な環境の構成や遊びへの関わりなどにおける教師の役割について明確にすること、③豊かな生活経験を通して自我の形成を図り、生きる力の基礎を培うため、「ねらい」及び「内容」を改善すること(改善内容、略)。④小学校との連携を強化する観点から、幼稚園における主体的な遊びを中心とした総合的な指導から小学校への一貫した流れができるように配慮すること、⑤少子化の進行、家庭や社会のニーズの多様化に対応し、幼稚園が家庭や地域との連携を深め、積極的に子育てを支援していく地域に開かれた幼稚園づくりや教育課程に係る教育時間の終了後に行う教育活動など幼稚園運営の弾力化を推進すること。

今回の幼稚園教育要領の改訂においてこうした基本的な流れは変わらない。

預かり保育についての記述の明記

幼稚園教育要領総則では、「幼稚園は、地域の実態や保護者の要請により教育課程に係る教育時間の終了後に希望する者を対象に行う教育活動について、本法第二二条及び第二三条並びにこの章の第一に示す幼稚園教育の基本を踏まえ実施すること。また、幼稚園の目的の達成に資するため、幼児の生活全体が豊かなものとなるよう家庭や地域における幼児期の教育の支援に努めること」と述べている。また、「指導計画及び教育課程に係る教育時間の終了後に行う教育活動などの留意事項」も章として明記された。そこで示された預かり保育に関わる五つの留意点を踏まえ、教育課程に基づく活動として明確に位置づけたい。

本条を考える視点

今次の教育課程内容の改善とともに留意しなければならないのは、教育時間終了後の教育活動に対して「その他の保育内容」として、幼稚園の教育課程の延長線上に規定されたことである。平成一五（二〇〇三）年に成立した次世代育成支援対策推進法とともに成立した改正児童福祉法に基づく「児童福祉法第二一条の九、第五六条の八第一項及び第五六条の九第一項に規定する主務省令で定める事業のうち文部科学大臣の所管するものを定める省令」により、幼稚園における教育相談事業と預かり保育が児童福祉上の子育て支援事業と明示された。そして、待機児童ゼロ作戦においても幼稚園における預かり保育等の支援・奨励が挙げられている。さらには、平成二一（二〇〇九）年三月には子育て支援のための事例集も出された。事例集では、預かり保育は教育活動であること、家庭・地域における体験との連続性、幼児の一日の生活に配慮することなどに留意すべきとしている。

関連条文　資料

■関連条文、法令　本法施行規則第三七条、第三八条、次世代育成支援対策推進法（平成一五年七月一六日法律第一二〇号、平成二六年四月改正）、就学前の子どもに関する教育、保育等の総合的な提供の推進に関する法律（平成一八年六月一五日法律第七七号、平成二四年八月改正）、児童福祉法第二一条の九、第五六条の八第一項及び第五六条の九第一項に規定する主務省令で定める事業のうち文部科学大臣の所管するものを定める省令

■関連資料　幼稚園教育要領、「本施行規則の一部を改正する省令の制定並びに幼稚園教育要領の全部を改正する告示、小学校学習指導要領の全部を改正する告示及び中学校学習指導要領の全部を改正する告示等の公示について（通知）」（平成二〇年三月一八日文科初一三五七号　文部科学事務次官）、文部科学省「就学前の子どもに対する教育、幼稚園における子育て支援活動及び預かり保育事例集（平成二一年三月）

〔入園資格〕

第二六条　幼稚園に入園することのできる者は、満三歳から、小学校就学の始期に達するまでの幼児とする。

本条の概要

本条は、幼稚園の入園資格を定めており、「幼稚園に入園することのできる者は、満三歳から、小学校就学の始期に達するまでの幼児とする」と規定している。

小学校の就学の始期は、「満六歳に達した日の翌日以後における最初の学年の始め（民法の規定との関連から四月一日生まれも含まれる）」（本法第一七条）としているのに対して、満三歳に達した者の入園は四月を待たずとも可能である。文部科学省学校基本調査報告書（平成二六年度）によれば、実際の幼稚園の入園状況を見ると、三歳児が四四万一八三四人であり、そのうち満三歳になった誕生日以降に入園した入園者数は五万四四四一人と必ずしも数は多くはない。これは、幼稚園設置基準第四条で、「学級は、学年の始めの日の前日において同じ年齢にある幼児で編制することを原則とする」と規定されていることと関わっている。幼稚園では、三歳児からの入園を前提とする、いわゆる三年保育の幼稚園も多くなり、四歳児からでは途中入園とされる場合も少なくない。ちなみに前掲学校基本調査では、小学校第一学年児童数に対する幼稚園修了者の比率は五四・二％で低下傾向にある。

なお、幼稚園は、修業年限や就学の開始時期については規定されていないが、本法第三九条の準用規定により、学年制（本法第五九条）や公立幼稚園の場合は、学期及び休業日（本法施行令第二九条）が適用される。

大正一五（一九二六）年四月の幼稚園令では、第六条に「幼稚園ニ入園スルコトヲ得ル者ハ三歳ヨリ尋常小学校就学ノ始期ニ達スル迄ノ幼児トス」とし、ただし書きとして「特別ノ事情アル場合ニ於テハ文部大臣ノ定ムル所ニ依リ三歳未満ノ幼児ヲ入園セシムルコトヲ得」と規定している。また、社会に浸透していない幼児保育制度を浸透させるために託児所的な役割をもたせたいという意図があったようだ。学校教育法草案（昭和二二年一月一五日）では、四歳以上を入園資格とする案になっており、当時の幼稚園教育の普及状況や義務教育の就学年齢の引き下げ案が影響しているものと思われる。

ポイント解説

幼稚園教育の普及状況と三歳児入園

これまで、第一次幼稚園教育振興計画（昭和三九年度から昭和四五年度）において、入園を希望するすべての五歳児を就園させることを、第二次幼稚園教育振興計画（昭和四七年度から昭和五六年度）により、四歳児及び五歳児を就園させることが目標とされた。結果的に、五歳児就園率は、昭和三九（一九六四）年度の四一・五パーセントから昭和五七（一九八二）年度には六三・八パーセントに上昇し、四歳児就園率は、昭和三九年度の二二パーセントから昭和五七年度には五一・五パーセントに上昇した。その間、三歳児就園率は、二・九パーセントから一一・四パーセントに上昇している。ただし、三歳児就園率は、平成二一（二〇〇九）年五月一日現在で、三八・八パーセントであるが、保育所に在籍する割合が高い。それは、幼稚園のうち三歳児を受け入れているのがほとんど私立幼稚園であり、公立幼稚園はわずかであることとも関連している。

三歳児からの保育の重要性は年々高くなっている。核家族化、少子化、都市化等によって同年代の幼児による集団での遊び、自然との触れ合いをはじめとする直接体験等の不足などから幼児に対して望ましい発達の機会を与えることや保護者の孤立感や育児不安を解消するための幼児教育センターとしての幼稚園の役割期待がある。また、様々な研究結果から三歳児の発達の特性が明らかになり、この時期の生活や教育がその後における発達に大きな影響を及ぼす時期であることも指摘されるようになった。こうした状況に関わって、保護者からも三歳の時期から幼稚園に就園させたいという要請（三年保育）が強くなっている（幼稚園教育の振興に関する調査研究協力者会議報告書「幼稚園の振興について」平成三年三月一日参照）。

三年保育における配慮事項

同報告書において、三歳児保育をするに当たって、以下のような四歳、五歳児保育とは異なる配慮が必要であるとしている。
・その幼児の発達の実状等を十分考慮し、いたずらに通園を強要したり、親との分離を急がせたりすることのないようにすること。
・発達の個人差が大きいことから、指導体制の工夫を適切に行い、一人一人の幼児に対してきめの細かい指導が行われるようにすること。
・三歳児は、危険を予知したり、回避したりすることが難しい時期であることから、指導に際しては幼稚園生活のすべての面で安全への配慮が十分になされる必要があること。
・三歳児の生活リズム、遊びの持続時間、疲労度等に応じ、教育時間を弾力的に考える必要があること。
・四、五歳児と同様の指導内容・方法によることなく、三歳児に適したカリキュラムによって指導を行うようにすること。
・三歳児は家庭での教育が特に重要な意味をもつ時期であることから、幼稚園と家庭との一層の連携を図るようにすること。

二歳と三歳の間

三歳児保育に対する要請は社会的にも保護者からも高くなってきているが、実際にその年齢をさらに引き下げた場合はどんな課題があるのだろうか。

構造改革特別区域法による規制緩和によって、一時期、二歳児の幼稚園入園が認められたことがある。しかし、実施してみると基本的生活習慣の形成や自立心がつく、また、親の子育て不安の解消などに効果がある旨評価された反面、満三歳以上児と同様の集団的な生活になじめない等の理由から、平成一九（二〇〇七）年三月には「構造改革特別区域法の一部を改正する法律」により削除された。今後は、満二歳に達した日の翌日以降における最初の学年の始めからの幼稚園の受け入れについては、幼稚園として受け入れ、集団的な教育を行うのではなく、幼稚園の人的・物的環境を適切に活用し、個別の関わりに重点を置いた子育て支援としての受け入れという形態に変更するとされた（「幼稚園を活用した子育て支援としての二歳児の受入れに係る留意点について」）。

以上の実践から、三歳という幼稚園の入園資格は、発達段階、集団教育等との関連で、ある意味で幼稚園教育の臨界期でもあるといえよう。

本条を考える視点

これまで、幼稚園の卒園は義務教育年限の下への引き下げという文脈で提言されてきた。今のところ、小学校の教育を五歳から始めるというのではなくて、幼稚園における五歳児教育の独自性を尊重する形で小学校教育との接続・連携が図られようとしている。一方、本条で定める満三歳児の入園資格の引き下げについては、子育て支援との関わりで捉えられている。今、幼稚園と保育園を一体化する認定こども園が制度化されているが、この三歳という入園資格は、認定こども園における教育の在り方を吟味する物差しになるのかもしれない。子どもとの一対一の関係を重視することは当然であるにしても、幼稚園は集団教育をするところである。そして、本法第二二条において、義務教育及びその後の教育の基礎としての幼稚園教育の役割が明確にされた中で、三歳からどのような集団教育をしていくべきなのか。子育て支援とどのように関わらせていくか。幼稚園教育の独自性と連続性が問われる。

関連条文　資料

■**関連条文**　本法第一七条〔就学させる義務〕、第三九条〔学校組合の設置〕、第五九条〔入学、退学、転学等〕、本法施行令第二九条、構造改革特別区域法の一部を改正する法律（平成一九年法律第一四号）、幼稚園設置基準第

四条、就学前の子どもに関する教育、保育等の総合的な提供の推進に関する法律（平成一八年六月一五日法律第七七号、平成二四年八月改正）第二章・第三章（認定こども園）

■関連資料　幼稚園教育の振興に関する調査研究協力者会議報告書「幼稚園の振興について」（平成三年三月一日）、「幼稚園を活用した子育て支援としての二歳児の受入れに係る留意点について（通知）」（平成一九年三月三一日一八文科初第一二七五号　文部科学省初等中等教育局長）

〔幼稚園職員の配置と職務〕

第二七条　幼稚園には、園長、教頭及び教諭を置かなければならない。

② 幼稚園には、前項に規定するもののほか、副園長、主幹教諭、指導教諭、養護教諭、栄養教諭、事務職員、養護助教諭その他必要な職員を置くことができる。

③ 第一項の規定にかかわらず、副園長を置くときその他特別の事情のあるときは、教頭を置かないことができる。

④ 園長は、園務をつかさどり、所属職員を監督する。

⑤ 副園長は、園長を助け、命を受けて園務をつかさどる。

⑥ 教頭は、園長（副園長を置く幼稚園にあつては、園長及び副園長）を助け、園務を整理し、及び必要に応じ幼児の保育をつかさどる。

⑦ 主幹教諭は、園長（副園長を置く幼稚園にあつては、園長及び副園長）及び教頭を助け、命を受

けて園務の一部を整理し、並びに幼児の保育をつかさどる。
⑧ 指導教諭は、幼児の保育をつかさどり、並びに教諭その他の職員に対して、保育の改善及び充実のために必要な指導及び助言を行う。
⑨ 教諭は、幼児の保育をつかさどる。
⑩ 特別の事情のあるときは、第一項の規定にかかわらず、教諭に代えて助教諭又は講師を置くことができる。
⑪ 学校の実情に照らし必要があると認めるときは、第七項の規定にかかわらず、園長（副園長を置く幼稚園にあつては、園長及び副園長）及び教頭を助け、命を受けて園務の一部を整理し、並びに幼児の養護又は栄養の指導及び管理をつかさどる主幹教諭を置くことができる。

本条の概要

幼稚園に置かれる職員について規定されている。幼稚園には、園長、教頭、教諭を置かなければならない。ただし、副園長を置くときその他の事情のあるときは、教頭を置かないことができる。必要に応じて、副園長、主幹教諭、指導教諭、養護教諭、栄養教諭、事務職員、養護助教諭等の職員を置くことができる。本法の平成一九年改正により、副園長、主幹教諭、指導教諭、栄養教諭、事務職員が加えられた（第二項）。

第二項のその他必要な職員として、幼稚園には、学校保健安全法第二三条の定めにより、任命又は委嘱により園医、園歯科医及び園薬剤師を置くものとされている。それらは、幼稚園における保健管理に関する専門的事項に関し、技術及び指導に従事する。職務執行の準則は学校保健安全法施行規則第二二〜第二四条に定められている。

園長は、園務をつかさどり、所属職員を監督する。副園長は、園長を助け、命を受けて園務をつかさどる。教頭は、園長・副園長を助け、園務を整理し、及び必要に応じ幼児の保育をつかさどる。教諭は、幼児の保育をつかさどる。

本法第二八条により、第三七条第六項（副校長は校長に事故があるときは職務を代理する、二人以上ある場合はあらかじめ校長が定めた順序で代理する）、第八項（教頭は校長及び副校長に事故があるときは職務を代理する、二人以上ある場合はあらかじめ校長が定めた順序で代理する）及び第一二項から第一七項（養護教諭、栄養教諭、事務職員、助教諭、講師、養護助教諭）までの小学校に関する規定を、幼稚園に準用する。

教職員配置については、幼稚園設置基準に示されている。

ポイント解説

教職員の配置

幼稚園には、各学級ごとに少なくとも一人の専任の主幹教諭、指導教諭、又は教諭を置かなければならない。特別の事情があるときは、各学級ごとに置かなければならない専任の教諭等は、専任の副園長又は教頭が兼ねたり、その幼稚園の学級数の三分の一の範囲内で専任の助教諭若しくは講師を充てることができる。教諭を兼ねる場合の副園長又は教頭は、幼稚園教諭免許を有している必要がある。専任でない園長を置く幼稚園にあっては、各学級ごとに一人以上置かなければならない専任の教諭等のほか、副園長、教頭、主幹教諭、指導教諭、教諭、助教諭又は講師のいずれか一人を置くことを原則とする（設置基準第五条）。なお、幼稚園の一学級あたりの幼児の数は、三五人以下を原則としている（同第三条）。幼稚園には、養護教諭又は養護助教諭及び事務職員を置くように努めなければならない（同第六条）。

教職員の兼務等

幼稚園に置く教員等は、教育上必要と認められる場合に他の学校の教員等と兼ねることができる（設置基準第五条第四項）。保育所等との合同活動等に関する特例により、「他の学校の教員」を「他の学校の教員等又は保育所等の保育士等」と読み替えて規定を適用する（同第一三条二項）。認定こども園の設置に伴い、本法の読み替えが行われており、例えば、認定こども園の場合には、園長がつかさどり教頭が整理する園務には、各都道府県の認定基準を満たす場合、子育て支援事業が含まれる。認定こども園においては、〇～二歳児については、保育士資格保有者、三～五歳児については、幼稚園教諭免許と保育士資格の併有が望ましいが、学級担任には幼稚園教諭免許の保有者、長時間利用児への対応については保育士資格の保有者を原則とするほか、特例措置を設け、幼稚園教諭免許又は保育士資格のみを有する職員が直ちに排除されるものではないとしている。

園長の資格

園長の資格については、本法施行規則第二〇条～第二二条が適用される。①専修免許状又は一種免許状を有し、かつ、学校の校長、教頭、主幹教諭、指導教諭、教諭等の学校教職員の職に五年以上あったこと。②上記①の職に一〇年以上あったこと（施則第二〇条）。③私立学校の設置者は、第二〇条の規定により難い特別の事情のあるときは、五年以上教育に関する職又は教育、学術に関する業務に従事し、かつ、教育に関し高い識見を有する者を校長として採用することができる（施則第二一条）。④学校の運営上特に必要がある場合には、第二〇条、第二一条に規定するもののほか、第二〇条各号に掲げる資格を有する者と同等の資質を有すると認める者を校長として任命し又は採用することができる。なお、副園長及び教頭の資格については、施則第二〇条～第二二条の規定が準用される（施則第二三条）。

新しい職制

本法の平成一九年改正によって、小中学校同様、副園長、主幹教諭、指導教諭が置かれることとなった。これは、経営を中心的な役割とするスタッフとして園務をつかさどる副園長―主幹教諭と、教育を中心的な役割とするスタッフとして幼児の保育をつかさどる教頭―指導教諭という新しいシステムとして導入された新しい職制についての考え方による。しかし、実際上の幼稚園は規模的に見てもシステムとして見ても、このような職位が十分に力を発揮できる素地や、そのような職を置かなければならない組織的な余裕や必然性の点で、少なくとも他の学校段階ほどの要請は得られていないかもしれない。

本条を考える視点

幼稚園が今日直面している大きな教育課題としては、保育所との関係改善の問題（幼保一元化）と小学校への接続の問題（小一プロブレム）がある。本条の掲げる職員の規定は、これらの問題の解決に即して新たな展開があるだろう。幼稚園と保育所では、対象となる幼児の範囲や施設の目的が異なり、そのため職員の養成や勤務形態が異なっていた。しかし、現実的には、三歳児以降の段階における教育的機能においては共通する側面が大きいし、保護者の要求や地域的な特性などを考えてみても、どちらがどうという線引きが明確にできない場面も大いにある。一般に大学における養成について見ると、双方の免許・資格が同時に取得でき、多くの志願者がそれを目指していることから、それらの整理統合も合理的であると考えられる。幼稚園教員養成のカリキュラムは、小学校教員養成のカリキュラムとも似通っているが、幼稚園段階の採用においては、短大卒教員の割合は依然として高い。幼稚園から小学校へ上がる際の不適応の問題は、幼小教員の連携が求められる。このような背景から、教育機関としての幼稚園の職員の在り方を、小中学校等と同様のものと設定すべきかどうかという点からも再度検討する必要があるだろう。

第二部関連頁　七三九頁

関連条文　資料

■関連条文　本法第二八条〔準用規定〕、本法施行規則第二〇条～第二三条、幼稚園設置基準第五条、第六条、就学前の子どもに関する教育、保育等の総合的な提供の推進に関する法律（認定こども園に関する規定）、学校保健安全法第二三条

■関連資料　幼稚園設置基準

第五条　幼稚園には、園長のほか、各学級ごとに少なくとも専任の主幹教諭、指導教諭又は教諭（次項において「教諭等」という。）を一人置かなければならない。

2　特別の事情があるときは、教諭等は、専任の副園長又は教頭が兼ね、又は当該幼稚園の学級数の三分の一の範囲内で、専任の助教諭若しくは講師をもつて代えることができる。

3　専任でない園長を置く幼稚園にあつては、前二項の規定により置く主幹教諭、指導教諭、教諭、助教諭又は講師のほか、副園長、教頭、主幹教諭、指導教諭、教諭、助教諭又は講師を一人置くことを原則とする。

4　幼稚園に置く教員等は、教育上必要と認められる場合は、他の学校の教員等と兼ねることができる。

第六条　幼稚園には、養護をつかさどる主幹教諭、養護教諭又は養護助教諭及び事務職員を置くように努めなければならない。

〔準用規定〕

第二八条　第三十七条第六項、第八項及び第十二項から第十七項まで並びに第四十二条から第四十四条までの規定は、幼稚園に準用する。

第四章　小学校

〔小学校の目的〕

第二九条　小学校は、心身の発達に応じて、義務教育として行われる普通教育のうち基礎的なものを施すことを目的とする。

本条の概要

本条は、国公私立の別を問わず、小学校の教育目的を定めることにより、学校教育体系における小学校の位置づけを明らかにしている。「義務教育として行われる普通教育」の内容は、本法第二一条の義務教育の目標に一〇号にわたって定められている。そのうち「基礎的なもの」の具体的内容は、同第三〇条に定められている小学校の目標に従って、同第三三条に基づき、文部科学大臣が定める小学校学習指導要領に示されている。

「普通教育」とは、本法第一六条に定める保護者の「普通教育を受けさせる義務」と同義であり、より根本的には憲法第二六条第二項及び教育基本法第五条第一項で規定する「普通教育」を意味する。すなわち、「普通教育」とは、専門教育や職業教育と対置される概念であり、すべての者が人間として生きていくために不可欠な教養、技術及び能力等を身につけ、人間としての調和的発達を図る上で必要とされる教育のことである。

小学校、中学校及び高等学校を含め、生涯にわたるすべての段階の教育の目的は、教育基本法第一条「教育の目的」に定められており、同第二条「教育の目標」に「幅広い知識と教養」「豊かな情操と道徳心」「自律の精神」など、より具体的に規定されている。本条の「教育の目的」も、当然これらの理念を踏まえたものである。

本条における「心身の発達に応じて」とは、義務教育として行われる普通教育のうち基礎的なものを施す場合にも、生徒の精神的及び身体的発達の段階や特性を十分考慮して行われなければならないことを意味している。

ポイント解説

教育目的の明確化

平成一九（二〇〇七）年に改正（以下、「平成一九年改正」と略）される以前の本法（旧法）では、第一七条に小学校の教育目的が示されており、本条の「義務教育として行われる普通教育のうち基礎的なものを施すこと」という文言は、「初等普通教育を施すこと」と規定されていた。同様に、中学校では「義務教育として行われる普通教育を施すこと」（本法第四五条）が「中等普通教育を施すこと」（旧法第三五条）、高等学校では「高度な普通教育及び専門教育を施すこと」（本法第五〇条）が「高等普通教育及び専門教育を施すこと」（旧法第四一条）となっていた。文言は変わったが、学校の位置づけに関してはいずれも旧法と実質的には同じと考えてよい。本法では、「高等普通教育」という大学教育とも受け取られかねない紛らわしい用語が削除され、その意味ではすっきりしたものになっている。

本条の目的を実現するために、小学校における教育は必要な程度において、第二一条の各号に掲げる目標を達成するように行われなければならないことが、本法第三〇条に規定されている。

義務教育の目標

本法第二一条の「教育の目標」とは、「義務教育として行われる普通教育は、教育基本法第五条第二項に規定する目的を実現するため、次に掲げる目標を達成するよう行われるものとする」として示されている次の一〇の目標のことである。すなわち、①自主、自律及び共同の精神、規範意識、公正な判断力、公共の精神に基づく社会形成への主体的な参画、②生命及び自然を尊重する精神と環境保全に寄与する態度の育成、③わが国と郷土の伝統と文化の尊重及び外国文化の理解を通じた他国の尊重と国際社会の平和と発展への寄与、④家庭の役割、衣・食・住・情報・産業など生活に必要な事項についての基礎的理解、⑤生活に必要な国語の理解と使用能力の育成、⑥生活に必要な数量的関係の理解と処理能力の育成、⑦生活に関わる自然現象の観察・実験による科学的な理解と処理能力の育成、⑧健康で安全な生活習慣の育成及び運動を通した心身の調和的発達、⑨生活を豊かにする音楽、美術、文芸などの理解と技能の養成、⑩職業についての基礎的知識と技能、勤労の尊重、進路選択の能力の育成、である。

小学校における教育内容

小学校における教育内容については、本法第二九条及び第三〇条に基づき、本法施行規則（第五〇条〜第五六条）と学習指導要領の中で、教育課程の編成、授業時数並びに各教科、道徳、外国語活動、総合的な学習の時間及び特別活動の指導内容が定められている。同施行規則第五〇条では、その第一項で小学校の教育課程が、国語、社会、算数、理科、生活、音楽、図画工作、家庭及び体育の各教科と、道徳、外国語活動、総合的な学習の時間及び特別活動によって編成されると規定している。これらの各教育課程の具体的目標と内容は、学習指導要領の中で示されている。

本条を考える視点

教育基本法第一条で「教育の目的」が示され、同法第二条で伝統と文化の尊重やわが国と郷土への愛を含む五項目にわたる「教育の目標」が示され、さらに第五条第二項で「義務教育として行われる普通教育」の目的規定を受けて、本条（小学校の目的）と第四五条（中学校の目的）が制定されている。これらの文言修正は、平成一八（二〇〇六）年の教育基本法改正を受けたものである。

　本条だけを取ってみれば、前述のように、文言の一部修正が見られるだけで、小学校の位置づけに関しては旧法と実質的には変わりはない。しかし、教育目的とそれを具体化する教育目標及び教育内容に関しては、改正教育基本法において公共の精神、伝統の継承及びわが国と郷土への愛が強調されており、「普通教育のうち基礎的なもの」と「初等普通教育」（平成一九年改正前の旧本法）との間には、目的、目標及び内容において大きな違いがあるといわなければならない。すなわち、これまでの小・中学校の目標に、改正教育基本法第二条において教育の目標として新たに規定された理念を踏まえて、教育目標と教育内容の大枠が学校教育法に規定されることになったと解釈される。

関連条文　資料

■**関連条文**　日本国憲法第二六条第二項（普通教育）、教育基本法第一条（教育の目的）、第二条（教育の目標）、第五条第二項（義務教育として行われる普通教育）、本法第一六条（義務教育年限）、第二一条（義務教育の目標）、第三〇条（小学校教育の目標）、第三三条（教育課程）、第四五条（中学校の目的）、第五〇条（高等学校の目的）、本法施行規則第五〇条～第五六条（教育課程の編成）、小学校学習指導要領（平成一〇年一二月一四日文科省告示第一二四号）

〔小学校教育の目標〕

第三〇条　小学校における教育は、前条に規定する目的を実現するために必要な程度において第二十一

4　小学校

条各号に掲げる目標を達成するよう行われるものとする。

② 前項の場合においては、生涯にわたり学習する基盤が培われるよう、基礎的な知識及び技能を習得させるとともに、これらを活用して課題を解決するために必要な思考力、判断力、表現力その他の能力をはぐくみ、主体的に学習に取り組む態度を養うことに、特に意を用いなければならない。

本条の概要

本条は、前条（第二九条）に示された小学校の目的を達成するために、小学校教育において達成すべき目標を規定したものである（第一項）。平成一八年に改正された教育基本法では、第二条において新たに五つの「教育の目標」が掲げられた。それを受ける形で、本法第二一条において、一〇項目にわたる義務教育の具体的な目標が規定されている。本条は、「第二一条各号に掲げられる目標を達成するよう」小学校教育が行われることを規定したものと捉えられる。

本法第四六条では中学校教育における同様の規定を確認することができ、義務教育の完成段階である中学校教育の目標として、第二一条における義務教育の目標を位置づけることができるが、小学校の目標規定においては、小学校修了段階でどの程度まで指導を行うべきか、小学校の枠組みとして明確にする必要がある。しかし、第二一条は、義務教育の目標として目指すべき態度や養うべき基本的な能力としての教育の方向性や内容を示していると理解することができ、小学校教育の目標規定は、義務教育の目標全体を捉えて、それとの関係が一括して示されているといえる。

一方、第二項では、前条（二九条）の目的を達成するために、第二一条に掲げる目標を達成するように行われる小学校教育については、生涯学習の基礎を学校教育において培うこと、基礎的な知識及び技能の習得とともにそれらを活用して課題解決を図るために必要な思考力、判断力、表現力等を育むこと、主体的な学習態度を育成することといった基本的事項を定めている。同項は、中学校（第四九条）、高等学校（第六二条）、中等教育学校（第七〇条）において準用されている。改正教育基本法において「生涯学習の理念」（第三条）が新設されたことに伴い、学校教育と生涯学習との関連を規定していると捉えることができる。

ポイント解説

「目標」の位置づけ

「前条に規定する目的を実現するために必要な程度」（第一項）とは、第二九条において小学校の目的として規定される「義務教育として行われる普通教育のうち基礎的なものを施すこと」を実現するために「必要な程度」ということを意味しており、義務教育の目標との関連において、小学校教育が目指すべき目標を示したものである。それは、中学校教育の目的において「小学校における教育の基礎の上に、心身の発達に応じて、義務教育として行われる普通教育を施すこと」（第四五条）とされ、その目標が「前条に規定する目的を実現するため」（第四六条）とされていることとの比較からも明確となる。

第一項の規定は、具体的には教育課程編成においてその実現が図られていくこととなる。すなわち、本法施行規則第五〇条に定める小学校の各教科（国語、社会、算数、理科、生活、音楽、図画工作、家庭及び体育）、道徳、外国語活動、総合的な学習の時間、特別活動を通じて、小学校教育の目標の達成が図られ、目標を達成するための具体的な内容等は、小学校学習指導要領において示されるのである。ここでの目標規定は、教科等の教育内容の大枠を定めるとの性格をもつとともに、教育理念を規定する教育基本法と教科構成やその具体的な内容を定める学習指導要領をつなぐ役割を果たしていると解することができる。

ゆえに、第二一条で規定される目標は、必ずしも各教科等に対応するものと考えられるべきではなく、相互に関連しながら、各教科等を通じて具体化・実現化される性格のものとされる。そのため、いずれの教科の指導に際しても、各教科に設定される目標の達成だけではなく、第二一条で規定される目標の達成にも努める姿勢が求められるところである。

「習得」、「活用」、「学習態度」

本条第二項は、平成一九年改正に伴い新設された。①基礎的知識・技能の「習得」、②これらを「活用」して課題を解決するために必要な思考力、判断力、表現力等の育成、そして③主体的に学習に取り組む態度の養成、に意を用いることが規定された。こうした観点は小学校学習指導要領（平成二〇年）にも反映されており、その総則では「学校の教育活動を進めるに当たっては、各学校において、児童に生きる力をはぐくむことを目指し、創意工夫を生かした特色ある教育活動を展開する中で、基礎的・基本的な知識及び技能を確実に習得させ、これらを活用して課題を解決するために必要な思考力、判断力、表現力その他の能力をはぐくむとともに、主体的に学習に取り組む態度を養い、個性を生かす教育の充実に努めなければならない」とされている。背景には、教育基本法第六条第二項において「教育を受ける者が、学校生活を営む上で必要な規律を重んずるとともに、自ら進んで学習に取り組む意欲を高めることを重視して行われなければならない」と新たに規定されたことが指摘される。

遡れば、中央教育審議会答申「新しい時代の義務教育を創造する」（平成一七年）において、「これからの社会においては、自ら考え、頭の中で総合化して判断し、表現し、行動できる力を備えた自立した社会人を育成することがますます重要」となり、「基礎的な知識・技能を徹底して身に付けさせ、それを活用しながら自ら学び自ら考える力などの『確かな学力』を育成し、『生きる力』をはぐくむという基本的な考え方」が重要とされたことが挙げられる。前述の教育基本法の改正を経て、中央教育審議会答申「教育基本法の改正を受けて緊急に必要とされる教育制度の改正について」（平成一九年）においても、「生きる力」の育成のための具体的な手立ての確立について謳われている。本条第二項は、小学校において、第一項に掲げる目標を達成するよう教育が行われる場合に、必要とされる留意事項について規定していると捉えられる。

本条を考える視点

本条の目標規定の背景には、教育基本法改正の影響が指摘できる。教育基本法第二条に五つの新しい「教育目標」が置かれ、今後の教育の新しい理念が定められた。この新たな教育理念に基づき、学校教育法が全面的に改正され、義務教育の目標が定められるとともに（第二一条）、各校種ごとの目標が大幅に見直され、本条によって小学校の目標規定が定められたのである。そして、本条で規定された「習得」、「活用」、「学習態度」の観点は、続く学習指導要領の改訂へと反映されていくこととなった。すなわち、本条における目標規定は、教育基本法における規定を具体化し、学習指導要領の方向性を定める役割を有しており、換言すれば、教育基本法で規定されたわが国の全体的な教育理念と、学習指導要領において各教科を通じて示される具体的な内容をつなぐ役割が与えられていると理解することができる。

第二部関連頁

七三七頁

関連条文　資料

■関連条文　教育基本法第一条、第二条、第五条、第六条第二項、本法第二一条〔義務教育の目標〕、第四六条〔中

学校教育の目標〕、第五一条〔高等学校教育の目標〕、本法施行規則第五〇条

■関連資料　中央教育審議会答申「教育基本法の改正を受けて緊急に必要とされる教育制度の改正について」（平成一九年三月一〇日）

第Ⅱ部　各論

1．教育基本法の改正を踏まえた新しい時代の学校の目的・目標の見直しや学校の組織運営体制の確立方策等（学校教育法の改正）

(1)基本的な考え方

教育基本法の改正により、教育の目的は、「人格の完成を目指し、平和で民主的な国家及び社会の形成者として必要な資質を備えた心身ともに健康な国民の育成」と定められた（第1条）。また、教育の目標について、公共の精神や伝統と文化の尊重など、今日重要と考えられる事柄が新たに規定された（第2条）。さらに、義務教育についても、各個人の有する能力を伸ばしつつ社会において自立的に生きる基礎を培い、国家及び社会の形成者として必要とされる基本的な資質を養うという目的が定められた（第5条第2項）。同様に、大学や幼児期の教育に関する規定（第7条及び第11条）も置かれたところである。

学校教育法には、それぞれの学校種ごとに目標等が規定されている。これらの規定は、初等中等教育においては、小・中・高等学校等の教科等の教育内容の大枠を定めるとの性格を持つとともに、教育理念を規定する教育基本法と教科構成やその具体的な内容を定める学習指導要領等をつなぐ役割を果たしている。

このため、義務教育については、改正教育基本法第5条第2項に新たに義務教育の目的が規定されたことを踏まえ、義務教育の目標を学校教育法において明確化することが必要である。

その際、審議においては、義務教育の目標により詳細にわたる具体的な教育内容を書く必要があるのではないか

との意見もあったが、他方で、むしろ学校教育法の目標規定はより大綱化すべきとの意見も出された。このため、現在の小・中学校の目標に、改正教育基本法第2条において教育の目標として新たに規定された理念の中で教科等の教育内容の大枠として学校教育法に規定することが適当なものを加えるとの考え方で整理することが妥当である。

【中略】

改正教育基本法において、学校教育の基本的な役割として、「教育を受ける者の心身の発達に応じて、体系的な教育が組織的に行われなければならない」との規定（第6条第2項）が置かれた。幼稚園から小・中・高等学校、大学、高等専門学校等までのそれぞれの学校種の目的や目標を、発達の段階や当該学校種をめぐる状況の変化などを踏まえるとともに、学校教育全体の体系性に留意して、見直す必要がある。

【中略】

（ⅲ）小学校に関する事項

義務教育の目標規定を置くこと等を踏まえ、以下のとおり小学校の目的及び目標に関する規定（第17条及び第18条）を改めること。

小学校の目的については、心身の発達に応じて、義務教育として行われる普通教育のうち基礎的なものを施すといった趣旨を規定すること。

小学校の目標については、その目的を実現するために、義務教育の目標を基礎的な程度において達成するよう努めなければならないといった趣旨を規定すること。

〔児童の体験活動の充実〕

第三一条 小学校においては、前条第一項の規定による目標の達成に資するよう、教育指導を行うに当たり、児童の体験的な学習活動、特にボランティア活動など社会奉仕体験活動、自然体験活動その他の体験活動の充実に努めるものとする。この場合において、社会教育関係団体その他の関係団体及び関係機関との連携に十分配慮しなければならない。

本条の概要

本条は、学校教育における体験活動の重要性に鑑み、小学校における体験活動等の体験的な学習活動の充実に努めるべきことを規定したものである。

児童の自ら学び自ら考える力、豊かな人間性や社会性をはぐくむためには、知識を一方的に教授する学習形態だけではなく、児童が主体的・能動的に授業に参加し、具体的な事象と関わりながら、実際的に体験する学習活動が重要である。「前条第一項の規定による目標」、すなわち、本法第二一条に規定される目標は、義務教育において達成すべき児童生徒の能力や技能の総体を示したものであるが、その目標を達成する上でも体験活動等が有効と考えられるため、本条において、体験的な学習活動の充実について規定されている。

本条は、平成一三（二〇〇一）年の本法一部改正（以下、「平成一三年改正」と略）により新設されたものであるが、社会教育法の改正と同時期に行われている点が着目される。本法と社会教育法の両法の改正により、学校教育及び社会教育における体験活動の促進が図られたのである。小学校において体験活動等の体験的な学習活動を展開していくためには、各学校のみの取り組みでは、活動の場の確保や指導者の確保等の面で困難が生じる場合が予想され、その充実には限界が指摘される。そのため、社会教育関係団体やその他の関係団体及び関係機関と連携し、活動の場や指導者の確保等において協力を得ながら実施する必要があることが、本条において明記された。

「社会教育関係団体」とは、社会教育に関する事業を行う団体であり、「その他の関係団体及び関係機関」とは、体験活動等の種類や内容に応じて、当該活動に携わっている団体・機関を広く指している。

ポイント解説

体験的な学習活動の位置づけ

各学校においては、自校の教育目標、児童の発達段階や実態、地域の実情等を踏まえ、小学校六年間を見通しながら特別活動、総合的な学習の時間をはじめとする教育活動に体験活動を適切に位置づけ、その計画的・継続的な実施に努めることが求められる。その際、体験活動のねらいを踏まえ、各教科等における学習指導との関連を図ることにも配慮することが重要である。また、評価においては、体験活動の特質に即して行われることが肝要であり、各学校において評価方法等について工夫を行い、点数化した評価ではなく児童の長所を評価する観点に立つなど、児童の体験活動の成果を適切に評価していくことが大切である。

教育改革国民会議による提案

体験活動等の教育上の意義や有効性についてはこれまでも指摘されてきたところではあるが、本条の規定に直接的に影響を与えたのは、平成一二（二〇〇〇）年の教育改革国民会議による「教育を変える十七の提案」と考えられる。そこでは、「学校は、子どもの社会的自立を促す場であり、社会性の育成を重視し、自由と規律のバランスの回復を図ることが重要である。【中略】人間は先人から学びつつ、自らの多様な体験からも学ぶことが必要である。少子化、核家族時代における自我形成、社会性の育成のために、体験活動を通じた教育が必要である。」と「子どもの自然体験、職場体験、芸術・文化体験などの体験学習を充実する」ことをうたっている。また、同提案においては、奉仕活動の推進についても触れられている。こうした提案を経て、翌年に本法の改正が行われ、本条が新設されるに至っている。

社会教育法の改正

本条は平成一三年改正によって新設されたものであるが、既述の通り、同時に社会教育法も一部改正されている。社会教育法を改正することにより、青少年に対しボランティア活動など社会奉仕体験活動、自然体験活動、その他の体験活動の機会を提供する事業の実施及びその奨励に関することを、教育委員会の事務として規定した（社会教育法第五条第一四号）。教育委員会や公民館等の社会教育施設が自ら体験活動の機会を提供する事業を実施すること、及び民間の社会教育団体等が実施する事業を奨励することを、教育委員会の事務として位置づけたのである。また、国及び地方公共団体が社会教育行政を進めるに当たって、学校教育との連携の確保に努めることを規定している（同法第三条第三項）。すなわち、学校教育と社会教育の両面から児童の体験活動を推進していくべきことを規定し、その充実を図っていく体制を構築したのである。

奉仕活動・体験活動の推進

さらに、本法、及び社会教育法改正を受け、平成一四（二〇〇二）年に「学校教育及び社会教育における奉仕活動・体験活動の推進について（通知）」が発表されている。そこでは、両法の改正の目的を「青少年が社会性や思いやりの心など豊かな人間性を育む上で発達段階等に応じて社会奉仕体験活動等の様々な体験活動を行うことが有意義であることから、学校内外を通じた奉仕活動・体験活動の充実を行うこと」としている。その上で、「奉仕活動・体験活動の対象分野は、環境・自然保護や農林水産業、まちづくり、芸術・文化など多岐にわたるが、社会福祉の分野もその対象として期待されているものである。奉仕活動・体験活動を通じて社会福祉施設等と学校教育や社会教育の場との連携を図ることは重要であり、また、活動を通じて福祉に対する理解が深まることは社会福祉の増進にとっても有意義であることから、社会福祉施設等がその業務に支障のない範囲で協力していくことは望ましいことである」とし、学校内外を通じた青少年の活動など奉仕活動・体験活動の推進に向けた体制整備と社会福祉分野における奉仕活動・体験活動の実施を推進している。

本条を考える視点

本条は、社会教育法の改正とともに規定され、学校教育と社会教育とが相まって体験活動を促進し、児童生徒及び青少年の社会性や豊かな人間性などをはぐくむ観点から行われたものであることに留意する必要がある。教育委員会に対して、学校教育担当部局と社会教育担当部局との密接な連携を促し、あるいは地域の社会教育関係団体との連携も視野に入れることで、学校教育という枠にとらわれることなく、学校教育及び社会教育を通じた体験活動の推進体制を整備したといえる。また、こうした体験活動の充実を図る背景には、平成一〇（一九九八）年改訂において学習指導要領に盛り込まれた「総合的な学習の時間」が挙げられ、自ら学び自ら考える力、豊かな人間性などの「生きる力」を育成していく上で、体験活動の充実を図ることが必要であり、その充実と発展に一層重点が置かれるようになったことが指摘できる。

第二部関連頁

七三三、七三五頁

関連条文　資料

■関連条文　本法第二一条〔義務教育の目標〕、第三条〔学校の設置基準〕、第三三条〔教育課程〕、第四六条〔中学校教育の目標〕、第四九条〔準用規定〕、第五一条〔高等学校教育の目標〕、第六二条〔準用規定〕、第六四条〔中等教育学校の目標〕、第七条〔校長、教員〕、第八二条〔準用規定〕、社会教育法（昭和二四年六月一〇日法律第二〇七号）第三条、第五条

■関連資料　「学校教育及び社会教育における体験活動の促進について（通知）」（平成一三年九月一四日一三文科初五九七　文部科学省初等中等教育局長、生涯学習政策局長）

1　体験活動に関する規定の概要（略）

2　学校教育及び社会教育に共通する体験活動に関する留意点

(1)　このたびの法改正は、学校教育と社会教育とが相まって体験活動を促進し、児童生徒及び青少年の社会性や豊かな人間性などを育む観点から行われたものであり、このような趣旨を踏まえ、ボランティア活動など社会奉仕体験活動、自然体験活動をはじめ、勤労生産体験活動、職業体験活動、芸術文化体験活動など多様な体験活動の充実を図ること。

(2)　各教育委員会は、学校教育担当部局と社会教育担当部局との密接な連携のもと、地域の実情に応じ、地方公共団体の首長部局、学校関係者、ＰＴＡや青少年団体などの社会教育関係団体をはじめ、広く関係者との連携を図り、都道府県及び市町村のそれぞれに協議会を設けるなど、学校教育及び社会教育を通じた体験活動の推進体制を整備すること。

(3)　各教育委員会は、民間の社会教育団体等が行うものも含めて、広く様々な体験活動についての情報を収集し、これを学校や地域住民に提供するとともに、相談への対応や、参加者の希望と受入先との間の必要な調整を行う仕組を整備すること。

(4)　各教育委員会は、上記(2)及び(3)の推進体制等を活用し、青少年教育施設や公民館等の社会教育施設、社会福祉

施設、児童館、勤労青少年センター等の関係機関、関係団体、地域の企業等の協力を得て、多様な体験活動の場や機会の確保に努めること。

(5)　各教育委員会は、体験活動を主催する社会教育関係団体、ＮＰＯ等の民間グループに対して、活動の趣旨、内容等に応じ、公民館などの社会教育施設をはじめ管下の施設の利用について、便宜を図るよう努めること。

(6)　各教育委員会は、上記(2)及び(3)の推進体制等を活用し、教職員や教育委員会関係者にとどまらず、広く社会教育関係団体や地域住民、地域の企業等から体験活動の指導者や協力者を確保するとともに、研修等を通じてこれらの人材の養成に努めること。

(7)　体験活動を行う学校及び教育委員会は、団体・施設の任意の協力を得て体験活動を実施するに当たっては、受入団体・施設の利用者又は入所者のプライバシーや団体・施設の保有する情報の保護等に十分留意するとともに、特に施設において体験活動を実施する場合には、参加者の人数等の適正化に努めるなど、当該団体・施設の本来の業務に支障が生じないように配慮すること。このため、受入団体・施設と連絡を密にし、体験活動を実施するに当たっての留意点などについて事前に十分情報交換を行うこと。また、体験活動の参加者に対し、事前に十分な指導や研修を行うなどして、体験活動に参加するに当たって必要な知識・技能やマナーなどを習得できるようにするとともに、併せて体験活動に意欲を持って参加できるように工夫すること。

(8)　体験活動を行う学校及び教育委員会は、参加者、指導者、受入団体・施設の利用者、入所者又は職員等の安全の確保に十分配慮すること。このため、実地調査による事前の検討・点検、活動の際の指導者の立会等適切な配慮をすること。さらに、体験活動中に事故等が発生した場合に適切な措置がとれる体制を整えるとともに、事故が発生した場合の補償について、保険の利用などに配慮すること。万一、事故が発生した場合は、直ちに状況に応じた適切な応急処置を行うこと。

3　学校教育における体験活動に関する留意点

(1)　各学校においては、現行の学習指導要領に基づき、体験活動の充実が図られてきているところであるが、平成10年に告示された小学校学習指導要領、中学校学習指導要領、平成11年に告示された高等学校学習指導要領及び盲・聾・養護学校学習指導要領を踏まえ、体験活動の一層の充実に努めること。その際、自ら学び自ら考える力、豊かな人間性などの「生きる力」を育成していく上で、体験活動の充実を図ることが必要であることに留意すること。

(2)　各学校においては、自校の教育目標、児童生徒の発達段階や実態、地域の実情等を踏まえ、6学年間又は3学年間を見通しながら特別活動、総合的な学習の時間をはじめとする教育活動に体験活動を適切に位置づけ、その計画的・継続的な実施に努めること。その際、体験活動のねらいを踏まえ、各教科等における学習指導との関連を図ることにも配慮すること。なお、体験活動の充実については、学校運営や教育課程の改善全体の中において行うように留意すること。

(3)　学校でどのような体験活動の充実を図るかについては、各学校において、それぞれの地域や学校、児童生徒の実情等を踏まえて適切に判断するとともに、当該学校の教育活動として、それぞれの教育計画に基づき、教師の適切な指導の下で実施すること。その際、保護者や児童生徒の意向や要望等を踏まえつつ、地域の協力を得ながら行うことが大切であること。また、体験活動の実施に当たっては、児童生徒の発達段階や活動内容に応じ、その自発性に配慮するとともに、地域の実情に応じて様々な体験活動の場や機会を工夫し、多様な活動が展開されるようにすることが大切であること。

(4)　各学校において体験活動を実施する際には、全教職員の協力の下に校内の指導体制の確立を図るとともに、地域の関係機関、関係団体等との連携に十分配慮し、学校外の指導者の協力を得ること、地域における活動の場を確保することをはじめ、体験活動が円滑に実施できるよう、学校としての推進体制づくりに努めること。このため、地域や学校の実情に応じて、保護者、地域の自治会、社会教育関係団体、企業等の関係者で構成する委員会を設けるなど、学校の活動に支援を得る体制を整えること。その際、青少年の健全育成や学校・家庭・地域の連携などの観点から設けられている既存の組織の活用に留意すること。

(5)　学校の教育課程に位置づけて実施される体験活動については、他の教育活動と同様、評価を行うこととなるが、その際、体験活動が行われる特別活動、総合的な学習の時間をはじめとする教育活動のそれぞれの目標やねらいを踏まえつつ、体験活動の特質に即して行われることが必要であり、各学校において評価方法等について工夫を行い、児童生徒の体験活動の成果を適切に評価していくことが大切であること。体験活動の評価は、点数化した評価ではなく、児童生徒の優れている点や長所を評価していく観点に立って行われることが望ましいこと。

(6)　各学校においては、児童生徒に対して様々な学校外活動の場や機会についての情報の積極的な提供に努めるとともに、児童生徒の学校外での体験活動の成果を学校における教育指導に生かしたり、適切に評価したりすることが望ましいこと。また、学校が、土曜日、日曜日及び長期休業期間中において、児童生徒が任意に参加する教育課程外の活動として、体験活動を計画・実施することも考えられること。

4　社会教育における体験活動に関する留意点　(略)

〔修業年限〕

第三二条　小学校の修業年限は、六年とする。

4 小学校

本条の概要

本条は、小学校の修業年限が六年であることを定めたものである。日本国憲法第二六条第二項における普通教育と義務教育の規定及び教育基本法第五条第一項における普通教育を受けさせる義務は「別に法律で定める」とする規定を受けて、本法第一六条で保護者に対して、子への普通教育を受けさせる義務が九年であると定めている。

また、本法第一七条第一項では、保護者（子女に対して親権を行う者、親権を行う者のないときは、未成年後見人）に対して、「子の満六歳に達した日の翌日以後における最初の学年の初めから、満十二歳に達した日の属する学年の終わりまで、これを小学校、義務教育学校の前期課程又は特別支援学校の小学部に就学させる義務を負う」と定めている。

これらの規定を受けて、本条では小学校の修業年限を六年間、中学校の修業年限については本法第四七条で三年間と定めている。

修業年限を六年とする場合の学年の算定に関しては、本法施行規則第五九条に「小学校の学年は、四月一日に始まり、翌年三月三一日に終わる。」とされている。

ポイント解説

修業年限の意味

修業年限とは、教育機関で正規の課程を修了するために必要な期間のことであり、学校の教育課程において定められる標準的な教育期間のことである。原則として修業年限として定められている期間と同じ期間以上を在学しないと卒業・修了することができない。ただし高等教育においては大学・大学院への飛び入学、大学・大学院の早期卒業・早期修了の制度もある。

修業年限の歴史

小学校の修業年限を六年とする規定は、明治四〇（一九〇七）年の小学校令から始まっている。すなわち、尋常小学校が六年、高等小学校が二年又は三年とされた。その後、昭和一六（一九四一）年の国民学校令で国民学校初等科が六年とされ、第二次世界大戦後の新学制の発足へと続くことになった。

各国の修業年限

修業年限は、同じ学校段階でも各国の教育制度に応じて異なっており、教育の管轄を地方レベルに委譲している国では、一国内でも異なった就業年限が制定されている。例えば、日本では初等教育（小学校）―前期中等教育（中学校）―後期中等教育（高等学校）は、六―三―三制（中等教育学校の場合は六―六制）、フランスでは五―四―三制、ロシアでは四―五―二制であるが、アメリカ合衆国やドイツなどでは州によって異なり、前者の場合八―四制、六―三―三制、六―六制、五―三―四制などがとられ、後者の場合には初等教育が四年の州と六年の州があり、その後ハウプトシューレ五年、レアールシューレ六年、ギムナジウム九年の複線型学校体系となっている。

学年・学期と修業年限

修業年限を年数によって区分したものが学年である。学年は、長期休業との関連で学期に区分される。学期は一般的には、夏季休業と冬季休業を挟んで三学期制がとられているが、授業時数を確保する必要性から二学期制をとるところもある。

本条を考える視点

本条の概要で述べたように、修業年限を六年とする場合の学年の開始は、「子の満六歳に達した日の翌日以後における最初の学年の初めから」であり、最後は「満十二歳に達した日の属する学年の終わりまで」（本法第一七条第一項）となっている。ただし、子どもが、満一二歳に達した日の属する学年の終わりまでに小学校、義務教育学校の前期課程又は特別支援学校の小学部の課程を修了しないときは、満一五歳に達した日の属する学年の終わりまでとされ、その間にこれらの課程を修了するときには、その修了した日の属する学年の終わりまでとされている（本法第一七条第一項）。

その際、学年は「四月一日に始まり、翌年三月三一日に終わる」（本法施行規則第五九条）に基づいて算定されるが、具体的に学齢簿に記入する入学年月日は教育委員会が通知した期日であり、卒業年月日は校長が認定した期日である。しかし、「原則として四月一日または三月三一日とすることが適当である」とされている。

第二部関連頁　七三一頁

関連条文　資料

■関連条文　日本国憲法第二六条第二項、教育基本法第五条第一項、本法第一六条〔義務教育年限〕、第一七条〔就学させる義務〕第一項、本法施行規則第五九条

■関連資料　**「修了・進級の認定について」（昭和二九年一〇月一九日付三五六号　初等中等教育局長回答）**

「課程の修了については年の中途において学力の認定を行い、上級学年に進級させることはできない。各学年の課程の修了は学年の終わりに認定すべきであり、また各学年の課程を修了しないで上級学年への進級は認められない。」

〔教育課程〕

第三三条　小学校の教育課程に関する事項は、第二十九条及び第三十条の規定に従い、文部科学大臣が定める。

本条の概要

本条は、本法第二九条の「小学校の目的」及び第三〇条の「小学校の教育の目標」に従って、文部科学大臣が小学校の教育課程に関する事項を定めることを規定したものである。文部科学大臣による小学校の教育課程に関する事項の定めは、本法施行規則の第四章「小学校」の第二節「教育課程」の条文（第五〇条〜第五八条）及び小学校学習指導要領に具体的に示されている。

本法施行規則第五〇条では、小学校の教育課程が「国語、社会、算数、理科、生活、音楽、図画工作、家庭及び体育の各教科、道徳、外国語活動、総合的な学習の時間並びに特別活動によって編成する」（第一項）とされている。ただし、私立小学校においては「前項の規定にかかわらず、宗教を加えることができる」とされ、「宗教をもって前項の道徳に代えることができる」（第二項）と定めている。

授業時数については、本法施行規則第五一条で、「小学校の各学年における各教科、道徳、外国語活動、総合的な学習の時間及び特別活動のそれぞれの授業時数並びに各学年におけるこれらの総授業時数は、別表第一に定める授業時数を標準とする」としている。

教育課程の基準は、前述の第二節の「教育課程」で定める以外に、文部科学大臣が公示する「小学校学習指導要領」によるものと規定されている（本法施行規則第五二条）。そのほか、合科的指導の特例（第五三条）、履修困難な学習指導についての配慮事項（第五四条）、教育課程改善のための研究の特例（第五五条）、不登校児童への教育課程の特例（第五六条）、課程の修了・卒業の認定（第五七条）、卒業証書の授与（第五八条）について定められている。

ポイント解説

教育課程概念の明確化

本法平成一九年改正の大きな改正点の一つは、旧法（第二〇条）で「小学校の教科に関する事項」とされていた文言を、「小学校の教育課程に関する事項」と修正し、文部科学大臣の定める事項を「拡大」した点にポイントがある。すなわち、旧法では、「教科」の上位概念である「教育課程」の決定を本法施行規則（旧法施行規則第二四条）で定めており、委任の範囲を逸脱しているという説があり、そうした疑問の余地を残さないために改正の必要が指摘されてきた。

行政解釈としては、この場合の「教科」については、小学校の目的と目標を実現するためには、教育学上の概念としての教科だけでなく、教科以外の教育活動もそのうちに含むとする解釈が示されてきたが、平成一九年改正は、そのことをより明確にしたものとしている。

教育課程の増減

小学校の教育課程として、言語・文化に対する体験的な理解を深めるために、新たに第五・六学年に「外国語活動」（各年三五時間）が追加され、基礎・基本に関する知識・技能の習得のために国語、社会、算数及び理科の授業時数が全体として増加された。また、第三学年からの総合的な学習の時間が減らされ、体育の時間は増大された。

私立学校の教育課程

学習指導要領は、前述のように、国の教育課程の基準であり、私立の学校も従わなければならないが、国公立学校とは異なり、宗教教育の自由が認められている。宗教教育に関しては、日本国憲法第二〇条第三項の「国及びその機関は、宗教教育その他いかなる宗教的活動もしてはならない」という規定を受けて、教育基本法第一五条第二項で「国及び地方公共団体が設置する学校は、特定の宗教のための宗教教育その他宗教的活動をしてはならない」と規定し、国公立学校における特定の宗教のための宗教教育を禁止している。しかし、私立学校の中には、宗教団体が母体となって、宗教教育により道徳性の育成が行われている場合もある。私立学校の自主性を尊重し、その特色を生かす意味で「宗教をもって道徳に代えることができる」とされているのである。

合科的指導の実施

教育課程の編成に関して、「小学校においては、必要がある場合には、一部の教科について、これらを合わせて授業を行うことができる」（本法施行規則第五三条）と、合科的な指導の特例が認められている。これは、自主的な思考や活用能力を育成する際に、生活や身近な世界（自然や社会）との結びつきを通して、より効果的な教育が展開されることを考慮した措置である。ただし、合科的な指導ができるのは「一部の教科について」であって、すべての教科を合併したり、教科と特別活動等を併せて指導したりすることなどは許されていない。なお、合科的な指導に要する授業時数は、原則としてそれに関連した教科の授業時数から配分することになるので、合科的な指導に要する時数と関連する教科の時数をあらかじめ算定しつつ、綿密に計画することが重要である。

本条を考える視点

教育課程の基準としての文部科学大臣が公示する「小学校学習指導要領」（本法施行規則第五二条）に関しては、教育課程編成上の法的拘束力の有無に関する議論があった。すなわち、学習指導要領は、教育の自主性・創造性を保障するための「指導助言文書」とする学説と、告示として「法的拘束力を有する」とする行政解釈である。しかし、この議論も北海道学力テスト事件に関する最高裁大法廷昭和五一年五月二一日判決により、少なくとも法的見地からは、地域差や学校差を超えて全国的に共通のものを教授するための最小限度の「必要かつ合理的基準」ないし「大綱的基準」として是認されている。この判決は、伝習館高校事件に関する最高裁平成二年一月一八日判決でも踏襲された。各学校においては、学習指導要領に基づき、地方ごとの特殊性や教師による創意工夫を生かした特色ある教育課程を編成することが期待されている。

第二部関連頁

七二九頁

関連条文　資料

■関連条文　本法第二九条〔小学校の目的〕、第三〇条〔小学校教育の目標〕、本法施行規則第五〇条～第五八条

■関連資料　小学校学習指導要領、最高裁大法廷昭和五一年五月二一日判決、最高裁平成二年一月一八日判決

〔教科用図書その他の教材の使用〕

第三四条　小学校においては、文部科学大臣の検定を経た教科用図書又は文部科学大臣が著作の名義を有する教科用図書を使用しなければならない。

② 前項の教科用図書以外の図書その他の教材で、有益適切なものは、これを使用することができる。

③ 第一項の検定の申請に係る教科用図書に関し調査審議させるための審議会（国家行政組織法（昭和二十三年法律第百二十号）第八条に規定する機関を言う。以下同じ。）については、政令で定める。

本条の概要

本条は、小学校で使用する教科用図書、補助教材（第二項）に関して定めたものである。なお、本条は中学校、義務教育学校、中等教育学校、特別支援学校、高等学校に準用される。

昭和二二（一九四七）年の本法制定当初は、「小学校においては、監督庁の検定若しくは認可を経た教科用図書又は監督庁において著作権を有する教科用図書を使用しなければならない。」とされ「監督庁の検定若しくは認可」とされていたが、昭和二八（一九五三）年の改正で「監督庁の認可を経た教科用図書」が削除され、「検定」を経た教科書の使用が義務づけられた。

「監督庁」については、旧法第一〇六条で「当分の間、文部大臣とする。」とされていたが昭和二八年の改正で「文部大臣」と明文化された。

教科書の発行に関する臨時措置法第二条第一項は「教科書」について、「小学校、中学校、高等学校、中等教育学校及びこれらに準ずる学校において、教育課程の構成に応じて組織排列された教科の主たる教材として、教授の用に供せられる児童又は生徒用図書であつて、文部科学大臣の検定を経たもの又は文部科学省が著作の名義を有するものをいう。」と定めている。つまり小学校などで使用する教科書は文部科学大臣の検定、文部科学省が著作の名義を有するものに限定されているのである。この規定はさらに教科用図書検定規則によって補完されている。

教科書発行に際しては、教育基本法及び本法の目的及び各学校の目標と学習指導要領に一致することが条件となるが、平成一五（二〇〇三）年から個に応じた指導の充実を図る観点から学習指導要領に示されていない「発展的な学習内容」記述が可能となった。

検定について文部科学省は「小・中・高等学校の学校教育においては、国民の教育を受ける権利を実質的に保障するため、全国的な教育水準の維持向上、教育の機会均等の保障、適正な教育内容の維持、教育の中立性の確保などが要請されて」おり、この要請に応えるため「小・中・高等学校等の教育課程の基準として学習指導要領を定めるとともに、教科の主たる教材として重要な役割を果たしている教科書について検定を実施」していると説明している（文部科学省ホームページ）。

第二項は、教科書以外で有益適切なものであれば使用できるとされているが、これは補助教材のことである。現在では道徳教育などの時間に使用されている「心のノート」などがそれに当たる。ほかに副読本や練習帳などが教科書に準拠して作成されている。

第三項は、教科用図書検定調査審議会令のことを指す。同審議会は、教科書検定を行う根拠となる組織について定めたものである。

ポイント解説

教科書検定は教科用図書検定規則第三条の基準に基づき文部科学大臣が定める義務教育諸学校教科用図書検定基準及び高等学校教科用図書検定基準に従って行われる。

教科書は発行会社が教科用図書を発行するに際し検定申請（第四条）を行い、審査に合格した図書が検定教科書として使用されることになる。

教科書は、学習指導要領に基づき各教科書会社が内容を決定していくが、昭和六二（一九八七）年の臨時教育審議会第三次答申が「今日、この教科書については、内容が画一的、網羅的で、個性的な教育を阻害している」として制度改革を打ち出した。それを受けて検定規則、検定基準が全面的に改正されたが、平成一四（二〇〇二）年にさらに検定規則、検定基準が改正され、学習指導要領に書かれていない「発展的な学習内容」の記述が可能となった。

義務教育諸学校教科用図書検定基準第二章（発展的な学習内容）（一四）によれば、児童又は生徒の理解や習熟の程度に応じ、学習内容を確実に身につけることができるよう、学習指導要領に示す内容の取り扱いに示す事項を超えた事項を取り上げられることになった。

本条を考える視点

本条をめぐっては、教科書検定と使用義務について様々な論争がある。「検定」については、長きにわたって教科書裁判として争われた。検定は表現の自由を侵害するという訴えに対して最高裁は「普通教育の場においては、教育の中立・公正、一定水準の確保等の要請があり、これを実現するためには、これらの観点に照らして不適切と認められる図書の教科書としての発行、使用等を禁止する必要があること、その制限も、右の観点からして不適切と認められる内容を含む図書についてのみ、教科書という特殊な形態において発行することを禁ずるものにすぎないことなどを考慮すると、教科書の検定による表現の自由の制限は、合理的で必要やむを得ない限度のものというべきである。したがって、本件検定は、憲法第二一条第一項の規定に違反するものではな」（最高裁第三小法廷平成九年八月二九日判決）いと判示している。

また教科書の使用について最高裁第一小法廷は、使用義務があるとして、教科書を使用しないで懲戒処分を受けた高校教員の訴えを退けている（平成二年一月一九日）。

教師は、教科書を使用しながらも自らの工夫で授業を行っているのが現実で、その際に使用する教材が授業の生命線であるともいえる。教師の自由な発想が教育を豊かにすることをサポートするような教科書制度であることが重要であると思う。

第二部関連頁　七二五、七二七頁

関連条文　資料

■**関連条文**　地方教育行政の組織及び運営に関する法律第二三条第六号、教科書の発行に関する臨時措置法（昭和二三年七月一〇日法律第一三二号）、教科書の発行に関する臨時措置法施行規則（昭和二三年八月一三日文部省令第一五号）、教科用図書検定規則（平成元年四月四日文部省令第二〇号）、義務教育諸学校教科用図書検定基準（平成二一年三月四日文部科学省告示第三三号）、高等学校教科用図書検定基準（平成二一年九月九日文部科学省告示第一六六号）

■**関連資料**　**義務教育諸学校教科用図書検定基準（平成二一年三月四日文部科学省告示第三三号）**

第1章　総則

（1）　本基準は、教科用図書検定規則第3条の規定に基づき、学校教育法に規定する小学校、中学校、中等教育学校の前期課程並びに特別支援学校の小学部及び中学部において使用される義務教育諸学校教科用図書について、その検定のために必要な審査基準を定めることを目的とする。

（2）　本基準による審査においては、その教科用図書が、教育課程の構成に応じて組織排列された教科の主たる教材として、教授の用に供せられる児童又は生徒用図書であることにかんがみ、知・徳・体の調和がとれ、生涯にわたって自己実現を目指す自立した人間、公共の精神を尊び、国家・社会の形成に主体的に参画する国民及び我が国の伝統と文化を基盤として国際社会を生きる日本人の育成を目指す教育基本法に示す教育の目標並びに学校教育法及び学習指導要領に示す目標を達成するため、これらの目標に基づき、第2章及び第3章に掲げる各項目に照らして適切であるかどうかを審査するものとする。

第2章　各教科共通の条件

1　基本的条件

（教育基本法及び学校教育法との関係）

(1)　教育基本法第1条の教育の目的及び同法第2条に掲げる教育の目標に一致していること。また、同法第5条第2項の義務教育の目的及び学校教育法第21条に掲げる義務教育の目標並びに同法に定める各学校の目的及び教育の目標に一致していること。

（学習指導要領との関係）

(2)　学習指導要領の総則に示す教育の方針や各教科の目標に一致していること。

(3)　小学校学習指導要領（平成20年文部科学省告示第27号）又は中学校学習指導要領（平成20年文部科学省告示第28号）（以下「学習指導要領」という。）に示す教科及び学年、分野又は言語の「目標」（以下「学習指導要領に示す目標」という。）に従い、学習指導要領に示す学年、分野又は言語の「内容」（以下「学習指導要領に示す内容」という。）及び「内容の取扱い」（「指導計画の作成と内容の取扱い」を含む。以下「学習指導要領に示す内容の取扱い」という。）に示す事項を不足なく取り上げていること。

(4)　本文、問題、説明文、注、資料、作品、挿絵、写真、図など教科用図書の内容（以下「図書の内容」という。）には、学習指導要領に示す目標、学習指導要領に示す内容及び学習指導要領に示す内容の取扱いに照らして不必要なものは取り上げていないこと。

（心身の発達段階への適応）

(5)　図書の内容は、その使用される学年の児童又は生徒の心身の発達段階に適応しており、また、心身の健康や安全及び健全な情操の育成について必要な配慮を欠いているところはないこと。

2 選択・扱い及び構成・排列

（学習指導要領との関係）

（1） 図書の内容の選択及び扱いには、学習指導要領の総則に示す教育の方針、学習指導要領に示す目標、学習指導要領に示す内容及び学習指導要領に示す内容の取扱いに照らして不適切なところその他児童又は生徒が学習する上に支障を生ずるおそれのあるところはないこと。

（2） 図書の内容に、学習指導要領に示す他の教科などの内容と矛盾するところはなく、話題や題材が他の教科などにわたる場合には、十分な配慮なく専門的な知識を扱っていないこと。

（3） 学習指導要領の内容及び学習指導要領の内容の取扱いに示す事項が、学校教育法施行規則別表第1又は別表第2に定める授業時数に照らして図書の内容に適切に配分されていること。

（政治・宗教の扱い）

（4） 政治や宗教の扱いは、教育基本法第14条（政治教育）及び第15条（宗教教育）の規定に照らして適切かつ公正であり、特定の政党や宗派又はその主義や信条に偏っていたり、それらを非難していたりするところはないこと。

（選択・扱いの公正）

（5） 話題や題材の選択及び扱いは、児童又は生徒が学習内容を理解する上に支障を生ずるおそれがないよう、特定の事項、事象、分野などに偏ることなく、全体として調和がとれていること。

（6） 図書の内容に、児童又は生徒が学習内容を理解する上に支障を生ずるおそれがないよう、特定の事柄を特別に強調し過ぎていたり、一面的な見解を十分な配慮なく取り上げていたりするところはないこと。

（特定の企業、個人、団体の扱い）

（7） 図書の内容に、特定の営利企業、商品などの宣伝や非難になるおそれのあるところはないこと。

（8）図書の内容に、特定の個人、団体などについて、その活動に対する政治的又は宗教的な援助や助長となるおそれのあるところはなく、また、その権利や利益を侵害するおそれのあるところはないこと。

（引用資料）

（9）引用、掲載された教材、写真、挿絵、統計資料などは、信頼性のある適切なものが選ばれており、その扱いは公正であること。

（10）引用、掲載された教材、写真、挿絵、統計資料などについては、著作権法上必要な出所や著作者名その他必要に応じて出典、年次など学習上必要な事項が示されていること。

（構成・排列）

（11）図書の内容は、全体として系統的、発展的に構成されており、網羅的、羅列的になっているところはなく、その組織及び相互の関連は適切であること。

（12）図書の内容のうち、説明文、注、資料などは、主たる記述と適切に関連付けて扱われていること。

（13）実験、観察、実習、調べる活動などに関するものについては、児童又は生徒が自ら当該活動を行うことができるよう適切な配慮がされていること。

（発展的な学習内容）

（14）1の（4）にかかわらず、児童又は生徒の理解や習熟の程度に応じ、学習内容を確実に身に付けることができるよう、学習指導要領に示す内容及び学習指導要領に示す内容の取扱いに示す事項を超えた事項（以下「発展的な学習内容」という。）を取り上げることができること。

（15）発展的な学習内容を取り上げる場合には、学習指導要領に示す内容や学習指導要領に示す内容の取扱いに示す事項との適切な関連の下、学習指導要領の総則に示す教育の方針、学習指導要領に示す目標や学習指導要領に示す内容の趣旨を逸脱せず、児童又は生徒の負担過重とならないものとし、その内容の選択及び扱いには、これらの趣旨に照らして不適切なところその他児童又は生徒が学習する上に支障を生ずるおそれのあるところはないこと。

(16) 発展的な学習内容を取り上げる場合には、それ以外の内容と区別され、発展的な学習内容であることが明示されていること。

3 正確性及び表記・表現

(1) 図書の内容に、誤りや不正確なところ、相互に矛盾しているところはないこと（(2) の場合を除く。）。

(2) 図書の内容に、客観的に明白な誤記、誤植又は脱字がないこと。

(3) 図書の内容に、児童又は生徒がその意味を理解し難い表現や、誤解するおそれのある表現はないこと。

(4) 漢字、仮名遣い、送り仮名、ローマ字つづり、用語、記号、計量単位などの表記は適切であって不統一はなく、別表に掲げる表記の基準によっているること。

(5) 図、表、グラフ、地図などは、各教科に応じて、通常の約束、方法に従って記載されていること。

教科用図書検定調査審議会「教科書制度の改善について（検討のまとめ）」（平成一四年七月三一日）

はじめに

教科書は、「教科課程の構成に応じて組織排列された教科の主たる教材」として、児童生徒の教育に極めて重要な役割を果たしている。このように「主たる教材」として重要な役割を果たす教科書は、民間による著作・編集、文部科学大臣による検定、教育委員会等による採択等の手続を経て学校で使用されるものであり、児童生徒により良い教科書を提供するためには、これらの各手続が円滑かつ適正に行われるとともに、それぞれの段階について、制度や運用の充実・改善が図られる必要がある。

　このような考えに立って、これまでも、教科書制度について、適時、様々な改善が図られてきており、特に検定制度については、平成元年に検定手続の大幅な簡素化・重点化が図られたほか、一一年には、新しい学習指導要領の実施に対応した検定基準、検定手続等の改善が図られている。

　しかしながら、平成一二年度以降の新しい学習指導要領に基づく教科書の検定・採択の結果等を踏まえ、各方面から様々な指摘もなされている。もとより、教科書については、より良いものを児童生徒に提供するため、関係する制度について不断の見直しが求められるものであり、こうした観点から、本年二月一八日に文部科学省初等中等教育局長より、本審議会に対し、教科書制度について、検定・採択の双方にわたってどのような改善が可能であるか検討するよう要請が行われた。

　この要請を受け、本審議会では、(1)教科書に発展的な学習内容等の記述を可能とする方向での教科書検定基準の見直し、(2)教科書の公正でバランスのとれた記述の在り方、(3)教科書採択に関する調査研究の充実に向けた条件整備、(4)採択手続の改善、(5)その他関連する制度の改善について、総会及び各部会で審議し、検討を行ってきた。関係団体や国民から寄せられた意見も参考としながら検討を行い、今回、その結果をとりまとめた。

　この「検討のまとめ」で指摘した検定基準の改正等の諸方策については、文部科学省において、平成一五年度以降の検定・採択に向け、速やかに実施するとともに、各教科書発行者や教育委員会等の各採択権者においても、必要な対応を行うよう希望する。

第一部　教科書検定の改善について

一　教科書に「発展的な学習内容」等の記述を可能とすることについて

（一）　現状及び基本的な考え方について

○ 教科書は、すべての児童生徒が共通して使用する教材であり、学習指導要領に示された各教科・科目、学年、分野、言語（以下「各教科等」という。）の内容を児童生徒に確実に定着させるものとなっていることが必要である。平成一〇年一一月の本審議会建議「新しい教育課程の実施に対応した教科書の改善について」においても、一四年度から実施される新しい学習指導要領の趣旨を踏まえつつ、教科書に求められる内容・記述の在り方として、枝葉末節の知識を扱うのではなく、学習指導要領に定める教科の内容等に基づき、基礎・基本の確実な定着を助けるものであること、知識、技能の詰め込みに陥ることなく、「何を学べばいいのか」、「いかにして学ぶのか」など、学び方、考え方の習得が図られるものであることなどの指摘を行った。

同建議を踏まえ、文部科学省において、義務教育諸学校教科用図書検定基準及び高等学校教科用図書検定基準を改正し、平成一二年度以降、改正後の検定基準により検定を実施しているが、こうした教科書の在り方に関する基本的な考え方は今後とも重要であると考える。

○ 一方、新しい学習指導要領では、すべての児童生徒が共通に学ぶ内容を厳選し、これによって生まれる時間的・精神的なゆとりを活用して、これまで以上に児童生徒一人一人の理解や習熟の程度に応じた教育を行うことが可能となっている。本年一月に文部科学省から示された「確かな学力向上のための二〇〇二アピール『学びのすすめ』」においても、各学校においては、学習指導要領の内容を十分理解している児童生徒に対し、学習指導要領の内容のみにとどまらず、理解をより深めるなどの発展的な学習に取り組ませ、一人一人の個性等に応じて児童生徒の力をより伸ばす取組を一層充実させることが求められている。

○ これらの発展的な学習の指導については、従来から、各学校の判断により、適宜、適切な副教材を活用するなどして実施されているが、本審議会における審議や関係団体等から寄せられた意見の中では、新しい学習指導要領の下、教科書においても、学習指導要領に示された内容以外の記述も認めるべきではないかとの指摘がなされている。

他方、義務教育、特に小学校段階において、学習指導要領に示された内容以外の内容を教科書に記述することについては、基礎・基本の確実な定着を図るという教科書の基本的な性格を踏まえ、慎重な意見も出されている。

○　本審議会において、教科書の基本的な性格や様々な指摘等を踏まえて検討した結果、教科書に、児童生徒の理解をより深めたり、興味・関心に応じて学習を拡げたりする観点から、学習指導要領の各教科等の内容に示された内容以外の記述を行うことが基本的に認められていない現在の検定基準のままでは、今後の新しい学習指導要領の趣旨を踏まえた特色ある学校教育活動を展開する上で、必ずしも十分な対応を行うことが難しい面もあると考えた。このため、学習指導要領の各教科等の内容に示されていない内容について、記述上の留意点等一定の条件を設けた上で、教科書に記述することを可能とすることが、多様な教科書を求めていく上で適当であるとの結論を得た（これらの教科書に記述を可能とする学習指導要領に示されていない内容としては、㈡に述べるように、学習指導要領に示された学習内容を更に深める発展的な内容や、興味・関心に応じて拡張的に取り上げる内容など多様なものが考えられることから、以下においては、これらを「『発展的な学習内容』等」と記述することとする。）。

○　なお、これらの「発展的な学習内容」等については、当然のことながら、各教科書に一律に記述することが求められるものではなく、教科書本来の目的である学習指導要領に示された内容を確実に定着させるための創意工夫が施された上で、記述され得るものである。

㈡　教科書に記述を可能とする「発展的な学習内容」等の考え方

⑴　教科書においては、その基本的性格を踏まえ、以下のような考え方に基づき、「発展的な学習内容」等の記述を可能とすることが適当である。

ア　学習指導要領の目標、内容の趣旨を逸脱するものでないこと

学習指導要領総則においては、学校において学習指導要領に示していない内容を加えて指導する場合には、学習指導要領に示す各教科等の目標や内容の趣旨を逸脱しないようにしなければならない旨定められている。教科書に、学習指導要領に示されていない「発展的な学習内容」等を記述する場合にも、その内容については、当然、この学習指導要領総則の定めに沿ったものであることが必要である。

イ　児童生徒の心身の発達段階に適応しており、負担過重とならないものであること

「発展的な学習内容」等は、児童生徒の一人一人の理解の程度に応じて指導されるものであるが、すべての児童生徒が共通して使用するという教科書の基本的な性格を踏まえれば、教科書に記述される「発展的な学習内容」等については、児童生徒の全般的な心身の発達段階に適応したものであることが必要である。また、学習指導要領総則においては、学校において学習指導要領に示していない内容を加えて指導する場合には、児童生徒の負担過重となることのないようにしなければならない旨定められており、教科書の「発展的な学習内容」等の記述についても、この定めに沿ったものであることが必要である。

ウ　主たる学習内容との適切な関連を有するものであること

教科書は、（一）で述べたとおり、すべての児童生徒が共通して使用する教材として、学習指導要領に示された各教科等の内容を児童生徒に確実に定着させるものであることが必要である。したがって、「発展的な学習内容」等を記述する場合にも、それらの内容は、あくまで、主たる学習内容である学習指導要領に示された各教科等の内容や内容の取扱いに示す事項との適切な関連を有し、それらの内容の理解を一層深めたり、児童生徒の興味・関心に応じて、主たる内容の学習に資するものであることが必要である。

(2)　(1)の考え方に基づき、「発展的な学習内容」等として、以下のような内容について、記述を可能とすることが

適当である。

ア　学習指導要領において、当該学年、科目、分野又は言語（以下、「学年等」という。）の学習内容とされていない内容

（ただし、「発展的な学習内容」等自体の詳細な理解や習熟を図る扱いとなっていないこと）

a　学習指導要領上、隣接した後の学年等の学習内容（隣接した学年等以外の学習内容であっても、当該学年等の学習内容と直接的な系統性があるものを含む）とされている内容

（ただし、当該学年等の学習内容を押さえた上で導入的に取り上げていること）

（※）なお、当該学年等の学習内容を説明するために導入的に前の学年等の学習内容に触れたり、前の学年等の学習内容を復習的に記述することについては、従来の検定でも許容されており、これらの記述については、今後とも、「発展的な学習内容」等としてではなく、許容することが適当である。

b　学習指導要領上、当該学年等では「扱わない」とされている内容

c　学習指導要領上、どの学年等でも扱うこととされていない内容

イ　学習指導要領において扱い方が制限されている内容

a　学習指導要領の内容の取扱いにおいて、「程度にとどめる」、「深入りしない」、「平易に扱う」、「簡単に扱う」、「定性的に扱う」など、当該内容を扱うことを前提にした上で、その扱い方を制限する規定（いわゆる「はどめ規定」）が設けられているものについて、それらの制限を超えた内容

(3)　他方、教科書は、学習指導要領に示された内容を児童生徒に確実に定着させることを主眼とするもので、「発展的な学習内容」等は、それらの主たる学習内容の理解を一層深めるなどの観点から記述されるものであること、「発展的な学習内容」等はすべての児童生徒が一律に学習する必要があるものではないことから、教科書に「発

展的な学習内容」等を記述する場合には、以下のような点に留意することが必要である。
ア　本文以外での記述とし、他の記述と明確に区別すること
「発展的な学習内容」等を記述する場合には、本文以外の資料等において記述するとともに、囲み記事等とするなど、学習指導要領に示された内容に関する記述と明確に区別することが必要である。

ただし、その場合においても、「発展的な学習内容」等をその他の記述と区別して記述することによって、その他の記述自体の系統性が損なわれるなど、「発展的な学習内容」等を履修しない児童生徒にとって学習上の支障が生ずることのないよう留意する必要がある。
イ　「発展的な学習内容」等であることを教科書上明示すること
「発展的な学習内容」等を記述する場合には、実際に学習する上で誤解等の生じることのないよう、それらの内容が学習指導要領に示されていない「発展的な学習内容」等であり、すべての児童生徒が一律に学習する必要があるものではないことを教科書上明示することが必要である。
ウ　一定の分量以下の記述とすること
「発展的な学習内容」等の記述の分量は、各教科書全体の中の一定割合以下の適切な分量とする必要がある。

また、この割合については、特に、義務教育の教科書については、学習指導要領に示された内容を確実に定着させることを主体とすべきであり、「発展的な学習内容」等を記述する場合であっても、その分量は少量に止めるべきであるとの意見があることなどを踏まえ、児童生徒の発達段階に照らし、義務教育と高等学校教育の間などで、適宜、差異を設けることが適当である。
(三)　検定基準の改正について
教科書において以上に述べたような「発展的な学習内容」等の記述を行うとともに、記述上の留意点等の条件を

規定するため、以下のような検定基準の改正を行う必要がある。

(1)　すべての学校段階を通じて、学習指導要領の各教科等の内容及び内容の取扱いに示していない内容を記述することを可能とするための改正

(2)　「発展的な学習内容」等を取り上げる場合に関して、学習指導要領の内容の取扱いで扱い方を制限した規定（いわゆる「はどめ規定」）に照らして不適切なところがないこととの基準の例外を設けるための改正

(3)　「発展的な学習内容」等以外の記述と区別することや、学習指導要領に示されていない内容であることを明示することを条件とするための改正

(4)　「発展的な学習内容」等の分量は適切であることを条件とするための改正

(四)　その他

(1)　事例数等が規定されたものの扱い

学習指導要領の内容において学習する語数、字数を規定したり、内容の取扱いにおいて、「二種類又は三種類扱う」など扱う事例数を規定したものについては、扱いを変えるなどの配慮がなされていれば、従来の検定上の運用を改め、「発展的な学習内容」等としてではなく、それらの制限を超えた語数、字数、事例数を記述することを可能とすることが適当である。

(2)　入学者選抜における扱い

「発展的な学習内容」等の内容は、学習指導要領に示された内容でなく、すべての児童生徒が一律に学習する必要があるものではない。従来から、入学者選抜における学力検査については、文部科学省より、学習指導要領に示された内容を出題範囲とするよう求めてきているところであり、教科書に記述された「発展的な学習内容」等の内容についても、当該学校段階の学習指導要領上扱うことができないものについては、入学者選抜における学

力検査の問題作成に当たっては、出題対象としないよう十分留意する必要がある。

二　教科書記述をより公正でバランスのとれたものとすることについて

（一）　現状及び基本的な考え方について

○　教科書は心身の発達過程にある児童生徒が学習する上で使用する図書であり、正確かつ公正で、学習内容を理解する上で支障がないなど適切な配慮がなされていることが必要である。平成一〇年の本審議会建議においても、教科書の内容は児童生徒の心身の発達段階を考慮し、適切な教育的配慮の下、正確かつ公正なものでなければならないこと、教科書の著作・編集に携わる者は、教科書が正確で適切な内容であるか、一面的な見解に偏らず、広く受容されている内容となっているか、公正な内容となっているかなどの観点から十分な吟味を行わなければならないことなどを指摘した。

○　このような観点から、現在の検定基準においても、教科書の記述の公正さやバランスに関する諸規定が設けられており、これまでの検定においても、申請図書の内容に、それらの規定に照らして、公正さやバランスに欠けると認められる記述があった場合には、検定意見を付し、修正を求めるなど、この点に関し留意してきている。

○　本審議会に対し関係団体から寄せられた意見においては、今後とも教科書記述の公正さ等を確保することが重要であるとするもの、これまでの検定基準に基づいた公正さ等の確保の方向を支持するものに加え、特に、教科書が心身の発達過程にある児童生徒のための主たる教材であることを踏まえ、児童生徒の発達段階に応じ、その理解力や判断力に即した内容となっていることが必要であるとするものが多く見られた。具体的には、例えば見解が分かれている内容を取り上げる場合には、児童生徒の発達段階等を踏まえ、断定を避けるだけでなく、異なる見解の内容にも触れるなど、児童生徒が見解が分かれていることを理解でき、多面的・多角的に判断できるようなバランスのとれた内容となっていることを求める意見が多く寄せられた。

○　このような指摘も踏まえ、現在の検定基準の基本的な在り方を踏まえつつ、必要に応じ、児童生徒が使用する上で公正さやバランスを更に求めることが可能となるよう、検定基準の関連する規定の改正を行い、これらの観点からの教科書記述のより一層の改善を図ることが必要である。

(二)　検定基準の改正について

(1)　話題や題材の選択・扱いの調和に関する規定

話題や題材の選択及び扱いについて、特定の事項、事象、分野などに偏ることなく、全体として調和がとれていることを定めた規定について、児童生徒が学習内容を理解する上で支障が生ずるおそれがないよう、従来以上に調和を求めることも可能となるような観点から改正を行うことが必要である。

(2)　事柄や見解の取扱いに配慮等を求めた規定

図書の内容に、特定の事柄を特別に強調し過ぎていたり、一面的な見解を十分な配慮なく取り上げていたりするところはないことを定めた規定について、児童生徒が学習内容を理解する上で支障が生ずるおそれがないよう、従来以上にバランスのとれた記述を求めることも可能となるような観点から改正を行うことが必要である。

三　教科書検定手続等の改善について

(一)　現状及び基本的な考え方について

○　検定手続等については、平成元年に検定基準及び検定手続の大幅な簡素化・重点化が図られたが、更に一一年には、より一層の簡素化・透明化等を図る観点から、検定意見の文書化等の改善が行われ、一二年度の教科書検定から適用されている。

○　今後、更に審査手続について一層の簡素化・透明化を図るとともに、申請図書の完成度の一層の向上、静ひつな審査環境の確保等を図る観点から、遅くとも平成一五年度の検定から適用できるよう、検定手続等の改善を図ることが必要である。

(二) 改善の具体的な内容について

(1) 審査手続の一層の簡素化・透明化

申請図書の審査手続のうち、決定を留保せずに、直ちに不合格の決定を行うか否かの判定については、現在は、本審議会の決定により、いわゆる「評点方式」(各申請図書の欠陥ごとに、その欠陥の程度に応じた欠陥点を付し、それをもとに各図書の頁数も加味した観点ごとの評点及びその合計を算出し、それらが所定の点数に満たない場合に不合格とする方式)をとっている。しかしながら、この方式については、全体として判定方法が複雑で必ずしも透明性の観点から十分とはいい難いなどの指摘もある。このため、審査手続の一層の簡素化・透明化を図る観点から、この合否の判定方法について、現在の「評点方式」から、より簡素で透明な、頁当たりの欠陥箇所数の多寡等によって判定を行う方式に改める必要がある。

(2) 申請図書の完成度を高めるための方策

著作者・編集者によって申請図書の段階から完成度が一層高められるべきことについては、平成一〇年の本審議会建議でも指摘したところであるが、一二年度・一三年度の小・中・高等学校教科書の検定における検定意見の約六割が誤記や誤った事実の記載等の正確性に関するものであるなど、申請図書の完成度が依然として高いとは言えない状況にある。このような現状に鑑み、各申請者において申請図書の完成度を高めるために内部の編集チェック体制を一層強化すべきであるとともに、文部科学省において以下のような方策を講ずる必要がある。

ア 誤りや不正確な記述が特に多い申請図書について、申請者に対し改善方策について説明を求めること

イ 過去の検定における、誤りや不正確な記述例のデータベースを構築し、今後の申請図書の編集等の参考に供すること

（3）訂正手続等の見直し

平成一一年の検定手続の改正において、本審議会の建議も踏まえ、手続の簡素化を図るとともに、申請図書の完成度を一層高める観点から、それ以前に認められていた検定意見に従った修正以外の修正の仕組が廃止された。しかしながら、この改正後も、申請図書の完成度は必ずしも高まっておらず、従来この仕組によって行われていた誤記等の修正が、検定決定後の見本提出前の訂正により行われることとなり、短期間に膨大な訂正が申請され、審査の適切・円滑な実施に支障を生じかねない状況となっている。このため、改めて申請図書の完成度を高めることを各申請者に促すとともに、見本提出前の訂正について、審査が適切・円滑に行われるよう、申請手続等の改善を行う必要がある。

（4）検定済図書の訂正要件の追加

検定済図書の訂正について、訂正要件を緩和する観点から、現行の「誤記」等に加え、色刷りやレイアウトの変更などの体裁の訂正についても要件を追加する必要がある。

（5）供給済教科書の訂正内容の周知

供給済教科書の記述を訂正した場合には、現在、各発行者は、当該教科書を使用している学校の校長に訂正内容を通知することとされている。今後、教科書への信頼を更に高める観点から、供給済教科書の訂正事項のうち誤記・誤植・誤った事実の記載に係るものについては、この通知に加え、各発行者のホームページ等で周知させることが必要である。

（6）静ひつな審査環境の確保

検定審査中に、申請図書、検定意見、修正表等に関する情報が外部に漏出した場合、本審議会における中立、公正で円滑な審査に支障を生ずるおそれがある。このため、表現の自由などに留意しつつ、静ひつな審査環境を確保するため、申請者に対し、検定決定が行われるまでは審査中の申請図書等に関する情報を外部に漏出しないよう改めて求めるなどの方策を講ずることが必要である。また、本審議会としても、今後、仮に円滑な審査を行う環境が確保できない事態が生じた場合には、審議会の審査を一旦停止することとするなど、静ひつな環境の中で円滑な審査が行われるよう適切な対応を講ずることとしたい。

第二部　教科書採択の改善について

一　調査研究の充実に向けた条件整備について

(一)　現状及び基本的な考え方について

○　教科書の採択は、児童生徒により良い教科書を提供する観点から、各採択権者の権限と責任のもと、教科書の内容についての十分かつ綿密な調査研究によって公正かつ適正に行われるべきものである。

○　しかし、採択のための調査研究期間の不足や、調査研究のための教科書見本の部数が十分でないなど、調査研究の充実に向けた更なる改善を求める声が出されているところであり、こうした意見を踏まえ、教科書の調査研究の充実に向けた条件整備を図っていくことが必要である。

(二)　改善の具体的な内容について

(1)　十分な調査研究期間の確保

教科書内容について適切な調査研究を行うためには、十分な調査研究期間を確保することが必要である。

このため、多くの市町村教育委員会が都道府県教育委員会の指導を待って調査研究を開始しているという現状を改め、今後は、教科書見本が送付され次第速やかに調査研究に着手することにより、これまで以上に調査研究期間を確保することが可能となる。

また、義務教育用教科書の採択期限については、新学期までに各学校に確実に教科書を供給するため、各教科書毎の必要部数の集計や印刷・製本等に必要な期間を勘案し八月一五日までと定められているが、今後は、需要数集計事務の電算化等によって事務の効率化を図ることにより、この期限を二週間程度延長し、調査研究期間を確保していくことが望まれる。

(2)　調査研究のための資料の充実

教科書の採択は、教科書内容の調査研究を十分に踏まえて行われるべきものであり、宣伝活動によって左右されるべきものではない。このため、現在、教科書見本の送付部数等に一定の制限を設け、発行者の過当な宣伝行為を抑制している。

しかしながら、現状では、例えば市町村教育委員会に対して教育委員分の教科書見本が送付されない、全ての高等学校に教科書見本を送付することができないなど、採択関係者に十分な教科書見本が送付されず、教科書内容の適切な調査研究に支障が生じるおそれがあることなどが指摘されている。

このため、各採択権者等に送付する教科書見本の送付部数制限を見直していくことが必要である。

また、都道府県教育委員会が市町村教育委員会等を指導するために作成している義務教育用教科書の選定資料について、各都道府県の教育方針と合致しているか、学習指導要領の内容等のどの点を重視しているかなど、各採択権者においてより参考となるよう内容の一層の工夫・充実を図るとともに、各教育委員会は、高等学校用教科書の採択のための調査研究資料の充実に努めていくことが望まれる。

将来的には、保護者も含め、より多くの教育関係者が、同時に教科書の内容に触れ、調査研究ができるよう、印刷・製本された教科書見本とは別に、電子媒体を活用した教科書内容の展示（電子展示会）に関する検討を進めることが適当である。

(3)　保護者等の意見を踏まえた調査研究の充実

4
小学校

教科書の採択は、教科に関する専門的な観点からの調査研究が必要なことはいうまでもないことであるが、同時に、児童生徒が使用する教科書を選ぶに当たって、学校教育に保護者が何を期待するかなど保護者の広い視点からの意見を踏まえて検討していくことは、調査研究を充実していく上で大切なことである。

このため、教科用図書選定審議会等への保護者の参画をより一層促進していくための方策を講じていくとともに、高等学校では、学校長のリーダーシップのもと、例えば、各学校に置かれている学校評議員の意見を聞くなど、より広い視野からの意見も参考にするよう努めていくことが必要である。

二　採択手続の改善について

（一）　現状及び基本的な考え方について

○　教科書の採択は、各採択権者の権限と責任のもと、適切な手続により行われるべきものである。

○　しかし、複数市町村が共同で採択を行っている地区では、採択権者である市町村教育委員会と採択地区との関係が明確でない、市町村教育委員会の意向が適切に反映されにくいなど、採択手続に関して更なる改善を求める声が出されているところであり、こうした意見を踏まえ、採択手続を改善していくことが必要である。

（二）　改善の具体的な内容について

(1)　市町村教育委員会と採択地区との関係の明確化

公立の小・中学校で使用する教科書の採択権限は市町村教育委員会にあるが、一方、複数市町村で採択地区を構成する場合は、地区内で同一の教科書を使用することとされているため、市町村教育委員会と採択地区との関係について、不明確であるなどの指摘がある。

このため、市町村教育委員会は、採択権限は各教育委員会にあり、採択地区協議会は地区内の構成市町村で同一の教科書を採択するための協議を行う場であることを十分踏まえ、次のような取組を行うことが適切であると考える。

例えば、採択地区協議会等他市町村の教育委員会との協議に臨む前に、それぞれの教育委員会としての採択の方針等を予め決めておくことや、協議が一度で整わないことも想定し、再協議が可能なスケジュールで採択事務を進めるとともに、再協議の場合の手続を定めておくなど、採択事務に関するルールをそれぞれの地区で定め、予め公表することにより、採択手続を明確にしておくなどの取組が考えられる。

なお、市町村教育委員会間の協議が整わない場合には、都道府県教育委員会が適切な指導・助言を行い、採択の適切な実施を図っていくことが必要である。

(2)　市町村教育委員会の意向を的確に踏まえた採択地区の適正規模化

教科書の採択地区は、地域の実状等を踏まえ、適切な範囲に設定することが必要である。このような観点から、近年、採択地区の小規模化が進みつつあるが、現行制度上、市又は郡単独でも採択地区を設定できることとなっているのに対し、実際にはより広い区域に採択地区が設定されており、制度上、必要があれば更に小規模化することも可能な状況にある。都道府県教育委員会は、今後とも、各市町村教育委員会の意向等を的確に踏まえ、採択地区がより適切なものとなるよう不断の見直しに努める必要がある。

(3)　静ひつな採択環境の確保

教科書の採択は、採択権者の権限と責任のもと、公正かつ適正に行われなければならないものである。一方、地域で使用される教科書について、地域の人々が関心を持ち、自らの意見を表明すること自体は大切なことであると考えるが、それが社会通念に照らし行き過ぎたものとなって、児童生徒が使用する教科書について誹謗・中傷等が行われる中で採択がなされたり、外部からの不当な働きかけ等により採択が歪められたなどの疑念が抱かれるようなことがあるとすれば、適切な調査研究や審議を行う上でも、また児童生徒への教育上の配慮の観点からも好ましくない。そうしたことのないよう、静ひつな採択環境を確保していくことが重要であり、都道府県教育委員会及び各採択権者は、それぞれの地域において、このことについて広く関係者の理解を求めるよう努めることが望まれる。

また、仮に様々な働きかけにより円滑な採択事務に支障をきたすような事態が生じた場合や違法な働きかけがあった場合には、採択権者は関係機関と連携を図りながら、毅然とした対応を取ることが必要であり、各採択権者は、次のような取組を行うことが適切であると考える。

例えば、採択に係る教育委員会の会議を行うに当たっては、採択を巡るそれぞれの地域の状況を踏まえ、適切な審議環境の確保等の観点から検討を行い、会議の公開・非公開を適切に判断するとともに、会議を公開で行う場合には、多くの教育委員会で既に定めているように、傍聴者が私語や議事に対する批判・賛否の表明等の会議の妨害となる行為を行った場合には速やかに退場させることなど、傍聴に関するルールを明確に定めておくことが必要である。また、会議の円滑な実施に具体的な支障を生じるおそれがある場合や、教育委員会等採択関係者への働きかけなどにより適切な調査研究に支障を生じるおそれがある場合には、必要に応じ関係機関の協力を得るなどし、適切な採択環境の確保に努めることが有効と考える。

なお、各地域における採択について、当該地域の住民以外からの様々な働きかけによって、仮に採択事務やその他の教育委員会の事務の円滑な遂行に支障を生じるおそれがある場合には、地域の教育に対する信頼に応えるという観点からも、各採択権者は毅然とした対応をとることが必要である。

文部科学省や都道府県教育委員会は、市町村教育委員会等各採択権者に対し、静ひつな採択環境の確保に向けたこのような取組を適切に行うよう促すとともに、必要に応じ個々の相談に応ずることなどにより、その取組を支援していくことが必要である。

（4）　開かれた採択の一層の推進

教科書や教科書の採択に対する国民の高い関心に応えるため、現在、各教育委員会では採択結果や理由等の情報の公表に努めているところであるが、今後とも、ホームページ等を活用し、より積極的な情報の公表に努めることが望まれる。また、先に、調査研究の充実の観点から述べたところであるが、開かれた採択を推進するという観点からも、教科用図書選定審議会等への保護者の参画をより一層進めていくことが必要である。

三　その他

保護者や地域住民の教科書に対する関心は、採択によって終わるものでなく、実際に教科書が学校で使用され始めてからも引き続き高いものである。また、教員や児童生徒にとっても、自ら使用している教科書のみでなく、他の種類の教科書や異学年・異学校種の教科書を手に取ることは、教員による教材研究や児童生徒による学習の深化・発展に資するなど、大変意義のあることである。

このため、保護者や教員、児童生徒が、採択の時のみならず、常時、様々な種類の教科書を手に取り得る環境を整備していくことが大切であり、各教育委員会は、今後、各学校の図書館や公立図書館に多数の教科書を整備していくよう努めていくことが必要である。

中央教育審議会答申「幼稚園、小学校、中学校、高等学校及び特別支援学校の学習指導要領の改善について」（平成二〇年一月一七日）

主たる教材として重要な役割を果たす教科書については、その質・量両面での充実が求められる。子どもが学習内容について十分に理解を深め、基礎的・基本的な知識・技能を確実に身に付けるとともに、それらを活用する力をはぐくむように、繰り返し学習や知識・技能を活用する学習、発展的な学習に自ら取り組み、知識・技能の定着や思考を深めることを促すような工夫が凝らされた読み応えのある教科書が提供されるような諸条件が整えられることが重要である。そのため、例えば、子どもの学習意欲を高め、教師が子どもにより教えやすくするようにするとともに、子どもが学ぶにあたって必要な学習内容が質的にも量的にも十分に確保されるよう記述内容を工夫しつつ、教科書のページ数を増加させるようにしたり、発展的な学習に関する記述の一層の充実が図られるようにすることなどが必要である。

小学校学習指導要領（平成二〇年三月告示）

第1章　総則　第2　内容等の取扱いに関する共通的事項

2　学校において特に必要がある場合には、第2章以下に示していない内容を加えて指導することができる。また、第2章以下に示す内容の取扱いのうち内容の範囲や程度等を示す事項は、すべての児童に対して指導するものとする内容の範囲や程度等を示したものであり、学校において特に必要がある場合には、この事項にかかわらず指導することができる。ただし、これらの場合には、第2章以下に示す各教科、道徳、外国語活動及び特別活動並びに各学年の目標や内容の趣旨を逸脱したり、児童の負担過重となったりすることのないようにしなければならない。

中学校学習指導要領（平成二〇年三月告示）

第1章　総則　第2　内容等の取扱いに関する共通的事項

2　学校において特に必要がある場合には、第2章以下に示していない内容を加えて指導することができる。また、第2章以下に示す内容の取扱いのうち内容の範囲や程度等を示す事項は、すべての生徒に対して指導するものとする内容の範囲や程度等を示したものであり、学校において特に必要がある場合には、この事項にかかわらず指導することができる。ただし、これらの場合には、第２章以下に示す各教科、道徳及び特別活動並びに各学年、各分野又は各言語の目標や内容の趣旨を逸脱したり、生徒の負担過重となったりすることのないようにしなければならない。

〔児童の出席停止〕

第三五条　市町村の教育委員会は、次に掲げる行為の一又は二以上を繰り返し行う等性行不良であって他の児童の教育に妨げがあると認める児童があるときは、その保護者に対して、児童の出席停止を命ずることができる。

一　他の児童に傷害、心身の苦痛又は財産上の損失を与える行為

二　職員に傷害又は心身の苦痛を与える行為

三　施設又は設備を損壊する行為

四　授業その他の教育活動の実施を妨げる行為

②　市町村の教育委員会は、前項の規定により出席停止を命ずる場合には、あらかじめ保護者の意見を聴取するとともに、理由及び期間を記載した文書を交付しなければならない。

③　前項に規定するもののほか、出席停止の命令の手続に関し必要な事項は、教育委員会規則で定めるものとする。

④　市町村の教育委員会は、出席停止の命令に係る児童の出席停止の期間における学習に対する支援その他の教育上必要な措置を講ずるものとする。

本条の概要

出席停止とは、他の児童生徒（第四九条で中学校に準用）の教育を妨げた等の場合と感染症の予防の場合に、児童生徒の学校への出席を一定期間停止する措置である。本条は前者の事由に該当する場合の措置であり、後者は学校保健安全法第一九条に該当する場合の措置である。ここでは前者についてその概要を述べる。

本条の基本的趣旨は、「本人に対する懲戒という観点からではなく、学校の秩序を維持し、他の児童生徒の義務教育を受ける権利を保障するという観点から設けられた」（昭和五八年文部省通知、平成一三年文科省通知）という点にある。すべての子どもの教育を受ける権利の保障という観点から、義務教育段階の小・中学校では学齢児童生徒に対して、懲戒の一種である停学はできないことになっており（本法施行規則第二六条第四項）、その運用については、事前指導、出席停止適用の判断、出席停止適用の事前手続き、出席停止適用の決定、出席停止期間中及び期間後の対応などにわたる慎重な配慮が必要である。

出席停止措置は、子どもの就学義務とも関わる重要な措置であり、市町村教育委員会の権限と責任において行われるものであり、校長への権限委任は慎重でなければならないとされる。しかし、校長は学校の実態を把握し、安全管理や教育活動に責任を負う立場にあるので、市町村教育委員会が出席停止措置をとる場合には、校長の意見が十分に尊重されなければならない。

ポイント解説

事前指導の在り方

児童生徒の問題行動に対応するには、日頃からの生徒指導を充実することが大切であり、学校が最大限の努力を行っても解決せず、他の児童生徒の教育が妨げられている場合に、出席停止措置が講じられることになる。以下の五点を考慮した事前指導の在り方が求められる（「出席停止制度の運用の在り方について（通知）」）。

① 各教科、道徳、特別活動、総合的な学習の時間など学校の教育活動全体を通して、教職員が一致協力して、社会性や規範意識などを育成する指導を徹底すること。

② カウンセリングマインドを持って指導に当たるとともに、スクールカウンセラーを有効に活用すること。

③ 問題行動の兆候を見逃さず、適切な対応を行うとともに、問題行動の発生に際しては、教職員が共通理解の下に毅然とした態度で指導に当たること。

④ 家庭や地域社会および児童相談所など関係機関と密接な連携をとり、実情に応じて、教育委員会や関係機関により組織されるサポートチームを立ち上げるなど、地域ぐるみの支援体制を整備して指導に当たること。

⑤ 深刻な問題行動を起こす児童生徒については、前述の対応や個別の指導・説諭を行うほか、必要があれば一定期間、他の児童生徒と異なる場所で特別指導を行う。その際、家庭との連携を図り、保護者への適切な助言や援助を行うこと。

出席停止適用の判断

出席停止適用の判断は、当該条文にあるように、「性行不良」であることと「他の児童の教育に妨げがある」と認められることの二つが基本的要件である。「性行不良」に関しては四つの類型行為が掲げられており、それらを「一又は二以上を繰り返し行う」ことが例示されている。

出席停止適用の事前手続き

市町村教育委員会が出席停止措置を命ずる場合の事前の手続きとして、事実関係に関する個別の指導記録などに基づき、保護者に対する事前の説明や保護者からの意見を聴取することが求められる（本条第二項）。その際、保護者の同意は必要ないが、その監督の下で指導を行うという性質を踏まえ、保護者の理解と協力が得られるよう努めることが必要である。

出席停止適用の決定

出席停止適用の決定は、教育委員会規則の規定にのっとり、問題行動の態様や学校の実情を踏まえ、校長の判断を尊重しつつ、保護者などの意見聴取を行った上で行われなければならない。その際、必要に応じて、関係機関への連絡を行うことが望まれる。問題行動が生命への危険に及ぶ場合は少年法に基づいて警察へ、家庭の監護能力に問題がある場合は児童福祉法に基づいて児童相談所へ通告などを行い、その協力を求めることが適当である。出席停止を保護者に命ずる際には、理由及び期間を記載した文書を交付しなければならない（本条第二項）。

出席停止期間中の対応

本条第四項で、市町村教育委員会は、出席停止の命令に係る児童の出席停止の期間における学習に対する支援その他の教育上必要な措置を講ずるものと定められており、以下の点に留意する必要がある。

① 市町村教育委員会は、学校の協力を得て、当該児童生徒に対する個別指導計画を策定し、出席停止期間中の学校内外における指導体制を整備して、当該児童生徒の立ち直りに努めること。また、学校及び市町村教育委員会は、保護者に対して自覚を促し、保護者が監護の義務を果たすように積極的に働きかけること。

② 学校としては、学級担任や生徒指導主事等の教員が計画的かつ臨機応変に家庭への訪問を行い、反省文、日記、読書その他の課題学習をさせるなどの方法をとること。また、状況に応じて、教育委員会、学校職員、スクールカウンセラーのほか、児童相談所、警察、保護司、民生・児童委員等の関係機関からなるサポートチームを組織し、適切な役割分担の下に児童生徒及び保護者に対して援助を行うこと。

③ 少年自然の家などの社会教育施設を活用して、教科の補充指導、自然体験や生活体験などの体験活動、スポーツ活動、教育相談などのプログラムを提供すること。

④　地域の関係機関や施設、ボランティア等の協力を得て、社会奉仕体験や勤労・職業体験などの体験活動の機会を提供すること。

出席停止期間後の対応

出席停止期間の終了後においても、学校は保護者や関係機関との連携を密にし、当該児童生徒に対し、将来に対する目的意識をもたせるなど、適切な指導を継続していくことが必要である。

本条を考える視点

出席停止措置を行った場合、当該児童生徒の指導要録はどのように記載したらよいのだろうか。「小学校児童指導要録、中学校生徒指導要録、高等学校生徒指導要録、中等教育学校生徒指導要録並びに盲学校、聾（ろう）学校及び養護学校の小学部児童指導要録、中学部生徒指導要録及び高等部生徒指導要録の改善等について（通知）」によれば、次の点に留意して適切に行うこととなっている。

①　「出欠の記録」の「出席停止・忌引等の日数」欄に出席停止期間の日数を含むこと、その他所定の欄（例えば「備考」欄）に、「出席停止・忌引等の日数」に関する特記事項を記入すること。

②　「総合所見及び指導上参考となる諸事項」には、その後の指導において特に配慮を要する事項があった場合に記入すること。

③　対外的に証明書を作成する場合には、機械的に転写するのではなく、証明の目的に応じて、必要事項を記載するように注意すること。

第二部関連頁　七二三頁

関連条文　資料

■関連条文　本法第一一条〔児童・生徒等の懲戒〕、本法施行規則第二六条（懲戒）、第二四条（指導要録）、第二五条（出席簿）、第四九条（中学校への準用規定）、学校保健安全法第一九条、同施行令第五条・第六条、同施行規則第一八条〜第二一条（出席停止）

■関連資料　「出席停止制度の運用の在り方について（通知）」（平成一三年一一月六日文科初七二五　文部科学省初等中等教育局長）、「小学校児童指導要録、中学校生徒指導要録、高等学校生徒指導要録、中等教育学校生徒指導要録並びに盲学校、聾（ろう）学校及び養護学校の小学部児童指導要録、中学部生徒指導要録及び高等部生徒指導要録の改善等について（通知）」（平成一三年四月二七日文科初第一九三号　文部科学省初等中等教育局長）

〔判例〕　**静岡地裁昭和六三年二月四日判決**

「義務教育を保障するという観点から、公立学校に在学する学齢生徒に対し退学及び停学処分をなしえないことは、既に指摘したとおり、学校教育法施行規則の明示するところであり、この趣旨は、事実行為としての懲戒を加える場合にも尊重されて然るべきである。したがって、教員が学齢生徒に対し懲戒を加える場合、その時期及び場所を定めるにつき裁量権を有するとはいっても、生徒から授業を受ける機会を実質的に奪うような決定をすることは許されず、このことは、そこでなされる懲戒が体罰であると否とにかかわらないものというべきである。この意味で、授業に遅刻した学齢生徒を一定時間内教室内に入れない措置は、必ずしも体罰とはいえないが、懲戒の方法として採ることは許されない。なお附言すれば、学校教育法第二六条（第四〇条において準用）※は、性行不良であって他の児童等の教育に妨げがあると認める児童等がある場合、他の方法によってこれを制止することができないときは、市町村の教育委員会は、その保護者に対して、児童等の出席停止を命ずることができる旨規定する。この趣旨を敷衍して、授業中喧噪等の行為により他の児童等の学習を妨げる者がある場合、他の方法によってこれを制止することができないときは、教員において、妨害者たる児童等を一時強室外に退去させることができると解釈する余地もあろう。しかし、これは、いうまでもなく教室内の秩序を維持し、他の児童等の学習上の妨害を排除するためであって、妨害者た

※改正前の学校教育法による

る児童等の懲戒の問題ではない。」

〔学齢未満の子の入学禁止〕

第三六条　学齢に達しない子は、小学校に入学させることができない。

本条の概要

「学齢に達しない子」に関する直接的定義は存在しない。しかし、本法第一八条では、「保護者が就学させなければならない子」を「学齢児童」又は「学齢生徒」としており、「学齢児童」とは、本法第一七条の「満六歳に達した日の翌日以後における最初の学年の初めから、満十二歳に達した日の属する学年の終わりまで」の「子」とすることができるので、「学齢に達しない子」とは、「学齢児童」に達するまでの「子」を意味することになる。すなわち、「満六歳に達した日の翌日以後における最初の学年の初めに達するまでの子」ということになる。

「入学させることができない」とは、初等中等教育局財務課長見解（昭和二八年五月七日）によれば、「学齢前の児童を就学させることは法律上不能である」ことを意味する。すなわち、学齢に達しない児童を小学校に入学させることは、法律上無効である。しかし、就学事務手続きの誤りにより入学させてしまい、小学校の課程を修了してしまったような場合、「卒業証書を授与することはやむをえない」（同財務課長見解）とする「行政実例」が示されている。

ポイント解説

誤って入学させた場合の処置

本条のポイントは、普通は起こり得ないことだが、満六歳に達しない子を誤って入学させた場合の処置であろう。就学させてまだ日が浅く、これを矯正しても本人及び保護者の利益を著しく侵害することにならない場合には、現状に復帰させる措置をとることは合法的かつ合理的であると考えられる。ただし、矯正する適当な方法がなく、これを強いて矯正すれば、本人及び保護者の利益を著しく侵害すると考えられる場合には、「やむをえない」ものとされている。

「本条の概要」で示された「行政実例」は、満六歳に満たない幼児を入学させ、六カ年後に小学校の課程を修了したが、まだ一二歳に達していないのに卒業証書を授与し、直ちに中学校に入学させることができるかどうか、また、一五歳に達していないのに卒業証書を授与できるかどうかという問い合わせに対する「回答」であり、いずれも「可能」であるとされた。

過失に対する責任の所在

こうした法違反に対する責任者の故意や過失に対しては、義務違反に対する責任が問われる。責任者とは、直接的には「事務担当者」、また、部下の監督者であり、かつ小学校に入学させる職務権限を有する「教育委員会」である。この場合、校長に責任はないものと思料されている。

本条を考える視点

本人及び保護者の利益を著しく侵害すると考えられる「時期」がいつかについては明確な根拠はない。すなわち、就学事務の錯誤が露見し、これにどう対処すべきかが問われた「時期」が、幼児の就学後一カ月未満なのか、三カ月未満なのか、半年過ぎているのか、一年後なのかあるいは六年後なのかという問題である。従って、事務上の錯誤が露見した時期と適当な矯正方法とを慎重に勘案しつつ、本人と保護者の納得のいく対処が求められよう。

関連条文　資料

■**関連条文**　本法第一七条〔就学させる義務〕、第一八条〔病弱等による就学義務の猶予・免除〕

■**関連資料**　**文部省初等中等教育局財務課長回答（昭和二八年五月七日）**

「学校教育法第二七条（現行法三六条）の規定は、学齢前の児童に過重な負担を課せることなく、これらの児童を保護する趣旨であると考えられる。……この規定は、学齢前の児童を就学させることは法律上不能であるとする規定、即ちいわゆる能力規定であると考えられる。従って、かかる児童を入学させても、その者は児童たるの地位を法律上有し得ないと解される。」

〔**職員**〕

第三七条　小学校には、校長、教頭、教諭、養護教諭及び事務職員を置かなければならない。

②　小学校には、前項に規定するもののほか、副校長、主幹教諭、指導教諭、栄養教諭その他必要な職

員を置くことができる。
③ 第一項の規定にかかわらず、副校長を置くときその他特別の事情のあるときは教頭を、養護をつかさどる主幹教諭を置くときは養護教諭を、特別の事情のあるときは事務職員を、それぞれ置かないことができる。
④ 校長は、校務をつかさどり、所属職員を監督する。
⑤ 副校長は、校長を助け、命を受けて校務をつかさどる。
⑥ 副校長は、校長に事故があるときはその職務を代理し、校長が欠けたときはその職務を行う。この場合において、副校長が二人以上あるときは、あらかじめ校長が定めた順序で、その職務を代理し、又は行う。
⑦ 教頭は、校長（副校長を置く小学校にあつては、校長及び副校長）を助け、校務を整理し、及び必要に応じ児童の教育をつかさどる。
⑧ 教頭は、校長（副校長を置く小学校にあつては、校長及び副校長）に事故があるときは校長の職務を代理し、校長（副校長を置く小学校にあつては、校長及び副校長）が欠けたときは校長の職務を行う。この場合において、教頭が二人以上あるときは、あらかじめ校長が定めた順序で、校長の職務を代理し、又は行う。
⑨ 主幹教諭は、校長（副校長を置く小学校にあつては、校長及び副校長）及び教頭を助け、命を受けて校務の一部を整理し、並びに児童の教育をつかさどる。
⑩ 指導教諭は、児童の教育をつかさどり、並びに教諭その他の職員に対して、教育指導の改善及び充実のために必要な指導及び助言を行う。

⑪　教諭は、児童の教育をつかさどる。
⑫　養護教諭は、児童の養護をつかさどる。
⑬　栄養教諭は、児童の栄養の指導及び管理をつかさどる。
⑭　事務職員は、事務に従事する。
⑮　助教諭は、教諭の職務を助ける。
⑯　講師は、教諭又は助教諭に準ずる職務に従事する。
⑰　養護助教諭は、養護教諭の職務を助ける。
⑱　特別の事情のあるときは、第一項の規定にかかわらず、教諭に代えて助教諭又は講師を、養護教諭に代えて養護助教諭を置くことができる。
⑲　学校の実情に照らし必要があると認めるときは、第九項の規定にかかわらず、校長（副校長を置く小学校にあつては、校長及び副校長）及び教頭を助け、命を受けて校務の一部を整理し、並びに児童の養護又は栄養の指導及び管理をつかさどる主幹教諭を置くことができる。

本条の概要

本条では、小学校に必要な職員について規定している。小学校には、校長、教頭、教諭、養護教諭及び事務職員を置かなければならない。副校長、主幹教諭、指導教諭、栄養教諭その他必要な職員を、置くことができる。ただし、副校長を置くときその他特別の事情のあるときは教頭を、養護をつかさどる主幹教諭を置くときは養護教諭を、特別の事情のあるときは事務職員を、それぞれ置かないことができる（養護教諭については、当分の間、置かないことができるとされている（附則第七条）。このほか、学校保健安全法第二三条の規定により、学校医、学校歯科医、学校薬剤師を置かなければならない。法に規定があるその他の職員としては、学校栄養職員（学校給食法第七条による。栄養教諭の免許を有しない学校給食栄養管理者）、寄宿舎職員（本法第七九条）、学校用務員（本法施行規則第六五条）がある。

校長の職務は、校務をつかさどり、所属教員を監督する。平成一九年改正により、副校長、主幹教諭、指導教諭が新たな職制として規定された。副校長は、校長を助け、命を受けて校務をつかさどり、教頭は、校長及び副校長を助け、校務を整理し、及び必要に応じ児童の教育をつかさどる。主幹教諭は、校長、副校長及び教頭を助け、命を受けて校務の一部を整理し、並びに児童の教育をつかさどる。指導教諭は、児童の教育をつかさどり、並びに教諭その他の職員に対して、教育指導の改善及び充実のために必要な指導及び助言を行う。このほか、教諭、養護教諭、栄養教諭、事務職員、助教諭、講師、養護助教諭の職務が規定されている。

本法施行規則第四〇条以下には設備編制が示されており、教務主任、学年主任、保健主事を置くものとされている。これらの校務を整理する主幹教諭が置かれる場合などは置かなくてもよい。教務主任、学年主任は指導教諭又は教諭を、保健主事は指導教諭、教諭又は養護教諭を充てる（第四〇条〜四七条）。講師は、常時勤務に服しないことができる（第六四条）。学校用務員は、学校の環境の整備その他の用務に従事する（第六五条）。

ポイント解説

職員の位置づけ

市町村立小学校（中学校含む）の教職員は、身分は市町村に属している（地方教育行政の組織及び運営に関する法律第四三条、以下「地教行法」）が、公立義務教育諸学校の学級編制及び教職員定数の標準に関する法律（以下「義務標準法」）定数内の職員の給与は、設置者負担原則（本法第五条）の例外として、都道府県が負担することとなっている（県費負担教職員）（市町村立学校職員給与負担法第一条、第二条）。

教員の配置

教員の配置は、施行規則や小学校設置基準が定める学級編制の定めに従って行われる。原則として同学年の児童で編制される一学級の児童数は四〇人以下であり、小学校における主幹教諭、指導教諭及び教諭の数は一学級当たり一人以上とする。教諭等は、特別の事情があり、かつ、教育上支障がない場合は、校長、副校長若しくは教頭が兼ね、又は助教諭若しくは講師をもって代えることができる。また、教育上必要と認められる場合は、他の学校の教員等と兼ねることができる（小学校設置基準第四条～第六条）。

公立学校の教職員配置

このうち、特に公立の小学校については、財政措置の根拠となっている義務標準法の規定により学級編制と教職員定数の標準が定められている。一学級の児童数は、同学年の児童で編制する場合四〇人、二学年の場合一六人、特別支援学級は八人となっており、これを標準として都道府県が基準を決める。公立小学校の教職員定数は、都道府県が条例で決めており、市町村別の学校の種類ごとの定数は、定められた定数の範囲内で、都道府県教育委員会が、当該市町村の実態や事情等を総合的に勘案して定める（地教行法第四一条）。

平成一八（二〇〇六）年の本法改正（以下、「平成一八年改正」と略）により、教頭にも校長同様、民間人の登用が可能になったが、必要に応じて児童の教育をつかさどる場合には、相当学校の相当教科の免許状が必要である。

副校長、主幹教諭、指導教諭

副校長と教頭の違いは、教頭が校務を整理するだけであるのに対して、副校長は自分の権限で処理することができる点である。副校長についても、校長・教頭同様、いわゆる民間人を登用することが可能である。副校長を置く学校においては、教頭は、校長・副校長の両方を補佐する。

主幹教諭は、いわゆる中間管理職として機能し、従来の主任とは異なる。主任は職務の付加であるのに対して、主幹教諭は、教諭から昇任する「職」である。主任は指導助言、連絡調整等を行う立場でしかないが、主幹教諭は、職の立場上、職員に対し職務命令を発することができる。

指導教諭は、自らも授業を受け持ち、他の教員に対して教育指導に関する指導や助言を行う。指導教諭は、実践的指導力に長けていて、他の教員を指導できることが重要である。指導教諭は主幹教諭と異なり、職務命令を発することはできない。

教職員の職務及び指導的立場の魅力

副校長や主幹教諭の設置によって、教員集団は、従来のフラットな組織からピラミッド型の組織へと再編されることになった。教職員組織がシステマティックに動くような在り方を可能にするものと考えられる。しかし、近年の教頭、校長職の希望者の少なさや、降任希望の状況などを見ると、それらの職に就いて、学校内における責任の重い仕事をぜひ果たしたいという願望を教員がもちにくくなっていることが感じられる。もちろん、その根底には、教員の質の確保が危ぶまれ、教員採用選考受験者が以前に比べると減少している状況がある。

職員配置の変更

学校と社会の新しいニーズへの対応から、教職員の配置の態様が変化している。平成七（一九九五）年以降、保健主事は教諭だけでなく、養護教諭を充てることも可能になった。平成一七（二〇〇五）年からは、学校で食についての指導を行い、児童生徒が望ましい食習慣を身につけることができるよう、栄養教諭が制度化された。このほか、平成九（一九九七）年の学校図書館法の改正により、平成一五（二〇〇三）年以降、一二学級以上の規模の学校には、司書教諭講習の修了者を該当者として、学校図書館の専門的職務を担う司書教諭を置かなければならないことになった。平成二一（二〇〇九）年の本法施行規則の改正によって、小学校には事務長または事務主任を置くことができることとなった（第四六条）。小中学校の学校事務においては、いわゆる共同実施が進められており、複数学校の事務を複数の事務職員で協力して行うようにする方法がとられている。一校当たりにすると一名未満の事務員の配置でも職務の遂行が可能になっている。

本条を考える視点

学校の接続関係は、以前は中高の間が注目されていたが、近年では小中一貫や併設事例が登場するようになった。小中一貫や連携は、設置者の点でいうと自然で、かつ必要性も広く認められる。一般に、小学校高学年における教科の専門性の担保や小学校卒業後の中学校入学時の不適応の問題（中一ギャップ）について、小学校高学年での専科教員の配置や小中教員連携の促進が重視されている。

特に、一名配置の職員や、規模の小さな学校の教員の職能成長とライフコースについてどう考えたらよいか、という問題がある。一学年一クラス以下の編制による学校では、同学年の同僚からの助言が得られないため、新人教員の豊かな成長を保障することが難しくなってくる。小規模学校においても、教職員の成長を保障するための職場環境の整備が望まれる。

学校の指導のニーズから、カウンセラーやＡＥＴ（Assistant English Teacher、英語指導助手）のような職が置かれ、スクールソーシャルワーカーのような職を配置する自治体も出てきており、教育活動を支える職員のより良い配置が求められている。

第二部関連頁

七一五、七一七、七一九、七二一頁

関連条文　資料

■関連条文　本法第八条〔校長、教員の資格〕、本法施行規則第二〇条～第二三条、第四三条～第四九条、第六四条、第六五条、地方教育行政の組織及び運営に関する法律第四九条

■関連資料　小学校設置基準

第二章　編制

（一学級の児童数）

第四条　一学級の児童数は、法令に特別の定めがある場合を除き、四十人以下とする。ただし、特別の事情があり、かつ、教育上支障がない場合は、この限りでない。

（学級の編制）

第五条　小学校の学級は、同学年の児童で編制するものとする。ただし、特別の事情があるときは、数学年の児童を一学級に編制することができる。

（教諭の数等）

第六条　小学校に置く主幹教諭、指導教諭及び教諭（以下この条において「教諭等」という。）の数は、一学級当たり一人以上とする。

二　教諭等は、特別の事情があり、かつ、教育上支障がない場合は、校長、副校長若しくは教頭が兼ね、又は助教諭若しくは講師をもって代えることができる。

三　小学校に置く教員等は、教育上必要と認められる場合は、他の学校の教員等と兼ねることができる。

〔小学校設置義務〕

第三八条　市町村は、その区域内にある学齢児童を就学させるに必要な小学校を設置しなければならない。ただし、教育上有益かつ適切であると認めるときは、義務教育学校の設置をもつてこれに代えることができる。

本条の概要

本条は、市（特別区を含む）町村に対して小学校の設置義務を課したものである。本法第一六条、第一七条では、日本国憲法第二六条第二項や教育基本法第五条の規定を受けて、学齢児童の保護者にその子を小学校等に就学させる義務（就学義務）を課しているが、その義務の履行を可能にするために、本条では市町村にその区域内にある学齢児童を就学させるに必要な小学校の設置義務を課したものである。また、本法第四九条は本条の中学校への準用規定として、市町村に対して同様に、その区域内にある学齢生徒を就学させるに必要な中学校を設置しなければならないことを定めている。なお、本条「ただし書き」規定は、平成二六（二〇一四）年六月の本法の改正によって創設されることになった義務教育学校について、それをもってこれに代えることができる旨、加えられたものである。

日本国憲法第二六条では、すべての子どもに教育を受ける権利を保障しているが、そのための制度的条件の一つとして、市町村に対して学校設置義務を課すことによって、子どもの学校就学権を保障しようとするものである。子どもが学校に通える状態にするには、保護者が子どもを学校に通わせ、かつ市町村が通うべき学校を設置しなければならない。さらに、その学校は通学可能な距離・時間等の観点から、原則としてその区域内に学校を設置する必要があるという趣旨に基づく規定である。

小学校等の設置に当たっては、それが「公の施設」（地方自治法第二四四条）に該当することから、条例で定めることが必要となる。また、市町村教育委員会は学校の設置・廃止等に関わって、一定の事由がある場合には都道府県教育委員会に届け出ることが必要とされている。なお、市町村は、その区域内に小学校を設置するのが原則であるが、その区域内に教育上適当な校地が得られない等やむを得ない事由がある場合には、区域外に小学校を設置することができる。この場合は、関係地方公共団体との協議を行い、その協議について議会の議決を経る必要があるとされている。

本条については、少子化等に伴う学校の適正規模確保の側面と子どもの学習権・就学権保障の観点から、学校統廃合をめぐって裁判に持ち込まれるケースも存在する。

ポイント解説

区域内設置の原則

市町村は、その区域内に小学校等を設置するのが原則であるが、ここでいう「区域内にある」とは、区域内に住所を有するという意味である。従って、市町村は区域内に居住する児童・生徒のための小・中学校を設置する義務を負うことになる。普通地方公共団体は、地域をその構成要素の一つとするものであり、その区域は普通地方公共団体が自治権を及ぼすことができる地域的限界をなすものである。従って、公の施設（「住民の福祉を増進する目的をもってその利用に供するための施設」地方自治法第二四四条）の設置も当該普通地方公共団体の区域内に限られるのが原則となる。小・中学校も公の施設であり、その設置は原則としてその区域内に限られるという立場をとっている。

区域内設置と通学距離

小・中学校は、原則として、それを設置する市町村内に限られるが、その場合、児童・生徒が通学できる距離に設置することが必要となる。この点、昭和三一（一九五六）年に出された「公立小・中学校の統合方策について（通知）」では、「児童生徒の通学距離は、通常の場合、小学校児童にあっては、四キロメートル、中学校生徒にあっては六キロメートルを最高限度とすることが適当」としていたが、平成二七（二〇一五）年に出された「公立小学校・中学校の適正規模・適正配置等に関する手引」では、この通学距離による基準について「おおよその目安として引き続き妥当」としながらも、新たに通学時間の観点から「おおむね1時間以内」という基準を加えている。今後、学校統廃合や通学区域の設定に当たっては、この新たな「手引」をもとに各市町村が判断していくことになる。

区域内設置の例外

小・中学校の設置は、義務教育の履行という観点から、原則としてその区域内に限られるが、その区域内に教育上適当な校地が得られない等やむを得ない事由がある場合には、区域外に小・中学校を設置することができるとされている。例えば、「市町村が小・中学校を設置するに当たっては、これをその区域内に設けることを原則とするが、その区域内に教育上適当な校地が得られない等やむを得ない事由がある場合においては、これを区域外に設けることができる。この場合においては、地方自治法第二四四条の三に規定する関係地方公共団体との協議を行うべきものと解する」（「市町村がその区域外に小学校又は中学校を設置することについて」昭和三四年四月二三日　文部省初等中等教育局長回答）とする行政実例がある。これは、地方自治法第二四四条の三で「普通地方公共団体は、その区域外においても、また、関係普通地方公共団体との協議により、公の施設を設けることができる」（第一項）との規定を受けて、小・中学校という公の施設を区域外でも設置することができるというものであり、同条第三項において、「関係普通地方公共団体の議会の議決を経なければならない」という手続きを経れば、区域外に設置が可能という例外規定を適用したものだといえる。

学校の設置廃止等の届出

市町村の教育委員会は、市町村立小・中学校等の設置・廃止等について次の事由があるとき、都道府県教育委員会に届け出ることになっている。①設置または廃止するとき、②新たに設置者となるとき、または設置者たることをやめるとき、③名称または位置を変更するとき、④分校を設置または廃止するとき、⑤二部授業を行うとき（本法施行令第二五条）。

分校の設置

分校は、本校から組織的にも、施設としてもある程度分離独立はしているが、独立の管理組織をその学校に置くよりも、より規模の大きい同種の学校の管理組織の下で運営するほうが組織上の効率性や学校運営の有機的な連携を図る上で有効な場合に設置される学校の形態である。市町村立小中学校の分校を設置し、または廃止しようとするときは、市町村の教育委員会はその旨を都道府県教育委員会に届け出るものとされている。分校の学級数については、「小学校の分校の学級数は、特別の事情がある場合を除き、五学級以下とし、前条の学級数に算入しないものとする」（本法施行規則第四二条）とされ、一二学級以上一八学級以下を標準とする（同施行規則第四一条）本校とは独立に扱われている。なお、中学校について「五学級」を「二学級」に読み替えて準用されている（同施行規則第七九条）。

学校設置と国の役割

国は、公立小・中学校等の施設の整備促進のため、校舎、屋内運動場、寄宿舎の建築に要する経費の一部を負担することになっている（義務教育諸学校等の施設費の国庫負担等に関する法律第三条など）。なお、平成一八（二〇〇六）年度から、地方の裁量を高め、効率的な施設設備を進めるため、一括して交付金を交付する「安全・安心な学校づくり交付金」制度が創設されている。

本条を考える視点

市町村に課された小・中学校の設置義務は、児童・生徒の学習権を保障する義務教育制度を具現化するものとして、保護者の就学義務と併せて規定されているものである。そこには、学校の適正規模との関連での学校統廃合をめぐる問題がある。小・中学校の適正規模については本法施行規則に、小・中学校は「一二学級以上一八学級以下を標準とする」とする規定が置かれている（第四一条、第七九条）。この数字が学校統廃合に関する一応の基準といえなくもない。しかし、同施行規則第四一条は、そのただし書きにおいて「地域の実態その他により特別の事情あるときは、この限りではない」とする例外規定を設けている。従って、統廃合を実施する明確な基準は存在せず、原則的には設置者である市町村の裁量に委ねられていると理解される。その場合でも、学校統廃合に関する裁量権は、全く自由に行使されてよいというわけではなく、「社会生活上通学可能な範囲内」（最高裁判決）に学校を確保するという学校の適正配置の観点や、小・中学校が地域社会の中核を構成しているという点（文科省「手引」）等に配慮した対応が求められているといえる。

第二部関連頁　七一三頁

関連条文　資料

■**関連条文**　本法第四九条〔準用規定〕、第一四〇条〔都の区の取扱〕、本法施行令第二五条（市町村立小中学校等の設置廃止等についての届出）、本法施行規則第三条（学校設置の認可申請・届出手続）、第五条（学則の変更、学

校の目的等の変更の認可申請・届出手続)、第七条(分校設置の認可申請・届出手続)、第九条(二部授業実施の届出手続)、第一四条(設置者変更の認可申請・届出手続)

■関連資料「市町村がその区域外に小学校又は中学校を設置することについて」(昭和三四年四月二三日　文部省初等中等教育局長回答)、「公立小学校・中学校の適正規模・適正配置等に関する手引の策定について(通知)」(平成二七年一月二七日文科初第一一一二号文部科学事務次官)、**「公立小学校・中学校の適正規模・適正配置等に関する手引―少子化に対応した活力ある学校づくりに向けて―」(平成二七年一月二七日文部科学省)**

(2)学校の適正配置(通学条件)

○学校の配置に当たっては、児童生徒の通学条件を考慮することが必要です。学校統合を行うことは、児童生徒の通学距離の延長に伴い教育条件を不利にする可能性もあるため、学校の位置や学区の決定等に当たっては、児童生徒の負担面や安全面などに配慮し、地域の実態を踏まえた適切な通学条件や通学手段が確保されるようにする必要がある。〔通学距離による考え方〕

○徒歩や自転車による通学距離としては、小学校で4㎞以内、中学校で6㎞以内という基準はおおよその目安として引き続き妥当であると考えられます。その上で、各市町村においては、通学路の安全確保の状況や地理的な条件に加え、徒歩による通学なのか、一部の児童生徒について自転車通学を認めたり、スクールバスを導入したりするのかなども考慮の上、児童生徒の実態や地域の実情を踏まえた適切な通学距離の基準を設定することが望まれます。

〔通学時間による考え方〕

○適切な交通手段が確保でき、かつ遠距離通学や長時間通学によるデメリットを一定程度解消できる見通しが立つということを前提として、通学時間について、「おおむね1時間以内」を一応の目安とした上で、各市町村においいて、地域の実情や児童生徒の実態に応じて1時間以上や1時間以内に設定することの適否も含めた判断を行うことが適当であると考えられます。

〔各地域における主体的検討の必要性〕

○各地域が抱える課題や実情は様々であることから、通学距離や通学時間についても機械的に本手引の考え方を適用することは適当ではありません。各市町村においては、児童生徒の発達段階、保護者のニーズ、通学路の安全確保、道路整備や交通手段の状況、気候条件、学校統合によって生じる様々なメリット、通学時間が長くなることによるデメリットを緩和したり、解消したりする方策の可能性、その際の学校・家庭・地域・行政の役割分担の在り方などの観点を全体的に勘案して、総合的な教育条件の向上に資する形で、通学距離や通学時間の目安を定め、学校の適正配置の検討を行う必要があります。

〔判例〕　千代田区立小学校廃校事件（最高裁平成一四年四月二五日判決）

「本件条例は、東京都千代田区内に設置されていたすべての区立小学校を廃止し、新たに区立小学校八校を設置すること等をその内容とするものであるところ、原審が適法に確定した事実関係によれば、原告の子らが通学していた区立小学校の廃止後に新たに設置され就学校として指定を受けた区立小学校は、原告らの子らにとって社会生活上通学することができる範囲内にないものとは認められないというのである。これによれば、本件条例は一般的規範にほかならず、原告らは、千代田区が社会生活上通学可能な範囲内に設置する小学校においてその子らに法定年限の普通教育を受けさせる権利ないし法的利益を有するが、具体的に特定の区立小学校で教育を受けさせる権利ないし法的利益を有するとはいえないとし、本件条例が抗告訴訟の対象となる処分に当たらないとした原審の判断は、正当として是認することができる。論旨は、違憲をいう点を含め、独自の見解に立って原審の判断における法令の解釈運用の誤りをいうものにすぎず、採用することができない。」

4 小学校

〔学校組合の設置〕

第三九条　市町村は、適当と認めるときは、前条の規定による事務の全部又は一部を処理するため、市町村の組合を設けることができる。

本条の概要

本条は、市町村（特別区を含む）に課された小・中学校の設置義務の特例を定めたものである。すなわち、市町村は本法第三八条及び第四九条に基づき、その区域内にある学齢児童生徒を就学させるために必要な小学校及び中学校を設置しなければならないが、この原則の特例として、市町村は適当と認めるときは、学校設置に関わる事務の全部または一部を共同処理するため、市町村の組合を設けることができるとするものである。これが学校組合である。この場合、学校の設置者はその設置する学校を管理することとされていることから（本法第五条）、学校組合がその設置に係る学校の人的・物的運営管理を行う（地方教育行政の組織及び運営に関する法律（以下、「地教行法」と略）第二三条）こととなる。このような学校を組合立学校という。

学校組合は、地方自治法に基づく「一部事務組合」であり、関係市町村の協議により規約を定め、都道府県知事の許可を得て設けることができるものであり、法人格を有する特別地方公共団体としての性格をもっている（地方自治法第二八四条）。と同時に、地教行法にいう「教育組合」（本法施行令第一一条）でもあるので、その設置の手続きに関しては、地方自治法（第二八四条〜第二九三条の二）及び地教行法第六〇条及び同法施行令（第一一条〜第一七条）の定めるところによるとされている。それらによれば、教育組合には教育委員会が置かれる（同法第二条）。教育事務の全部を処理する組合の場合には、関係地方公共団体には教育委員会を置かず、組合にのみ教育委員会が置かれる（同法第六〇条一項）。組合には議会が置かれ、学校の設置は、この議会が定める条例によることとなるなどである。

なお、組合立小学校は、その学校の所在する市町村の設置する小学校等とみなされている。そのため、その所要経費は地方交付税の算定上、その学校の所在する市町村に組み込まれる。組合の分担経費を決める際、考慮する必要がある。

ポイント解説

学校組合の設置

学校組合は、市町村が「適当と認める」場合に設置されるが、それは関係市町村がそれぞれ適当と認めることであり、その意思の合致は、関係市町村の議会の議決を経て、協議により規約を定めことが必要とされている。また、その設置は都道府県知事の許可を得て設けることができるとされている（地方自治法第二八四条）。例えば、町村の人口が過少で、学齢児童・生徒数が一つの小学校を構成するに足りないとき、あるいは町村の区域の一部が地理的に隔離されており、他の市町村と共同して小・中学校を設置したほうが、経費負担の軽減化や経営の効率化が図られたり、教育的に有効であったりする場合がある。さらに、小規模な市町村教育委員会における事務処理体制の充実を図る観点から、事務処理の広域化を図る必要もある。このような事情のある場合に、関係市町村が適当と認めるとき、学校組合を設けて小・中学校を設置することができる。

小規模教育委員会の広域化と学校組合

地方自治法では、いくつかの市町村が共同して、その教育事務を処理する方式を認めている。地方自治法で設置が認められている地方公共団体の組合には、一部事務組合、広域連合、全部事務組合、役場事務組合がある（第二八四条)。学校組合は、この地方自治法でいう「組合」のことであり、独立の法人格をもつものである。従前、教育事務については都道府県と市町村とが組合を設ける可能性が少ないと判断されたことから、地教行法では、こうした組合について教育委員会を置くことを想定していなかったが、平成一〇(一九九八)年九月の中央教育審議会答申「今後の地方教育行政の在り方について」で、市町村教育委員会の事務処理体制の充実を図る観点から都道府県との広域連合を組織し、そこに教育委員会を設置できるよう地教行法第二条の改正が提言されたことなどを受けて、平成一一(一九九九)年の地方分権一括法(地方分権の推進を図るための関係法律の整備等に関する法律)により、都道府県が加入する組合にも教育委員会を置くことができるよう法改正がなされた。

学校組合と教育組合

地方公共団体は、その事務を協力して広域的かつ効率的に処理するために、共同処理方式の一つとして、市町村の組合を設けることができる。教育委員会の職務権限(地教行法第二一条)に関する事務の全部または一部を共同処理するための市町村の組合を、教育組合という。学校組合は、この教育組合に含まれるものであることから、その設置については、地方自治法の「地方公共団体の組合」に関する規定(第二八四条から第二九三条の二)、地教行法第六〇条、同法施行令の「教育組合」に関する規定(第一一条から第一七条)に従うこととなる。

教育組合の特例

地教行法第六〇条では、市町村の設置する組合(教育組合)に関して、いくつかの特例を定めている。例えば、市町村の教育組合にも教育委員会が置かれるが(同法第二条)、教育事務の全部を処理する組合を設ける場合には、当該組合を組織する関係市町村には教育委員会は置かず、当該組合にのみ教育委員会が置かれる。組合規約を定める協議には、関係地方公共団体の議会の議決を経なければならないが、教育組合については、その前に関係地方公共団体の教育委員会の意見を聴かなければならない。組合の設置については、総務大臣又は都道府県知事の許可を要するが、教育組合の許可の処分をする前に、総務大臣にあっては文部科学大臣、都道府県知事にあっては都道府県の教育委員会の意見を聴く必要がある。なお、組合には議会が置かれ、学校の設置は、この議会が定める条例によることになる。

組合の経費分担

組合の経費は、規約に「組合の経費の支弁の方法」について規定を設けることが地方自治法で規定（第二八七条第一項第七号等）されており、これによって定められることになるが、組合立小学校は、その学校の所在する市町村の設置する小学校とみなされている。そのため、組合立小学校の所要経費は、地方交付税の算定上（基準財政需要額の小学校費分は、学校数、学級数、児童数に応じて算定。地方交付税法第一二条）、その学校の所在する市町村に組み込まれることになる。関係市町村の分担額を決めるに当たっては、このような点を考慮する必要がある。

本条を考える視点

学校組合の設置は、市町村に課された小・中学校設置義務の特例であるが、これは市町村教育委員会の設置単位の問題と絡んで、教育委員会統合方式の在り方という側面をもつものである。学校組合の設置に関する本法制定当時の規定は、「町村が前条の規定によることを不可能又は不適当と認めるときは、市町村学校組合又は町村学校組合を設けることができる」とされていたように、規模の小さい町村が学校設置を含めた教育事務を担うことの問題（財政上、運営上等の問題）から、それらが共同して学校を設置し、教育事務を担う単位として認める特例規定としての意味をもつものであった。それが、平成一一（一九九九）年の地方分権一括法に基づく地教行法の改正では、教育における地方分権の推進の観点から、市町村教育委員会の事務処理体制の充実を図るために、都道府県の加入する組合にも教育委員会を置くことができるよう改正され、広域連合や教育委員会の共同設置による事務処理の広域化や共同処理の促進が図られることになった。その点では、本法第四〇条に規定する「学齢児童の教育事務の委託」の在り方とも関連しながら、教育行財政の効率性の観点と関係市町村の当事者能力の向上や自主性尊重の観点をいかに調和させるかが重要な課題になるといえる。

関連条文　資料

■関連条文　本法第一四〇条〔都の区の取扱〕、地方自治法第二八四条～第二九三条の二〔地方公共団体の組合〕、地教行法第二条〔教育委員会の設置〕、第六〇条〔組合に関する特例〕、同法施行令第一一条～第一七条〔教育組合〕

■答申　中央教育審議会「今後の地方教育行政の在り方について」〔平成一〇年九月二一日〕

第二章　教育委員会制度の在り方について

四　市町村教育委員会の事務処理体制の充実

教育における地方分権を推進するとともに、個性豊かな子どもの育成を目指す教育改革を推進するためには、住民に身近な教育行政を担う市町村教育委員会の果たすべき役割は一層増大すると考えられる。しかしながら、現在の行財政事情等を勘案すると、すべての市町村が単独で事務処理体制の充実を図ることには限界がある。このため、今後、市町村教育委員会の規模の拡大と機能の充実を図る観点から、広域連合や教育委員会の共同設置による事務処理の広域化や共同処理の促進、専門的職員の充実、事務や権限の委託などを促進する必要がある。また、そのような観点からも、市町村の自主的合併が期待される。

以上のような観点から、これに関連する制度等について以下のように見直し、改善を図る必要がある。

〔具体的改善方策〕

〔事務処理の広域化を促進するための方策〕

ア　広域連合や事務組合に置かれる教育委員会、共同設置教育委員会に対して、充て指導主事の配置や社会教育主事の派遣などの支援に努めること。

イ　都道府県と市町村によって構成される広域連合に教育委員会を設置できるよう、「地教行法」第二条の規定を見直すこと。

（以下、略）」

〔学齢児童の教育事務の委託〕

第四〇条　市町村は、前二条の規定によることを不可能又は不適当と認めるときは、小学校又は義務教育学校の設置に代え、学齢児童の全部又は一部の教育事務を、他の市町村又は前条の市町村の組合に委託することができる。

二　前項の場合においては、地方自治法第二五二条の一四第三項において準用する同法第二五二条の二第二項中「都道府県知事」とあるのは、「都道府県知事及び都道府県教育委員会」と読み替えるものとする。

本条の概要

本条は、教育行政運営の効率化・合理化を図るため、地方公共団体の教育事務の管理及び執行を他の地方公共団体に委ねることをいう。大きくは小規模市町村教育委員会の広域化の方法の一つとされる。この場合、小規模市町村教育委員会の広域化の方法には、前条（第三九条）に規定される「学校組合」方式（一部事務組合、広域連合）や教育委員会の共同設置などがあるが、本条にいう「教育事務の委託」はそうした組織再編を伴わない教育に関する事務の共同実施の方式と理解される。

この場合、実際の「教育事務」とは多くの場合学齢児童生徒（本法第四九条（中学校への準用））の就学事務をいう。具体的には当該地方公共団体の区域としての学区に居住する学齢児童生徒に対して、その就学上の不利益性（学校統廃合等）や通学上の利便性・安全性を配慮して、隣接する地方公共団体（学区）の学校に就学することを委託することをいう。なお、平成九（一九九七）年より地理的理由等により通学区域制度の弾力的運用を認める措置がとられているが、それは一つの地方公共団体内の通学区域（学区）間に限定されるものであり、地方公共団体間の措置をいう本条とは異なる。また、実際に児童生徒が他の地方公共団体の設置する学校に就学する「区域外就学」があるが、その就学事務はその児童生徒が住所を有する地方公共団体（教育委員会）が行うことに変わりはなく、教育事務の委託をいう本条とは異なる。なお、本条にいう教育事務の委託の方式は、当該地方公共団体にとって学校の設置（第三八条）やそのための学校組合の設置（第三九条）が「不可能又は不適当」（本条）であるときに限定されている。

その意味では、本条にいう教育事務の委託方式の基本的価値は、小規模教育委員会に対して与えられた児童生徒の就学利益を保障することを目的とした利便性のある方式と理解される。

ポイント解説

教育事務委託方式の目的

本方式の導入には条件が付されている。その条件とは、条文中にある「前二条の規定によることを不可能又は不適当と認めるとき」をいう。このとき、「前二条の規定」とは「小学校設置義務」（第三八条、中学校に準用）と「学校組合の設置」（第三九条）をいい、すなわち地方公共団体が単独で学校を設置できない場合、さらに教育事務に関して学校組合方式を導入できない場合を指す。この場合、「学校設置」と「学校組合の設置」は重なった条件であり、正確には学校が設置できずさらにそのための方法として学校組合方式の導入もできない場合と解釈される。実際、「学校設置」以外の教育事務、例えば教員研修センターの設置運営・研修事業、学校給食事業さらに社会教育事業については全国的には「学校組合方式」に基づく「一部事務組合方式」の導入がほとんどである。また、本条のもととなった国民学校令第二七条を見ると、一つの小学校（学区）を構成するに足る児童数が得られないという条件を付しており、実質的には児童数が条件になると解釈される。

まとめると、教育事務委託方式の目的は主に小規模教育委員会による小規模校の児童等の就学援助にあるといえる。

教育事務の委託者・受託者

本条の教育事務の委託も、地方自治法上の事務の委託であることから、その詳細（手続き）は同法の条文（地方自治法第二五二条）の定めるところにより行われなければならない。それによると、「普通地方公共団体は、協議により規約を定め、普通地方公共団体の事務の一部を、他の普通地方公共団体に委託して、当該普通地方公共団体の長又は同種の委員会若しくは委員をして管理し及び執行させることができる。」（同法第二五二条の一四第一項）と規定され、まず教育事務の委託者・受託者は地方公共団体とされている。この場合、教育事務の受託者には市町村のほか、一部事務組合や都道府県も可能とされるが、教育事務の委託に関しては、事実上先に述べた理由からいわゆる市町村に限定されると解される。また、教育事務の委託は教育委員会の事務執行であるが、それは地方自治法上の事務の委託であることから教育委員会単独の委託作用としては行えない。委託及び受託の主体は地方公共団体の首長となる。

教育事務の委託手続き

教育事務の委託の手続きは、委託者と受託者の双方の地方公共団体がそれぞれの議会の決議を経て行う協議により規約を定め、事務を委託した旨及びその規約を告示しなければならない。この点、その規約には以下のような内容が設けられなければならないとされている。

一　委託する普通地方公共団体及び委託を受ける普通地方公共団体
二　委託事務の範囲並びに委託事務の管理及び執行方法
三　委託事務に要する経費の支弁の方法
四　前各号に掲げるもののほか、委託事務に関し必要な事項

（地方自治法第二五二条の一五）

この場合、「委託事務の範囲」については学齢簿の作成、学校の指定、入学期日の指定等、一般に学齢児童の就学事務といわれるものすべてをいう。また、「経費の支弁」については委託した市町村が負担することが原則となるが、その負担額については双方の地方公共団体（首長）の協議により決定される。しかし、この場合、委託に係る児童数については地方交付税の算定上、委託を受けた地方公共団体の設置する小学校の児童数に含められることから、実際の負担額はその点を考慮して調整されることになる。なお、委託を受けた市町村が委託児童から授業料を徴収することは当然できない。

一方、地方自治法第二四四条の三（公の施設の区域外設置及び他の団体の公の施設の利用）には、以下のような規定がある。「普通地方公共団体は、その区域外においても、また、関係普通地方公共団体との協議により、公の施設を設けることができる。二　普通地方公共団体は、他の普通地方公共団体との協議により、当該他の普通地方公共団体の公の施設を自己の住民の利用に供させることができる。」

これによると、市町村間での就学事務の委託ではなく、同法同条により簡略に区域内の児童を他の市町村の設置する学校に就学させることが可能と解釈される。しかし、「学校」という「公の施設」は他の住民全般へのサービスを内容とする「公の施設」（図書館、博物館など）と異なり、本法第三八条により「市町村は、その区域内にある学齢児童生徒を就学させるに必要な小学校を設置しなければならない」として、市町村による学校設置義務を強く規定していることから、先の地方自治法により簡略に区域内の児童を他の市町村の設置する学校に就学させることはできない。

本条を考える視点

本条にいう教育事務の委託は、学校統廃合等の問題を抱える小規模校の児童等の就学をサポートするシステムである。

本条は、市町村の学校設置義務（本法第三八条）の特例規定である。

今後、小規模市町村教育委員会の広域化としての教育に関する事務の共同実施が、教育事務の委託方式を含めて広く検討されなければならない。

関連条文　資料

■**関連条文**　本法第三八条〔小学校設置義務〕、地方自治法第二五二条の一四（地方公共団体の事務委託）、第二五二条の二（協議会設置の手続き）、本法第四九条（準用規定）。

■**関連資料**　教育事務の委託規約例

豊田市と岡崎市との間の教育事務の委託に関する規約（昭和五六年三月二八日）

（委託事務の範囲）

第一条　豊田市は、豊田市桂野町地内の学齢児童及び学齢生徒並びに豊田市長沢町地内の学齢生徒の教育に関する事務（以下「委託事務」という。）を岡崎市に委託する。

（経費）

第二条　委託事務に要する経費は、豊田市の負担とする。

二　前項の経費の額及び交付の時期は、豊田市長と岡崎市長が協議して定める。

（条例等改正の場合の措置）

第三条　岡崎市長は、委託事務の管理及び執行について適用される岡崎市の条例、規則その他の規程の全部又は一部を改正しようとする場合においては、あらかじめ豊田市長に通知しなければならない。

（その他必要な事項）

第四条　この規約に定めるもののほか、委託事務の処理に関し必要な事項は、豊田市長と岡崎市長が協議して定める。

〔小学校設置の補助〕

第四一条　町村が、前二条の規定による負担に堪えないと都道府県の教育委員会が認めるときは、都道府県は、その町村に対して、必要な補助を与えなければならない。

本条の概要

本条は、先の二条にある学校組合の設置（第三九条）と教育事務の委託（第四〇条）に関して、当該の市町村教育委員会が財政上の理由から措置できない場合に、都道府県の教育委員会に対して財政補助を行うことを義務づけたものである。

本条は、市町村立小・中学校の教員の給与負担と同様に、市町村による学校の設置者負担主義（第五条）の特例規定に属するもので、財政力格差の大きい市町村の負担の軽減と同市町村の当該の児童生徒の学習権の保障の観点から設けられたものである。

ポイント解説

補助の対象

学校組合に要する経費や教育事務の委託の経費は、関係市町村の協議により定められた規約による。詳細には、学校組合の場合はその組合立学校に就学する児童生徒の住所地別人数の割合により、関係市町村間で学校運営費の負担割合が決定されている。また、教育事務の委託に関しては委託した市町村の側が原則学校運営費の負担を行う。従って、この場合の都道府県による補助の対象は、学校組合にあっては主に負担割合の多い市町村、教育事務の委託にあっては委託した市町村となる。また、その補助の対象は学校組合立学校の運営費及び教育事務の委託費（就学費）に限定される。

補助の認定

市町村による学校組合立学校の運営や教育事務の委託が、財政上「負担に堪えない」（本条）と認定するのはその補助を行う「都道府県教育委員会」自身となっている。その点、「負担に堪えない」ことを認定した都道府県はその認定により同時にその補助を行うことが義務づけられることとなる。その意味では、その補助の義務は認定の基準内容に左右されると考えられる。しかし、本法もしくは本法施行規則等には都道府県教育委員会による認定の基準を示したものはない。

本条適用の条件

実際には市町村立学校の設置や運営に関する経費については、地方交付税の算定上から基準財政需要額に算入され、当該の学校の児童生徒数・学級数・学校数に応じて財源が確保される。例えば、組合立学校はその学校の所在する市町村の設置する学校とみなされ、学校の諸経費は地方交付税の算定上その学校の所在する市町村に組み込まれ（なお、関係市町村の分担額はその点を考慮して決定される）、組合立学校として過重な負担はないと考えられる。また、教育事務の委託に関しても、委託した市町村が負担するのが原則であるが、委託した児童生徒に係る就学費等は同様に地方交付税の算定により、委託を受けた市町村の設置する学校の児童生徒数に含められるので、委託した市町村に過重な負担は同様にないと考えられる。

以上の意味では、現在本条にある「前二条の規定による負担に堪えない」という状態は生じないと解される。

本条を考える視点

本条も学校設置者負担主義（第五条）及び市町村の学校設置義務（第三八条、第四九条）の特例規定の一つとなる。立法時と異なり現在の時点では、地方交付税措置のシステムがあることから、特別な都道府県の財政補助が必要かどうか検討を要する。

関連条文　資料

■**関連条文**　本法第五条〔学校の管理・経費の負担〕、第三八条〔小学校設置義務〕、第四九条〔準用規定〕、地方自治法第二三二条の二（補助）

〔学校運営評価〕

第四二条　小学校は、文部科学大臣の定めるところにより当該小学校の教育活動その他の学校運営の状況について評価を行い、その結果に基づき学校運営の改善を図るため必要な措置を講ずることにより、その教育水準の向上に努めなければならない。

本条の概要

本条は平成一九年改正により新たに設けられた。その改正は、平成一四（二〇〇二）年に制定された小・中学校設置基準に基づく。同設置基準では、学校評価の導入に関して、「小学校等が保護者や地域住民等の信頼に応え、家庭や地域と連携協力して一体となって児童生徒の健やかな成長を図っていくためには、教育活動その他の学校運営の状況について自己評価を実施しその結果を公表するとともに、それに基づいて改善を図っていくこと」(二)小学校設置基準及び中学校設置基準に自己評価等及び情報の積極的な提供に関する規定を設ける趣旨）と述べ、学校改善のための学校評価の重要性を指摘している。

本条は、学校評価を全国的に実施するための教育政策の授権規定であり、同時に各学校に学校評価の導入を法律上義務づける根拠規定である。詳細には、本条中の「文部科学大臣の定めるところ」すなわち本法施行規則により、「自己評価の実施・公表」（同規則第六六条）と「評価結果の設置者への報告」（第六八条）を義務化した。また、「学校関係者評価の実施・公表」（第六七条）を努力義務化した。なお、本条及び本法施行規則の関連条項は幼稚園（第三九条）、中学校（第七九条）、高等学校（第一〇四条）、中等教育学校（第一一三条）、特別支援学校（第一三五条）にも準用されている。

ポイント解説

自己評価の実施と公表

各学校は、その教育活動その他の学校運営の状況について、自ら評価を行い、その結果を公表し、さらにその評価に当たってはその実情において、適切な項目を設定して行うものとされる（本法施行規則第六六条）。この場合、自己評価を実施し、その結果をとりまとめるに当たっては、評価結果及びその分析に加えて、それらを踏まえた今後の改善方策について併せて検討することが適当であるとされる。

また、自己評価の結果の公表については以下のような事柄が通知されている。（「学校評価に係る学校教育法施行規則等の一部を改正する省令について（通知）」）

① 自己評価の結果の公表内容については、評価結果及びその分析を加えて、それらを踏まえた今後の改善方策について併せて検討することが適当であること。

② 自己評価の結果の公表方法については、当該学校の幼児児童生徒の保護者に対して広く伝えることができる方法により行われることが求められること。その方法として、例えば、学校便りに掲載する、ＰＴＡ総会等の機会

に保護者に対する説明を実施する等が考えられること。

③　さらに、保護者のみならず広く地域住民等に伝えることができる方法により行うことが適当であること。その方法として、例えば、学校のホームページに掲載する、地域住民等が閲覧可能な場所に掲示する等が考えられること。

学校関係者評価の実施と公表

学校は、自己評価とは別に自己評価の結果を踏まえて当該学校の児童生徒等の保護者その他の当該学校の関係者（当該学校の職員を除く）による評価（「学校関係者評価」）を行い、その結果を公表するよう努める（本法施行規則第六七条）。この場合、その学校関係者評価は自己評価の結果について評価する。

学校関係者評価における評価者については、当該学校の児童生徒等の保護者、当該学校の教育や運営に関わりがある者（当該学校の教職員を除く）や大学教員等当該学校と直接に関係を有しない有識者が考えられる。また、学校関係者評価の実施に当たっては委員会等の体制整備をすることや事前に評価者による授業観察や教職員との意見交換を行うことが求められる。さらに、学校関係者評価の実施は学校側の自己評価のために行われる保護者等を対象とするアンケートの実施のみをもって行われるのではなく、自己評価の結果やそれを踏まえた学校側の今後の改善方策について併せて検討することが適当であるとされる。なお、学校関係者評価の公表については、先の自己評価の公表と同様な方法が求められる。

学校評価の設置者への報告

自己評価及び学校関係者評価の結果は当該学校の設置者に報告する（本法施行規則第六八条）。その方法としては、報告書としてとりまとめたものを提出する方法が適当であるとされる。この場合、自己評価及び学校関係者評価の結果については、必ずしも別の報告書としてとりまとめる必要はなく、双方の結果を一つの報告書としてとりまとめることが考えられる。なお、各教育委員会は教育委員会規則を改正し、学校における学校評価の実施及び公表並びに評価の結果の設置者への報告に関する規定を整備することを求められる。

本条を考える視点

本条は国による学校改善のための教育政策を具現化（立法化）したものである。この場合、義務化された学校評価の強制力や実施度ではなく、その実施内容や効果について検討すべき課題が数多くあるといわれる。例えば、自己評価については評価から改善への学校の組織的協議が不十分であり、同時に学校関係者評価者に十分な改善方策の提示ができない状態がある。また、学校関係者評価についても本来校長を支援する諮問委員の役割を求めて法制化された学校評議員がそのまま学校関係者評価委員に選任されるケースが多く、学校関係者評価の評価者としての役割が認知されていない。以上の点は、法律上ではなく実践上の次元の課題ではあるが、法効果にも当然に影響を与えるという意味で立法論上の問題にも波及する。

第二部関連頁

七〇九、七一一頁

関連条文　資料

■**関連条文**　本法施行規則第六六条、第六七条

■**関連資料**　「学校評価に係る学校教育法施行規則等の一部を改正する省令について（通知）」（平成一九年一一月八日一九文科初第八四九号　文部科学省初等中等局長）

〔学校運営情報提供義務〕

第四三条　小学校は、当該小学校に関する保護者及び地域住民その他の関係者の理解を深めるとともに、これらの者との連携及び協力の推進に資するため、当該小学校の教育活動その他の学校運営の状況に関する情報を積極的に提供するものとする。

本条の概要

本条は前条の学校評価とセットになるものであり、その関連は強い。例えば、前条の学校評価に関して、自己評価についてはその結果の公表が義務とされ、学校関係者評価についてはその結果の公表が努力義務とされていた。その意味では、本条は学校運営評価の公表義務をさらに強化するものと解される。また、本条は前条とともに小・中学校設置基準に規定され、本法の改正時に同時に新しい条文として立法化された経緯がある。同設置基準では、「小学校等は、当該小学校等の教育活動その他の学校運営の状況について、保護者等に対して積極的に情報を提供する」（第三条）と規定されている。

しかし、一方、本条は情報提供の目的を「当該小学校に関する保護者及び地域住民その他の関係者の理解を深めるとともに、これらの者との連携及び協力の推進に資するため」と規定しており、必ずしも学校評価の「公表」のみを目的とするものではない。特に、保護者及び地域住民の理解を深め、連携・協力の推進を求める点からは、より良い学校づくりのための支援・協働を求めるための学校教育情報の「公開」と考えることができる。

ポイント解説

提供する情報の内容

先の学校評価との関連でいえば、自己評価及び学校関係者評価の結果といえるが、その他学校教育情報の「公開」の視点に立てば、「学校の概要、教育目標、教育課程、教育活動の状況」(「小学校設置基準及び中学校設置基準の制定について(通知)」)が挙げられる。ここで注意しなければならないのは、本条にいう学校情報は「学校評価の結果」(自己評価・学校関係者評価)のみではなく、広く学校の教育情報を含んでいる点である。

しかし、一方、その内容については「守秘義務」や「個人情報保護」の観点から慎重に吟味することが求められる。

情報提供する対象者

情報を提供する対象は、条文上「学校に関する保護者及び地域住民その他の関係者」と広く設定されている。この点、提供する情報の内容を対象者で区分して提供することは予定されていない。また、提供する方法に関して、近年はインターネット環境の普及から「学校サイト」による情報提供が多くなっていることから、その対象は不特定多数に設定されることとなる。その分、先に述べた「守秘義務」や「個人情報保護」の観点がさらに重視されなければならない。

提供する方法

情報を提供する方法については、例えば、「学校便りの活用や説明会の開催、インターネットの利用など」(前掲通知)、多くの保護者や住民等に提供することができるような適切な方法を工夫することが必要とされている。この点、平成二三(二〇一一)年の文科省による全国調査(「学校評価等実施状況調査(平成二三年度)」)を見ると、学校に関する情報の提供の方法に関しては、「学校便り等を作成して配布している」が全国公私立学校の八三・九パーセント、「学校のホームページを作成している」が七七・九パーセント、「直接説明する機会を設定している」が五八・七パーセントとなっている。なお、平成二〇年度に行われた同様の調査との比較では、「学校便り等を作成して配布している」が六・八パーセント減り、逆に「学校のホームページを作成している」が一四・二パーセント増えている。インターネットの普及の変化とそれに対応した「学校サイト」の増加が反映されているといえる。

情報提供の目的・効果

情報を提供する目的について、先に述べたように本条が単に前条の「学校評価」の結果公表のためだけではないことに注意しなければならない。実際、条文はその目的に関して「保護者及び地域住民その他の関係者の理解を深めるとともに、これらの者との連携及び協力の推進に資するため」と規定している。基本的には、学校と地域社会との連携・推進のために、学校のことを知り、理解してもらうためと考えられる。

この点、従来学校はいわゆる「情報公開」に関して消極的であった。それは、行政機関の情報公開制度自体が市民の「知る権利」の主張から外圧的にスタートしたことや実際の公開請求が行政告発を前提に求められるという経緯があったためである。そのため、学校は「情報公開」に圧力を感じ、公開内容を必要最小限に抑制するという傾向があった。

しかし、近年学校は学区（地域社会）との協働により「開かれた学校づくり」が求められている。本条はその意味で学校における情報公開の新しい効果を求める規定といえる。

本条を考える視点

①　学校の情報公開の目的は学校と学区（地域社会）の連携・協働のために学校を知ってもらうことにある。
②　学校の情報公開は、学校評価の「公表」の目的に限定されない。
③　「学校サイト」など、情報公開の方法の変化を検討しなければならない。

第二部関連頁　七〇五、七〇七頁

関連条文　資料

■**関連条文、法令**　本法第四二条〔学校運営評価〕　行政機関の保有する情報の公開に関する法律（平成一一年五月一四日法律第四二号）

■**関連資料**　「小学校設置基準及び中学校設置基準の制定について（通知）」（平成一四年三月二九日一三文科初第一一五七号　文部科学事務次官）、「学校評価等実施状況調査（平成二三年度）」

〔私立小学校の所管〕
第四四条　私立の小学校は、都道府県知事の所管に属する。

本条の概要

本条は、私立学校法とは別に私立学校（中学校・高等学校・特別支援学校にも準用　本法第四九条、第六二条）の所管が都道府県教育委員会ではなく、都道府県知事にあることを改めて確認する規定である。この場合、その所管事項とは、主に認可及び設置の審査であり、その詳細は私立学校法に規定されている。その概要は以下のようである。私立学校を設置しようとする個人は、都道府県知事に学校法人としての設立と私立学校としての設置の申請

（すでに学校法人として設立認可された場合は設置申請のみ）を行い、都道府県知事の審査を受ける。申請を受けた都道府県知事は、私立学校審議会の意見を聴きながら、その教育水準の確保と学校法人の経営基盤の安定性の両面から審査を行う。

このほか、都道府県知事はいわゆる私学助成の面で私立学校振興助成法により検査・是正命令・勧告等を行うことができる。

なお、構造改革特別区域法により株式会社及び非営利団体による私立学校についても同様に関連の設置基準に基づき都道府県もしくは市町村（市町村が特区認定を受けた場合）に設置認可申請を行うとされる。しかし、この場合の設置審査基準はそれらの学校が私立学校法及び私立学校振興助成法の対象外となることから、本条の場合の認可基準と異なる。

学校法人の設立認可

都道府県知事は学校法人の認可を行うに当たっては、設置する学校に必要な施設設備等を有していることなどを審査する（私立学校法第三一条第一項）。このとき、認可審査の対象とされるのは、主に「寄附行為」である。このとき、「寄附行為」とは法律用語であり、一般には財団法人の基本的事項（目的、名称、事務所の所在、資産に関する規定、理事の任免に関する規定）をいう。所轄庁は学校法人設立の申請があった場合には、当該学校法人が設置する私立学校に必要な施設及び設備又はこれらに要する資金並びにその経営に必要な財産を有しているかどうか、寄附行為の内容が法令の規定に違反していないかどうか等を審査した上で認可を決定する（同法第三一条）。

学校の設置等の認可

学校を設置しようとする者は、学校の種類に応じ、文部科学大臣の定める設備、編制その他に関する設置基準に従い、これを設置しなければならない（本法第三条）。高等学校の場合には「高等学校設置基準」に、小学校及び中学校の場合には「小・中学校設置基準」の学校の施設設備や教員に関する基準が適用される。なお、都道府県知事による認可事項には、学校の設置以外に学校の廃止、設置者の変更、収容定員に係る学則変更などがある。各都道府県においては、私立の学校に係る設置認可を行うため、それぞれ「設置認可審査基準」等を制定しており、例えば「名称」「立地」「規模」「施設」等に関して詳細にその認可基準を規定している。

私学助成に伴う監督・管理

学校法人の設立認可や学校の設置認可以外に都道府県知事が扱う所轄権限として、私学助成に伴う監督・管理がある。その内容は私立学校振興助成法第一二条に基づき、以下のように規定されている。

一　学校法人からその業務若しくは会計の状況に関し報告を徴し、又は当該職員に当該学校法人の関係者に対し質問させ、若しくはその帳簿、書類その他の物件を検査すること。

二　学則に定めた収容定員を著しく超えて入学又は入園させた場合において、その是正を命ずること。

三　学校法人の予算が助成の目的に照らして不適当であると認める場合において、その予算について必要な変更をすべき旨を勧告すること。

四　学校法人の役員が法令の規定、法令の規定に基づく所轄庁の処分又は寄附行為に違反した場合において、当該役員の解職をすべき旨を勧告すること。

なお、本法第一四条においては、都道府県知事がその所管する私立学校（大学及び高等専門学校を除く）に対して、「設備、授業その他の事項について」都道府県知事の定める規程に違反したときは、その変更を命ずることができるとあるが、この規定は前述の学校の設置認可及びここでいう私学助成に関連する事項に伴う監督権限をいう。

本条を考える視点

① 本条は、都道府県知事による私立学校への管理を規定するが、私立学校の自主性を保障する私立学校法とどのような関係にあるか。
② 株式会社及びＮＰＯの設置する学校は私立学校法及び私立学校振興助成法の対象外とされた政策意味とは何か。
③ 新しく制定された「小・中学校設置基準」は私立学校の設置認可の基準としてどこまで有効か。

第二部関連頁

七〇三頁

関連条文　資料

■**関連条文**　本法第一四条〔設備・授業等の変更命令〕、第四九条〔準用規定〕、第六二条〔準用規定〕、私立学校法（昭和二四年一二月一五日法律第百七〇号）第四条（所轄庁）

■**関連資料**

私立小学校の設置認可に関する基準（千葉県　平成二一年四月一日施行）

第一　趣旨
　私立小学校の設置にあたっては、学校教育法（昭和二二年法律第二六号）その他関係法令の規定によるほか、この基準により認可する。
第二　名称
　小学校の名称は、学校の目的使命にふさわしく、かつ、既設の学校の名称と紛らわしくないものとする。

第三　立地等

小学校は、学校教育の場として適切な環境に立地し、また、本県の小学校教育に対する要請に適合するものとする。

第四　規模

小学校の生徒収容定員は、原則として二二〇人を下らないものとする。ただし、学校経営の安定上支障がない場合はこの限りでない。

第五　施設等

一　小学校の各教室については、当該教室において同時に授業を受ける生徒数に一・五平方メートルを乗じて得た面積を下ってはならない。

二　小学校の校地（運動場含む）、校舎及び体育館は、同一敷地又はその隣接地に立地するものとする。

三　小学校の校地、校舎及び体育館は、原則として負担付き又は借用であってはならない。ただし、次の各号いずれかの条件を満たし、かつ教育上支障がないと認められる場合には、借用することができる。

（一）地方公共団体等からの借用であり、二〇年以上継続して使用できる権利を取得していること。

（二）（一）以外の校地借用の場合。

ア　運動場については、基準面積分が自己所有であること。

イ　施設の敷地に供していない部分であること。

ウ　二〇年以上継続して使用できる権利を取得していること。

（三）前各号以外の校地・校舎の借用の場合

ア　特別の事情があること。

イ　二〇年以上継続して使用できる権利を取得していること。

四　小学校の普通教室は、同時に授業を行う学級の数を下ってはならない。

五　小学校は、特別の事情があり、かつ、教育上及び安全上支障がない場合は、普通教室及び特別教室を除き、他の学校等の施設及び設備等を使用することができる。

第五章　中学校

〔中学校の目的〕
第四五条　中学校は、小学校における教育の基礎の上に、心身の発達に応じて、義務教育として行われる普通教育を施すことを目的とする。

本条の概要

本条は、国・公立の中学校だけでなく、私立中学校も含めた、わが国のすべての中学校において行われるべき教育の目的を定めたものである。

本条のいう中学校の教育の目的は、児童の「心身の発達に応じて、義務教育として行われる普通教育のうち基礎的なものを施すことを目的とする」（本法第二九条）と定められた「小学校における教育の基礎の上に」、生徒の「心身の発達に応じて、義務教育として行われる普通教育を施すこと」である。

なお、教育基本法は、平成一八（二〇〇六）年に条文の新設も含め、戦後初めて改正が行われた。その改正された教育基本法の新しい教育理念を踏まえ、またその改正の際に新たに義務教育の目標が定められるとともに、幼稚園から大学までの各学校種の目的・目標が見直された。こうした教育基本法の改正を受けて、平成一九（二〇〇七）年に大幅な改正（以下、「平成一九年改正」と略）が行われた本法では、それまでは「中学校は、…中等普通教育を施すことを目的とする」（旧法第三五条）と定められていたものが、「中学校は、…義務教育として行われる普通教育を施すことを目的とする」（本条）との文言に、中学校の教育の目的が改められた。

ポイント解説

中学校

わが国には、本法第一条が定める正規の学校として、幼稚園、小学校、中学校、義務教育学校、高等学校、中等教育学校、特別支援学校、大学、高等専門学校の九種類の、いわゆる「一条校」と呼ばれる学校があり、それ以外に専修学校（第一二四条）と各種学校（第一三四条）が存在する。本条にいう中学校は、いわゆる「一条校」のうちの幼稚園、小学校に続く学校のことを指し、「初等教育」を担う小学校と同様に「心身の発達に応じて」、並びに「小学校における教育の基礎の上」に、生徒に対して「義務教育として行われる普通教育」を施すことを目的とするとともに、中学校に続いて「高度な普通教育」だけでなく、「専門教育」や職業教育も施すことを目的とする高等学校と合わせた、わが国の「中等教育」を担う学校を意味する。ここでいう「中等教育」とは、初等教育（小学校）と高等教育（大学）との中間の教育のことであり、青年期の前期と中期の若者をその教育の対象としているが、前者に対する教育は前期中等教育（中学校）、後者に対する教育は後期中等教育（高等学校）とに区別される。

普通教育

一般に普通教育とは、すべての国民にとって共通に必要とされる一般的・基礎的な知識・技能に関する教育のことを意味し、種々の専門職や職業に必要な知識・技能に関する専門教育や職業教育とは対比・区別して用いられている。

また、日本国憲法第二六条第二項は「すべて国民は、法律の定めるところにより、その保護する子女に普通教育を受けさせる義務を負う」と定めており、教育基本法第五条では、「義務教育として行われる普通教育は、各個人の有する能力を伸ばしつつ社会において自立的に生きる基礎を培い、また、国家及び社会の形成者として必要とされる基本的な資質を養うことを目的として行われるものとする」と定められている。それゆえ、義務教育段階の教育は、いわゆる普通教育を行うものとされ、これまで本法上も、高等学校は「心身の発達に応じて、高等普通教育及び専門教育を施すことを目的とする」（平成一九年改正以前の本法第四一条）と定められ一応区別されてきた。しかし、平成一九年改正では、中学校に続く「高等学校」の教育の目的は、生徒の「心身の発達及び進路に応じて、高度な普通教育及び専門教育を施すことを目的とする」（第五〇条）（傍点は筆者）と文言が改められることで、「普通教育」と「専門教育・職業教育」との対比・区別が一段と明確化された。

義務教育

日本国憲法は「すべて国民は、法律の定めるところにより、その能力に応じて、ひとしく教育を受ける権利を有する」（第二六条）と規定し、すべての国民の「教育を受ける権利」の保障を第一に定めている。次に「すべて国民は、法律の定めるところにより、その保護する子女に普通教育を受けさせる義務を負う」（第二六条第二項）と規定している。それゆえ、子どもは「教育を受ける権利」を有するのであって、教育を受ける義務を負っているのではない。この点は、本法第一六条並びに第一七条において、いわゆる就学義務を負うのはあくまでも「保護者」であることからも明らかである。つまり、義務教育とは、子どもに課される「義務」教育を意味するのではなく、子どもの「教育を受ける権利」を積極的に保障するために子どもに対して国家が提供する義務を負う教育のことを意味し、また子どもの「教育を受ける権利」を実質的に保障するために保護者に課された普通教育を受けさせる義務を指す。それゆえ、「義務教育は、これを無償とする」（第二六条第二項）と定められているのである。つまり、無償でなければ、すべての子どもに「教育を受ける権利」をひとしく保障できないからである。

本条を考える視点

平成一九年改正以前の本法第三五条では「中学校は、…中等普通教育を施すことを目的とする」と定められていたにすぎなかったものが、改正教育基本法は「公共の精神の尊重」、「伝統の継承」、「我が国と郷土を愛する」など保守主義的国家主義的な色合いを強めたとの議論を引き起こしただけに、「中学校は、…義務教育として行われる普通教育を施すことを目的とする」との文言変更が行われたことは、「義務教育」の「義務」の側面を強化するものと誤解される余地があるだけに、前述のように子どもは「教育を受ける権利」（日本国憲法第二六条）を有し、教育を受ける「義務」を負うわけではないという点に留意することが、本条文を解釈する上では極めて重要である。

関連条文　資料

■関連条文　日本国憲法第二六条、教育基本法第二条（教育の目標）、第五条（義務教育）、本法第一条（学校の範囲）、第一六条〔義務教育年限〕、第一七条〔就学させる義務〕、第二九条〔小学校の目的〕、平成一九年改正以前の本法旧第三五条、旧第四〇条、旧第五〇条、本法第一二四条、第一三四条

〔中学校教育の目標〕

第四六条　中学校における教育は、前条に規定する目的を実現するため、第二一条各号に掲げる目標を達成するよう行われるものとする。

本条の概要

本条は、教育基本法第五条第二項に規定された「義務教育として行われる普通教育の目的」を実現するために、また前条（第四五条）で示された「中学校の目的」を達成するために、中学校における「義務教育として行われる普通教育の目標」を定めたものである。

平成一八（二〇〇六）年改正教育基本法第五条第二項において、「義務教育として行われる普通教育は、各個人の有する能力を伸ばしつつ社会において自立的に生きる基礎を培い、また、国家及び社会の形成者として必要とされる基本的な資質を養うことを目的として行われるものとする」と義務教育の目的を定めた項が新たに設けられた。その理由は、それまで個別に定められていた小学校と中学校における教育の目標を義務教育全体で一貫した教育の目標を示すためである。

こうした教育基本法の改正を受けて新設されたのが本法第二一条であり、具体的に義務教育の目標が一〇項目にわたって定められた。それゆえ、前条（第四五条）に規定されるところの中学校の目的を実現するために、義務教育の完成段階に当たる中学校における義務教育の目標は、本法第二一条に定められたそれと同一であることを改めて明示したのが本条である。

なお、本条の目標は、さらに本法施行規則第七二条の教育課程の編成、第七三条の授業時間数、第七四条の教育課程の基準を通じて、その達成が図られることになるとともに、そのより具体的な目標や内容については、文部科学大臣が別に公示する、中学校学習指導要領（本法施行規則第七四条）において示されることになる。また、中学校の教育の目標は、平成一九年改正以前において本条に該当した旧第三六条では、「目標の達成に努めなければならない」と努力義務を定めたものであったが、平成一九年改正によって「目標を達成するように行われるものとする」とその文言が改められた。

ポイント解説

中学校の「教育の目標」

教育基本法は「義務教育として行われる普通教育は、各個人の有する能力を伸ばしつつ社会において自立的に生きる基礎を培い、また、国家及び社会の形成者として必要とされる基本的な資質を養うことを目的として行われるものとする」（第五条第二項）と定め、それを受けて本法第二一条は、義務教育として行われる普通教育が、教育基本法第五条第二項に規定する目的を実現するため、一〇項目にわたってその具体的な目標を定めている。すなわち、①「学校内外における社会的活動を促進し、自主、自律及び協同の精神、規範意識、公正な判断力並びに公共の精神に基づき主体的に社会の形成に参画し、その発展に寄与する態度を養うこと」（同条第一号）、②「学校内外における自然体験活動を促進し、生命及び自然を尊重する精神並びに環境の保全に寄与する態度を養うこと」（同第二号）、③「我が国と郷土の現状と歴史について、正しい理解に導き、伝統と文化を尊重し、それらをはぐくんできた我が国と郷土を愛する態度を養うとともに、進んで外国の文化の理解を通じて、他国を尊重し、国際社会の平和と発展に寄与する態度を養うこと」（同第三号）、④「家族と家庭の役割、生活に必要な衣、食、住、情報、産業その他の事項について基礎的な理解と技能を養うこと」（同第四号）、⑤「読書に親しませ、生活に必要な国語を正しく理解し、使用する基礎的な能力を養うこと」（同第五号）、⑥「生活に必要な数量的な関係を正しく理解し、処理する基礎的な能力を養うこと」（同第六号）、⑦「生活にかかわる自然現象について、観察及び実験を通じて、科学的に理解し、処理する基礎的な能力を養うこと」（同第七号）、⑧「健康、安全で幸福な生活のために必要な習慣を養うとともに、運動を通じて体力を養い、心身の調和的発達を図ること」（同第八号）、⑨「生活を明るく豊かにする音楽、美術、文芸その他の芸術について基礎的な理解と技能を養うこと」（同第九号）、⑩「職業についての基礎的な知識と技能、勤労を重んずる態度及び個性に応じて将来を選択する能力を養うこと」（同第一〇号）。

こうして本条は、日本国憲法第二六条の「教育を受ける権利」を積極的に保障するものと解される義務教育として行われる普通教育の完成段階に当たる中学校の目標を一〇項目にわたって具体的に定めたものということになる。

努力義務

平成一九年改正以前の本法では、「目標の達成に努めなければならない」(旧第三五条)と明らかに努力義務として規定されていたのが、本条では「目標を達成するように行われるものとする」との文言に改められた。しかし、法令において必ずそうすべき義務を定める「〜でなければならない」という文言に変更されたわけではない。さらに、第二一条第一号〜第三号が「態度を養う」ことを要請し、とりわけ第三号が「我が国…を愛する…態度を養うこと」を定めている点は、教育基本法改正の折に第二条五号の規定(「我が国を…愛する…態度」)をめぐって、いわゆる「愛国心」論争が勃発するなど、日本国憲法第一九条で保障される「思想・良心の自由」との関係がつとに問題にされてきた以上、慎重な解釈が求められる。それゆえ、今回の文言の変更の意味は、義務教育としての普通教育を行う者が行うべき最大限の努力義務を定めたものと解されるべきである。

本条を考える視点

本条は、日本国憲法第二六条の「教育を受ける権利」を国家が積極的に保障するものと解される義務教育として行われる普通教育の完成段階に当たる中学校の目標を定めたものである。また、普通教育はすべての国民にとって共通に必要とされる一般的・基礎的な知識・技能に関する教育を意味する。だとすれば、少数ながらも中学校以降は離学する者が存在することを考えれば、本条は、社会で自立的に生活し、国家・社会の形成者として必要とされる市民的教養として、すべての国民にその提供が保障されるべき普通教育の目標水準を示したものといえるだけに、中学校の「教育課程の基準として文部科学大臣が別に公示する中学校学習指導要領」(本法施行規則第七四条)とともに、その適否をめぐって考えるべき点は多い。

関連条文　資料

■**関連条文**　日本国憲法第一九条、第二六条、教育基本法第二条第五号、第五条第二項、本法第二一条〔義務教育の目標〕、平成一九年改正以前の本法旧第三六条、第四五条、本法施行規則第七二条〜第七四条

〔**修業年限**〕

第四七条　中学校の修業年限は、三年とする。

本条の概要

本条は、中学校における教育の修業年限を三年と定めるものである。

教育基本法は「国民は、その保護する子に、別に法律で定めるところにより、普通教育を受けさせる義務を負う」（第五条第一項）と規定し、ここで「別に法律で定める」とされた「普通教育を受けさせる義務」の年限は、義務教育の年限として本法第一六条において「保護者（子に対して親権を行う者（親権を行う者のないときは、未成年後見人）」は、「…子に九年の普通教育を受けさせる義務を負う」と定められている。それゆえ、本条でいわれるところの「中学校における三年の修業年限」とは、本法第三二条に定められた「小学校の修業年限は、六年とする」

との規定と合わせた、子に九年の普通教育を受けさせる保護者の就学義務（第一六条）の一部であることを意味する。また、この中学校における義務教育の修業年限を三年とするという定めは、本法第四五条の中学校の目的、及び第四六条の中学校教育の目標を達成するために必要と認められる修業年限を定めたものといえる。

なお、本条は平成一九年改正の本法「中学校」に関する条文（第四五条から第四九条）の中で、文言の変更が一切行われなかった条文（旧法第三七条）でもある。

ポイント解説

義務教育の年限

日本国憲法は「すべての国民は、法律の定めるところにより、その保護する子女に普通教育を受けさせる義務を負う」（第二六条第二項）と定めている。この「法律の定めるところにより」の規定を受けて、旧教育基本法では「国民は、その保護する子女に、九年の普通教育を受けさせる義務を負う」（第四条）と定められていたが、平成一八年教育基本法改正の際に、義務教育の年限の延長の可能性も含めて、時代の要請に応じて柔軟に対応することができるように義務教育の年限については、教育基本法ではなく、一般法である本法において保護者は「子に九年の普通教育を受けさせる義務を負う」（第一六条）と規定されることになった。ただし、本条の実質的意味内容は、平成一九年改正以前の本法旧第三七条と文言上の変更は行われていないことから、その意味するところに大きな変更はないものと今のところは考えられる。しかし、義務教育の年限が、教育基本法ではなく、一般法である本法で定められることになったことは、その適否も含めて、今後の動向が注目される。

就学義務

就学義務とは、保護者がその子を一定の期間、小学校や中学校などの所定の学校に就学させる義務のことをいう。

本法第一七条は、保護者は子の満六歳に達した翌日以後における最初の学年の初めから、満一五歳に達した日の属する学年の終わりまでの九年間、小学校、義務教育学校の前期課程又は特別支援学校の小学部、中学校、義務教育学校の後期課程、中等教育学校の前期課程又は特別支援学校の中学部に就学させる義務を負うと定められている。ただし、本法第一七条第一項では、保護者の就学義務の始期は「子が満六歳に達した翌日以後における最初の学年の初めから」と定められる一方で、終期については「満十五歳に達した日の属する学年の終わりまでとする」と年齢主義で定められているため、必ずしも子が中学校の課程を修了しなくても、就学義務は終了する。同条第二項で「保護者は、子が小学校の課程、義務教育学校の前期課程又は特別支援学校の小学部の課程を修了した日の翌日以後における最初の学年の初めから、満十五歳に達した日の属する学年の終わりまで、これを中学校、義務教育学校の後期課程、中等教育学校の前期課程又は特別支援学校の中学部に就学させる義務を負う」と規定しているのは、そのためである。

本条を考える視点

文部科学省「学校基本調査」（平成二七年度）によれば、中学校卒業後の高等学校等進学率は九八・五パーセントに上り、義務教育としての普通教育の完成段階に当たる中学校の教育は十分に機能しているとひとまずはいえるだろうが、不登校を理由とした中学校の長期欠席生徒（年度間に通算三〇日以上欠席した生徒）数は、ここ数年来一〇万人前後で推移している。こうした現状は、これ以降は離学する者が存在することを法・制度的な前提とするわが国の義務教育としての普通教育の完成段階に当たる中学校の教育状況としては、決して望ましくない。本来、すべての子どもに「市民」として自立可能な素養の陶冶こそ、「教育を受ける権利」を保障する公教育に求められる義務教育の役割だからである。

その一方で、義務教育の年限がその延長の可能性も含めて一般法である本法（第一六条）で定められることになり、さらにはいわゆる高校の授業料無償化・就学支援金法（高等学校等就学支援金の支給に関する法律）が平成二二（二〇一〇）年に成立したことに鑑みれば、わが国の「中等教育」そのものの在り様・在り方を改めて考える必要がある。

関連条文　資料

■関連条文　旧教育基本法第四条、教育基本法第五条第一項、本法第一六条〔義務教育年限〕、第一七条〔就学させる義務〕、第三三条〔修業年限〕、本法旧第三七条、第四五条～第四九条、高等学校等就学支援金の支給に関する法律（平成二二年三月三一日法律第一八号）第三条、第四条～一第五条

■その他　学校基本調査平成二七年度　文部科学省

〔教育課程〕

第四八条　中学校の教育課程に関する事項は、第四十五条及び第四十六条の規定並びに次条において読み替えて準用する第三十条第二項の規定に従い、文部科学大臣が定める。

本条の概要

本条は、中学校における「教育課程」に関する事項については、本法第四五条の中学校の目的、及び第四六条の

中学校教育の目標といった各条文の規定に従って、並びに次条第四九条において読み替えて準用されるところの第三〇条第二項に定められた規定に従って、文部科学大臣がこれを定めると規定している。ちなみに、本法第三〇条第二項は「前項（三〇条一項）の場合においては、生涯にわたり学習する基盤が培われるよう、基礎的な知識及び技能を習得させるとともに、これらを活用して課題を解決するために必要な思考力、判断力、表現力その他の能力をはぐくみ、主体的に学習に取り組む態度を養うことに、特に意を用いなければならない」と規定している。

さらに、本条のいう中学校の教育課程に関する事項については、文部科学大臣が定める本法施行規則によって、「教育課程の編成」（第七二条）、「授業時間数」（第七三条）、「教育課程の基準」（第七四条）などの各条文において、より具体的に示されている。

なお、教育基本法の改正が行われるまでは、本条の規定は、「中学校の『教科』に関する事項は、文部科学大臣が定める」と定められていたが、平成一九年改正では、「中学校の『教育課程』に関する事項は、文部科学大臣が定める」と文言の改正がなされた。

ポイント解説

中学校の教育課程

本条の教育課程とは、一般にはカリキュラム（curriculum）のことを指し、教科と教科外活動の二つの領域を基本とするが、本法施行規則では、中学校の教育課程は、国語、社会、数学、理科、音楽、美術、保健体育、技術、家庭及び外国語の各教科、道徳、総合的な学習の時間並びに特別活動によって編成するものと定められている（本法施行規則第七二条）。さらに、中学校学習指導要領において、学級活動・生徒会活動・学校行事が特別活動に当たるとされる。本法施行規則第七三条では、中学校の各学年における各教科等のそれぞれの授業時数並びに総授業時数が、別表第二に定める授業時数を標準として定められている。なお、特別活動の授業時数は、中学校学習指導要領で定める学級活動に充てるものとすると規定されている。また、中学校の教育課程で教えられる具体的内容については、「教育課程の基準として文部科学大臣が別に公示する中学校学習指導要領によるものとする」（第七四条）と定められ、「各教科、道徳及び特別活動の内容に関する事項は、特に示す場合を除き、いずれの学校においても取り扱わなければならないとされる」（中学校学習指導要領）。

中学校学習指導要領

学校教育においては、全国的に一定の水準を確保するとともに、実質的な教育の機会均等を保障することが求められる。そのため、学校が編成する教育課程の大綱的な基準として学習指導要領が定められている。これまで学習指導要領は、時代や社会の変化に対応し、おおむね一〇年に一度改訂されてきた。

最新の中学校学習指導要領は、中央教育審議会の答申「幼稚園、小学校、中学校、高等学校及び特別支援学校の学習指導要領等の改善について」（平成二〇年一月一七日）を踏まえ、平成二〇（二〇〇八）年三月に公示された。この新中学校学習指導要領は、平成二二（二〇一〇）年一一月の一部改正を経て、平成二四（二〇一二）年四月から中学校において全面実施されている。この中学校学習指導要領では、①「教育基本法改正等で明確になった教育の理念を踏まえた『生きる力』の育成」、②「知識・技能の習得と思考力・判断力・表現力の育成のバランスの重視」、③「道徳教育や体育などの充実による豊かな心や健やかな体の育成」を基本的な考え方とするとされる。また、平成二〇年に改訂された小学校と中学校の最新の学習指導要領では、子どもたちがつまずきやすい内容の確実な習得を図るための繰り返し学習や、知識・技能を活用する学習を行う時間を充実させるため、授業時数の増加が図られた。さらに、小学校と中学校の義務教育だけでなく、「高度な普通教育」と「専門教育」を施すとされる高等学校も含めて、①言語活動の充実、②理数教育の充実、③伝統や文化に関する教育の充実、④道徳教育の充実、⑤体験活動の充実、⑥外国語教育の充実が図られることになった。

教科と教育課程

一般に教育課程とは、教科と教科外活動の二つの領域のことを指すが、本法の平成一九年改正以前から、本法施行規則等によって、教科だけでなく教科外活動についても文部科学大臣によって定められてきた。それゆえ、条文の文言の変更は、むしろそうした実態に条文を合わせたということであり、実質的な変更はない。

本条を考える視点

本法施行規則第七四条の規定に従って、教育課程の基準は「文部科学大臣が別に公示する中学校学習指導要領によるものとする」と定められる学習指導要領の法的拘束力をめぐっては、それが「文部科学省告示」として「官報」に記載されるにすぎないがゆえに、指導助言的基準としてのみ適法であるとする教育法学説と学習指導要領は端的に法的拘束力があるとする行政解釈との間で、長らく対立が存在した。しかし、学習指導要領の法的拘束力をめぐっては、いわゆる学テ最高裁判決によって「国は、…必要かつ相当と認められる範囲において、教育内容についてもこれを決定する権能を有する」と判断され、一定の回答が示されている。確かに、「必要かつ相当と認められる範囲」についてなお争いの余地があるとしても、学習指導要領の法的拘束力は、それが「大綱的基準」である限りにおいては、教育内容についても認められていると解される。

関連条文　資料

■関連条文　本法第三条〔学校の設置基準〕、第四五条〔中学校の目的〕、第四六条〔中学校教育の目標〕、第四九条〔準用規定〕、本法施行規則第七二条〜第七四条

■ 関連資料　中学校学習指導要領、判例学力テスト旭川事件・最高裁昭和五一年五月二一日判決

〔準用規定〕
第四九条　第三十条第二項、第三十一条、第三十四条、第三十五条及び第三十七条から第四十四条までの規定は、中学校に準用する。この場合において、第三十条第二項中「前項」とあるのは「第四十六条」と、第三十一条中「前条第一項」とあるのは「第四十六条」と読み替えるものとする。

第五章の二　義務教育学校

〔義務教育学校の目的〕

第四九条の二　義務教育学校は、心身の発達に応じて、義務教育として行われる普通教育を基礎的なものから一貫して施すことを目的とする。

〔義務教育学校の目標〕

第四九条の三　義務教育学校における教育は、前条に規定する目的を実現するため、第二十一条各号に掲げる目標を達成するよう行われるものとする。

〔修業年限〕

第四九条の四　義務教育学校の修業年限は、九年とする。

〔義務教育学校の課程区分〕

第四九条の五　義務教育学校の課程は、これを前期六年の前期課程及び後期三年の後期課程に区分する。

〔各課程教育の目標〕

第四九条の六　義務教育学校の前期課程における教育は、第四十九条の二に規定する目的のうち、心身の発達に応じて、義務教育として行われる普通教育のうち基礎的なものを施すことを実現するために必要な程度において第二十一条各号に掲げる目標を達成するよう行われるものとする。

②　義務教育学校の後期課程における教育は、第四十九条の二に規定する目的のうち、前期課程における教育の基礎の上に、心身の発達に応じて、義務教育として行われる普通教育を施すことを実現するため、第二十一条各号に掲げる目標を達成するよう行われるものとする。

〔各課程の教育課程〕

第四九条の七　義務教育学校の前期課程及び後期課程の教育課程に関する事項は、第四十九条の二、第四十九条の三及び前条の規定並びに次条において読み替えて準用する第三十条第二項の規定に従い、文部科学大臣が定める。

〔準用規定〕

第四九条の八　第三十条第二項、第三十一条、第三十四条から第三十七条まで及び第四十二条から第四十四条までの規定は、義務教育学校に準用する。この場合において、第三十条第二項中「前項」とあるのは「第四十九条の三」と、第三十一条中「前条第一項」とあるのは「第四十九条の三」と読み替えるものとする。

本条の概要

本章各規定は、「学校教育法等の一部を改正する法律」（平成二七年七月一三日法律第四六号　以下、「平成二七年改正」または「平成二七年改正法」と略）として成立したものであるが、制度として小・中一貫を推進するための義務教育学校に関する規定であり、現在、東京品川区などで設置されている「小中一貫型」の学校とは異なるものである。平成二八（二〇一六）年四月に施行された。なお、本規定は、先に教育基本法の改正により義務教育の年限を本法に移行し、義務教育制度の弾力化を目指していたことの実現ともいえよう。

本法第一条に定める他の学校種と同じように、教育目的、目標が整備され、従来の小学校に該当する前期教育課程六年、中学校に該当する後期教育課程三年に定められた。

本規定は、平成二七（二〇一五）年一〇月二六日中央教育審議会答申「新しい時代の義務教育を創造する」「(3)義務教育に関する制度の見直し」の中で、以下のように指摘されていることが根拠となっている。答申では、「義務教育を中心とする学校種間の連携・接続の在り方に大きな課題があることがかねてから指摘されている。また、義務教育に関する意識調査では、学校の楽しさや教科の好き嫌いなどについて、従来から言われている中学校一年生時点のほかに、小学校五年生時点で変化が見られ、小学校の四～五年生段階で発達上の段差があることがうかがわれる。研究開発学校や構造改革特別区域などにおける小中一貫教育などの取組の成果を踏まえつつ、例えば、設置者の判断で九年制の義務教育学校を設置することの可能性やカリキュラム区分の弾力化など、学校種間の連携・接続を改善するための仕組みについて種々の観点に配慮しつつ十分に検討する必要がある。」と記述されているが、いわゆる中一ギャップなどの問題点の解消を図るために小中連携・接続を改善する懸案事項が実現したということができる。

学校間の連携・接続は小学校と中学校以外でも課題となっているが、学習効果を上げるためには従来の教育内容、指導方法ではさして効果が上がらないことは明らかであり、義務教育学校種での教員間の協働性が重視されよう。

また小学校から中学校に進級する上で、小学生が一番悩む問題は、学習内容もさることながら上級生との関係性だと言われている。前期課程の六年生と後期課程の一年生がともに学習できる教育課程などを用意していく工夫が必要だろう。

ポイント解説

本章には国会の衆参両議院の審議で附帯決議（資料参照）が付けられている。附帯決議は何ら法的拘束力をもつものではないが、公立の小中一貫校を設置する各自治体は、本附帯決議を斟酌《しんしゃく》して制度設計を図ることが法の支配の性格から求められるだろう。

本条をもとに新たな義務教育学校を設置するには財政事情から極めて困難さが伴う。また、財政問題を理由に安易に既存の小学校・中学校を統合して義務教育学校とすることは衆議院での附帯決議「二　小学校及び中学校は児童生徒に対する教育施設であるだけでなく、各地域のコミュニティの核としての性格を有することを踏まえ、市町村教育委員会は、義務教育学校の設置に伴い、安易に学校統廃合を行わないよう留意すること。」（参議院も同様決議がなされている）からも許されないことである。

義務教育学校のイメージとして文部科学省は、施設一体型と施設分離型を参考として示しているが、学校の管理運営の面からは施設分離型では様々な問題が発生してくることが予想される。つまり校長は一人であり、前期・後期課程に副校長、教頭がそれぞれ配置されるとしても最終的な責任を負う校長がどちらの施設にいるかで教職員の意識も変わってくるだろう。校長をはじめとする複数の管理職者のチームワーク形成能力が一つのポイントとなる。

二つ目のポイントは、義務教育学校の教員は小学校と中学校の教員免許状を有するものでなければならないとしているが、現在の教員養成課程で二つの免許状を取得することは学生の負担を重くさせる。当分の間は改正された教育職員免許法附則第二〇項関係に基づき小学校、中学校の教員免許状を有する者はそれぞれの義務教育学校の前期又は後期課程の主幹教諭、指導教諭、教諭又は講師となれるが、小学校の教員免許状を有する者は前期課程で、中学校の免許状を有する者は後期課程で授業を担当するということが固定化されてしまわないかという懸念がある。

そうした懸念を払拭するためには義務教育学校設置者は一方の免許状しか所有していない教員に、もう一方の免許状を取得するように働きかけ、かつ当該教諭が免許状取得まで加配措置をとり、十分な研究と修養ができるような条件整備をする必要がある。

三つ目のポイントは、本規定の最大の焦点である前期・後期課程の接続・連携を担保する教育内容の整備である。既存の学習指導要領に基づき、教育課程を編成するのであればその効果は半減するだろう。教育を受ける権利の主体としての子どもの学習権保障の観点からは、義務教育学校に配属された教員間の密なる連携、協働が本条項の意義を左右するであろう。設置者は教員が円滑に指導できるような人事配置をすることが必要である。

本条を考える視点

統廃合をしなければ財政的に立ちゆかない自治体、あるいは少子化で学校を維持できない自治体などは地域活性化の視点からは本規定は有効性を放つかもしれない。

一方、財政的に豊かで小学校・中学校が数校ずつある自治体が義務教育学校を設置した場合に予想される受験校化の懸念も生じてくる。今後設置計画が立案、公表されたときには十分に留意する必要がある。

義務教育は、国内のどこの地域にいても同一水準、同一内容、無償で受けることが保障されていなければならないが、義務教育学校が設置され、その有効性が発揮できるのはコミュニティ・スクールの推進ではないだろうか。文科省通知（資料参照）でも「(2)その他　1)コミュニティ・スクールの推進」をうたっており、地域で義務教育学校が地域文化の核として発展していくためには保護者の学校運営参加は必須の条件となろう。

平成二〇（二〇〇八）年に閣議決定された教育振興基本計画で示された「各学校段階の円滑な連携・接続等のための検討段階」から実施の段階に達したことを本規定は示している。

関連条文　資料

■関連条文、法令　教育基本法第五条、公立学校義務教育諸学校の学級編制及び教職員定数の標準に関する法律（公立学校義務教育諸学校の学級編制及び教職員定数）、市町村立学校職員給与負担法、義務教育費国庫負担法、義務教育諸学校等の施設費の国庫負担等に関する法律、教育職員免許法、教科書の発行に関する臨時措置法、教育公務員特例法、義務教育諸学校における教育の政治的中立の確保に関する臨時措置法（昭和二九年六月三日法律第一五七号）、学校給食法、女子教職員の出産に関しての補助教職員の確保に関する法律（昭和三〇年八月五日法律第一二五号）、地方教育行政の組織及び運営に関する法律、学校保健安全法、いじめ防止対策推進法、児童虐待防止法、就学前の子どもに関する教育、保育等の総合的な提供の推進に関する法律、障害のある児童及び生徒のための教科用特定図書等の普及の促進に関する法律

■関連資料

衆参両院附帯決議

・学校教育法等の一部を改正する法律案に対する附帯決議（平成一八年四月二五日　衆議院文教科学委員会）

政府及び関係者は、本法の施行に当たり、次の事項について特段の配慮をすべきである。

一　義務教育の九年間の学びを地域ぐるみで支える新たな仕組みとしての義務教育学校となるよう、市町村教育委員会は、保護者や地域住民の理解と協力を得るための場として、学校運営協議会等の設置及び活用の推進に努めること。

二　小学校及び中学校は児童生徒に対する教育施設であるだけでなく、各地域のコミュニティの核としての性格を有することを踏まえ、市町村教育委員会は、義務教育学校の設置に伴い、安易に学校統廃合を行わないよう留意すること。

三　義務教育学校の設置等を支援する観点から、国は、異なる学校段階間の接続を円滑にマネジメントする体制の整備や乗り入れ授業等への対応のための十分な教職員体制の整備を図り、教職員の更なる過重負担を招かないよう努めるとともに、小学校及び中学校が統合される場合においては、義務教育学校への円滑な移行が図られるよう、十分な教職員定数の確保に努めること。

四　都道府県教育委員会は、他校種免許状の取得のための免許法認定講習の積極的な開講やその質の向上等を図ることにより、義務教育学校教員における小学校・中学校教員免許状の併有の促進に努めること。

五　小中一貫教育の取組について、国は、各地域における実施上の課題を継続的に把握し、優れた取組事例を収集・分析した上でその情報提供に努めること。また、市町村教育委員会は、自らの方針や各学校の取組について積極的な説明に努めること。

六　高等学校等専攻科から大学への編入学の実施に当たり、国は、大学の自主性を尊重しつつ、大学における学びの質が担保されるよう指針を示すなどの取組に努めること。

・学校教育法等の一部を改正する法律案に対する附帯決議（平成二七年六月一六日　参議院文教科学委員会）

政府及び関係者は、本法の施行に当たり、次の事項について特段の配慮をすべきである。

一、義務教育学校の設置に当たっては、我が国の教育の基本原則である機会均等を確保するとともに、既存の小学校及び中学校との間の序列化・エリート校化・複線化等により児童生徒の学びに格差が生じることのないよう、万全を期すること。

二、小学校及び中学校は児童生徒の学びの場であるだけでなく、各地域のコミュニティの核としての性格を有することを踏まえ、市町村教育委員会は、義務教育学校の設置に当たっては、安易に学校統廃合を行わないよう、特に留意すること。また、検討段階から保護者や地域住民等に対し丁寧な説明を行い、その意見を適切に反映し、幅広く理解と協力を得て合意形成に努めること。

三、義務教育学校等における九年間の学びを地域全体で支えることの重要性に鑑み、保護者や地域住民の理解と参画を得るため、学校運営協議会等、組織的・継続的な学校支援体制の整備及び活用に努めること。

四、児童生徒の人間関係の固定化や転出入への対応など小中一貫教育実施上の課題の解消に向け、政府は、各地域における取組事例を収集・分析・検証した上で、積極的な情報提供を行うとともに、課題解決のための指針の作成に努めること。また、市町村教育委員会は、自らの方針や各学校の取組について保護者や地域住民等に対し丁寧な説明を行い、幅広く理解を得るよう努めること。

五、義務教育学校の設置等に当たっては、政府は、異なる学校段階間の接続を円滑にマネジメントする体制の整備や乗り入れ授業等への対応のための十分な教職員体制の整備を図り、教職員の更なる過重負担を招かないよう努めるとともに、小学校及び中学校が統合される場合においては、義務教育学校への円滑な移行が図られるよう、十分な教職員定数の確保に努めること。

六、義務教育学校に係る教員免許状について、都道府県教育委員会は、他校種免許状の取得のための免許法認定講習の積極的な開講等、小学校及び中学校教員免許状の併有のための条件整備に努めること。また、政府は、併有する際の負担が過大なものとならないよう、必要な環境整備を積極的に行うとともに、教員免許制度の在り方について引き続き検討を行うこと。

七、高等学校等の専攻科から大学への編入学を実施するに当たっては、政府は、大学の自主性を尊重しつつ、大学における学びの質が担保されるよう指針を示すなど、編入学者が大学教育に円滑に移行し、主体的な学びを実現するための取組を積極的に支援すること。

右決議する。

・「小中一貫教育制度の導入に係る学校教育法等の一部を改正する法律について（通知）」（平成二七年七月三〇日二七文科初第五九五号　文部科学省大臣官房文教施設企画部長、文部科学省初等中等教育局長）

このたび、「学校教育法等の一部を改正する法律（平成27年法律第46号）」（以下「改正法」という。）が、本年6月24日に公布され、平成28年4月1日から施行されることとなりました。

今回の改正は、学校教育制度の多様化及び弾力化を推進するため、小中一貫教育を実施することを目的とする義務教育学校の制度を創設するものです。

また、併せて義務教育学校の制度化に係る行財政措置として、公立の義務教育学校に関する教職員定数の算定並びに教職員給与費及び施設費等に係る国庫負担については、現行の小学校及び中学校と同様の措置を講ずることとするとともに、義務教育学校の教員については、原則として、小学校の教員の免許状及び中学校の教員の免許状を有する者でなければならないこととしております。

改正法の概要及び留意事項は下記のとおりですので、十分に御了知の上、事務処理上遺漏のないよう願います。

各都道府県知事及び都道府県教育委員会におかれては、域内の市区町村教育委員会、学校、学校法人に対して、国立大学法人学長におかれては附属学校に対して、構造改革特別区域法第12条第1項の認定を受けた地方公共団体の長におかれては域内の株式会社立学校及びそれを設置する学校設置会社に対しても、本改正の周知を図るとともに、適切な事務処理が図られるよう配慮願います。

なお、改正法は、関係資料と併せて文部科学省のホームページに掲載しておりますので、御参照ください。また、関係する政令及び省令の改正については、追ってこれを行い、別途通知する予定ですので、あらかじめ御承知おき願います。

記

第一　学校教育法の一部改正（改正法第1条）

1　改正の概要

(1)義務教育学校の創設（第1条）

我が国における学校の種類として、新たに義務教育学校を設けることとしたこと。

なお、本条に規定されることにより、他の学校種と同様、設置者（第2条）、設置基準（第3条）、設置廃止等の認可（第4条）、学校の管理及び経費の負担（第5条）、授業料の徴収（第6条）、校長及び教員の配置並びにその資格（第7条、第8条及び第9条）、生徒等の懲戒（第11条）、学校閉鎖命令（第13条）、名称使用制限（第135条）等に係る規定の適用があることとなること。

(2)義務教育学校の設置等に係る認可等（第4条）

私立の義務教育学校の設置廃止等について、私立の小学校、中学校と同様に、都道府県知事の認可事項としたこと。

(3)義務教育学校における授業料の徴収（第6条）

国立又は公立の義務教育学校について、小学校、中学校等と同様に、授業料を徴収することができないものとしたこと。

(4)就学義務（第17条）

保護者がその子を就学させる義務を果たすための学校種として、義務教育学校を追加したこと。

(5)設置義務（第38条）

市区町村は、教育上有益かつ適切であると認めるときは、義務教育学校の設置をもって小学校及び中学校の設置に代えることができるものとしたこと。

なお、公立の義務教育学校は、地方自治法第２４４条の公の施設であり、その設置については条例で定めることを要すること。（同法第２４４条の２第１項）

(6)教育事務の委託（第40条）

市区町村は、従前の小学校・中学校と同様、義務教育学校についても、その設置に代えて、学齢児童の全部又は一部の教育事務を、他の市区町村又は市区町村の組合に委託することができることとしたこと。

(7)義務教育学校の目的（第49条の2）

義務教育学校は、心身の発達に応じて、義務教育として行われる普通教育を基礎的なものから一貫して施すことを目的とすること。

(8)義務教育学校の目標（第49条の3）

義務教育学校における教育の目標として、小学校教育及び中学校教育と同様に、法第21条に規定する義務教育の目標を達成するよう行われるものとすること。

⑼義務教育学校の修業年限並びに前期課程及び後期課程の区分（第49条の4及び第49条の5）

義務教育学校の修業年限は9年とし、小学校段階に相当する6年の前期課程及び中学校段階に相当する3年の後期課程に区分したこと。

⑽前期課程及び後期課程の目的及び目標（第49条の6）

義務教育学校の前期課程においては、義務教育として行われる普通教育のうち基礎的なものを施すことを実現するため、小学校における教育と同一の目標を達成するよう行われるものとするとともに、後期課程においては、前期課程における教育の基礎の上に、義務教育として行われる普通教育を施すことを実現するため、中学校における教育と同一の目標を達成するよう行われるものとしたこと。

⑾義務教育学校の教育課程（第49条の7）

義務教育学校の前期課程及び後期課程の教育課程に関する事項は、義務教育学校の目的・目標並びに前期課程及び後期課程のそれぞれの目的・目標に従い、文部科学大臣が定めるものとしたこと。

⑿準用規定等（第49条の8）

生涯学習と学校教育との関係（第30条第2項）、体験活動の充実（第31条）、教科用図書の使用義務（第34条）、出席停止（第35条）、学齢未満の子の入学禁止（第36条）、校長・教頭・教諭等の職務（第37条）、学校評価（第42条）、学校による積極的な情報提供（第43条）、私立学校の所管（第44条）に関する現行の学校教育法上の諸規定を義務教育学校に準用することとしたこと。

⒀義務教育学校卒業者の高等学校入学資格（第57条）

義務教育学校の卒業者について、中学校の卒業者等と同様に、高等学校への入学資格を有するものとしたこと。

⒁その他の事項（第74条、第81条、第125条、附則第7条関係）

義務教育学校における特別支援学級の設置、専修学校高等課程における教育の対象者、特別の事情がある場合の養護教諭の必置義務の免除について所要の改正を行ったこと。

2　留意事項

平成18年の教育基本法改正、平成19年の学校教育法改正により義務教育の目的・目標が定められたこと等に鑑み、小学校・中学校の連携の強化、義務教育9年間を通じた系統性・連続性に配慮した取組が望まれる。

このたびの義務教育学校の創設については、これを踏まえつつ、地域の実情や児童生徒の実態など様々な要素を総合的に勘案して、設置者が主体的に判断できるよう、既存の小学校・中学校に加えて、義務教育を行う学校に係る制度上の選択肢を増やしたものである。また、今回の制度化は、小中一貫教育を通じた学校の努力による学力の向上や、生徒指導上の諸問題の解決に向けた取組、学校段階間の接続に関する優れた取組等の普及による公教育全体の水準向上に資するものと考えられる。

以上のことから、各設置者においては、今回の改正を契機として、義務教育学校の設置をはじめ、小学校段階と中学校段階を一貫させた教育活動の充実に積極的に取り組むことが期待される。

⑴義務教育学校の名称

「義務教育学校」という名称は、法律上の学校の種類を表す名称であり、個別の学校の具体的な名称に「義務教育学校」と付さなければならないものではないこと。

小学校・中学校と同様に、公立学校であれば、設置条例で法律上の正式な名称（義務教育学校）を明らかにした上で学校管理規則等の教育委員会規則により、私立学校であれば寄附行為により、義務教育学校以外の個別の名称を用いることは可能であること。

(2) 義務教育学校の設置の在り方

1) 地域とともにある学校づくりの観点から、小中一貫教育の導入に当たっては、学校関係者・保護者・地域住民との間において、新たな学校作りに関する方向性や方針を共有し、理解と協力を得ながら進めて行くことが重要であること。

2) 市区町村における義務教育学校の設置は、小学校・中学校の設置に代えられること（第38条）を踏まえ、市区町村立の義務教育学校は就学指定の対象とする予定であること。（学校教育法施行令の改正）

3) 就学指定は、市区町村の教育委員会が、あらかじめ各学校ごとに通学区域を設定し、これに基づいて就学すべき学校を指定する制度であること。したがって、その指定に当たって入学者選抜は行わないものであること。

4) いわゆる「学校選択制」は、あくまで就学指定の手続の一つとして行われるものであり、特定の学校に入学希望者が集中した場合の調整に当たっては、就学指定の基本的な仕組みを踏まえ、入学者選抜は行わないものであること。

5) 「学校選択制」の導入に当たっては、通学する学校により格差が生じるとの懸念を払拭する観点から、小学校・中学校の場合と同様、市区町村が児童生徒の実態や保護者のニーズを踏まえ、対外的な説明責任にも留意しつつ対応する必要があること。

6) 域内に義務教育学校と小学校・中学校が併存する場合は、小中一貫教育の実施を通じて蓄積される様々な知見を既存の小学校・中学校にも積極的に普及を図ること。

(3) 義務教育学校の目的

1) 義務教育学校は、小学校・中学校と同様の目的を実現するための教育活動を行うものであり、義務教育を施す点においては、小学校・中学校と義務教育学校は同等であること。

2）義務教育学校は、小学校・中学校の学習指導要領を準用することとしており、学習指導要領に示された内容項目を網羅して行われることになるため、小学校・中学校と異なる内容・水準の教育を施す学校ではないこと。

(4) 義務教育学校の修業年限並びに前期課程及び後期課程の区分

1）小中一貫教育においても、子供の成長の節目に配慮するような教育課程の工夫が重要であること。

2）義務教育学校は、9年の課程を前期6年、後期3年に区分することとしているが、義務教育学校においては、1年生から9年生までの児童生徒が一つの学校に通うという特質を生かして、9年間の教育課程において「4―3―2」や「5―4」などの柔軟な学年段階の区切りを設定することも可能であること。

3）この場合の「学年段階の区切り」とは、前期課程、後期課程の目標を達成するための課程の変更を意味するものではなく、カリキュラム編成上の工夫や指導上の重点を設けるための便宜的な区切りを設定することを想定していること。

具体的には、例えば、

・教育課程の特例を活用して小学校高学年段階から独自の教科を設け、当該教科が導入される学年を区切りとすること

・従来であれば中学校段階の教育の特徴とされてきた教科担任制や定期考査、生徒会活動、校則に基づく生徒指導、制服・部活動等を小学校高学年段階から導入して、この学年を区切りとすることなどの工夫が考えられること。

4）義務教育学校の課程は、前期6年、後期3年に区分することとしているが、組織としては一体であり、義務教育学校の教職員は一体的に教育活動に取り組むこと。

(5) 義務教育学校の教育課程

1) 義務教育学校の教育課程については、前期課程及び後期課程に、それぞれ小学校学習指導要領及び中学校学習指導要領を準用することを省令において定める予定であるとともに、教育課程の特例や配慮すべき事項については、省令等で定める予定としていること。

2) 具体的には、学習指導要領に示された内容項目を網羅すること、各教科等の系統性・体系性に配慮すること、児童生徒の負担過重にならないようにすること等を前提とした上で、小中一貫教育の円滑な実施に必要となる9年間を見通した教育課程の実施に資する一定の範囲内で、設置者の判断で活用可能な教育課程の特例を創設することを予定としていること。

なお、創設される本特例の内容については、今後、教育課程特例校制度の対象としない予定であり、詳細については、別途御連絡する教育課程特例校の申請手続に係る事務連絡を参照すること。

3) 「6―3」と異なる学年段階の区切りを設けている学校や、教育課程の特例を活用する学校においては、転出入する児童生徒に対して、学習内容の欠落が生じないようにするとともに、転校先の学校に円滑に適応できるようきめ細かに対応する必要があること。

具体的には、例えば、

・指導要録に、当該児童生徒が先取りして学習した事項や学習しなかった事項等を具体的に記載するとともに綿密な引継ぎを行うこと

・通常の教育課程との違いを分かりやすく示した資料をあらかじめ備えておくこと

・転出入に際して、必要に応じて個別ガイダンスや個別指導を行うこと

などが考えられること。

(6)義務教育学校の設置基準

1) 義務教育学校の設置基準については、前期課程については小学校設置基準、後期課程については中学校設置基準を準用することをはじめ具体的な内容については、省令等において定めることを予定していること。

2) 義務教育学校の施設については、同一敷地に一体的に設置する場合だけでなく、隣接する敷地に分割して設置する場合（施設隣接型）や隣接していない異なる敷地に分割して設置する場合（施設分離型）も認められること。ただし、施設分離型の義務教育学校を設置する場合、設置者において、教育上・安全上の観点や、保護者や地域住民のニーズを踏まえ適切に判断することが求められること。

(7)小中一貫型小学校・中学校（仮称）の扱い

平成26年12月の中央教育審議会答申で示された「小中一貫型小学校・中学校」（仮称）については、法律上の学校の種類としては通常の小学校と中学校であるため、今回の学校教育法の改正事項には当たらないが、小中一貫した教育課程やその実施に必要な学校間の総合調整を行う際の組織運営上の措置等に関する具体的な要件については、省令等において定めることを予定していること。

第二　公立義務教育諸学校の学級編制及び教職員定数の標準に関する法律の一部改正等（改正法第2条・第3条）

1　改正の概要

(1)公立義務教育諸学校の学級編制及び教職員定数の標準に関する法律の一部改正（改正法第2条）

1) 公立の義務教育学校に係る学級編制及び教職員定数の標準は、前期課程については現行の小学校と、後期課程については現行の中学校と同等の標準としたこと。（第3条及び第6条関係等）

2) 義務教育学校においては、学校段階間の接続を円滑に行う必要があるなど管理機能の充実が必要であることから、副校長又は教頭を一人加算することとしたこと。（第7条第1項第2号）

(2)市町村立学校職員給与負担法の一部改正（改正法第3条）

市区町村立の義務教育学校の教職員の給料その他の給与等について、都道府県の負担としたこと。（第1条）

(3)義務教育費国庫負担法の一部改正（改正法第3条）

市区町村立の義務教育学校の教職員給与費等を国庫負担の対象としたこと。（第2条）

2　留意事項

小学校及び中学校を廃止して義務教育学校を設置する場合を含め、義務教育学校において小中一貫教育が円滑に行われるよう、都道府県教育委員会等においては、義務教育学校に係る教職員定数の標準を踏まえた適切な教職員配置に努めること。

第三　義務教育諸学校等の施設費の国庫負担等に関する法律の一部改正（改正法第4条）

1　改正の概要

1）この法律における「義務教育諸学校」の定義に義務教育学校を加えたこと。（第2条関係）

なお、本条に規定されることにより、公立の義務教育学校について、施設整備基本方針等（第11条）、交付金の交付等（第12条）に係る規定等の適用があることとなること。

2）公立の義務教育学校の校舎及び屋内運動場の新築又は増築に要する経費を、公立の小学校・中学校と同様に国庫負担の対象に加えたこと。（第3条、第5条、第6条関係）

2　留意事項

小中一貫教育に適した学校施設の計画・設計における留意事項については、文部科学省が開催する有識者会議「学校施設の在り方に関する調査研究協力者会議」（平成21年6月19日大臣官房長決定）での検討を踏まえ、関係者に周知する予定であること。

第四　教育職員免許法の一部改正（改正法第5条）

1　改正の概要

1）義務教育学校の教員については、小学校の教員の免許状及び中学校の教員の免許状を有する者でなければならないものとしたこと。（第3条関係）

2）小学校の教諭の免許状又は中学校の教諭の免許状を有する者は、当分の間、それぞれ義務教育学校の前期課程又は後期課程の主幹教諭、指導教諭、教諭又は講師となることができるものとしたこと。（附則第20項関係）

留意事項

1）都道府県教育委員会は、他校種免許状の取得のための免許法認定講習の積極的な開講やその質の向上等により、小学校及び中学校教員免許状の併有のための条件整備に努めること。

2）都道府県教育委員会は、免許状の併有を促進する場合において、併有の促進が教員の過度な負担につながらないよう配慮すること。

第五　施行期日等について

1　改正法の概要

(1)改正法は、一部の規定を除き、平成28年4月1日から施行することとしたこと。（改正法附則第1条）

(2)義務教育学校の設置のために必要な行為は、改正法の施行の日前においても行うことができることとしたこと。（改正法附則第2条）

(3)私立学校振興助成法の一部改正その他所要の規定の整備を行ったこと。

2 留意事項

(1) 改正法における経過措置

義務教育学校の設置のために必要な行為について規定した改正法附則第2条の施行日は、公布の日（平成27年6月24日）であることから、私立の義務教育学校の設置認可の申請及び認可、公立の義務教育学校の設置のための条例制定等の準備行為は、公布の日から行えるものであること。

(2) その他

1) コミュニティ・スクールの推進

義務教育9年間の学びを地域ぐるみで支える仕組みとして、学校運営に地域住民や保護者等が参画するコミュニティ・スクールは有効であり、子供たちの豊かな学びと成長を実現できるよう、小中一貫教育も含め、コミュニティ・スクールの推進が期待されること。

2) 小学校・中学校の適正規模・適正配置との関係

義務教育学校の制度化の目的は、各地域の主体的な取組によって小中一貫教育の成果が蓄積されてきた経緯に鑑み、設置者が、地域の実情を踏まえ、小中一貫教育の実施が有効と判断した場合に、円滑かつ効果的に導入できる環境を整備するものであり、学校統廃合の促進を目的とするものではないこと。

今後、少子化に伴う学校の小規模化の進展が予想される中、魅力ある学校づくりを進める上で、児童生徒の集団規模の確保や活発な異学年交流等を意図して、小学校・中学校を統合して義務教育学校を設置することは一つの方策であると考えられるが、その場合、設置者が地域住民や保護者とビジョンを共有し、理解と協力を得ながら進めて行くことが重要であること。

なお、公立小学校・中学校の適正規模・適正配置等に関する手引きの策定について（26文科初第1112号）

も参照のこと。

3）校務運営体制の見直し

小中一貫教育の導入に当たっては、校長は、一部の教職員に過重な負担が生じないよう、校内での連携体制の構築や校務分掌の適正化など校務運営体制を見直し、校務の効率化を図る必要があること。

また、学校における校務運営体制の見直しに係る取組が促進されるよう、学校設置者が適切な支援を行う必要があること。

4）義務教育学校以外の教育課程の特例を活用する学校

第一２(5)3)に記載している転出入する児童生徒へのきめ細かな対応については、義務教育学校に限らず、研究開発学校や教育課程特例校など教育課程の特例を活用する学校全般において留意すべきであること。

第六章　高等学校

〔高等学校の目的〕
第五〇条　高等学校は、中学校における教育の基礎の上に、心身の発達及び進路に応じて、高度な普通教育及び専門教育を施すことを目的とする。

本条の概要

本条は、国公私立の別を問わず、高等学校の教育目的について定めたもので、学校教育体系における高等学校の位置づけを明らかにしている。そこでは、高等学校の教育目的が、「中学校における教育の基礎の上に」実施されるものであることが規定されている。

平成一九（二〇〇七）年の本法改正（以下、「平成一九年改正」と略）により、旧法第四一条にはなかった「及び進路」に応じた教育を行うことが明記されるとともに、同条における「高等普通教育」が「高度な普通教育」に改められた。「普通教育」とは、本法第一六条に定める保護者の「普通教育を受けさせる義務」と同義であり、より根本的には日本国憲法第二六条第二項及び教育基本法第五条第一項で規定する「普通教育」を意味する。すなわち、「普通教育」とは、専門教育や職業教育と対置される概念であり、すべての者が人間として生きていくために不可欠な教養、技術及び能力等を身につけ、人間としての調和的発達を図る上で必要とされる教育のことである。本条では、高等学校における「普通教育」を、小・中学校における「義務教育として行われる普通教育」と区別し、「高度な普通教育」を施すこととした。しかし、「義務教育として行われる普通教育」と「高度な普通教育」の内容について法令上明確に区分されているわけではなく、それぞれの年齢や心身の発達段階及び社会環境などの変化に配慮しつつ、考えられるべきものである。文言は改められたが、内容的には旧法の「高等普通教育」と同じだとみなしてよい。

これに対して「専門教育」とは、専門的な知識や技能を修得させる教育のことであり、職業教育と密接な関連を持つ。「普通教育」が一般に日常生活に必要な基礎的な知識や技能を授ける教育であるのに対して、「専門教育」は主要には普通教育の「基礎の上に」、もしくは普通教育と「並行して」、一定の職業に関する専門的知識や技能を授ける教育のことを意味する。普通教育と並行して行われる「専門教育」が中程度の職業教育と結びついているのに対して、普通教育の基礎の上に行われる「専門教育」は、法学、医学及び神学などの伝統的な専門職業、後には工学や理学などの専門職業である高度の職業教育と結びついてきた。しかし、近年の科学技術の発展や学問の高度化などにより、「専門教育」とは、学習指導要領に定められている「専門教育」に関する教科や科目の履修にとどまらず、「普通教育」に関する教科や科目のうち、高度な内容のもの（数学Ⅲや音楽Ⅲなど）の履修も含まれるようになってきている。

以上のように、義務教育後の高等学校における教育は、「普通教育」と「専門教育」の両者によって担われるという考え方に立っている。

ポイント解説

教育段階概念の整理

教育の段階には、初等教育、中等教育、高等教育及び高等後教育の各段階があり、それぞれ小学校（初等教育）、中学校（前期中等教育）、高等学校（後期中等教育）、大学等（高等教育）と対応させるのが世界的にも一般的な捉え方である。しかし、平成一九年改正以前の旧法における「高等普通教育」という文言は、戦前の教育法令等の影響もあり、整理されないままに使用され続けてきたという事情がある。例えば、明治三三（一九〇〇）年の改正中学校令では「中学校ハ男子ニ須要ナル高等普通教育ヲ為スヲ以テ目的トス」とされ、大正七（一九一八）年の高等学校令では「高等学校ハ男子ノ高等普通教育ヲ完成スルヲ以テ目的トシ」と規定されている。これらは決して内容的に統一されたものではなかった。今回の改正は、こうした概念の混同を解消することになり、スッキリした表現に改められたということができよう。

進路に応じた教育の付加

本法の平成一九年改正により、高等学校の教育目的に「進路」に応じた教育が新たに付加された背景には、戦後教育改革以降、高等学校の飛躍的な量的拡大があり、高等学校は今や国民の九七パーセントが進学する教育機関として、多様な能力・適性、興味・関心を有する生徒を受け入れなければならない状況がある。また、生徒の実態や進路が多様化していることも挙げられる。こうした事態に対応するため、単位制高校や総合学科の創設など、高等学校の制度改革や教育課程の柔軟化などが図られてきた。高等学校においては、現在、生徒の多様な進路を前提とした多様な教育が行われるようになっており、本条の「進路に応じた教育」は、こうした現実を反映したものである。

「普通教育」と「専門教育」の共同実施

高等学校の教育目的が、「普通教育」と「専門教育」の双方によって行われるとするとき、その共同実施は次の三つの学科によって担われる。すなわち、「高等学校設置基準」によれば、高等学校の学科には、①普通教育を主とする学科、②専門教育を主とする学科、③普通教育及び専門教育を選択履修を旨として総合的に施す学科があり、重点の置き方は別として、これらの学科を通じて、いずれの学科も「普通教育」と「専門教育」の両者を施さなければならない。

③の学科は、平成六（一九九四）年度から制度化されたもので、「総合学科」と称される。従来、普通科は大学

進学を、職業学科は就職をという進路配分が濃厚であったが、普通科における就職希望者への、また職業学科における進学希望者への対応が不十分であるとする反省を踏まえて、「総合学科」が創設された。「総合学科」においては、生徒の主体的な選択を重視する観点に立ち、多様な選択科目（総合選択科目）が開設されるが、単位制を原則とし、必修科目（「産業社会と人間」）を含む二五単位以上の専門教科・科目を設けることとされている。

①の普通科における「専門教育」とは、「高等学校学習指導要領」に規定される専門教育に関する教科・科目のことであり、生徒の特性や進路等を考慮して、必要に応じて適切な職業に関する各教科・科目の履修の機会が確保されなければならないとしている。また、②の専門学科における「高度な普通教育」とは、「高等学校学習指導要領」に規定されている、すべての生徒が履修しなければならない普通教育に関する教科・科目のことであり、これらの教科・科目の履修が保障されなければならない。

本条を考える視点

「高度な普通教育」も「専門教育」もともに、科学技術の発展や学問の高度化及び産業構造の変容などにより、それらの内容自体が変化してきていることに注意しなければならない。「普通教育」に関する科目群は、従来と比べてその科目構成はより重層的になっており、必修科目以外に生徒の進路選択に応じた高度な内容の専門的な科目の履修も行われるようになっている。また「専門教育」も、従来見られたような職業に直結する教科・科目だけではなく、理数、外国語及び情報に関する科目なども「専門教育」に関する科目とされており、こうした変化に機敏に対処していくことが求められている。また、これまでの「普通科」と「専門学科」という二学科制では対応できない生徒の多様な能力や適性に対応するために創設された「総合学科」の利点を一層生かして、生徒の主体的な学習を促進することが求められている。

関連条文　資料

■関連条文　日本国憲法第二六条第二項（普通教育）、教育基本法第一条（教育の目的）、第二条（教育の目標）、第五条第二項（義務教育として行われる普通教育）、本法第一六条〔義務教育年限〕、第二一条〔義務教育の目標〕、第二九条〔小学校の目的〕、第三〇条（小学校教育の目標）、第四五条〔中学校の目的〕、高等学校設置基準

■関連資料　高等学校学習指導要領（平成二一年三月九日告示三四号）、「総合学科について（通知）」（平成五年三月二二日文初職第二〇三号　文部省初等中等教育局長）

〔高等学校教育の目標〕

第五一条　高等学校における教育は、前条に規定する目的を実現するため、次に掲げる目標を達成するよう行われるものとする。

一　義務教育として行われる普通教育の成果を更に発展拡充させて、豊かな人間性、創造性及び健やかな身体を養い、国家及び社会の形成者として必要な資質を養うこと。

二　社会において果たさなければならない使命の自覚に基づき、個性に応じて将来の進路を決定させ、一般的な教養を高め、専門的な知識、技術及び技能を習得させること。

三　個性の確立に努めるとともに、社会について、広く深い理解と健全な批判力を養い、社会の発展に寄与する態度を養うこと。

本条の概要

本条は、前条で規定された高等学校の教育目的をより具体化するための教育目標を示したものであり、本法第二一条の義務教育として行われる教育の目標を受け、その実現の上に高等学校教育の目標を展望するものである。本条は平成一九年改正以前の旧法と比較して、文言におけるいくつかの改正点が特に注目される。

まず、旧法第四二条に示されていた「目標の達成に努めなければならない」とする努力義務は、「達成するよう行われるものとする」という強い規定に改められた。これは、高等学校の実質的な全入状況の下での高校教育の多様化や個性化が進行する中で、学力格差を解消し、進路の多様化に対応した現代的な水準の能力を育成しようとする強い意志の表れと解釈することができる。

第一号では、旧法第四二条第一号の「中学校における教育の成果」という表現が、「義務教育として行われる普通教育の成果」に改められ、高校教育を義務教育の延長の上に、継続性の原理に立って、その内容をより発展拡充するものであることが明示されている。また、「豊かな人間性、創造性及び健やかな身体を養い」が加えられ、高等学校における教育目標としての人間像がより明確に規定された。これは、教育基本法の改正（平成一八（二〇〇六）年）（以下、「平成一八年改正」または「平成一八年改正教育基本法」と略）を受けて、その前文に新たに加えられた「豊かな人間性」「創造性」の育成を踏まえたものであり、「健やかな身体」は、同法第二条第一号の規定が反映されている。

第二号では、旧法における「専門的な技能に習熟させる」という文言が、「専門的な知識、技術及び技能を習得させる」と修正されている。高等学校の「専門教育」が「技能」だけではなく、「知識」及び「技術」をも含むものであることは当然のことであるが、そのことが法文上改めて確認されたものといえよう。

第三号では、「社会の発展に寄与する態度を養うこと」が新たに加えられている。これも、教育基本法の改正を受けて、「その発展に寄与する態度を養うこと」（「その」とは社会のこと）という第二条第三号の規定が反映されたものと見ることができよう。

ポイント解説

本条の意義

平成一八年改正教育基本法では、その前文（「豊かな人間性」「創造性」の育成）や教育目標（第二条）で新たに付け加えられた内容（「健やかな身体」「社会の発展に寄与する態度を養うこと」）が直接反映されているだけでなく、高校教育を義務教育の延長の上に、継続性の原理に立って、その内容をより発展的に拡充するものであることが明示され、内容的により豊かなものにされていることが注目される。

教育目標の達成は、従来は努力義務であったが、「達成するよう行われるものとする」という強い規定に改められたことも、教育する側の責任の自覚を一層促すものであろう。

技能と技術の相違

本条第二号では、旧法の「専門的な技能」に加えて、「専門的な知識、技術」が付加されている。技能と技術はどの点で異なるのだろうか。技術とはどういうもので、何が技能なのかについては歴史的に膨大な論争があるが、ここでは一般的な考え方について押さえておきたい。

一般に技能は主観的なもの、技能者自身がもっているもの、自分の特性に合わせて経験で築き上げたものといわれる。これに対して、技術は記述、表現、伝達が可能なものだとされる。技術は記述、記録、蓄積が可能だが、技能は人に宿っており、人以外には蓄積することはできない。その意味で、技能は伝承と継承により維持されるが、技術は人に関係なく蓄積され、伝達される。

例えば、タガネとハンマーによるはつり作業の場合、加工目的に応じて、タガネの種類・構造・機能との関係で、タガネの選び方・持ち方・当て方やハンマーの持ち方・打ち方など、誰にでも客観的に伝えられ、理解される一定の客観的な法則性がある。こうした法則性を意識的に適用するのが技術である。しかし、作業の正しい方法はこれだけで説明されるわけではない。タガネやハンマーを握ったときの手の感触やタガネの頭部をハンマーで打ったときの手の感触などのように、肉体で感じる主観的な法則性がある。このような主観的法則性は、経験的な反復訓練の積み上げの中で把握され、習熟されるものであり、人から人へと伝承されなければ消えてなくなる。これが一般的に技能といわれている。

健全な批判力の育成

健全な批判力の育成は、旧法から引き継いでいるもので、極めて重要な教育目標の一つである。高校段階にもなると鋭い批判的な見方・考え方もできるようになるが、極端な独りよがりの意見に終始することも稀ではない。そうした自己の意見を他の意見とすり合わせつつ、他の見解の長所から学び、社会について広く深い理解を促し、自己を修正し、客観的に見る能力を育成することが、「健全な」という言葉の本来の意味であろう。

本条を考える視点

本条に示されている高等学校における教育目標は、小学校、義務教育学校及び中学校の「義務教育として行われる普通教育の成果」の上に立って、さらに発展拡充することを意図しており、この点をしっかり押さえておくことが必要である。

その際、前条の高等学校の教育目的に規定されている「心身の発達及び進路に応じて、高度な普通教育及び専門教育を施す」のであるが、それは本条に示されている「豊かな人間性、創造性及び健やかな身体を養い、国家及び社会の形成者として必要な資質を養う」ことへと通じるものでなければならない。普通教育と専門教育の双方をともに実施することを通して、豊かな人間性の育成へとつながるような教育が期待されているのである。

文部科学省は、教育目標としての「生きる力」を「確かな学力」「豊かな人間性」「健康・体育」の三つの側面からなるものとし、これらの育成のための教育施策を展開してきたが、本条はとりわけ高等学校における「豊かな人間性」と「健康・体育」の意義を強調したものと捉えることができよう。

関連条文 資料

■**関連条文** 教育基本法前文、第一条〔教育の目的〕、第二条〔教育の目標〕、本法第一六条〔義務教育年限〕、第二一条〔義務教育の目標〕、第二九条〔小学校の目的〕、第三〇条〔小学校教育の目標〕、第四五条〔中学校の目的〕、第五〇条〔高等学校の目的〕

〔学科・教育課程〕

第五二条 高等学校の学科及び教育課程に関する事項は、前二条の規定及び第六十二条において読み替えて準用する第三十条第二項の規定に従い、文部科学大臣が定める。

本条の概要

本条は、高等学校の学科と教育課程に関する事項を文部科学大臣に委任した規定である。本法の平成一九年改正により、「教科」が「教育課程」に改められ、「及び第六十二条において読み替えて準用する第三十条第二項」が新たに付加されている。

「第六十二条において読み替えて準用する第三十条第二項」とは、本法第三〇条第一項の「小学校の教育目標」を受けて新設された次の第二項のことである。「前項の場合においては、生涯にわたり学習する基盤が培われるよう、基礎的な知識及び技能を習得させるとともに、これらを活用して課題を解決するために必要な思考力、判断力、表現力その他の能力をはぐくみ、主体的に学習に取り組む態度を養うことに、特に意を用いなければならない」。

ここには、高等学校においても、生涯学習の基盤形成、基礎的な知識・技能とともに、課題解決能力、思考力、判断力及び表現力など、応用力の育成が目指されることが定められている。文部科学省は、「生きる力」を「確かな学力」「豊かな人間性」「健康・体育」の三つの側面からなるものとし、これらの育成のための教育施策を展開してきたが、第三〇条第二項の規定は、「確かな学力」の側面を強調したものとして捉えることができよう。

高等学校の学科については、「高等学校設置基準」により、①普通教育を主とする学科、②専門教育を主とする学科、③普通教育及び専門教育を選択履修を旨として総合的に施す学科の三つがある。また、高等学校の教育課程については、本法施行規則第六章高等学校第一節（第八〇条～第八九条）に規定があり、教育課程の基準として文部科学大臣の公示による「高等学校学習指導要領」（本法施行規則第八四条）がある。

ポイント解説

高等学校の学科について

学科とは、教育目標を達成するために、一つのまとまりをもった教育内容により系統化したもので、教育課程の編成と生徒による履修上の単位となるものである。高等学校設置基準は、その第五条と第六条で学科について、次のように定めている。

第五条（学科の種類）高等学校の学科は次のとおりとする。
一　普通教育を主とする学科
二　専門教育を主とする学科
三　普通教育及び専門教育を選択履修を旨として総合的に施す学科

第六条　前条第一号に定める学科は、普通科とする。
2　前条第二号に定める学科は、次に掲げるとおりとする。
一　農業に関する学科
二　工業に関する学科
三　商業に関する学科
四　水産に関する学科
五　家庭に関する学科
六　看護に関する学科
七　情報に関する学科
八　福祉に関する学科

九　理数に関する学科
十　体育に関する学科
十一　音楽に関する学科
十二　美術に関する学科
十三　外国語に関する学科
十四　国際関係に関する学科
十五　その他専門教育を施す学科として適当な規模及び内容があると認められる学科
3　前条第三号に定める学科は、総合学科とする。

高等学校の教育課程について

高等学校の教育課程は、本法施行規則の別表第三に定める各教科に関する科目、総合的な学習の時間及び特別活動によって編成される（本法施行規則第八三条）。別表第三によれば、各教科は、㈠各学科に共通する各教科、㈡主として専門学科において開設される各教科に分かれている。㈠には、国語、地理歴史、公民、数学、理科、保健体育、芸術、外国語、家庭、情報の一〇教科が含まれ、㈡には、農業、工業、商業、水産、家庭、看護、情報、福祉、理数、体育、音楽、美術、英語の一三教科が含まれている。以上の各教科の下に、それぞれいくつかの科目が配属されている。例えば、国語の場合には、国語総合、国語表現、現代文A、現代文B、古典A、古典Bである。また、数学の場合には、数学Ⅰ、数学Ⅱ、数学Ⅲ、数学A、数学B、数学活用となっている。

総合学科の教育課程は、高等学校学習指導要領に基づき、次の①～④により編成される。
①　高等学校学習指導要領によりすべての生徒に履修させることとされている高等学校必修科目。
②　総合学科の生徒に原則として履修させる原則履修科目（「産業社会と人間」）。

③　生徒が自己の興味・関心・進路等に基づき選択して履修する総合選択科目。
④　学校において必要に応じて開設される自由選択科目。
生徒は①と②のほかに、普通教育科目と専門教育科目の中から自己の興味関心に基づいて、履修する科目を自由に選択することができる。

本条を考える視点

地域の実態に照らして、より効果的な教育を実施するために、又は、不登校生徒などを対象にして、いわゆる特別の教育課程を編成する必要がある場合には、本法施行規則第八三条と第八四条の規定によらないことも認められている（第八五条の二、第八六条）。
すなわち、同施行規則第八三条は、高等学校における教育課程の三領域（各教科・科目、総合的学習の時間、特別活動）を定めた規定であり、第八四条は、教育課程の基準としての高等学校学習指導要領を用いることを規定したものであるが、当該高等学校又は当該地域の特色を生かした特別の教育課程を編成して教育を実施する必要がある場合には、それらの規定の全部又は一部によらないことができるのである。ただし、教育基本法と本法第五一条に照らして適切であり、生徒の教育上の適切な配慮がなされており、文部科学大臣が定める基準を満たしていなければならない。

第二部関連頁　七〇一頁

関連条文　資料

■関連条文　本法第三〇条〔小学校教育の目標〕第二項、第五〇条〔高等学校の目的〕、第五一条〔高等学校教育の目標〕、第六二条〔準用規定〕、本法施行規則第八〇条～第八九条

■関連資料　高等学校学習指導要領

〔定時制の課程〕

第五三条　高等学校には、全日制の課程のほか、定時制の課程を置くことができる。

②　高等学校には、定時制の課程のみを置くことができる。

本条の概要

本条は、定時制の課程及び独立した定時制高等学校の設置を根拠づける規定である。もともと本条は、家庭の事情や経済的な理由などにより、働きながら学ぼうとする青少年に対し高等学校教育を受ける機会を与える目的で設定された。

本条にいう「定時制の課程」とは、「夜間その他特別の時間又は時期において授業を行う課程」（本法第四条）のことである。

高等学校の定時制の課程は、昭和二三（一九四八）年の本法制定時から設けられている制度で、当初は「高等学

校には、通常の課程の外、夜間に授業を行う課程又は特別の時期及び時間において授業を行う課程を置くことができる」と規定され、夜間の課程と狭義の定時制の課程の区分が明確であった。しかし、この両者とも働きながら学ぶ青少年を対象とした教育である点は同じであり、また両者が区別なく一体的に扱われている実態に合わせて、昭和二五（一九五〇）年の本法改正時にこの両者を一本化して「定時制の課程」と称し、修業年限も一律に四年以上と改められた。修業年限は、さらに昭和六三（一九八八）年の改正（以下、「昭和六三年改正」と略）で三年以上となった。

定時制の課程を設置するには、市町村が設置する学校については都道府県教育委員会、私立学校については都道府県知事の認可が必要である（本法第四条）。こうした認可が必要なことは、定時制の課程の廃止、定時制の課程の分校設置及び廃止についても同様である。

定時制の課程を設置するに際しては、本法のほか高等学校設置基準第一条によることとなっている。

ポイント解説

大きな期待を背負ってスタート

定時制の課程の前身は、戦前の昭和一〇（一九三五）年に制定された青年学校令による「青年学校」、昭和一八（一九四三）年制定の中等学校令による「中等学校の夜間課程」だとされる。

戦後に本条が制定された当初、定時制の課程は働く青年に対して、基本的に全日制課程と区別なく、広く高校教育の門戸を開放するという理念の下に設置され、全国における公立のすべての高等学校で定時制教育を行うべきであるとの主張さえあり、定時制の課程が果たす役割への期待は極めて大きかった。

定時制教育の振興を目指す法律

期待が大きい定時制教育を振興するため、次の二つの法律が制定された。

① 高等学校の定時制教育及び通信教育振興法

この法律の目的は「勤労青年教育の重要性にかんがみ、教育基本法の精神にのっとり、働きながら学ぶ青年に対し、教育の機会均等を保障し、勤労と修学に対する正しい信念を確立させ、もって国民の教育水準と生産能力の向上に寄与するため、高等学校の定時制教育及び通信教育の振興を図ること」（第一条）である。

同法ではまず、国は定時制・通信制教育の振興を図るとともに、地方公共団体が定時制・通信制教育の振興を図ることを奨励し、これについて指導と助言を与えなければならないとしている。また、地方公共団体が定時制・通信制教育を振興し、できるだけ多くの勤労青年が高等学校教育を受けられるようにするために努めるべき事項として、地域の実情に合わせた定時制・通信制教育の適切な実施に関する総合計画の樹立、関連施設・設備の整備充実、教育内容及び方法の改善、教員の現職教育の改善などを規定している（第三条）。

また、昭和三五（一九六〇）年には同法の一部改正により、教員の定時制通信教育手当が新設され、公立高等学校の教員に支給する手当についての国庫補助の規定が設けられた。手当創設時の支給率は給与月額の七パーセントであったが、昭和四六（一九七一）年には一〇パーセントに引き上げられた。しかし、昭和六〇（一九八五）年の同法一部改正で国庫補助は廃止され、現在は公立高等学校教員の手当の内容について条例で定めることを規定しているだけである。

さらに、公私立高等学校の設置者が定時制教育に関する設備を一定水準まで高めようとする際、その経費を助成することとしていたが、これも平成一七（二〇〇五）年の同法改正で廃止された。

② 夜間課程を置く高等学校における学校給食に関する法律

本法の目的は、勤労青年教育の重要性を考え、働きながら高等学校の夜間課程で学ぶ青年の身体の健全な発達と国民の食生活改善のため、「夜間学校給食」の実施に関して必要な事項を定め、その普及・充実を図るものである（第一条）。

「夜間学校給食」とは、夜間において授業を行う課程を置く高等学校で、授業日の夕食時に夜間課程で教育を受ける生徒に対して実施される給食のことである（第二条）。

夜間学校給食については、すでに高等学校設置基準で「夜間において授業を行う高等学校には、生徒数に応じて、必要な給食施設をつくらなければならない」（第二四条）と規定するとともに、前述した「高等学校の定時制教育及び通信教育振興法」でも夜間授業のための給食施設の整備に対する補助を盛り込むなど奨励されてきた。それにもかかわらず、多くの学校においては夜間給食施設の整備が進まない状況を打開するため本法が制定された。ここでは、生徒の健康が重視され、今日の義務教育諸学校で行われる学校給食が教育的な意義を有することとは大きな差違がある。

このように、昭和二〇年代後半から三〇年代初めにかけては、働きながら学ぶ青少年に高校教育を受ける機会を提供するため定時制・通信制教育が果たす役割への期待が極めて大きかったことから、国による振興策が相次いで講じられたが、やがて後退していった。

本条を考える視点

もともと定時制の課程は、働きながら学ぶ生徒のために作られた制度である。しかし、近年では、そうした生徒だけではなく、全日制の課程から転編入学した生徒、あるいは過去に高校教育を受けられなかった者など多様化が進んだ。

このような実情に合わせ、夜間あるいは昼間の定時制とともに、昼夜間の二部制や三部制などの新しい形態のものも設立されるようになった。また、定時制の課程に学ぶ生徒が通信制の課程で一部の科目の単位を取得できる「定通併修制度」（高等学校通信教育規程第一二条）や、定時制の課程に在籍する生徒が技能教育施設で受けた学習を教科の一部履修と認定できる「技能連携制度」（本法第五五条）など様々な制度改革が進められ、修業年限も「三年以上」に改められた。

このような履修形態や単位取得等の弾力化は、今後も定時制教育が果たすべき役割を常に確認しながら、生徒の実態に応じ柔軟な発想で引き続き取り組んでいかなければならない。

関連条文　資料

■**関連条文、法令**　本法第四条〔設置廃止等の認可〕、第五五条〔技能教育施設との連携〕、第五六条〔修業年限〕、本法施行規則第一〇二条（修業年限）、第一〇三条（学年による教育課程の区分）、第一〇四条（学年の始期・終期）、高等学校の定時制教育及び通信教育振興法（昭和二八年八月一八日法律第二三八号）、夜間課程を置く高等学校における学校給食に関する法律（昭和三一年六月二〇日法律第一五七号）、単位制高等学校教育規程（昭和六三年三月三一日文部省令第六号）

■**関連資料**　高等学校設置基準

〔通信制の課程〕

第五四条　高等学校には、全日制の課程又は定時制の課程のほか、通信制の課程を置くことができる。

② 高等学校には、通信制の課程のみを置くことができる。
③ 市（指定都市を除く。）町村の設置する高等学校については都道府県の教育委員会、私立の高等学校については都道府県知事は、通信制の課程のうち、当該高等学校の所在する都道府県の区域内に住所を有する者のほか、全国的に他の都道府県の区域内に住所を有する者を併せて生徒とするものその他政令で定めるもの（以下この項において「広域の通信制の課程」という。）に係る第四条第一項に規定する認可（政令で定める事項に係るものに限る）を行うときは、あらかじめ、文部科学大臣に届け出なければならない。都道府県又は指定都市の設置する高等学校の広域の通信制の課程について、当該都道府県又は指定都市の教育委員会がこの項前段の政令で定める事項を行うときも、同様とする。
④ 通信制の課程に関し必要な事項は、文部科学大臣が、これを定める。

本条の概要

本条は通信制の課程及び独立した通信制高等学校の設置を根拠づける規定である。また、広域の通信制の課程に関する認可を行うに当たっての文部科学大臣への事前届出、その他の通信制の課程に関し必要な事項は文部科学大臣が定めることを規定したものである。

通信による教育は、戦前の教育制度では正規の学校教育としては認められていなかったが、昭和二三（一九四八）年に制定された本法で「高等学校は、通信による教育を行うことができる。通信による教育に関し必要な事項は監督庁がこれを定める」と規定し、初めて高等学校教育の一形態として認められた。当初は実施科目も限定され、通信教育だけで高等学校を卒業することはできなかったが、徐々に実施科目が拡大され昭和三〇（一九五五）年度からは通信教育だけで卒業が可能になった。

昭和三六（一九六一）年に行われた本法の一部改正（以下、「昭和三六年改正」と略）に際して本条が全面的に改正され、全日制の課程及び定時制の課程と並ぶ通信制の課程、独立した通信制高等学校の設置が認められた。さらに従来の都道府県単位で設置されていた通信制の課程とともに、その枠を超えた広域の通信制の課程の設置も認められることになった。広域の通信制の課程を認めたのは、常時通学する必要がない通信教育では全日制の課程や定時制の課程のように通学地域を制限する必要がないこと、都道府県の区域を越えて実施することで一定数の生徒を集めることを可能にし、学校経営を支援する必要があると考えられたからである。

なお、修業年限は四年以上と規定されたが、その後定時制の課程と同様に勤労形態の多様化など生徒の実態に合わせた制度改革が進められ、昭和六三年改正時に三年以上と改められた。

ポイント解説

文部科学大臣が関与する理由とその内容

本条第三項は、広域の通信制に関する都道府県教育委員会及び知事の認可に際して、文部科学大臣に届け出ることを規定している。その理由は、通信制の課程が設置されている都道府県以外の区域に居住する生徒の保護、教育内容の充実のため不可欠な他の都道府県の協力校と実施校の適切な連絡調整、マスメディアを活用した通信教育が行われるようになった状況では一都道府県に監督を委ねておくのは不適切であることなどである。

本法第四条にもとづく都道府県教育委員会又は知事の認可事項は、本法施行令第二三条で次のように定められている。

一　学校の設置及び廃止、二　課程の設置及び廃止、三　設置者の変更、四　政令で定める事項また、文部科学大臣への届け出事項は、本施行令第二四条の二で次の通り定められている。

一　学校の設置及び廃止、二　通信制課程の設置及び廃止、三　設置者の変更、四　学則の記載事項のうち文部科学省令で定めるものに係る変更

通信制の課程の運営

通信制の課程の運営は、従来から基本的に高等学校通信教育規程によって行われてきた。現行の規定は、前述した昭和三六年改正時の本条の全面改正により通信制教育の充実が図られたことに伴い翌三七（一九六二）年に全面的に改正（以下、「昭和三七年改正」と略）され、さらに平成一六（二〇〇四）年四月に一部改正（以下、「平成一六年改正」と略）されたものである。

①　通信教育の方法等

通信制の課程における教育の具体的な方法は、添削指導、面接指導及び試験により行うことになっている（規程第二条第一項）。

添削指導とは、生徒が提出するレポートを教師が添削し生徒に返送することにより指導するものである。

面接指導は、いわゆる「スクーリング」で、生徒が登校し教師から直接に指導を受けるものである。

添削指導回数や面接指導時間数の標準は、学習指導要領により各教科・科目ごとに定められている。試験が受けられるのは、この標準を満たした生徒である。

②　協力校

通信制の課程を置く高等学校（以下「実施校」）の設置者は、実施校の行う通信教育について協力する高等学校（以下、「協力校」と略）を設けることができる。この場合、協力校が他の設置者が設置する高等学校であるときは、実施校の設置者は当該高等学校の設置者の同意を得なければならない（規程第三条第一項）。

協力校は、実施校の行う面接指導及び試験等に協力するが、添削指導は行わない（同第三条第二項）。

通信制教育の振興を目指す法律

通信制教育が重要な勤労青年教育で果たすべき役割への期待は、定時制教育と同様に極めて大きく、この両教育の振興を目指す目的で高等学校の定時制教育及び通信教育振興法が制定された。

同法では、国は定時制・通信制教育の振興を図るとともに、地方公共団体が定時制・通信制教育の振興を図ることを奨励し、これについて指導と助言を与えなければならないと規定している。また、地方公共団体が定時制・通信制教育振興のために努めるべきこととして、地域の実態に合わせた定時制・通信制教育の実施に関する総合計画の策定、関連の施設・設備の整備充実、教育内容及び方法の改善、教員の現職教育の改善などを定めている（同法第三条）。

また、昭和三五（一九六〇）年には同法の一部改正により、教員の定時制通信教育手当が新設され、公立高等学校の教員に支給する手当についての国庫補助が実現した。手当創設当時の支給率は給与月額の七パーセントであったが、昭和四六（一九七一）年には一〇パーセントまで引き上げられた。しかし、昭和六〇（一九八五）年の同法の一部改正で国庫補助は廃止され、現在は公立高等学校の教員手当の内容については条例で定めることを規定しているのみである。

主要な制度改革

通信制教育についても様々な制度改革が行われてきたが、その主要な点は次の通りである。

①　技能連携制度

通信制の課程に在学する生徒が、都道府県教育委員会が指定する技能教育施設で教育を受けている場合は、その学習を高等学校の教科の履修の一部とみなすことができる制度である（本法第五五条、詳細は法第五五条の解説等を参照）。

6 高等学校

②　定通併修制度

通信制課程に在学している生徒が自校の定時制、もしくは他校の定時制か通信制課程で一部の科目の単位を修得した場合、その単位を卒業に必要な単位として認定できる制度である。

③　多様なメディア活用による面接指導への出席免除の特例

情報通信技術の発展を通信教育の発展に活用するための特例措置である（規程第二条第二項）。学校が指導方法としてラジオやテレビなどの放送のほか、インターネットなどの多様なメディアを活用した場合、面接指導の時間数または特別活動の時間数のうち、各メディアごとにそれぞれ一〇分の六以内、複数のメディアを利用した場合は合わせて一〇分の八以内で面接指導の時間数を免除することができる。

本条を考える視点

通信制の課程で学ぶ生徒が、制度創設時と大きく変わったことは定時制の課程と同様である。

しかし、通信制の課程は、定時制の課程と同様に働きながら学ぶ生徒数が減少しているものの、一方で全日制や定時制課程からの転編入学者や、かつて高等学校教育を受けられなかった中高年齢の生徒が増えていること、あるいは情報通信技術の目覚ましい進展により一層多様で魅力ある学習方法が実現できることなどから、将来の発展可能性を指摘する意見もある。

また、わが国における今後の高等学校教育は、全日制課程で集中的に学ぶもよし、働きながら、あるいは仕事はしていないが少しゆったりと学ぶ定時制課程、自学自習を基本として自分のペースで学べる通信制の課程という具合に、若者たちの選択肢を多くしておくことが大切である。また、途中で挫折した若者に再チャレンジのチャンスを与える、あるいは中高年者の生涯学習の機会を提供するなどの役割を果たすためにも通信教育を充実する必要がある。あくまでも生徒の状況を重視しつつ、ニーズに即し柔軟な発想による適切な制度改革を行い、一層の充実を図るべきである。

関連条文　資料

■関連条文、法令　本法第四条〔設置廃止等の認可〕。本法施行令第二三条（法第四条の政令で定める事項）、第二四条の二（法第五四条第三項の政令で定める事項）、第二七条の二（私立高等学校による広域の通信制課程に関する変更等の届出・報告）、高等学校通信教育規程、高等学校の定時制教育及び通信教育振興法（昭和二八年八月一八日法律第二三八号）

■関連資料　「高等学校学習指導要領の一部改正について（通知）」（平成一五年四月三〇日一五文科初第二六八号文部科学事務次官）

〔定通制の技能教育〕

第五五条　高等学校の定時制の課程又は通信制の課程に在学する生徒が、技能教育のための施設で当該施設の所在地の都道府県の教育委員会の指定するものにおいて教育を受けているときは、校長は、文部科学大臣の定めるところにより、当該施設における学習を当該高等学校における教科の一部の履修とみなすことができる。

②　前項の施設の指定に関し必要な事項は、政令で、これを定める。

本条の概要

本条は高等学校の定時制の課程及び通信制の課程に在学する生徒だけに認められた「技能連携制度」に関して規定したものである。

この制度は、高等学校の定時制の課程または通信制の課程に在学する生徒が、技能教育のための施設で教育を受けている場合、校長はその施設での学習を高等学校の教科の一部の履修とみなすことができるものである。

戦後、各種学校や職業訓練所などの教育訓練機関による技能教育が徐々に充実し、高等学校の教育に匹敵する力をもつものが現れるようになった。こうした状況の中で、定時制の課程や通信制の課程に在学する生徒がこれらの機関で技能教育を受けている場合には、同様の教育を重複して受けるという二重の負担を軽減することで勤労青少年の高等学校における学習を容易にし、多くの者に高等学校教育を受ける機会を与えるとともに、技能教育の効率化を推進するため、昭和三六年改正時に本条が追加された。

ここでいう「技能連携制度」の対象となる施設は、「技能教育のための施設で当該施設の所在地の都道府県の教育委員会が指定するもの」（本条第一項）である。従来、この指定は高等学校教育の水準を確保するため全国的な視野に立つ必要があるとの理由で、文部大臣が行うことになっていた。しかし、制度の定着が進んだことや、指定対象となる施設に近いところで適切な判断をすることを通じて制度の円滑な運用を図るため、昭和六三年改正では、全国的な水準確保のため指定基準を国が定め、指定は都道府県教育委員会が行うことに改められた。

ポイント解説

技能連携施設の指定基準

都道府県教育委員会の指定を受けなければ技能連携施設にはなれない。その指定基準については、本法施行令第三三条で、おおよそ次のように定められている。

一　設置者が高等学校教育に理解をもち、政令・規則を遵守するなど設置者として適切であると認められること。

二　修業年限が一年以上、年間指導時間数が六八〇時間以上であること。

なお、この基準は制度発足当初、修業年限三年以上、年間指導時間数八〇〇時間と厳しかったため、指定施設が増えなかった。しかし、昭和四二（一九六七）年一二月の施行令等の改正により、現行のように要件が大幅に緩和された。

三　技能教育を担当する者のうち半数以上、実習を担任する者のうち半数以上が、それぞれに係る高等学校教諭の免許状を有するなど、十分な指導の力量を有すると認められること。

四　技能教育の内容に文部科学大臣が定める高等学校の教科に相当する内容が含まれていること。なお、ここでいう「高等学校の教科に相当するもの」については、技能教育施設の指定等に関する規則で「職業に関する教科」（第二条第一項）と定められている。

五　技能教育を担当する者及び技能教育を受ける者の数、施設・設備並びに運営の方法が、文部科学省令で定める基準に適合していること。

なお、同規則で担当者の数は「技能教育を受ける者の数を二〇をもって除した数以上」、科目ごとに同時に技能教育を受ける者の数は「一〇人以上」（ともに第二条第二項）と規定している。

技能連携施設の指定手続き

技能教育施設の設置者が指定を受けようとするときは、当該施設の所在する都道府県教育委員会に対して指定を申請しなければならない（本法施行令第三二条、技能教育施設の指定等に関する規則第一条）。

申請を受けた都道府県教育委員会は、指定基準に合致している場合には、連携科目等（当該指定に係る技能教育施設における科目のうち対象となるもの、及び当該科目の学習をその履修とみなす高等学校の教科の一部）を併せて指定しなければならない（本法施行令第三三条の二）。また、都道府県教育委員会は、指定した技能教育施設の名称、所在地及び連携科目等を公示しなければならない（本法施行令第三三条の三）。

内容変更及び廃止の届出等

指定を受けた技能教育施設の設置者は、当該施設の名称、所在地、技能教育の種類その他の文部科学省令で定める事項を変更するときは、指定した教育委員会にあらかじめ届けなければならない（本法施行令第三四条第一項）。なお、文部科学省令では、届け出るべき内容として、設置者の氏名及び住所、技能教育の種類ごとの修業年限及び科目ごとの年間の指導時間数、技能教育を受ける者の数、施設所在地の教育委員会が定める事項を付加している（技能教育施設の指定等に関する規則第四条第一項）。この届出は、届出書に変更の理由及び時期を記載した書類を添える必要がある（同規則同条第二項）。

また、指定技能教育施設の設置者は、連携科目等の追加、変更又は廃止しようとするときは、指定した教育委員会に、それぞれの指定、指定の変更または指定の解除を申請しなければならない。申請を受けた教育委員会は、指定及び指定の変更・解除をしたときは公示しなければならない（本法施行令第三四条第二項、第三項）。

さらに、指定技能教育施設の設置者は、当該施設を廃止しようとするときは、廃止しようとする三月前までに、指定した教育委員会に対し、廃止する旨とその時期を届けなければならず、届出を受けた教育委員会はその旨を公示しなければならない（本法施行令第三五条第一項、第二項）。

指定の解除及び調査

指定した教育委員会は、指定技能教育施設が基準に合致しなくなったときは指定を解除することができる。また、指定を解除したときには、その旨を公示しなければならない（本法施行令第三六条）。なお、指定した教育委員会は、指定技能教育施設が基準に合致しているか調査し、施設設置者に対して当該施設による技能教育に関する報告や資料の提出を求めることができる（本法施行令第三七条）。

高等学校長による連携措置の扱い

高等学校長は、「文部科学大臣の定め」により、技能連携教育施設での履修を当該高等学校での教科の一部の履修とみなすこと（以下「連携措置」とする。）ができる。技能教育施設の指定等に関する規則は、連携措置に関しておおよそ次のように定めている。

一　連携措置をとろうとする高等学校の校長と指定技能教育施設の設置者は、あらかじめ連携科目等の指導計画その他連携措置に必要な計画を定めなければならない（同規則第六条第一項）。

また、校長は連携措置の対象となる科目の学習に関して、当該施設の設置者に指導・助言することができる（同条第二項）。

二　校長は定時制の課程及び通信制の課程に在学する生徒が、指定技能教育施設で計画に基づいて連携措置に係る科目を学習し、その成果が試験等の方法より、当該科目に対応する高等学校の科目の目標に達していると認めるときは、所定の単位を認定することができる（第七条第一項）。

校長が認定できる単位数の合計は、当該高等学校が定めた全課程の修了を認めるために必要な単位数の二分の一以内である（同条第二項）。

本条を考える視点

本条は勤労青少年の高等学校教育と技能訓練との二重負担を軽減するとともに、技能教育の効率を高めることで産業の発展を図ろうとする経済界の強い要望を背景として設置された。その後、対象とする技能教育施設及び認定単位数を拡大する改正が行われたことは前述した。

この技能連携制度と類似しているように見えるものとして、高等学校学習指導要領上の取り扱いである「実務代替制度」（職業に関する教科・科目を履修する生徒が、それと密接に関連している職業に従事している場合、一定の条件で、その実務を履修に代えることができる）があるが、この両者は全く別物と考えるべきである。すなわち、実務代替制度は生徒が実際に働く現場での活動の教育的な意義を認め、それを学校教育の内容に組み入れようとするものである。これに対し、技能連携制度は学校とは違う技能教育機関による教育活動を、学校教育と同じように扱うものである。それゆえ、技能連携制度は学校教育に与える影響が格段に大きく、都道府県教育委員会による技能教育施設の指定及び高等学校長による連携措置（単位認定）は慎重に行われる必要がある。

関連条文 資料

■**関連条文、法令**　本法施行令第三二条～第三八条、技能教育施設の指定等に関する規則（昭和三七年三月三一日文部省令第八号）

■**関連資料**　中央教育審議会答申「後期中等教育の拡充整備について」（昭和四一年一〇月三一日、技能連携制度の拡大を提言）「学校教育法の一部改正について（通知）」（昭和六三年一一月二二日文初高第八八号　文部事務次官）、「学校教育法施行令等の一部改正について（通知）」（平成元年三月三一日文初高第一二一号　文部事務次官）

〔修業年限〕

第五六条　高等学校の修業年限は、全日制の課程については、三年とし、定時制の課程及び通信制の課程については、三年以上とする。

本条の概要

昭和二一（一九四六）年一二月の教育刷新委員会建議では、修業年限を三年とし、ただし四年制、五年制も認めるとした。この建議に基づいて文部省は本法案を作成し、修業年限三年を超える高等学校については、「特別の技能教育を施す場合」または「夜間において授業を行う課程又は特別の時期及び時間において授業を行う課程」に限定した。昭和二三（一九四八）年四月には、本法に基づく後期中等教育機関として新制高等学校が発足した。

その後、昭和二五（一九五〇）年の本法改正により、「高等学校の修業年限は、三年とする。但し、定時制の課程を置く場合は、その修業年限は、四年以上とする。」とし、前述の「特別の技能教育を施す場合」または「夜間において授業を行う課程又は特別の時期及び時間において授業を行う課程」の二つの課程を定時制と規定、全日制の場合は三年とされた（『学制百年史』）。

昭和五一（一九七六）年九月、修業年限が四年以上と規定されていた定時制課程及び通信制課程について、昼間定時制課程又は技能連携を行っている定時制課程若しくは通信制課程は、三年間で高等学校の全課程を履修することが可能であり、無理なく三年間で全課程を履修することができる定時制課程又は通信制課程の高等学校については、三年間で卒業が可能となるよう修業年限を三年以上とすることを検討する必要があるとされた（高等学校定時制通信制教育改善研究調査協力者会議報告「高等学校定時制通信制教育の改善について」）。

こうして、昭和六三年改正の翌平成元（一九八九）年より定時制及び通信制課程の修業年限が三年以上となり、現在に至っている。

ポイント解説

全日制課程の修業年限は、昭和二三（一九四八）年以降は変わらず三年であるが、定時制課程及び通信制課程では修業年限の変更が生じたため、ここでは、主として定時制と通信制について、その設置経緯を踏まえて取り上げる。

定時制と通信制創設の趣旨

定時制及び通信制課程創設の趣旨は、定時制が中学校を卒業して勤務に従事するなど様々な理由で全日制の高校に進めない青少年に対して高校教育を受ける機会を与えること、通信制が全日制・定時制の高校に通学することができない青少年に対して、通信の方法により高校教育を受ける機会を与えることとされている。

定時制課程は、「高等学校には、全日制の課程のほか、定時制の課程を置くことができる。」、「② 高等学校には、定時制の課程のみを置くことができる。」と規定されている（本法第五三条）。

通信制課程は、「高等学校には、全日制の課程又は定時制の課程のほか、通信制の課程を置くことができる。」、「② 高等学校には、通信制の課程のみを置くことができる。」と規定されている（本法第五四条）。

修業年限に関する配慮

修業年限に関する配慮については、従来の勤労青少年に加えて、全日制課程からの転学、編入学、過去に高等学校教育を受けられなかったなど、多様な入学動機や学習歴をもつ例が増えている。そのため、「高等学校の定時制の課程又は通信制の課程の修業年限を定めるに当たっては、勤労青年の教育上適切な配慮をするよう努めるものとする。」として、法的配慮がなされている（本法施行規則第一〇二条）。

専攻科と別科

高等学校には、高等学校卒業程度を入学資格とする専攻科と別科が設置可能であり、修業年限は、ともに一年以上である。専攻科はより深い教育、別科は特別の技能教育を施すものとされている。

学年

学年は、四月一日に始まり、翌年三月三一日に終わる（同法施行規則第一〇四条で高等学校に準用）と規定されているが、第二項では「準用する第五十九条の規定にかかわらず、修業年限が三年を超える定時制の課程を置く場合は、その最終の学年は、四月一日に始まり、九月三十日に終わるものとすることができる。」と規定されている。また、第三項では、「校長は、特別の必要があり、かつ、教育上支障がないときは、第一項において準用する第五十九条に規定する学年の途中においても、学期の区分に従い、入学（第九十一条に規定する入学を除く。）を許可し並びに各学年の課程の修了及び卒業を認めることができる。」とされている。

通信制課程における教育課程の特例

情報通信技術の進展に対応し、通信教育の可能性をより発展させるため、高等学校学習指導要領第一章総則第八款「通信制の課程における教育課程の特例」の四について、インターネットなどの多様なメディアを利用して行う学習を取り入れた場合、面接指導の時間数又は特別活動の時間数の一部を免除することが可能となるよう改正された（「高等学校学習指導要領の一部改正について」文部科学省告示）。

本条を考える視点

近年、定時制課程及び通信制課程においては、従来の勤労青少年に加え、全日制課程からの転学や編入学、過去に高等学校教育を受けられなかったなど、多様な入学動機や学習歴をもつ事例が増加している。このような事情から、「高等学校の定時制の課程又は通信制の課程の修業年限を定めるに当たつては、勤労青年の教育上適切な配慮をするよう努めるものとする。」という修業年限に関する法的配慮がなされている（本法施行規則第一〇二条）。両課程とも勤労形態や入学動機の多様化、全日制課程からの転・編入学者の増加などが見られ、制度発足当初とは異なった状況にある。

高等学校の定時制・通信制教育の改善については、昭和六二（一九八七）年一二月、「高等学校定時制通信制教育検討会議」から、今後の定時制・通信制教育の在り方について、①勤労青少年に対する後期中等教育機関としての役割、②教育の機会の拡大の観点から多様な履修形態を提供する後期中等教育機関としての役割、③生涯学習の観点から後期中等教育段階の教育内容を提供する教育機関としての役割という三つの役割をもつ教育の場としてその在り方を見直す必要があると提言されるとともに、制度・運用の両面にわたって改善のための様々な提言が行われた。

同報告の趣旨を踏まえて、文部省では、高等学校の定時制・通信制課程の修業年限を弾力化し、四年のみから、生徒の実態に応じて三年でも卒業しうる道を開いたのである。

また、臨時教育審議会答申等を受け、昭和六三（一九八八）年度に定時制又は通信制課程の特別な形態のものとして制度化された単位制高等学校は、学年による教育課程の区分を設けないで、所要の単位を修得することにより卒業できる高等学校であり、新しいタイプの高等学校の一つとして成果を上げている。

関連条文　資料

■関連条文　本法第四五条〔中学校の目的〕、第五三条〔定時制の課程〕、第五四条〔通信制の課程〕、本法施行規則第一〇二条、第一〇四条、高等学校通信教育規程第一二条

■告示　高等学校定時制通信制教育改善研究調査協力者会議報告「高等学校定時制通信制教育の改善について」（昭和五一年九月二九日文部科学省告示第七六号）、「高等学校学習指導要領の一部改正について」（平成一五年四月三〇日文部科学省告示第七六号）、高等学校学習指導要領第一章総則第八款

〔入学資格〕
第五七条　高等学校に入学することのできる者は、中学校若しくはこれに準ずる学校若しくは義務教育学校を卒業した者若しくは中等教育学校の前期課程を修了した者又は文部科学大臣の定めるところにより、これと同等以上の学力があると認められた者とする。

本条の概要

本条は、「高等学校に入学することのできる者」、すなわち入学資格に関する条文である。本法施行規則では、「第一学年の途中又は第二学年以上に入学を許可される者は、相当年齢に達し、当該学年に在学する者と同等以上の学力があると認められた者とする。」（第九一条）、「本法第五七条の規定により、高等学校入学に関し、中学校を卒業した者と同等以上の学力があると認められる者は、次の各号のいずれかに該当する者とする。」とし、「一　外国において、学校教育における九年の課程を修了した者」、「二　文部科学大臣が中学校の課程と同等の課程を有するものとして認定した在外教育施設の当該課程を修了した者」、「三　文部科学大臣の指定した者」、「四　就学義務猶予

免除者等の中学校卒業程度認定規則（昭和四一年文部省令第三六号）により、中学校を卒業した者と同等以上の学力があると認定された者」、「五　その他高等学校において、中学校を卒業した者と同等以上の学力があると認めた者」（本法施行規則第九五条）と規定している。

ポイント解説

本条でポイントとなるのは、「文部科学大臣の定めるところにより、これと同等以上の学力があると認められた者」という条文の解釈である。以下に具体例を挙げる。

中学校卒業程度認定試験

何らかのやむを得ない事情による場合、義務教育を修了していなくても高等学校への入学は可能である。すなわち、中学校卒業程度認定試験を受験して合格した上で、高等学校の入学者選抜試験を受験することができる。

校長の判断

校長の判断により、各高等学校において、中学校卒業者と同等以上の学力があると認められた者についても、当該高等学校の入学者選抜試験を受験することができる（本法施行規則第九五条第五号）。

再入学

法令上、一度高等学校を卒業した者の再入学を禁止する規定はなく、一度高等学校を卒業したことをもって、高等学校入学資格がなくなることはない。また、単位制高等学校においては、校長の判断により、生徒が過去に在学した高等学校において修得した単位について、当該高等学校の全課程の修了を認めるに必要な単位数のうちに加えることができる。

帰国子女への対応

外国の九年の課程を修了して帰国した場合、日本の高等学校への入学資格を有するが、当該生徒の保護者は、子が満一五歳に達する日の属する年度の終わりまで、中学校等に就学させる義務を負っているため、この条件を満たさない場合は、中学校等に就学させることが必要となる。また、保護者が日本国籍を有しない場合や子の年齢が満一六歳に達している、または当該年度に満一六歳に達する予定であるなど、就学義務を負っていない場合は、校長が、相当年齢に達し、当該学年に在学する者と同等以上の学力があると認めれば、高等学校に編入学することが可能である。さらに、外国にあるインターナショナルスクールが、当該国において正規の教育機関として認められているかどうかについて在日大使館を通じて確認することが必要となる。正規の教育機関であって、九年の課程を修了した者については、高等学校入学資格を有する。

特別支援学校から普通科高等学校への編入学

特別支援学校から普通科の高等学校へ編入学を希望する場合、校長が、相当年齢に達し、当該学年に在学する者と同等以上の学力があると認める場合には、編入学を許可すると規定されている。

単位制高等学校から他の高等学校への編入学

単位制高等学校から他の高等学校への編入学を希望する場合、学年制の高等学校への編入学については、校長が、相当年齢に達し、当該学年に在学する者と同等以上の学力があると認めた場合、前籍校における修得単位に応じて、相当する学年に編入学することが可能である（単位制高等学校規程第七条）。

入学者選抜に関する文部省通知

昭和五九（一九八四）年七月、文部省は高等学校入学者選抜の実施状況及び近年の高等学校教育の進展等を踏まえ、関係者（「高等学校入学者選抜方法の改善に関する検討会議」）の協力を求めてその改善について検討を加えた。その結果、公立高等学校の入学者選抜について各都道府県教育委員会に通知した。

「高等学校入学者選抜方法の改善に関する検討会議」報告書では、一部の高等学校の学力検査において中学校学習指導要領の範囲を逸脱した出題がなされるなど、その出題傾向が中学校の生徒に特別の受験勉強を強いている面が見られ、生徒の進学塾への依存等の望ましくない結果を生じていると指摘した。その改善策の一環として、学力検査の問題作成については、教育研究機関の活用を図る等、恒常的な研究体制の整備が提案されたため、各都道府県教育委員会宛に各高等学校における適正かつ公正な高等学校入学者選抜の実施を行うよう通知したのである（「公立高等学校の入学者選抜について（通知）」）。

本条を考える視点

中学校もしくはこれに準ずる学校、義務教育学校の卒業者と中等教育学校前期課程修了者は、入学者選抜試験に合格すれば、問題なく高等学校に入学することが可能である。問題は、多様な状況が生じる可能性がある「文部科学大臣の定めるところにより、これと同等以上の学力があると認められた者」に該当する生徒への対応である。ここでは、いくつかの事例を挙げたが、その多くは中学校卒業程度認定試験に合格後、高等学校の入学者選抜試験に合格するか、もしくは校長の判断によって中学校もしくはこれに準ずる学校、義務教育学校の卒業者と中等教育学校前期課程修了者と同等以上の学力があると認められることが必要となる。

また、異なる視点から入学を考える事例として、入学者選抜に関する文部省通知を例示した。過度に競争をあおることがないよう、公平な選抜が求められているのである。

関連条文　資料

■関連条文　本法施行規則第九一条、第九五条、就学義務猶予免除者等の中学校卒業程度認定規則（昭和四一年七月一日文部省令第三六号）、単位制高等学校規程（昭和六三年三月三一日文部省令第六号）第七条

■関連資料　「公立高等学校の入学者選抜について（通知）」（昭和五九年七月二〇日文初高第二八三号　文部省初等中等教育局長通知）、「学校教育法施行規則の一部改正について（通知）」（昭和六三年一〇月八日文初高七二　文部事務次官）、「高等学校における帰国子女の編入学の機会の拡大等について」（昭和六三年一〇月八日文初高第二八〇号　文部省初等中等教育局長・教育助成局長）

〔専攻科・別科〕

第五八条　高等学校には、専攻科及び別科を置くことができる。

②　高等学校の専攻科は、高等学校若しくはこれに準ずる学校若しくは中等教育学校を卒業した者又は文部科学大臣の定めるところにより、これと同等以上の学力があると認められた者に対して、精深な程度において、特別の事項を教授し、その研究を指導することを目的とし、その修業年限は、一年以上とする。

③　高等学校の別科は、前条に規定する入学資格を有する者に対して、簡易な程度において、特別の技能教育を施すことを目的とし、その修業年限は、一年以上とする。

本条の概要

高等学校には、高等学校若しくはこれに準ずる学校若しくは中等教育学校を卒業した者又は文部科学大臣の定めるところにより、これと同等以上の学力があると認められた者を入学資格とする専攻科と別科が設置可能であり、修業年限は、ともに一年以上である。専攻科は、精深な程度において、特別の事項を教授しその研究を指導すること、別科は簡易な程度において、特別の技能教育を施すことをそれぞれ目的とする課程とされている。

専攻科は、主として工業、水産、保育、福祉、看護などの専門分野を深化させることや社会人再教育などを目的としている。平成二七（二〇一五）年現在の設置学校数は、一三二校（公立六五校、私立六四校）となっている（「学校基本調査」）。

別科は、戦後しばらくは多くの設置を見たが、全日制が増設されて志望者が増加したために激減し、現在では横浜市立横浜商業高等学校に理容と美容の別科が設置されるのみとなっている。

「高等学校設置基準」では、第二条の二で「設置基準の特例」として、「二　専攻科及び別科の編制、施設、設備等については、この省令に示す基準によらなければならない。ただし、教育上支障がないと認めるときは、都道府県教育委員会等は、専攻科及び別科の編制、施設及び設備に関し、必要と認められる範囲内において、この省令に示す基準に準じて、別段の定めをすることができる。」と規定している。

ポイント解説

専攻科及び別科の現在の設置数

前述したように、平成二七年現在の専攻科設置学校数は、一三二校（公立六五校、私立六四校）、別科はわずか一校となっている。従って、ここでは専攻科を中心に見ていきたい。

専攻科の目的と主な設置領域

専攻科は、高等学校若しくはこれに準ずる学校若しくは中等教育学校を卒業した者又は文部科学大臣の定めるところにより、これと同等以上の学力があると認められた者を入学資格とする。修業年限は一年以上で、精深な程度において特別の事項を教授しその研究を指導することを目的としている。

主な設置領域は、工業、水産、保育、福祉、看護などの専門分野を深化させることや社会人再教育などを目的としている。

大学への編入学資格

最近の検討状況を確認すると、平成二四（二〇一二）年一二月の中央教育審議会大学分科会大学教育部会（第二三回）「教育機関相互における単位認定・編入学について」の「検討事項とその趣旨」において、省庁系大学校や高校専攻科についての検討を進めることが示されている。これは、大学から短期大学・高等専門学校・専門学校への転学など、従来とは逆方向の学校間接続を見据え、その一環として検討の対象となっていることが分かる。また、同部会の「単位認定・編入学についての検討のアプローチ」では、以下のような可能性が検討のアプローチとして示されている。

○編入学においては、編入前の学修が、編入先の大学において単位認定を受けられることが前提となる。

○そのため、編入前の学修が、①制度として、大学相当の教育を行うものとして位置づけられている機関で行われていること、②実態に照らして、大学相当の教育であると認められる内容の学修が行われていること、のいずれかの担保が必要である。

○省庁系大学校や高校専攻科など、①に該当しない教育機関の場合には、②の確認が必要となる。

○②として認められるためには、大学における単位として、実際に認定を受けている実績が求められる。そのため、まずは単位認定の道を開くことについての可能性を検討する。

本条を考える視点

平成二一（二〇〇九）年五月、高等学校の看護科や水産科などに併設されている二年制の専攻科について、文部科学省は従来認めてこなかった修了者に対する大学編入学資格を認める方針を固め、早ければ平成二三（二〇一一）年度から実施すると見られるとの報道がなされた。

その後、平成二四（二〇一二）年一二月の中央教育審議会大学分科会大学教育部会（第二三回）「教育機関相互における単位認定・編入学について」の「検討事項とその趣旨」において、大学での「単位認定や編入学が認められていない省庁系大学校や高校専攻科についての検討に加え、大学から短大・高専・専門学校への転学など、教育機関全体を見渡して、より流動性の高い接続の仕組みを検討していく。」との検討が行われた。また、同部会における「単位認定・編入学についての検討のアプローチ」では、編入先の大学において単位認定を受けられることが前提として、編入前の学修が大学相当の教育であると認められる内容であることが求められた。また、実績をつくるためにも、まずは単位認定の道を開くことについての可能性を検討するとの考えが示され、実現に向けて単位認定と編入学を中心に検討がなされた。

関連条文　資料

■**関連条文**　高等学校設置基準第二条

■**関連資料**　「学校基本調査」（平成二七年度　文部科学省）、「教育機関相互における単位認定・編入学について」（平成二四年一二月二七日、中央教育審議会大学分科会大学教育部会）

〔専攻科修了者の大学編入資格〕

第五八条の二　高等学校の専攻科の課程（修業年限が二年以上であることその他の文部科学大臣の定める基準を満たすものに限る。）を修了した者（第九十条第一項に規定する者に限る。）は、文部科学大臣の定めるところにより、大学に編入学することができる。

〔入学・退学・転学等〕

第五九条　高等学校に関する入学、退学、転学その他必要な事項は、文部科学大臣が、これを定める。

本条の概要

高等学校における入学、退学、転学、留学、休学及び卒業等に関する詳細については、後述のように本法施行規則に規定されている。

高等学校の入学は、第七十八条の規定により送付された調査書その他必要な書類、選抜のための学力検査（以下この条において「学力検査」という。）の成績等を資料として行う入学者の選抜に基づいて、校長が許可する。

二　学力検査は、特別の事情のあるときは、行わないことができる。

三　調査書は、特別の事情のあるときは、入学者の選抜のための資料としないことができる。

四　連携型高等学校における入学者の選抜は、第七十五条第一項の規定により編成する教育課程に係る連携型中学校の生徒については、調査書及び学力検査の成績以外の資料により行うことができる。
五　公立の高等学校に係る学力検査は、当該高等学校を設置する都道府県又は市町村の教育委員会が行う。（第九〇条）
第一学年の途中又は第二学年以上に入学を許可される者は、相当年齢に達し、当該学年に在学する者と同等以上の学力があると認められた者とする。（第九一条）
他の高等学校に転学を志望する生徒のあるときは、校長は、その事由を具し、生徒の在学証明書その他必要な書類を転学先の校長に送付しなければならない。転学先の校長は、教育上支障がない場合には、転学を許可することができる。
2　全日制の課程、定時制の課程及び通信制の課程相互の間の転学又は転籍については、修得した単位に応じて、相当学年に転入することができる。（第九二条）
生徒が、休学又は退学をしようとするときは、校長の許可を受けなければならない。（第九四条）
学校教育法第五十七条の規定により、高等学校入学に関し、中学校を卒業した者と同等以上の学力があると認められる者は、次の各号のいずれかに該当する者とする。
一　外国において、学校教育における九年の課程を修了した者
二　文部科学大臣が中学校の課程と同等の課程を有するものとして認定した在外教育施設の当該課程を修了した者
三　文部科学大臣の指定した者
四　就学義務猶予免除者等の中学校卒業程度認定規則（昭和四一年文部省令第三六号）により、中学校を卒業した者と同等以上の学力があると認定された者

五　その他高等学校において、中学校を卒業した者と同等以上の学力があると認めた者（第九五条）

校長は、生徒の高等学校の全課程の修了を認めるに当たつては、高等学校学習指導要領の定めるところにより、七十四単位以上を修得した者について行わなければならない。ただし、第八十五条、第八十五条の二又は第八六条の規定により、高等学校の教育課程に関し第八十三条又は第八十四条の規定によらない場合においては、文部科学大臣が別に定めるところにより行うものとする。（第九六条）

ポイント解説

ここでは、入学、退学、転学、その他必要な事項について確認する。

入学

高等学校入学資格は、以下のいずれかに該当する場合に認められる。

一　中学校若しくはこれに準ずる学校若しくは義務教育学校を卒業した者若しくは中等教育学校の前期課程を修了した者（本法第五七条）

二　外国において、学校教育における九年の課程を修了した者（本法施行規則第九五条第一項）

三　在外教育施設（中学校と同等であると認定された課程）の課程を修了した者（同施行規則第九五条第二項）

四　文部科学大臣の指定した者（同施行規則第九五条第三項）

五　就学義務猶予免除者等の中学校卒業程度認定規則（昭和四一年文部省令第三六号）により、中学校を卒業した者と同等以上の学力があると認定された者（同施行規則第九五条第四項）

六　その他高等学校において、中学校を卒業した者と同等以上の学力があると認めた者（同施行規則第九五条第五項）

転学

三　校長は、児童等が転学した場合においては、その作成に係る当該児童等の指導要録の写しを作成し、その写し（転学してきた児童等については転学により送付を受けた指導要録の写しを含む。）及び前項の抄本又は写しを転学先の校長に送付しなければならない。（同施行規則第二四条）

校長及び教員が児童等に懲戒を加えるに当つては、児童等の心身の発達に応ずる等教育上必要な配慮をしなければならない。

退学

2　懲戒のうち、退学、停学及び訓告の処分は、校長（大学にあつては、学長の委任を受けた学部長を含む。）が行う。

3　前項の退学は、公立の小学校、中学校（本法第七十一条の規定により高等学校における教育と一貫した教育を施すもの（以下「併設型中学校」という。）を除く。）又は特別支援学校に在学する学齢児童又は学齢生徒を除き、次の各号のいずれかに該当する児童等に対して行うことができる。

一　性行不良で改善の見込がないと認められる者

二　学力劣等で成業の見込がないと認められる者

三　正当の理由がなくて出席常でない者

四　学校の秩序を乱し、その他学生又は生徒としての本分に反した者

4　第二項の停学は、学齢児童又は学齢生徒に対しては、行うことができない。（同施行規則第二六条）

高等学校において、学校生活への適応が困難であるため、相当の期間高等学校を欠席していると認められる生徒、

高等学校を退学し、その後高等学校に入学していないと認められる者又は本法第五十七条に規定する高等学校の入学資格を有するが、高等学校に入学していないと認められる者を対象として、その実態に配慮した特別の教育課程を編成して教育を実施する必要があると文部科学大臣が認める場合においては、文部科学大臣が別に定めるところにより、第八十三条又は第八十四条の規定によらないことができる。（同施行規則第八六条）

高等学校中途退学問題への対応の基本的視点

一　中学校卒業者の九五パーセント以上の生徒が高等学校に進学する状況にあり、高等学校生徒の能力・適性、興味・関心、進路等は多様なものとなっており、このような多様で個性的な生徒の実態を踏まえ、高等学校教育の多様化、柔軟化、個性化の推進を図ること。

二　中途退学の理由、原因等は個々の生徒により様々であるが、各学校における指導の充実や学校と家庭との連携によってある程度防止できる場合と、就職や他の学校への入学など積極的な進路変更により中途退学するケースなど新たな進路への適切な配慮が求められる場合があり、生徒の状況を的確に把握した指導が重要であること。

三　個に応じた指導を進めるに当たっては、生徒の能力・適性、興味・関心、進路等に応じて、理解でき興味のもてる授業を行うなど学習指導の改善・充実に努めるとともに、教育相談の充実、保護者との密接な連携を図ることなどが重要であり、その際、校長のリーダーシップの下に全教職員が協力して取り組む体制を整える必要があること。

四　学習指導の改善・充実に当たっては、生徒の主体的な学習意欲を促し、学校生活において様々な達成感や成就感を味わうことができるよう、「参加する授業」「分かる授業」を徹底するなど魅力ある教育活動を展開することが重要であること。

また、新学習指導要領が重視している生徒が自ら考え主体的に判断し行動できる資質や能力を育成していくことに十分配慮すること。
五　就職や他の学校への入学など積極的な進路変更により中途退学するケースなど新たな進路への適切な配慮が求められる場合には、生徒の意志を尊重しながら、その生徒の自己実現を援助する方向で手厚い指導を行うことが重要であること。
　なお、このような場合には、生徒の積極的な進路変更を可能とするため開かれた学校の仕組みを整えることが必要であり、例えば転校・転科や編入学の円滑な受け入れについての配慮が求められること。
　また、生徒が進路変更により中途退学しようとしているからといって、十分な状況把握をすることなく安易な指導に流れないよう留意する必要があること。

高等学校中途退学問題への対応

上記の基本的視点を重視し、次のような取り組みを行う必要があること。（詳細略）
一　高等学校教育の多様化、柔軟化、個性化を推進すること
二　個に応じた手厚い指導を行うこと
三　開かれた高等学校教育の仕組みを整えること
四　教育委員会における重点的取り組み

本条を考える視点

高等学校中途退学問題への対応については、依然として多数であり大きな課題となっている。文部省（当時）では、平成元（一九八九）年七月に有識者による「学校不適応対策調査研究協力者会議」を発足させ、高等学校中途退学問題への対応方策について広く総合的、専門的な観点から検討を行い、平成四（一九九二）年一二月に「高等学校

中途退学問題について」の報告（平成四年一二月一一日四初高第七八号にて送付）をとりまとめた。

そこで文部省は、同報告の内容を参考にし、高等学校中途退学問題に対する取り組みに一層努力を促した。

なお、高等学校中途退学問題に取り組むに当たり、多様な生徒の個性を伸長することを重視し、各高等学校における特色ある個性的な教育の展開を一層推進することが肝要であり、高等学校教育の改革の推進に関する会議の四次にわたる報告を踏まえて、総合学科、全日制課程の単位制高等学校、高等学校間の単位互換あるいは高等学校入学者選抜などに係る法令の改正を行うとともに関係通知を送付し、その趣旨に十分留意し、総合的かつ積極的な取り組みを行うように指摘している。

関連条文　資料

■**関連条文、法令**　本法施行規則第二六条、第七八条、第七五条、第八六条、第九〇条、第九一条、第九二条、第九四条、第九五条、第九六条、本法第五七条〔入学資格〕、第七一条〔一貫教育〕、就学義務猶予免除者等の中学校卒業程度認定規則（昭和四一年七月一日文部省令第三六号）

■**通知**　「高等学校中途退学問題への対応について（通知）」（平成五年四月二三日文初高第三五一号　文部省初等中等教育局長）、学校不適応対策調査研究協力者会議報告「高等学校中途退学問題について」（平成四年一二月一一日四初高第七八号にて送付）

〔職員〕

第六〇条　高等学校には、校長、教頭、教諭及び事務職員を置かなければならない。

② 高等学校には、前項に規定するもののほか、副校長、主幹教諭、指導教諭、養護教諭、栄養教諭、養護助教諭、実習助手、技術職員その他必要な職員を置くことができる。

③ 第一項の規定にかかわらず、副校長を置くときは、教頭を置かないことができる。

④ 実習助手は、実験又は実習について、教諭の職務を助ける。

⑤ 特別の事情のあるときは、第一項の規定にかかわらず、教諭に代えて助教諭又は講師を置くことができる。

⑥ 技術職員は、技術に従事する。

〔二人以上の教頭の設置〕

第六一条　高等学校に、全日制の課程、定時制の課程又は通信制の課程のうち二以上の課程を置くときは、それぞれの課程に関する校務を分担して整理する教頭を置かなければならない。ただし、命を受けて当該課程に関する校務をつかさどる副校長が置かれる一の課程については、この限りでない。

本条の概要

高等学校の職員に関して規定している条文である。高等学校には、校長、教頭、教諭及び事務職員を置かなければならない。高等学校には、このほか、副校長、主幹教諭、指導教諭、養護教諭、栄養教諭、養護助教諭、実習助手、技術職員その他必要な職員を置くことができる。これらの職員の配置数は、高等学校設置基準に示されている。

教職員の職務に関する規定については、本法第六二条の規定により、本法第三七条第四項から第一七項、第一九項（校長、副校長、教頭、主幹教諭、指導教諭、教諭、養護教諭、栄養教諭、事務職員、助教諭、講師、養護助教諭の職務について）の規定が、高等学校に準用される。

公立学校については、特に、公立高等学校の適正配置及び教職員定数の標準等に関する法律（いわゆる高校標準法）によって、全日制・定時制や学科の区分に従って、教職員（校長、副校長、教頭、主幹教諭、指導教諭、教諭、助教諭、講師、養護教諭、実習助手、事務職員）定数の標準が定められている。

昭和四九（一九七四）年に教頭職が法制化されたことにより、本法第六一条の規定が示された。全日制、定時制、通信制のうち二以上の課程を置くときは、それぞれの校務を分担して整理する教頭を置かなければならないことになった。昭和二三（一九四八）年からそれまでは、定時制主事、通信制主事が置かれていた。平成一九年改正による副校長職の導入により、課程に関する校務をつかさどる副校長が置かれる場合、例外として教頭を置かないことができる旨が規定された。

高等学校の主任については、小中学校と同様（本法施行規則第一〇四条第一項により準用）に置かれるほか、二以上の学科を置く高等学校における学科主任や農場長、事務長についての規定が別にある（同施行規則第八一条、第八二条）。

ポイント解説

高等学校設置基準に定める職

高等学校における教職員配置は、高等学校設置基準に、「高等学校に置く副校長及び教頭の数は当該高等学校に置く全日制の課程又は定時制の課程ごとに一人以上とし、主幹教諭、指導教諭及び教諭（以下この条において「教諭等」という。）の数は当該高等学校の収容定員を四十で除して得た数以上で、かつ、教育上支障がないものとする」（第八条第一項）と規定されている。教諭等は、特別の事情があり、かつ、教育上支障がない場合は、助教諭又は講師をもって代えることができる（第八条第二項）。高等学校に置く教員等は、教育上必要と認められる場合は、他の学校の教員等と兼ねることができる（第八条第三項）。設置基準は、一六年によって最低基準としての性格を強め、大綱的な規定に改められている。

「高等学校には、相当数の養護をつかさどる主幹教諭、養護教諭その他の生徒の養護をつかさどる職員を置くよう努めなければならない」（第九条）。高等学校には、必要に応じて相当数の実習助手を置くものとする（第一〇条）。なお、実習助手は、教員の職務に順ずる職務を行う者として、教育公務員特例法の規定が準用される（同法第三〇条）。高等学校には、事務職員を必ず置かなければならないが、その数は、「全日制の課程及び定時制の課程の設置の状況、生徒数等に応じ、相当数」とされている（高等学校設置基準第一一条）。技術職員は工業・農業等の学科において技術に従事するが、設置基準に特に規定はされておらず、資格や職務内容が明確ではない。

校長等の職務や必要性の変化

校長は、「教師を指導する立場の教師」としての旧来のイメージから、経営者としての新しいイメージに転換した。これは、特色ある学校をつくるために、校長がイニシアティブをもって責任ある学校経営を行うという前提に基づいている。経営者としての校長の性格を強調するために、平成一二（二〇〇〇）年の本法施行規則の改正（以下、「平成一二年改正」と略）によっていわゆる民間人校長の採用が可能となった。その実情を見ると、平成二三年四月現在の、教員免許・教育に関する職について経験がともにない民間人校長八六人中、高等学校は五〇名と最も多くの採用数となっている（教員出身でない校長全体一〇六名のうちでは五四名）。なお、民間人副校長については、教育関連職経験のない民間人副校長六名中すべて（全体五二名中では一二名）が、高等学校での採用であった。

平成一九年改正により、副校長、主幹教諭及び指導教諭の職が設置された。また、栄養教諭も設置され、高等学校においても栄養指導が必要と考えられた。

職員と学校経営組織

特に学校経営の在り方をめぐっては、平成一二年改正により第四八条に職員会議が位置づけられた（高校にも準用）。ここでは、「校長の職務の円滑な執行に資するため、職員会議を置くことができ」、「職員会議は、校長が主宰する」とされた。職員会議は、従来その性格をめぐって、「学校の議決機関」「校長の諮問機関」「校長の補助機関」と論争的であったが、この施行規則の制定により、「補助機関」としての性格が明らかにされた。同様に同施行規則第四九条に定められた学校評議員制度や、地方教育行政の組織及び運営に関する法律第四七条の五に定める学校運営協議会など、学校運営に関わる地域や保護者の関わり方が近年制度化されてきた。学校経営に関する部分を中心に、専門性を発揮する教職員と学校関係者との間に、職務における新しい役割関係が構築されている。

本条を考える視点

公立私立を問わず、多くの学校で常勤・非常勤の講師として教員を採用する傾向が強まっている。特に私立学校を中心に、人件費の抑制のために、人材派遣会社からの講師採用が行われている。しかし、そのような体制では十分な指導ができず、結果的に生徒の学力向上にはつながらない。また、それらの教員の計画的な職能成長も期待できない。

課題が広がる学校教育においては、従来のような教員による教科指導だけではなく、多様な指導のニーズが生じている。特に後期中等教育の多様な在り方をめぐっては、高等学校における教授内容の多様化を支える教員の適切な配置が求められる。専門的力量に長けた社会人の登用のために、特別免許状制度があるものの、あまり普及していない。

一方、昭和六三（一九八八）年に教育職員免許法の改正により制度化された特別非常勤講師の制度は、広く利用されている。高等学校、中学校では従来から全教科で実施されていた。高等学校では、平成一六（二〇〇四）年度段階で九〇〇〇件を超えている。平成一〇（一九九八）年には、小学校でも対象が全教科に広げられた。

関連条文　資料

■関連条文　本法第八条〔校長、教員の資格〕、第六二条〔準用規定〕、本法施行規則第一二〇条～第一二三条、第四三条～第四九条、地方教育行政の組織及び運営に関する法律第四九条

なお、本条については、第三七条のポイント解説等も併せて参照されたい。

■関連資料　高等学校設置基準

第二章　編制

（授業を受ける生徒数）

第七条　同時に授業を受ける一学級の生徒数は、四十人以下とする。ただし、特別の事情があり、かつ、教育上支障がない場合は、この限りでない。

（教諭の数等）

第八条　高等学校に置く副校長及び教頭の数は当該高等学校に置く全日制の課程又は定時制の課程ごとに一人以上とし、主幹教諭、指導教諭及び教諭（以下この条において「教諭等」という。）の数は当該高等学校の収容定員

を四十で除して得た数以上で、かつ、教育上支障がないものとする。
2　教諭等は、特別の事情があり、かつ、教育上支障がない場合は、助教諭又は講師をもって代えることができる。
3　高等学校に置く教員等は、教育上必要と認められる場合は、他の学校の教員等と兼ねることができる。

（養護教諭等）
第九条　高等学校には、相当数の養護をつかさどる主幹教諭、養護教諭その他の生徒の養護をつかさどる職員を置くよう努めなければならない。

（実習助手）
第十条　高等学校には、必要に応じて相当数の実習助手を置くものとする。

（事務職員の数）
第十一条　高等学校には、全日制の課程及び定時制の課程の設置の状況、生徒数等に応じ、相当数の事務職員を置かなければならない。

〔準用規定〕
第六二条　第三十条第二項、第三十一条、第三十四条、第三十七条第四項から第十七項まで及び第十九項並びに第四十二条から第四十四条までの規定は、高等学校に準用する。この場合において、第三十条第二項中「前項」とあるのは「第五十一条」と、第三十一条中「前条第一項」とあるのは「第五十一条」と読み替えるものとする。

第七章　中等教育学校

〔中等教育学校の目的〕

第六三条　中等教育学校は、小学校における教育の基礎の上に、心身の発達及び進路に応じて、義務教育として行われる普通教育並びに高度な普通教育及び専門教育を一貫して施すことを目的とする。

条文の概要

本条は中等教育学校の教育の目的について定めた条文である。

中等教育学校とは、中学校における教育課程と高等学校における教育課程を、中等教育という視点から一貫して施すために設置された学校である。従って、本条に定める中等教育学校の目的においても、本法第四五条によって規定される中学校の目的に対応する「義務教育として行われる普通教育」と並んで、本法第五〇条において規定される高等学校の目的と対応する「高度な普通教育及び専門教育」の両方が示されており、これを合わせ「一貫して施すこと」が定められている。

ポイント解説

中等教育学校の概要・導入・現状

中等教育学校は、中学校で行われる「義務教育として行われる普通教育」と、高等学校で行われる「高度な普通教育及び専門教育」を、一貫して施すことを目的として設置された六年制の学校である。このため、中等教育学校の前期課程（前期三年）は、義務教育期間なので、公立校では授業料を徴収できない（本法第六条）。その歴史は、比較的新しく、平成一〇（一九九八）年六月の本法改正（以下、「平成一〇年改正」と略）によって定められた学校種である（翌年四月一日より施行）。

中等教育学校の成立の背景には、戦後一貫して上昇してきた高等学校進学率が九割を超え多くの地域で中高一貫教育を実施する前提が整ったこと、並びに、文部省がその政策方針として「ゆとり」教育施策を打ち出したことが挙げられる。第一五期中央教育審議会は、中高一貫教育のメリットを、「（a）高等学校入学者選抜の影響を受けずにゆとりのある安定的な学校生活が送れること、（b）六年間の計画的・継続的な教育指導が展開でき効果的な一貫した教育が可能となること、（c）六年間にわたり生徒を継続的に把握することにより生徒の個性を伸長したり、優れた才能の発見がよりできること、（d）中学一年生から高校三年生までの異年齢集団による活動が行えることにより、社会性や豊かな人間性をより育成できること」（「二十一世紀を展望した我が国の教育のあり方について（答申）」一九九七年六月）とまとめ、「ゆとり」の中での個性尊重の教育を進めることを目的に、中高一貫教育の選択的導入を提言したのである。これを受けて、文部省は翌年六月に本法を改正、中等教育学校制度の導入に踏み切った。

学校基本調査によると、平成二六（二〇一四）年度現在で、国立四校、公立三〇校、私立一七校の計五一校（すべて全日制）が存在する。全国の全日制高校数が四三四一校であるので、その割合は〇・一パーセント強である。

中高一貫教育の諸形態

中高一貫教育を施す学校については、本条の規定する中等教育学校のほかにも、本法第七一条に規定する併設型の中学校・併設型高等学校、本法施行規則第七五条及び第八七条等に規定する連携型の中学校・連携型高等学校がある。

なお、以上は学校基本調査に表される制度上の中高一貫教育校であって、このほかにも私立学校の中には一般入

7 中等教育学校

試をせずに系列の高等学校への入学を許可することによって、事実上の中高一貫教育を行う学校も少なくない。

中等教育学校のエリート校化

中等教育学校のエリート校化については、制度導入の是非を論ずる時点から懸念されていた。そのため中等教育学校導入の本法改正時には、「受験準備に偏したいわゆる『受験エリート校』化など、偏差値による学校間格差を助長することのないよう十分配慮すること」「入学者の選抜に当たって学力試験は行わないこととし、学校の個性や特色に応じて多様で柔軟な方法を適切に組み合わせて入学者選抜方法を検討し、受験競争の低年齢化を招くことのないよう十分配慮すること」との旨の両院附帯決議（衆院文教委員会平成一〇年五月二二日、参院文教・科学委員会同年六月四日）が付せられた。

これを受けて、文部省は初中局長名の通知でこの附帯決議の趣旨を徹底するとともに、本法施行規則第一一〇条第二項において、公立中等教育学校における入学時の学力検査を禁止する規定を定めた。しかしながら、現在、多くの公立一貫校が、入学者の適性を測定することを目的として、論理的思考力などを測定する「適性検査」等を前期課程入学時に課しており、事実上の入試ではないかと批判されている。

現在、経済的格差が広がる中で、経済的負担の大きな私立中等教育学校へは通うことが難しい層が、公立中等教育学校に期待を寄せる向きもあり、今後、公立中等教育学校の事実上のエリート学校化が促進される可能性は高い。

本条を考える視点

中等教育学校の目的の理解については、中高一貫教育の視点からその制度趣旨を捉えることが必要である。すなわち、受験のためのエリート校をつくるのではなく、あくまで、生徒一人ひとりの能力・適性、興味・関心、進路希望等に応じた多様で柔軟な教育が中等教育段階を通じてできるために設立された学校であるということである。

また、この立場から考えるのならば、公立中等教育学校においては、国会附帯決議の精神にのっとり、前期課程入学時に、実質上の学力考査となる「適性検査」等を行うことを慎まなければならない。

関連条文　資料

■**関連条文**　日本国憲法第二六条第二項（普通教育）、教育基本法第一条（教育の目的）、本法第四五条〔中学校の目的〕、本法第五〇条〔高等学校の目的〕

■**関連資料**　**「中高一貫教育制度の導入に係る本法等の一部改正について（通知）」（平成一〇年六月二六日一〇文初高第四七五号　文部省初等中等教育局長・教育助成局長）**

「我が国の中等教育については、これまでも、生徒の能力・適性、興味・関心等の多様化に対応して、現行の学校制度の下において、総合学科や単位制高等学校など新しいタイプの高等学校の設置、選択幅の広い教育課程の編成を行う等さまざまな取組みが進められてきているところであります。

しかし、生徒一人一人がそれぞれの個性や創造性を伸ばし、我が国が活力ある社会として発展していくためには、学校制度について、生徒一人一人の能力・適性、興味・関心、進路希望等に応じた多様で柔軟なものとしていく必要があります。今回の改正は、このような観点に立って行われたものであります。」

「改正法については、衆議院文教委員会及び参議院文教・科学委員会において、中高一貫校がいわゆる『受験エリート校』化することがあってはならないことや、受験競争の低年齢化を招くことのないよう、公立学校の場合には入学者の決定に当たって学力試験は行わないことなどについて、別添二の附帯決議が付されています。中高一貫教育の導入等について検討されるに当たっては、これらの点に十分留意され、中高一貫教育制度がその趣旨に沿って導入されるよう配慮願います。」

〔中等教育学校の目標〕

第六四条　中等教育学校における教育は、前条に規定する目的を実現するため、次に掲げる目標を達成するよう行われるものとする。

一　豊かな人間性、創造性及び健やかな身体を養い、国家及び社会の形成者として必要な資質を養うこと。

二　社会において果たさなければならない使命の自覚に基づき、個性に応じて将来の進路を決定させ、一般的な教養を高め、専門的な知識、技術及び技能を習得させること。

三　個性の確立に努めるとともに、社会について、広く深い理解と健全な批判力を養い、社会の発展に寄与する態度を養うこと。

本条の概要

本条は中等教育学校の教育の達成目標について定めた条文である。

中等教育学校は、中高一貫教育の視点から、中学校の教育課程と高等学校の教育課程を一貫して施す六年制の学校である。従って、中等教育学校卒業時に、当該生徒が高等学校教育を受けたに等しい力量がつくことが求められている。

本条においても、本法第五一条に規定する高等学校教育の達成目標に等しい目標が設定されている。しかしながら、中等教育学校は、中学校に相当する部分も前期課程として含んでいるので、高等学校教育の目標に含まれる「義務教育として行われる普通教育の成果を更に発展拡充させて」の部分は含まれていない。

本条第一号及び第三号は、日本国憲法の保障する国民主権の精神を前提とし、生徒の平和で民主的な社会・国家の形成者としての公民的資質の向上を求めるものとなっている。

本条第二号は、義務教育段階での普通教育を前提として、生徒に将来の進路の決定を促すとともに、「専門的な知識、技術及び技能を習得」をも促している。

ポイント解説

中学校の達成目標との関係

本条は、前述のように中等教育学校における教育の達成目標を規定したものであるから、中学校教育の達成目標については直接に触れてはいない。しかし、中等教育学校が前期課程に中学校相当の部分を含んでいることから考えると、中学校教育における達成目標である「義務教育として行われる普通教育」における目標（本法第二一条）の達成は当然の前提であるといえる。このことは、本法第六七条第一項の規定において、中学校の達成目標が、前期課程の目標として定められていることからも窺える。

教育基本法に定める教育目標との関係

平成一八（二〇〇六）年の教育基本法の全部改正によって、第二条において、わが国の教育が目指すべき目標が規定された。これに伴って教育関連法規が整備され、翌年六月に、本条第一号でも「豊かな人間性、創造性及び健やかな身体を養い」が、第三号には「社会の発展に寄与する態度を養う」が挿入され、本法に規定する学校と教育基本法のつながりが明確にされた。

前期課程及び後期課程の目標

本条は、中等教育学校を通じた教育の目標を規定しているが、前期課程及び後期課程の独自の教育目標については、本法第六七条に規定している。

本条を考える視点

本条は、中等教育学校卒業時の到達目標である。従って、この目標を達成するために義務教育の目標は前提として当然に果たされていなければならない。

本条の理解に当たっては、中学校の目標と高等学校の目標の両者を視野に入れて考える必要がある。

関連条文 資料

■関連条文 教育基本法第一条〔教育の目的〕、第二条〔教育の目標〕、本法第二一条〔義務教育の目標〕、第五一条〔高等学校教育の目標〕、第六六条〔課程〕、第六七条〔各課程の目標〕

■関連資料 「中高一貫教育制度の導入に係る学校教育法等の一部改正について（通知）」（平成一〇年六月二六日文初高第四七五号 文部省初等中等教育局長・文部省教育助成局長）

「（8）中等教育学校の目標（第51条の3）中等教育学校が「中等普通教育」に引き続いて「高等普通教育及び専門教育」を一貫して施すことを目的としていることから、中等教育学校における教育の目標として、高等学校教育と同様に、国家及び社会の有為な形成者として必要な資質を養うこと等を定めたこと。」

〔修業年限〕

第六五条　中等教育学校の修業年限は、六年とする。

本条の概要

本条は、中等教育学校の修業年限を六年と定めたものである。

その六年間の内訳については、次条第六六条によって、前期三年間を前期課程として中学校相当の教育を、後期三年間を後期課程として高等学校相当として区分する。

ポイント解説

後期課程に定時制・通信制を置く場合の修業年限

中等教育学校は、後期課程に定時制の課程又は通信制の課程を置くことができる。この場合には、修業年限は六年以上とする（本法第七〇条第二項）。

後期課程に定時制・通信制を置く場合の配慮

後期課程に定時制の課程又は通信制の課程を置く場合の修業年限については、勤労青年の教育上適切な配慮をするよう努めること、及び修業年限が三年を超える定時制の課程を置く場合は、その最終の学年は、四月一日に始まり、九月三〇日に終わるものとすることができる（本法施行規則第一一三条第三項）。

本条を考える視点

本条の理解に当たっては、課程の区分についての本法第六六条及び後期課程に定時制・通信制の課程を置く場合の特例が規定されている本法第七〇条第二項にも注意する必要がある。

関連条文 資料

■関連条文　本法第四七条〔修業年限〕、第五六条〔修業年限〕、第七〇条〔準用規定〕第二項、本法施行規則第一一三条第三項（高等学校規定の準用規定）、第一〇二条（修業年限決定時の勤労青年の実情への配慮）、第一〇四条第二項（定時制の修業年限の特例）

〔課程〕
第六六条　中等教育学校の課程は、これを前期三年の前期課程及び後期三年の後期課程に区分する。

条文の概要

本条は中等教育学校の教育課程を、前期三年の前期課程と後期三年の後期課程に区分することを定めている。

この課程の区分は、学校組織を前期中等教育と後期中等教育の二つに分断するためのものではない。生徒に対し中等教育を一貫して施すことを目的とする中等教育学校の制度趣旨に基づき解すべきで、前期課程・後期課程の間は「進学」ではなく「進級」として扱われるべきものである。

ポイント解説

前期課程に関わる特記事項

前期課程は、義務教育である中学校に相当する教育課程である。従って、この趣旨に伴ういくつかの配慮すべき事項が存在する。

教育条件の整備については、中学校が受けるべき様々な支援を同様に受けることができる（例えば、義務教育費国庫負担法、義務教育諸学校等の施設費の国庫負担等に関する法律、学校教育の水準の維持向上のための義務教育諸学校の教育職員の人材確保に関する特別措置法、公立義務教育諸学校の学級編制及び教職員定数の標準に関する法律等）。また、教職員は義務教育諸学校に関わる様々な規制や待遇を、中学校と同様に受けることになる（例えば、義務教育諸学校における教育の政治的中立の確保に関する臨時措置法等）。

このほかに、前期課程の生徒に対して直接には、①授業料の不徴収（本法第六条）、②教科書の無償配布（義務教育諸学校の教科用図書の無償措置に関する法律）、③保護者の就学させる義務（本法第一七条第二項）、④前期課程修了者に対する高等学校入学資格の付与（本法第五七条）等、通常中学校で受けられる待遇や資格の付与がなされる。

後期課程に関わる特記事項

後期課程は、高等学校に相当する教育課程である。従って、この趣旨に伴ういくつかの配慮すべき事項が存在する。

教育条件の整備については、通常、高等学校が受けるべき様々な支援を受けることができる（例えば、公立高等学校の適正配置及び教職員定数の標準等に関する法律、高等学校の定時制教育及び通信教育振興法等）。

また中等教育学校を卒業した者は、大学並びに高等学校専攻科への入学資格が付与される（本法第五八条第二項及び第九〇条第一項）。

後期課程での定時制・通信制等の設置

後期課程においては、全日制のほかに、高等学校に認められる各種制度（例えば、定時制、通信制、単位制、専門学科、総合学科、専攻科等）の設置が認められている（本法第七〇条）。

定時制、通信制の学科を置く場合には、勤労青年の教育上適切な配慮をするよう努めるために、後期課程を三年以上にすることができる（本法第七〇条第二項）。

本条を考える視点

中等教育学校の教育課程を前期課程・後期課程の区分でデザインする場合には、それらを全く別個のものとして捉えるのではなく、中等教育学校の「中高一貫」という制度趣旨に基づいて考慮すべきで、各課程のつながりについて意識をしながら構成すべきである。

また、各課程は、相当する学校種と同様の支援を、国・自治体から受けられることについても注目すべきである。

関連条文　資料

■関連条文　本法第六三条〔中等教育学校の目的〕、第六五条〔修業年限〕

〔各課程の目標〕

第六七条　中等教育学校の前期課程における教育は、第六十三条に規定する目的のうち、小学校における教育の基礎の上に、心身の発達に応じて、義務教育として行われる普通教育を施すことを実現するため、第二十一条各号に掲げる目標を達成するよう行われるものとする。

②　中等教育学校の後期課程における教育は、第六十三条に規定する目的のうち、心身の発達及び進路に応じて、高度な普通教育及び専門教育を施すことを実現するため、第六十四条各号に掲げる目標を達成するよう行われるものとする。

〔各課程の学科・教育課程〕

第六八条　中等教育学校の前期課程の教育課程に関する事項並びに後期課程の学科及び教育課程に関する事項は、第六十三条、第六十四条及び前条の規定並びに第七十条第一項において読み替えて準用する第三十条第二項の規定に従い、文部科学大臣が定める。

〔職員〕

第六九条　中等教育学校には、校長、教頭、教諭、養護教諭及び事務職員を置かなければならない。

② 中等教育学校には、前項に規定するもののほか、副校長、主幹教諭、指導教諭、栄養教諭、実習助手、技術職員その他必要な職員を置くことができる。
③ 第一項の規定にかかわらず、副校長を置くときは教頭を、養護をつかさどる主幹教諭を置くときは養護教諭を、それぞれ置かないことができる。
④ 特別の事情のあるときは、第一項の規定にかかわらず、教諭に代えて助教諭又は講師を、養護教諭に代えて養護助教諭を置くことができる。

〔準用規定〕
第七〇条 第三十条第二項、第三十一条、第三十四条、第三十七条第四項から第十七項まで及び第十九項、第四十二条から第四十四条まで、第五十九条並びに第六十条第四項及び第六項の規定は中等教育学校に、第五十三条から第五十五条まで、第五十八条、第五十八条の二及び第六十一条の規定は中等教育学校の後期課程に、それぞれ準用する。この場合において、第三十条第二項中「前項」とあるのは「第六十四条」と、第三十一条中「前条第一項」とあるのは「第六十四条」と読み替えるものとする。
② 前項において準用する第五十三条又は第五十四条の規定により後期課程に定時制の課程又は通信制の課程を置く中等教育学校については、第六十五条の規定にかかわらず、当該定時制の課程又は通信制の課程に係る修業年限は、六年以上とする。この場合において、第六十六条中「後期三年の後期課程」とあるのは、「後期三年以上の後期課程」とする。

〔一貫教育〕

第七一条　同一の設置者が設置する中学校及び高等学校においては、文部科学大臣の定めるところにより、中等教育学校に準じて、中学校における教育と高等学校における教育を一貫して施すことができる。

本条の概要

本条の趣旨は、本法第六三条で規定されている中等教育学校と同様に、中学校と高等学校の設置者が同じである場合には、事実上の中等教育学校と同じ学校教育体系を施すことができるようにしたことである。

例えば、同じ学校法人などが別々に設置した私立中学校と私立高等学校の場合には、それぞれ中学校・高等学校の教育課程をもちつつも、進学上も教育課程上も連携しているのが通常であり、六年一貫教育を組みやすい。また国公立の中学校・高等学校の場合も、同じ地域でほぼ同じ中学生が高等学校に進学する場合には、事実上連携した指導が容易になる。このように中学校と高等学校が別々に設置されていたとしても、それぞれ関連づけた教育課程に編成する場合には、事実上中等教育学校を新設することと同じように中高一貫教育に再編成することができる。

中学校と高等学校の連携による効果は、中学生が高等学校に進学する際の高校入学試験と受験勉強の負担を省くことができるとともに、中学校から高等学校までの教育課程を体系的効率的に連続させることができる。高校入試の省略は、受験対策としての学習指導を中学校期に行う必要がないために、六年間を見通した進路指導を行うことができる。また中学校期の受験の心理的負担が少ないために、考える授業や体験的な授業など、長期的な発達を見越した授業を進めることができる。一方大学進学の受験対策としての長期的な進路指導になる傾向も否めないため、大学受験教育に傾斜しないような教育課程を構築することも重要である。

教科内容に関しては、中学校と高等学校は、いずれも教科担任制であり、また教科内容も単元の重複があるなど連続するものが多い。高等学校の内容を見越して中学校の内容を教えれば、より考える内容を含めながら教えることができる。とりわけ中学校三年生の単元内容と高校一年生の単元内容は、義務教育の総復習の意味を含めて重複している部分が少なくない。

生徒指導・教育相談に関しても、中学生・高校生の発達段階が思春期以降の発達であるため、中学校・高等学校の発達に関わる指導体制も連続するものが多い。集団指導・全体指導の中では、生徒たちは内的意識を態度・表情に出すことなく、内的葛藤やフラストレーションを起こしている場合が多く、心理相談や個別生徒指導体制も重要になってくる。これら内的葛藤とその克服に関しては、中学・高校期を連続的に見通して、長期的な発達と成長の支援を施すことができる。

このように捉えれば、中学校教育と高等学校教育を連続的に捉えることは、教育課程・単元内容の連続性からも、思春期発達段階の連続性からも、有効な内容と支援体制を構築できる可能性を有している。

ポイント解説

高校入試の省略

中学校と高等学校の一貫教育は、高校入試を行わないために、当然高校受験対策としての学習指導を行う必要がない。高校入試は、中学校期の学習範囲の中での試験となるために、中学校期の内容に関して確実に得点化できる受験指導が行われることになる。従って、得点を向上させるための学習は、必ずしも考える授業・分かる授業ではないために、本来的な学習目的が損なわれる可能性をもっている。受験対策としての学習指導をより本来的な学習活動に向けることができれば、長期的には自分で考える力・生きる力の基礎を養うことができる。

中高一貫教育課程の再編

中学校と高校の一貫教育は、連続する内容や同一内容を関連づけて教えることができるために、効率的な授業時数を組むことができる。例えば中学校期に高校期に学習するような高度な内容を関連づけて教えたり、背後にある理由や因果関係を教えたりしながら、分かる授業を組むことができる。さらに体験的な学習や調べ学習を取り入れながら、中学校期の学習だけでは分からない深い内容を提供するとともに、自ら調べる活動を取り入れて、調べる力・問題解決力を培うことができる。

効率的な単元体系を組むことができるために、最終学年では、進路別の授業を組んだり、習熟度別の発展学習を組んだりすることもできる。同じ時数でもより早く単元内容を関連づけて進めることができるために、高校期における最終学年の教科は、総復習の授業を行うこともできる。

六年間を見通した進路指導

高校入試では普通科・職業科・総合学科など、進路希望に合わせて高校を選択することになるが、必ずしも中学段階で適性や職業選択ができるわけではない。現実の高校選択では、しばしば偏差値の輪切りで高校が決定されていく場合が少なくない。高校入試を行わないで進学する場合には、六年間を通じて目指すべき職業や進路を考えながら、適性や興味関心を吟味でき、より長期的な職業選択や生き方の選択ができるようになる。中高一貫教育では、六年間を見通した長期的な進路指導や個別アドバイスを行うことができ、より確固たる将来目標をもった学習動機づけを行うことができる。

大学受験教育

中高一貫教育では、効率的な単元構成や教育活動が行いやすいが、一方で大学受験競争にシフトした効率的な大学受験対策教育になる可能性もある。私立の中高一貫校がしばしば超進学校化しているのはそのためである。高校受験は省略しても、大学受験にのみシフトしているとしたら、本来のトータルな発達を保障する教育課程が損なわれる可能性もある。従って、単なる大学受験対策としての教育課程の再編にならないような体系化を意識しておくことが重要である。

思春期に配慮した教育相談

六年一貫教育であることは、中学校卒業時でいったん人間関係が再編されるわけではなく、六年間人間関係が続くことを意味している。その場合に、学級活動やロングホームルーム活動を通じて強固な人間関係を築くことができる一方で、うまく人間関係をつくることができない生徒にとっては、居場所を失うことにもなりかねない。そのために、個々の生徒の内的葛藤や心理的な負担を探りながら、集団的な関係づくりと個別教育相談体制を保障していく必要がある。思春期の生徒であるために、内面の意識が見えにくく、学習面だけでなく、個々の葛藤や潜在的な意識を取り扱うことができる教育相談活動を進めていくことが重要になる。

本条を考える視点

中学校と高等学校を含めた六年一貫教育を進める場合には、高校入試を省略して、より連続的、効果的に教育内容を収斂させることができる。一方で、中学・高校を通して、大学受験に向けた教育活動により傾斜することもできるために、単純に大学受験競争を有利にする手段とならないようにすることが求められる。

中高一貫教育の本来的な目的は、高校受験勉強に偏りがちな中学校の進学指導を廃し、思考力・問題解決力・思考力の育成など、本来の総合的な発達を促進するためのものである。この中高一貫教育の本来的な目的を吟味して、六年間のカリキュラムを考えることが重要である。

関連条文　資料

■関連条文　本法施行規則第七章　中等教育学校並びに併設型中学校及び併設型高等学校、第一〇五条～第一一三条（中等教育学校）、第一一四条～第一一七条（併設型中学校及び併設型高等学校の教育課程及び入学）

第八章　特別支援教育

〔特別支援学校の目的〕

第七二条　特別支援学校は、視覚障害者、聴覚障害者、知的障害者、肢体不自由者又は病弱者（身体虚弱者を含む。以下同じ）に対して、幼稚園、小学校、中学校又は高等学校に準ずる教育を施すとともに、障害による学習上又は生活上の困難を克服し自立を図るために必要な知識技能を授けることを目的とする。

本条の概要

本条では、まず、特別支援学校の対象となる障害を定めている。すなわち、その対象となる障害は視覚障害者、聴覚障害者、知的障害者、肢体不自由者、病弱者（身体虚弱者を含む。）である。

次に、教育の目的について示している。その一は、幼稚園、小学校、中学校又は高等学校に準ずる教育を施すことである。ここでいう「準ずる教育」とは、「障害に配慮した同じ教育」という意味である。換言すれば、特別支援学校においては、前述の障害のある幼児、児童、生徒に対して、幼稚園、小学校、中学校、高等学校に準ずる教育、すなわち、普通教育を行うことを示している。

その二は、障害による学習上又は生活上の困難を克服し自立を図るために必要な知識技能を授けることである。「自立活動」という特別支援学校特有の教育課程編成の領域による指導を中心に、障害に応じた指導内容・方法により自立し、社会参加を目指した教育を行う。

旧本法（第七一条）に基づく盲学校、聾学校、養護学校が、盲学校は盲者を、聾学校は聾者を、養護学校は、知的障害者、肢体不自由者、病弱者をそれぞれの学校に置いて教育することとしていたのに対し、特別支援学校においては、特定の障害、例えば、視覚障害者を対象とした特別支援学校、知的障害者を対象とした特別支援学校を設置できること、複数の障害、例えば、知的障害者と肢体不自由者を対象とした特別支援学校、視覚障害者と知的障害者を対象とした特別支援学校、知的障害者、肢体不自由者、病弱者を対象とした特別支援学校を設置することもできるように改められている。

ポイント解説

「特別支援学校」という名称に改められたこと

旧本法第七一条では、長い間、盲学校、聾学校、養護学校という名称を使用してきたが、平成一八（二〇〇六）年の改正（以下、「平成一八年改正」と略）により、「特別支援学校」という名称に改められた。特別支援学校は、特定の障害に限られた学校、複数の障害に対応できる学校など、設置者の考え方、計画等により柔軟に対応できるようになっている。なお、平成一九（二〇〇七）年の改正（以下、「平成一九年改正」と略）により本規定は、現行の第七二条となっている。

学校の名称については、設置者の判断により、特別支援学校、支援学校、盲学校、聾学校、養護学校、〇〇学園など、いずれの名称を使うことも許容されている。

「視覚障害者」、「聴覚障害者」という用語に改められたこと

旧本法七一条では、盲者（強度の弱視者を含む。）、聾者（強度の難聴者を含む。）という用語を使用していたが、平成一八年改正により、盲者は、視覚障害者に、聾者は、聴覚障害者に改められた。このことにより、法令から盲者、

聾者という用語は、消滅したのである。

「障害による学習上又は生活上の困難を克服し自立を図るために」と明記したこと

旧法第七一条では、「あわせてその欠陥を補う」ために必要な知識技能を授けることを目的とするという表現であったが、「欠陥」という用語が、現代では、ふさわしい表現でないために削除したこと、自立を図るためにという目的を明確にしたことが特筆される。

「障害による学習上又は生活上の困難を克服し自立を図るために必要な知識技能」を授けることについては、特別支援学校の教育課程編成の特色である「自立活動」という特有の領域の目標の根拠となる規定である。

「幼稚園、小学校、中学校又は高等学校に準ずる教育」を施すこと

旧法第七一条においても同様の規定が設けられていたが、次の二点について、再確認、再認識する必要があると考える。

① 「準ずる教育」についての考え方を共通理解する必要がある。

「準ずる」とは「同じ」と解するが、注釈を加えれば、「障害に応じた同じ教育」と解することが適当であると考えられる。

② 特別支援学校は、「準ずる教育」、すなわち、小学校等で行われている普通教育を施すとともに、障害に応じた特別支援教育「特別な教育」を行うところであり、普通教育は、小学校で行い、特別支援教育は、特別支援学校で行うものであるという対比は誤りである。

「特別支援教育」、「特別支援学校」という用語について

「特別支援教育」という用語は、平成一三（二〇〇一）年一月に公表された、「二十一世紀の特殊教育の在り方について」（最終報告）の中で初めて使われ、文部科学省が担当課の名称を「特別支援教育課」としたことにより普

及した。

「特別支援学校」という用語は、平成一五（二〇〇三）年三月に公表された「今後の特別支援教育の在り方について（最終報告）」の中で、「特別支援学校（仮称）」として使われ、本法の改正により、全国で使われるようになっている。

本条を考える視点

① 特別支援学校の対象となる障害種を視覚障害者、聴覚障害者、知的障害者、肢体不自由者、病弱者と定めている。以上の五障害とそれらの重複障害者も当然含まれることになる。特別支援学校の課題の一つに、幼児児童生徒の障害の重度・重複化への適切な対応が挙げられる。

② 小学校等に「準ずる教育」を施す、すなわち、普通教育を行うことについて、教職員をはじめとする関係者はもちろんのこと、広く国民全体が、理解できるようにＰＲに努める必要がある。

③ 小学校等に準ずる教育を施すとともに、「障害による学習上又は生活上の困難を克服し自立を図るために必要な知識技能を授ける」ことを目的としていることを再認識する。特別支援学校においては、幼児児童生徒の教育的ニーズを的確に把握し、適切な指導及び必要な支援を行うことについて共通理解を深める必要がある。

関連条文　資料

■**関連条文**　本法第七五条〔障害の程度〕、第七六条〔小学部・中学部の設置義務と幼稚部・高等部〕、第七八条〔寄宿舎の設置〕、第八〇条〔特別支援学校の設置義務〕、本法施行令第五条（入学期日の通知、就学校の指定、区域外就学等の届出があった場合の適用除外）、第六条の三（障害の状態等の変化による特別支援学校から小中学校への転学）、第一一条（特別支援学校への就学についての通知）、第一八条の二（保護者及び専門家からの意見聴取）、第二二条の三（視覚障害者等の障害の程度）、本法施行規則第一一八条（設置基準・設備編成）

■関連資料　二十一世紀の特殊教育の在り方に関する調査研究協力者会議「二十一世紀の特殊教育の在り方について～一人一人のニーズに応じた特別な支援の在り方について～（最終報告）」（平成一三年一月一五日）

なお、本報告で提言された制度の見直しや施策の改善・充実の成果を踏まえ、今後とも、障害種別の枠を超えた盲学校、聾学校、養護学校の在り方や小学校、中学校等における特別支援教育の在り方等について引き続き検討を行っていくことが必要である。また、本法に規定されている「特殊教育」や「特殊学級」等の名称や文言について見直すべきであるとの意見があるが、今後上記の検討と併せて、例えば「特別支援教育」等「特殊教育」に代わるべき適切な名称について、特殊教育関係団体や広く一般の意見を聞きながら検討することが望まれる。

特別支援教育の在り方に関する調査研究者会議「今後の特別支援教育の在り方について（最終報告）」（平成一五年三月）

4　「特別支援学校（仮称）」の役割

(1)　今後の盲・聾・養護学校は、障害が重い、あるいは障害が重複していることにより専門性の高い指導や施設・設備等による教育的支援の必要性が大きい児童生徒に対する教育を地域において中心的に担う役割とともに、教育的支援の必要性、程度がそれに至らない児童生徒が就学する小・中学校等における教育や指導に関し、教員や保護者の相談に応じ、助言等行うなど、小・中学校等に対しても教育的な支援を積極的に行う機能を併せ有する学校に転換していく必要がある。

また、多様な教育的ニーズに対応するとの観点から特定の障害種のみを受け入れる「盲・聾・養護学校」の制度から、各地方公共団体において地域の実情に応じて障害のある児童生徒に対する教育的支援を充実することが柔軟に出来るように、次に述べるような「特別支援学校（仮称）」の制度に改めることについて、法律改正を含め具体的に検討していく必要がある。

(2)　この「特別支援学校（仮称）」の制度では、視覚障害、聴覚障害、知的障害等複数の障害の各々に対応して専門の教育部門を有する学校を設けることが可能となる。また、従来のように視覚障害、聴覚障害、知的障害等に対応して特定の教育部門のみを有する学校を設けることも同様に可能である。具体的にいかなる障害に対した教育を行う学校にするか、複数の障害の部門を設け幅広い相談機能を有する学校とするかといった学校の設置運営の在り方については、各地方公共団体が重複障害のある子どもの増加、地域（支援地域）における教育のニーズ等、地域の実情にも応じて弾力的に判断することになる。なお、障害に起因する学習や生活上の困難を改善又は克服するための、障害に応じた適切な教育を確保するために指導上の専門性が確保されることはいうまでもない。

中央教育審議会「特別支援教育を推進するための制度の在り方について（答申）（平成一七年一二月八日）

第三章　盲・聾・養護学校制度の見直しについて

1　障害種別を超えた学校制度について

(2)　特別支援学校（仮称）の内容

①　対象となる障害種別について

特別支援学校（仮称）は基本的には現在の盲・聾・養護学校の対象となっている五種類の障害種別（盲・聾・知的障害・肢体不自由・病弱）及びこれらの重複障害に対応した教育を行う学校制度とすることが適当である。

特別支援学校（仮称）の制度は、各都道府県等において、複数の障害に対応した教育を行う学校の設置を可能とするものであるが、これまでのように特定の障害に対応した学校を設けることも可能である。具体的にいかなる障害に対応した教育を行う学校とするかについては、地域における教育に対応するニーズ等に弾力的に判断されることになる。

② 配置について

いかなる形態の特別支援学校（仮称）をどのように配置していくかについては、都道府県等において、地理的な状況や各障害種別ごとの教育的ニーズの状況など、それぞれの地域の実情に応じたきめ細かい検討に基づいて判断されることになるが、その際、次のような視点についても十分考慮される必要がある。

ア 一人一人の教育的ニーズに対応する特別支援教育の理念や、障害の重度・重複化に対応するという特別支援学校（仮称）は、可能な限り複数の障害に対応できるようにすべきとの視点。

イ 障害のある幼児児童生徒が、できる限り地域の身近な場で教育を受けられるようにするべきとの視点

ウ 障害の特性に応じて、同一障害の幼児児童生徒による一定規模の集団が学校教育の中で確保される必要があるとの視点

エ 学校の形態に応じて、各障害種別ごとの専門性が確保され、専門的指導により幼児児童生徒の能力を可能な限り発揮できるようにする視点

オ 特別支援教育のセンター的機能が効果的に発揮されるようにする視点

「特別支援教育の推進について」（通知）（平成一九年四月一日　一九文科初第一二五号　初等中等教育局長）

4 特別支援学校における取組

(1) 特別支援教育のさらなる推進

特別支援学校制度は、障害のある幼児児童生徒一人一人の教育的ニーズに応じた教育を実施するものであり、その趣旨からも、特別支援学校は、これまでの盲学校、聾学校、養護学校における特別支援教育の取り組みをさらに推進しつつ、様々な障害種に対応できる体制づくりや、学校間の連携などを一層進めていくことが重要であること。

〔特別支援学校の教育責務〕

第七三条　特別支援学校においては、文部科学大臣の定めるところにより、前条に規定する者に対する教育のうち当該学校が行うものを明らかにするものとする。

本条の概要

本条は、平成一八年改正で新たに設けられたものであり、特別支援学校の特色を明確にするための規定である。特別支援学校の対象となる障害種は、第七二条に規定されている視覚障害者、聴覚障害者、知的障害者、肢体不自由者、病弱者（身体虚弱者を含む。）である。

特別支援学校は、前記の障害種のうち、特定の障害を対象とする学校、例えば、視覚障害特別支援学校、知的障害特別支援学校とすることができ、複数の障害を対象とする学校、例えば、知的障害者と肢体不自由者を対象とする特別支援学校、視覚障害者と知的障害者を対象とする特別支援学校、知的障害者と肢体不自由者、病弱者を対象とする特別支援学校とすることもできる。これらの特別支援学校のように、対象とする障害種を明確にすることを本条は規定している。

「今後の特別支援教育の在り方について（最終報告）」において、「特別支援学校（仮称）」の役割について、次のように提言している。

「(2) この「特別支援学校（仮称）」の制度では、視覚障害、聴覚障害、知的障害等複数の障害の各々に対応して専門の教育部門を有する学校を設けることが可能となる。また、従来のように視覚障害、聴覚障害、知的障害等に対応して特定の教育部門のみを有する学校を設けることも同様に可能である。具体的にいかなる障害に対応した教育を行う学校とするか、複数の障害の部門を設け幅広い相談機能を有する学校とするかといった学校の設置運営の在り方については、各地方公共団体が重複障害のある子どもの増加、地域（支援地域）における教育のニーズ等、地域の実情にも応じて弾力的に判断することになる。

なお、障害に起因する学習や生活上の困難を改善又は克服するための、障害に応じた適切な教育を確保するために指導上の専門性が確保されることはいうまでもない。」

ポイント解説

「特別支援学校」の設置に伴う新しく設けられた条文であること

特別支援学校は、特定の障害を対象とした学校とすることも、複数の障害を対象とした学校とすることもできることになっている。そのため、対象とする障害を明確にする必要がある。

当該学校が行うものを明らかにすること

第七二条に規定されている障害種に対する教育のうち、当該学校がどの障害に対応した教育を行うのかを明らかにすることを規定している。その理由として、次の三点が挙げられる。

まず、教育課程の編成について明確にする必要がある。

本法施行規則第一二六条から第一三三条までが、特別支援学校の教育課程に関する規定である。視覚障害者、聴覚障害者、肢体不自由者、病弱者である児童生徒に対する教育を行う特別支援学校と知的障害者である児童生徒に対する教育を行う特別支援学校とでは、教育課程の編成、各教科の構成等に違いがある。また、重複障害等の特例においては、障害等に対応した配慮、弾力的で、柔軟な対応ができるようになっている。例えば、各教科については、目標及び内容の一部を取り扱わないことができること、前学年の目標及び内容の全部又は一部に替えることができること、などである。

次に、教職員定数等が、障害種別によって異なることである。

「公立義務教育諸学校の学級編制及び教職員定数の標準に関する法律」「公立高等学校の適正配置及び教職員定数の標準に関する法律」において、障害種別により、教職員定数等が異なっている。

そして、教育職員免許法に基づく特別支援学校教諭免許状が、単位取得の内容、単位数により担当できる障害種別が決められるようになっている。また、単位の内容、単位数を増やすことにより、担当できる障害種別も増える仕組みとなっている。

従来の特殊教育の免許状は、盲学校教諭免許状、聾学校教諭免許状、養護学校教諭の三種類に分かれていたが、平成一九年改正により、特別支援学校教諭免許状に一本化された。取得した単位の内容、単位数により、視覚障害者、聴覚障害者、知的障害者、肢体不自由者、病弱者を教育する特別支援学校のいずれかを担当することができる。複数の障害を担当することも可能である。そして、今回の改正の大きな特色は、所持している単位の内容、単位数に必要な内容・単位数を加えることにより、新たに別の障害種を担当することができるようになっていることである。

例えば、特別支援学校教諭一種免許状を所持し、知的障害者、肢体不自由者、病弱者を教育する特別支援学校で指導できる資格をもっている場合、視覚障害者の教育に必要な単位、八単位を取得すれば、視覚障害者を教育する資格を得ることができる仕組みとなっている。

本条の規定は、特別支援学校の特色、専門性を明確にし、確保する上で、重要な意味をもっている。

本条を考える視点

特別支援学校は、対象とする障害を明確にする

特別支援学校は、特定の障害のみを対象とする場合と、複数の障害を対象とする場合とがある。前者については、視覚障害者、知的障害者など、特定の障害を対象とするため対象が明らかである。後者については、複数の障害種を対象とするため、その障害を明らかにする必要がある。例えば、視覚障害と知的障害、知的障害と肢体不自由、知的障害と肢体不自由と病弱など、対象とする複数の障害を明らかにすることである。

障害による教職員定数の違いを理解する

公立義務教育諸学校の学級編制及び教職員定数の標準に関する法律等により、障害種により教員定数が異なっている。そのためにも、それぞれの学校が対象とする障害種を明らかにする必要がある。

特別支援学校教諭免許状は、担当できる障害種が決まっていることに留意する

特別支援学校教諭免許状は、取得した単位の内容、単位数により、担当できる障害種が決まっている。視覚障害、聴覚障害、知的障害、肢体不自由、病弱のいずれか、あるいは複数の障害種を担当できる仕組みになっている。免許状の専門性を担保する意味でも、それぞれの学校は、対象とする障害種を明確にする必要がある。

関連条文、資料

■**関連条文、法令**　本法第七二条〔特別支援学校の目的〕、第七七条〔教育課程〕、本法施行規則第一二六条～第一三三条（教育課程に関する規定）、公立義務教育諸学校の学級編制及び教職員定数の標準に関する法律（昭和三三年五月一日法律第一一六号）第一一条、同施行令（昭和三三年六月三〇日政令第二〇二号）第五条ほか、公立高等学校の適正配置及び教職員定数の標準に関する法律第一七条ほか、同施行令（昭和三七年五月二一日政令第二一五号）第三条ほか、教育職員免許法（昭和二四年五月三一日法律第一四七号）第四条、附則ほか、同施行規則（昭和二九年一〇月二七日文部省令第二六号）第七条ほか

■**関連資料　中央教育審議会「特別支援教育を推進するための制度の在り方について（答申）」（平成一七年一二月八日）**

第三章　一(2)④　教育課程について

「特別支援学校（仮称）においては、障害のある幼児児童生徒一人一人の教育的ニーズに対応した効果的かつ弾力的な教育課程編成が期待される。特別支援学校（仮称）の学習指導要領等は、現在の盲・聾・養護学校の学習指導要領等の内容を見直して定められることとなるが、障害種別を超えたグループ別の教育課程編成の可能性や、平成十七年度までに策定することとされている「個別の教育支援計画」との関係を検討することも必要であり、引き続き検討を行うことが適当である。」

第三章　二(3)　センター的機能が有効に発揮されるための体制整備

「特別支援学校（仮称）がセンター的機能を有効に発揮するためには、高い専門性を有する職員が適切に養成・配置されることが必要であり、任命権者である各都道府県教育委員会等においては、人事上の配慮が望まれる。また、各学校においては、校長のリーダーシップの下に、それぞれに求められる役割に応じて目的・目標を明確にして、

8 特別支援教育

組織や運営の在り方を再構築し、その成果を定期的に評価するなど一層効果的な学校経営が求められる。さらに、センター的機能のための分掌や組織（例えば「地域支援部」など）を設けて校内の組織体制を明確にすることが望ましい。」

「特別支援教育の推進について（通知）」（平成一九年四月一日一九文科初第一二五号　文部科学省初等中等教育局長）

4(3)　特別支援学校教員の専門性の向上

「前記のように、特別支援学校は、在籍している幼児児童生徒のみならず、小・中学校等の相談などを受ける可能性が広がると考えられるため、地域における特別支援教育の中核として、様々な障害種についてのより専門的な助言などが期待されていることに留意し、特別支援学校教員の専門性のさらなる向上を図ること。

さらに、特別支援学校教員は、幼児児童生徒の障害の重複化等に鑑み、複数の特別支援教育領域にわたって免許状を取得することが望ましいこと。」

〔普通学校における特別支援教育の助言・援助〕

第七四条　特別支援学校においては、第七十二条に規定する目的を実現するための教育を行うほか、幼稚園、小学校、中学校、義務教育学校、高等学校又は中等教育学校の要請に応じて、第八十一条第一項に規定する幼児、児童又は生徒の教育に関し、必要な助言又は援助を行うよう努めるものとする。

本条の概要

本条では、まず、特別支援学校は、第七二条に規定する目的、すなわち、①小学校等に準ずる教育を施すこと、②障害による学習上又は生活上の困難を克服し自立を図るために必要な知識技能を授けること、を実現するための教育を行うことを定めている。

そして、幼稚園、小学校、中学校、義務教育学校、高等学校又は中等教育学校の要請に応じて、第八一条第一項に規定する幼児、児童又は生徒、すなわち、第八一条第二項に定められている知的障害者、肢体不自由者等の障害のある児童、生徒、その他教育上特別の支援を必要とする幼児、児童及び生徒の教育に関し、必要な助言又は援助を行うよう努めることが定められている。

本条は、特別支援学校のセンター的機能を定めたもので、平成一八年改正により新たに設けられたものである。

本条の特色は、「必要な助言又は援助を行うよう努めるものとする。」と定められており、本法の規定では、特異な表現「努めるものとする」となっている。別の表現をすれば、努力目標ともいえるものである。

また、「小学校等の要請に応じて」と定め、小学校等で、特別支援学校に対する要請の内容を具体化することを求めているものと解する必要がある。

そして、「必要な助言又は援助を行う」という表記が使われており、「指導」ではないことに留意することである。

ポイント解説

新たに設けられた条文であること

本条は、平成一八年改正により新たに設けられた条文で、旧法にはないものである。

盲学校、聾学校、養護学校が、地域における特殊教育に関する相談センターとしての役割を果たすよう努めることについて、盲学校、聾学校及び養護学校の学習指導要領等に規定されていたが、特別支援教育全般について、センター的機能を果たすよう努めることを学校教育に示したことは初めてであり、注目すべきことである。

「必要な助言又は援助を行うよう努めるものとする。」という規定であること

多くの条文は、「〇〇するものとする。」という規定であるが、本条は「努めるものとする。」という規定で、法の規定としては、特異なものである。その理由として、二つのことが考えられる。

その一は、条文の前半に規定されているように、特別支援学校は、それぞれの学校に在籍する幼児児童生徒に対して適切な教育、必要な支援を行うために設けられている。障害に応じた施設・設備を活用し、専門性の高い教員による質の高い教育が求められている。その目的を実現するための教育を行うほかに、センター的機能を果たすことである。

その二は、「小学校等の要請に応じて」「必要な助言又は援助を行う」という規定であり、全国の特別支援学校に対し、小学校等の要請が多岐にわたり、特別支援学校の施設・設備、教職員の現体制では、十分対応しきれないことも考えられる。小学校等の要請を受ける以前に、幼児児童生徒の障害の状態等に適切に対応することで精一杯の状況になることも予想できることである。例えば、現在、知的障害特別支援学校の児童生徒数が増加傾向にあり、普通教室が不足している状況が、全国的に広がっている。このことが、センター的機能の発揮に少なからず影響を及ぼしつつあることは否定できないと考える。

第八一条第一項に規定する幼児児童又は生徒

第八一条第一項の規定は、次のようである。

「第八一条　幼稚園、小学校、中学校、義務教育学校、高等学校及び中等教育学校においては、次項各号のいずれかに該当する幼児、児童及び生徒その他教育上特別の支援を必要とする幼児、児童及び生徒に対し、文部科

学大臣の定めるところにより、障害による学習上又は生活上の困難を克服するための教育を行うものとする」

本条文の中の次項各号は、次のようである。

「② 小学校、中学校、義務教育学校、高等学校及び中等教育学校には、次の各号のいずれかに該当する児童及び生徒のために、特別支援学級を置くことができる。

一　知的障害者　二　肢体不自由者　三　身体虚弱者　四　弱視者　五　難聴者　六　その他障害のある者で、特別支援学級において教育を行うことが適当なもの」

小学校等が要請するのは、知的障害、肢体不自由、身体虚弱、弱視、難聴など、障害のある幼児、児童、生徒、そして、その他教育上特別の支援を必要とする幼児、児童、生徒の教育に関するものである。

「必要な助言又は援助を行うよう努める」こと

特別支援学校のセンター的機能については、「今後の特別支援教育の在り方について（最終報告）」において、「特別支援教育のセンター的役割」として、提言されている。

そして、「特別支援教育を推進するための制度の在り方について（答申）」においては、次の六点を具体的に提言している。

① 小・中学校等の教員への支援機能
② 特別支援教育等に関する相談・情報提供機能
③ 障害のある幼児児童生徒への指導・支援機能
④ 福祉、医療、労働などの関係機関等との連絡・調整機能
⑤ 小・中学校等の教員に対する研修協力機能
⑥ 障害のある幼児児童生徒への施設設備等の提供機能

　また、特別支援学校幼稚部教育要領、同小学部・中学部学習指導要領、同高等部学習指導要領においても、「特別支援教育のセンターとしての役割を果たすよう努めること。」が規定されている。

本条を考える視点

一　特別支援学校は、まず、自校に在籍する幼児児童生徒に対する適切な指導及び必要な支援が十分に行えるようにする。

二　小学校等の要請に対し、的確に応えられるように校内体制を構築し、必要な助言又は援助ができるように努める。センター的機能の内容として具体的に示されている機能の実現に努めるようにする。

三　幼稚園、小学校、中学校、義務教育学校、高等学校及び中等教育学校においては、障害のある幼児児童生徒、教育上特別の支援を必要とする幼児児童生徒の指導、支援について適切に要請できる校内体制を構築し必要な助言又は援助を受けて、「障害による学習上又は生活上の困難を克服するための教育」が行えるようにする。

関連条文　資料

■**関連条文**　本法第七二条〔特別支援学校の目的〕、第八一条〔特別支援学級〕

■**関連資料**　特別支援学校幼稚部教育要領（平成二一年三月文部科学省告示）第3章第2　6、特別支援学校小学部・中学部学習指導要領（同）第1章総則　第4　2　⒃、特別支援学校高等部学習指導要領（同）（第1章総則第4款5　⒅）

特別支援教育の在り方に関する調査研究協力者会議「今後の特別支援教育の在り方について（最終報告）」（平成

一五年三月）

「4　特別支援学校（仮称）の役割」(3)　また、他の「特別支援学校（仮称）」や福祉・医療・労働関係機関とも連携を密にし、地域の障害のある児童生徒の多様な教育的ニーズに柔軟に対応していく必要がある。障害のある児童生徒で特別の教育的支援を必要とする者に対する支援を行う地域の特別支援教育のセンター的役割を果たす学校への転換を図るためには、校長のリーダーシップの下に、各学校に求められる役割に応じて具体的な目的や目標を明確にして、組織や運営の在り方を再構築し、その成果を定期的に評価するなど一層効果的な学校経営（マネジメント）が求められる。」

中央教育審議会「特別支援教育を推進するための制度の在り方について（答申）」（平成一七年一二月八日）

2　特別支援教育のセンター的機能について

(1)　基本的な考え方

今後、地域において特別支援教育を推進する体制を整備していく上で、特別支援学校（仮称）は中核的な役割を担うことが期待される。特に小・中学校に在籍する障害のある児童生徒について、通常の学級に在籍するLD・ADHD・高機能自閉症等の児童生徒を含め、その教育的ニーズに応じた適切な教育を提供していくためには、特別支援学校（仮称）が、教育上の高い専門性を生かしながら地域の小・中学校を積極的に支援していくことが求められる。―略―

今後、特別支援学校（仮称）の機能として、小・中学校等に対する支援などを行う地域の特別支援教育のセンター的機能を、関係法令等において明確に位置付けることを検討する必要がある。

(2)　センター的機能の具体的内容

いかなる形態の特別支援学校（仮称）をどのように配置していくかについては、各都道府県等において検討されるべきものであるため、センター的機能についても、すべての特別支援学校（仮称）が制度的に一律の機能を担うこととするのは現実的ではなく、各学校の実情に応じて弾力的に対応できるようにすることが適当である。

なお、盲・聾・養護学校における先進的な事例を踏まえ、特別支援学校（仮称）に期待されるセンター的機能を例示すれば、以下のとおりである。

① 小・中学校等の教員への支援機能
② 特別支援教育等に関する相談・情報提供機能
③ 障害のある幼児児童生徒への指導・支援機能
④ 福祉、医療、労働などの関係機関等との連絡・調整機能
⑤ 小・中学校等の教員に対する研修協力機能
⑥ 障害のある幼児児童生徒への施設設備等の提供機能

―以下　略―

特別支援学校学習指導要領解説　総則等編（幼稚部・小学部・中学部）（平成二一年六月　文部科学省）

第3編第2部第1章　16

16　特別支援教育に関するセンターとしての役割

特別支援学校は、特別支援教育に関する相談のセンターとして、その教育上の専門性を生かし、地域の小・中学校の教師や保護者に対して教育相談等の取組を進めてきた。

平成十八年に本法の一部改正が行われ、第七十四条においては、新たに特別支援学校が、小・中学校等の要請に

応じて、児童生徒の教育に対する必要な助言又は援助を行うよう努めるものとするという規定が設けられた。

—略—

小・中学校等に対する具体的な支援の活動内容としては、例えば、個別の指導計画や個別の教育支援計画を作成する際の支援のほか、難聴の児童生徒の聴力検査の実施や補聴器の調整、弱視の児童生徒に対する教材・教具の提供、授業に集中しにくい児童生徒の理解や対応に関する具体的な支援が考えられる。

さらに、保護者等に対して、障害のある児童生徒にとって必要な教育の在り方や見通しについての情報を提供するなどして、特別支援教育の実際についての理解を促す活動もある。

支援に当たっては、例えば、特別支援学校の教師が小・中学校等を訪問して助言を行ったり、障害種別の専門性や施設・設備の活用等について伝えたりすることなども考えられる。

—略—

「特別支援教育の推進について（通知）」（平成一九年四月一日一九文科初第一二五号　文部科学省初等中等教育局長）

4　特別支援学校における取組

(2)　地域における特別支援教育のセンター的機能

特別支援学校においては、これまで蓄積してきた専門的な知識や技能を生かし、地域における特別支援教育のセンターとしての機能の充実を図ること。

特に、幼稚園、小学校、中学校、高等学校及び中等教育学校の要請に応じて、発達障害を含む障害のある幼児児童生徒のための個別指導計画の作成や個別の教育支援計画の策定などへの援助を含め、その支援に努めること。

また、これらの機関のみならず、保育所をはじめとする保育施設などの機関等に対しても、同様に助言または支援に努めることとされたいこと。

特別支援学校において指名された特別支援教育コーディネーターは、関係機関や保護者、地域の幼稚園、小学校、中学校、高等学校、中等教育学校及び他の特別支援学校並びに保育所等との連絡調整を行うこと。

〔障害の程度〕

第七五条　第七二条に規定する視覚障害者、聴覚障害者、知的障害者、肢体不自由者又は病弱者の障害の程度は、政令で定める。

本条の概要

本条は、本法第七二条で規定される特別支援学校（平成一八（二〇〇六）年度までは盲学校・聾学校・養護学校）で教育を施す児童の障害の程度を政令で定めるとする規定である。

障害の程度の定めはその目的を、障害のある児童や生徒がその障害の種類や程度に応じて最もふさわしい教育が受けられるようにすることに置いており、本法施行令第二二条第三項には「法第七十五条の政令で定める視覚障害者、聴覚障害者、知的障害者、肢体不自由者又は病弱者の障害の程度は、次の表に掲げるとおりとする。」とし、特別支援学校にて教育を受ける者が次のように規定されている。

区分	障害の程度
視覚障害者	両眼の視力がおおむね〇・三未満のもの又は視力以外の視機能障害が高度のもののうち、拡大鏡等の使用によつても通常の文字、図形等の視覚による認識が不可能又は著しく困難な程度のもの
聴覚障害者	両耳の聴力レベルがおおむね六〇デシベル以上のもののうち、補聴器等の使用によつても通常の話声を解することが不可能又は著しく困難な程度のもの
知的障害者	一　知的発達の遅滞があり、他人との意思疎通が困難で日常生活を営むのに頻繁に援助を必要とする程度のもの 二　知的発達の遅滞の程度が前号に掲げる程度に達しないもののうち、社会生活への適応が著しく困難なもの
肢体不自由者	一　肢体不自由の状態が補装具の使用によつても歩行、筆記等日常生活における基本的な動作が不可能又は困難な程度のもの 二　肢体不自由の状態が前号に掲げる程度に達しないもののうち、常時の医学的観察指導を必要とする程度のもの
病弱者	一　慢性の呼吸器疾患、腎臓疾患及び神経疾患、悪性新生物その他の疾患の状態が継続して医療又は生活規制を必要とする程度のもの 二　身体虚弱の状態が継続して生活規制を必要とする程度のもの

ポイント解説

「障害の程度」

本条に記される「障害の程度」という語については、平成一八年改正以前は「心身の故障の程度」と規定されていたが、改正後に改められた。

一人一人の教育的ニーズの把握

近年、障害者・児が暮らす生活環境は変化してきている。公共施設等においてはエレベーターやスロープ等の設置が広がりを見せており、バリアフリー化の進展が見受けられる。そうした施設・設備面での整備に並行して、障害のある児童生徒の学習環境についてはコンピューター等の情報機器の開発と活用も広がりを見せている。こうした傾向は、障害のある児童生徒の学習活動を支援し、生徒らが小学校や中学校で適切な教育を受ける可能性を拡大させつつあるといえる（認定就学者）。

障害のある児童生徒については、その障害の種類や程度、そして一人一人の教育的ニーズを把握し、また当人を受け入れる学校側の受け入れ体制等の諸条件を考慮し、その就学先（特別支援学校や小・中学校の特別支援学級、あるいは通級による指導等）を決める必要がある。本条は、そうした障害をもつ児童生徒の中でも特別支援学校に就学する児童生徒の障害の程度の定めを政令に委任する規定であり、適切な就学先を決定する手続きについても本法施行令に規定されている。

就学手続きの在り方

「障害者基本計画」（第二次計画：平成一五年～平成二四年）には「一貫した相談支援体制の整備」の項にて「障害のある子どもの発達段階に応じて、関係機関が適切な役割分担の下に、一人一人のニーズに対応して適切な支援を行う計画（個別の支援計画）を策定して効果的な支援を行う。」と明記され、また「これまで進められてきた教育・

療育施策を活用しつつ、障害のある子どもやそれを支える保護者に対する乳幼児期から学校卒業後まで一貫した効果的な相談支援体制の構築を図る。」ことが示され、就学に係る一貫した相談や指導体制構築の重要性が指摘された。

このような相談や指導体制の構築が叫ばれる中、障害のある児童生徒の就学に関する手続きについては、これまで様々な改正が行われてきた。

平成一四（二〇〇二）年には、主に医学、科学技術の進歩等を踏まえた「就学基準」の改正がなされ、「認定就学制度」の創設、そして教育学、医学、心理学その他障害のある児童生徒の就学に関する専門的知見を有する者の意見聴取の義務づけがなされた。

とりわけ、障害の程度が就学基準に達しない児童生徒について市町村の教育委員会は、適切な就学指導を行うため、障害の種類や程度等に応じて教育学や医学、そして心理学等の観点から総合的な判断を行うことができる調査・審議機関（就学指導委員会）を設置するとされた。この就学指導委員会の位置づけを明確にするため、平成一四年、施行令が改正されている。（本法施行令第一八条第二項）。

また、平成一九（二〇〇七）年には市町村教育委員会による専門家からの意見聴取に加えて、児童生徒の日常生活等をよく把握している保護者からの意見聴取が義務づけられた（本法施行令第一八条第二項）。就学指導委員会の調査・審議、児童生徒を受け入れる学校校長との連携、そして保護者の意見を聴いた上で児童生徒の就学先を総合的な見地から判断することが求められている。

さらに平成二五（二〇一三）年には、平成二四（二〇一二）年の中央教育審議会初等中等教育分科会報告（「共生社会の形成に向けたインクルーシブ教育システムの構築のための特別支援教育の推進」）等を踏まえ、保護者及び専門家の意見等を勘案した上で総合的な観点から児童生徒の就学先を決定する仕組みを市町村教育委員会が創設することや、本法施行令第二二条第三項に規定される程度の障害をもつ児童生徒が区域外の小・中学校へ就学する場合の規定を整備すること、そして小・中学校への就学又は転学時における保護者及び専門家からの意見聴取の機会拡大が目指された。

本条を考える視点

平成一三（二〇〇一）年一月に二十一世紀の特殊教育の在り方に関する調査研究協力者会議がとりまとめた「二一世紀の特殊教育の在り方について（最終報告）」では、「医学、科学技術等の進歩等を踏まえ、就学基準について実態に合致するように教育的、心理学的、医学的観点から見直すことが必要である」ことが提言された。

従来の就学基準は、昭和三七（一九六二）年当時の社会状況（医学や科学技術等の水準）を踏まえて規定されたものである。本条「ポイント解説」の「一人一人の教育的ニーズの把握」の箇所でも触れたが、近年では公共施設等におけるエレベーターやスロープ等の設置をはじめ、学校施設においてもバリアフリー化の拡大が見受けられる。学校教育においてはコンピューター等の情報機器等の普及と活用が進められており、何らかの障害をもつ児童生徒一人一人の教育的ニーズに対応すべく、体制の整備が目指されている。医学、科学技術等の進歩を踏まえ、教育学や医学、そして心理学等の専門家の意見、また児童生徒一人一人の教育的ニーズを踏まえた総合的な見地から、児童生徒の就学先が決定される必要がある。

関連条文　資料

■**関連条文**　本法第七二条（特別支援学校の目的）、本法施行令第一八条第二項、第二三条第三項

■**関連資料**　「二一世紀の特殊教育の在り方について―一人一人のニーズに応じた特別な支援の在り方について」（平成一三年一月一五日　二一世紀の特殊教育の在り方に関する調査研究協力者会議最終報告）、「学校教育法施行令の

一部改正について」（平成一四年四月二四日文初特第一四八号　文部科学省事務次官通知）、「障害のある児童生徒の就学について」（平成一四年五月二七日文科初第二九一号　文部科学省初等中等教育局長通知）、「障害者基本計画」（第二次計画：平成一五年～平成二四年　内閣府）、鈴木勲編著『逐条　学校教育法』（学陽書房、二〇〇九年）、「共生社会の形成に向けたインクルーシブ教育システムの構築のための特別支援教育の推進」（平成二四年七月二三日中央教育審議会初等中等教育分科会報告）、青山学院教育法研究会編著『大学・学校・教育法律実務ガイド』（第一法規、二〇一四年）

〔小学部・中学部の設置義務と幼稚部・高等部〕

第七六条　特別支援学校には、小学部及び中学部を置かなければならない。ただし、特別の必要のある場合においては、そのいずれかのみを置くことができる。

②　特別支援学校には、小学部及び中学部のほか、幼稚部又は高等部を置くことができ、また、特別の必要のある場合においては、前項の規定にかかわらず、小学部及び中学部を置かないで幼稚部又は高等部のみを置くことができる。

本条の概要

本条第一項は、特別支援学校には小学部と中学部を設置する義務があるという「設置義務」について規定したものである。また、第二項では、本条第一項に記されている小学部及び中学部の設置義務を踏まえた上で、幼稚部や高等部の設置については任意であることが記されている。「特別の必要のある場合」においては、第一項においては小学部と中学部のいずれかを、第二項においては小学部と中学部を置かないで幼稚部または高等部を置くことができるとされている。

ここで記されている「特別の必要のある場合」については、具体的にどのような状況を指すのかは明記されていない。ただし、盲学校及聾唖学校令（大正一二年八月二八日勅令第三七五号）の第七条には、「盲学校及聾唖学校ニ初等部及中等部ヲ置ク但シ土地ノ情況ニ依リ必要アル場合ニ於テハ初等部又ハ中等部ノミヲ置クコトヲ得」とあることから、「土地の状況」に応じて、という意味であることが察せられる。

この点に関連して、鈴木勲編著『逐条　学校教育法』（学陽書房、二〇〇九年）で本条は、学校が設置される土地の状況に応じて、小学部と中学部のいずれか、または幼稚部や高等部のみの設置を認めているものと解釈され、次のように記されている。「たとえば、都道府県に特別支援学校の設置を義務付けている同法（本法：筆者注）八〇条の規定と併せて読むと、都道府県が、視覚障害者、聴覚障害者、知的障害者、肢体不自由者または病弱者を対象にそれぞれ一校ずつ特別支援学校の設置をしている場合には小学部・中学部のいずれも欠くことができないものであるから適用がなく、それぞれ二校ずつ設置する場合や義務設置とされていない市町村立または私立の学校について適用のある規定と解することができる。」という解釈である。

また同書では、本条第二項「特別の必要のある場合においては、前項の規定にかかわらず、小学部及び中学部を置かないで幼稚部又は高等部のみを置くことができる。」というのは、昭和三六（一九六一）年の本法改正で、障害のある者の早期教育と職業教育を充実させるため幼稚部又は高等部だけの学校を設置することを認めたことに由来していることが指摘されている。

ポイント解説

統計に見る各学校数　―文部科学省と東京都による特別支援学校数の統計より―

　本条に沿って設置された特別支援学校は今現在全国に何校あるのか。この点についての最新のデータは、文部科学省初等中等教育局特別支援教育課が平成二六年五月一日時の統計として平成二七年五月に公表した「特別支援教育資料（平成二六年）」がある。その中に掲載されている統計をもとに、障害種ごとの特別支援学校数と幼稚部または高等部が設置されている学校数を表にしたのが表1である。

　学校数のみで見た場合、知的障害を対象とした特別支援学校（他障害も対象とする学校を含む）の数が他の障害を対象とした学校よりも多く、相応して高等部を設置

表1　全国の特別支援学校数

	設置者別						
	計	国立	都道府県立	市町村立	私立	幼稚部設置校	高等部設置校
総計	1,096	45	905	132	14	169	942
視覚障害	65	1	59	3	2	42	55
聴覚障害	88	1	81	4	2	82	58
知的障害	514	42	396	67	9	9	459
肢体不自由	130	1	96	32	1	7	111
病弱	63	0	54	9	0	0	38
視覚障害、知的障害対象	1	0	1	0	0	1	0
視覚障害、病弱対象	1	0	1	0	0	0	1
聴覚障害、知的障害対象	10	0	10	0	0	10	9
知的障害、肢体不自由対象	141	0	129	12	0	3	133
知的障害、病弱対象	13	0	12	1	0	0	13
肢体不自由、病弱対象	23	0	20	3	0	3	22
視覚障害、肢体不自由、病弱対象	1	0	1	0	0	1	1
聴覚障害、知的障害、肢体不自由対象	1	0	1	0	0	1	1
聴覚障害、知的障害、病弱対象	1	0	1	0	0	1	1
知的障害、肢体不自由、病弱対象	26	0	25	1	0	3	24
聴覚障害、知的障害、肢体不自由、病弱対象	1	0	1	0	0	1	1
視覚障害、聴覚障害、知的障害、肢体不自由対象	1	0	1	0	0	1	1
視覚障害、聴覚障害、知的障害、肢体不自由、知的障害、病弱対象	16	0	16	0	0	4	14

している学校数も他に比べて圧倒的に多くなっている。だが、それに比して幼稚部が設置されている学校が極端に少ないように思われる。

本条は、基本的に小学部と中学部の義務設置、そして幼稚部と高等部の任意設置を示したものであるが、この条文を念頭に置きつつ表1を見てみると、各特別支援学校がどの学部を設置しているのか判然としない。条文の規定からは、現在様々な形態（小学部と中学部、小学部のみ、そして中学部のみの特別支援学校等）の特別支援学校が運営されているものと想定されうる。この点について前述の表から把握することはできないため、一歩踏み込んで東京都の統計を見ておきたい。東京都の最新統計は、「平成二七年度　特別支援教育要覧」から把握することができる。そこには都立特別支援学校の一覧が掲載されており、各学校が設置する学部についても列記されている。それを表にしたのが表2である。

ここで挙げた東京都の特別支援学校設置状況についての評価や分析は、様々な視点からなされうる。本条の趣旨からすれば、とりわけ「特別の必要のある場合」、つまり何らかの障害をもつ児童が居住する土地の状況にどれだけ適応しているかが問われるべきである。児童生徒が居住する地域での支援体制の確立や、より早期からの（幼稚部から高等部までの）、そして卒業後も視野に入れた一貫した支援を実施する上で、特別支援学校は重要な役割を担っていることもあり、この点は特に重視される。

表2　都立特別支援学校学部別設置校数

	総計	幼	幼小	小中	中高	高	幼小中	幼小中高	小中高
視覚障害特別支援学校	4	0	0	0	0	1	2	1	0
聴覚障害特別支援学校	4(3分教室)	1(1)	3(2)	0	1	0	0	2	0
肢体不自由特別支援学校	17校 (8分教室)	0	0	0	0	0	0	0	25(8)
知的障害特別支援学校	40	0	0	12※	1	15	0	0	13
病弱特別支援学校	2	0	0	1	0	0	0	0	1

○小学部のみ、中学部のみという学校はない。表中の幼は幼稚部、小は小学部、中は中学部、高は高等部を示す。
○括弧内は分教室数
※町田の丘学園山崎校舎1校を含む

様々な学校との連携

また、設立された学校が担う役割についてここで補足しておくべきだろう。平成一七（二〇〇五）年一二月に中央教育審議会より出された「特別支援教育を推進するための制度の在り方について（答申）」の第六章「四　就学前及び後期中等教育等における特別支援教育の在り方について」では、幼児段階での早期発見・早期支援が重要であるとのことから、特別支援学校の「幼稚園及び保育所との連携」の重要性が指摘され、また、特別支援学校（本答申が出されたときは「養護学校」と表記）高等部の充実、そして障害のある児童生徒に係る前期中等教育（中学）と後期中等教育（高校）との接続の在り方などが課題として出され、早急な検討が促された。こうした点も特別支援学校の設置状況はもとより、その在り方を考える際には考慮されるべきである。

本条を考える視点

本条の「ポイント解説」でも触れた「特別の必要のある場合」を、ここでは主に、生徒が暮らす「土地の状況」という意味で捉えたが、本法施行規則ではしばしば類似する表現に遭遇する（「地域の実態」（第一三二条の二等））。特別支援学校の設立（学部の設置）に際してはこうした「土地の状況」が重視される。学校数に関する統計上の数字は、先にも触れた平成一七年一二月中央教育審議会より出された「特別支援教育を推進するための制度の在り方について（答申）」を踏まえ、児童生徒が居住する地域における支援体制の確立や、より早期から（幼稚部から高等部まで）の、そして卒業後も視野に入れた一貫した支援等を実施する上で、各特別支援学校がどれだけの役割を果たしているかを考慮した上で評価・分析されるべきである。

関連条文　資料

■関連法令　盲学校及聾唖学校令（大正一二年八月二八日勅令第三七五号）

■関連資料　「特別支援教育を推進するための制度の在り方について（答申）」（平成一七年一二月八日　中央教育審議会）、鈴木勲編著『逐条　学校教育法』（学陽書房、二〇〇九年）、青山学院教育法研究会編著『大学・学校・教育法律実務ガイド』（第一法規、二〇一四年）、「特別支援教育資料（平成二六年度）」（平成二七年六月　文部科学省初等中等教育局特別支援教育課）、「平成27年度　特別支援教育要覧」（平成二七年七月　東京都教育委員会指導部特別支援教育指導部）

〔教育課程〕

第七七条　特別支援学校の幼稚部の教育課程その他の保育内容、小学部及び中学部の教育課程又は高等部の学科及び教育課程に関する事項は、幼稚園、小学校、中学校又は高等学校に準じて、文部科学大臣が定める。

本条の概要

本条は、特別支援学校の教育課程が、幼稚園、小学校、中学校などの教育課程に「準じて」、教科と領域により構成されていることを示し、具体的な内容は、文部科学大臣が定めると規定している。

本法施行規則は「第八章　特別支援教育」において、特別支援学校の教育課程について規定している。その内容は、「自立活動」の領域が独自に挙げられていること、知的障害で教科構成が少し異なるほかは小学校などと同じで（第一二六条、第一二七条、第一二八条）、特別支援学校幼稚部教育要領、特別支援学校小・中学部学習指導要領、特別支援学校高等部学習指導要領により示されている（第一二九条）。

また、小・中学校の特別支援学級の教育課程は、特別のそれによることができる（第一三八条）。さらに小・中学校で障害に応じた特別の教育をする必要がある児童生徒についても特別な教育課程によることができる（第一四〇条）。特別な教育課程は特別支援学校学習指導要領を参考にして編成することになっている。

ポイント解説

特別支援学校の教育課程

特別支援学校の教育課程は、各教科、道徳、外国語活動、総合的な学習の時間、特別活動の領域に、「自立活動」という特別の指導領域を加えて編成している（平成二七（二〇一五）年三月、学校教育法施行規則の一部を改正する省令、道徳に係る小学校、中学校、特別支援学校小・中学部学習指導要領の一部を改正する告示及び移行措置に係る告示により、「道徳」は「特別の教科道徳」と改正された）。

障害のある児童生徒を主な対象とする特別支援教育では、人格の形成や能力の獲得という障害のある／なしにかかわらず要請される課題とともに、それを実現するため、障害による生活上・学習上の困難を軽減・克服する課題の達成を目指し、独自の取り組みを行ってきた。例えば、感覚・運動機能に障害のある児童生徒への機能障害の改善や保障、病弱児への病気の回復や健康増進のための特別な取り組みである。こうした特別支援教育のもつ療育や養護という独自の課題が、特別の領域を必要とし、昭和四六（一九七一）年改訂の学習指導要領から「養護・訓練」

の設定となり、平成一一（一九九九）年改訂で「自立活動」に改められた。近年、特別支援教育の対象となる児童生徒の障害が重度化・重複化するにつれ、「自立活動」の比重は相対的に高まっている。

それゆえ、特別支援教育の教育課程は基本的には三領域としても、具体的な教育課程編成に当たっては児童生徒の障害の程度や発達の状態を考慮し、弾力的に行われる必要がある。そのため本法施行規則第一三〇条では、教科の全部または一部を合わせた授業、領域の全部または一部を合わせた授業ができると規定している。

特別支援学校の学習指導要領

平成二一（二〇〇九）年改訂の特別支援学校学習指導要領の主な特徴は、「自立活動」の改善、「個別の指導計画」と「個別の教育支援計画」の充実、特別支援学校（知的障害）高等部の専門教科「福祉」新設、「交流及び共同学習」の計画的、組織的実施である。

平成二一（二〇〇九）年告示の「特別支援学校小学部・中学部学習指導要領」は総則、各教科、道徳、外国語活動、総合的な学習の時間、特別活動、自立活動の七章から構成され、総則を除いた各教科と六つの領域をもって教育課程を構成している。

「総則」には、教育目標と教育課程を編成するに当たっての留意事項が述べられている。特に、すべての幼児児童生徒に対して、「個別の指導計画」の作成と「個別の教育支援計画」の策定を義務づけている。また、特別支援学校が、地域の特別支援教育センターとしての役割を果たすよう努めることも明記された。

各教科では、高等部に知的障害のある生徒の専門学科として「福祉」が新設された。道徳について知的障害のある児童生徒に対する留意事項が加えられた。外国語活動も小学校学習指導要領への新設とともに加わった。また、「自立活動」の指導内容として、健康の保持、心理的な安定、環境の把握、身体の動き、コミュニケーションの五項目に、さらに「人間関係の形成」が加わった。

本条を考える視点

特別支援教育では、障害の種別や程度に応じて、弾力的に教育課程が編成されることが要請される。とりわけ就学する特別支援学校が主に対象とする障害種以外に、重複障害のある児童生徒は、特別な教育課程の取り扱いが認められている。

特に学習指導要領では、特別支援学校（視覚障害、聴覚障害、肢体不自由、病弱）に就学する児童生徒のうち、知的障害のある者については、各教科または各教科の目標及び内容の一部を、知的障害特別支援学校のそれの一部に替えることができること、重複障害のある児童生徒のうち学習が著しく困難な児童生徒については、各教科、道徳、外国語活動もしくは特別活動の目標及び内容に関する事項の一部または各教科、外国語活動もしくは総合的な学習の時間に替えて、自立活動を主として指導を行うことができると明記している。また、特に必要がある場合には、本法施行規則第一二六条から第一二九条の規定にかかわらず、特別の教育課程によることができることも学習指導要領に明記された。

なお、重複障害者及び訪問教育に関する教育課程編成上の取り扱いは、本法施行規則第一三一条にも規定されている。

関連条文　資料

■関連条文　本法施行規則第一二六条～第一三一条、第一三八条、第一四〇条、特別支援学校幼稚部教育要領、特別支援学校小学部・中学部学習指導要領、特別支援学校高等部学習指導要領

〔寄宿舎の設置〕

第七八条 特別支援学校には、寄宿舎を設けなければならない。ただし、特別の事情のあるときは、これを設けないことができる。

本条の概要

特別支援学校寄宿舎では、障害や各種の特別な困難・ニーズを有する児童生徒に対し、生活教育を通して児童生徒の発達を保障し、家族支援も含めた実践が展開されている。寄宿舎は歴史的に通学困難者への通学保障の役割を担ってきたが、近年、特別支援学校の増設や地域密着化、スクールバスなど通学手段の整備拡充により、一部の地域を除いて「通学困難」を理由とした入舎は減少している。反対に、発達や教育の課題をもって入舎する「教育入舎」、保護者の就労、健康、養育困難などの「家庭の事情」による入舎希望者が増加傾向にある。

本条は、寄宿舎の設置根拠を記す条項である。本条は、寄宿舎の必置を特別支援学校の設置者に義務づけているが、併せて例外条項（ただし条項）を併記している。この例外条項により、必置であるにもかかわらず寄宿舎の設置率の実態は三割となっている。寄宿舎を設けない「特別の事情」は、就学者が自宅から通学可能な範囲にのみ居住する場合、医療機関や児童福祉施設に併設する学校で、就学者が病院または施設の入所者に限定される場合など、当該学校の就学者全員が通学可能な場合である。文部科学省は、特別な事情を除き、原則設置という制度理解を示しているが、寄宿舎の設置者である国や地方自治体は、「通学保障」「通学困難な児童生徒のため」と強調し、統廃合を進めている。その結果、教育上の入舎や、家庭の事情などの入舎を希望する通学困難者以外の児童生徒を排除している実態がある。

国や地方自治体は、寄宿舎は歴史的役割を終えたと判断し、縮小・廃止を加速させているが、寄宿舎に対する障害児とその保護者のニーズは減少するどころか入舎希望は年々増加し、障害の程度も重度・重複化し、かつ多様な受け入れを求めている。寄宿舎設置当初の通学保障という限定された役割から、障害児とその家族の困難・ニーズの実態に応える寄宿舎こそが求められている。

ポイント解説

寄宿舎をめぐる政策動向

文部科学省は、特別支援学校寄宿舎の教育的意義について肯定的な見解を示している。戦後日本の障害児教育制度を見直す転機となった「二一世紀の特殊教育の在り方（最終報告）」（平成一三年）において、「盲・ろう・養護学校の寄宿舎は入舎した障害のある児童生徒等が毎日の生活を営みながら、生活リズムをつくるなど生活基盤を整え、自立し社会参加する力を培う重要な場であり、老朽化した施設・設備の改善を図るとともに、情報機器の整備等やバリアフリーの推進などを行い、居住環境の向上に十分に配慮する必要がある」と報告している。しかし、その後、「今後の特別支援教育の在り方（最終報告）」（平成一五年）では、寄宿舎について全く言及せず、審議の過程でもほとんど検討されなかった。平成一八年改正の際に、「寄宿舎設置義務は不可欠」という保護者・関係者の声が多数寄せられ、本条がほぼそのまま残った経緯がある。寄宿舎の在り方についてほとんど検証されることなく、児童生徒と保護者、関係者は存続の必要性を訴える一方、国や地方自治体は寄宿舎の役割を「通学保障」と矮小化し統廃合を進めている実態がある。

通学困難のための寄宿舎からの脱却

寄宿舎の入舎理由「通学保障」は、寄宿舎教育の特質を決定づけるものではない。発達と教育の課題や生活事情に応じ、全校児童生徒はもちろん、地域の普通校特別支援学級などにも在籍するすべての子どもに寄宿舎が開かれていることが重要である。そのため、入舎形態や期間を柔軟に適用できるよう整備していくことが期待されている。

地域生活を支援する機能をもつ

地域の子ども・青年の育ちに必要な教育・福祉政策や機能を検討し、今の寄宿舎に何ができるか、必要かを検討する試みがあってもよい。寄宿舎教育が培ってきた機能や役割は、地域社会における教育と福祉の重要な資源と位置づけ、地域の子育て生活相談や家族のケアなどに取り組むことができる仕組みこそ求められている。在校生だけでなく卒業生の相談活動、放課後活動や土日の開舎、レスパイトケアなどの検討がもっとなされるべきである。学校の寄宿舎というものから福祉圏エリア、校区、地域に必要な機能、場として寄宿舎を構想することは不可能ではない。

専門性の探求と発揮

入舎の希望理由の多くは、寄宿舎が「集団生活での子ども同士の育ち合い」の場になり、関係の豊かさから人格的な発達（自分らしさの発揮、発見）のきっかけになることを求めている。特に青年期やつまずきのある時期に親子関係の在り方を見直す意味からの入舎は、親子にとって「いつもと違う姿」の発見であり、子育てを励ます入舎となっている。全国どこの寄宿舎も父母の苦しみや葛藤に寄り添い、子どもと向き合った実践があるはずだ。実践の手応え、子どもの声、育ち、仕事の確信、価値を全校や地域、行政に発信することが求められている。

本条を考える視点

内閣府の障がい者制度改革推進会議では、本条「寄宿舎を設けなければならない」が、保護者からの分離を禁止する障害者の権利に関する条約第二三条第四項「締約国は、児童がその父母の意見に反してその父母から分離されないことを確保する」に抵触するかどうか議論された。意見では、父母の意思に反したり、分離を強制したりする場合は条約違反の可能性が指摘された。障害児が特別支援学校への就学を義務づけられ、その結果、寄宿舎入舎を余儀なくされた場合には差別となり、条約違反となる。

論点に基づき一定の議論はされたが、第一次意見に寄宿舎に関する記述は盛り込まれなかった。改革には障害者の権利の実質的な前進のため、その立場から当事者の実態と声を反映させることが重要である。障害者の権利に関する条約は、「あらゆる段階でのインクルーシブ（排除しない）な教育制度を確保する」ことを掲げている。寄宿舎の理念と実践が子どもと地域社会との隔離をもたらすことがあってはならない。また、一部の人しか利用できない施設であってもならない。

関連条文　資料

■関連条文　障害者の権利に関する条約（二〇〇六年一二月一三日国連総会採択、二〇〇七年九月二八日署名、二〇一四年一月二〇日発効）第二三条第四項

■関連資料　「二一世紀の特殊教育の在り方に関する調査研究協力者会議」最終報告書（二〇〇一）

（寄宿舎指導員）

第七九条　寄宿舎を設ける特別支援学校には、寄宿舎指導員を置かなければならない。

②　寄宿舎指導員は、寄宿舎における幼児、児童又は生徒の日常生活上の世話及び生活指導に従事する。

本条の概要

本条は、寄宿舎指導員の設置義務を定めた規定である。特別支援学校には、特別の事情がないかぎり、寄宿舎を設けなければならない（第七八条）とされ、「寄宿舎を設ける特別支援学校には、寄宿舎指導員を置かなければならない」（本条）とし、「寄宿舎指導員は、寄宿舎における幼児、児童又は生徒の日常生活上の世話及び生活指導に従事する」（本条第二項）と職務を定めている。

寄宿舎指導員は、教育公務員特例法の大学以外の学校の教員に関する規定が準用される（本法施行令第一〇条第二項）とともに、「公立義務教育諸学校の学級編制及び教職員定数の標準に関する法律」第二条第三項にいう「教職員」に含まれ、いわゆる「県費負担教職員」（市町村立学校職員給与負担法第一条）である。その数については、「寄宿舎に寄宿する児童等の数を六で除して得た数以上を標準とする」（本法施行規則第一二三条）とされ、さらに公立校に関しては公立義務教育諸学校の学級編制及び教職員定数の標準に関する法律第一三条及び公立高等学校の設置、適正配置及び教職員定数の標準等に関する法律第二〇条に定数が規定されている。

寄宿舎指導員の資格については、法令上特別な規定はなく、多くの場合、教職員免許状や保育士資格を有する者が任用されているが、その職務の重要性と責任に見合った身分や待遇などの一層の充実が期待される。

寄宿舎を設ける特別支援学校には寮務主任及び舎監を置かなければならない。ただし、寮務主任の担当する寮務を整理する主幹教諭を置くときは寮務主任を、舎監の担当する寮務を整理する主幹教諭を置くときは舎監を、それぞれ置かないことができる。学校教育を進める上で必要な施設機能を確保するための計画及び設計において必要となる留意事項を示した「学校施設整備指針」（二〇〇七年七月二四日　文部科学省大臣官房文教施設企画部　一章総則五）には、特別支援教育の導入に関わって、その推進に伴う新たな課題などに対応し、その質的向上を図っていく留意点が述べられている。

ポイント解説

寮母から寄宿舎指導員へ

寄宿舎指導員は、寄宿舎における幼児児童または生徒の日常生活上の世話及び生活指導に従事する。特別支援学校就学者の障害の重度化・重複化により、その職務が食事や洗濯等の日常生活における世話に加えて、日常の生活習慣及び社会生活のための技術を身につけるための生活指導が必要になり、現行の「世話及び生活指導」という職務内容となっている。職務については、「養育に従事する」から現行規定に改正された経緯がある。この職務規定は、教諭が「児童生徒の教育をつかさどる」で一貫しているのとは対照的に、寄宿舎指導員の場合は三度の変遷がある。昭和二三（一九四八）年には「世話と教育にあたる」、昭和四九（一九七四）年本法改正では「養育」となり、平成一三（二〇〇一）年本法改正で「世話及び生活指導」となり、今日に至っている。子どもの実態と向き合うことから職務が決まるのである。

日本最初の寄宿舎は、明治一四（一八八一）年京都盲唖院と楽善会訓盲院に設置された。寄宿舎指導員は、かつて「寮母」と呼ばれていた。開設当初の寮母の労働は二四時間の住み込み制で、未亡人適職論という閉鎖的な労働観、劣悪な労働条件で支配・管理されていた。こうした過酷な労働状態を看過できず、教職員組合運動の影響もあり、住み込み制から通勤制へ、世話から教育へと職務の在り様も変化してきた。

男性の寄宿舎職員が増えている状況を踏まえ、平成一四（二〇〇二）年度より、現在の「寄宿舎指導員」へと名称変更となった。

寄宿舎指導員の採用試験未実施の問題

特別支援学校新設による地域密着化や、スクールバスなど交通手段の整備により、就学児童生徒の通学困難が解消される中で、寄宿舎の統廃合が進行し、それに伴い、寄宿舎指導員の正規採用がほとんど実施されていない実情がある。採用試験により新しい人材が入ってくることは、職の継続と発展を促進する。そうした意味から、十数年も寄宿舎指導員の採用試験が実施されないのは異常である。その反動は正規職員と臨時的任用職員の割合に端的に表れている。

いくつかの寄宿舎では、正規よりも臨任の職員数が上回り、正規職員が宿直に入れない事態もある。臨任の力量の問題よりも不安定な身分のまま雇用し続けることは、寄宿舎教育の発展を阻害するものであり、行政の見識が問われても仕方がない。

教職員定数にも著しい法的逸脱が目立つ。ある県などでは一二名の最低基準（公立義務教育諸学校の学級編制及び教職員定数の標準に関する法律第一三条）の逸脱がある。ある県では各校の定数を「一〇名に統一」するなど、子どもの実態を配慮せず、意図的に法律違反が行われている場合もある。

本条を考える視点

寄宿舎の縮小・統廃合が進行する中で、寄宿舎指導員の正規採用試験が行われず、臨任職員が不安定な身分のまま寄宿舎教育を担っている実態がある。そこには、通学保障により、寄宿舎が歴史的使命を終えたという狭い寄宿舎観がある。

しかし、寄宿舎は不要となるどころか、発達課題や生活事情により入舎を希望する家庭はむしろ増加しており、障害のある子どもたちの地域生活を支援する開かれた寄宿舎が必要とされている。

寄宿舎教育の発展のためにも、入舎する幼児、児童生徒の世話及び生活指導を担う寄宿舎指導員には、専門性の向上が不可欠であり、それには安定した身分保障が必要である。

関連条文　資料

■**関連条文、法令**　本法施行規則第一二三条、第一二四条、公立義務教育諸学校の学級編制及び教職員定数の標準に関する法律、公立高等学校の設置、適正配置及び教職員定数の標準等に関する法律

〔特別支援学校の設置義務〕

第八〇条　都道府県は、その区域内にある学齢児童及び学齢生徒のうち、視覚障害者、聴覚障害者、知的障害者、肢体不自由者又は病弱者で、その障害が第七十五条の政令で定める程度のものを就学させるに必要な特別支援学校を設置しなければならない。

条文の概要

本条は、都道府県に対し、特別支援学校の設置義務を課した規定である。

就学する学校についての設置義務については、小学校（第三八条）・中学校（第四九条）など義務教育諸学校の場合には、市町村に課せられている。これに対し、特別支援学校の場合には、対象となる児童生徒が少ないため、都道府県を単位として設置義務を課している。

障害のある児童生徒を対象とした学校の設置義務は、昭和二二（一九四七）年の本法制定により、その小学部と中学部に関して義務教育の原則は確立されていたと考えられる。昭和二三（一九四八）年四月一日より、当時の盲（視

覚障害）・聾学校（聴覚障害）小学部への義務制が始まり（中学校の就学義務並びに盲学校及び聾学校の就学義務に関する政令（昭和二三年四月七日政令第七九号）、昭和二六（一九五一）年に完全実施となった。

養護学校（知的障害、肢体不自由、病弱）は、本法制定当時ほとんど設置されていなかったため、養護学校が義務化されるまで、知的障害、肢体不自由、病弱のある子どもは、就学猶予・免除の形で「教育を受ける権利」を侵害される実態があった。国は学校の建築費や教職員給与費について財政上の特別措置を行うなどして、各都道府県における養護学校の設置促進を図ることになった。こうした働きかけもあり、昭和五四（一九七九）年から養護学校は義務化された（本法中養護学校における就学義務及び養護学校の設置義務に関する部分の施行期日を定める政令　昭和四八年政令第三三九号）。

本条の設置義務と、保護者に対する就学義務（第一七条第一項及び第二項）により、特別支援学校小学部及び中学部に在籍する児童生徒の義務教育が保障されている。

ポイント解説

特別支援学校の設置をめぐる動向

特別な教育的ニーズのある児童生徒の増加、障害の重度・重複化、障害をめぐる考え方の変化などを背景にして、特別支援教育を受ける児童生徒が増えている。このことに伴って、特別支援学校に就学する児童生徒が増加し、学校不足が問題となっている。この問題に関し、特別支援学校を新設したり、既設の学校の分校や分教室を設置することで、これに対応しようとしている。日本は、障害のある／なしで教育機会が異なる制度設計を保持してきた。平成二五（二〇一三）年八月の「学校教育法施行令の一部を改正する政令」により、就学予定者は原則、普通校に就学する仕組みに改められたが、そうであったとしても、特別支援学校がこれまで担ってきた機能や役割、使命を終えるというよりは、それがより一層期待されていくように思われる。

障害種別を超えた特別支援学校

平成一八年改正により、日本の障害のある児童生徒のための学校教育制度は、「特殊教育」から「特別支援教育」へと制度変更が行われた。この背景には、それまで特別な教育的配慮の対象にはなりにくかった学習障害や注意欠陥多動性障害など軽度発達障害への対応、障害の重度・重複化、ノーマライゼーションの進展がある。「特殊教育」では、障害の程度が比較的重い児童生徒に対し、障害の種別に応じ、盲・聾・養護学校という三種類の学校制度を設けていたが、「特別支援教育」では、障害の種別を超えた特別支援学校制度が創設された。

しかし、特別支援学校では、「障害の種別を超える」ことを理念としているが、それに必要な条件整備、とりわけ複数の障害種別の子どもを受け止める場合の教員配置や施設設備の基準などは、「特別支援教育の推進に関する調査研究協力者会議」の審議経過報告（二〇〇九年）でも今後の課題として挙げられた。

特別支援学校設置に関わる具体的運用

特別支援学校では、複数の障害種別に対応できる学校の設置が可能になっている。しかし、第七三条の規定では、個々の学校ごとに、あらかじめ五種別のうちのどの種別を対象とするかの明示を要請しており、特別支援学校が、五種別すべて対象とするわけではないことに注意が必要である。

具体的運用に関し、平成一七（二〇〇五）年七月、文部科学省事務次官通知「特別支援教育の推進のための学校教育法等の一部改正について（通知）」が、学校設置者に通知されている。

この通知では、個々の特別支援学校の名称（引き続き、盲学校などの名称を使用することができること）、個々の特別支援学校が対象とする障害種別についての考え方（地域の実情に応じ、学校設置者が判断すること）、地域の特別支援教育センターとしての機能（法に明記されていない保育所などの保育施設も含まれること）についての留意事項が明記されている。

特に、設置に関して重要なことは、義務教育諸学校等の施設費の国庫負担等に関する法律（施設費負担法）及び公立義務教育諸学校の学級編制及び教職員定数の標準に関する法律（義務標準法）、公立高等学校の適正配置及び教職員定数の標準等に関する法律（高校標準法）などの運用に当たり、各特別支援学校を「当該特別支援学校の学級数が最も多い障害種別に区分」することが明記されていることである。

複数の障害種別を対象とする「特別支援学校」の、実際の条件整備については、障害種別ごとの基準を引き続き援用することを具体的かつ明確に示したものとして、この通知は重要である。

しかし、障害種別を超えるという特別支援学校の理念から見たときには、実態としては旧態依然の印象を拭いきれず、より一層、教育条件整備を進めていくことが期待される。

本条を考える視点

障害を取り巻く社会の変化や、障害が多様化していく中で、特別支援学校にはそれらの状況への対応が期待されている。特別支援学校は、複数障害への対応を含めた適正配置、計画的整備、地域の特別支援教育センターとしての取り組み推進、理解啓発、関係機関とのネットワークづくりなどの課題を抱えている。教育基本法第一六条（教育行政）にある通り、条件整備は国と地方公共団体の責務であり、障害のある児童生徒に対し、適切な教育の場を提供することが期待されている。都道府県に特別支援学校の設置義務があるという本条の内容もそうした意味で理解されなければならない。

第二部関連頁

六九九頁

■**関連条文 資料**

■**関連条文、法令**　日本国憲法第二六条、教育基本法第四条第三項、第一七条、第三八条、第四九条、義務教育諸学校等の施設費の国庫負担等に関する法律、公立義務教育諸学校の学級編制及び教職員定数の標準に関する法律、公立高等学校の適正配置及び教職員定数の標準等に関する法律

〔特別支援学級〕

第八一条　幼稚園、小学校、中学校、義務教育学校、高等学校及び中等教育学校においては、次項各号のいずれかに該当する幼児、児童及び生徒その他教育上特別の支援を必要とする幼児、児童及び生徒に対し、文部科学大臣の定めるところにより、障害による学習上又は生活上の困難を克服するための教育を行うものとする。

② 小学校、中学校、義務教育学校、高等学校及び中等教育学校には、次の各号のいずれかに該当する児童及び生徒のために、特別支援学級を置くことができる。

一　知的障害者

二　肢体不自由者

三　身体虚弱者

四　弱視者

五　難聴者

六　その他障害のある者で、特別支援学級において教育を行うことが適当なもの

③　前項に規定する学校においては、疾病により療養中の児童及び生徒に対して、特別支援学級を設け、又は教員を派遣して、教育を行うことができる。

本条の概要

本条は、その第二項に規定される幼児、児童及びその他教育上特別の支援を必要とする幼児や児童等に対して、障害による学習上又は生活上の困難を克服することを目的とし、小学校、中学校、義務教育学校、高等学校及び中等教育学校に特別支援学級（本法制定時は「特殊学級」。平成一八年改正により「特殊教育」が「特別支援教育」に改められるに伴い、「特殊学級」は「特別支援学級」に改められた）を設置し教育を行うことができる、としている。

特別支援学級は、本条第二項の一から六に規定される障害があるために、通常の学級での指導では十分な効果を上げることが困難な児童生徒に対し、きめ細かな教育を行うために、主に小・中学校の中に特別に設置される少人数の学級を指す。特別支援学級は、あくまでも小学校又は中学校の学級の一つである。生徒に対するきめ細かな教育を実施することはもとより、通常の学級の他の児童生徒とともに活動する機会を設けることで集団生活への参加を促し、相互理解を深めることも期待されている。

「障害のある児童生徒の就学について」（文部科学省初等中等教育局長通知、平成一四年五月二七日）において、特別支援学級を置く際の障害の種類及び程度が次のように記されている。障害の判断に当たっては、障害のある児童生徒に対する教育の経験のある教員等による観察・検査、専門医による診断等に基づき教育学、医学、そして心

理学等の観点から総合的かつ慎重に行うことと記されている。

ア　知的障害者	知的発達の遅滞があり、他人との意思疎通に軽度の困難があり日常生活を営むのに一部援助が必要で、社会生活への適応が困難である程度のもの
イ　肢体不自由者	補装具によっても歩行や筆記等日常生活における基本的な動作に軽度の困難がある程度のもの
ウ　病弱者及び身体虚弱者	一　慢性の呼吸器疾患その他疾患の状態が持続的又は間欠的に医療又は生活の管理を必要とする程度のもの 二　身体虚弱の状態が持続的に生活の管理を必要とする程度のもの
エ　弱視者	拡大鏡等の使用によっても通常の文字、図形等の視覚による認識が困難な程度のもの
オ　難聴者	補聴器等の使用によっても通常の話声を解することが困難な程度のもの
カ　言語障害者	口蓋裂、構音器官のまひ等器質的又は機能的な構音障害のある者、吃音等話し言葉におけるリズムの障害のある者、話す、聞く等言語機能の基礎的事項に発達の遅れがある者、その他これに準じる者（これらの障害が主として他の障害に起因するものではない者に限る。）で、その程度が著しいもの

キ　情緒障害者	一　自閉症又はそれに類するもので、他人との意思疎通及び対人関係の形成が困難である程度のもの 二　主として心理的な要因による選択性かん黙等があるもので、社会生活への適応が困難である程度のもの

ポイント解説

特別支援学級の設置

本条において、特別支援学級は小学校、中学校、義務教育学校、そして高等学校及び中等教育学校に「置くことができる」とされ、市町村の教育委員会には設置の義務はない（規定に従えば、高等学校にも特別支援学級を設けることができるが、実際に設けられている例はない）。

特別支援学級は特別の事情がある場合を除いて、本条第二項各号に掲げる障害の区分（知的障害、肢体不自由、身体虚弱、弱視、難聴）に従って置くこととされている（本法施行規則第一三七条）。また本条第二項の六には「その他障害のある者」と記されているが、それは学習障害（ＬＤ）や注意欠陥多動性障害（ＡＤＨＤ）等の障害が挙げられる。

本法施行規則第一三六条によれば、特別支援学級の一学級の児童又は生徒の数は、法令に特別の定めのある場合を除き、一五人以下を標準とすることが明記されている。だが、通常学級における原則とは異なり、特別支援学級においては必ずしも同学年の児童生徒のみで学級編成をする必要はない。「公立義務教育諸学校の学級編制及び教職員定数の標準に関する法律」第三条第二項には学級編成の標準として、本条第二項及び第三項に規定する特別支援学級については、八人の学級編成を標準としている。

小・中学校の特別支援学級に入級する知的障害者、肢体不自由者、病弱者及び身体虚弱者、弱視者、難聴者、言語障害者、情緒障害者の障害の種類や程度の判断に当たっては、障害のある児童生徒にとって最もふさわしい教育を行うという視点に立って、教育学や医学、そして心理学等の観点から専門家の意見を踏まえた上で総合的に行うことが求められる。また、特別支援学級への入級後も、学校内の就学指導委員会等で児童生徒の状態や教育内容、そして指導方法等の検討を行っていくことが求められている。

特別支援学級の教育課程

本法施行規則第一三八条では、「小学校若しくは中学校又は中等教育学校の前期課程における特別支援学級に係る教育課程については、特に必要がある場合は特別の教育課程によることができる」とされている。ただ、特別の教育課程を編成する際には、それが本法に定められている小・中学校の教育目的と目標を達成するものであり、特別支援学校小・中学部の学習指導要領を参考に編成されたものである必要がある。

また本法施行規則第一三九条には、特別支援学級において文部科学大臣の検定を経た教科用図書を使用することが適当でない場合には、当該特別支援学級を置く学校の設置者の定めるところにより、他の適切な教科用図書を使用することができると記されている。

本条を考える視点

平成一四（二〇〇二）年の文部科学省実施「通常の学級に在籍する特別な教育的支援を必要とする児童生徒に関する全国実態調査」は、小・中学校の通常学級に在籍している児童生徒のうち、学習障害や注意欠陥多動性障害等により学習面等で特別な支援を必要とすると考えられる児童生徒が約六％の割合で存在するだろうことを示し、社会的な関心を呼んだ。そしてこうした児童生徒に対する支援の促進を目的とし、発達障害者支援法（平成一六年）が平成一七（二〇〇五）年度に施行された。

特別支援学級で教育を受ける者の障害の程度は、本法施行令第二二条第三項の表（本法第七五条、「本条の概要」参照）で規定されている、特別支援学校で教育を受ける児童生徒の障害の程度より軽度のものと考えられる。

また、小・中学校の特別支援学級への入級に当たっては、障害のある児童生徒に最もふさわしい教育を行うという視点に立って、教育学や医学、そして心理学等の観点から専門家の意見、そして当該児童生徒の保護者の意見を踏まえた上で総合的に行うことが求められる。児童生徒本人や当該児童生徒を小・中学校に就学させる義務を負う保護者の思いは尊重されるべきではあるが、具体的にどの学級に当該児童生徒を入学させるかは、受け入れ側の学校に受け入れ体制がどの程度整備されているか等を勘案し、決定の権限を学校校長がもつとされる。

関連条文　資料

■関連条文、法令　本法施行令第二二条第三項、本法施行規則第一三六条～第一三九条、公立義務教育諸学校の学級編制及び教職員定数の標準に関する法律第三条第二項、発達障害者支援法

■関連資料　「障害のある児童生徒の就学について」（平成一四年五月二七日文科初第二九一号　文部科学省初等中等教育局長通知）、「通常の学級に在籍する特別な教育的支援を必要とする児童生徒に関する全国実態調査」（平成一四年文部科学省実施）、鈴木勲編著『逐条　学校教育法』（学陽書房、二〇〇九年）、青山学院教育法研究会編著『大学・学校・教育法律実務ガイド』（第一法規、二〇一四年）

［判例］　入級措置処分取消等請求控訴事件（札幌高等裁判所判決平成六年五月二四日）
「肢体不自由者に対する中学校普通教育において、当該不自由者を普通学級に入級させるか、あるいは特殊学級に入級させるかは、終局的には校務をつかさどる中学校長の責任において判断決定されるべきもので、本人ないしはその両親の意思によって決定されるべきものということはできない。」

〔準用規定〕

第八二条　第二十六条、第二十七条、第三十一条（第四十九条及び第六十二条において読み替えて準用する場合を含む。）、第三十二条、第三十四条（第四十九条及び第六十二条において準用する場合を含む。）、第三十六条、第三十七条（第二十八条、第四十九条及び第六十二条において準用する場合を含む。）、第四十二条から第四十四条まで、第四十七条及び第五十六条から第六十条までの規定は特別支援学校に、第八十四条の規定は特別支援学校の高等部に、それぞれ準用する。

第九章　大学

〔大学の目的〕

第八三条　大学は、学術の中心として、広く知識を授けるとともに、深く専門の学芸を教授研究し、知的、道徳的及び応用的能力を展開させることを目的とする。

② 大学は、その目的を実現するための教育研究を行い、その成果を広く社会に提供することにより、社会の発展に寄与するものとする。

本条の概要

戦後の大学は、旧制大学、旧制高等学校、専門学校を母体としてつくられた。旧制大学を規律していた大学令（大正七年勅令第三八八号）第一条には、大学の目的について、「大学ハ国家ノ須要ナル学術ノ理論及応用ヲ教授シ並其ノ蘊奥ヲ攷究スルヲ以テ目的トシ兼テ人格ノ陶冶及国家思想ノ涵養ニ留意スヘキモノトス」と規定されていた。戦前の規定が大学の目的を教育と研究の二つの機能とした点は、本条でも踏襲されたが、両機能が「国家」を志向していた点については、大きく変更が加えられた。昭和二二（一九四七）年に制定された本法（法律第二六号）第五二条は、大学の目的を「学術の中心として、広く知識を授けるとともに、深く専門の学芸を教授研究し、知的、道徳的及び応用的能力を展開させること」と規定し、日本国憲法第二三条の学問の自由や、旧教育基本法第一条の示した個人の価値や自主的精神を尊重する教育の目的に適合するよう改められた。

第二項は平成一八（二〇〇六）年に改正された教育基本法第七条に大学に関する規定が新設されたことに伴い、

新たに追加された項目である。同本法第七条では、大学の目的について旧来からの教育と研究の二つの機能に加え、研究によって創造された「成果を広く社会に提供することにより、社会の発展に寄与する」役割が追加された。このため、本法の大学の目的に関する規定についても、新たに社会の発展への寄与に関する内容を盛り込む方向で検討が行われ、平成一九（二〇〇七）年に本条第二項として新設する改正（以下、平成一九年の本法改正は「平成一九年改正」と略）が行われることになった。第二項として規定したのは、大学が、社会の発展に寄与することを直接の目的として設けられた学校種ではないことから、第一項の目的に加えることはなじまないと考えられたためであるが、社会の発展への寄与は大学としての重要な役割であり、目的とも密接な関連を有するものであることから、別の条とはせずに第二項として規定されることになった。

ポイント解説

学術の中心

戦前の「国家ノ須要ナル学術ノ理論及応用ヲ教授シ並其ノ蘊奥ヲ攷究スル」とする目的規定から大きく転換させ、歴史的にも世界的にも認められた大学の在り方を明らかにした鍵的な概念であり、教育基本法第七条（大学）においても特に明記されている。国家を志向した戦前の在り方は、同条第二項において「自主性、自立性の尊重」が明示されたこととも相まって、完全に否定されることとなった。世界における大学という視点についていえば、学士課程の学習成果（内容やレベル等）を共通化していくこと（プロトコールの形成や「チューニング」など）や、国際的な競争力・存在感を備える教育研究拠点を各分野において形成することなどが、国や各大学などで近年ますます活発に取り組まれるようになってきており、大学には内向きの志向性を脱却することが求められている。

広く知識を授ける

「広く知識を授ける」ということは、「深く専門の学芸を教授研究」する専門教育に対し、一般教育を重視するものと解されるもので、戦前の大学の目的規定には見られない内容である。戦前には旧制の高等学校で担われてきた教養教育が新制高校への移行に際して継承が難しくなったことや、本法の立法過程に大きな影響を及ぼした米国教育使節団報告書の考え方が反映されたものともされる。一般教育は大学設置基準において「人文、社会及び自然の三分野にわたり三十六単位」が卒業要件であることが明記されてきたが、平成三（一九九一）年六月の同基準改正により、一般教育と専門教育の区分や一般教育内の科目区分（一般（人文・社会・自然））が廃止されたこと（大綱化）により、大学の教育課程内における位置づけの低下が顕著に見られるようになり、大学の在り方とも相まって議論の俎上に上げられることが多くなった。

知的、道徳的及び応用的能力を展開させる

旧大学令の「人格ノ陶冶」という目的に対応するものであるが、旧大学令におけるこの目的が「兼テ」と二次的な目的として表現されていたのに対し、中心的な目的として規定されていることが特徴的である。その目的が道徳的なものに収斂されるものではなく、広範な知識や専門の学芸を得るだけにとどまらないことを明記することで、大学教育の本質的な在り方を示したものともいえる。その点、教育基本法では「高い教養と専門的能力を培う」と併記されるにとどめられており、この目的規定の明瞭性が若干弱められている。

社会の発展に寄与

本法の平成一九年改正により追加された第二項に大学の新たな役割として明記されたものであり、そのことが教育基本法改正を契機とするものであったことは既述した通りである。しかし、さらに遡れば中央教育審議会答申「我が国の高等教育の将来像」（平成一七年一月二八日）が、社会貢献の役割を大学の「第三の使命」として捉えるべきことを強調したことが大きく影響したものと考えられる。中央教育審議会は、ここでいう「社会」を「地域社会・経済社会・国際社会等、広い意味での社会全体」と捉えており、そこから「寄与」すべき内容についても、地域貢献、産学官連携、国際交流等など各層の「社会」の発展を想定したものとなっていた。また、旧来からの使命である教育と研究と関わり、人材の養成と学術研究活動という根本的な使命も、長期的観点からの社会貢献と考えることもできるだろう。

本条を考える視点

法人化に伴い各大学の自主性・自律性が一層求められるようになった大学の今後の方向性としては、本条の目的が示す期待される役割・機能を十分に果たしつつも、「各大学の自主的判断により、それぞれの特色や個性を明確化すること」によって多様化し、機能別に分化していくことが目指されている。平成一七（二〇〇五）年中央教育審議会答申では、世界的研究・教育拠点、高度専門職業人養成、幅広い職業人養成、総合的教養教育、特定の専門的分野（芸術、体育等）の教育・研究、地域の生涯学習社会の拠点、社会貢献機能（地域貢献、産学官連携、国際交流等）といった多様な機能が例示されていたが、平成二七（二〇一五）年六月の「第3期中期目標期間における国立大学法人運営費交付金の在り方について」では、大学の機能強化の方向性が、「地域と特色分野の教育研究（地域）」と「特色分野の教育研究（特色）」と「卓越した海外大学を伍した教育研究と社会実践（世界）」の三つの枠組みに絞り込まれた。教育再生実行会議が提言した実践的な職業教育を行う新たな高等教育機関の創設も日程に上る中で、この目的規定をどのように理解したらよいのか。大学とは何かということも含めて、改めて考えていかなければならない時代となってきたともいえるだろう。

関連条文　資料

■**関連条文**　日本国憲法第二三条（学問の自由）、教育基本法第一条（教育の目的）、第二条（教育の目標）、第六条（学校教育）、第七条（大学）、

〔判例〕　昭和女子大事件（最高裁昭和四九年七月一九日判決）

「大学は、国公立大学であると私立であるとを問わず、学生の教育と学術の研究を目的とする公共的な施設であり、その設置目的を達成するために必要な事項を学則等により一方的に制定し、学生を規律する包括的機能を有する。（中略）大学において、学生の政治的活動を自由に放任すると、学生が学業を疎かにし、あるいは学内における教育及び研究の環境を乱し、本人及び他の学生に対する教育目的の達成や研究の遂行を損う等大学設置の目的の実現を妨げるおそれがあるから、大学当局が学生の政治的活動に規制を加えることには十分に合理性が認められ、政治的目的をもつ署名活動への参加または学外の政治団体への加入について許可制をとることが不合理とはいえない。」

〔通信による教育の実施〕

第八四条　大学は、通信による教育を行うことができる。

本条の概要

本条は、大学が通信による教育を行うことのできることを明らかにする規定である。戦前にも大学の講義内容を

編纂して刊行する講義録などの取り組みが見られたが、法制上は正規の学校と認められていなかった。本法の制定に当たり、大学における教育研究の成果を広く国民に開放することや、高等教育の機会をできる限り拡大すること等の観点から、法制上の根拠が設けられることとなった。制定当時は本法旧第七〇条において高等学校の通信に関する規定（本法旧第四五条）を準用していたが、昭和三六（一九六一）年の本法の改正（以下、「昭和三六年改正」と略）（本法第一六六条）において旧第四五条が改正され、高等学校において全日制の課程、定時制の課程と並んで通信制の課程が位置づけられたことに関連して、本法第五四条の二第一項として独立した規定が設けられた。当時の本条は学部に関する条文の並びに規定されていたが、学部及び大学院研究科に共通する規定であることを明確化するため、平成一三（二〇〇一）年の改正（以下、「平成一三年改正」と略）により法旧第五二条の二として定められることとなり、平成一九年改正により現行の第八四条となっている。

通信教育に関する基準は、長い間本法施行規則旧第七一条の二において「別に定める」こととされたまま特段の定めが設けられていなかったが、放送大学の設置計画の進展に伴い、新たに大学通信教育設置基準が制定されることになり、その後、昭和五七（一九八二）年には短期大学通信教育設置基準が設けられている。大学院については大学院設置基準の平成一〇（一九九八）年の改正により通信教育に関する規定が設けられた。大学通信教育設置基準では、通信教育の授業の方法として印刷教材による授業、放送授業、面接授業の組み合わせで行われるものと規定されたが、平成一〇年改正（以下、「平成一〇年改正」と略）によりメディアによる授業が可能となり、さらにインターネット等の情報通信技術の進展・普及、社会人の多様な学修ニーズ等を踏まえて、平成一三年改正によって通信制学部において一二四単位すべてを「メディアを利用して行う授業」（インターネット等による授業）で修得することを可能とするなどの制度改正が行われている。

ポイント解説

大学教育における通信技術活用の在り方

平成一二（二〇〇〇）年の大学審議会答申「グローバル化時代に求められる高等教育の在り方について」において、大学教育における情報通信技術の活用は五つの改革の柱の一つに位置づけられている。すなわち衛星通信やインターネット等の情報通信技術を大学教育において活用することは、教育内容を豊かにし、教育機会の提供方法を変え、大学教育への一層のアクセス拡大に資するものであり、新しい社会的価値観の健全な創出に重要な役割を果たすものであるとして、その適切な活用による利点を強調した。

大学審議会では近年普及が著しいインターネット等の情報通信技術を中心として、大学教育における活用の在り方が検討され、通信制については、a. 遠隔授業により修得することのできる単位数の見直し、b. インターネット等活用授業の遠隔授業としての位置づけについて、の大きく二点について提言がなされている。前者の遠隔授業により修得できる単位数の見直しについては、従来の直接の対面授業による修得が必要な三〇単位について、遠隔授業により修得することができるものとすることにより、卒業に必要な単位（一二四単位）すべてを遠隔授業により修得することを可能とするものである。後者については、それまで大学設置基準が、同時性・双方向性をもつテレビ会議式の遠隔授業等に対して直接の対面授業に相当する教育効果を有すると認めてきたものを、同時性・双方向性がないインターネット等活用授業についても、次のような条件を満たせばそれと同等の教育効果が確保されると評価することが可能であるとした。①文字、音声、静止画、動画等の多様な情報を一体的に扱うもの、②電子メールの交換などの情報通信技術を用いたり、オフィス・アワー等に直接対面したりすることによって、教員や補助職員（教員の指導の下で教育活動の補助を行うティーチング・アシスタントなど）が毎回の授業の実施に当たり設問解答、添削指導、質疑応答等による指導を行うもの、③授業に関して学生が相互に意見を交換する機会が提供されているもの。

以上のように通信技術の利点を強調した提言ではあったが、大学の本旨が単に知識を教授するだけではなく、教員や他の学生との触れ合いや相互の交流を通じて人間形成を図る場であることから、直接の対面授業を行うことの重要性は今後も変わらないとして、特に高等学校を卒業して実社会での職業経験を経ずに大学教育を受ける青年期の学生などに対しては、各大学の定める範囲内で、直接の対面授業を履修させる機会を与えることが望ましいといった目配りもなされている。

インターネット等のみを用いて授業を行う大学における校舎等施設に係る要件の弾力化による大学設置事業

構造改革特別区域法（いわゆる特区法）が施行された翌年の平成一六（二〇〇四）年四月、インターネット等のみを用いて授業を行う大学（いわゆる「インターネット大学」）を対象として、校舎等施設に係る要件の弾力化を行う特区（特区八三二）が制度化され、これまでに二大学（ビジネス・ブレークスルー大学、サイバー大学）が特区の適用を受けている。特定事業の内容は、地方公共団体が、その地域内においてインターネットのみを利用して授業を行う大学の設置を促進する必要があると認める場合には、当該大学の教育研究に支障がないと認められる場合に限り、インターネットのみを利用して授業を行う大学の設置に当たって、大学設置基準等に規定する校舎等の施設に関する基準によらないことを可能とするというもので、地方公共団体に対する経済的効果としては、雇用創出のほか関連産業の人材育成を通じ、地域の研究・教育機能の強化が図られることなどが期待されている。

特区における「規制の特例」については、有識者による「評価・調査委員会」が全国的に拡大するべきかを評価することとなっており、特区八三二については、構造改革特区推進本部評価・調査委員会による平成二三（二〇一一）年度評価意見において、「文部科学省において、教員と学生との対面性を補完しうる方策などインターネット大学に関する課題について、専門的な見地から十分な検討」を行った上で、平成二五（二〇一三）年度中を目途に必要な措置を行うこととされた。文科省は中央教育審議会の審議を経て、平成二六（二〇一四）年三月二五日に大学設置基準を改正（第一〇条第二項ただし書きの追加）。「特例」を法制化する措置を講じた。

本条を考える視点

大学審議会答申は、「情報通信の分野における技術の進展は日進月歩であるため、制度上の諸問題については随時見直しを行っていくことが必要」として、インターネット等による授業について、「今後の実施状況等を踏まえつつ、その基準の在り方について必要に応じ検討することが適当」と指摘した。その後の技術開発の急激な速度に対しては教育的検討が追いついていかない状況も見られるが、本条をいかに具体化するかという問題は大学教育へのアクセス機会の拡大やグローバル化への対応を進める上で避けては通れない問題である。急速な技術革新・普及を踏まえた対応や、社会人等に対するより多様・柔軟な学修方法の提供、インターネット大学における対面性を補完する方策の在り方など、大学通信教育等をめぐって、様々な課題の検討がますます必要とされている。

関連条文　資料

■関連条文　本法第四条〔設置廃止等の認可〕、本法施行令第二三条第一項第五号、本法施行規則第一二条（設置・廃止等）、大学設置基準、短期大学設置基準、大学通信教育設置基準（昭和五六年一〇月二九日文部省令第三三号）、短期大学通信教育設置基準（昭和五七年三月二三日文部省令第三号）

〔学部等〕
第八五条　大学には、学部を置くことを常例とする。ただし、当該大学の教育研究上の目的を達成するため有益かつ適切である場合においては、学部以外の教育研究上の基本となる組織を置くことができる。

本条の概要

本条は、大学の基本組織についての規定である。本法制定当初は、「大学には、数個の学部を置くことを常例とする。ただし、特別の必要がある場合においては、単に一個の学部を置くものを大学とすることができる。」と規定されていた。これは旧大学令第二条の「大学ニハ数個ノ学部ヲ置クヲ常例トス但シ特別ノ必要アル場合ニ於テハ単ニ一個ノ学部ヲ置クモノヲ以テ一大学ト為スコトヲ得」をほぼ踏襲したものであり、戦前の帝大を基準とする大学のイメージを反映した規定であったといえる。旧規定においては、「数個の学部を置く」大学すなわち総合大学が普通の形とされ、一個の学部のみの大学すなわち単科大学は、特別の必要がある場合に認められるという趣旨であったが、数個の学部を置くことが大学の必要要件というわけでは必ずしもなく、また実態としても単科大学の数が増加して総合大学とほとんど同数となるということも考慮して、昭和四八（一九七三）年の本法改正（以下、「昭和四八年改正」と略）により「数個の」の文言を削り、例外とされてきた一個の学部を置く単科大学を「常例」に加える条文に改められた。

さらに昭和四八年改正では、それまで大学の教育研究上の基本組織を「学部」に限定してきたところを、「学部以外の教育研究上の基本となる組織を置くことができる」とのただし書きが加えられた。学部は、特定の学問領域において教育活動と研究活動を一体的に行う組織であり、当該分野についての教育研究を深く進める上でも、また管理運営上の基礎的な単位としての規模などの面でも適しており、永年の慣行を通じて歴史的に積み上げられてきた組織である。しかし、学術研究の専門分化や学際化、大学に寄せられる社会の多様な要請に応えるためにも、大学の研究機能と教育機能を一応分離して、組織の再編成を図る必要も当時指摘されていたことから、新構想大学として昭和四八（一九七三）年に設立された筑波大学には、学系と学群・学類という両者を分離した教育組織が導入された。さらに平成二〇（二〇〇八）年の大学設置基準改正により、複数の大学が、それぞれ学部等を設置し、共同して同一内容の学部等の教育課程を編成、実施することを可能とする制度改正が行われている。

ポイント解説

教育研究上の基本組織としての学部

特定の学問領域ごとに大学の目的を達成するにふさわしい高度の教育機能と研究機能を兼ね備え、両者を一体的に遂行することを可能とする基本組織としての学部は、慣行的に大学の基本組織とされてきたものである。大学設置基準第三条は学部を、「専攻により教育研究の必要に応じ組織されるものであって、教育研究上適当な規模内容を有し、教員組織、教員数その他が学部として適当であると認められるもの」と定義している。また第四条、第五条において、学部内組織として学科又は課程が設けられることとされている。

大学設置基準には、教育組織に対応する教員組織として講座制又は学科目制という組織（講座制とは、教育研究上必要な専攻分野を定め、その教育研究に必要な教員を置く制度であり、学科目制とは、教育上必要な学科目を定め、その教育研究に必要な教員を置く制度）についての記載もあったが、大学教員の職の在り方の見直しに関連して、平成一八（二〇〇六）年の大学設置基準の改正により、講座制・学科目制に関する大学設置基準の規定を削除する代わりに、主たる授業科目は原則として専任の教授又は准教授が担当すること（同基準第一〇条）や各教員の役割分担及び組織的連携体制の確保（同基準第七条）等に関する規定が設けられた。学部・学科・課程という教育組織については今のところ大きな変更は加えられていないが、研究活動に重点が置かれて教育面への配慮が欠ける場合が多い点など、大学の大衆化の進行に適合的でないことや、学際的研究や総合研究の推進に当たって学部の壁が障害となる場合が多く見られることなどについての批判は根強くあり、そのことが学部に代わる基本組織のただし書きが加えられる条文改正にもつながっている。

学部に代わる基本組織

現行法のただし書きにある「学部以外の教育研究上の基本となる組織」は本法の昭和四八年改正により加えられたもので、「教育研究上の目的を達成するため有益かつ適切である場合において」置くことができるとされている。学部以外の組織形態をとることが教育研究上有益かつ適切である場合とは、そのことが教育活動あるいは研究活動のいずれかの部分（あるいは両者にまたがる場合）において積極的な意義が認められ、それぞれの大学が特色ある教育研究活動を進める上で、少なくとも学部の場合と同等あるいはそれ以上の効果を期待しうる場合を指す。例として必ず挙げられるのは、筑波大学が、教育と研究を機能的に分離するという観点に沿って設けた学群・学類（教育機能に着目した組織）と学系（研究機能に着目した組織）である。大学の諸機能を専門分野別によってではなく、教育・研究・管理運営等の機能によって細分し、統合したものであり、自由でオープンな組織構成をとることにより全学共通教育への協力や学際的研究科の教育への協力等にも柔軟に対応することができることが利点とされた。この発想は、大学院重点化の動きの中で、大学院組織において両者を機能的に分離する、九州大学「学府・研究院」制度などに引き継がれている。

共同学部（学科）制度

従来学部は一大学内の教育研究組織として想定されてきたものであったが、平成一七（二〇〇五）年の中央教育審議会答申「我が国の高等教育の将来像」等を受けて、地域の国公私立大学・短期大学が連携して教育研究資源を最大限に活用し、地域の活性化や多様で特色ある教育研究を推進するための仕組みとして、「共同学部・共同大学院」制度が創設された（平成二〇年一一月一三日大学設置基準等改正）。同制度の内容は、①大学が他の大学と共同で教育課程（共同教育課程）を編成し、実施することが可能となる、②共同教育課程の修了者は構成大学連名による学位が授与される、③学部、研究科等の組織は各大学に置く、といったもので、教育研究の責任主体を明らかにしつつ、地域の教育研究ニーズや学問の学際化、融合の進展などによる教育研究ニーズに的確に対応する教育研究組織を、柔軟かつ迅速に立ち上げることができるといった利点が期待されている。

本条を考える視点

平成一七（二〇〇五）年の中央教育審議会答申「我が国の高等教育の将来像」は、今後の知識基盤社会において、日本が伝統的な文化を継承しつつ国際的な競争力をもって持続的に発展するためには、知的創造を担い社会全体の共通基盤を形成するという大学の公共的役割が極めて重要であるとして、大学がその社会的責任を深く自覚し、自律的に大学教育の質的向上に努めることを求めている。そのためにも大学は、人材育成と学術研究の両面において本来の使命と役割をより積極的かつ効果的に果たしていくために、常に教員組織の在り方が最も適切なものとなるよう努力していくことが必要とされ、大学が具体的な教員組織の編制をより自由に設計することができるよう、講座制又は学科目制を基本原則とする現在の大学設置基準の規定を削除する制度改正が行われた。今後、時代の要請に合わせて教育や研究の組織の在り方が検討され、試行される機運がますます高まることも予想される。従来の学部の利点を生かしつつも、それに代わる組織について様々に構想する姿勢が各大学には求められている。

関連条文　資料

■関連条文　本法第一四一条〔学部・研究科以外の組織への学部・研究科規定の適用〕、本法施行規則第一四二条〔設置基準〕、大学設置基準第二章〔学部〕

〔夜間学部・通信教育学部〕
第八六条　大学には、夜間において授業を行う学部又は通信による教育を行う学部を置くことができる。

本条の概要

本条は、大学における夜間学部又は通信教育を行う学部の設置根拠である。夜間制教育は、旧制の大学、専門学校において法令上の規定のないままその実施が認められていたが、本法は、「大学には、夜間において授業を行う学部を置くことができる。」と規定し、夜間の学部を法的に制度化した。通信教育学部についての規定は、本法平成一三年改正により、通信教育に関する旧第五四条の二第一項の規定が旧第五二条の二（現行の第八四条）に移されるとともに、第五四条の二第二項に規定されていた通信教育を行う学部に係る部分が本条に追加されたことによる。このような経緯により、本条は、昼間又は全日制を前提とする学部の例外を認め、学部の一形態として夜間や通信により授業を行うものもありうるという特例を定めた規定として性格づけられることとなった。また、この規定では夜間において授業が行われるのが、夜間のみに授業を行うことを目的とする学部が主体となる場合も、昼間において授業を行う学部が、その授業遂行上の一方策として併せて夜間に授業を行う場合も、ともにありうる表現となっており、社会の多様な要請に対して柔軟な対応を可能とする内容とも考えられている（「夜間において授業及び研究を行う学部」と政府提案がなされたのに対して、国会において「夜間において授業を行う学部」と改められたことにより、当初の完結した学部のイメージが授業形態のみに例外を認めた学部を表す意味合いに修正されたと解されている）。

なお、夜間の学部の修業年限は本法第八七条において学生の修学、健康上の理由から四年を超えることができると規定されているが、国立大学の全部、公立大学の大部分及び私立大学の一部が、五年であるのを除いて、夜間学部の大多数を占める私立大学のほとんどが昼間と同様四年にしている。

ポイント解説

夜間において授業を行う学部

夜間において授業が行われるのが、夜間のみに授業を行うことを目的とする学部が主体となる場合も、昼間において授業を行う学部が、その授業遂行上の一方策として併せて夜間に授業を行う場合も、ともにありうるわけではあるが、従来の取り扱いでは教育研究水準の維持向上のために昼間における教員組織との大幅な共同関係を認めつつ、夜間の授業のみを行う別個の学部を設置するものとして取り扱われている。

夜間学部については、都市部にある大学が教育条件の改善充実を図るため郊外に移転する例が多く見られるようになり、社会人に対して高等教育機会を提供する観点などから夜間学部を都市部に残すことが望ましいとの判断から、昭和五八（一九八三）年の大学設置基準一部改正（文部省令第二三号）により、大学学部・短期大学が設置する夜間学部のうち、昼間学部と施設を共有、あるいは昼間学部と施設が近接しているもの（平成一三（二〇〇一）

年以降は昼夜開講制を実施する場合についても）を対象に、設置基準において校舎・校地要件が緩和された。設置認可の際も、原則、私立大学における学部等の設置及び収容定員の増、工業（場）等制限区域等における設置等は認めないとされた昭和五〇年代において、勤労者等を対象とする夜間学部、通信教育等における学部等の設置及び収容定員の増加についていては認められていた。その間、想定される受け入れ対象者も、勤労者から社会人、留学生、帰国生徒等へと拡大・多様化している。

大学における履修形態の弾力化

大学における履修形態の弾力化の一つの方式として、昼間部、夜間部に区分せず、昼夜にわたって授業を開設し、社会人等の学生の履修を可能とする昼夜開講制が、平成三（一九九一）年の大学設置基準改正により導入された。制度導入当初は拡大基調にあったものの、最近では夜間学部・昼夜開講制ともに設置校数は減少。学生数も、約一二万五〇〇〇人（平成七年度）をピークに減少し、平成二六年度は約二万三〇〇〇人となった。夜間学部から昼間主コース・夜間主コースを区分しない昼夜開講制に移行している大学の例も見られるが、この間、昼夜開講制を実施する大学院の研究科数が順調に増加していることから、社会人教育の主力が大学院レベルに移っていることが影響しているものとも考えられる。

通信による教育を行う学部

本条の通信教育を行う学部に係る部分は改正前の本法旧第五四条の二第二項に定められていたものである。同項は、放送大学において通信による教育のみを行う学部を設置する構想が進められたため、そのような学部を置くことができることについて、昭和五六（一九八一）年の改正（以下、「昭和五六年改正」と略）において追加された。放送大学は、昭和四〇年代以来構想されてきたものであるが、当時の厳しい財政状況の中でこのような大きなプロジェクトを行うのは困難が伴った。放送大学の設置主体は、日本では国は自ら放送を行わないことを建前としているため特殊法人によることとしたが、当時は特殊法人の新設が抑制されたことから、日本学校安全会と日本学校給食会を発展的に統合して日本学校健康会の設立に踏み切るなどの経緯を経て、五四年度予算において放送大学の創設についての政府方針が決定された。昭和五六（一九八一）年にはその設置者である特殊法人放送大学学園の根拠を定める放送大学学園法が制定され、放送大学は教養学部を置く大学として昭和五八（一九八三）年四月に設置、六〇（一九八五）年度から学生を受け入れＵＨＦとＦＭによる授業番組の放送を開始した。平成一四（二〇〇二）年度からは大学院において学生の受け入れを行っている。放送大学の基本的な考え方としては、①正規の大学として設置すること、②国民の多様な要請に応じられるよう幅広い内容の授業科目を開設すること、③授業をテレビ、ラジオで放送するとともに、各都道府県に設けられる学修センターにおいて適切な面接指導を行うこと、となっている。

なお放送大学の設置に伴い、既存の形態の大学通信教育についても、その水準の維持、向上を図るとともに、放送等を効果的に活用した新しい形態の大学通信教育及び学部の設置に適切に対応していくために、大学通信教育設置基準が制定された。同基準には、通信教育において聴講生として相当程度の授業科目を履修した者について、当該通信教育を行う大学において、相当の年齢に達し、高等学校を卒業した者と同等以上の学力があると認められる場合には、大学の入学資格があるものと認められることが規定され、大学へのアクセス機会の拡大にも寄与している。

本条を考える視点

大学が社会人の学修動機に応える魅力ある教育プログラムの実施や、社会人に配慮した学修環境の整備等を通じて社会人の受け入れを促進することは、学習者個人の要請に応えるだけでなく、社会的要請に応える取り組みであり、また各国の動向を見ても、社会人就学が大学教育の現代化に寄与し、経営上も効果的であると考えられている。

こうした要請に対して、これまでは大学の履修形態の弾力化などにより応えようとしてきたわけであるが、今後さらに情報通信技術を活用した多様かつ柔軟な学習形態を可能とする観点から、通学制と通信制の区分の在り方や、区分の存続の是非も含めて見直すことなどが検討されるようになっている。学位の分野ごとの教育内容の標準化や共通教材の作成を進めるとともに、公民館等の教育施設を活用して地域住民に身近な場所で大学教育を提供し、多様な形態による学修と、こうした学修の累積による学位取得を可能とすることなど、多様化の進展具合によっては本条の適否が問われることもありうるだろう。

関連条文　資料

■**関連条文**　本法第八四条〔通信による教育の実施〕、第八五条〔学部等〕、第八七条〔修業年限〕第一項

〔修業年限〕

第八七条　大学の修業年限は、四年とする。ただし、特別の専門事項を教授研究する学部及び前条の夜間において授業を行う学部については、その修業年限は、四年を超えるものとすることができる。

② 医学を履修する課程、歯学を履修する課程、薬学を履修する課程のうち臨床に係る実践的な能力を培うことを主たる目的とするもの又は獣医学を履修する課程については、前項本文の規定にかかわらず、その修業年限は、六年とする。

本条の概要

本条は、大学の修業年限に関する規定である。第一項で修業年限を四年とする原則と、例外事項として、特別の専門事項を教授研究する学部及び夜間学部については四年を超えるものを可能とすることを定め、第二項で医学等を履修する課程の修業年限を六年とする特例を定めている。なお本法第一〇八条が規定する修業年限が二年又は三年の短期大学については、本法において大学の制度の枠内に置かれたものと位置づけられているものの、大学とは目的及び修業年限が異なることから学校種としては大学とは異なるものとされるが、大学への編入学は認められている。

「特別の専門事項を教授研究する学部」として修業年限を四年以上とするものは現在はないが、昭和五一（一九七六）年度の入学以前の商船学部については乗船実習等との関連から四年半を修業年限とされていた。昭和五一年度以降入学について通常通り四年の修業年限と改められたのは、商船学部卒業生が必ずしも船舶職員となるとは限らず、海技従事者の免許を必要としない学生が増加する傾向が顕著となったためである。夜間学部の特例は、単位の修得が困難な場合があること及び学生の健康上の配慮などからであり、従前の国立大学の夜間課程はほとんどが五年の修業年限とされていたが、近時の昼夜開講制の学部の開設に伴い、四年間での履修を可能とするものが増えてきている。なお、通信による教育を行う学部については、このような特例は設けられていない。

医学・歯学の課程の修業年限についての特例は、昭和二九（一九五四）年の本法改正（以下、「昭和二九年改正」と略）により追加されたものである。それまでも医学、歯学の課程の履修に要する期間は六年とされていたが、制度上は医歯学部は専門課程のみの四年とされていた。昭和五八（一九八三）年の改正により獣医学の分野の修業年限が六年となり、平成一六（二〇〇四）年の改正（以下、「平成一六年改正」と略）で「薬学を履修する課程のうち臨床に係る実践的な能力を培うことを主たる目的とするもの」が、修業年限を六年とする特例に加えられた。

ポイント解説

大学の修業年限

大学の修業年限を原則四年とすることは、戦後の新制大学発足時に定められたものである。旧制の高等教育機関としては、大学、大学予科、高等学校、専門学校と教員養成の目的で設けられていた高等師範学校、女子高等師範学校、師範学校、青年師範学校があった。新制大学の発足に当たり、これらの多様な高等教育機関を単一の四年制大学に改編することは、旧制の大学にとっても、高等学校、専門学校、教員養成諸学校にとっても、その性格を改めなければならない大きな問題となった。旧制大学は三年制であったが、大学予科と高等学校とを前期の教育機関として有していたので、これを結びつけてみると、五年か六年の課程をもつ高等教育機関であった。この旧制大学が四年制の新制大学となったので、高等教育の学校体系としては段階を一つ下がって、高等学校・専門学校から改編された新制大学と同格になった。同時に旧制総合大学は新制の大学院をもつこととなり、大学院をもつ新制大学ということで、単なる四年制大学とは異なる性格を有することとなったものの、修業年限が四年の大学としては他の大学とは変わることのない平等な大学となったのである。

長期履修学生制度

社会人等が個人の事情に応じて修業年限を超えて履修し、学位を取得するために設けられた制度。大学において正規の学生として卒業・修了要件を満たし学位等を取得するためには、大学等が編成する教育課程を修業年限に応じて履修することが必要であり、個人の事情に応じて修業年限を超えて履修を行う場合は、一般的に留年や休学として取り扱われている。一方、大学等が提供する授業科目等を学生が自らの希望に応じて適宜選択し単位を修得することができる制度として、科目等履修生制度が設けられているが、科目等履修生は非正規の学生であり、科目等履修生としての単位修得のみをもって学位を取得することはできないこととされている。この制度改正により、学生が留年や休学として取り扱われることなく、個人の事情に応じて柔軟に修業年限を超えて履修し学位等を取得することが可能となり、職業や家事等に従事することにより日常的に様々な制約を抱える人々の学習を容易にし、各大学等におけるこれらの人々の受け入れを一層活発化すると期待されている。他方で各大学には学生の公平な取り扱いや教育水準の維持向上といった観点から、運用上の規律を保つことが併せて求められている。

医学、歯学、薬学を履修する課程のうち臨床に係る実践的な能力を培うことを主たる目的とするもの、又は獣医学を履修する課程の修業年限

医歯学の修業年限の特例については、本法の昭和二九年改正以前にも医歯学の履修に要する期間は六年とされていたが、制度上は医歯学部は専門課程のみの四年のものとされ、その入学資格は、医歯学部以外の学部に二年以上在学し、所定の単位すなわち一般教育を履修することとされていた。しかし、医歯学部への進学のための過当な学内競争や学内浪人の増加などの問題が生じ、他学部の教育にも悪影響を与える傾向が見受けられたことから、二年の課程と四年の課程を統合させ、「その修業年限は、六年以上とし、四年の専門課程とこれに進学する二年以上の課程とする」と改められた。その後、昭和四五（一九七〇）年の医師法の改正によりインターン制度が廃止され、卒業前の臨床教育の比重が以前に増して大きくなり、六年間を通じた弾力的かつ効率的な教育課程を編成しうる方途を開くことが関係者から強く求められたために、本法の昭和四八年改正によって専門課程と進学課程の区分をとらずに六年間を通じた一貫教育を実施しうる道が開かれることになった。その後、平成三（一九九一）年四月の本法改正（以下、「平成三年改正」と略）により両課程の区分に関する法令上の規定も廃止されている。

獣医学については従来このような特例はなかったが、畜産の発展、公衆衛生の向上等による社会的な要請に応えるため獣医師法が改正され、獣医師国家試験の受験資格が学部卒業後獣医学の修士課程を修了した者にのみ与えられることになったことから、これを契機に修業年限を六年として学部段階の教育の充実を図り、卒業者には直ちに受験資格を与えるよう制度の整備が図られた。薬学の修業年限を六年としたことも社会的要請の高まりを背景とするものであるが、薬学に関する研究、製薬企業における研究・開発・医療情報提供など多様な分野に進む人材の育成のために、四年間の学部・学科の存置も認める規定となっている。

本条を考える視点

修業年限を規定することは大学の教育水準の維持向上や学生が修得する学修内容の質的保証といった点で重要であることに変わりはないが、その一方で質的な保障が伴えば修業年限に達さない学生についても卒業を認める早期卒業制度や、職業等を有しながら学習を希望する者に修業年限を超えて履修し学位を取得できる長期履修学生制度が実施されるようになってきた。今後人々の多様な学習ニーズに対応できるよう大学には制度の弾力化がますます求められる時代となるものと予想されるが、その際に修業年限などの量的な基準に代わる新たな基準として、どのような基準を考え、実施していくべきなのか。大学の創意工夫や大学間、あるいは国際間での新たな仕組みの開発や共有が求められる時代となっている。

関連条文　資料

■**関連条文**　本法第八六条〔夜間学部・通信教育学部〕、第八八条〔修業年限の通算〕、第八九条〔早期卒業の特例〕、第一〇八条〔短期大学〕第七項、本法施行規則第一六一条・第一六二条〔短大からの編入学〕、大学設置基準第三〇条の二〔長期にわたる教育課程の履修〕

〔修業年限の通算〕

第八八条　大学の学生以外の者として一の大学において一定の単位を修得した者が当該大学に入学する場合において、当該単位の修得により当該大学の教育課程の一部を履修したと認められるときは、文部科学大臣の定めるところにより、修得した単位数その他の事項を勘案して大学が定める期間を修業年限に通算することができる。ただし、その期間は、当該大学の修業年限の二分の一を超えてはならない。

本条の概要

科目等履修生が大学に入学する場合に、それまでの学習成果を勘案して定めた一定の期間を修業年限に通算することができることを定めた規定である。科目等履修生制度は、大学の学生以外の社会人等に対しパートタイムによる学習機会を拡充するために、平成三（一九九一）年に設けられた制度で、大学は当該大学の学生以外の者で一又は複数の授業科目を履修する者（科目等履修生）に対し単位を与えることができる。さらに科目等履修生が当該大学に入学した場合、取得した単位は卒業要件としての単位として上限なく認定することができるとされたが、本条が平成九（一九九七）年一二月一八日の大学審議会答申を受けて平成一〇（一九九八）年に新設されるまでは、在学期間については、一般の学生と同様に四年以上在学しなければ卒業できないこととされていた。

本条の適用が科目等履修生が当該大学に入学した場合に限定されるのは、大学の修業年限が修業の要件となる修得すべき教育課程と密接に結びついており、当該大学以外で取得した授業科目の単位が当該大学の組織的・体系的な教育課程の下で編成された授業科目と同一のものとは認められないためである。通算できる年限について「当該大学の修業年限の二分の一を超えてはならない」としたのも、科目等履修生が個々人の興味・関心に基づいて修得した単位が必ずしも体系的なものばかりではなく、大学として教育課程を責任をもって履修させるためにさらに一定の期間大学に在学させて教育を行うことが、卒業認定を適切に行う観点からも必要とされたことによる。「当該大学の教育課程の一部を履修したと認められるとき」との条件が付されたのも同様の理由によるものであり、取得された単位が体系的で正規の学生と同様の教育効果を上げていると認められなければ、修業年限に通算することには該当しないとみなされる。

ポイント解説

科目等履修生の修業年限の通算の条件を定めた規定

本条により入学前の学修成果を修業年限に通算するということは、入学後の大学における在学期間を短縮することを意味することから、「当該大学の教育課程の一部を履修したと認められるとき」、「その期間は、当該大学の修業年限の二分の一を超えてはならない」といった正規の学生同様の教育効果を保証するための条件が同条に付されたことに加え、同条の新設を含む本法の一部改正に関する通知には四点の留意事項が詳しく説明されていた。

科目等履修生制度を導入しうる大学

留意事項㈠は、「ここでいう『大学』には短期大学を含む」と本条が該当する範囲を規定しているが、それによってすべての大学が該当することになるわけではなく、科目等履修生を受け入れることができる大学に限られることには、併せて留意が必要である。大学設置基準第三一条第三項は、大学が科目等履修生その他の学生以外の者を相当数受け入れる場合においては、大学は同基準第一三条、第二七条及び第三七条の二に規定する基準を考慮して、教育に支障がないよう、それぞれ相当の専任教員並びに校地及び校舎の面積を増加するものとしている。また第四項でも、科目等履修生等を受け入れる場合、一の授業科目について同時に授業を行う人数は、同基準第二四条の規定を踏まえて、適当な人数に制限することが規定されており、そもそも科目等履修生を受け入れられるのは、それによっても教育の質が担保できる大学に限定されている。

本制度が適用される科目等履修生

留意事項(二)では、「本制度の適用は、科目等履修生が当該大学に入学する場合に限られるものであり、他の大学において修得した単位については、修業年限の通算には反映されない。また高校生など大学入学資格を有しないものが科目等履修生として修得した単位については、修業年限の通算に反映されない。」と、当該大学以外で履修した単位は修業年限に通算することができないことに加え、高校生など大学入学資格を有しない者には適用されないことが注記されている。大学設置基準第三一条は科目等履修生を、当該大学の学生以外の者で、一又は複数の授業科目を履修する者と定義しているが、本条は「大学の学生以外の者」に限定して修業年限の通算を行いうるものと規定しており、さらにこの留意事項により本条の対象となるのは結局、ある大学の科目等履修生として単位を取得した社会人等ということになる。

正規の学生と同様の教育効果の確保

修業年限の通算が認められる場合、通算される年限の程度は、正規の学生と同様の教育効果が確保される場合に限られることは、留意事項(三)(四)で説明されている。すなわち、「修業年限の通算が認められるのは、『大学の教育課程の一部を履修したと認められる時』、すなわち授業科目の履修が体系的で、正規の学生と同様の教育効果を上げていると認められる場合に限られ」(留意事項(三))、「修業年限に通算できる期間については、編入学の場合と同様、入学者が十分な学修成果を得られるように留意しつつ、各大学において適切に判断する必要がある。また修業年限の通算に当たっては、本法第五五条第一項(現行法第八七条第一項)に規定された修業年限に配慮することが必要である。」（留意事項㈣）ということである。当該大学以外で履修した単位が認められないのは教育課程の体系性を踏まえてのものだが、入学前の既修得単位の認定や単位互換に当たって、「当該大学における授業科目の履修により修得したものとみなすこと」は一定程度認められている（大学設置基準第二八条～第三〇条、短期大学設置基準第一四条～第一六条）。しかし、その場合も大学で「六〇単位を超えないものとする」（修業年限が二年の短期大学で三〇単位、修業年限が三年の短期大学で四六単位）等の上限が設けられているのは、同様の考え方に基づくものである。

本条を考える視点

社会人等に対しパートタイムの学習機会を拡充し、その学習の成果に適切な評価を与えることは、生涯学習の振興や大学教育の機会を広く開放するといった時代の要請に適った取り組みである。しかし、その一方で大学の卒業要件を緩和することは、大学教育の質保証を担保する仕組みそのものを曖昧にする危険も伴う。大学における教育は、学生が在学する四年間にわたって、大学が独自の判断に基づいて、専攻分野に応じた教育課程を編成して授業科目を配し、組織的・体系的な教育として行うことを基本としており、修業年限は大学教育が提供する教育の質を支える重要な制度的枠組みでもある。従って、学校教育制度の弾力化と大学の質確保とを両立させるためには、科目等履修生の修業年限の通算が在学期間の短縮による卒業要件の単なる切り下げにつながらないよう、正規の学生と同等の教育効果の保証という観点を留意して、本制度を運用する大学側の姿勢が問われている。

関連条文　資料

■**関連条文**　本法第八七条〔修業年限〕、本法施行規則第一四六条（修業年限の通算）、大学設置基準第三一条、短

期大学設置基準第一七条（科目等履修生）

■関連資料　「大学設置基準の一部を改正する省令の施行等について（通知）」（平成三年六月二四日文高大第一八四号　文部事務次官）、「学校教育法等の一部を改正する法律等の公布について（通知）」（平成一〇年八月一四日文高専第一八五号　文部省高等教育局長・文部省生涯学習局長）

（早期卒業の特例）

第八九条　大学は、文部科学大臣の定めるところにより、当該大学の学生（第八十七条第二項に規定する課程に在学するものを除く。）で当該大学に三年（同条第一項ただし書の規定により修業年限を四年を超えるものとする学部の学生にあつては、三年以上で文部科学大臣の定める期間）以上在学したもの（これに準ずるものとして文部科学大臣の定める者を含む。）が、卒業の要件として当該大学の定める単位を優秀な成績で修得したと認める場合には、同項の規定にかかわらず、その卒業を認めることができる。

本条の概要

本条は、大学の早期卒業に関する規定であり、平成一〇（一九九八）年の大学審議会答申を受けて平成一一（一九九九）年に新設された。大学の修業年限は本法第八七条により原則四年と定められているために、四年以上在学して教育課程を履修することには法的効果が生ずるが、一方で、学校制度を学生の能力・適性に応じた柔軟なものとなるよう改革を図ることも時代の要請である。そこで大学の修業年限は四年との原則は維持した上で、大学の責任ある授業運営等を前提に、例外的に三年以上四年未満の在学で卒業を認めることができるように規定したのが本条である。

四年未満での卒業を認めつつ一定の教育水準が確保されるためには、①責任ある授業運営、②学生の履修科目登録単位数の上限の設定（キャップ制）、③厳格な成績評価を各大学で行うことの三つの条件が満たされなければならない。履修科目登録単位の上限を設け、厳格な成績評価を行うことが条件とするのは、学生が履修科目の過剰登録を行うことなどによって、修業年限の短縮が実質的な卒業時の質の低下を招くことを予防するためである。一単位は、教員が教室等において授業を行う時間と学生が授業外で学習を行う時間を合計して、四五時間の学修を要する教育内容をもって構成することを標準とする（大学設置基準第二一条）。その趣旨の下で、学生に対し教室外の準備学習等の指示を与えるなどの適切な授業運営が行われていれば、学生が履修できる科目にはおのずと制限が生じ、また厳格な成績評価が行われていれば、修得できる単位数は学生の能力や努力に見合ったものとなるはずである。あくまでも、この措置は、学生の能力、適性に応じた教育を行いその成果を適切に評価していく観点から設けられた例外的な措置であることに留意しておきたい。

ポイント解説

早期卒業の認定のための条件整備

本条の規定する卒業の認定は、卒業時の学生の質確保との両立が可能な条件を整えた大学のみに認められる。本法施行規則第一四七条では、次の四つの条件がすべて整えられた場合に限って早期卒業の認定が可能となるとしている。①大学が、学修の成果に係る評価の基準その他の本法第八九条に規定する卒業の認定の基準を定め、それを公表していること。②大学が、大学設置基準第二七条の二に規定する履修科目として登録することができる単位の上限を定め、適切に運用していること。③本法第八七条第一項に定める学部の課程を履修する学生が、卒業の要件として修得すべき単位を修得し、かつ、当該単位を優秀な成績をもって修得したと認められること。④学生が早期卒業を希望していること。

厳格な成績評価の仕組み

早期卒業は、学生が卒業要件とする単位を優秀な成績で修得したと認められる場合の限定的な措置であるが、その際、厳格な成績評価が伴わなければ修業年限の安易な切り下げにもつながりかねない。そのため、大学には厳格な成績評価の仕組みを整えることが求められている。教員は、各授業において学修目標を明確にした上で、成績評価の基準を示し、その基準に基づき授業の学修目標が十分達成されているかどうかを適切に評価し、また大学は厳格な成績評価に基づく履修システムを整え、それに基づいて指導を行うことが要件となる。シラバスに学修目標や成績評価の基準などを明記するようにしたり、単位当たりの評価の平均（ＧＰＡ＝グレードポイントアベレージ）に基づいて卒業認定や退学勧告などを行うＧＰＡ制度を採用したりするなどの取り組みが、多くとられている。

履修科目の上限設定

履修科目の上限設定を要件とするのも、早期卒業制度の安易な運用による大学の質低下を招来させないためである。単位は、教員が教室等において授業を行う時間と学生が授業外で学習を行う時間を合計して、四五時間の学修を要する教育内容をもって構成することを標準とすることとされている（大学設置基準第二一条）。大学は、その趣旨の下で適切な授業運営に努めるとともに、それに応じた履修システムを整えて、それに基づき学生に指導していくことが求められる。学生が修得すべき単位数について、学生が一年又は一学期に履修科目として登録することができる単位数の上限を定める制度は、「キャップ制」とも呼ばれている。「キャップ制」とは一定期間内でのサービスや報酬などにおいて上限を設ける制度・体系のことを指し、サービス・報酬の上昇に帽子（キャップ）をかぶせるという比喩に由来する。その高等教育版が履修科目の上限設定というわけである。

当該制度が導入できない課程（本法第八七条第一項に含まれない課程）

本条が適用されるのは修業年限が四年またはそれ以上の課程（本法第八七条第一項）とされているため、修業年限が四年未満の短期大学には適用されない。また、第八七条第二項に定めがある医学・歯学・獣医学の課程、及び薬学を履修する課程のうち臨床に係る実践的な能力を培うことを主たる目的とするものにも適用されない。これら課程では、教育上の必要性や国家資格との関係などから多くの授業科目が必修となっており、実習の占める割合も大きく、修業年限未満の在学期間ですべての教育課程を修了することは困難との判断に基づいている。薬学については、本法の平成一六年改正により、薬学を履修する課程のうち臨床に係る実践的な能力を培うことを主たる目的とするものの修業年限が六年とされる以前は、薬学を履修する課程全般が早期卒業の対象外とされていた。しかし、法改正後は、薬学を履修する課程のうち臨床に係る実践的な能力を培うことを主たる目的とするもの以外のものについては、早期卒業が導入されることとなった。

早期卒業の対象と認められる「これに準ずるものとして文部科学大臣の定める者」

本条では当該大学に三年以上在学したもののほか、「これに準ずるものとして文部科学大臣の定める者」が対象となることが示されている。これについて本法施行規則第一四九条は、同様の厳しい要件を満たす大学からの転学、再入学又は学士入学に限定するものと規定している。従って、短期大学、高等専門学校又は専修学校専門課程から大学に編入学した学生は、早期卒業の対象とはならない。同一大学へ再入学した者等であって再入学前の在学期間に本条の施行日前の期間が含まれる者も対象外としている。

本条を考える視点

早期卒業は、学生の能力、適性に応じた教育を行いその成果を適切に評価していく観点から設けられた例外的な措置であり、安易な適用による大学教育の質低下を招かないよう、大学には適切な運用の確保が求められている。早期卒業を希望する学生に対しても、適切な学習指導の実施等の十分な教育的配慮、責任ある授業運営や適切な成績評価の実施、早期卒業の運用の状況の公表などに配慮する必要がある。早期卒業は修業年限を一年縮めるという点では、卒業要件の切り下げによる質低下にもつながりかねない制度ではあるが、導入を契機に単位制度の趣旨に適った授業運営や成績評価、履修システムなどが徹底されるのならば、大学教育の質的改善にもつながる可能性も大いにある。一単位は、教員が教室等において授業を行う時間と学生が授業外で学習を行う時間を合計して、四五時間の学修を要する教育内容をもって構成するという単位制度の本来の趣旨を再確認し、教員間や学生間における共通認識をつくる機会と捉えたい。

関連条文　資料

■**関連条文**　本法第八七条〔修業年限〕、学校教育法第八十九条の規定を適用しない者を定める省令（平成一一年九月一四日文部省令第三八号）、本法施行規則第一四七条～第一四九条（文部科学大臣の定め）、大学設置基準第二一条

■**関連資料**　「学校教育法等の一部を改正する法律等の施行について（通知）」（平成一一年九月一四日大高大第二二六号　文部事務次官）、「大学における薬学教育の修業年限延長に係る本法等の一部を改正する法律等の施行について（通知）」（平成一七年三月二三日一六文科高第九八四号　文部科学事務次官）

〔入学資格〕

第九〇条　大学に入学することのできる者は、高等学校若しくは中等教育学校を卒業した者若しくは通常の課程による十二年の学校教育を修了した者（通常の課程以外の課程によりこれに相当する学校教育を修了した者を含む。）又は文部科学大臣の定めるところにより、これと同等以上の学力があると認められた者とする。

②　前項の規定にかかわらず、次の各号に該当する大学は、文部科学大臣の定めるところにより、高等学校に文部科学大臣の定める年数以上在学した者（これに準ずる者として文部科学大臣が定める者を含む。）であつて、当該大学の定める分野において特に優れた資質を有すると認めるものを、当該大学に入学させることができる。

一　当該分野に関する教育研究が行われている大学院が置かれていること。

二　当該分野における特に優れた資質を有する者の育成を図るのにふさわしい教育研究上の実績及び指導体制を有すること。

本条の概要

本条は、大学の入学資格に関する規定である。第一項では、大学の入学資格を有する者は、高等学校又は中等教育学校を卒業した者のほか、特別支援学校の高等部を修了した者及び高等専門学校第三年修了者、高等学校の定時制の課程又は通信制の課程を修了した者、及び「文部科学大臣の定めるところにより、これと同等以上の学力があると認められた者」と規定されている。「文部科学大臣の定めるところにより、これと同等以上の学力があると認められた者」については本法施行規則第一五〇条の規定により、高等学校を卒業した者と同等以上の学力が認められる①文部科学大臣が指定した外国の学校教育の一二年の課程又はこれに準ずるものの修了者、②文部科学大臣が認定した在外教育施設修了者、③文部科学大臣が定める基準を満たした専修学校の高等課程修了者、④文部科学大臣の指定した者、⑤高等学校卒業程度認定試験の合格者、⑥他大学への早期入学者でふさわしい学力のある者、⑦大学の個別の入学資格審査により高等学校を卒業した者と同等以上の学力があると認めた者で、一八歳に達した者、のいずれかに該当する者とされる。第一項は、一二年の課程の初等中等教育を行っていない国からの留学生や中国残留孤児の子弟、日本に所在する外国人学校の卒業者など、多様な修学履歴をもつ生徒に対して高等教育の機会を拡大し、円滑な受け入れを促進するよう条文の改正や、文部科学大臣の指定及び認定の範囲の拡大などの措置が段階的に加えられてきた条項である。

本条第二項は、本法の平成一三年改正により追加された大学への早期入学、いわゆる「飛び入学」に関する規定である。「飛び入学」については、学校教育の画一的な取り扱いの弾力化を図ることを提言した平成九（一九九七）年六月の中央教育審議会答申を受けて、同年の本法施行規則改正により、高等学校に二年以上在学し、数学又は物理学の分野で特に優れた資質を有すると認められた者に限り、一定の条件の下で大学に入学できることとなったのが始まりである。さらに本条の改正により、対象分野は数学又は物理学に限定せず、各大学が定めることができるようになり、制度の活用範囲が広げられた。

ポイント解説

通常の課程による十二年の学校教育を修了した者（通常の課程以外の課程によりこれに相当する学校教育を修了した者を含む。）

通常の課程とは、本法の昭和二九年改正前の第四四条（当時）の規定の字句、「通常必置で且つその授業が昼間に行われる最も基本的な課程を指して」いるとされ、「通常の課程以外の課程」は高等学校の定時制の課程又は通信制の課程を修了した者がこれに該当するものと考えられていた。しかし、本法旧第四四条（当時）の改正によって「通常の課程」という概念が存在しなくなり、いずれも高等学校を卒業した者に含まれると解されるようになったため、現在は通常の課程以外の課程に相当する者は存在しないとみなされている。なお、この場合の学校教育には、幼稚園における教育又は各種学校、専修学校における教育は含まれないと解される（鈴木勲編著『逐条学校教育法』学陽書房）。

文部科学大臣の定めるところにより、これと同等以上の学力があると認められた者

「文部科学大臣の定めるところ」として、本法施行規則第一五〇条には、以下の全七号の条件が列記され、そのいずれかに該当する者を指すことが定められている。一　文部科学大臣が指定した外国の学校教育の一二年の課程又はこれに準ずるものの修了者、二　文部科学大臣が認定した在外教育施設修了者、三　文部科学大臣が定める基準を満たした専修学校の高等課程修了者、四　文部科学大臣の指定した者、五　高等学校卒業程度認定試験の合格者、六　他大学への早期入学者でふさわしい学力のある者、七　大学の個別の入学資格審査により高等学校を卒業した者と同等以上の学力があると認めた者で、一八歳に達した者。

外国において学校教育における一二年の課程を修了した者又はこれに準ずるもので文部科学大臣の指定したものの修了者（本法施行規則第一五〇条第一号関連）

「又はこれに準ずるもので文部科学大臣の指定したものの修了者」の文言は、大学入学資格を緩和することによって、一二年の課程の初等中等教育を行っていない国からの留学生受け入れが円滑に行われるように、昭和五四（一九七九）年の改正（以下、「昭和五四年改正」と略）で追加された。文部科学大臣の指定としては、文部科学省告示「外国において学校教育における十二年の課程を修了した者に準ずる者を指定する件」があり、これまで数度にわたって改正されてきた。平成元（一九八九）年の告示改正では帰国した中国残留孤児の子弟に大学入学資格を認める道が開かれ、平成一五（二〇〇三）年九月の改正では日本に所在する外国人学校のうち、日本の高等学校に対応する外国の学校の課程と同等の課程を有するものとして、外国の学校教育制度において位置づけられている外国人学校を卒業した者に大学入学資格が認められることとなった。外国人学校卒業者に大学入学資格を認める改正は、平成一三（二〇〇一）年三月に閣議決定された「規制改革推進三カ年計画（改定）」を受けて、国際的な評価団体の認定を受けた外国人学校（一二年の課程）を卒業した者に大学入学資格が認められること（本法施行規則第一五〇条第四号関連）に併せて制度化された。

文部科学大臣が高等学校の課程と同等の課程を有するものとして認定した在外教育施設の当該課程を修了した者（本法施行規則第一五〇条第二号関連）

第二号に基づく在外教育施設の認定の基準、運営の基準、認定の手続き等に関しては、「在外教育施設の認定等に関する規定」の定めるところによる。

専修学校の高等課程（修業年限が三年以上であることその他の文部科学大臣が定める基準を満たすものに限る。）で文部科学大臣が別に指定するもの（本法施行規則第一五〇条三号関連）

文部科学大臣が定める基準として、一　修業年限が三年以上であること、二　課程の修了に必要な総授業時数が二五九〇時間以上であることが、文部科学省告示「本法施行規則第百五十条三号の専修学校の高等課程等を定める告示」に定められている。文部科学大臣の指定の基準、手続き等に関する詳細は、「大学入学資格に係る専修学校高等課程の子弟に関する実施要項」に規定されている。

文部科学大臣の指定した者（本法施行規則第一五〇条第四号関連）

文部科学大臣の指定については、文部省告示「大学入学に関し高等学校を卒業した者と同等以上の学力があると認められる者の指定」に規定されている。この告示の大部分は、旧制学校からの接続や他省庁所管の特別の教育施設との接続のためのものであるが、告示第二〇号～第二三号は国際バカロレア資格など国際的に通用性のある試験資格の所有者や国際的な評価団体の認定を受けた外国人学校の修了者に大学入学資格を認めるための規定である。

大学において、個別の入学資格審査により、高等学校を卒業した者と同等以上の学力があると認めた者で、一八歳に達した者（本法施行規則第一五〇条第七号関連）

第七号は、多様な学修歴や実績を有する者に大学等での学修の機会を拡大するために設けられた規定である。個別の入学資格審査を各大学の判断により実施することの根拠は、本法施行規則第一四四条に基づくものである。

早期入学の措置を実施しうる大学の条件

対象分野に関する教育研究が行われている大学院が置かれていること及び、対象分野における特に優れた資質を有する者の育成を図るのにふさわしい教育研究上の実績及び指導体制を有することという、二つの要件を満たす大学に限って早期入学の措置を実施することができる。この文言が本条に加えられたのは、法改正の審議の際に国会において制度の適正な運用を図るために一定の条件が加えられた経緯による。これによって、学生確保の単なる手段としてこの制度が利用されることのないよう、また受験競争の過熱化などを招かないような運用がなされるよう大学が配慮すべきことが明確に示された。当該大学に対して、特に優れた資質の認定に当たって、高等学校の校長の推薦を求めるなど、制度の適切な運用を工夫することや（本法施行規則第一五一条）、自己点検・評価の実施及びその結果の公表を行うことを義務づけたのも（本法施行規則第一五二条）、同様の趣旨からである。

本条を考える視点

多様な学修歴や実績を有する者に大学等での学修の機会を拡大することは、高等教育段階までの学修機会の多様化や就学・就労のグローバル化に対応するためにも、必要とされる措置である。しかし、少子化に伴う大学の全入時代を迎えて、入試の多様化とともに大学入学資格条件の緩和が、学生確保の手段として利用されかねない状況も見受けられる。本条第一項及び本法施行規則第一五〇条では、規制緩和への一定の歯止めとして「高等学校を卒業した者と同等以上の学力があると認められた者」の範囲を定めているが、本法施行規則第一五〇条第七号の規定により、各大学の判断で同等の資格を認めることができることともなっており、各大学には入学資格の安易な切り下げにつながらないような自己規制が必要となる。「飛び入学」を導入するに当たっては、当該大学にはさらに高い条件が本条及び本法施行規則第一五二条により付されており、それによって制度の普及が阻まれている現状があることは否めない（平成二五（二〇一三）年度飛び入学実施大学は六大学）。しかしながら、特定の分野で特に優れた資質を有し大学入学により才能の一層の開花が期待される者について、早期から大学教育を受けさせることによってその資質の伸張を図るという制度本来の趣旨を考えれば、大学に課した条件を安易に引き下げることは望ましいこととはいえない。むしろ本制度を利用して才能を開花させた者の実績が希望者をひきつけ、多くの大学が制度の導入に関心をもつという循環が生まれることが、制度普及の推進力となるような状況を期待したい。

関連条文　資料

■**関連条文**　本法施行規則第一四四条（入学、退学、転学、留学、休学、卒業の決定等）、第一五〇条（高校卒業者と同等以上の学力と認められた者）、第一五一条（飛び入学させる大学）、第一五二条（飛び入学させる大学の自己評価）、第一五三号（飛び入学可能な高校在学年数）

■**関連資料**　外国において学校教育における十二年の課程を修了した者に準ずる者を指定する件（昭五六年一〇月三日文部省告示第一五三号）、在外教育施設の認定について（平三年一二月一三日文部省告示第一二〇号）、学校教育法施行規則第百五十条三号の専修学校の高等課程等を定める告示（平成一七年文部科学省告示第一六七号）、大学入学に関し高等学校を卒業した者と同等以上の学力があると認められる者の指定（昭和二三年五月三一日文部省告示第四七号）、高等学校に文部科学大臣が定める年数以上在学した者に準ずる者を定める件（平一三年一一月二七日文部科学省告示第一六七号）、「大学入学資格に係る専修学校高等課程の指定に関する実施要項等の改正について（通知）」（平成一八年八月一日一八文科高第二七四号　文部科学省生涯学習政策局長）、中央教育審議会「二一世紀を展望した我が国の教育の在り方について（第二次答申）」（平成九年六月）

〔専攻科・別科〕

第九一条　大学には、専攻科及び別科を置くことができる。

② 大学の専攻科は、大学を卒業した者又は文部科学大臣の定めるところにより、これと同等以上の学力があると認められた者に対して、精深な程度において、特別の事項を教授し、その研究を指導することを目的とし、その修業年限は、一年以上とする。

③ 大学の別科は、前条第一項に規定する入学資格を有する者に対して、簡易な程度において、特別の技能教育を施すことを目的とし、その修業年限は、一年以上とする。

本条の概要

本条は、大学の専攻科及び別科に関する規定である。各大学が学則に基づき、専攻生又は研究生の制度及び専科生の制度を置くことは従前より認められていたが、法令上の根拠は定められていなかった。本条は、これらの実態を踏まえ、本法の平成一一（一九九九）年の改正（以下、「平成一一年改正」と略）により新設されたものである。

大学の専攻科は、大学を卒業した者又は文部科学大臣の定めるところにより、これと同等以上の学力があると認められた者に対して、精深な程度において、特別の事項を教授し、その研究を指導することを目的とし、その修業年限は一年以上と定められている。専攻科は学校制度上の大学院と類似した側面があるが、大学院が「学術の理論及び応用を教授研究し、その深奥をきわめ、又は高度の専門性が求められる職業を担うための深い学識及び卓越した能力を培い、文化の進展に寄与することを目的とする」（本法第九九条第一項）ことに比すると、特定事項の教授研究に特化した制度とみなすことができる。そのため、大学院の修業年限が二年又は五年（四年）であるのに対して、一年という比較的短い修業年限を下限として規定しているのである。なお、専攻科は短期大学にも設けられることとなっており、大学・短期大学それぞれの専攻科の入学資格については、本法施行規則第一五五条に定められている。

大学の別科は、高等学校卒業者及びそれと同等以上の学力があると認められた者に対して、簡易な程度における特別の技能教育を施すことを目的とするもので、その修業年限は一年以上と規定されている。学校制度上は、高等学校の専攻科に類似するが、付属されている学校の教育（研究）組織や目的の違いにより、教育の実態には相当の違いがある。現在、別科を設置する専攻の圧倒的多数は日本語あるいは留学生関連である（平成二二（二〇一〇）年五月一日現在）。そのほか比較的多いものとして、養護教諭特別、仏教学、神道学、助産学、園芸学、畜産学等の「特別の技能教育」を目的とする専攻等で活用されている。

ポイント解説

大学の専攻科の入学資格

専攻科の入学資格について、本条第二項は「大学を卒業した者又は文部科学大臣の定めるところにより、これと同等以上の学力があると認められた者」と定めている。「これと同等以上の学力があると認められた者」について文部科学大臣の定めるところとしては、本法施行規則第一五五条第一項には以下の六号の条件が列記され、そのいずれかに該当するものを指すとされる（第七号及び第八号については、大学院の入学に係るものに限るため除外）。

一　本法第百四条第四項の規定により学士の学位を授与された者（第四項は、短期大学・高等専門学校卒業者等や学校以外の教育施設のうち他の法律に特別の定めがあり大学又は大学院に相当する教育を行うと認めるものを修了したものに学位を授与する条件等を示した規定）

二　外国において、学校教育における十六年の課程を修了した者（医学・歯学・薬学（学部の修業年限が六年のものに限る）・獣医学の博士課程への入学については、十八年の課程）

三　外国の学校が行う通信教育における授業科目を日本で履修することにより当該外国の学校教育における十六年の課程（医学・歯学・薬学（学部の修業年限が六年のものに限る）・獣医学の博士課程への入学については、十八年の課程）を修了した者

四　日本において、外国の大学の課程（その修了者が当該外国の学校教育における十六年の課程（医学・歯学・薬学（学部の修業年限が六年のものに限る）・獣医学の博士課程への入学については、十八年の課程）を修了したとされるものに限る。）を有するものとして当該外国の学校教育制度において位置付けられた教育施設であって、文部科学大臣が別に指定するものの当該課程を修了した者

五　専修学校の専門課程（修業年限が四年以上であることその他の文部科学大臣が定める基準を満たすものに限

る。）で文部科学大臣が別に指定するものを文部科学大臣が定める日以後に修了した者

六　文部科学大臣の指定した者。

なお第二項には、短期大学の専攻科の入学に関し短期大学を卒業した者と同等以上の学力があると認められる者について全六号の条件が列記されている。内容はほぼ第一項で規定する条件の年限を二分の一以上としたものとなっているが、専修学校の専門課程修了者については本法第一三二条の規定により大学に編入学することができるものに限定されている（第三号）。

大学の専攻科の内容

専攻科の内容について、本法では「精深な程度において、特別の事項を教授し、その研究を指導する」以上の規定はないが、同法に定めのない専攻科の内容に関する事項はすべて各大学の学則等で定めることが判例で示されている（昭和五二年三月一五日最高裁小法廷判決）。すなわち、大学の専攻科とは、教育目的をもった一つの教育課程であるから、その修了という観念があるものというべきであり、大学が有する「自律的、包括的な機能」を鑑みるならば、専攻科修了の要件、効果等同法に定めのない事項はすべて各大学の学則等の定めるところに委ねる趣旨であると解されるとの判示である。なお、専攻科の修了者に対しては特別の学位又は称号は与えられないが、大学の専攻科に一年以上在学し、三〇単位以上を修得した者には、専修免許状授与の基礎資格が認められる（教育職員免許法別表一備考）。

大学の別科の入学資格

別科の入学資格について、本条第三項は「前条第一項に規定する入学資格を有する者」と規定している。本法第九〇条第一項は大学の入学資格を有する者についての定めであり、該当者としては、高等学校又は中等教育学校を卒業した者のほか、特別支援学校の高等部を修了した者及び高等専門学校第三年修了者、高等学校の定時制の課程

又は通信制の課程を修了した者、及び「文部科学大臣の定めるところにより、これと同等以上の学力があると認められた者」のいずれかとしている。さらに「文部科学大臣の定めるところにより、これと同等以上の学力があると認められた者」について、本法施行規則第一五〇条は、高等学校を卒業した者と同等以上の学力が認められるとして、一　文部科学大臣が指定した外国の学校教育の一二年の課程又はこれに準ずるものの修了者、二　文部科学大臣が認定した在外教育施設修了者、三　文部科学大臣が定める基準を満たした専修学校の高等課程修了者、四　文部科学大臣の指定した者、五　高等学校卒業程度認定試験の合格者、六　他大学への早期入学者でふさわしい学力のある者、七　大学の個別の入学資格審査により高等学校を卒業した者と同等以上の学力があると認めた者で、一八歳に達した者、のいずれかに該当すべきことと定めている。

本条を考える視点

大学の専攻科や別科は、それぞれ大学卒業と高等学校卒業と同程度の学力を有するものに教育を施すことを目的とする課程として、大学院や大学とは類似したところをもちながらも異なる内容をもった制度として位置づけられている。修業年限は一年以上と短く、特別の学位又は称号は与えられないが、高等教育機関を利用する機会を広く市民に提供する仕組みとして、それぞれ独自の意義をもつ教育課程である。専攻科が「精深な程度において、特別の事項を教授し、その研究を指導することを目的と」する課程、別科が「簡易な程度において、特別の技能教育を施すことを目的」とする課程と、大学院や大学と比べて教育目標は狭く焦点化されてはいるが、「学術の中心として、広く知識を授けるとともに、深く専門の学芸を教授研究し、知的、道徳的及び応用的能力を展開させることを目的」（本法第八三条）とする大学ならではの質の高い教育が期待されていることには変わりがない。

関連条文　資料

■**関連条文**　本法第九〇条〔入学資格〕、第一〇四条〔学位の授与〕、第一三二条〔大学への編入学〕、本法施行規則第一五〇条（高校卒業者と同等以上の学力と認められた者）、第一五五条（大学卒業者と同等以上の学力と認められる者）、教育職員免許法別表第一備考、外国の大学、大学院又は短期大学の課程を有するものとして当該外国の学校教育制度において位置付けられた教育施設の指定等に関する規程（平成一六年一二月二〇日文部科学省告示第一七六号）

〔判例〕　国公立大学における専攻科修了の認定に関する争いと司法審査（国立富山大学単位不認定等違法確認訴訟上告審判決、昭和五二年三月一五日最高裁小法廷判決）

「思うに、国公立の大学は公の教育研究施設として一般市民の利用に供されたものであり、学生は一般市民としてかかる公の施設である国公立大学を利用する権利を有するから、学生に対して国公立大学の利用を拒否することは、学生が一般市民として有する右公の施設を利用する権利を侵害するものとして司法審査の対象となるものというべきである。そして、右の見地に立って本件をみるのに、大学の専攻科は、大学を卒業した者又はこれと同等以上の学力があると認められる者に対して、精深な程度において、特別の事項を教授し、その研究を指導することを目的として設置されるものであり（学校教育法五七条：当時、引用者注）、大学の専攻科への入学は、大学の学部入学などと同じく、大学利用の一形態であるということができる。そして、専攻科に入学した学生は、大学所定の教育課程に従いこれを履修し専攻科を修了することによって、専攻科入学の目的を達することができるのであって、学生が専攻科修了の要件を充足したにもかかわらず大学が専攻科修了の認定をしないときは、学生は専攻科を修了することができず、専攻科入学の目的を達することができないのであるから、国公立の大学において右のように大学が専攻科修了の認定をしないことは、実質的にみて、一般市民としての学生の国公立大学の利用を拒否することにほかならないものというべく、その意味において、学生が一般市民として有する公の施設を利用する権利を侵害するものであると解するのが、相当である。されば、本件専攻科修了の認定、不認定に関する争いは司法審査の対象になるものというべく、これと結論を同じくする原審の判断は、正当として是認することができる。
論旨は、法令上専攻科修了なる観念は存在せず、従って、専攻科修了の認定というのも法令に根拠を有しない事実上のものであるから、専攻科修了の認定という行為は行政事件訴訟法三条にいう処分にあたらない、と主張する。しかしながら、大学の専攻科というのは、前述のような教育目的をもった一つの教育課程であるから、事理の性質上当然に、その修了という観念があるべきものというべきである。また、学校教育法五七条は、専攻科の教育目的、入学資格及び修業年限について定めるのみで、専攻科修了の要件、効果等について定めるところはないが、それは、大学は、一般に、その設置目的を達成するために必要な諸事項については、法令に格別の規定がない場合でも、学則等においてこれを規定し、実施することのできる自律的、包括的な権能を有するところから、専攻科修了の要件、効果等同法に定めのない事項はすべて各大学の学則等の定めるところにゆだねる趣旨であると解されるのである。」

〔職員〕
第九二条　大学には学長、教授、准教授、助教、助手及び事務職員を置かなければならない。ただし、教育研究上の組織編制として適切と認められる場合には、准教授、助教又は助手を置かないことができる。
② 大学には、前項のほか、副学長、学部長、講師、技術職員その他必要な職員を置くことができる。
③ 学長は、校務をつかさどり、所属職員を統督する。
④ 副学長は、学長を助け、命を受けて校務をつかさどる。
⑤ 学部長は、学部に関する校務をつかさどる。

⑥ 教授は、専攻分野について、教育上、研究上又は実務上の特に優れた知識、能力及び実績を有する者であつて、学生を教授し、その研究を指導し、又は研究に従事する。
⑦ 准教授は、専攻分野について、教育上、研究上又は実務上の優れた知識、能力及び実績を有する者であつて、学生を教授し、その研究を指導し、又は研究に従事する。
⑧ 助教は、専攻分野について、教育上、研究上又は実務上の知識及び能力を有する者であつて、学生を教授し、その研究を指導し、又は研究に従事する。
⑨ 助手は、その所属する組織における教育研究の円滑な実施に必要な業務に従事する。
⑩ 講師は、教授又は准教授に準ずる職務に従事する。

本条の概要

本条は、大学において必要とされる教職員の組織編制ならびにその職務に関する規定である。

第一項では、大学に置かなければならないものとして、学長、教授、准教授、助教、助手及び事務職員を規定し、第二項では、大学に置くことができるものとして、副学長、学部長、講師、技術職員その他必要な職員を規定している。そして第三項から第一〇項では、教育研究職を専らとするそれら職員の職務を規定している。

平成一七(二〇〇五)年の本法一部改正(以下、「平成一七年改正」と略)により、①助教授を廃して「准教授」の職を新設、②教育研究を主たる職務とする「助教」の職を新設、③教育研究の補助を主たる職務とするものとして「助手」の職を再定義、以上三点を主眼とした教育研究職の在り方に関する見直しが行われた。これは、従来型の教授、助教授及び助手という構造的な組織編制を廃し、とりわけ若手教員が、自らの資質・能力を十分に発揮して、柔軟な発想を活かした研究活動が展開できるように、そのキャリア・パスの在り方も含めた見直しが要請されたことによる。また、改正前は助教授及び助手を大学に必置のものと定めていたが、教育研究上の組織編制として適切と認められる場合には、准教授、助教及び助手を置かないことができるとのただし書きが加えられた。

なお、第二項の「その他必要な職員」については、副学長、学部長、講師及び技術職員のほか、学校保健安全法において一条校に必置のものとされる学校医（同法第二三条、委嘱で可）などが挙げられるが、基本的には設置者の判断に委ねられている。

ポイント解説

学長

学長は、校務をつかさどり、所属職員を統督するものと規定されている。

校務をつかさどるとは、他の一条校の長と同様、学長が大学の最高責任者としての職務権限を有することを示している。ただし、所属職員との関係について、他の一条校の長が「監督する」とされているのに対し、大学の学長は「統督する」とされている。「統」は「すべる」の意であるが、これは、大学において、特に教育研究職を専らとする教職員の特殊性に鑑みて、他の一条校の所属職員に比して、より総合的・包括的なリーダーシップが求められることを意味するものと解される。

なお、学長の資格については、大学設置基準等に特段の定めはなく、教育公務員特例法に、「人格が高潔で、学識が優れ、かつ、教育行政に関し識見を有する者」（同法第三条第二項）について選考を行うとの定めがある。同じく、国立大学法人法には、「人格が高潔で、学識が優れ、かつ、大学における教育研究活動を適切かつ効果的に運営することができる能力を有する者」（同法第一二条第七項）との規定があり、さらに、同法の平成二六（二〇一四）

年改正では、学長選考の基準と結果等の公表に関する規定が追加された。国立大学法人の学長は、当該法人の最終的な意思決定を行う権限と責任を有することが明確化されており、且つ全ての教職員の任命権を有することも規定されている（同法第三五条、独立行政法人通則法第二六条）。

ちなみに、総長という職名は、各大学の内規によるもので、旧帝国大学が各分科大学（後年の学部に相当）によって構成されていた（よって、それぞれに学長が存在した）時代の名残を残すもの、あるいは、設置者法人の理事長と大学の学長とを同一人が兼ねるもの等、様々であるが、大学における法令上の責任者の職名は、あくまで学長である。

副学長

副学長は、学長を助け、命を受けて校務をつかさどるものと規定されている。

副学長の職は、昭和四八（一九七三）年の本法一部改正によって新設され、その職務は、「学長の職務を助ける」とされていた。規模の大きな大学のトップマネジメントを一人の学長が担うことには自ずから限度があり、すでに一部の私立大学等では副学長や学監といった職が設けられ、複数人でその補佐にあたる例が見られた。この改正はその実態に本法上の裏づけを与えるための措置であったが、職務を助けるとは、あくまで学長の指揮の下、その職務を補佐することと解され、例えば、学長に事故のあった場合、直ちにその職務を代行するような権限を認めるものではない。

平成二六年の本法一部改正（以下、「平成二六年改正」と略す）によって、「命を受けて校務をつかさどる」との文言が追加され、大学を取り巻く経営環境の変化に応じて迅速な意思決定を可能とするためのガバナンス改革の促進という方向性が、より明確化された。

なお、副学長は必置の職ではなく、その扱いは各大学の判断に委ねられている。

学部長

学部長は、学部に関する校務をつかさどるものと規定されている。

大学には、学部を置くことが常例とされており（本法第八三条）、その長である学部長は、ほぼ全ての大学に必置のものであった。ただし学部長の職務については、従来、法令上の規定がなく、平成一一（一九九九）年の本法一部改正によって、上記のように定められることとなった。学部に関する校務とは、例えば、①当該学部内の教育課程の編成、②当該学部に所属の学生の入退学や卒業に関する件、③当該学部における内規等の制定・改廃等、学部が教育研究組織としての役割を果たすために必要な全ての事項を指すものと解される。学部長は、それら学部内諸活動の責任者としての職務権限を有し、当該学部の所属職員に必要な協力を求め、且つ職務分掌等に基づき、所属職員を「統督する」権限を有するものと解される。

なお、学長と学部長の関係については、学長が、大学全体の校務をつかさどるのに対して、学部長は、学部という範囲内での校務をつかさどるものであり、学部長は、当該学部の校務に関する件も含めて、基本的には大学の最高責任者である学長の下で、その統督を受ける立場にあるものと解される。

教授

教授は、専攻分野に関する教育研究ないし実務上の「特に優れた」知識・能力及び実績を有するものであり、学生の教授・研究指導、または研究に従事すると規定されている。

平成一七年改正は、大学教職員の職の在り方の見直しを企図するものであり、教授の職は、大学・学部等の教学面における運営全般に関する第一義的責務を担う職として、その位置づけがより明確化された。「教育上、研究上又は実務上」との規定は、学生の教育と自身の研究の双方を担うに必要な「知識、能力及び実績」を有すること、また、専門職大学院においては、高度の実務経験・能力を有する教員を一定数以上、専任教員に含むこととされて

9 大学

いる通り、教育・研究・実務の三つのうち、少なくとも一つを有することを求めるものと解される。

なお、学生の教授・研究指導、「又は研究に従事」とされているのは、大学設置基準に「教育研究上必要があるときは、授業を担当しない教員を置くことができる」（同基準第一一条）とされていることと関連しており、本法第九六条に定める研究所・研究施設の教員等が想定されている。

ちなみに、本法第一〇六条に定める名誉教授は、教育上ないし学術上、特に功績のあった者に対して大学が授与する名誉としての「称号」であり、職位ではない。

准教授

准教授は、専攻分野に関する教育研究ないし実務上の「優れた」知識・能力及び実績を有するものであり、学生の教授・研究指導、または研究に従事すると規定されている。

平成一七年改正により、助教授の職が廃され、「准教授」の職が新設された。従前の助教授は、Assistant Professor と英訳されるなど、職名に「助」という字が使用され、その職務も、「教授の職務を助ける」ものとされていた。この職名は多くの場合、実際の職務内容を反映したものとは言い難く、さらに、国際通用性が考慮されるべきであるとの指摘を踏まえ、自ら教育研究を行うことを主たる職務とし、教授に次ぐ位置づけをもつ職として、「准」教授（Associate Professor）の職が設けられることとなった。

助教授は、教授との関係を基礎とした職位であったが、准教授は、教育研究その他における主体性がより明確化された職位といえる。ただし教員間の関係性は、基本的に各大学の判断に委ねられている。

助教

助教は、専攻分野に関する教育研究ないし実務上の知識・能力を有するものであり、学生の教授・研究指導、または研究に従事すると規定されている。

助教の職は、平成一七年改正により新設された。従前の助手は、職務内容や組織編制上の位置づけが曖昧であり、①将来の教員候補者のキャリア・パスとしての性格を有するもの、②教員をサポートする教育研究補助職員としての性格を有するもの、③その双方の性格を有するもの等、様々な在り方が見られた。そこで、①の性格を明確化するものとして、「助教」の職が設けられ、②の性格をもつものを、新たに「助手」と位置づけた。

助教は、将来の教授を目指す者が最初に就く若手教員のための職という位置づけであることから、自ら教育研究を行うことを主たる職務とするが、そのために必要な知識・能力を有すればよく、「実績」までは求められていない。

助手

助手は、教育研究の円滑な実施に必要な業務に従事するものと規定されている。

従前の助手は、「教授及び助教授の職務を助ける」ものとされていたが、平成一七年改正により、「所属する組織における教育研究の円滑な実施に必要な業務に従事する」ものと改められ、所属組織の教育研究を補助する職としての位置づけが、より明確化された。

講師

講師は、教授ないし准教授に準ずる職務に従事するものと規定されている。

講師の職は、実態として二つのものがある。一つは、常勤の教員としての講師であり、多くの場合、准教授と助教の中間の職位として位置づけられる（専任講師）。いま一つは、非常勤の教員としての講師であり、特定の授業のみを担当する外部の専門家が充てられる。

大学の教職員は、常勤の者であることが前提とされているが、講師については、非常勤の者が相当数含まれることが想定されている。

本条を考える視点

大学教職員の組織編制については、教育研究上必要な専攻分野を定め、そのために必要な教員を置く「講座制」、教育上必要な学科目を定め、その教育及び研究に必要な教員を置く「学科目制」のいずれかを採ることが原則とされていた。講座制は、各専攻分野における教授の責任を明確化し、当該分野における教育研究の責任体制を確立すること等を目的とするものであり、学科目制は、講座制を採らない学部の内部組織の在り方を明確化するために導入されたものである。しかし、このような組織編制は、時を経るごとに硬直化し、その閉鎖的な在り方が、教育研究の発展に即した柔軟な活動を阻害するものと指摘されていた。

平成一三（二〇〇一）年の大学設置基準改正により、講座制・学科目制以外の組織編制が可能となり、平成一八（二〇〇六）年には、講座制・学科目制を基本原則とする従来の設置基準上の規定が削除され、「大学は、その教育研究上の目的を達成するため、教育研究組織の規模並びに授与する学位の種類及び分野に応じ、必要な教員を置くものとする」（同基準第七条）と改められた。

一方、平成九（一九九七）年、「大学の教員等の任期に関する法律」が制定されている。この法律は、大学教員の流動性を高める方策の一つとして、各大学の判断により、従来の定年までの継続任用以外に、任期を定めた任用を可能とするものである（任期制教員）。任期制に関しては、教育研究上の必要に応じて、導入の適否や単位、対象とするものや期間等について、基本的に各大学の判断に委ねられているが、導入にあたっては、各大学で「任期に関する規則」を定め、かつ公表することが義務づけられている。

なお、外国人教員の任用については、昭和五七（一九八二）年、「国立又は公立の大学における外国人教員の任用等に関する特別措置法」が制定され、それまで公務員法との兼ね合いで取り扱いが議論されてきた外国人教員の任用が可能となった。さらに、国立大学法人化によって、同法は、公立大学における外国人教員の任用のみを対象とする「公立の大学における外国人教員の任用等に関する特別措置法」に改正されている。

関連条文　資料

■関連条文、法令　本法第七条〔校長・教員〕、第九三条〔教授会〕、教育公務員特例法第二条

〔教授会〕

第九三条　大学に、教授会を置く。

② 教授会は、学長が次に掲げる事項について決定を行うに当たり意見を述べるものとする。

一　学生の入学、卒業及び課程の修了

二　学位の授与

三　前二号に掲げるもののほか、教育研究に関する重要な事項で、教授会の意見を聴くことが必要なものとして学長が定めるもの

③ 教授会は、前項に規定するもののほか、学長及び学部長その他の教授会が置かれる組織の長（以下この項において「学長等」という。）がつかさどる教育研究に関する事項について審議し、及び学長等の求めに応じ、意見を述べることができる。

④ 教授会の組織には、准教授その他の職員を加えることができる。

本条の概要

本条は、大学の教授会に関する規定である。

教授会は、帝国大学令（明治一九年）以前の東京大学において、総理・学部長の諮問機関として明治一四（一八八一）年に設置された「諮詢会」を嚆矢とし、明治二六（一八九三）年の改正帝国大学令によって、「各分科大学ニ教授会ヲ設ケ教授ヲ以テ会員トス」（第一四条）と定められ、「分科大学ノ学科課程ニ関スル件」、「学生試験ノ件」、「学位授与資格ノ審査」、「其ノ他文部大臣又ハ帝国大学総長ヨリ諮詢ノ件」（第一五条）について審議するものと規定された。その後、官立大学官制には同様の規定が設けられたが、その他の公私立大学については、大学令（大正七年）でも特に定めはなく、教授会の設置やその権限に関する法的根拠が全ての大学に保障されたものではなかった。本条は、新学制下の全ての大学について、教授会を必置の機関と定め、その権限を保障したものである。

平成二六年改正により、従来、「大学には、重要な事項を審議するため、教授会を置かなければならない」とされていた第一項が、「大学に、教授会を置く」と改められ、さらに、第二項及び第三項の追加によって、その役割が再規定された。この改正は教授会の権限を、①学長が教育研究に関する重要な事項について決定を行うにあたり意見を述べること、②学長及び学部長等がつかさどる教育研究に関する事項について審議し、且つ学長等の求めに応じて意見を述べること、以上二点に集約し、最終的な意思決定及びそれ以外の「重要な事項」に関する権限を、学長等のリーダーシップに委ねようとする方向性を明確に示している。

ただし本条は、憲法第二三条の定める学問の自由の制度的保障を担保する「大学の自治」との関係から、その取り扱いについて多くの議論がなされてきた経緯があり、その運用には引き続き慎重を要する。

ポイント解説

教授会の設置

教授会の設置については、大学において学部を置くことが常例とされてきたこと、また、教育公務員特例法が、各学部ごとに教授会が置かれることを前提としてきたことから、原則として学部ごとに置かれるべきものと解される。

法人化以前の国公立大学教員の身分を法定してきた教育公務員特例法及び同施行令は、学部以外の部局の概念を認めており、学部のそれが大学教授会の中心的な存在であることを前提としつつ、それら部局にも教授会が存在し得ることが想定されていた。例えば、本条は、大学院学生に関する事項等にも適用され、学部教授会以外の教授会が本条の教授会にあたることは当然の想定といえる。また、学部相当の組織をもたない大学院等においては、教授会も別に組織されることが自然であり、学部の組織に対応して編制された大学院では、学部教授会が当該大学院の担当教員で構成された大学院運営委員会等の代議員会に、当該事項を内部委任する例も多く見られる。すなわち、教授会とは、各大学の教育研究組織の在り方に対応して設置されるべきものであり、学内組織の規模・役割等の状況に応じて、その扱いは各大学の判断に委ねられているものと解される。

なお、国立大学法人法は、学内組織の在り方について、基本的に当該法人の裁量に委ねるべきことを原則としており、どのような教育研究組織にどのような形で教授会を置くかについて、法令による定めはない。公私立大学においても同様に、原則として各大学の判断に委ねられている。

教授会の権限

教授会の権限については、平成二六年改正により、従来、「大学には、重要な事項を審議するため、教授会を置かなければならない」とされていた第一項が、「大学に、教授会を置く」との簡潔な文言に改められ、併せて第二項及び第三項の追加によって、その役割が、①学長が教育研究に関する重要な事項について決定を行うにあたり意見を述べること、②学長及び学部長等がつかさどる教育研究に関する事項について審議し、且つ学長等の求めに応じて意見を述べること、以上二点に具体化する形で集約された。

この改正の趣旨について文部科学省は、「大学運営における学長のリーダーシップの確立等のガバナンス改革を促進するため、副学長・教授会等の職や組織の規定を見直」したものと説明しており、すなわち、教授会の権限を、大学の教育研究（教学）に関する事項に集約させ、最終的な意思決定及びそれ以外の「重要な事項」に関する権限を、学長等のリーダーシップに委ねる方向性が明確化されたものといえる。その政策意図は、いわゆる「経営」と「教学」の分離によって、大学を取り巻く経営環境の変化に応じて迅速な意思決定を可能とするためのトップマネジメントの強化を促すことにあり、従来型のいわゆる教授会自治による大学運営への批判を踏まえた制度改正が企図されたものといえる。

国立大学法人の経営に関しては、学長等の役員及び学外の有識者を構成員とする経営協議会が設置され、教学に関しても、教授会の他、教員組織の代表者を構成員とする教育研究評議会が設置され、平成二六年改正に伴う国立大学法人法改正により、それらの組織のさらなる機能強化が図られた（同法第二〇条、第二一条）。また、学長及び学長任命の理事による役員会が構成され、学長は、重要な事項について、役員会の議を経ることとされている（同法第一一条）。

公立大学法人においては、経営に関する重要事項を審議する経営審議機関及び教学の重要事項を審議する教育研究審議機関を設置することとされているが、その具体的な審議事項は、設置者である地方公共団体それぞれの裁量に委ねるべきことを原則としており、各地方公共団体が定める定款によるものとされている（地方独立行政法人法第七七条）。なお、法人化されていない公立大学は、教育公務員特例法及び各地方公共団体の条例等により、それらの組織や規定が設けられることとなる。

私立大学においては、平成一六（二〇〇四）年の私立学校法改正により、設置者である学校法人の理事会の最高意思決定機関としての権限強化、同じく評議員会の機能強化が図られている。ただし学校法人の理事会と設置大学の教授会との関係性については、各大学の伝統や方針等によって異なり、基本的には各大学の判断に委ねられている。

教授会の組織と運営

教授会の組織については、本条第四項において、教授以外の構成員の典型として准教授が例示され、その性格上、教授ないし准教授に準ずる位置づけの構成員が想定されている。この規定は、すでに改正帝国大学令（明治二六年）において、「分科大学長ハ必要アリト認ムルトキハ教授ノ外助教授又ハ嘱託講師ヲ教授会ニ列席セシムルコトヲ得」（第一六条）とあり、平成二六年改正の趣旨に鑑みても、大学の教育研究に直接関与する全ての教職員の参加が想定されているものと解されている。なお、現行法において、教授会の構成員の範囲を定める権限を誰がもつのか等、その組織編制については特に規定はなく、各大学の判断に委ねられている。

教授会の議事運営方法については、平成七（一九九五）年の本法施行規則一部改正によって、教授会に代議員会等を設け、その議決をもって教授会の議決とすることができる旨が規定された（第一四三条）。ただしこれは、教授会に代わって設置されるものではなく、あくまで教授会の議事運営方法の一つとして委任されて審議を行うものであり、委任される事項の範囲等については、当該教授会の判断に委ねられている。

本条を考える視点

本条の意義は、旧学制下で帝国大学及び官立大学にのみ明記されていた教授会の法的根拠規定を全ての大学に広げ、且つその権限を保障したことにある。教授会に関する定めが法定され、その権限が教育公務員特例法等で規定されてきた背景には、「大学の自治」の制度的保障を担保するという極めて重要な役割があった。

大学の自治とは、大学における学問の自由を保障するため、その自主的・自律的存立を保障し、尊重しようとする制度ないし慣行である。憲法第二三条は、全ての国民に学問の自由を保障するため、「学術の中心として、広く知識を授けるとともに、深く専門の学芸を教授研究し、知的、道徳的及び応用的能力を展開させることを目的とする」（本法第八三条）大学について、その自治を保障するものと解されている。

大学における学術研究と、その成果の教授は、外部の干渉や圧力を受けることなく自由に、且つ自主的・自律的になされることが肝要であり、本条は、憲法の定めるそれら国民の権利を本法上に明記し、規定したものと解されてきたのである。憲法第二三条と大学の自治に関連する代表的な判例として、東京大学ポポロ座事件の最高裁判決がある。

学問の府としての大学は、普遍の学理に基づき、時に時流に掉さす公権力を相対化するいま一つの「公」として機能することが期待される。平成二六年改正にあたってなされた衆参両院の附帯決議も、そのような文脈から捉えられる必要がある。

大学の意思決定過程に際して、教授会の存在をいかに位置づけるかは、学術研究の自由、研究成果の発表の自由、教授の自由を原則とする公人としての大学教員の在り方、そして教学に関する審議の重要性に配慮しつつ判断されることが望ましい。また、教授会は、学問の自由を前提としつつも大学全体のミッションや建学の理念を常に念頭に置いて、その職責を果たすことが望まれる。

関連条文　資料

■**関連条文**　本法施行規則第一四三条

■**関連資料**　**「学校教育法及び国立大学法人法の一部を改正する法律案に対する附帯決議」（衆議院文部科学委員会**

平成二六年六月六日、参議院文部科学委員会　平成二六年六月一九日）

「政府及び関係者は、本法の施行に当たり、次の事項について特段の配慮をすべきである。

一　憲法で保障されている学問の自由や大学の自治の理念を踏まえ、国立大学法人については、学長のリーダーシップにより全学的な取組ができるよう、学長選考会議、経営協議会、教育研究評議会等をそれぞれ適切に機能させることによって、大学の自主的・自律的な運営の確保に努めること。

二　私立大学の自主性・自律性・多様性、学問分野や経営規模など各大学の実態に即した改革がなされるよう配慮すること。

三　学校教育法第九十三条第二項第三号の規定により、学長が教授会の意見を聴くことが必要な事項を定める際には、教授会の意見を聴いて参酌するよう努めること。

四　国立大学法人の経営協議会の委員の選任や会議の運営に当たっては、学内外の委員の多様な意見を適切に反映し、学長による大学運営の適正性を確保する役割を十分に果たすことができるよう、万全を期すこと。

五　学長の業務執行状況のチェック機能を確保すること。

六　教育の機会均等を保障するため、国立大学の配置は全国的に均衡のとれた配置を維持すること。

七　国のＧＤＰに比した高等教育への公的財政支出は、ＯＥＣＤ諸国中最低水準であることに配慮し、高等教育に係る全体の予算拡充に努めること。」

［判例］　東京大学ポポロ座事件（最高裁昭和三八年五月二二日判決）

「憲法二三条の学問の自由は、学問的研究の自由とその研究結果の発表の自由とを含むものであつて、同条が学問の自由はこれを保障すると規定したのは、一面において、広くすべての国民に対してそれらの自由を保障するとともに、他面において、大学が学術の中心として深く真理を探究することを本質とすることにかんがみて、特に大学におけるそれらの自由を保障することを趣旨としたものである。教育ないし教授の自由は、学問の自由と密接な関係を有するけれども、必ずしもこれに含まれるものではない。しかし、大学については、憲法の右の趣旨と、これに沿つて学校教育法五二条が「大学は、学術の中心として、広く知識を授けるとともに、深く専門の学芸を教授研究」することを目的とするとしていることとに基づいて、大学において教授その他の研究者がその専門の研究の結果を教授する自由は、これを保障されると解するのを相当とする。すなわち、教授その他の研究者は、その研究の結果を大学の講義または演習において教授する自由を保障されるのである。そして、以上の自由は、すべて公共の福祉による制限を免れるものではないが、大学における自由は、右のような大学の本質に基づいて、一般の場合よりもある程度で広く認められると解される。

　大学における学問の自由を保障するために、伝統的に大学の自治が認められている。この自治は、とくに大学の教授その他の研究者の人事に関して認められ、大学の学長、教授その他の研究者が大学の自主的判断に基づいて選任される。また、大学の施設と学生の管理についてもある程度で認められ、これらについてある程度で大学に自主的な秩序維持の権能が認められている。

　このように、大学の学問の自由と自治は、大学が学術の中心として深く真理を探求し、専門の学芸を教授研究することを本質とすることに基づくから、直接には教授その他の研究者の研究、その結果の発表、研究結果の教授の自由とこれらを保障するための自治とを意味すると解される。」

〔大学設置基準等を定める場合の諮問〕

第九四条　大学について第三条に規定する設置基準を定める場合及び第四条第五項に規定する基準を定める場合には、文部科学大臣は、審議会等で政令で定めるものに諮問しなければならない。

本条の概要

本条は、大学設置基準、または本法第四条五項に規定する「学位の種類及び分野の変更」等に関する基準を定める場合、文部科学大臣は「審議会等で政令で定めるもの」、すなわち中央教育審議会（本法施行令第四一条）に対する諮問を義務づける旨の規定である。

ポイント解説

本法第三条において、学校を設置しようとする者は学校の種類に応じて、文部科学大臣の定める設備、編制その他に関する基準に従い学校を設置しなければならないとされている。大学についての「設備、編制その他に関する設置基準」、すなわち校地・校舎等の施設、機械・図書等の設備、学部・学科・教員組織等の基準については、以下の文部科学省令によって規定されている。

大学設置基準（昭和三一年文部省令第二八号）、大学院設置基準（昭和四九年文部省令第二八号）、短期大学設置基準（昭和五〇年文部省令第二一号）、大学通信教育設置基準（昭和五六年文部省令第三三号）、短期大学通信教育設置基準（昭和五七年文部省令第三号）、専門職大学院設置基準（平成一五年文部科学省令第一六号）。

平成一三（二〇〇一）年の中央省庁再編以前は、本法旧第六九条の三において、大学審議会に関する規定が設けられていた。省庁再編後、大学審議会は中央教育審議会大学分科会へと引き継がれる。中央教育審議会大学分科会の所掌事務にある「大学及び高等専門学校における教育の振興に関する重要事項」とは、わが国の高等教育制度の基盤となる事項であると解される。また、「学校教育法の規定に基づき審議会の権限に属させられた事項」とは、本法の規定によって、文部科学大臣が必ず審議会に諮問しなければならないと定められた事項であり、具体的には、本条及び学位に関する事項（本法第一〇四条第五項）を指すものと解される。

本条を考える視点

本法第三条は、大学設置基準に規定された事項のすべての根拠ではない。例えば、教員資格については、本法第八条が根拠となっている。なお、大学設置基準は、大学の設置認可の際の基準であると同時に、設置後も維持・向上を目指すべき「最低限の基準」であることに留意しなければならない。

関連条文　資料

■関連条文　本法第三条〔学校の設置基準〕、第四条〔設置廃止等の認可〕第五項、第一一二条〔審議会への諮問〕、第一二三条〔準用規定〕、本法施行令第四二条、文部科学省組織令第八五条、第八六条、中央教育審議会令

〔設置認可等を行う場合の諮問〕

第九五条　大学の設置の認可を行う場合及び大学に対し第四条第三項若しくは第十五条第二項若しくは第三項の規定による命令又は同条第一項の規定による勧告を行う場合には、文部科学大臣は、審議会等で政令で定めるものに諮問しなければならない。

本条の概要

本条は、大学の設置認可を行う場合及び認可に代わる届出の方法による場合に必要な是正命令、もしくは法令違

反の場合の勧告・変更・廃止命令を行う場合、文部科学大臣に「審議会等で政令で定めるもの」、すなわち大学設置・学校法人審議会（本法施行令第四三条）に対する諮問を義務づける旨の規定である。

ポイント解説

本法第四条において、公私立大学の設置・廃止等については、文部科学大臣の認可を受けなければならないとされている。この場合、本条の規定により、文部科学大臣が大学設置・学校法人審議会に諮問しなければならないとされているのは、大学の設置認可に当たって慎重・公正を期するためであると解される。また、本条における大学には、本法第一〇八条の大学（短期大学）が含まれる。なお、平成一四（二〇〇二）年の本法の一部改正（以下、「平成一四年改正」と略）によって、文部科学大臣が大学設置・学校法人審議会に諮問しなければならない事項として、以下の件が追加された。

① 公私立の大学及び高等専門学校の設置者が、本法第四条第二項の規定に基づき、学部の設置等について認可が不要な場合として届出を行った際に、その届出内容が、本法、大学設置基準等の学校教育関係法令の規定に適合しないものと認められ、必要な措置をとることを命ずる場合（本法第四条第三項）

② 公私立の大学及び高等専門学校が、学校教育関係法令の規定に違反しているものと認められる際に、必要な措置をとるべきことを勧告する場合（本法第一五条第一項）

③ 前述②の是正勧告を行ったにもかかわらず、なお勧告事項が改善されず、当該学校に対してその変更を命ずる場合（本法第一五条第二項）

④ 前述③の変更命令を行ったにもかかわらず、なお勧告事項が改善されず、当該勧告事項に係る組織の廃止を命ずる場合（本法第一五条第三項）

さらに、私立大学に関しては、私立学校法及び私立学校振興助成法に関係する事項についても、大学設置・学校法人審議会への諮問が義務づけられているものがある。これらの規定は、大学として必要な要件を充たしているか否かについて確認するとともに、国策としての高等教育行政を推進する立場から、それらの状況を把握するためのものであると解される。

本条を考える視点

前述以外の事項についても、文部科学大臣は大学の設置認可に関連する事項について、必要に応じ諮問することができる。一方、大学設置・学校法人審議会の答申を、文部科学大臣の側が一時保留した事例等も存在するが、いずれにせよこれらの規定は、大学の設置に当たって、安易に認可を与える趣旨でないことはいうまでもない。

関連条文　資料

■関連条文　本法第四条〔設置廃止等の認可〕、第一五条〔大学等の設備・授業等の改善勧告・変更命令等〕、第九八条〔公私立大学の所轄庁〕、第一二三条〔準用規定〕、本法施行令第四三条、私立学校法第四条、文部科学省組織令第八五条、第八八条、大学設置・学校法人審議会令

〔研究施設の附置〕

第九六条　大学には、研究所その他の研究施設を附置することができる。

本条の概要

本条は、大学に研究所その他の研究施設を附置しうる旨の規定である。

ポイント解説

本条は、大学が教育研究機関であることに鑑み、教育上の組織を設けることと同様に、研究上の組織、すなわち研究所その他の研究施設を設けることが可能であることを、特に規定したものである。なお、平成二〇（二〇〇八）年に本法施行規則が改正され、大学に附置された研究施設のうち、学外の研究者にも開放された、いわゆる全国共同利用型のものを設けることが可能であることが改めて規定され、かつ、その中で、特に学術研究の発展に資すると認められたものについては、共同利用・共同研究拠点として文部科学大臣の認定を受けることができるとされた。

本条を考える視点

本条による研究所その他の研究施設の要件については特段の定めがなく、大学の必要に応じて多様な形で附置しうるものと解される。なお、国立学校設置法（昭和二四年法律第一〇五号）によって定められ、現在、国立大学法人法（平成一五年法律第一一二号）等により存在する大学共同利用機関等については、本条にいう「研究所その他の研究施設」には該当しない。

〔大学院〕
第九七条 大学には、大学院を置くことができる。

本条の概要

本条は、大学院の設置に関する規定である。

大学院は、明治一九（一八八六）年の帝国大学令（明治一九年勅令第三号）において、各科の分科大学とともに、すでに「大学」（すなわち、帝国大学）を構成する一要素として位置づけられていたが、その詳細について帝国大学令には特段の定めがなく、大学の内規に委ねられていた。大正七（一九一八）年の大学令（大正七年勅令第三八八号）において、大学はそれまでの分科大学に代わる学部と大学院とで構成されることとなり、かつ、「学部ニハ研究科ヲ置クヘシ　数個ノ学部ヲ置キタル大学ニ於テハ研究科間ノ連絡協調ヲ期スル為之ヲ綜合シテ大学院ヲ設クルコトヲ得」（第三条）と定められた。ただし制度の詳細については、大学令でも特に定めはなく、各大学は、学位令（大正九年勅令第二〇〇号）における「学位ヲ授与セラルヘキ者ハ大学学部研究科ニ於テ二年以上研究ニ従事シ」（後略、第四条）との定めを根拠に、原則三年以上の在学を学則として定めることが通例となった。

新学制下の大学院は、昭和二四（一九四九）年に大学基準協会が作成した大学院基準をもとに、同年度より発足したが、本格的な制度的展開を見るのは、多くの新制大学が最初の卒業生を送り出した昭和二八（一九五三）年以降である。昭和四九（一九七四）年、省令としての大学院設置基準が制定され、昭和五一（一九七六）年、本法の一部改正（以下、「昭和五一年改正」と略）により、現行制度につながる大学院の方向性が示された。それは、従来型の「研究者」の養成という大学院の設置目的を拡大させ、各分野における「高度専門職業人」の養成を図ろうというものである。現在、大学院には、従来型の修士課程、博士課程に加え、専門職学位課程が設けられ、学術研究の高度化に伴う大学院の重点化が進められる一方、多様な分野に多彩な人材を送り出そうとする大学院の個性化・弾力化がますます顕著なものとなっており、知識基盤社会の到来がいわれる中、その性格や組織の形態も様々なものがある。

ポイント解説

現行の大学院制度の基本趣旨は、従来型の「研究者養成」という設置目的にこだわらず、大学院で学ぶ意欲と能力を有する者に、その教育を受ける機会を幅広く提供しようとすることにある。その政策意図は、大学院制度の弾力化、生涯学習社会における社会人の受け入れ促進という方向性をもって具体化されてきた。以下、今日に至るまでの大学院の制度改正の変遷について解説する。

大学院制度の弾力化

臨時教育審議会は、大学院の設置目的や組織形態について度々の提言を行い、同審議会答申を受けて設置された大学審議会において、その具体化が図られた。平成元（一九八九）年、大学院設置基準が改正され、①夜間大学院（修士課程）の開設、②修士課程の修業年限の標準化（二年）及び研究指導の委託、③博士課程の設置目的の拡大（研究者養成以外に多様な高度の能力の養成を加える）、④アカデミズムに基礎を置く研究者以外の教員（いわゆる実務家教員）の招聘、⑤優れた資質を有する者に対する入学・卒業要件の緩和（いわゆる飛び入学）、等の方向性が示された。

平成三（一九九一）年、大学設置基準の改正（いわゆる大綱化）とともに、大学院設置基準も改正され、努力義務としての自己点検・評価等が規定される。同じく平成五（一九九三）年の改正では、夜間大学院や教育方法の特例を博士課程でも認めることとし、併せて、学部と同様に大学院においても、既修得単位の認定や科目等履修生の制度が導入された。さらに平成一〇（一九九八）年の同改正では、通信制大学院（修士課程）の開設が認められた。平成一一（一九九九）年、本法の施行規則が改正され、各大学院が個別の審査によって大学卒業者と同等以上の学力があると認め、かつ、二二歳に達した者に、大学院への入学資格を認めることとされた。また、同年の本法等の一部改正により、大学院研究科の制度上の位置付けが明確化されるとともに、大学の教育研究上の目的を達成するため、有益かつ、適切である場合においては、研究科の設置に代えて、研究科以外の基本となる組織を置くことができるとされ、これを受けて大学院設置基準も改正された。この改正時に、大学院における自己点検・評価も義務化され、当該大学の職員以外の者による検証を努力義務とすることが規定された。さらに各大学において、二年を超える標準修業年限、または一年以上二年未満の標準修業年限の修士課程を設置することが認められ、加えて、高度の専門性を有する職業等に必要な高度の能力を専ら養うことを目的とする修士課程（専門大学院）の開設が認められた。

平成一四（二〇〇二）年、大学院設置基準が改正され、長期履修学生に関する規定が整備されるとともに、専門大学院の標準修業年限を一年以上二年未満とすることが認められた。また、通信制大学院の開設を博士課程でも認めることとなった。さらに同年、本法の一部改正により、専門大学院制度をさらに充実・発展させ、一層柔軟な枠組みの中で各分野の特性に応じた高度専門職業人の養成を企図する専門職大学院が制度化され、専門職大学院設置基準が制定された。

平成一九（二〇〇七）年、大学院設置基準が改正され、博士課程について教育研究上の必要があると認められる場合には、一貫制の課程については五年、区分制の前期課程については二年、同後期課程については三年を、それぞれ超えることができることとされた。平成二〇（二〇〇八）年、大学院設置基準及び専門職大学院設置基準が改正され、大学院における教育課程の共同実施が認められた。これによって、学部と同様に大学院においても、他大学の大学院が開設する授業科目を自大学の大学院の教育課程の一部とみなし、それぞれの大学院ごとに同一内容の教育課程を編成することが可能となった。

本条を考える視点

本条の規定は、「置くことができる」であり、旧学制下のように学部に必置のものとしての大学院が規定されているわけではない。すなわち、大学院を置く大学と、置かない大学とが存在しうるわけである。また、大学院は大学に置かれるものであり、個々の学部等に附設されるものではなく、大学院固有の目的に即した組織編制が認められている。なお、本条における大学は、本法第八三条の大学であり、本法第一〇八条の大学「短期大学」は含まれない。また、本法の立法段階においては、学部相当の基本組織があることが前提とされていたが、大学院固有の目的に即した組織編制の在り方が志向される際には、学部相当の組織をもたずに大学院のみが設置されうることが考慮され、昭和五一年改正により、いわゆる大学院大学の設置が可能とされた。

関連条文　資料

■関連条文　本法第九九条〔大学院の目的〕～第一〇四条〔学位の授与〕、第一〇八条〔短期大学〕第八項、大学院設置基準、専門職大学院設置基準

〔公私立大学の所轄庁〕

第九八条　公立又は私立の大学は、文部科学大臣の所轄とする。

〔大学院の目的〕

第九九条　大学院は、学術の理論及び応用を教授研究し、その深奥をきわめ、又は高度の専門性が求められる職業を担うための深い学識及び卓越した能力を培い、文化の進展に寄与することを目的とする。

②　大学院のうち、学術の理論及び応用を教授研究し、高度の専門性が求められる職業を担うための深い学識及び卓越した能力を培うことを目的とするものは、専門職大学院とする。

本条の概要

本条は、大学院の目的に関する規定である。

大学院の目的については、本法第八三条第一項に定める大学の目的を前提としつつ、これとの関連において大学院が果たすべき役割として、「学術の理論及び応用を教授研究し、その深奥をきわめ、又は高度の専門性が求められる職業を担うための深い学識及び卓越した能力を培い、文化の進展に寄与すること」とされている。いうまでもなく大学院は、次代の学術研究の担い手、すなわち「研究者養成」を設置目的としてきたが、今日の大学院は、それに加えて「高度の専門性が求められる職業」の担い手を養成することをも目的としており、「又は」の語は、各大学の判断によって、いずれか一方、ないしはその双方を目的とすることが可能であることを示すものと解される。この後者の目的については、平成一四年改正により、専門職大学院が制度化された際に盛り込まれたものであり、併せて、本条二項が追加されている。なお、「文化」の語は、学術・技芸を広範に捉えた意を含むものと解される。ちなみに、帝国大学令（明治一九年勅令第三号）における大学院は、「学術技芸ノ蘊奥ヲ攷究」するものとされていた。

ポイント解説

現行の大学院の方向性については、昭和四九（一九七四）年の大学院設置基準の制定、本法の昭和五一年改正に示されている。すなわち、①修士課程の目的を広げ、従来型の研究者養成機関としての「専攻分野における研究能力」を養うという目的に加え、「高度の専門性を要する職業等に必要な高度の能力を養うこと」が目的とされたこと、②博士課程の目的について、「専攻分野について、研究者として自立して研究活動を行うに必要な高度の研究能力及びその基礎となる豊かな学識を養うこと」とし、併せて、修業年限の標準化（標準五年、最短三年）、単位制の緩和等により、課程制博士の趣旨をさらに明確にしたこと、等が挙げられる。以下、大学院の各課程における目的について解説する。

修士課程

本法の立法段階における修士課程の目的は、従来型の研究者養成を目的とする博士課程の目的と同一のものであり、その前段階と捉えられてきた。ただし、昭和二四（一九四九）年に大学基準協会が作成した大学院基準の中で、修士課程は、「理論と応用の研究能力を養う」とともに、「単に研究者・教授者たるべき能力の養成を目的とするばかりでなく、実社会において指導的役割を果たすために要する能力の養成をも目的としている」とされており、修士課程の目的が、「実社会において指導的役割を果たすために要する能力の養成」にあることは早くから認識されていた。昭和四九（一九七四）年の大学院設置基準においては、「高度の専門性を要する職業等に必要な高度の能力を養うこと」が掲げられ、修士課程は、基本的には特定の専攻分野における研究能力の涵養を目指すものではあるが、一方で、「高度の専門性を要する職業等に必要な」教育に重点を置くものであることが、改めて明確化された。この目的は、平成一五（二〇〇三）年の大学院設置基準改正に伴い、「高度の専門性が求められる職業を担うための卓越した能力を培うこと」との表現に改められた。

修士課程の修業年限は、従来二年とされていたが、平成元（一九八九）年の大学院設置基準改正により、標準二年と改められた。これは、特定の分野における職業人の養成や社会人の修学上の便宜を考慮した場合、修業年限を一年とすることも適当と考えられるためである。さらに平成一一（一九九九）年の改正により、教育研究上の必要があると認められる場合には、二年を超える標準修業年限を定めることが認められた。また、実務経験者等を対象とする場合、教育方法の特例（昼間、夜間、休日及び長期休暇中などの特定の時間ないし時期において授業等を行う）等の適切な方法によって教育がなされ、かつ、教育上支障を生じない場合には、一年以上二年未満の標準修業年限を定めることも認められた。これは、職業人・社会人のリカレント教育への需要に応えるために、本務の都合や通学の便宜等、履修者の多様な状況に柔軟に対応し、大学院における社会人の積極的な受け入れを図っていくための弾力的措置の一環である。ただし、一年以上二年未満の標準修業年限を定めるものについては、修士課程にふさわしい教育研究水準の確保が一層求められる。

博士課程

博士課程の目的は、昭和二四（一九四九）年、大学基準協会作成の大学院基準の中で、「独創的研究によつて従来の学術水準に新しい知見を加え、文化の進展に寄与するとともに、専攻分野に関し研究を指導する能力を養うこと」とされ、昭和四九（一九七四）年の大学院設置基準においては、「専攻分野について、研究者として自立して研究活動を行うに必要な高度の研究能力及びその基礎となる豊かな学識を養うこと」が掲げられた。平成元（一九八九）年の大学院設置基準改正では、研究者のみならず、「その他の高度に専門的な業務に従事するに必要な高度の研究能力」を養うとの文言が追加され、研究者の養成に加えて、高度専門職業人の養成をも図ろうという目的が、博士課程においても明確化されている。

博士課程の修業年限は、原則五年とされているが、これは標準であり、課程履修者が極めて優秀と認められる場合には、必ずしも五年にこだわることなく課程を修了することができるよう、弾力的な取り扱いがなされることが想定されている。ただし、大学院において用意する教育課程は、あくまで五年で履修する内容のものでなければならず、五年未満の年限を修業年限として定めることは認められない。また、五年未満で課程の修了を認める場合であっても、三年を下ることはできない。なお、博士課程の運用については、制度的には五年とされている修業年限を、実際には「前期二年」と「後期三年」とに分けて編成する、いわゆる積み上げ式の形態がとられる例が多い。この場合、前期二年の課程は修士課程として取り扱われる。また、五年一貫の編成であっても、本人の希望等によって修士学位を授与することが適当と考えられる場合には、学位規則第三条第二項に基づき、「前期及び後期の課程の区分を設けない博士課程に入学し、大学院設置基準第十六条に規定する修士課程の修了要件を満たした者」として、修士学位を授与することが可能である。

専門職学位課程

平成一一（一九九九）年、大学院設置基準の改正によって、高度の専門性を有する職業等に必要な高度の能力を専ら養うことを目的とする修士課程として、専門大学院が制度化された。これは、社会の各分野において指導的な役割を担う高度専門職業人の養成を企図し、特定の職業等に従事するのに必要な高度の専門知識・能力の育成に特化した実践的な教育を行う大学院の設置を促進するため、そのための教育に特化した修士課程に「専門大学院」と称することを認め、教員数や教員組織、修了要件等に関する特例を設けたものである。しかし、この専門大学院は、あくまで従来の大学院制度の枠内で制度設計がなされていたため、課程修了のために研究指導を受け、研究成果の審査に合格することが必須であり、授業科目の体系的な履修を中心とした単位の修得のみによる課程修了が認められない等、高度専門職業人の養成に徹しきれていないとの指摘が多かった。

そこで、本法の平成一四年改正及び平成一五（二〇〇三）年、大学院設置基準の改正により、専門大学院制度をさらに発展させ、高度専門職業人の養成という目的により特化した新たな大学院として、専門職大学院が制度化された。その課程が、専門職学位課程である。

専門職学位課程の特徴としては、①標準修業年限は二年（ただし、専門分野の特性に応じ特に必要と認められる場合は一年以上二年未満）、②修了要件として、一定期間以上の在学と各専攻分野ごとに必要な単位の修得のみを必須とし、論文等の研究成果を要しない、③ケーススタディ、フィールドワーク、ディベート等、多様な実践的教育を提供すること、④各職業分野において、豊富な経験を有する実務家教員を相当数配置すること、等が挙げられる。この課程を修了した者には、文部科学大臣が定める専門職学位が授与される。

法科大学院・教職大学院

専門職大学院の一形態として、法曹養成を目的とする法科大学院がある。標準修業年限は三年、課程の修了要件等にいくつかの特例が規定されている。法科大学院は、わが国の司法制度改革の一環としてその創設が計画され、平成一四年改正と同時に、「法科大学院の教育と司法試験等との連携等に関する法律」（平成一四年法律第一三九号）が制定されている。平成一五（二〇〇三）年には、「法科大学院への裁判官及び検察官その他の一般職の国家公務員の派遣に関する法律」（平成一五年法律第四〇号）が定められ、現役の法曹関係者等を大学院の教員として派遣する制度が整備された。

教職大学院は、平成一九（二〇〇七）年、専門職大学院設置基準の改正により、教員養成により特化した大学院として創設されている。

本条を考える視点

大学院を構成する修士課程、博士課程、専門職学位課程それぞれの課程の目的については、本条による大学院の目的を前提としつつ、大学院設置基準第三条及び第四条、専門職大学院設置基準第二条において定められている。同じ研究科でも修士課程、博士課程、専門職学位課程の課程変更は、認可事項である（本法第四条第一項、本法施行令第二三条第七号）。なお、法科大学院等を置く専門職大学院に、教職大学院等の別の専門職学位課程を置こうとする場合、専門職学位課程としては同一でも、本法施行令第二三条の二第一項第一号にいう「学位の種類及び分野の変更を伴わないもの」ではないため、認可事項となる。

関連条文　資料

■**関連条文**　本法第四条〔設置廃止等の認可〕第一項、第八三条〔大学の目的〕、第九七条〔大学院〕、本法施行令第二三条第七号、大学院設置基準、専門職大学院設置基準

〔大学院の研究科等〕

第一〇〇条　大学院を置く大学には、研究科を置くことを常例とする。ただし、当該大学の教育研究上の目的を達成するため有益かつ適切である場合においては、文部科学大臣の定めるところにより、研究科以外の教育研究上の基本となる組織を置くことができる。

本条の概要

本条は、大学院を構成する基本組織に関する規定である。

旧学制下において、大学院の研究科は学部に必置のものであり、新学制における研究科も、当初はその母体となった学部の組織に対応する形での運用、いわゆる二階建ての形態を常例とするものであった。しかし、大学院には大学院固有の目的が存在し、その目的に応じた組織編制がなされなければならない。よって、大学院設置基準第七条においては、「研究科を組織するに当たつては、学部、大学附置の研究所等と適切な連携を図る等の措置により、当該研究科の組織が、その目的にふさわしいものとなるよう配慮するものとする。」と定められている。この規定は、研究科の組織が、学部の組織に必ずしも対応する必要はなく、研究科の目的に応じた適切な組織編制がなされるべきことを定めている。とりわけ近年、独立研究科の事例をはじめ、学部と並ぶ教育研究組織としての研究科の位置づけがますます重要視されている。

ポイント解説

研究科の位置づけ

昭和四九（一九七四）年の大学院設置基準の制定、本法の昭和五一年改正により、学部に基盤を置く従来型の研究科以外に、学内の学部や研究所等と幅広く連携し、または専任教員、専用施設による独立の組織を設ける等、当該研究科の目的に応じた組織編制が認められることが明確化された。さらに、学部相当の組織をもたない大学院、いわゆる大学院大学の設置も可とされた。

本法の平成一一年改正により、研究科は、学部と同様の教育研究上の基本組織として位置づけられ、学部と同様に大学に置かれるものとされた。これによって「大学院」は、組織そのものを表すものではなく、高等教育の課程の段階を表すものであることが明確化された。すなわち、大学院は大学の中で、学部段階（学士課程）より高次の教育研究が実施・展開される課程段階を表すものであると解される。

研究科の数

併せて、前述改正以前には、「大学院には、数個の研究科を置くことを常例とする。ただし、特別の必要がある場合においては、単に一個の研究科を置くものを大学院とすることができる。」とされていたものが、研究科の数については、原則や例外の別を設けないこととされた。これは、大学院における教育研究が学部段階より高次のものとなる以上、それを支える組織や取り扱われる分野にも、ある程度の規模が求められることが想定されていたものだが、その後の大学院の量的拡大や専攻領域の多様化等に伴い、組織や分野の広狭にとらわれず、より多様な社会的要請に柔軟かつ積極的に対応することが求められていることによる。学術研究の高度化・学際化というもう一方の変化に対応するためには、他の研究科との連携・協力が進められることが望ましいことはもちろんであるが、それを大学院の研究科の要件として、積極的に規定するには及ばないとの考えによる。現実的に、大学院を置く大学のうち、一個の研究科のみが設置される大学が相当数に上るとの実態を反映した規定ともいえる。

研究科以外の組織形態

加えて、前述改正では、各大学が特色ある教育研究の在り方を工夫するために、柔軟な組織設計ができるよう、研究科以外の組織形態を採用しうるものとされた。例えば、研究面では、新たな学問領域への対応等を重視した組織編制が、教育面では、学生の教育要求への適切な対応等を重視した組織編制が、常に検討されなければならない。具体的には、研究面では、伝統的な学問領域の発展と先端的な学問領域の開拓に応じた編制を探りつつ、教育面では、多様な人材の養成ニーズに応じた編制を図る、といった取り組みが期待されるわけである。なお、研究科以外の教育研究上の基本となる組織については、大学院設置基準第七条の三において、「当該大学院の教育研究上の目的を達成するため有益かつ適切であると認められるもの」であり、①教育研究上適当な規模内容を有すること、②教育研究上必要な相当規模の教員組織その他諸条件を備えること、③教育研究を適切に遂行するためにふさわしい運営の仕組みを有すること、とされている。具体的には、学内の附置研究所や附属病院、学外の研究機関等との連携も想定されている。

本条を考える視点

大学においては、教育と研究は一体的に実施されるべきものであり、両者が相互に関連してこそ学問が発展する。大学院の研究科は、このような大学本来の考え方に立ち、教育活動と研究活動を一体的に行う組織として、基本的な制度設計がなされている点に注意が払われる必要がある。

関連条文　資料

■関連条文　本法第八五条〔学部等〕、第九七条〔大学院〕

〔夜間研究科・通信教育研究科〕

第一〇一条　大学院を置く大学には、夜間において授業を行う研究科又は通信による教育を行う研究科を置くことができる。

本条の概要

本条は、夜間において授業を行う研究科、又は通信による教育を行う研究科の設置に関する規定である。

ポイント解説

夜間大学院

いわゆる夜間大学院は、平成元（一九八九）年、大学院設置基準の改正により、専ら夜間において教育を行う修士課程の設置が認められ、その標準修業年限は二年を超えるものとすることができるとされた。さらに、平成五（一九九三）年の改正では、博士課程の設置も認められ、その標準修業年限は五年を超えるものとすることができるとされた。なお、大学院設置基準第一四条においては、「教育上特別の必要があると認められる場合には、夜間その他特定の時間又は時期において授業又は研究指導を行う等の適当な方法により教育を行うことができる。」とされており、社会人等の修学上の便宜に配慮して、昼間の課程の一部において夜間に授業を行うことが認められている（教育方法の特例、いわゆる昼夜開講制）。

ちなみに、修業年限に関しては、修士課程は平成一一（一九九九）年の改正以降、博士課程は平成一九（二〇〇七）年の改正以降、夜間の課程に限らず二年ないし五年を超える標準修業年限の設定が認められている。

通信制大学院

通信制の大学院は、地理的・時間的な制約から、通学が困難な社会人等の修学上の便宜に配慮して、平成一〇（一九九八）年、大学院設置基準の改正により、通信による教育を行う修士課程の設置が認められ、さらに、平成一四（二〇〇二）年の改正では、博士課程の設置が認められた。

本条を考える視点

大学の生涯学習機関としての機能が一層期待されることに鑑み、大学院における社会人の受け入れをより促進するため、本法平成一三年改正により本条が追加された（改正前は、大学院段階における夜間授業・通信教育の設置根拠は、本法上は存在しなかった）。これによって、夜間において授業を行う研究科、ないしは通信による教育を行う研究科が設置可能であることが明確化され、その促進が図られることになった。

関連条文　資料

■関連条文　本法第八四条〔通信による教育の実施〕、第八六条〔夜間学部・通信教育学部〕、第一〇八条〔短期大学〕第六項

〔大学院の入学資格〕

第一〇二条　大学院に入学することのできる者は、第八十三条の大学を卒業した者又は文部科学大臣の定めるところにより、これと同等以上の学力があると認められた者とする。ただし、研究科の教育研究上必要がある場合においては、当該研究科に係る入学資格を、修士の学位若しくは第百四条第一項に規定する文部科学大臣の定める学位を有する者又は文部科学大臣の定めるところにより、これと同等以上の学力があると認められた者とすることができる。

② 前項本文の規定にかかわらず、大学院を置く大学は、文部科学大臣の定めるところにより、第八十三条の大学に文部科学大臣の定める年数以上在学した者（これに準ずる者として文部科学大臣が定める者を含む。）であつて、当該大学院を置く大学の定める単位を優秀な成績で修得したと認めるものを、当該大学院に入学させることができる。

本条の概要

本条は、大学院の入学資格に関する規定である。

本条第一項の規定により、大学院の入学資格を有する者は、本法第八三条の大学を卒業した者、またはこれと同等以上の学力があると認められた者とされる。また、平成元（一九八九）年、本法施行規則の改正によって、大学を卒業していなくとも、一定の要件を満たす者について大学院への入学が認められてきたが（いわゆる飛び入学）、本法の平成一三年改正により、改めて本条第二項に位置づけられた。なお、大学卒業者と同等以上の学力があると認められる者については、本法施行規則第一五五条第一項に規定がある。

ポイント解説

大学院入学資格の弾力化

本条第一項のただし書きは、本法の昭和五一年改正により追加された。改正前の本条規定によれば、大学院の入学資格者はあくまで学部卒業者であり、修士課程修了者とすることは認められていなかった。すなわち、大学院の課程は、修士・博士いずれの課程においても、学部段階に接続する二年ないしは五年の課程とされていたのである。第一項のただし書きは、修士課程修了者を入学者として想定する後期三年のみの博士課程の設置構想に対応するものであり、また、大学の附置研究所等を母体とする独立大学院の構想、修士課程のみを置く大学間の連携による後期三年のみの博士課程の設置構想（いわゆる連合大学院）等が各方面で検討され、これらの構想が具体化した場合の制度的措置を図る観点から追加されたものであった。なお、立法上の観点からいえば、各学校への入学資格の規定については、統一的な学校教育制度が体系化されていなければならず、個々の学校が所定の入学資格以上の要件を求めることは許されない。特に「研究科の教育研究上必要がある場合」と規定されているのは、このようなことを踏まえたものであると考えられる。

「研究科の教育研究上必要がある場合」とは、教職員、研究者及び生間の交流等に資するもの、又は教育研究上の目的・内容等に鑑みて、その意義が明らかである場合と解される。便宜的な理由で、安易にその設置を認める趣旨でないことはいうまでもない。平成三（一九九一）年、本法の施行規則が改正され、学位授与機構（平成二八（二〇一六）年より、独立行政法人大学改革支援・学位授与機構）により学士の学位を授与された者について、大学院入学資格が認められた。また、平成一一（一九九九）年の改正により、大学院における個別の入学資格審査によって大学を卒業した者と同等以上の学力があると認められた者で二二歳に達した者に、大学院入学資格が認められた。さらに、平成一五（二〇〇三）年の改正により、外国の大学等において学士相当の課程を修了した者について、大学院入学資格が認められた。加えて、平成一七（二〇〇五）年の改正により、文部科学大臣が定める基準を満たす専修学校専門課程を修了した者に、大学院入学資格が認められた。修士課程のみならず、いわゆる博士後期課程への入学資格に関しても、これらに準じた弾力化が図られている。

大学院への「飛び入学」

本条第二項は、大学院への早期入学に関する規定である。これは、優れた資質を有する者に対しては、大学院段階の教育を早期から実施することが効果的であるとの大学審議会の提言を受け、平成元（一九八九）年、本法施行規則の改正によって認められたものである。なお、「当該大学院を置く大学の定める単位」とは、大学院教育を受けるにふさわしい能力があるか否かを判断するために求められる科目と単位数のことであり、各大学が専攻分野に応じて定めることとされている。本法の平成一三年改正により、本条第一項による大学院入学資格を得ていない者でも大学院への早期入学が可能であることが、本法上でも明確化された。

本条を考える視点

「文部科学大臣の定めるところ」については、文部省告示において、旧制諸学校からの接続関係及び各省庁所管の学士相当の課程をもつ大学校等が指定されている。大学院で学ぶ意欲と能力を有する者に、その教育を受ける機会を幅広く提供しようとする基本趣旨に立って、入学資格の弾力化が図られているものといえる。

関連条文　資料

■関連条文　本法施行規則第一五五条～第一六〇条

〔大学院大学〕

第一〇三条 教育研究上特別の必要がある場合においては、第八十五条の規定にかかわらず、学部を置くことなく大学院を置くものを大学とすることができる。

本条の概要

本条は、学部をもたない大学院、いわゆる大学院大学の設置に関する規定である。

昭和四九（一九七四）年の大学院設置基準の制定、本法の昭和五一年改正の趣旨は、従来の大学院制度の画一的運営を改め、学術研究と社会の発展等に柔軟に対応しうる制度的基盤を整えることにあった。それは、大学院を設置・運営する各大学の創意・工夫を制度的に支援しようとするものであり、大学の学部に基盤を置かない独立研究科、さらには、そもそも学部相当の組織をもたない大学院、いわゆる大学院大学の設置も可とする方向性が示されたわけである。

大学院大学の在り方をめぐっては、そもそも大学院を、大学とは別種の機関として位置づけるべきとの見方もあるが、一般に「大学（University）」は、歴史的にも国際的にも、学部・大学院相当の高等教育課程を包括する機関と解されており、これを切り離すべきではないとの考え方が有力である。よって大学院大学は、学部を置かない、大学院のみの「大学」として位置づけられており、大学の一形態として取り扱われる。

ポイント解説

昭和四九（一九七四）年の大学院設置基準では、学部段階での対応組織をもたない独立研究科、学科等の段階での対応組織をもたない独立専攻等、特定の学部・学科を基盤としない大学院の設置が可能であることが明確化された。しかし、大学院段階の組織のみを有する大学を設けることについては、学部の設置を常例としてきた本法旧第五三条（現第八五条）の制約があった。そこで、昭和五一年改正により、本条が追加され、大学院制度の弾力化という方向性がさらに促進されることになった。

「教育研究上特別の必要がある場合」とは、教職員、研究者及び学生間の交流等に資するもの、または教育研究上の目的・内容等に鑑みて、大学院独自の教育研究を展開することが有益である等、独立の大学院とする意義が明らかである場合と解される。便宜的な理由で、安易にその設置を認める趣旨でないことはいうまでもない。平成元（一九八九）年の大学院設置基準改正では、特に「独立大学院」の章が設けられている。

本条を考える視点

本条に定める大学の目的について、本法第八三条第一項に定める大学の目的（従来、必置の組織とされてきた学部相当の組織への役割期待に主眼が置かれている点等）との関係性が議論されることがある。本条の大学は、主として本法第九九条に定める大学院の目的を達成することによって、本法第八三条第一項の大学が本質的に目的とするところを達成しうるものと解されるが、特に「大学とすることができる」と規定されているのは、このようなことを踏まえたものであると考えられる。

関連条文　資料

■**関連条文**　本法第八五条〔学部等〕、第九七条〔大学院〕、第九九条〔大学院の目的〕

〔学位の授与〕

第一〇四条 大学（第百八条第二項の大学（以下この条において「短期大学」という。）を除く。以下この条において同じ。）は、文部科学大臣の定めるところにより、大学を卒業した者に対し学士の学位を、大学院（専門職大学院を除く。）の課程を修了した者に対し修士又は博士の学位を、専門職大学院の課程を修了した者に対し文部科学大臣の定める学位を授与するものとする。

② 大学は、文部科学大臣の定めるところにより、前項の規定により博士の学位を授与された者と同等以上の学力があると認める者に対し、博士の学位を授与することができる。

③ 短期大学は、文部科学大臣の定めるところにより、短期大学を卒業した者に対し短期大学士の学位を授与するものとする。

④ 独立行政法人大学評価・学位授与機構は、文部科学大臣の定めるところにより、次の各号に掲げる者に対し、当該各号に定める学位を授与するものとする。

一 短期大学若しくは高等専門学校を卒業した者又はこれに準ずる者で、大学における一定の単位の修得又はこれに相当するものとして文部科学大臣の定める学習を行い、大学を卒業した者と同等以上の学力を有すると認める者 学士

二 学校以外の教育施設で学校教育に類する教育を行うもののうち当該教育を行うにつき他の法律に特別の規定があるものに置かれる課程で、大学又は大学院に相当する教育を行うと認めるものを修了した者 学士、修士又は博士

⑤ 学位に関する事項を定めるについては、文部科学大臣は、第九十四条の政令で定める審議会等に諮問しなければならない。

本条の概要

本条は、学位制度に関して定めたものである。「学位授与権はヨーロッパ中世から現代に至るまで、大学だけに許されたものであった。学位は、一定以上の学術能力があると認定された者に授与される資格（広辞苑第六版）であるが、日本で学位としての資格を最初に定めたのは明治二〇（一八八七）年の学位令であった。学位令は「博士及大博士ノ二等トス」とされ、法学、医学、工学、文学、理学の五種が学位であった。この資格は、大学院に入り、規定の試験に合格した者が文部大臣から授与され、また、大学院で試験に合格した者と同等以上の学力があるものとされた者は帝国大学評議会の議を受けて授与されていた。この学位令は大正九（一九二〇）年に改正され、博士のみが学位となった。

大正七（一九一八）年の大学令は、大学学部で三年以上在学し一定の試験を受けて合格した者に「学士」と称することを定めたが、この規定は「学位」としての学士ではなく、称号にすぎなかった。この規定は、戦後、制定された本法にも残され、本法は「大学に四年以上在学し、一定の試験を受け、これに合格した者は、学士と称することができる。学士に関する事項は、監督庁が、これを定める」（第六三条、当時）とした。学士は称号であり学位ではなかった。

現在のように学士が学位として位置づけられたのは、大学院をもたない大学は学位授与権がないという事情から、平成三（一九九一）年に大学審議会が「大学教育の改善について」答申を発表し、それを受けて現在のように学士を学位と定める法改正に至った。

また、本法の平成一四年改正と平成一五（二〇〇三）年の専門職大学院設置基準の制定により、専門職大学院が創設されるようになった。この専門職大学院は「科学技術の進展や社会・経済のグローバル化に伴う、社会的・国際的に活躍できる高度専門職業人養成へのニーズの高まりに対応するため、高度専門職業人の養成に目的を特化した課程として」（文部科学省ホームページ）創設されたが、平成二七（二〇一五）年現在一一四校に及ぶ。専門職大学院修了者には「専門職学位」が授与される。

平成一七（二〇〇五）年には、短期大学を卒業した者に対して「短期大学士」の学位が授与されることになった。それ以前は「準学士」という称号であった。準学士は現在は高等専門学校を卒業した者に対する称号となっている。*

＊注：天野郁夫『大学の誕生（上）』（中公新書、二〇〇九年、一九一頁）。

ポイント解説

本条で注目すべきは、第四項の規定であろう。生涯学習社会を迎えている今日、「学び直し」を奨励する規定が設けられたことは意義深いものがある。この規定を利用して社会人が大学や短期大学、大学院に来て学修することは刺激にもなる。

しかし、そのような修了者に学位を大学ごとに出すには限界があり、本規定のように、大学評価・学位授与機構が学位を出していく制度を設けたのは、学業半ばで経済的事情等で卒業、修了ができなかった者への「学び直し」の制度を設けたことは生涯学習（教育基本法第三条）の意義を補完することになろう。

ただし、この制度を利用できる者は後述の基礎資格を有していなければならない。

① 短期大学・高等専門学校の卒業生又は専修学校専門課程の修了者
② 大学の学生として二年以上在学し、六二単位以上を修得した者
③ 大学院在学中でも学部と大学院において通算して四年以上にわたって授業科目を履修し、一二四単位以上を修得している者

等々である。*

＊注：大学評価・学位授与機構「学位授与事業」。

本条を考える視点

学位については、その質保証の観点から考え直さなければならない時代を迎えている。臨時教育審議会、大学審議会、中央教育審議会なども質の確保、保証という観点から議論を積み重ねてきたが、オーバードクター、マスター修了者の就職難、学士号を有していてもその学士号を生かせる社会状況ではないという事態を考慮するとともに、教育の質の改善改革に各大学関係者が真摯に立ち向かわなければならないときを迎えていることは論を待たない。そういう意味で各大学に課せられた自己点検・評価は高等教育の質保証から重要な意味をもっている。

関連条文　資料

■関連条文、法令　本法第八三条〔大学の目的〕、第九七条〔大学院〕、第一〇三条〔大学院大学〕、第一〇五条〔特別課程〕、国立大学法人法、独立行政法人大学評価・学位授与機構法、私立学校法、大学設置基準、大学院設置基準

■関連資料

「大学教育の改善について」（大学審議会答申　平成三年二月八日）

・幅広い学び等を保証し、「21世紀型市民」に相応しい「学習成果」の達成を

学位授与の方針に関しては、抽象的な人材養成の目的を掲げるに止まるのではなく、「学習成果」重視の観点から、卒業までに学生がどのような能力を修得することを目指すかを、できるだけ具体的に示していくことが大切である。大学が掲げる「学習成果」は、「21世紀型市民」として自立した行動ができるような、幅の広さや深さを持つものとして設定することが重要である。また、各大学の教育理念や「建学の精神」との関連に十分留意して、達成すべき「学習成果」を明確に示すことにより、それらが一層学生に浸透することになろう。

学士課程教育の在り方の基本的な要件として、国際的にもほぼ共有されているものは、学びの幅広さや深さである。「21世紀型市民」に相応しい資質・能力を育成する上で、いかにしてこれを保証していくべきか、各分野の特質や当該大学の個性や特色を踏まえつつ、各大学がそれぞれに解を見出していかなければならない。その際、幅広い学び等は、一般教育や共通教育、専門教育といった科目区分の如何によらず、学生の自主的活動や学生支援活動をも含め、それらを統合する理念として、学士課程の教育活動全体を通じて追求されるべきものである。こうした点に十分留意しつつ、当該大学の人材養成の目的等に即して、いかにすれば、専攻分野の学習を通して、学生が「学習成果」を獲得できるかという観点に立って、教育課程の体系化・構造化に向けた取組を進めていくことが課題となる。

規模の大きな大学については、学部・学科等の縦割りの教学経営が、幅広い学びの保証の妨げとなるきらいがあることも指摘される。教育課程をはじめ、「3つの方針」の企画・実施に当たって、いかにして縦割りの壁を破るかが課題となる。

また、個別大学の枠を超えて、教育課程の企画・実施において連携・協同することにより、教育内容を一層豊富にする取組も期待される。

【大学の取組】

◆教員間の共通理解の下、成績評価基準を策定し、その明示について徹底する。

成績評価の結果については、基準に準拠した適正な評価がなされているか等について、組織的な事後チェックを行う。

◆GPA等の客観的な基準を学内で共有し、教育の質保証に向けて厳格に適用する。

GPAを導入・実施する場合は、以下の点に留意する。

国際的にＧＰＡとして通用する仕組みとする（例えば、グレードの設定を標準的な在り方に揃える、不可となった科目も平均点に算入する、留年や退学の勧告等の基準とするなど）
アドバイザー制を導入するなど、きめ細かな履修指導や学習支援を併せて行う。
教員間で、成績評価結果の分布などに関する情報を共有し、これに基づくファカルティ・ディベロップメント（ＦＤ）を実施し、その後の改善に生かす。
その他単位制度の実質化に向けた諸方策を総合的に講じる。
◆「学習成果」を学生自らが管理・点検するとともに、大学としてこれを多面的に評価する手法として、学習ポートフォリオを導入・活用することを検討する。
◆各大学の実情に応じ、在学中の「学習成果」を証明する機会を設け、その集大成を評価する取組を進める。
例えば、卒業論文やゼミ論文などの工夫改善や新規導入を実施したり、学部・学科別の、あるいは全学的な卒業認定試験を実施したりすることを検討、研究する。
◆国際性を特色とする大学においては、外国語コミュニケーション能力の評価を厳格に行う。
例えば、卒業や進級の要件として、ＥＡＰの観点に留意しつつ客観的な到達目標を独自に設定したり、ＴＯＥＦＬ（トーフル）やＴＯＥＩＣ（トーイック）などの検定の結果を活用したりする。

【国による支援・取組】

◆徹底した「出口管理」、成績評価の厳格化について先導的に取り組んでいる大学に対して支援を行う。
そうした支援を通じ、例えば、当該大学において、成績優秀な学生に対する経済的支援（授業料減免や奨学金の返還免除など）を行うことや、学習ポートフォリオなどのシステム開発を行うことなどを併せて促進する。
◆成績評価の在り方に関して、対外的な信頼を確保する上で、最低限共通化すべき事柄は何かを検討し、適切な対応をとる。

例えば、ＧＰＡの標準的な在り方、成績証明書の基本的要件などについて検討する。

◆大学間の連携、学協会等を支援し、国際的な通用性に留意しつつ、分野別の「学習成果」や到達目標の設定などの取組を促進する。

◆大学間の連携強化に向けた取組の支援を通じ、成績評価等の在り方について、外部評価や相互評価の取組を促進する。

「大学の質の保証に係る新たなシステムの構築について」（中央教育審議会答申　平成一四年八月五日）

社会・経済・文化のグローバル化が進展し、国際的な競争がますます激しくなっていく中で、大学が社会の要請にこたえることのできる優れた人材を育成し先端的・独創的な研究を進めることが我が国にとって極めて重要となっており、大学の教育研究水準の更なる向上、国際的にも通用するような大学の質の保証が強く求められている。

(2)　大学の質を保証するためのシステムは、諸外国においても、一般的には大学の設置認可による大学設置時の質の保証、設置後の教育研究活動に対する様々な大学評価による質の保証の組合せにより成り立っている。我が国においては、従来、国による厳格な設置認可による質の保証に力点が置かれたシステムとなっている。一方、大学評価については、平成3年の大学設置基準の規定の新設以来10年の間に自己点検・評価が定着してきているものの、第三者評価は未成熟であり、大学の質の保証システム全体としては不十分な状態にある。また、設置認可についても、従来度々の弾力化や簡素化が図られてきたが、今後さらに、大学の教育研究水準の維持向上を図りつつ、急速な社会の変化や学問の進展に的確に対応し、大学等の主体的・機動的対応をより一層可能とする観点から、その望ましい在り方について改めて様々な角度からの検討が求められている。

「学士課程教育の構築に向けて」（中央教育審議会答申　平成20年12月24日）

審議における問題意識は以下のとおり、学士課程教育の構築が、我が国の将来にとって喫緊の課題であるという認識に立っている。

第一に、グローバルな知識基盤社会、学習社会において、我が国の学士課程教育は、未来の社会を支え、より良いものとする「21世紀型市民」を幅広く育成するという公共的な使命を果たし、社会からの信頼に応えていく必要がある。

第二に、高等教育のグローバル化が進む中、学習成果を重視する国際的な流れを踏まえつつ、我が国の学士の水準の維持・向上のため、教育の中身の充実を図っていく必要がある。

第三に、少子化、人口減少の趨勢の中、学士課程の入口では、いわゆる大学全入時代趨勢を迎え、教育の質を保証するシステムの再構築が迫られる一方、出口では、経済社会から、職業人としての基礎能力の育成、さらには創造的な人材の育成が強く要請されている。

第四に、教育の質の維持・向上を図る観点から、大学間の協同が必要となっている。

3　本答申は、いわゆる学部段階の教育を「学士課程教育」と称している。

これは、将来像答申において、「現在、大学は学部・学科や研究科といった組織に着目した整理がなされている。今後は、教育の充実の観点から、学部・大学院を通じて、学士・修士・博士・専門職学位といった学位を与える課程（プログラム）中心の考え方に再整理していく必要がある」との指摘を踏まえている。今後、我が国において、上記の観点から学士課程教育を構築するには、学部・学科等の縦割りの教学経営が、ともすれば学生本位の教育活動の展開を妨げている実態を是正することが強く求められる。

本答申を契機として、「学士課程教育」という概念が、大学関係者はもとより、一般に広く理解されることを期待したい。

「新たな未来を築くための大学教育の質的転換に向けて〜生涯学び続け、主体的に考える力を育成する大学へ〜」（中央教育審議会答申　平成二四年八月二八日）

（未来の形成に寄与し、社会をリードする大学へ）

予測困難な時代において、我が国にとって今最も必要なのは、将来の我が国が目指すべき社会像を描く知的な構想力である。

「未来を予測する最善の方法は、自らそれを創り出すことである」※2。未来を創り出すために、大学ができることは計り知れない。新しい知識やアイディア、人と人とのネットワークに基づいた新しい時代の見通しとその中での大学の役割を、大学は自らの言葉で国民と世界の人々に対して語り、働きかけることができる。未来を見通し、これからの社会を担い、未知の時代を切り拓く力のある学生の育成や、将来にわたって我が国と世界の社会経済構造や文化、思想に影響を及ぼす可能性を持つ学術研究の推進などを通して、未来を形づくり、社会をリードする役割を担うことができる。様々な社会システムの中で、知的蓄積を踏まえた「知」の継承や発展そのものを目的とした自律的な存在である大学にこそ、こうした役割が求められている。

ただし、大学がこのような役割を積極的に果たすために議論すべき課題・論点は多々存在する。本審議会は、次代を生き抜く力を学生が確実に身に付けるための大学教育改革が、学生の人生と我が国の未来を確固たるものにするための根幹であり、国を挙げてこれを進める必要があるという認識に立って、まず学士課程教育の質的転換に焦点を当てて審議を重ね、その結果を以下のとおり答申として取りまとめた。大学における教育の質的転換は、後述のように、学生が未来社会を生き抜く力を修得するために、また大学が我が国と世界の安定的、持続的な発展に重要な役割を担うためにも、必要不可欠である。大学関係者には、未来への自らの責務と可能性を自覚し、真摯に教育改革に取り組むことが求められている。また、学生や保護者、地域社会、地方公共団体、企業、非営利法人など、広く社会が本答申に述べられている問題意識を共有し、ともに学士課程教育の質的転換に取り組むことが重要と考える。

※2　米国の計算機科学者のアラン・ケイの言葉

〔特別課程〕

第一〇五条　大学は、文部科学大臣の定めるところにより、当該大学の学生以外の者を対象とした特別の課程を編成し、これを修了した者に対し、修了の事実を証する証明書を交付することができる。

本条の概要

当該大学の学生以外の者を受け入れて、修了させる制度の充実を設けた規定である。

教育基本法第七条は、大学の成果を広く社会に提供する旨を定めた。大学は以前から公開講座を開講し、広く市民を受け入れてきたが、本規定は同条を受けて本法の平成一九年改正により設けられた。趣旨は、当該大学の在学生以外の者が開放講座や公開講座を開講している大学で当該講座を受講し、修了した場合に証明書が発行され、修了成果の証明を行うようになった規定である。従って単に数時間受講して修了するという方式ではなく、最低限の質保証が求められる。

ポイント解説

地域社会に開かれた大学の在り方は、少子化の中で各大学が取り組まなければならない課題である。また、卒業生の学び直しといった視点からも大学の「資源」を利用できるメリットは大きい。

さらには経営面からも魅力ある講座の設定といった点から大学の教職員に刺激を与える制度であることは確かである。

そのためには、講座の内容や方法は、受講者の興味関心を引き、なおかつ質の高い内容が用意されていないと本条の趣旨に沿うものにはならない。

本条を考える視点

履修者がどのような教育プログラムに基づき受講を希望するかに関して、文科省は、プログラムの目的・内容について「多様かつ高度な、職業上に必要な専門的知識・技術取得のニーズに応じたもの、資格制度等とリンクしたもののほか、生涯学習ニーズへの対応など多様な目的・内容のプログラムを想定」しているが、講座を開講する大学としては専門部局を創設し対応に当たらなければニーズに応えることはできないだろう。本規定は、大学経営面から積極的に活用していくことが期待されるが、教職員の協力なしには進まないおそれもある。また、外部機関に「丸投げ」という事態を防ぐためにも、公開講座の質保証の観点から七年ごとに行われる自己点検評価、第三者評価の真価が問われることになろう。

関連条文　資料

■**関連条文**　本法施行規則第一六四条

■**関連資料**

「学校教育法等の一部を改正する法律の施行に伴う関係政令等の整備について（通知）」（平成二〇年一月二三日一九文科初第一〇七四号　文部科学事務次官）

1　学校教育法施行規則の一部改正の概要

(4)大学における履修証明に関する事項

大学（大学院及び短期大学を含む。以下同じ。）は、学校教育法第１０５条に規定する特別の課程の編成に当たっては、当該大学の開設する講習若しくは授業科目又はこれらの一部により体系的に編成するものとすること。（第１６４条第１項）

特別の課程の総時間数は、１２０時間以上とすること。（第１６４条第２項）

特別の課程の履修資格は、大学において定めるものとすること。ただし、当該資格を有する者は、学校教育法第90条第１項の規定により大学に入学することができる者でなければならないものとすること。（第１６４条第３項）

特別の課程における講習又は授業の方法は、大学設置基準、大学通信教育設置基準、大学院設置基準、専門職大学院設置基準、短期大学設置基準及び短期大学通信教育設置基準の定めるところによるものとすること。（第１６４条第４項）

大学は、特別の課程の編成に当たっては、当該特別の課程の名称、目的、総時間数、履修資格、定員、内容、講習又は授業の方法、修了要件その他当該大学が必要と認める事項をあらかじめ公表するものとすること。（第１６４条第５項）

大学は、学校教育法第105条に規定する証明書に、特別の課程の名称、内容の概要、総時間数その他当該大学が必要と認める事項を記載するものとすること。（第164条第6項）
大学は、特別の課程の編成及び当該特別の課程の実施状況の評価並びに履修証明書の交付を行うために必要な体制を整備しなければならないものとすること。（第164条第7項）
(5)高等専門学校における履修証明に関する事項
高等専門学校における履修証明については、上記(4)の大学における履修証明に関する規定を準用することとし、必要な読み替えを行ったこと。（第179条）
(6)専修学校の専門課程における履修証明に関する事項
専修学校の専門課程における履修証明については、上記(4)の大学における履修証明に関する規定を準用することとし、必要な読み替えを行ったこと。（第189条）
2　学校教育法施行規則の一部改正に関する留意事項
(2)大学等における履修証明に関する事項
大学、高等専門学校及び専修学校の専門課程における履修証明制度の実施に当たっては、別添2「大学等における履修証明制度に関する留意事項について」を参照すること。

○別添2：大学等における履修証明制度に関する留意事項について
1．大学が履修証明を行うプログラム（以下「履修証明プログラム」という。）は、社会人等の学生以外の者を対象として開設するものであり、大学に学生として在籍し、所要の単位を修得して学位を取得するための学位課程とは異なるものであることから、履修証明プログラムの修了そのものに対して単位を授与するものではないことに留意すること。なお、履修証明プログラムの中に大学が学生を対象として開設する授業科目が含まれている場合には、大学設置基準第31条第1項の規定により、当該授業科目について科目等履修生として位置付けることにより、単位を与えることが可能であること。

2．今回の改正は、大学における社会人等を対象とした様々な学習機会の提供を一層促進するため制度上の位置付けをしたものであり、今後とも、これまで各大学が実施してきた類似の取組を制約するものではないこと。一方、改正法施行後に学校教育法第１０５条及び学校教育法施行規則第１６４条に基づき編成された特別の課程については、これを修了した者に交付される履修証明書を学校教育法に基づくものとして位置付け、証明書にその旨を記載することが可能であること。

3．大学における履修証明は、大学の自主性・自律性に基づき、多様な分野において多様な取組が行われることを期待しており、履修証明プログラムの目的、分野、内容、修了要件については各大学において適切に設定されるべきものであること。

4．大学が履修証明を行うに当たって、文部科学大臣の認可や届出の手続は原則として不要であること。なお、履修証明を行うことについて学則への記載は必須でないこと。

一方、上記通知第2の1(4)にあるとおり、履修証明に関し必要な事項をあらかじめ公表することが必要であること。なお、公表の方法としては、大学が作成するホームページや募集要項等への掲載が想定されること。

5．上記通知第2の1(4)にあるとおり、特別の課程は体系的に編成することとされており、単に講習又は授業科目の総時間数が一定の時間数に達しているだけではなく、一つの課程としてまとまりのある内容とすることが必要であること。

6．特別の課程の総時間数については、当該課程を構成する講習若しくは授業科目又はこれらの一部の実時間数を合計したものであること。このため、履修証明プログラムの講習又は授業の方法としては、大学設置基準に規定する面接授業、メディアを利用して行う授業の他、大学通信教育設置基準に規定する放送授業によることを想定しており、通信教育における印刷教材等による授業は想定していないこと。

7. 特別の課程の履修資格は、大学入学資格を有する者のうちから各大学が定めることとしており、高等学校を卒業していなくても、高等学校卒業程度認定試験の合格や各大学による個別の入学資格審査の合格等の方法により、履修資格を得ることが可能であること。また、大学院が開設する特別の課程の履修資格は、大学院入学資格を有する者のうちから各大学院が定めることを想定していること。

8. 履修証明書の記載内容については、上記通知第2の1(4)の他、別添3の様式例を参照されたいこと。また、履修証明書の署名は、学長名の他、履修証明を実施する体制等に応じ、例えば学部長名や研究科長名等とすることも想定されること。

9. 特別の課程の編成等を行うために整備すべき必要な体制としては、履修証明に関する学内委員会等を設けることが想定されるが、必ずしも専門の組織を新たに設けることを求めるものではなく、例えば、大学の生涯学習センター等の既存の組織においてその役割を担うことも想定されるものであり、履修証明プログラムの内容等に応じて各大学の判断により適切な体制を整備されたいこと。

また、必要な体制の整備に当たっては、履修証明プログラムが大学の教育活動の一環であることに鑑み、大学設置基準第7条第2項の規定に準じて行うことが求められること。

10. 履修証明プログラムにおける講習又は授業科目の担当は、実施主体である大学の教員として位置付けられた者が、当該講習又は授業科目の実施計画を作成し、自ら講習等を実施し、履修者の成績評価を行うことが想定されているが、これらを補助する者として、例えば学外から講師を招聘することは可能であること。

11．履修証明プログラムを実施するために固有に必要となる教員数や校地・校舎面積の基準は定めていないが、履修証明プログラムを開設することにより学位課程の教育に支障があってはならず、平成20年4月1日から施行される「大学設置基準の一部を改正する省令（平成19年文部科学省令第22号）」による改正後の大学設置基準第31条第3項及び第4項の規定により、学生以外の者を相当数受け入れる場合には、相当の専任教員や校地・校舎面積を増加するとともに、1クラス当たりの人数は教育効果を十分にあげられるような適当な人数とする必要があることに留意すること。（平成19年7月31日付け19文科高第281号文部科学省高等教育局長通知を参照。）

12．履修証明プログラムの修了者から履修証明書の再交付を求められた場合等に対応できるよう、学位課程の学籍に関する記録に相当するものを作成しておくことが求められること。その保存期間については、学校教育法施行規則第28条第2項の規定に準じて取り扱うことが望まれること。

13．高等専門学校及び専修学校の専門課程における履修証明については、上記1～12に準じて取り扱うものとすること。

大学等の履修証明制度の概要（文部科学省）

教育基本法第7条及び学校教育法第83条の規定により、教育研究成果の社会への提供が大学の基本的役割として位置づけられたことや、中教審答申の提言等を踏まえ、平成19年の学校教育法改正により、履修証明の制度上の位置付けを明確化。

これにより、各大学等（大学、大学院、短期大学、高等専門学校、専門学校）における社会人等に対する多様なニーズに応じた体系的な教育、学習機会の提供を促進。

（制度の概要）※具体的要件については学校教育法施行規則（省令）において規定以下の要件を満たす履修証明プ

9 大学

ログラムを大学等が提供できることとした。
○対象者：社会人（当該大学の学生等の履修を排除するものではない）
○内容：大学等の教育・研究資源を活かし一定の教育計画の下に編成された、体系的な知識・技術等の習得を目指した教育プログラム
○期間：目的・内容に応じ、総時間数120時間以上で各大学等において設定
○証明書：プログラムの修了者には、各大学等により、学校教育法の規定に基づくプログラムであること及びその名称等を示した履修証明書を交付
○質保証：プログラムの内容等を公表するとともに、各大学等においてその質を保証するための仕組みを確保
※学生を対象とした学位プログラムとは異なり、単位や学位が授与されるものではない。
（基本的考え方）
○プログラムの目的・内容として、多様かつ高度な、職業上に必要な専門的知識・技術取得のニーズに応じたもの、資格制度等とリンクしたもののほか、生涯学習ニーズへの対応など多様な目的・内容のプログラムを想定。
○プログラムの目的・内容に応じて、職能団体や地方公共団体、企業等との連携を推奨。
○履修証明のプログラムの研究開発、利活用促進のため、「大学・専修学校等における再チャレンジ支援推進プラン」（平成20年度予定額26億8，760万円）等により、各大学等における主体的取組を財政支援。

「公開講座の実施が大学経営に及ぼす効果に関する調査研究」調査報告書（平成23年3月　文部科学省委託研究調査）

2―1　大学の公開講座の役割と効果

大学における公開講座は、大学の第3の機能である「社会貢献」の役割を担っている。今回のヒアリングにおい

ても、いずれの大学経営層も公開講座は大学の「社会貢献」機能の一翼を担うと認識しており、公開講座担当者も「大学の地域・社会への貢献」「地域への大学の知の開放」を実践しているという使命感をもって活動を行っている。

また、公開講座は、このような大学の社会貢献機能を果たすと共に、大学経営に対するプラス効果も期待されており、今回の調査研究を通して、実際にプラスの効果もあがっていることが確認できた。それは、公開講座を通じた、受講生を始めとする地域住民に対する「大学の広報効果」であり（詳細は、3章で分析）、さらには、活動を通じた地域住民との密なやり取りの中から生まれる、社会・地域から大学への協力体制の構築である（「ネットワーク構築効果」）。加えて、公開講座の実施を通じた「学生・教員への教育効果」もみられる。

〔名誉教授〕

第一〇六条　大学は、当該大学に学長、副学長、学部長、教授、准教授又は講師として勤務した者であつて、教育上又は学術上特に功績のあつた者に対し、当該大学の定めるところにより、名誉教授の称号を授与することができる。

本条の概要

明治二六（一八九三）年に帝国大学令を改正し、その第一三条で「帝国大学ニ功労アリ又ハ学術上功績アル者ニ対シ勅旨ニ由リ又ハ文部大臣ノ奏宜ニ由リ名誉教授ノ名称ヲ与フルコトアルヘシ」と定め、名誉教授の名称を作った。

名誉教授の称号は、かつては「国立及び公立の学校だけに設けられた制度」*であったが、昭和二五（一九五〇）年の本法の改正により新設したものである。現行法になったのは平成一七（二〇〇五）年である。

＊注：鈴木勲編著『逐条 学校教育法第七版』（学陽書房、平成二一年、九二〇頁）。

ポイント解説

一般的に大学では二〇年以上同一大学で勤務していた場合にはこの称号が与えられるが、本法の平成一三年改正により「多年」という用件が外された。これにより私学などは各大学の規則で勤続年数は強い規制をもつものではなくなった。

本条を考える視点

名誉教授は身分ではなく、あくまでも功績のあった者をたたえるという「名誉」称号である。

関連条文 資料

■**通知 「学校教育法の一部改正について（通知）」（平成一三年七月一一日一三文科初第四六六号 文部科学事務次官）**

6 名誉教授（第六八条の三関係）

大学は、勤務年数を問わずに、名誉教授の称号を授与できるようにしたこと。

〔公開講座〕

第一〇七条　大学においては、公開講座の施設を設けることができる。

② 公開講座に関し必要な事項は、文部科学大臣が、これを定める。

本条の概要

大学が社会貢献を行うために、公開講座の施設を設け、市民に開放し実施する規定である。公開講座について、その質の保証から文部科学大臣（本法施行規則第一六五条）によって必要な事項が定められているとしているが、現在においては定められていない。

ポイント解説

各大学は本規定により生涯学習機能を強化し、社会貢献を促進するようになっている。大学によっては、オープンカレッジ、エクステンションカレッジ、生涯学習講座、継続教育講座等々の名称で各大学が有する資源を活用した特色のある講座を開講している。

また、学部の科目も開放し社会人の受け入れが可能になっているが、学部の開放講座募集はインターネットを中心として行われるため、広く多くの市民に利用されている現状とはいえない。

むしろ公開講座などは公共交通機関での広報や独自のパンフレットなどを作成し広報をしている実態から、こちらのほうが利用者は多いだろう。生涯学習講座などでは学部で行われている体系的に学術的な講座を開講することは困難であることから、その科目も多岐にわたり気軽に参加できるもの、日常生活に役立てることができるような実用性を重視したものから学術的なものまで多種となっている。

本条を考える視点

短期大学等は、本条を積極的に活用し、広く社会貢献をしていくということも考えられる。また本条で生涯にわたり学び続けるという継続的教育制度が整備された意義がある。

関連条文　資料

■関連法令　社会教育法、生涯学習の振興のための施策の推進体制の整備に関する法律（平成二年六月二九日法律第七一号）

■関連資料　「生涯学習の成果を幅広く生かす　―生涯学習の成果を生かすための方策について―」（生涯学習審議会答申　平成一一年六月九日）

高等教育機関による社会人のための学習機会の拡充

社会の情報化、国際化の進展や科学技術の進展等に伴い、職業を持つ社会人の再学習の需要は高い。このため、高等教育機関においても、社会人特別選抜の実施、科目等履修生、編入学、聴講生・研究生の受け入れ等の社会人のための学習機会が広げられてきている。今後、職業を持つ社会人の再学習の需要は一層高まると考えられることから、高等教育機関においては、これまで以上に社会人の受け入れを積極的に進めることが望まれる。

高度な専門職業人養成を目的とする大学院の専攻・コースが活発な活動を展開するようになった。しかも、従来の学部の新規卒業者ばかりでなく、広く職業を持つ社会人などを対象とするリカレント型の教育コースも珍しいものではなくなった。こうしたキャリア開発に資する大学院の一層の拡充が望まれる。

また、同時に、社会人には勤務上の様々な制約があることから、こうした大学院については履修形態や修業年限に係る制度的な一層の弾力化が求められる。夜間の課程や昼夜開講制の課程の大学院は既に設けられ、高い教育効果を上げているが、さらに、大学審議会答申において、各大学の選択により修士課程で1年以上2年未満の修業年限でも修了することが可能なコースや、あらかじめ標準修業年限を超える期間を在学予定期間として在学できる長期在学コースを設けることができるようにすることが提言されており、これを受けた速やかな制度改正が望まれる。

〔短期大学〕

第一〇八条　大学は、第八十三条第一項に規定する目的に代えて、深く専門の学芸を教授研究し、職業又は実際生活に必要な能力を育成することを主な目的とすることができる。

② 前項に規定する目的をその目的とする大学は、第八十七条第一項の規定にかかわらず、その修業年限を二年又は三年とする。

③ 前項の大学は、短期大学と称する。

④ 第二項の大学には、第八十五条及び第八十六条の規定にかかわらず、学部を置かないものとする。

⑤ 第二項の大学には、学科を置く。

⑥ 第二項の大学には、夜間において授業を行う学科又は通信による教育を行う学科を置くことができる。

⑦ 第二項の大学を卒業した者は、文部科学大臣の定めるところにより、第八十三条の大学に編入学することができる。

⑧ 第九十七条の規定は、第二項の大学については適用しない。

本条の概要

本条は、短期大学に関する規定である。

昭和二二（一九四七）年本法制定時には短期大学に関する規定はなかったが、以下のような経緯から短期大学制度は誕生した。

戦後の教育制度は複線型制度から六・三・三・四制と単線型として再スタートしたが、高等教育機関（大学、高等学校、専門学校）を四年制大学に一本化する計画であった。しかし、すぐにすべての高等教育機関を四年制にするには施設面や教員組織が不十分であること、また当時の高等教育機関の教育内容が多様であること、さらには戦後の新しい国家をつくるに当たり高等教育の充実が叫ばれていたこと、それを受けて大学設置審議会から教育刷新委員会へ「二年制の大学」が提言されたこと等々による。

当初、政府は難色を示していたが、昭和二四（一九四九）年に法改正を行い昭和二五（一九五〇）年に「当分の間」の暫定的な制度として発足し、昭和三九（一九六四）年の本法改正により恒久的な大学制度となった。*

＊注：日本私立短期大学協会『短期大学　いまと未来　私立短期大学白書一九九五』参照。

恒久的制度にするに当たって中央教育審議会は「短期大学制度を改めて恒久的な教育機関とし、高等学校教育の基礎の上に職業教育その他について充実した専門教育を授けるものとすること。かかる改正によって短期大学志願者の増加となり、四年制大学の入学者の緩和になると考えられること。」（昭和二九年一一月一五日「大学入学者選考及びこれに関連する事項について」）という答申や、「短期大学制度の改善について」の答申（昭和三一年一二月一〇日）、「科学技術教育の振興方策について」の答申（昭和三二年一一月一一日）、「大学教育の改善について」（昭和三八年一月二八日）の各答申が後押しをした。

これらの答申は、いずれも短期大学を恒久的な制度とし、短期大学の目的、性格を明らかにする、また、専門的商業教育、実際生活に必要な知識、技術を与える、さらには教養教育を行うことなどを提案していた。昭和三二年答申は「短期大学と高等学校とを合わせた修業年限五年又は六年の技術専門学校を設けること」も提案し、高等専門学校制度がスタートすることになった。

中央教育審議会答申が提案したように、現行法でも第一項は、短期大学は大学の目的に代えて「深く専門の学芸を教授研究し、職業又は実際生活に必要な能力を育成する」ことができると定められている。この規定は、当初から短期大学修了者を職業人として必要な専門教育の両立を図る、つまり即戦力としての力量を求めていたことも意味するといえよう。

第二項の規定は、修業年限は二年又は三年とし、四年制大学と区別をしている。これに伴い二年の場合は六二単位以上の修得、三年は九三単位以上の修得が必要となっている。

第五項の学科規定は、短期大学の目的から、大学の学部のように広範囲なものではなく、専門的な科目群に特化するというものである。

第六項の夜間開講、通信による教育を行うことができるようにしたのは、職業をもちながら学修できることへの配慮である。四年制の多くが夜間部を廃止している現在、生涯学習という視点から本規定は重要である。

第七項は、短期大学卒業生の大学への編入規定であるが、平成一五（二〇〇三）年の法改正により「外国の短期大学を卒業した者及び外国の短期大学の課程を有するものとして当該外国の学校教育制度において位置付けられた教育施設であって、文部科学大臣が別に指定するものの当該課程を我が国において修了した者」について準用されることになった（本法施行規則第一六一条）。

ポイント解説

短期大学も大学同様自己点検・評価を行い、質の保証をしなければならない。最新の中央教育審議会答申でも「各授業科目の授業期間について、一〇週または一五週にわたる期間を単位として行うことを原則としつつ、教育上必要があり、かつ、十分な教育効果をあげることができると認められる場合には、より多様な授業期間の設定を可能にすること。」と授業時間の確保がうたわれた。

本条のポイントは、第一項の目的規定である。短期大学は大学のカテゴリーに入るが、教養、専門、実際生活に必要な能力の育成を主とするものでる。これらの能力を生涯にわたって活用できる社会構造が必ずしも用意されているとはいえない現実もある。そのために四年制の大学に改組転換する短期大学が続出し、その数が減っている現状がある。

短期大学が高等教育機関として存在していくためには、社会人がいつでも学べる教育機関としてカリキュラムの見直し整備を図り、生涯学習機関としての役割を果たしていくことでその活路は見出せるのではないか。

本条を考える視点

文部科学省『学制百年史』によれば、昭和二五（一九五〇）年度に発足した短期大学は、暫定的なものであったが「その後増加の一途をたどり、四六年度には、学校数は四八六校（国立二三、公立四三、私立四二〇）で高等教育機関の五六パーセントを占め、学生数は二七万人をこえるに至った。その増加率は四年制大学をはるかに上回っているが、一校平均の規模が小さく、修業年限も短いので、在籍学生数は四年制大学の一四〇万人と比べると必ずしも多くはない。また、短期大学は、女子の高等教育機関として適していることから、女子学生の占める割合が高く、当初約四〇パーセントであったものが、四年後には男子学生を上回り、現在では八三％に達している（四年制大学における女子の比率は一九パーセント）ことが大きな特色と言えよう。」という発展の経緯から恒久的な制度となっている。しかし、現在では、平成二六（二〇一四）年度の文部科学省「学校基本調査」によれば「短期大学学生は、平成五年度をピークに、翌年度から減少し続け、平成に入ってからは過去最低」となっている。二〇一五（平成二七）年一二月公表で学校数も三四六校（公立一八、私立三二八）である。この原因は、少子化によるものと企業が短期大学修了生よりも四年制を重視していることも挙げられよう。また経済的な理由による四年制大学への進学率の向上などであろう。

関連条文　資料

■関連資料　短期大学設置基準の制定について（昭和五〇年四月二八日文部事務次官通達）

一　総則に関する事項

短期大学は、学校教育法その他の法令の規定によるもののほか、この省令の定めるところにより設置するものとしたこと（第一条第一項）。また、この設置基準は、短期大学を設置するのに必要な最低の基準であり、したがつて、短期大学は、この基準より低下した状態にならないようにすることはもとより、各短期大学が掲げている目的及び果たそうとしている使命に即して整備充実を図らなければならないものとしたこと（第一条第二項及び第三項）。

なお、短期大学の設置とは、短期大学の新たな設置と既設の短期大学の維持運営を併せ意味するものであること。したがつて、この設置基準は、短期大学を新たに設置する場合の基準であるとともに、既設の短期大学にも適用される基準であること。

二　学科に関する事項

学科は、教育研究上の必要に応じ組織されるものであつて、教員組織、施設、設備その他が学科として適当な規模内容をもつと認められるものとしたこと（第二条第一項）。

また、学科には、教育上特に必要がある場合には、専攻課程を設けることができることとしたこと（第二条第二項）。この専攻課程は、教育上の必要性から学科の中を二以上の組織に分けたものであり、個々の専攻課程の名称は、従前どおり○○専攻と称することが適当であること。

三　学生定員に関する事項

学生定員は、教員組織、校地、校舎、設備その他の教育上の諸条件を総合的に考慮し、学科ごと（学科に専攻課程を置くときは、専攻課程を単位として学科ごと）に学則において定めるものとしたこと（第三条第一項及び第二項）。この場合、総合的に考慮するとは、この設置基準で定める数的な条件を満たすことはもとよりその質的な面にも十分配慮すべきものであること。

四　授業科目に関する事項

㈠　授業科目は、その内容により一般教育科目、外国語科目、保健体育科目及び専門教育科目に分けるとともに、これらの区分に属する授業科目を開設するものとしたこと（第四条）。この場合、開設すべき授業科目は、教育の効果が高められるよう、学生の選択の余地も考慮して適当な種類及び数とすべきであること。

なお、大学設置基準に規定されている基礎教育科目は、授業科目の区分としては設けないこととしたが、各短期大学において、専門教育の基礎となる内容の授業を行うことを妨げるものではないこと。

㈡　一般教育科目に関する授業科目は、人文、社会及び自然の三分野にわたつて開設するものとしたこと（第五条第一項）。この場合、その授業科目は、一の学問分野に関するもの又は特定の主題を教授するため二以上の学問分野の内容を総合したものとしたこと（同条第二項）。

こと。

「三分野にわたつて」とは、三分野のいずれに重点を置くかは各短期大学の自主的判断に委ねられるが、いずれの分野も欠いてはならないものであること。また、「特定の主題を教授するため二以上の学問分野の内容を総合したもの」とは、いわゆる「総合科目」のことであり、これは、一の学問分野に関する授業科目の単なる寄せ集めではなく、相互の学問分野が有機的に関連し合い、教育の効果が十分に高められるものでなければならないこと。

なお、従来の一般教育は、ややもすると専門教育のための入門的なものあるいは概論的なものに終りがちであつたが、一般教育本来の目的を的確に認識し、それに沿つて効果的に教育が行われるよう、総合科目を取り入れるなど一般教育の内容、方法について十分工夫すべきであること。

㈢　短期大学は、授業科目の区分に関する履修上の特例として、それぞれの区分により開設する授業科目について、学生の専攻との関連において教育上有益と認めたときは、当該授業科目の区分以外の区分に係る授業科目として履修させることができるものとしたこと（第六条）。

これは、例えばある学科の専門教育科目として開設している特定の授業科目を学生の専攻との関連において、他の学科の学生にこれを一般教育科目として履修させ、又は一般教育科目として開設している授業科目をある学科の学生に専門教育科目として履修させることを認めたものであり、授業科目の区分を柔軟に取り扱うことにより、教育課程の内容を豊富にするとともに、授業科目の無用な重複を避けることを目的としているものであること。したがつて、授業科目の区分に関する履修上の特例は、短期大学が教育上の配慮から定めるものであり、この制度を乱用し、一般教育の趣旨が損なわれることのないよう十分配慮する必要があること。なお、この履修上の特例を取り入れるに当たつては、その履修を認める授業科目を学則などにあらかじめ明示するとともに、学生に対する履修上の指導を適切に行う必要があること。

五　単位に関する事項

㈠　各授業科目の単位数は、短期大学において定めるものとしたこと（第七条）。この場合において一授業科目の単位数は、教育上の効果等を考慮して適当な単位数とすること。

㈡　各授業科目の単位数は、一単位の履修時間を教室内及び教室外を合わせて四五時間とし、その計算方法の基準については、講義、演習、実験・実習及び実技のいずれについても大学設置基準に準じて規定したものであること（第八条）。なお、単位制度は、教室内の授業時間に対応して相当の自学自習の時間を確保することによつて、学生自らの学習心と研究心を涵養することを大きなねらいとしていることにかんがみ、講義及び演習については、教室内だけの授業をもつて単位を確定することのないよう十分留意する必要があること。

六　授業に関する事項

㈠　一年間の授業日数は、定期試験、入学式、卒業式等の日を含め、三五週にわたり二一〇日を原則としたこと（第九条）。また、各授業科目の授業は、一〇週又は一五週にわたる期間を単位として行うものとしたこと（第一一条本文）。これは、二学期制のほか三学期制をも採用できるようにすることを考慮したものであること。なお、外国語の演習、体育実技等の授業について、教育上特別の必要があると認められる場合は、比較的短期間に集中して授業を行うなど一〇週又は一五週以外の短期大学が適当と認める期間を単位として、授業を実施し得るものとしたこと（第一一条ただし書）。

㈡　教育課程は、各授業科目を必修科目及び選択科目に分け、これを各年次に配当して編成するものとしたこと（第一〇条）。

㈢　一の授業科目について同時に授業を行う学生数は、講義、演習、実験・実習及び実技の別、教室の広さ、視聴覚機器等の整備状況その他教育上の諸条件を考慮して、教育の効果が高められるような適当な人数とするものと

9 大学

したこと（第一二条）。

㈣　授業の方法は、講義、演習、実験・実習又は実技としたこと。なお、一の授業科目の授業について、これらの二以上の方法の併用を妨げないものであること。

七　卒業の要件に関する事項

㈠　修業年限が二年の短期大学の卒業の要件は、短期大学に二年以上在学し、短期大学の定めるところにより、一般教育科目については、人文、社会及び自然の三分野にわたり八単位以上、保健体育科目については講義及び実技二単位以上、専門教育科目については二八単位以上を含む合計六二単位以上を修得することとしたこと（第一五条第一項）。

㈡　修業年限が三年の短期大学の卒業の要件は、短期大学に三年以上在学し、短期大学の定めるところにより、一般教育科目については、人文、社会及び自然の三分野にわたり八単位以上、保健体育科目については講義及び実技二単位以上、専門教育科目については五〇単位以上を含む合計九三単位以上を修得することとしたこと（同条第二項）。

㈢　夜間において授業を行う学科その他授業を行う時間について教育上特別の配慮を必要とする学科（以下「夜間学科等」という。）に係る修業年限が三年の短期大学の卒業の要件は、短期大学に三年以上在学し、短期大学の定めるところにより、一般教育科目については、人文、社会及び自然の三分野にわたり八単位以上、保健体育科目については講義及び実技二単位以上、専門教育科目については二八単位以上を含む合計六二単位以上を修得することとすることができるものとしたこと（第一六条第一項）。なお、「その他授業を行う時間について教育上特別の配慮を必要とする学科」とは、現在では、文部大臣の認可を受けて、昼間において二交替制により授業を行う学科（いわゆる第三部の学科）がこれに該当するものであること。

㈣　前記㈠及び㈢の場合には、各授業科目の区分ごとの最低必要単位数の合計数と六二単位以上との差、二四単位以上、前記㈡の場合には、各授業科目の区分ごとの最低必要単位数の合計数と九三単位以上との差、三三単位以上を、各短期大学の判断によつて、一般教育科目、外国語科目、保健体育科目又は専門教育科目のいずれへも配分できること。また、各短期大学が卒業の要件を定める場合には、各授業科目の区分ごとに卒業に必要な単位数を定めるものとし、その単位数が合計して六二単位以上又は九三単位以上となるようにしなければならないこと。

これは基準をできる限り弾力化し、各短期大学が教育課程に独自の工夫を加え、十分特色を発揮し得るよう配慮したものであること。

なお、一般教育科目の修得単位については、人文、社会及び自然の三分野にわたることが必要であり、そのいずれの分野も欠くことはできないが、三分野のいずれに重点を置くかは各短期大学の判断に委ねられているので、各短期大学においては、専門教育との関連、各分野間の関係等を考慮して、教育課程が全体としてまとまりを保ち、効果的に編成されるよう配慮する必要があること。

八　教員組織に関する事項

㈠　教育上主要と認められる授業科目（以下「主要授業科目」という。）は専任の教授又は助教授が担当するものとしたこと。ただし、主要授業科目を担当すべき適当な教授又は助教授が得られない場合に限り、専任の講師又は兼任の教授、助教授若しくは講師がこれを担当することができることとしたこと（第一七条第一項）。また、主要授業科目以外の授業科目についてもなるべく専任の教授、助教授又は講師がこれを担当するものとしたこと（同条第二項）。なお、この「担当」には一の授業科目を二以上の教員が分担する場合も含まれるものであること。

㈡　演習・実験・実習又は実技については、なるべく助手を置いて補助させるものとしたこと（同条第三項）。また、教育研究上必要があるときは、授業を担当しない教員を置くことができるものとしたこと（第一八条）。

㈢　専任教員の数は、別表第一に定める数以上としたこと（第一九条）。

九　教員の資格に関する事項

教員の資格については、ほぼ大学設置基準に準じて規定したほか、①芸術上の優れた業績があると認められる者及び実際的な技術の修得を主とする分野にあつては実際的な技術に秀で教育上の経歴のある者（第二〇条第三号）、②高等専門学校において教授、助教授又は専任の講師の経歴があり、教育研究上の業績があると認められる者（第二〇条第六号及び第二一条第三号）、③研究所、試験所、病院等に一定の年数以上在職し、研究上の業績があると認められる者（第二〇条第七号及び第二一条第六号）について、教授又は助教授への任用資格を認めたこと。

なお、「実際的な技術の修得を主とする分野」とは、論文などによる業績のみによつてその担当教員の能力を判断することが適当でないと考えられる分野、例えば、体育実技、外国語の会話、看護実習等のことであること。また、「教育上の経歴」とは、大学（短期大学を含む。）、高等専門学校及びこれらに準ずる教育機関における教員としての経歴をいうものであること。

「短期大学設置基準の一部を改正する省令等の施行について（通知）」（平成一一年九月二四日文高専第三〇九号文部事務次官）

第一　短期大学設置基準の一部を改正する省令について

一　自己点検・評価

短期大学は、短期大学における教育研究活動等の状況についての自己点検及び評価を行い、その結果を公表するものとしたこと（第二条第一項）。

また、短期大学は、自己点検及び評価の結果について当該短期大学の職員以外の者による検証を行うよう努めなければならないこととしたこと（同条第三項）。

二　情報の積極的提供

短期大学は、当該短期大学における教育研究活動等の状況について、刊行物への掲載その他広く周知を図ることができる方法によって、積極的に情報を提供するものとしたこと（第二条の二）。

三　教育内容等の改善のための組織的な取組

短期大学は、当該短期大学の授業の内容及び方法の改善を図るための組織的な研修及び研究の実施に努めなければならないこととしたこと（第一一条の二）。

四　学生の履修科目登録単位数の上限設定

短期大学は、学生が各年次にわたって適切に授業科目を履修するよう、卒業の要件として学生が修得すべき単位数について、学生が一年間又は一学期に履修科目として登録することができる単位数の上限を定めるよう努めなければならないこととしたこと（第一三条の二第一項）。また、短期大学はその定めるところにより、所定の単位を優れた成績をもって修了した者については、次年度又は次学期に、履修科目として登録することができる単位数の上限を超えて履修科目の登録を認めることができるものであること（同条第二項）。

この規定は、一単位の授業科目は四五時間の学修を要する教育内容をもって構成することを標準とするという短期大学設置基準における単位制度の趣旨に沿った十分な学習量を個々の授業において確保することにより、単位制度の実質化を図る趣旨から設けられたものであること。

五　施行期日等

短期大学設置基準の一部を改正する省令は公布の日から施行するものであること（短期大学設置基準の一部を

改正する省令附則第一項）。ただし、この省令の施行の際現にされている認可の申請に係る審査については、なお従前の例によるものであること（同第二項）。

第二　短期大学通信教育設置基準の一部を改正する省令について

一　自己点検・評価

短期大学は、通信教育に関し、短期大学設置基準第二条の定めるところにより自ら点検及び評価を行い、その結果を公表するものとしたこと（第一条の二第一項）。

また、短期大学は、通信教育に関し、自己点検及び評価の結果について当該短期大学の職員以外の者による検証を行うよう努めなければならないこととしたこと（同条第二項）。

二　施行期日等

短期大学通信教育設置基準の一部を改正する省令は公布の日から施行するものであること（短期大学通信教育設置基準の一部を改正する省令附則第一項）。ただし、この省令の施行の際現にされている認可の申請に係る審査については、なお従前の例によるものであること（同第二項）。

短期大学設置基準（昭和五年四月二八日文部省令第二一号）

学校教育法（昭和二十二年法律第二十六号）第三条、第八条及び第八十八条の規定に基づき、短期大学設置基準を次のように定める。

第一章　総則

（趣旨）

第一条　短期大学は、学校教育法（昭和二十二年法律第二十六号）その他の法令の規定によるほか、この省令の定めるところにより設置するものとする。
2　この省令で定める設置基準は、短期大学を設置するのに必要な最低の基準とする。
3　短期大学は、この省令で定める設置基準より低下した状態にならないようにすることはもとより、その水準の向上を図ることに努めなければならない。
（教育研究上の目的）
第二条　短期大学は、学科又は専攻課程ごとに、人材の養成に関する目的その他の教育研究上の目的を学則等に定めるものとする。
（入学者選抜）
第二条の二　入学者の選抜は、公正かつ妥当な方法により、適切な体制を整えて行うものとする。
第二章　学科
（学科）
第三条　学科は、教育研究上の必要に応じ組織されるものであつて、教員組織その他が学科として適当な規模内容をもつと認められるものとする。
2　学科には、教育上特に必要があるときは、専攻課程を置くことができる。
第三章　学生定員
（学生定員）
第四条　学生定員は、学科ごとに学則で定めるものとする。この場合において、学科に専攻課程を置くときは、専攻課程を単位として学科ごとに定めるものとする。
2　前項の場合において、第十二条の規定による昼夜開講制を実施するときは、これに係る学生定員を、第五十条の規定により外国に学科その他の組織を設けるときは、これに係る学生定員を、それぞれ明示するものとする。

3　学生定員は、教員組織、校地、校舎その他の教育上の諸条件を総合的に考慮して定めるものとする。

4　短期大学は、教育にふさわしい環境の確保のため、在学する学生の数を学生定員に基づき適正に管理するものとする。

第四章　教育課程

（教育課程の編成方針）

第五条　短期大学は、当該短期大学及び学科の教育上の目的を達成するために必要な授業科目を自ら開設し、体系的に教育課程を編成するものとする。

2　教育課程の編成に当たつては、短期大学は、学科に係る専門の学芸を教授し、職業又は実際生活に必要な能力を育成するとともに、幅広く深い教養及び総合的な判断力を培い、豊かな人間性を涵養するよう適切に配慮しなければならない。

（教育課程の編成方法）

第六条　教育課程は、各授業科目を必修科目及び選択科目に分け、これを各年次に配当して編成するものとする。

（単位）

第七条　各授業科目の単位数は、短期大学において定めるものとする。

2　前項の単位数を定めるに当たつては、一単位の授業科目を四十五時間の学修を必要とする内容をもつて構成することを標準とし、授業の方法に応じ、当該授業による教育効果、授業時間外に必要な学修等を考慮して、次の基準により単位数を計算するものとする。

一　講義及び演習については、十五時間から三十時間までの範囲で短期大学が定める時間の授業をもつて一単位とする。

二　実験、実習及び実技については、三十時間から四十五時間までの範囲で短期大学が定める時間の授業をもつて一単位とする。ただし、芸術等の分野における個人指導による実技の授業については、短期大学が定める時間の授業をもつて一単位とすることができる。

三　一の授業科目について、講義、演習、実験、実習又は実技のうち二以上の方法の併用により行う場合については、その組み合わせに応じ、前二号に規定する基準を考慮して短期大学が定める時間の授業をもつて一単位とする。

3　前項の規定にかかわらず、卒業研究、卒業制作等の授業科目については、これらの学修の成果を評価して単位を授与することが適切と認められる場合には、これらに必要な学修等を考慮して、単位数を定めることができる。

（一年間の授業期間）

第八条　一年間の授業を行う期間は、定期試験等の期間を含め、三十五週にわたることを原則とする。

（各授業科目の授業期間）

第九条　各授業科目の授業は、十週又は十五週にわたる期間を単位として行うものとする。ただし、教育上必要があり、かつ、十分な教育効果をあげることができると認められる場合は、この限りでない。

（授業を行う学生数）

第一〇条　一の授業科目について同時に授業を行う学生数は、授業の方法及び施設設備その他の教育上の諸条件を考慮して、教育効果を十分にあげられるような適当な人数とするものとする。

（授業の方法）

第一一条　授業は、講義、演習、実験、実習若しくは実技のいずれかにより又はこれらの併用により行うものとする。

2　短期大学は、文部科学大臣が別に定めるところにより、前項の授業を、多様なメディアを高度に利用して、当該授業を行う教室等以外の場所で履修させることができる。

3　短期大学は、第一項の授業を、外国において履修させることができる。前項の規定により、多様なメディアを高度に利用して、当該授業を行う教室等以外の場所で履修させる場合についても、同様とする。

4　短期大学は、文部科学大臣が別に定めるところにより、第一項の授業の一部を、校舎及び附属施設以外の場所で行うことができる。

（成績評価基準等の明示等）

第一一条の二　短期大学は、学生に対して、授業の方法及び内容並びに一年間の授業の計画をあらかじめ明示するものとする。

2　短期大学は、学修の成果に係る評価及び卒業の認定に当たつては、客観性及び厳格性を確保するため、学生に対してその基準をあらかじめ明示するとともに、当該基準にしたがつて適切に行うものとする。

（教育内容等の改善のための組織的な研修等）

第一一条の三　短期大学は、当該短期大学の授業の内容及び方法の改善を図るための組織的な研修及び研究を実施するものとする。

（昼夜開講制）

第一二条　短期大学は、教育上必要と認められる場合には、昼夜開講制（同一学科において昼間及び夜間の双方の時間帯において授業を行うことをいう。）により授業を行うことができる。

第五章　卒業の要件等

（単位の授与）
第一三条　短期大学は、一の授業科目を履修した学生に対し、試験の上単位を与えるものとする。ただし、第七条第三項の授業科目については、短期大学の定める適切な方法により学修の成果を評価して単位を与えることができる。
（履修科目の登録の上限）
第一三条の二　短期大学は、学生が各年次にわたつて適切に授業科目を履修するため、卒業の要件として学生が修得すべき単位数について、学生が一年間又は一学期に履修科目として登録することができる単位数の上限を定めるよう努めなければならない。
2　短期大学は、その定めるところにより、所定の単位を優れた成績をもつて修得した学生については、前項に定める上限を超えて履修科目の登録を認めることができる。
（他の短期大学又は大学における授業科目の履修等）
第一四条　短期大学は、教育上有益と認めるときは、学生が短期大学の定めるところにより他の短期大学又は大学において履修した授業科目について修得した単位を、修業年限が二年の短期大学にあつては三十単位、修業年限が三年の短期大学にあつては四十六単位（第十九条の規定により卒業の要件として六十二単位以上を修得することとする短期大学にあつては三十単位）を超えない範囲で当該短期大学における授業科目の履修により修得したものとみなすことができる。
2　前項の規定は、学生が、外国の短期大学又は大学に留学する場合、外国の短期大学又は大学が行う通信教育における授業科目を我が国において履修する場合及び外国の短期大学又は大学の教育課程を有するものとして当該外国の学校教育制度において位置付けられた教育施設であつて、文部科学大臣が別に指定するものの当該教育課程における授業科目を我が国において履修する場合について準用する。

（短期大学又は大学以外の教育施設等における学修）

第一五条　短期大学は、教育上有益と認めるときは、学生が行う短期大学又は高等専門学校の専攻科における学修その他文部科学大臣が別に定める学修を、当該短期大学における授業科目の履修とみなし、短期大学の定めるところにより単位を与えることができる。

2　前項により与えることができる単位数は、修業年限が二年の短期大学にあつては前条第一項（同条第二項において準用する場合を含む。以下この項において同じ。）により当該短期大学において修得したものとみなす単位数と合わせて三十単位、修業年限が三年の短期大学にあつては前条第一項により当該短期大学において修得したものとみなす単位数と合わせて四十六単位（第十九条の規定により卒業の要件として六十二単位以上を修得することとする短期大学にあつては三十単位）を超えないものとする。

（入学前の既修得単位等の認定）

第一六条　短期大学は、教育上有益と認めるときは、学生が当該短期大学に入学する前に短期大学又は大学において履修した授業科目について修得した単位（第十七条第一項の規定により修得した単位を含む。）を、当該短期大学に入学した後の当該短期大学における授業科目の履修により修得したものとみなすことができる。

2　短期大学は、教育上有益と認めるときは、学生が当該短期大学に入学する前に行つた前条第一項に規定する学修を、当該短期大学における授業科目の履修とみなし、短期大学の定めるところにより単位を与えることができる。

3　前二項により修得したものとみなし、又は与えることのできる単位数は、転学等の場合を除き、当該短期大学において修得した単位以外のものについては、第十四条第一項及び前条第一項により当該短期大学において修得したものとみなす単位数と合わせて、修業年限が二年の短期大学にあつては、三十単位、修業年限が三年の短期大学にあつては、四十六単位（第十九条の規定により卒業の要件として六十二単位以上を修得することとする短期大学にあつては、三十単位）を超えないものとする。この場合において、第十四条第二項において準用する同条第一項により当該短期大学において修得したものとみなす単位数と合わせるときは、修業年限が二年の短期大学にあつては、四十五単位、修業年限が三年の短期大学にあつては、五十三単位（第十九条の規定により卒業の要件として六十二単位以上を修得することとする短期大学にあつては四十五単位）を超えないものとする。

（長期にわたる教育課程の履修）

第十六条の二　短期大学は、短期大学の定めるところにより、学生が、職業を有している等の事情により、修業年限を超えて一定の期間にわたり計画的に教育課程を履修し卒業することを希望する旨を申し出たときは、その計画的な履修を認めることができる。

（科目等履修生等）

第一七条　短期大学は、短期大学の定めるところにより、当該短期大学の学生以外の者で一又は複数の授業科目を履修する者（以下「科目等履修生」という。）に対し、単位を与えることができる。

2　科目等履修生に対する単位の授与については、第十三条の規定を準用する。

3　短期大学は、科目等履修生その他の学生以外の者（次項において「科目等履修生等」という。）を相当数受け入れる場合においては、第二十二条、第三十条及び第三十一条に規定する基準を考慮して、教育に支障のないよう、それぞれ相当の専任教員並びに校地及び校舎の面積を増加するものとする。

4　短期大学は、科目等履修生等を受け入れる場合においては、一の授業科目について同時に授業を行うこれらの者の人数は、第十条の規定を踏まえ、適当な人数とするものとする。

（卒業の要件）

第一八条　修業年限が二年の短期大学の卒業の要件は、短期大学に二年以上在学し、六十二単位以上を修得することとする。
2　修業年限が三年の短期大学の卒業の要件は、短期大学に三年以上在学し、九十三単位以上を修得することとする。
3　前二項の規定により卒業の要件として修得すべき単位数のうち、第十一条第二項の授業の方法により修得する単位数は、修業年限が二年の短期大学にあっては三十単位、修業年限が三年の短期大学にあっては四十六単位（第十九条の規定により卒業の要件として六十二単位以上を修得することとする短期大学にあっては三十単位）を超えないものとする。

（卒業の要件の特例）
第一九条　夜間において授業を行う学科その他授業を行う時間について教育上特別の配慮を必要とする学科（以下「夜間学科等」という。）に係る修業年限が三年の短期大学の卒業の要件は、前条第二項の規定にかかわらず、短期大学に三年以上在学し、六十二単位以上を修得することとすることができる。

第六章　教員組織

（教員組織）
第二〇条　短期大学は、その教育研究上の目的を達成するため、学科の規模及び授与する学位の分野に応じ、必要な教員を置くものとする。
2　短期大学は、教育研究の実施に当たり、教員の適切な役割分担の下で、組織的な連携体制を確保し、教育研究に係る責任の所在が明確になるように教員組織を編制するものとする。
3　短期大学は、教育研究水準の維持向上及び教育研究の活性化を図るため、教員の構成が特定の範囲の年齢に著しく偏ることのないよう配慮するものとする。

4　短期大学は、二以上の校地において教育を行う場合においては、それぞれの校地ごとに必要な教員を置くものとする。なお、それぞれの校地には、当該校地における教育に支障のないよう、原則として専任の教授又は准教授を少なくとも一人以上置くものとする。ただし、その校地が隣接している場合は、この限りでない。

（授業科目の担当）

第二条の二　短期大学は、教育上主要と認める授業科目（以下「主要授業科目」という。）については原則として専任の教授又は准教授に、主要授業科目以外の授業科目についてはなるべく専任の教授、准教授、講師又は助教（第二十二条及び第三十九条第一項において「教授等」という。）に担当させるものとする。

2　短期大学は、演習、実験、実習又は実技を伴う授業科目については、なるべく助手に補助させるものとする。

（授業を担当しない教員）

第二十一条　短期大学には、教育研究上必要があるときは、授業を担当しない教員を置くことができる。

（専任教員）

第二十一条の二　教員は、一の短期大学に限り、専任教員となるものとする。

2　専任教員は、専ら前項の短期大学における教育研究に従事するものとする。

3　前項の規定にかかわらず、短期大学は、教育研究上特に必要があり、かつ、当該短期大学における教育研究の遂行に支障がないと認められる場合には、当該短期大学における教育研究以外の業務に従事する者を、当該短期大学の専任教員とすることができる。

（専任教員数）

第二十二条　短期大学における専任教員の数は、別表第一イの表により当該短期大学に置く学科の種類及び規模に応じ定める教授等の数（第三十八条第一項に規定する共同学科（以下この条及び第三十一条において単に「共同学科」

という。）が属する分野にあつては、共同学科以外の学科について同表を適用して得られる教授等の数と第三十九条の規定により得られる当該共同学科に係る専任教員の数を合計した数）と別表第一ロの表により短期大学全体の入学定員に応じ定める教授等の数を合計した数以上とする。

第七章　教員の資格

（学長の資格）

第二十二条の二　学長となることのできる者は、人格が高潔で、学識が優れ、かつ、大学運営に関し識見を有すると認められる者とする。

（教授の資格）

第二十三条　教授となることのできる者は、次の各号のいずれかに該当し、かつ、短期大学における教育を担当するにふさわしい教育上の能力を有すると認められる者とする。

一　博士の学位（外国において授与されたこれに相当する学位を含む。）を有し、研究上の業績を有する者

二　研究上の業績が前号の者に準ずると認められる者

三　学位規則（昭和二十八年文部省令第九号）第五条の二に規定する専門職学位（外国において授与されたこれに相当する学位を含む。）を有し、当該専門職学位の専攻分野に関する実務上の業績を有する者

四　芸術上の優れた業績を有すると認められる者及び実際的な技術の修得を主とする分野にあつては実際的な技術に秀でていると認められる者

五　大学（短期大学を含む。以下同じ。）又は高等専門学校において教授、准教授又は専任の講師の経歴（外国におけるこれらに相当する教員としての経歴を含む。）のある者

六　研究所、試験所、病院等に在職し、研究上の業績を有する者

七　特定の分野について、特に優れた知識及び経験を有すると認められる者

（准教授の資格）

第十四条　准教授となることのできる者は、次の各号のいずれかに該当し、かつ、短期大学における教育を担当するにふさわしい教育上の能力を有すると認められる者とする。

一　前条各号のいずれかに該当する者

二　大学又は高等専門学校において助教又はこれに準ずる職員としての経歴（外国におけるこれらに相当する職員としての経歴を含む。）のある者

三　修士の学位又は学位規則第五条の二に規定する専門職学位（外国において授与されたこれらに相当する学位を含む。）を有する者

四　特定の分野について、優れた知識及び経験を有すると認められる者

（講師の資格）

第十五条　講師となることのできる者は、次の各号のいずれかに該当する者とする。

一　第十三条又は前条に規定する教授又は准教授となることのできる者

二　特定の分野について、短期大学における教育を担当するにふさわしい教育上の能力を有すると認められる者

（助教の資格）

第十五条の二　助教となることのできる者は、次の各号のいずれかに該当し、かつ、短期大学における教育を担当するにふさわしい教育上の能力を有すると認められる者とする。

一　第十三条各号又は第十四条各号のいずれかに該当する者

二　修士の学位（医学を履修する課程、歯学を履修する課程、薬学を履修する課程のうち臨床に係る実践的な能

力を培うことを主たる目的とするもの又は獣医学を履修する課程を修了した者については、学士の学位）又は学位規則第五条の二に規定する専門職学位（外国において授与されたこれらに相当する学位を含む。）を有する者

三　特定の分野について、知識及び経験を有すると認められる者

（助手の資格）

第二六条　助手となることのできる者は、次の各号のいずれかに該当する者とする。

一　学士の学位（外国において授与されたこれに相当する学位を含む。）を有する者

二　前号の者に準ずる能力を有すると認められる者

第八章　校地、校舎等の施設及び設備等

（校地）

第二七条　校地は、教育にふさわしい環境をもち、校舎の敷地には、学生が休息その他に利用するのに適当な空地を有するものとする。

2　前項の規定にかかわらず、短期大学は、法令の規定による制限その他のやむを得ない事由により所要の土地の取得を行うことが困難であるため前項に規定する空地を校舎の敷地に有することができないと認められる場合において、学生が休息その他に利用するため、適当な空地を有することにより得られる効用と同等以上の効用が得られる措置を当該短期大学が講じている場合に限り、空地を校舎の敷地に有しないことができる。

3　前項の措置は、次の各号に掲げる要件を満たす施設を校舎に備えることにより行うものとする。

一　できる限り開放的であつて、多くの学生が余裕をもつて休息、交流その他に利用できるものであること。

二　休息、交流その他に必要な設備が備えられていること。

（運動場）

第二七条の二　運動場は、教育に支障のないよう、原則として校舎と同一の敷地内又はその隣接地に設けるものとし、やむを得ない場合には適当な位置にこれを設けるものとする。

2　前項の規定にかかわらず、短期大学は、法令の規定による制限その他のやむを得ない事由により所要の土地の取得を行うことが困難であるため前項に規定する運動場を設けることができないと認められる場合において、運動場を設けることにより得られる効用と同等以上の効用が得られる措置を当該短期大学が講じており、かつ、教育に支障がないと認められる場合に限り、運動場を設けないことができる。

3　前項の措置は、原則として体育館その他のスポーツ施設を校舎と同一の敷地内又はその隣接地に備えることにより行うものとする。ただし、やむを得ない特別の事情があるときは、当該短期大学以外の者が備える運動施設であつて次の各号に掲げる要件を満たすものを学生に利用させることにより行うことができるものとする。

一　様々な運動が可能で、多くの学生が余裕をもつて利用できること。

二　校舎から至近の位置に立地していること。

三　学生の利用に際し経済的負担の軽減が十分に図られているものであること。

（校舎等）

第二八条　校舎には、短期大学の組織及び規模に応じ、少なくとも次に掲げる専用の施設を備えるものとする。ただし、特別の事情があり、かつ、教育研究に支障がないと認められるときは、この限りでない。

一　学長室、会議室、事務室

二　教室（講義室、演習室、実験室、実習室等とする。）、研究室

三　図書館、保健室

2　教室は、学科の種類及び学生数に応じ、必要な種類と数を備えるものとする。
3　研究室は、専任の教員に対しては必ず備えるものとする。
4　校舎には、第一項に掲げる施設のほか、なるべく情報処理及び語学の学習のための施設を備えるものとする。
5　短期大学は、第一項及び前項に掲げる施設のほか、原則として体育館を備えるとともに、なるべく体育館以外のスポーツ施設、講堂、学生自習室及び学生控室並びに寄宿舎、課外活動施設その他の厚生補導に関する施設を備えるものとする。
6　夜間学科等を置く短期大学又は昼夜開講制を実施する短期大学にあつては、研究室、教室、図書館その他の施設の利用について、教育研究に支障のないようにするものとする。

（図書等の資料及び図書館）
第二九条　短期大学は、学科の種類、規模等に応じ、図書、学術雑誌、視聴覚資料その他の教育研究上必要な資料を、図書館を中心に系統的に備えるものとする。
2　図書館は、前項の資料の収集、整理及び提供を行うほか、情報の処理及び提供のシステムを整備して学術情報の提供に努めるとともに、前項の資料の提供に関し、他の短期大学の図書館等との協力に努めるものとする。
3　図書館には、その機能を十分に発揮させるために必要な専門的職員その他の専任の職員を置くものとする。
4　図書館には、短期大学の教育研究を促進できるような適当な規模の閲覧室、レフアレンス・ルーム、整理室、書庫等を備えるものとする。
5　前項の閲覧室には、学生の学習及び教員の教育研究のために十分な数の座席を備えるものとする。

（校地の面積）
第三〇条　短期大学における校地の面積（附属施設用地及び寄宿舎の面積を除く。）は、学生定員上の学生一人当

9
大学

たり十平方メートルとして算定した面積とする。

2　前項の規定にかかわらず、同じ種類の昼間学科（昼間において授業を行う学科をいう。以下同じ。）及び夜間学科が近接した施設等を使用し、又は施設等を共用する場合の校地の面積は、当該昼間学科及び夜間学科における教育研究に支障のない面積とする。

3　昼夜開講制を実施する場合においては、これに係る収容定員、履修方法、施設の使用状況等を考慮して、教育に支障のない限度において、第一項に規定する面積を減ずることができる。

（校舎の面積）

第三十一条　校舎の面積は、一の分野についてのみ学科を置く短期大学にあつては、別表第二イの表に定める面積（共同学科を置く場合にあつては、共同学科以外の学科について同表を適用して得られる面積に第四十一条第一項の規定により得られる当該共同学科に係る面積を加えた面積）以上とし、二以上の分野についてそれぞれ学科を置く短期大学にあつては、当該二以上の分野（当該分野に共同学科のみが属するものを除く。）のうち同表の同一分野に属する学科の収容定員の百人までの欄の基準校舎面積が最大である分野についての同表に定める面積（共同学科が属する分野については、共同学科以外の学科について同表を適用して得られる面積）に当該分野以外の分野についてのそれぞれ別表第二ロの表に定める面積（共同学科が属する分野については、共同学科以外の学科について同表を適用して得られる面積）を合計した面積（共同学科を置く場合にあつては、第四十一条第一項の規定により得られる当該学科に係る面積を加えた面積）以上とする。

（附属施設）

第三十二条　短期大学には、学科の種類に応じ、教育研究上必要な場合は、適当な規模内容を備えた附属施設を置くものとする。

（機械、器具等）
第三三条　短期大学には、学科の種類、学生数及び教員数に応じて必要な種類及び数の機械、器具及び標本を備えるものとする。
（二以上の校地において教育研究を行う場合における施設及び設備）
第三三条の二　短期大学は、二以上の校地において教育研究を行う場合においては、それぞれの校地ごとに教育研究に支障のないよう必要な施設及び設備を備えるものとする。ただし、その校地が隣接している場合は、この限りでない。
（教育研究環境の整備）
第三三条の三　短期大学は、その教育研究上の目的を達成するため、必要な経費の確保等により、教育研究にふさわしい環境の整備に努めるものとする。
（短期大学等の名称）
第三三条の四　短期大学及び学科（以下「短期大学等」という。）の名称は、短期大学等として適当であるとともに、当該短期大学等の教育研究上の目的にふさわしいものとする。

第九章　事務組織等

（事務組織）

第三四条　短期大学には、その事務を処理するため、専任の職員を置く適当な事務組織を設けるものとする。

（厚生補導の組織）

第三五条　短期大学には、学生の厚生補導を行うため、専任の職員を置く適当な組織を設けるものとする。

（社会的及び職業的自立を図るために必要な能力を培うための体制）

第三五条の二　短期大学は、当該短期大学及び学科又は専攻課程の教育上の目的に応じ、学生が卒業後自らの資質を向上させ、社会的及び職業的自立を図るために必要な能力を、教育課程の実施及び厚生補導を通じて培うことができるよう、短期大学内の組織間の有機的な連携を図り、適切な体制を整えるものとする。

第一〇章　共同教育課程に関する特例

（共同教育課程の編成）

第三六条　二以上の短期大学は、その短期大学及び学科の教育上の目的を達成するために必要があると認められる場合には、第五条第一項の規定にかかわらず、当該二以上の短期大学のうち一の短期大学が開設する授業科目を、当該二以上の短期大学のうち他の短期大学の教育課程の一部とみなして、それぞれの短期大学ごとに同一内容の教育課程（通信教育に係るもの及び短期大学が外国に設ける学科その他の組織において開設される授業科目の履修により修得する単位を当該学科に係る卒業の要件として修得すべき単位の全部又は一部として修得するものを除く。以下「共同教育課程」という。）を編成することができる。ただし、共同教育課程を編成する短期大学（以下「構成短期大学」という。）は、それぞれ当該共同教育課程に係る主要授業科目の一部を必修科目として自ら開設するものとする。

2　短期大学は、共同教育課程のみを編成することはできない。

3　構成短期大学は、当該共同教育課程を編成し、及び実施するための協議の場を設けるものとする。

（共同教育課程に係る単位の認定）

第三七条　構成短期大学は、学生が当該構成短期大学のうち一の短期大学において履修した共同教育課程に係る授業科目について修得した単位を、当該構成短期大学のうち他の短期大学における当該共同教育課程に係る授業科目の履修により修得したものとそれぞれみなすものとする。

（共同学科に係る卒業の要件）

第三八条　修業年限が二年の短期大学の共同教育課程を編成する学科（以下「共同学科」という。）に係る卒業の要件は、第十八条第一項に定めるもののほか、それぞれの短期大学において当該共同教育課程に係る授業科目の履修により十単位以上を修得することとする。

2　修業年限が三年の短期大学の共同学科に係る卒業の要件は、第十八条第二項に定めるもののほか、それぞれの短期大学において当該共同教育課程に係る授業科目の履修により二十単位以上を修得することとする。

3　前項の規定にかかわらず、夜間学科等に係る修業年限が三年の短期大学の共同学科に係る卒業の要件は、第十九条に規定するもののほか、それぞれの短期大学において当該共同教育課程に係る授業科目の履修により十単位以上を修得することとする。

4　前三項の規定によりそれぞれの短期大学において当該共同教育課程に係る授業科目の履修により修得する単位数には、第十四条第一項（同条第二項において準用する場合を含む。）、第十五条第一項、第十六条第一項若しくは第二項又は前条の規定により修得したものとみなし、若しくは与えることができ、又はみなすものとする単位を含まないものとする。

（共同学科に係る専任教員数）

第三九条　共同学科に係る専任教員の数は、それぞれの短期大学に置く当該共同教育課程を編成する学科を合わせて一の学科とみなして、その種類及び規模に応じ別表第一イの表を適用して得られる教授等の数（次項において「全体専任教員数」という。）をこれらの学科に係る入学定員の割合に応じて按分した数（その数に一に満たない端数があるときはこれを切り捨てる。以下この条において「短期大学別専任教員数」という。）以上とする。

2　前項に規定する当該共同教育課程を編成する学科に係る短期大学別専任教員数の合計が全体専任教員数に満た

ないときは、その不足する数の専任教員をいずれかの短期大学の当該共同教育課程を編成する学科に置くものとする。

3　第一項の規定による当該共同教育課程を編成する学科に係る短期大学別専任教員数（前項の規定により当該学科に不足する数の専任教員を置くときは、当該専任教員の数を加えた数）が、当該学科の種類に応じ、別表第一イの表の第四欄（保健衛生学関係（看護学関係）にあつては、第三欄）に定める専任教員数（以下この項において「最小短期大学別専任教員数」という。）に満たないときは、前二項の規定にかかわらず、当該学科に係る専任教員の数は、最小短期大学別専任教員数以上とする。

（共同学科に係る校地の面積）

第四〇条　第三十条第一項の規定にかかわらず、共同学科に係る校地の面積については、それぞれの短期大学に置く当該共同教育課程を編成する学科に係る校地の面積を合計した面積がこれらの学科に係る学生定員を合計した数に十平方メートルを乗じて得た面積を超え、かつ、教育研究に支障がないと認められる場合には、それぞれの短期大学ごとに当該学科に係る学生定員上の学生一人当たり十平方メートルとして算定した面積を有することを要しない。

（共同学科に係る校舎の面積）

第四一条　共同学科に係る校舎の面積は、それぞれの短期大学に置く当該共同教育課程を編成する学科を合わせて一の学科とみなしてその種類に応じ別表第二イの表を適用して得られる面積（次項において「全体校舎面積」という。）をこれらの学科に係る収容定員の割合に応じて按分した面積（次項において「短期大学別校舎面積」という。）以上とする。

2　第三十一条及び前項の規定にかかわらず、共同学科に係る校舎の面積については、それぞれの短期大学に置く当該共同教育課程を編成する学科に係る校舎の面積を合計した面積が全体校舎面積を超え、かつ、教育研究に支障がないと認められる場合には、それぞれの短期大学ごとに短期大学別校舎面積を有することを要しない。

（共同学科に係る施設及び設備）

第四二条　前二条に定めるもののほか、第二十七条から第二十九条まで、第三十二条及び第三十三条の規定にかかわらず、共同学科に係る施設及び設備については、それぞれの短期大学に置く当該共同教育課程を編成する学科を合わせて一の学科とみなしてその種類、教員数及び学生数に応じて必要な施設及び設備を備え、かつ、教育研究に支障がないと認められる場合には、それぞれの短期大学ごとに当該学科に係る施設及び設備を備えることを要しない。

第一一章　国際連携学科に関する特例

（国際連携学科の設置）

第四三条　短期大学は、その教育上の目的を達成するために必要があると認められる場合には、短期大学に、文部科学大臣が別に定めるところにより、外国の短期大学と連携して教育研究を実施するための学科（以下「国際連携学科」という。）を設けることができる。

2　短期大学は、国際連携学科のみを設けることはできない。

3　国際連携学科の学生定員は、当該短期大学の学生定員の二割（一の短期大学に複数の国際連携学科を設けるときは、それらの学生定員の合計が当該短期大学の学生定員の二割）を超えない範囲で定めるものとする。

（国際連携教育課程の編成）

第四四条　国際連携学科を設ける短期大学は、第五条第一項の規定にかかわらず、国際連携専攻において連携して教育研究を実施する一以上の外国の短期大学（以下「連携外国短期大学」という。）が開設する授業科目を教育課程の一部とみなして、当該連携外国短期大学と連携した教育課程（通信教育に係るものを除く。）（以下「国際連携教育課程」という。）を編成することができる。ただし、国際連携学科を設ける短期大学は、国際連携教育課程に係る主要授業科目の一部を必修科目として自ら開設するものとする。

2　国際連携学科を設ける短期大学は、国際連携教育課程を編成し、及び実施するため、連携外国短期大学と文部科学大臣が別に定める事項についての協議の場を設けるものとする。

（共同開設科目）

第四五条　国際連携学科を設ける短期大学は、第五条第一項の規定にかかわらず、連携外国短期大学と共同して授業科目を開設することができる。

2　国際連携学科を設ける短期大学が前項の授業科目（以下この項において「共同開設科目」という。）を開設した場合、当該短期大学の国際連携学科の学生が当該共同開設科目の履修により修得した単位は、修業年限が二年の短期大学にあつては十五単位、修業年限が三年の短期大学にあつては二十三単位（第十九条の規定により卒業の要件として六十二単位以上を修得することとする短期大学にあつては十五単位）を超えない範囲で、当該短期大学又は連携外国短期大学のいずれかにおいて修得した単位とすることができる。ただし、連携外国短期大学において修得した単位数が、第四十七条第一項から第三項までの規定により連携外国短期大学において修得することとされている単位数に満たない場合は、共同開設科目の履修により修得した単位を連携外国短期大学において修得した単位とすることはできない。

（国際連携教育課程に係る単位の認定）

第四六条　国際連携学科を設ける短期大学は、学生が連携外国短期大学において履修した国際連携教育課程に係る授業科目について修得した単位を、当該国際連携教育課程に係る授業科目の履修により修得したものとみなすものとする。

（国際連携学科に係る卒業の要件）

第四七条　修業年限が二年の短期大学の国際連携学科に係る卒業の要件は、第十八条第一項に定めるもののほか、国際連携学科を設ける短期大学において国際連携教育課程に係る授業科目の履修により三十一単位以上を修得するとともに、それぞれの連携外国短期大学において当該国際連携教育課程に係る授業科目の履修により十単位以上を修得することとする。

2　修業年限が三年の短期大学の国際連携学科に係る卒業の要件は、第十八条第二項に定めるもののほか、国際連携学科を設ける短期大学において国際連携教育課程に係る授業科目の履修により四十七単位以上を修得するとともに、それぞれの連携外国短期大学において当該国際連携教育課程に係る授業科目の履修により二十単位以上を修得することとする。

3　前二項の規定にかかわらず、夜間学科等に係る修業年限が三年の短期大学の国際連携学科に係る卒業の要件は、第十九条に定めるもののほか、国際連携学科を設ける短期大学において国際連携教育課程に係る授業科目の履修により三十一単位以上を修得するとともに、それぞれの連携外国短期大学において当該国際連携教育課程に係る授業科目の履修により十単位以上を修得することとする。

4　前三項の規定により国際連携学科を設ける短期大学及びそれぞれの連携外国短期大学において国際連携教育課程に係る授業科目の履修により修得する単位数には、第十四条第一項（同条第二項において準用する場合を含む。）、第十五条第一項、第十六条第一項若しくは第二項又は前条の規定により修得したものとみなし、若しくは与えることができ、又はみなすものとする単位を含まないものとする。

（国際連携学科に係る専任教員数）

第四八条　国際連携学科に係る専任教員の数は、第二十二条に定める学科の種類及び規模に応じて定める教授等の数に、一の国際連携学科ごとに一人の専任教員を加えた数を合計した数以上とする。

（国際連携学科に係る施設及び設備）

第四九条　第二十七条から第三十条まで並びに第三十二条及び第三十三条の規定にかかわらず、国際連携学科に係る施設及び設備については、当該学科を設ける短期大学の施設及び設備を利用することができるものとし、教育研究に支障がないと認められる場合には、当該学科に係る施設及び設備を備えることを要しない。

2　前項の規定にかかわらず、国際連携学科を設ける短期大学が外国において国際連携教育課程に係る教育研究を行う場合においては、教育研究に支障のないよう必要な施設及び設備を備えるものとする。

第一二章　雑則

（外国に設ける組織）

第五〇条　短期大学は、文部科学大臣が別に定めるところにより、外国に学科その他の組織を設けることができる。

（その他の基準）

第五一条　専攻科及び別科に関する基準は、別に定める。

（段階的整備）

第五二条　新たに短期大学等を設置する場合の教員組織、校舎等の施設及び設備については、別に定めるところにより、段階的に整備することができる。

大学設置基準及び短期大学設置基準改正要綱（中央教育審議会答申　平成二五年一月一八日）

第一　大学設置基準及び短期大学設置基準の改正

各授業科目の授業期間について、10週又は15週にわたる期間を単位として行うことを原則としつつ、教育上必要があり、かつ、十分な教育効果をあげることができると認められる場合には、より多様な授業期間の設定を可能にすること。

第二　施行期日

この改正は、平成25年4月1日から施行するものとすること。

〔自己評価・認証評価〕

第一〇九条　大学は、その教育研究水準の向上に資するため、文部科学大臣の定めるところにより、当該大学の教育及び研究、組織及び運営並びに施設及び設備（次項において「教育研究等」という。）の状況について自ら点検及び評価を行い、その結果を公表するものとする。

②　大学は、前項の措置に加え、当該大学の教育研究等の総合的な状況について、政令で定める期間ごとに、文部科学大臣の認証を受けた者（以下「認証評価機関」という。）による評価（以下「認証評価」という。）を受けるものとする。ただし、認証評価機関が存在しない場合その他特別の事由がある場合であつて、文部科学大臣の定める措置を講じているときは、この限りでない。

③　専門職大学院を置く大学にあつては、前項に規定するもののほか、当該専門職大学院の設置の目的に照らし、当該専門職大学院の教育課程、教員組織その他教育研究活動の状況について、政令で定める期間ごとに、認証評価を受けるものとする。ただし、当該専門職大学院の課程に係る分野について認証評価を行う認証評価機関が存在しない場合その他特別の事由がある場合であつて、文部科学大臣

の定める措置を講じているときは、この限りでない。
④ 前二項の認証評価は、大学からの求めにより、大学評価基準（前二項の認証評価を行うために認証評価機関が定める基準をいう。次条において同じ。）に従つて行うものとする。

本条の概要

本条は本法の平成一四年改正により新設された規定である。高等教育改革の議論が活発になってきたのは一九八〇年代に展開された臨時教育審議会の議論からであるが、その臨時教育審議会第二次答申によって設置された大学審議会が、平成三（一九九一）年に「大学教育の改善について」の答申の中で大学設置基準の大綱化を打ち出すと同時に、大学の自己評価について次のように打ち出した。「大学は学問の府として自律的な教育研究が保障され、その創意によって常に教育研究水準の維持向上に努めることが社会的に期待されて」いるのであるから、その責任を果たすために「不断の自己点検・評価を行い、改善への努力を行っていくことが重要であり、このため、大学設置基準において、各大学自身による教育研究活動についての自己評価に関する努力規程を定めることが適当である。」とした。答申では具体的な自己評価実施方法、評価項目なども列挙された。大学審議会はその後も高等教育の在り方の議論を重ねてきたが、本条規定の直接の契機となったのは平成一四（二〇〇二年）の中央教育審議会「大学の質の保証に係る新たなシステムの構築について」の答申（関連条文・資料参照）である。

本答申では、「大学評価については、平成三（一九九一）年の大学設置基準の規定の新設以来一〇年の間に自己点検・評価が定着してきているものの、第三者評価は未成熟であり、大学の質の保証システム全体としては不十分な状態にある。また、設置認可についても、従来度々の弾力化や簡素化が図られてきたが、今後さらに、大学の教育研究水準の維持向上を図りつつ、急速な社会の変化や学問の進展に的確に対応し、大学等の主体的・機動的対応をより一層可能とする観点から、その望ましい在り方について改めて様々な角度からの検討が求められている。」として第三者評価の法整備の必要性を述べたが、この答申を受けて本条の創設となった。

第一項は、自己点検・評価の公表義務についての定めであるが、これを受け各大学はホームページに自己点検・評価の内容を公表している。

第二項は、認証評価機関から評価を受ける定めであるが、認証評価機関は、（財）大学基準協会、（財）日本高等教育評価機構、独立行政法人学位・授与機構、（財）短期大学基準協会、（財）日弁連法務研究財団、（社）ＡＢＥＳＴ21、ＮＰＯ法人国際会計教育協会、（財）日本助産評価機構、（財）日本臨床心理士資格認定協会、（財）教員養成評価機構、（社）日本技術者教育認定機構等々が認可を受けた団体である。

ただし書きについては、上記の認証評価機関がすでに認可されている状況から、実際に「認証評価機関が存在しない場合その他特別の事由がある場合」が出てきた場合の定めである。

第三項は、専門職大学院の認証評価についての定めであるが、ただし書きについては今後新たに設置されてきた専門職大学院に対して評価機関が対応できない場合を想定して定めたものであるが、そのときの措置として本法施行規則第一六七条に基づき文部科学大臣が指定した団体から評価を受け、その結果を公表するものとされている。

ポイント解説

第二項の「大学は、前項の措置に加え、当該大学の教育研究等の総合的な状況」について、現行では七年ごとに評価を受けることになっている。二回目の評価は一回目の評価後にどのように改善されているか等が評価のポイントになるだろう。そのために大学関係者は、大学の組織作りをＰＤＣＡサイクルで常に検討、評価、改善を行うことが重要な視点となる。

そのためには、改革の意思決定の迅速さが課題となるだろう。学部自治や教授会自治は当然に確保される必要があるが、教授会構成メンバーが、自らの置かれている大学の現状を直視し、ステークホルダーに対してより高品質な大学の在り方を提供できるか否かの意識改革も、今求められているのではないだろうか。

本条を考える視点

臨時教育審議会は四次にわたる答申を出してきたが、高等教育に関して第一次答申（昭和六〇（一九八五）年六月二六日）は入学者選抜、第二次答申（昭和六一（一九八六）年四月二三日）は、高等教育の改革と学術研究の振興、第三次答申（昭和六二（一九八七）年四月一日）は、高等教育機関の組織・運営の改革、第四次答申（同年八月七日）は、高等教育の多様化と改革をそれぞれ提言した。

今日の高等教育改革を論じるときは、臨時教育審議会の議論を見落とすことはできない。臨時教育審議会の議論によって大学は多様化、個性化が進み、現在では大衆化となって展開されている。大衆化された大学は、その質が薄れ、学問の本質を教授することの困難さを迎えていることも事実である。第三者評価を受けた後、指摘された項目は当然のこと、高等教育機関としての矜恃から改善・改革を続けることができるかである。さらに喫緊の課題として指摘されている「質の保証」をアドミッション・ポリシー、ディプロマ・ポリシー、カリキュラム・ポリシーの視点からどう見直し、改善していくかである。

現在の大学は、確実に二極化が進み、大学間格差は覆い隠せないほど深刻な状況に陥っている。『大衆化する大学―学生の多様化をどうみるか』（岩波書店、二〇一三年）の各論考は大学関係者に「質の保証」確保に対する覚悟を迫っているようにも読むことができる。本書で示されている大学の実態を克服することが教育界の種々の問題を解決することになり、そのために大学人が、自らの手でより良い高等教育の在り方を提示できなければ、第三者評価によって大学市場からの退場を余儀なくされるという危機をも含むと本条を解釈するのは行き過ぎであろうか。

関連条文　資料

■関連条文　本法施行令第四〇条、本施行規則第一六六条〜第一七二条、第一七二条の二

■関連資料　「高等教育の一層の改善について」（大学審議会答申　平成九年一二月一八日）

2．大学設置基準等の改正について

1．において指摘したことを踏まえると、大学設置基準等について、次の改正を行う必要がある。

○大学設置基準の改正について

第一　卒業の要件に関する事項

卒業の要件に関する次のような規定を新設すること。

大学の科目等履修生が当該大学に入学した場合、当該大学の定めるところにより、修得したとみなす単位数に応じて、その学修期間以下の期間を在学年数に通算することができる。

「大学の質の保証に係る新たなシステムの構築について」（中央教育審議会答申　平成一四年八月五日）

第1章　基本的な考え方

1　大学の質の保証の必要性

(1)　今後の国際社会においては、社会や経済など様々な面でボーダレス化が進み、国家間の相互依存・相互協力が進展して諸制度等の国際標準化が進む一方、競争も一層激しくなることが予想される。

このような中､諸外国では自らの知的基盤を整備充実させ､それによって生み出される「知」の積極的活用を図っていこうとしている。そこで、大学が優れた人材の養成と独創的な学術研究の推進といった、言わば「知の創造と継承」という極めて重要な役割を果たしていることにかんがみ、各国とも国際的通用性の向上、国際競争力の強化等の観点から大学の教育研究水準の維持向上を目指しており、積極的に大学改革に取り組んでいる。

この中で多くの国の共通の施策としては、大学評価を挙げることができる。先進主要国はすべて大学評価を改革の重要テーマとしている。アメリカでは、伝統的に、大学や専門職団体が組織した様々なアクレディテーション（適格認定）団体が自発的に大学を機関単位あるいは専門分野単位で評価し、当該団体への加盟判定を行ってきたが、１９９０年代に入り、大学の質の一層の確保を図るため、これらの団体に対する連邦政府の認定制度が導入された。また、イギリスでは１９８６年から大学の研究評価を実施し、１９９３年からは大学の教育評価も行われるようになっており、フランスでも１９８４年に行政委員会として大学評価委員会が設置されている。ドイツにおいても１９９８年の高等教育大綱法改正により、国際的通用性の確保の観点から、学士・修士の学位を新設するとともに、これらの課程について、大学に定期的な第三者評価とその結果の公表を義務付けている。さらに、ＥＵ諸国において、各国に共通する指標を定め、ヨーロッパレベルの大学評価を行い、全体の高等教育の質を向上させようとする取組も始まっている。

(2)　我が国においても、諸外国と同様、自己点検・評価の充実や大学評価・学位授与機構の創設等の大学評価に関する施策も含め、これまで様々な施策を通じて大学改革に取り組んできており、現在なお進行途上にある。特に､「知の時代」とも言われるこの21世紀において、人材以外に資源の乏しい我が国が国際社会の中でリーダーシップを発揮し発展していく上で大学の果たすべき役割は極めて大きいものがあり、我が国における知的源泉として、その質的水準の確保を図っていくことが不可欠である。このため、大学が今後一層、人材養成や学術研究などの面で求められる責務を果たしていけるよう、恒常的にその質を社会に保証していくシステムを構築する必要がある。

2　我が国の大学の質の保証システムの現状

(1)　大学の教育研究の質の保証については、現在、国による厳格な設置認可と各大学における自己点検・評価や第三者評価機関の評価の活用などの自己努力に負っている。

(2)　大学、学部等の設置に当たっては、国が大学設置基準等をもとに審査し認可を行っているが、この設置認可制度は、我が国の大学が教育研究水準や学位等の国際的な通用性などを確保する上で、一定の役割を果たしている。

(3)　また、大学設置基準等において、大学はその教育研究活動等の状況について自ら点検・評価を行い、その結果を公表することが義務付けられているほか、その結果について当該大学の職員以外の者による検証を行う努力義務が課せられている。この自己点検・評価は、各大学が自らの教育研究の理念・目標に照らして評価し、その結果を踏まえて大学が改善を図っていくものであり、大学の自主的・自律的な質の充実に資するものである。

なお、文部科学省の調査によれば、平成13年10月現在、すべての国公私立大学のうち92％の大学で何らかの形で自己点検・評価を実施し、75％の大学でその結果を公表しているが、学外者による検証は32％の大学にとどまっている。

(4)　現行の設置認可は、前述のように大学の質の保証の観点で一定の役割を果たしており、設置認可の際、教育課程、教員組織、校地・校舎などについて審査が行われるが、これらは、これから行われる教育研究の前提としての枠組みについてのものであり、実際にどのような教育が行われるかについて直接的な保証をすることには困難もある。また、自己点検・評価などは教育研究を行う当事者自らの判断である点で、一般社会から見て透明性・客観性の点で必ずしも十分なものとは言えないという問題がある。

3　規制改革の流れ

(1)　大学の設置認可制度は、その教育研究の質を保証する上で一定の役割を果たしている一方、組織改編には国の設置審査が必要となることから、大学が学問の進展や社会の変化・ニーズに応じて自らより積極的に改革できるよう、設置認可制度を弾力化すべきとの意見がある。

(2)　また、我が国の行政システム全体の動きとして、国による規制を可能な限り緩和し、事前規制型から事後チェック型へと移行する方向にある。

(3)　こうした流れを踏まえ、国の事前規制である設置認可制度を見直し、学問の自由、大学の自主性・自律性の尊重等を踏まえて国の関与は謙抑的としつつ、設置後も含めて官民のシステム全体で大学の質を保証していく必要がある。

なお、このことは平成13年12月に総合規制改革会議が取りまとめた「規制改革の推進に関する第1次答申」等においても提言されている。

4　改革の方向性

以上のことを踏まえ、国の事前規制である設置認可を弾力化し、大学が自らの判断で社会の変化等に対応して多様で特色のある教育研究活動を展開できるようにする。それとともに、大学設置後の状況について当該大学以外の第三者が客観的な立場から継続的に評価を行う体制を整備する。これらのことにより、大学の自主性・自律性を踏まえつつ、大学の教育研究の質の維持向上を図り、その一層の活性化が可能となるような新たなシステムを構築することとする。

認証評価制度（文部科学省）

1．目的

・評価結果が公表されることにより、大学等が社会による評価を受ける
・評価結果を踏まえて大学等が自ら改善を図る

2. 制度の概要

大学等の総合的な状況の評価
大学等の教育研究、組織運営及び施設設備の総合的な状況について評価（7年以内ごと）　専門職大学院の評価
専門職大学院の教育課程、教員組織その他教育研究活動の状況について評価（5年以内ごと）
・各認証評価機関が定める評価基準に従って実施
・大学等は複数の認証評価機関の中から評価を受ける機関を選択

3. 文部科学大臣による評価機関の認証

・評価の基準、方法、体制等についての一定の基準（認証基準）を、省令により規定
・認証評価機関になろうとする者の申請に基づき、文部科学大臣が認証基準に適合すると認める場合に、中央教育審議会に諮問した上で認証

4. 認証評価機関

・文部科学大臣から認証された評価機関（平成18年1月現在）
財団法人大学基準協会　（大学の評価）
独立行政法人大学評価・学位授与機構（大学、短期大学、高等専門学校、法科大学院の評価）
財団法人短期大学基準協会（短期大学の評価）
財団法人日弁連法務研究財団（法科大学院の評価）
財団法人日本高等教育評価機構（大学の評価）

文部科学大臣による評価機関の認証基準について

文部科学大臣が認証を行う際の基準は次のとおり。

〈基準〉大学評価基準及び評価方法が認証評価を適確に行うに足りるものであること。

〈基準に係る細目〉

ア 評価基準が学校教育法及び各設置基準に適合していること。また、評価基準の項目を、大学の特色ある教育研究の進展に資する観点から設定していること。

イ 評価基準の決定に際し、案の公表など公正性・透明性の確保のための措置を講じていること。

ウ 評価方法として自己点検・評価の分析及び実地調査を含むこと。

エ 評価結果の公表の方法は、刊行物への掲載、インターネットの利用が必須であること。

オ 法科大学院の評価においては、評価方法が適格認定を行うに足るものであること。

カ 大学評価基準の設定に当たり、以下の事項について評価することとしていること。

・大学の総合的な状況の評価については、

1）教育研究上の基本組織

2）教員組織

3）教育課程

4）施設及び設備

5）事務組織

6）財務

7）その他教育研究活動等に関することについて

・専門職大学院の評価については、

1）教員組織

2）教育課程

3）施設及び設備

4）その他教育研究活動に関することについて

・法科大学院の評価については、

1）教育活動等の状況の情報提供

2）入学者の多様性の確保

3）教員組織

4）学生数の適正管理

5）教育課程の編成

6）授業科目ごとの学生の数の設定

7）授業の方法

8）学修成果の評価及び修了認定の客観性・厳格性の確保

9）授業内容・方法の改善の組織的な実施

10）履修科目の登録の上限の設定

11）法学既修者の認定

12）教育上必要な施設及び設備

13）図書その他の教育上必要な資料の整備について

〈基準〉　認証評価の公正かつ適確な実施を確保するために必要な体制が整備されていること。

〈基準に係る細目〉

ア　評価の業務は、大学関係者及びそれ以外の者が従事（専門職大学院評価にあっては、さらに分野に関する実務経験者が従事）するとともに、大学教員が所属大学の評価に従事しない措置を講じていること。また、評価に従事する者に研修等を実施すること。

　なお、法科大学院の認証評価においては、法曹実務経験者が評価の業務に従事すること。

イ　機関別評価と専門職大学院評価を同時に実施する場合には、それぞれ実施体制を整備するとともに、それぞれ経理を区分すること。

〈基準〉　評価結果の公表・報告の前に認証評価の結果に係る大学からの意見の申立ての機会を付与していること。

〈基準〉　認証評価を適確かつ円滑に行うに必要な経理的基礎を有する法人（人格のない社団又は財団で代表者又は管理人の定めのあるものを含む。次号において同じ。）であること。

〈基準〉　認証を取り消され、その日から二年を経過しない法人でないこと。

〈基準〉　その他認証評価の公正かつ適確な実施に支障を及ぼすおそれがないこと。

〈基準に係る細目〉

ア　大学評価基準、評価方法、評価の実施体制等を公表すること。また、大学から評価の要求があった場合は、正当な理由がある場合を除き、評価を行うこと。

イ　評価の実績などにより、評価を公正・適確に実施する見込みがあること。

ウ　専門職大学院の評価の実施後、教育課程又は教員組織に重要な変更があった場合、その変更を把握し、必要に応じ、その変更を評価結果に付記する等の措置を講ずること。

〔認証評価機関〕

第一一〇条　認証評価機関になろうとする者は、文部科学大臣の定めるところにより、申請により、文部科学大臣の認証を受けることができる。

②　文部科学大臣は、前項の規定による認証の申請が次の各号のいずれにも適合すると認めるときは、その認証をするものとする。

一　大学評価基準及び評価方法が認証評価を適確に行うに足りるものであること。

二　認証評価の公正かつ適確な実施を確保するために必要な体制が整備されていること。

三　第四項に規定する措置（同項に規定する通知を除く。）の前に認証評価の結果に係る大学からの意見の申立ての機会を付与していること。

四　認証評価を適確かつ円滑に行うに必要な経理的基礎を有する法人（人格のない社団又は財団で代表者又は管理人の定めのあるものを含む。次号において同じ。）であること。

五　次条第二項の規定により認証を取り消され、その取消しの日から二年を経過しない法人でないこと。

六　その他認証評価の公正かつ適確な実施に支障を及ぼすおそれがないこと。

③　前項に規定する基準を適用するに際して必要な細目は、文部科学大臣が、これを定める。

④　認証評価機関は、認証評価を行つたときは、遅滞なく、その結果を大学に通知するとともに、文部

科学大臣の定めるところにより、これを公表し、かつ、文部科学大臣に報告しなければならない。
⑤　認証評価機関は、大学評価基準、評価方法その他文部科学大臣の定める事項を変更しようとするとき、又は認証評価の業務の全部若しくは一部を休止若しくは廃止しようとするときは、あらかじめ、文部科学大臣に届け出なければならない。
⑥　文部科学大臣は、認証評価機関の認証をしたとき、又は前項の規定による届出があつたときは、その旨を官報で公示しなければならない。

本条の概要

本条は本法の平成一四年改正により新設され、平成一九年改正により第一一〇条として規定された。

第一項は、認証評価機関になろうとする者は、申請の上、文部科学大臣が中央教育審議会に諮問を、中央教育審議会の答申を受けて文部科学大臣が認証して認可されることを定めたものである（本法第一一二条）。

第二項は、認証評価機関の認証を行う際の基準であるが、各認証評価機関への基準については関連条文・資料を参照されたい。

第四項は、認証評価機関が認証評価を行った際には、遅滞なくその結果を大学に通知し、かつ公表を行い、文部科学大臣へ報告義務を定めた規定である。

第五項は、認証評価機関はその社会的使命に基づき、評価機関としての役割からその各認証評価機関が評価基準を勝手に変更することのないように、基準を変更ないし廃止などをするときは文部科学大臣への届出義務を課した規定である。

ポイント解説

現在本条の規定に基づき認証評価機関として認可された団体は、大学等の機関別認証評価機関として、①大学に関しては、公益財団法人大学基準協会（平成一六年八月三一日認証）、独立行政法人大学改革支援・学位授与機構（平成一七年一月一四日認証、公益財団法人日本高等教育評価機構（平成一七年七月一二日認証）がある。②短期大学に関しては、一般財団法人短期大学基準協会（平成一七年一月一四日認証）、公益財団法人大学基準協会（平成一九年一月二五日認証）、公益財団法人日本高等教育評価機構（平成二一年九月四日認証）、③高等専門学校に関しては、独立行政法人大学改革支援・学位授与機構（平成一七年七月一二日認証）。

専門職大学院の分野別認証評価機関については、①法科大学院は、公益財団法人日弁連法務研究財団（平成一六年八月三一日認証）、独立行政法人大学改革支援・学位授与機構（平成一七年一月一四日認証）、公益財団法人大学基準協会（平成一九年二月一六日認証）が当たっている。②経営（経営管理、技術経営、ファイナンス、経営情報）に関しては、一般社団法人ＡＢＥＳＴ（エーベスト）21（平成一九年一〇月一二日認証）が、③経営（経営学、経営管理、国際経営、会計、ファイナンス、技術経営）に関しては、公益財団法人大学基準協会（平成二〇年四月八日認証）、④会計に関しては、特定非営利活動法人国際会計教育協会（平成一九年一〇月一二日認証）、⑤助産に関しては、一般社団法人日本助産評価機構（平成二〇年四月八日認証）、⑥臨床心理に関しては、財団法人日本臨床心理士資格認定協会（平成二一年九月四日認証）、⑦公共政策に関しては、公益財団法人大学基準協会（平成二二年三月三一日認証）、⑧ファッション・ビジネスに関しては、公益財団法人日本高等教育評価機構（平成二三年三月三一日認証）、⑨教職大学院、学校教育に関しては、一般財団法人教員養成評価機構（平成二二年三月三一日認証）、⑩情報、創造技術、組み込み技術、原子力に関しては、一般社団法人日本技術者教育認定機構（平成二二年三月三一日認証）、⑪公衆衛生に関しては、公益財団法人大学基準協会（平成二三年七月四日認証）、⑫知的財産に関しては、一般社団法人ＡＢＥＳＴ21（平成二三年一〇月三一日認証）、公益財団法人大学基準協会（平成二四年三月二九日認証）、⑬ビューティビジネスに関しては、一般社団法人ビューティビジネス評価機構（平成二四年七月三一日認証）、⑭環境・造園に関しては、公益社団法人日本造園学会（平成二四年七月三一日認証）等々が認証評価機関として認可されている。なおこれらの団体は、本条第二項の定めに適合することが前提であるが、各認証評価機関の基準は関連条文・資料を参照されたい。

本条を考える視点

認証評価機関の設置により、高等教育機関の質保証を担保することが制度化されたが、大学が評価機関を選ぶことができる制度となっている現在、評価機関によって評価方法、内容に差があってはならない。そのために、評価者自身の大学教育に対しての姿勢や評価を受ける側が示すデータを的確に読み取る訓練も必要である。各認証評価機関に専門の評価者を配置するということも考えていくことが重要だろう。

一方、改善指摘を受けた大学側は、次回評価までに改善報告書を提出することになっている。

関連条文　資料

■**関連条文**　本法施行規則第四節　認証評価、第一六六条〜第一七三条

■**関連資料**　**「大学の質の保証に係る新たなシステムの構築について」（中央教育審議会答申　平成14年8月5日）**

第3章　第三者評価制度の導入

5　機関認証基準

(1)　国は、認証評価機関の認証に係る一定の基準（機関認証基準）を示し、認証申請のあった機関のうちこの基準

を満たすものを認証する。

(2)　機関認証基準としては、例えば以下の事項を定めることが考えられる。

・大学評価のための適切な基準を定めていること

・適切な評価が実施できる体制が整備されていること

・定期的に評価を実施すること

・評価結果について一般に公表すること

・評価結果に係る不服申立て制度を整備していること

6　大学評価・学位授与機構の評価の対象

大学評価・学位授与機構は、当分の間、私立大学に係る評価を行わないものとすることとされているが、同機構がこれまで蓄積してきた評価に係る能力、機能等を私立大学においても活用できるよう、同機構による評価を受けることを希望する私立大学についてはこれを可能にすることが適当である。

7　認証評価機関に対する支援

現在、第三者評価機関の整備充実に向けての取組が関係各方面で行われているところであるが、第三者評価機関の果たす役割の重要性にかんがみ、その取組を支援し、円滑な業務の実施に資するため、認証評価機関に対する国の支援方策について検討する必要がある。

8　国際的な質の保証の情報ネットワークの構築等

e-Learningなど情報通信技術等を用いて国境を越えて提供される高等教育サービスが一層流通する時代が到来しつつあることを見据え、大学の質についての国際的な保証システムを構築していく必要がある。例えば、大学の質の保証に係る国際的な情報ネットワークの構築等に関する検討の必要性に留意することが重要である。

第4章　法令違反状態の大学に対する是正措置

(1)　今後の国公私立大学の教育研究における質の維持向上は、新たに導入する第三者評価制度及びその評価結果なども踏まえた各大学における改善についての自発的な取組が基本となるが、法令違反の状態に陥った大学に対しては、国としても是正措置を講じられるようにしていく必要がある。

(2)　違法状態の大学に対する国の措置としては、行政指導以外には、現行法令上、大学自体の閉鎖を命ずる、いわゆる閉鎖命令と、大学における法令違反の是正を命ずる、いわゆる変更命令があるが、これらの発動に至る前の、大学の自主性・自律性を踏まえた緩やかな改善措置についての規定が整備されていない。

さらに、変更命令は私立大学に対しては適用除外とされており、国が違法状態にある私立大学に対して是正措置を行おうとすれば、閉鎖命令という最終的な措置を発動するしか法的手段はない。

(3)　このため、違法状態にある大学に対しては、緩やかな措置から段階的に是正を求めるべく、新たに改善勧告制度を導入するとともに、私立大学についても変更命令を可能とし、閉鎖命令に至る事前の措置を規定する。

(4)　なお、閉鎖命令は大学の全体を対象とする措置であり、学部等大学の中の特定組織を対象とする措置については現行法令上規定されていない。このため、大学の中の一部の学部等における違法状態をもって大学自体が閉鎖されるという事態を招くことのないよう、違法状態にある特定組織のみを対象とした設置認可の取消等の規定を整備する。

(5)　以上のことを整理すると、違法状態にある大学に対する是正は、原則として、改善勧告、変更命令、特定組織のみを対象とした認可取消等の措置、大学の閉鎖命令、といった段階を踏まえながら行うこととなる。

なお、これらの措置はあくまで法令違反の場合のみに発動することとするとともに、特に私立大学に変更命令等を行う場合は、事前に大学設置・学校法人審議会の意見を聴くものとする。

「文部科学大臣が認証評価機関になろうとする者を認証する基準を適用するに際して必要な細目を定める省令要綱」

（「文部科学大臣が認証評価機関になろうとする者を認証する基準を適用するに際して必要な細目を定める省令の制定について（答申）」中央教育審議会答申　平成一六年二月六日　別紙）

第一　大学評価基準及び評価方法

1．大学評価基準が、学校教育法及び大学設置基準等に適合していること。

2．大学評価基準において、評価の対象となる大学における特色ある教育研究の進展に資する観点からする評価に係る項目が定められていること。

3．大学評価基準を定め、又は変更するに当たっては、その過程の公正性及び透明性を確保するため、その案の公表その他の必要な措置を講じていること。

4．評価方法に、大学が自ら行う点検及び評価の結果の分析並びに大学の教育研究活動等の状況についての実地調査が含まれていること。

5．大学の教育研究等の総合的な状況についての評価（機関別評価）を行う認証評価機関については、大学評価基準が、以下の事項について評価を行うものとして定められていること。

1　教育研究上の基本組織に関すること

2　教員組織に関すること

3　教育課程に関すること

4　施設及び設備に関すること

5　事務組織に関すること

6　財務に関すること

7　1～6のほか、教育研究活動等に関すること

6．専門職大学院の評価を行う認証評価機関については、大学評価基準が、以下の事項について評価を行うものとして定められていること。

1　教員組織に関すること

2　教育課程に関すること

3　施設及び設備に関すること

4　1～3のほか、教育研究活動に関すること

第二　評価体制

1．大学の教員及びそれ以外の者であって大学の教育研究活動等に関し識見を有するものが認証評価の業務に従事していること。ただし、専門職大学院の評価にあっては、これらの者のほか、当該専門職大学院の課程に係る分野に関し実務の経験を有する者が認証評価の業務に従事していること。

2．大学の教員が、その所属する大学を対象とする認証評価の業務に従事しないよう必要な措置を講じていること。

3．認証評価の業務に従事する者に対し、研修の実施その他の必要な措置を講じていること。

4．機関別評価の業務及び専門職大学院評価の業務を併せて行う場合にあっては、それぞれの認証評価の業務の実施体制を整備していること。

5．認証評価の業務に係る経理については、認証評価の業務以外の業務を行う場合にあっては、その業務に係る経理と区分して整理し、機関別評価の業務及び専門職大学院評価の業務を併せて行う場合にあっては、それぞれの認証評価の業務に係る経理を区分して整理していること。

第三　その他

1．大学評価基準、評価方法、評価の実施体制等に関する情報を公表していること。

2．大学から認証評価を行うことを求められたときは、正当な理由がある場合を除き、遅滞なく、当該認証評価を行うこと。

3．大学の教育研究活動等の評価の実績があることその他により認証評価を公正かつ適確に実施することが見込まれること。

4．専門職大学院の認証評価の場合、認証評価を行った後、当該認証評価の対象となった専門職大学院を置く大学が次の認証評価を受ける前に、教育課程又は教員組織に重要な変更があったときは、変更に係る事項について把握し、当該大学の意見を聴いた上で、必要に応じ、公表した評価の結果に当該事項を付記する等の措置を講ずるよう努めること。

第四　法科大学院に係る特例

法科大学院の認証評価機関に係る細目は、『法科大学院の教育と司法試験等との連携等に関する法律』を踏まえ、認証評価機関一般について定められる機関認証基準に加えて以下の事項を規定。

1．法科大学院の認証評価機関は、大学評価基準において、以下の事項を評価項目として設定するものとする。

1　教育活動等の状況に係る情報の提供に関すること

2　入学者の選抜における入学者の多様性の確保に関すること

3　教員組織に関すること

4　在学する学生の数の収容定員に基づく適正な管理に関すること。

5　教育課程の編成に関すること

6　一の授業科目について同時に授業を行う学生の数の設定に関すること
7　授業の方法に関すること
8　学修の成果に係る評価及び修了の認定の客観性及び厳格性の確保に関すること
9　授業の内容及び方法の改善を図るための組織的な研修及び研究の実施に関すること
10　学生が一年間又は一学期に履修科目として登録することができる単位数の上限の設定に関すること
11　法学既修者の認定に関すること
12　教育上必要な施設及び設備に関すること
13　図書その他の教育上必要な資料の整備に関すること
2．評価方法が、法科大学院の教育と司法試験等との連携等に関する法律第五条第二項に規定する認定を適確に行うに足りるものであること。
3．法曹としての実務の経験を有する者が認証評価の業務に従事していること。
第五　高等専門学校への準用
高等専門学校の認証評価機関に係る細目は、上記1～3のうち必要な規定を準用する。
第六　施行期日
この細目は、平成16年4月1日から施行する。

評価機関の認証にあたっての基準について
【基準1】大学評価基準及び評価方法が認証評価を適確に行うに足りるものであること。（学校教育法第110条第2項第1号）

〈基準1に係る細目（細目省令第1条概要）〉

1. 大学評価基準が学校教育法及び各設置基準に適合していること。

2. 大学評価基準の項目を、大学の特色ある教育研究の進展に資する観点から設定していること。

3. 大学評価基準の決定又は変更に際し、案の公表など公正性・透明性の確保のための措置を講じていること。

4. 評価方法として自己点検・評価の分析及び実地調査を含むこと。

5. 大学評価基準の設定に当たり、以下の事項について評価することとしていること。

【大学、短期大学】

(1)教育研究上の基本組織

(2)教員組織

(3)教育課程

(4)施設及び設備

(5)事務組織

(6)財務

(7)その他教育研究活動等に関すること

【専門職大学院（法科大学院を除く）】

(1)教員組織

(2)教育課程

(3)施設及び設備

(4)その他教育研究活動に関すること

【基準2】認証評価の公正かつ適確な実施を確保するために必要な体制が整備されていること。（法第110条第2項第2号）

〈基準2に係る細目（令第2条概要）〉

1．評価の業務は、大学の教員及びそれ以外の者が従事（専門職大学院評価にあっては、さらに分野に関する実務経験者が従事）すること。なお、法科大学院の認証評価においては、法曹実務経験者が評価の業務に従事すること。

2．大学の教員が所属大学の評価に従事しない措置を講じていること。

3．評価に従事する者に研修等を実施すること。

4．機関別評価と専門職大学院評価を同時に実施する場合には、それぞれ実施体制を整備していること。

5．認証評価業務とそれ以外の業務に係る経理を区分すること。また、機関別評価と専門職大学院評価を同時に実施する場合も経理を区分すること。

【基準3】評価結果の公表、文部科学省への報告の前に認証評価の結果に係る大学からの意見の申立ての機会を付与していること。（法第110条第2項第3号）

【基準4】認証評価を適確かつ円滑に行うに必要な経理的基礎を有する法人（人格のない社団又は財団で代表者又は管理人の定めのあるものを含む。）であること。（法第110条第2項第4号）

【基準5】認証を取り消され、その日から2年を経過しない法人（人格のない社団又は財団で代表者又は管理人の定めのあるものを含む。）でないこと。（法第110条第2項第5項）

【基準6】その他認証評価の公正かつ適確な実施に支障を及ぼすおそれがないこと。（法第110条第2項第6号）

〈基準6に係る細目（令第3条概要）〉

1．申請のあった機関は以下の事項を公表すること。

(1)名称及び事務所の所在地
(2)役員の氏名
(3)評価の対象
(4)大学評価基準及び評価方法
(5)評価の実施体制
(6)評価の結果の公表の方法
(7)評価の周期
(8)評価に係る手数料の額
(9)その他評価の実施に関し参考となる事項

2．大学から評価の要求があった場合は、正当な理由がある場合を除き、遅滞なく、評価を行うこと。

3．評価の実績などにより、評価を公正・適確に実施する見込みがあること。

4．専門職大学院の評価の実施後、教育課程又は教員組織に重要な変更があった場合、その変更を把握し、必要に応じ、その変更を評価結果に付記する等の措置を講ずること。

【基準7】評価結果の公表の方法は、刊行物への掲載、インターネットの利用その他広く周知を図ること。（学校教育法施行規則第171条）

「学校教育法施行規則等の一部を改正する省令の施行について（通知）」（平成二二年六月一六日　文部科学大臣政務官）

第一　学校教育法施行規則（昭和22年文部省令第11号）の改正の概要と留意点

(1)大学（短期大学、大学院を含む。）は、次の教育研究活動等の状況についての情報を公表するものとすること。（第172条の2第1項関係）

【1】 大学の教育研究上の目的に関すること。（第1号関係）

これは、大学設置基準（昭和31年文部省令第28号）第2条（本省令による改正前の第2条の2）等に規定されているものであること。その際、大学であれば学部、学科又は課程等ごとに、大学院であれば研究科又は専攻ごとに、短期大学であれば学科又は専攻課程ごとに、それぞれ定めた目的を公表することや、平成19年7月31日付け文部科学省高等教育局長通知「大学設置基準等の一部を改正する省令等の施行について」で示した事項に留意すること。

【2】 教育研究上の基本組織に関すること。（第2号関係）

その際、大学であれば学部、学科又は課程等の、大学院であれば研究科又は専攻等の、短期大学であれば学科又は専攻課程等の名称を明らかにすることに留意すること。

【3】 教員組織、教員の数並びに各教員が有する学位及び業績に関すること。（第3号関係）

その際、教員組織に関する情報については、組織内の役割分担や年齢構成等を明らかにし、効果的な教育を行うため組織的な連携を図っていることを積極的に明らかにすることに留意すること。

教員の数については、学校基本調査における大学の回答に準じて公表することが考えられること。また、法令上必要な専任教員数を確保していることや、男女別、職別の人数等の詳細をできるだけ明らかにすることに留意すること。

各教員の業績については、研究業績等にとどまらず、各教員の多様な業績を積極的に明らかにすることにより、教育上の能力に関する事項や職務上の実績に関する事項など、当該教員の専門性と提供できる教育内容に関することを確認できるという点に留意すること。

【4】入学者に関する受入方針及び入学者の数、収容定員及び在学する学生の数、卒業又は修了した者の数並びに進学者数及び就職者数その他進学及び就職等の状況に関すること。（第4号関係）

その際、これらの情報は、学校基本調査における大学の回答に準じて公表することが考えられること。

就職状況については、働き方が多様となっている状況を踏まえた公表を、各大学の判断で行うことも考えられること。編入学を実施している場合には、大学設置基準第18条第1項の規定を踏まえつつ、編入学定員や実際の編入学者数を明らかにすることに留意すること。

【5】授業科目、授業の方法及び内容並びに年間の授業の計画に関すること。（第5号関係）

これらは、大学設置基準第25条の2第1項等において、学生に明示することとされているものであること。その際、教育課程の体系性を明らかにする観点に留意すること。年間の授業計画については、シラバスや年間授業計画の概要を活用することが考えられること。

【6】学修の成果に係る評価及び卒業又は修了の認定に当たっての基準に関すること。（第6号関係）

これらは、大学設置基準第25条の2第2項等において、学生に明示することとされているものであること。その際、必修科目、選択科目及び自由科目の別の必要単位修得数を明らかにし、取得可能な学位に関する情報を明らかにすることに留意すること。

【7】校地、校舎等の施設及び設備その他の学生の教育研究環境に関すること。（第7号関係）

その際、学生生活の中心であるキャンパスの概要のほか、運動施設の概要、課外活動の状況及びそのために用いる施設、休息を行う環境その他の学習環境、主な交通手段等の状況をできるだけ明らかにすることに留意すること。

【8】 授業料、入学料その他の大学が徴収する費用に関すること。(第8号関係)
その際、寄宿舎や学生寮等の宿舎に関する費用、教材購入費、施設利用料等の費用に関することをできるだけ明らかにすることに留意すること。
【9】 大学が行う学生の修学、進路選択及び心身の健康等に係る支援に関すること。(第9号関係)
その際、留学生支援や障害者支援など大学が取り組む様々な学生支援の状況をできるだけ明らかにすることに留意すること。
(2)大学は、教育上の目的に応じ学生が修得すべき知識及び能力に関する情報を積極的に公表するよう努めるものとすること。その際、大学の教育力の向上の観点から、学生がどのようなカリキュラムに基づき、何を学ぶことができるのかという観点が明確になるよう留意すること。(第172条の2第2項関係)
(3)(1)による教育情報の公表は、そのための適切な体制を整えた上で、刊行物への掲載、インターネットの利用その他広く周知を図ることができる方法によって行うものとすること。(第172条の2第3項関係)
(4)大学の教育情報の公表に関する(1)～(3)について、高等専門学校に準用すること。(第179条関係)

第二 大学設置基準、高等専門学校設置基準(昭和36年文部省令第23号)、大学院設置基準(昭和49年文部省令第28号)及び短期大学設置基準(昭和50年文部省令第21号)の改正の概要
教育情報の公表に関する規定が学校教育法施行規則上整備されることに伴い、情報の積極的な提供に関する規定の削除など、所要の整理を行うこと。

第三 学校教育法第110条第2項に規定する基準を適用するに際して必要な細目を定める省令(平成16年文部科学省令第7号)の改正の概要
大学の総合的な状況に係る認証評価の大学評価基準に、教育研究活動等の状況に係る情報の公表に関すること

が含まれるものとすること。その際、上記第一の改正を踏まえ、大学評価基準が学校教育法施行規則に適合することとすること。（第1条第1項第1号及び同条第2項関係）

第四　施行について

平成23年4月1日施行とすること。

〔認証の取り消し〕

第一一一条　文部科学大臣は、認証評価の公正かつ適確な実施が確保されないおそれがあると認めるときは、認証評価機関に対し、必要な報告又は関連条文・資料の提出を求めることができる。

② 文部科学大臣は、認証評価機関が前項の求めに応じず、若しくは虚偽の報告若しくは関連条文・資料の提出をしたとき、又は前条第二項及び第三項の規定に適合しなくなつたと認めるときその他認証評価の公正かつ適確な実施に著しく支障を及ぼす事由があると認めるときは、当該認証評価機関に対してこれを改善すべきことを求め、及びその求めによつてもなお改善されないときは、その認証を取り消すことができる。

③ 文部科学大臣は、前項の規定により認証評価機関の認証を取り消したときは、その旨を官報で公示しなければならない。

本条の概要

本条は、認証評価機関が行う評価が適確かつ公正に行われないおそれがあるときには、文部科学省が認証評価機関に報告又は関連条文・資料の提出を求めることができるとした規定である。なおかつ、認証評価機関が虚偽の報告や関連条文・資料の提出をしたとき、改善を求めること、さらには改善されないときには認証評価機関として取り消されることが定められている。

ポイント解説

認証評価は受ける側だけが緊張感をもつという性格ではなく、評価をする機関が公正かつ適確に評価をしなければならない。

文部科学省は、前条第四項に基づき各認証機関から評価をした大学の報告を受けることになっているが、その評価内容を常に正確に把握しておく必要がある。しかし、認証評価機関が提出する膨大な報告書を分析する中で文部科学省の担当者がどのようにして「虚偽」を認識することができるのかが課題となろう。そうした意味で公益通報者保護法も意識しておく必要がある。

本条を考える視点

認証評価機関の公正性や適確な評価姿勢が高等教育の質保証を担保することになるので、各認証機関は、評価者の養成や適正配置が課題となろう。

関連条文　資料

■**関連条文、法令**　本法施行規則第四節各条文、公益通報者保護法（平成一六年法律第一二二号）

（審議会への諮問）
第一二二条　文部科学大臣は、次に掲げる場合には、第九十四条の政令で定める審議会等に諮問しなければならない。
一　認証評価機関の認証をするとき。
二　第百十条第三項の細目を定めるとき。
三　認証評価機関の認証を取り消すとき。

本条の概要

本規定で定める審議会等とは、中央教育審議会であるが、認証評価機関の認証や取り消しの諮問を義務づけたものである。

ポイント解説

本条は、認証評価機関として認可される手続きについて定めたものであるが、認証評価機関はこれによって社会的信用を得たことにもなる。

本条を考える視点

今後、現在認証されている機関だけではなく、評価を受ける側が自己の都合の良い認証評価機関を設立することのないように中立性・公正性を保つことは高等教育の質保証のためには必要不可欠であろう。

関連条文　資料

■関連条文　大学設置・学校法人審議会令

■関連資料　**高等教育局の役割（文部科学省）**

高等教育の振興のための様々な政策を推進しています。高等教育に関する基本的な政策の企画・立案とともに、大学、短期大学、高等専門学校の設置認可及び評価を通じた教育の質の保証、大学教育改革の支援や高度専門職業人材の養成などを進めるとともに、入学者選抜、学生支援、留学生交流、法人化後の国立大学の一層の活性化などに関する事務を行っています。また、学校法人の設立認可、経営の指導・助言、私学助成などを通じ、私立学校の振興に努めています。

我が国の高等教育の将来像

平成17年1月28日に中央教育審議会答申「我が国の高等教育の将来像」が出されました。この答申では、1高等教育の量的変化の動向、2高等教育の多様な機能と個性・特色の明確化、3高等教育の質の保証の重要性、4高等教育機関の在り方、5高等教育の発展を目指した社会の役割などが示されています。加えて、将来像の実現に向けて取り組むべき施策（「12の提言」等）も示されています。

文部科学省では、本答申を踏まえ、今後とも積極的に高等教育改革を進めていきます。

大学・大学院の振興

●大学の質の保証

平成15年4月より設置認可制度の大幅な弾力化を実施した結果、大学の新設や組織改編が大きく促進されています。学習者の保護や学位の国際通用性の保持の観点からは、大学の教育研究の質を保証することが重要な課題であり、設置認可制度を的確に運用するとともに、すべての国公私立大学に対し、定期的に、文部科学大臣の認証を受けた評価機関による評価を受けるよう義務付けた認証評価制度（平成16年4月導入）を円滑に実施することにより、大学設置の事前・事後を通じた包括的な質保証システムのさらなる充実を図っていきます。

●法人化後3年を経た国立大学の状況

平成16年4月の法人化より3年を経た現在、各国立大学法人においては、法人化のメリットを活かし、それぞれの理念・特色に応じて、経営体制の確立、教育研究の活性化、学生支援の充実、産学連携・地域貢献の促進等、様々な取組が積極的になされています。

また、平成17年10月には、富山大学、富山医科薬科大学、高岡短期大学が統合して新しい「富山大学」となりました。平成19年10月には、大阪大学と大阪外国語大学が統合する予定となっています。文部科学省としては、今後とも、各大学等と密接に連携を取りながら、我が国の高等教育及び学術研究の中心的役割を果たしている国立大学の一層の活性化及び発展を図っていきます。

●国公私立大学を通じた大学教育改革の支援

各大学等の個性・特色を活かした優れた教育研究活動の取組を促進し、高等教育の活性化を図ることを目的として、国公私立大学を通じた競争的環境の下で、大学改革に向けた多様な取組を支援しています。

また、特色ある大学教育支援プログラム、現代的教育ニーズ取組支援プログラムでは、優れた取組に関する情報を、Ｗｅｂサイトの開設、フォーラムの開催やメールマガジン「大学改革ＧＰナビ―Good Practice―」を通じて社会に広く提供しています。

●専門職大学院

「専門職大学院」は、近年の科学技術の高度化、社会・経済・文化のグローバル化などの中で、社会経済の各分野において指導的な役割を果たすとともに国際的にも活躍することのできる高度専門職業人の養成に特化した新しい大学院の課程（専門職学位課程）として平成15年度に発足しました。平成19年4月現在、新たな法曹養成の中核として制度化された法科大学院（74専攻）をはじめ、ビジネス、ＭＯＴ（技術経営）、公共政策、公衆衛生等の分野において１４９校が開設されています。（以下略）

〔教育研究活動の状況の公表〕

第一一三条　大学は、教育研究の成果の普及及び活用の促進に資するため、その教育研究活動の状況を公表するものとする。

本条の概要

教育基本法第七条第一項を受けて本法第八三条第二項は「大学は、その目的を実現するための教育研究を行い、その成果を広く社会に提供することにより、社会の発展に寄与するものとする。」と大学の社会貢献を義務づけた。本条はこの本法の規定を具体化し、教育研究成果を情報公開という形で求めた規定である。各大学はインターネット上のホームページで教育研究の業績を公開することになっている。

ポイント解説

教育研究活動の状況の公表に当たっては、個人情報保護法や著作権法などに十分留意をして行わなければならない。

本条を考える視点

本来、大学は教員の研究成果を学生たちに教授し、それを受けて学生が知的、道徳的能力を身につけ、さらに社会に出て応用的にその能力を発揮していくのがそのあるべき姿である。教育研究成果は、まず学生に還元した上で、本条の規定を実効化していくことが大学の姿であると考えておく必要がある。

一方、大学の附属研究所は社会貢献を第一義的に考慮しておくことも重要である。特に国民の生命・健康等に関連する研究成果は広く活用されることが望ましいが、営利目的が主であってはならないことはいうまでもない。

関連条文　資料

■関連条文　日本国憲法第二三条、本法施行規則第一七二条の二、著作権法（昭和四五年五月六日法律第四八号）、特許法（昭和三四年四月一三日法律第一二一号）、個人情報の保護に関する法律（平成一五年五月三〇日法律第五七号）、独立行政法人等の保有する情報の公開に関する法律（平成一三年一二月五日法律第一四〇号）

■関連資料　情報公開条例

規制改革・民間開放推進3か年計画（平成一六年三月一九日閣議決定）

5　教育・研究関係

ウ　高等教育

大学の情報公開の促進

a　教育環境、研究活動、学生の卒業後の進路、受験者数、合格者数及び入学者数を含む入学者選抜に関する情報など、大学設置基準第2条の2（注）における「教育研究活動等の状況」として望ましい具体的な内容を通知等において明確に示すことにより、当該大学に関する情報全般を大学が情報公開することを促進する。

b　広く周知を図るという観点から、これらの情報をインターネット上のホームページに掲載することを促進する。

c　通知等において示された「教育研究活動等の状況」として望ましい内容について公開状況を毎年調査し、情報公開が進まない場合は、その更なる促進方策を講ずる。

「我が国の高等教育の将来像」（中央教育審議会答申　平成一七年一月二八日）

第2章　新時代における高等教育の全体像

4　高等教育の質の保証

(5)評価結果等に関する情報の積極的な開示及び活用

教育内容・方法、財務・経営状況等に関する情報や設置審査等の過程、認証評価や自己点検・評価の結果等により明らかとなった課題や情報を当該機関が積極的に学習者に提供するなど、社会に対する説明責任を果たし、当該機関自身による質の保証に努めていくことが求められる。

具体的には、例えば、ホームページ等を活用して、自らが選択する機能や果たすべき社会的使命、社会に対する「約束」とも言える設置認可申請書や学部・学科等の設置届出書、学則、自己点検・評価の結果等の基本的な情報を開示することが求められる。

（以下略）

「学校教育法施行規則等の一部を改正する省令の施行について（通知）」（平成二二年六月一六日二二文科高第二三六号　文部科学政務官）

第一　学校教育法施行規則（昭和22年文部省令第11号）の改正の概要と留意点

(1)大学（短期大学、大学院を含む。）は、次の教育研究活動等の状況についての情報を公表するものとすること。（第172条の2第1項関係）

【1】　大学の教育研究上の目的に関すること。（第1号関係）

これは、大学設置基準（昭和31年文部省令第28号）第2条（本省令による改正前の第2条の2）等に規定されているものであること。その際、大学であれば学部、学科又は課程等ごとに、大学院であれば研究科又は専攻ごとに、短期大学であれば学科又は専攻課程ごとに、それぞれ定めた目的を公表することや、平成19年7月31日付け文部科学省高等教育局長通知「大学設置基準等の一部を改正する省令等の施行について」で示した事項に留意すること。

【2】教育研究上の基本組織に関すること。（第2号関係）

その際、大学であれば学部、学科又は課程等の、大学院であれば研究科又は専攻等の、短期大学であれば学科又は専攻課程等の名称を明らかにすることに留意すること。

【3】教員組織、教員の数並びに各教員が有する学位及び業績に関すること。（第3号関係）

その際、教員組織に関する情報については、組織内の役割分担や年齢構成等を明らかにし、効果的な教育を行うため組織的な連携を図っていることを積極的に明らかにすることに留意すること。

教員の数については、学校基本調査における大学の回答に準じて公表することが考えられること。また、法令上必要な専任教員数を確保していることや、男女別、職別の人数等の詳細をできるだけ明らかにすることに留意すること。

各教員の業績については、研究業績等にとどまらず、各教員の多様な業績を積極的に明らかにすることにより、教育上の能力に関する事項や職務上の実績に関する事項など、当該教員の専門性と提供できる教育内容に関することを確認できるという点に留意すること。

【4】入学者に関する受入方針及び入学者の数、収容定員及び在学する学生の数、卒業又は修了した者の数並びに進学者数及び就職者数その他進学及び就職等の状況に関すること。（第4号関係）

その際、これらの情報は、学校基本調査における大学の回答に準じて公表することが考えられること。

就職状況については、働き方が多様となっている状況を踏まえた公表を、各大学の判断で行うことも考えられること。編入学を実施している場合には、大学設置基準第18条第1項の規定を踏まえつつ、編入学定員や実際の編入学者数を明らかにすることに留意すること。

【5】授業科目、授業の方法及び内容並びに年間の授業の計画に関すること。（第5号関係）

これらは、大学設置基準第25条の2第1項等において、学生に明示することとされているものであること。その際、教育課程の体系性を明らかにする観点に留意すること。年間の授業計画については、シラバスや年間授業計画の概要を活用することが考えられること。

【6】学修の成果に係る評価及び卒業又は修了の認定に当たっての基準に関すること。（第6号関係）

これらは、大学設置基準第25条の2第2項等において、学生に明示することとされているものであること。その際、必修科目、選択科目及び自由科目の別の必要単位修得数を明らかにし、取得可能な学位に関する情報を明らかにすることに留意すること。

【7】校地、校舎等の施設及び設備その他の学生の教育研究環境に関すること。（第7号関係）

その際、学生生活の中心であるキャンパスの概要のほか、運動施設の概要、課外活動の状況及びそのために用いる施設、休息を行う環境その他の学習環境、主な交通手段等の状況をできるだけ明らかにすることに留意すること。

【8】授業料、入学料その他の大学が徴収する費用に関すること。（第8号関係）

その際、寄宿舎や学生寮等の宿舎に関する費用、教材購入費、施設利用料等の費用に関することをできるだけ明らかにすることに留意すること。

【9】大学が行う学生の修学、進路選択及び心身の健康等に係る支援に関すること。（第9号関係）

9
大学

その際、留学生支援や障害者支援など大学が取り組む様々な学生支援の状況をできるだけ明らかにすることに留意すること。

(2)大学は、教育上の目的に応じ学生が修得すべき知識及び能力に関する情報を積極的に公表するよう努めるものとすること。その際、大学の教育力の向上の観点から、学生がどのようなカリキュラムに基づき、何を学ぶことができるのかという観点が明確になるよう留意すること。（第172条の2第2項関係）

(3)(1)による教育情報の公表は、そのための適切な体制を整えた上で、刊行物への掲載、インターネットの利用その他広く周知を図ることができる方法によって行うものとすること。（第172条の2第3項関係）

(4)大学の教育情報の公表に関する(1)～(3)について、高等専門学校に準用すること。（第179条関係）

第二　大学設置基準、高等専門学校設置基準（昭和36年文部省令第23号）、大学院設置基準（昭和49年文部省令第28号）及び短期大学設置基準（昭和50年文部省令第21号）の改正の概要

教育情報の公表に関する規定が学校教育法施行規則上整備されることに伴い、情報の積極的な提供に関する規定の削除など、所要の整理を行うこと。

第三　学校教育法第110条第2項に規定する基準を適用するに際して必要な細目を定める省令（平成16年文部科学省令第7号）の改正の概要

大学の総合的な状況に係る認証評価の大学評価基準に、教育研究活動等の状況に係る情報の公表に関することが含まれるものとすること。その際、上記第一の改正を踏まえ、大学評価基準が学校教育法施行規則に適合することとすること。（第1条第1項第1号及び同条第2項関係）

第四　施行について

平成23年4月1日施行とすること。

「大学による情報の積極的な提供について（通知）」（平成一七年三月一四日一六文科高第九五八号　文部科学省高等教育局長）

大学による情報の積極的な提供については、学校教育法（昭和22年法律第26号）の他、大学設置基準（昭和31年文部省令第28号）第2条及び短期大学設置基準（昭和50年文部省令第21号）第2条において、「教育研究活動等の状況について、刊行物への掲載その他広く周知を図ることができる方法によつて、積極的に情報を提供するものとする。」と規定し、各大学に義務付けられております。これを踏まえて、様々な情報提供の取組が各大学で進められています。

大学の情報提供に関しては、別添のとおり、平成17年1月28日の中央教育審議会答申「我が国の高等教育の将来像」においても、「例えば、ホームページ等を活用して、自らが選択する機能や果たすべき社会的使命、社会に対する「約束」とも言える設置認可申請書や学部・学科等の設置届出書、学則、自己点検・評価の結果等の基本的な情報を開示することが求められる。」と提言されたところです。

また、「規制改革・民間開放推進3か年計画」（平成16年3月19日閣議決定）においても、別添のとおり、「「教育研究活動等の状況」として望ましい具体的な内容を通知等において明確に示すことにより、当該大学に関する情報全般を大学が情報公開することを促進する」ことが政府の方針として決定されています。

各大学におかれましては、以上の点を踏まえ、教育研究活動等の状況に関する情報として、例えば、当該大学の設置の趣旨や特色、開設科目のシラバス等の教育内容・方法、教員組織や施設・設備等の教育環境及び研究活動に関する情報、当該大学に係る各種の評価結果等に関する情報並びに学生の卒業後の進路や受験者数、合格者数、入学者数等の入学者選抜に関する情報等の一層積極的な提供を行っていただきますようお願いいたします。その際、別添の答申及び閣議決定も踏まえ、広く一般に周知を図ることが可能な方法で正確な情報が提供されるようお願い

いたします。（高等教育局大学振興課）

大学設置基準（昭和三一年文部省令第二八号）

（情報の積極的な提供）

第二条　大学は、当該大学における教育研究活動等の状況について、刊行物への掲載その他広く周知を図ることができる方法によつて、積極的に情報を提供するものとする。

短期大学設置基準（昭和50年文部省令第21号）　前出

（情報の積極的な提供）

第二条　短期大学は、当該短期大学における教育研究活動等の状況について、刊行物への掲載その他広く周知を図ることができる方法によつて、積極的に情報を提供するものとする。

学校教育法（昭和22年法律第26号）　前出

第六十九条の三　大学は、その教育研究水準の向上に資するため、文部科学大臣の定めるところにより、当該大学の教育及び研究、組織及び運営並びに施設及び設備（次項において「教育研究等」という。）の状況について自ら点検及び評価を行い、その結果を公表するものとする。（略）

〔準用規定〕
第一一四条　第三十七条第十四項及び第六十条第六項の規定は、大学に準用する。

第一〇章　高等専門学校

〔高等専門学校の目的〕

第一一五条　高等専門学校は、深く専門の学芸を教授し、職業に必要な能力を育成することを目的とする。

②　高等専門学校は、その目的を実現するための教育を行い、その成果を広く社会に提供することにより、社会の発展に寄与するものとする。

本条の概要

本条は高等専門学校の目的と役割を規定したものである。

第一項では高等専門学校の目的について、深く専門の学芸を教授することを通じて、職業に必要な能力を育成することが規定されている。すなわち、高等専門学校の目的は「深く専門の学芸を教授すること」と、それにより「職業に必要な能力を育成すること」の二点である。「深く専門の学芸を教授」は大学及び短期大学の目的と同様の文言となっており、それら高等教育機関と同様の目的をもつものと理解できる。ただし、「学術の中心として、広く知識を授けるとともに、深く専門の学芸を教授研究する」ことと「知的、道徳的及び応用的能力を展開させる」ことを目的とする大学（本法第八三条第一項）や、「深く専門の学芸を教授研究し、職業又は実際生活に必要な能力を育成することを主な目的」とする短期大学（本法第一〇八条第一項）と比べ、高等専門学校は独自の性格をもつものとして理解できる。すなわち、高等専門学校は純粋な研究機関ではなく、主に科学技術系の人材育成を担う教育機関としての性格が重視されている。このことは高等専門学校の制度化の背景や、制度化に際して発出された文部省（当時）通知（一九六一年九月一二日文大技第四八一号）を踏まえると、学芸の理論と実験や実習を通じた「教授」に力点が置かれている点を理解することができ、ここに独自の存在意義を見出すことができる。その上で、高等専門学校の授業科目を見ると、「各学科に共通する一般科目及び学科ごとの専門科目」（高等専門学校設置基準第一六条）と「特別活動」（同第一七条第七項）と定められている。つまり、「専門科目」を通じた即戦的な職業人、技術者として必要な専門的かつ実践的な知識や技術のみならず、「一般教科」や「特別活動」を通じて、社会人として必要な教養的知識や姿勢を育成することが高等専門学校の目的である。なお、「職業に必要な能力の育成」については、独立行政法人国立高等専門学校機構法においては「職業に必要な実践的かつ専門的な知識及び技術を有する創造的な人材を育成」（同法第三条）という文言で示されている。

そして、第二項では高等専門学校の役割についてこのような人材を育成するための教育を行うことと、その成果として「即戦力」となる人材を社会に供給することにより、社会の発展に寄与することが規定されている。端的にいえば、高等専門学校には実社会の発展に寄与できるような人材の育成が求められているのである。「社会の発展に寄与する」という役割は平成一八（二〇〇六）年の教育基本法改正を受けた本法の改正により新たに役割として規定されたものである。すなわち、同法第七条第一項では大学の役割についてその旨が規定されているが、高等専門学校についても高等教育機関として同様の役割をもつことが期待されている。

ポイント解説

高等専門学校の制度化と時代的背景

高等専門学校は昭和三六（一九六一）年の本法改正（以下、「昭和三六年改正」と略）により制度化されたものである。この背景には一九五〇年代からの産業界の強い要望があった。すなわち、経済発展のためには産業技術や科学技術の振興が必要であり、それを担う専門的職業人の養成が社会的ニーズとしてあった。このような状況を受け、文部省（当時）の旧中央教育審議会は幾度かにわたり検討し、答申を出している。なかでも、昭和二九（一九五四）年一一月の「大学入学者選考およびこれに関連する事項についての答申」では「短期大学の制度を改めて、恒久的の教育機関とし、高等学校教育の基礎の上に、職業教育その他について充実した専門教育を授けるものとすること」や、この場合に「短期大学の課程と高等学校の課程とを包含する新しい学校組織を認めること」等が掲げられた。その上で、「短期大学（あるいは専科大学）は、深く専門の学芸に関する教育を行い、主として職業に必要な能力を育成することを目的」として、「現行の短期大学の修業年限二年または三年の外に、現行の高等学校および短期大学とを合わせてその修業年限を五年または六年とするものを設ける」こと等が掲げられたのである。また、この方向性は「科学技術教育の振興方策について」（昭和三二（一九五七）年一一月答申）でも「短期大学と高等学校とを合わせた五年制または六年制の技術専門の学校を早急に設けること」などと示された。このような答申を踏まえ、新たに「専科大学」を設けるための法案が三度にわたり国会へ提出されたのである。

ところが、この法案はすべて審議未了のまま廃案となり、結局、「専科大学」は設立されなかった。その理由は、専科大学の設立が「短期大学」の恒久化と併せて論じられたことから、戦後に設けられた短期大学がようやく独自の存在意義を見出した当時の状況下で、関係者の反発を招いたことが大きい。そこで、高等専門学校は短期大学の問題と切り離して検討され、工業教育を中心とするものとして位置づけられ、昭和三六（一九六一）年四月に本法の一部を改正する法律案として提出され、同年六月に公布、施行となり、高等専門学校が法制化された。

高等専門学校の現状

今日、高等専門学校は全国に国公私立合わせて五七校（国立五一校、公立三校、私立三校）があり、約六万人の生徒が学んでいる。その特色は原則として五年の一貫教育であることと、理論だけではなく実験や実習を重視し、卒業研究を通じて創造性をもった技術者を育成している点などにある。このような教育を通して育成された人材は社会からも高く評価されている。この点は毎年度、文部科学省と厚生労働省が数度にわたり実施する就職状況調査では、大学や短期大学の卒業者（卒業予定者）よりも早い時期に就職が内定する傾向があることからも理解できる。

本条を考える視点

高等専門学校は特に職業に直接的に関わる専門的な知識や技術を習得した人材の育成を目的としている点が重要である。なぜなら、前述の通り、高等専門学校は科学技術の進展や経済発展を支える「即戦力」となるような人材を求める社会的ニーズの下に制度化されたものだからである。今日、科学技術の振興は制度化が提案された当時よりも高度かつ複雑、そして多岐にわたってきている。この状況下で、文科省は「理工系人材育成戦略」（平成二七（二〇一五）年三月一三日）を策定したり、「国立大学法人等の組織及び業務全般の見直しについて（通知）」（二七文科高二六九号）を発出したりする中で、科学技術を担う人材育成を打ち出している。このような動向を踏まえると、即戦力となる実践的な理工系人材育成の役割を担ってきた高等専門学校の存在意義は大きい。文科省の戦略では「産業界の意向とは乖離した形で絶滅危惧学科が生じている」とし、「高等専門学校からの学部編入」等により絶滅危惧学科の衰退に歯止めをかけることが提言されている。このように高等専門学校の役割は今後、産業界の即戦力となる人材育成のみならず研究領域でも活躍できる人材の育成が期待されている。

関連条文　資料

■**関連条文**　高等専門学校設置基準（昭和三六年八月三〇日文部省令第二三号）第一六条、第一七条、独立行政法人国立高等専門学校機構法（平成一五年七月一六日法律第一一三号）

■**関連資料** 「学校教育法の一部を改正する法律及び同法の施行に伴う関係法律の整理に関する法律等の施行について」（昭和三六年九月一二日文大技第四八一号　文部事務次官通達）

〔学科〕

第一一六条 高等専門学校には、学科を置く。

② 前項の学科に関し必要な事項は、文部科学大臣が、これを定める。

本条の概要

第一項は高等専門学校の基本的な組織構成について定めるものであり、高等専門学校は「学科」で構成されることが示されている。その上で、第二項はその構成単位である「学科」の設置に当たり、必要な事項については文部科学大臣が文科省令等により定める旨が規定されている。

まず、基本的な構成単位である「学科」については、高等専門学校が法制化された当初は「工業に関する学科」と法令上明示されていた。しかし、その後の本法改正（昭和四二（一九六七）年、以下「昭和四二年改正」と略）で「商船に関する学科」が加わった。この背景には海運界や運輸省海技審議会による建議（昭和三九（一九六四）年七月二四日）において、高度な専門的な知識や技術をもった優秀な外航船舶職員の要請が求められたことがあった。こうした法改正により、従来、本科三年と専科二年の教育を行っていた商船高等学校五校が商船高等専門学校として昇格することになった。しかし、その後、工業や商船以外の学科を設置できるようにするための本法改正が行われ（平成三（一九九一）年、以下「平成三年改正」と略）、現行の通り、工業や商船と限定的に示されるのではなく、単に「学科」を置くものとするように定められた。

さて、第二項には学科に関して必要な事項は文科大臣が定めるものとされているが、本法施行規則第一七四条には「高等専門学校の設備、編制、学科、教育課程、教員の資格に関する事項その他高等専門学校の設置に関する事項については、高等専門学校設置基準の定めるところによる」とされている。そこで、高等専門学校設置基準第四条においては「専攻分野を教育するために組織されるものであつて、その規模内容が学科として適当と認められるものとする」とされている。

ポイント解説

高等専門学校の「学科」の多様性

前述の通り、本法の平成三年改正前は、高等専門学校の学科は工業と商船に限定されており、高等専門学校設置基準第四条第二項においてもそれぞれの学科の種類が具体的に例示されていた。しかし、一部改正により限定的な規定が改められるとともに、設置基準上の例示規定も削除された。これにより、高等専門学校には多様な「学科」を設置することが可能になったのである。この意義は義務教育を修了した者に多様な進路選択の機会を提供することのほかに、専門的な職業教育を受けさせる機会を拡大することや人材を確保すること等がある。そこで、今日の「学科」の種類の実態を見てみると、工業系では機械工学科のみではなく電気情報工学科やものづくり工学科など、工業・商船系以外では国際ビジネス学科やコミュニケーション情報学科、経営情報学科など実に多種多様な学科を設置する高等専門学校が存在している。

学科の組織編制基準

以上のように多種多様な学科が存在しているわけだが、この学科の組織編制基準については、高等専門学校設置基準第四条の二において「学生定員は、学科ごとに学則で定める」こと（第一項）と、定員については「教員組織、校地、校舎その他の教育上の諸条件を総合的に考慮して定める」こと（第二項）、そして、「教育にふさわしい環境の確保のため、在学する学生の数を学生定員に基づき適正に管理する」こと（第三項）が定められている。特に、「教育にふさわしい環境の確保」を期して学生定員の管理を定めている点は、高等専門学校が高度な専門的、実践的な学芸を教授することに力点を置く性格を踏まえたものだと理解できよう。

その上で学科については、高等専門学校設置基準第五条第一項において「同一の学科につき同一の学年の学生をもつて一又は数個の学級を編制する」ことが定められている。つまり、高等専門学校は「学科」を基本的な構成単位とし、学科は「学級」から構成されることが定められているのである。そして、この「学級」の学生数についても第五条第二項において「四〇人を標準」とすることが定められており、高等教育機関とはいえ、義務教育学校における学級編制基準と同様の規模の学習環境が担保されている。

本条を考える視点

前述の通り、今日の高等専門学校には多種多様な「学科」が設置されており、義務教育を修了した中学生等の進路の幅を拡大している点は意義深い。しかし、高等専門学校が全国に国公私立合わせて五七校と設置数が少ないという点は改善の余地がある。また、志願者数もさほど高くないという現状もある。例えば、国立高等専門学校五一校の入学定員総数は九四〇〇人であるが、志願者数は約一万八〇〇〇人という実態もある（国立高等専門学校機構のデータ・二〇一四年四月一日現在）。

このような背景には中学校における進路指導を含めたキャリア教育の不十分さもあろうが、高等専門学校側の情報提供の不十分さもあるだろう。理系人材の育成を唱えるのであれば、義務教育段階における理数系の教科科目の改善はもちろんのこと、高等専門学校の設置数の増加とともに、高等専門学校そのものの存在価値を認知させていくことが求められる。なお、この点につき、高等専門学校にも本法施行規則において、教育研究活動等の情報提供については「刊行物への掲載、インターネットの利用その他広く周知を図ることができる方法によって行う」ことが定められている（本法施行規則第一七九条、第一七二条の二の準用規定）。

関連条文　資料

■**関連条文**　本法施行規則第一七二条の二、第一七九条、第一七四条、高等専門学校設置基準第四条、第四条の二、第五条

■**関連資料**　運輸省（現・国土交通省）『昭和四〇年度運輸白書』

〔修業年限〕

第一一七条　高等専門学校の修業年限は、五年とする。ただし、商船に関する学科については、五年六月とする。

本条の概要

本条は高等専門学校の修業年限を定めたものである。すなわち、高等専門学校の修業年限は一般的な学科において原則として五年と定められ、ただし書きにおいて、商船に関する学科についてのみは五年六月と定められている。

商船に関する学科についてのみ修業年限が異なるのは、前述した商船高等学校が高等専門学校に昇格する本法の昭和四二年改正をめぐる審議に由来する。法改正以前の商船高等学校では本科三年、専科二年の計五年間で外航船舶職員を育成していた。この五年間は席上課程が三年六月、練習船・商船実習が合わせて一年六月だった。そして、高等専門学校への昇格をめぐる審議の際に、前述した運輸省海技審議会は席上課程四年と実習一年六月を合わせて五年六月を建議した。一方、文部省の有識者会議は商船教育の特殊性を踏まえ、席上課程四年六月と実習一年を合わせて五年六月が適当であると提案した。双方の提案では席上課程、実習課程の年数は異なるものの五年六月は共通であり、結果的には文部省側の提案した通り五年六月とすることになった。

ポイント解説

高等専門学校の教育課程については高等専門学校設置基準に具体的に定められている。すなわち、同第一五条においては「一年間の授業を行う期間は、定期試験等の期間を含め、三十五週にわたることを原則とする」と授業期間が定められている。また、授業科目については「各学科に共通する一般科目」と「学科ごとの専門科目」とで構成されることが定められている（第一六条）。その上で、教育課程の編成については「三十単位時間（一単位時間は、標準五十分とする。第七項において同じ。）の履修を一単位」（第一七条第三項）とすることや、この規定にかかわらず「授業科目については、一単位の授業科目を四十五時間の学修を必要とする内容をもつて構成することを標準」（第一七条第四項）とすることを原則として、「講義及び演習」（第一七条第四項第一号）と「実験及び実習、実技」（第一七条第四項第二号）、そして、「卒業研究、卒業制作等」（第一七条第六項）と「特別活動」（第一七条第七項）の取り扱いが定められている。

そして、このような教育課程の修了認定に必要な単位数は「百六十七単位以上（そのうち、一般科目については七十五単位以上、専門科目については八十二単位以上とする。）」（第一八条第一項）と定められ、特殊性のある商船に関する学科については「練習船実習を除き百四十七単位以上（そのうち、一般科目については七十五単位以上、専門科目については六十二単位以上とする。）」（第一八条第一項ただし書き）と定められている。

高等専門学校では以上の教育課程の編成の下で教育が行われ、一般的な学科については原則として五年、商船に関する学科については五年六月を修業年限とされている。

本条を考える視点

高等専門学校は前述した教育課程における五年間（商船に関する学科について五年六月）の一貫した教育にある。このような教育に対する評価はどのようなものだろうか。国立高等専門学校機構は二〇一一年度に、国立高等専門学校を卒業した全卒業生を対象とする「国立高等専門学校卒業生アンケート調査」を実施している。これによると、高等専門学校の教育課程について満足度（「満足している」「やや満足している」）が高い項目は「専門科目の実験・実習」（七五・七％）、「専門科目の講義」（七二・三％）などで、その一方で満足度が低いのは「英語」（五六・五％）、「資格取得」（四五・五％）などである。また、高等専門学校で今後充実させていくべき点について「教育内容・方法の充実」「国際交流」「教員の質の向上」などの課題や、「経済学」「理学」「法学」関係の学問分野を充実させていくべきであるという卒業生の認識も読み取ることができる。このアンケート調査結果を踏まえれば、高等専門学校には他学校種同様に教育内容や方法等の改善と、教育課程の編成に当たり専門科目以外の一般科目（特に語学や人文社会系科目）の充実が求められている。

関連条文　資料

■関連条文　高等専門学校設置基準第一五条〜第一八条
■関連資料　国立高等専門学校機構「平成二三年度国立高等専門学校卒業生アンケート調査　調査結果の概要」

〔入学資格〕
第一一八条　高等専門学校に入学することのできる者は、第五十七条に規定する者とする。

本条の概要

本条は高等専門学校の入学資格を定めるものであり、その入学資格は本法第五七条に規定するものとされている。すなわち、本法第五七条は高等学校への入学資格を定めたものであり、「中学校若しくはこれに準ずる学校を卒業した者」もしくは「中等教育学校の前期課程を修了した者」、そして「文部科学大臣の定めるところにより、これと同等以上の学力があると認められた者」が規定されている。つまり、高等専門学校への入学資格は高等学校と同様に取り扱うことが定められている。

ポイント解説

高等専門学校設置基準第三条の二において「入学者の選抜は、公正かつ妥当な方法により、適切な体制を整えて行うものとする」と定められているが、高等専門学校の入学資格が高等学校と同様に取り扱われているように、入学の方法や手続き等についても高等学校とほぼ同様に行うことが定められている。すなわち、高等学校への入学については本法施行規則第九〇条第一項において、中学校等の校長が送付する「調査書その他必要な書類」、「選抜のための学力検査」の成績等を資料として行う入学者選抜（入学試験等）をもとに、校長が許可すること、また同条第二項で「学力検査は、特別の事情のあるときは、行わないことができる」と定められている。そして、高等専門学校についてはこの施行規則第九〇条第一項・第二項の規定が準用されることになっている（第一七九条）。

なお、国立高等専門学校（五一校）の学力検査は統一した内容（国語・数学・理科・社会・英語）で実施されており、このほかに個々の学校の定める方法や基準に基づき推薦等による選抜が実施されている。

本条を考える視点

高等専門学校は中学等の義務教育修了時に、生徒にとって高等学校以外の進路の幅を広げるものである。しかし、既述の通り、高等専門学校の志願者数は、国立高等専門学校に限ってみても学生定員に比してさほど多くない状況（平成二七（二〇一五）年度の志願倍率は約一・八倍）があり、高等専門学校の存在そのものが義務教育段階の生徒に認知されていない可能性もある。そこで、義務教育段階の進路指導等の機会において、高等専門学校の教育活動や存在意義、入学者選抜（入学試験等）の内容について、より積極的に生徒に周知させるような努力が求められる。

関連条文　資料

■関連条文　本法施行規則第九〇条、第一七九条、高等専門学校設置基準第三条の二

■関連資料　国立高等専門学校機構「入試情報」（ＵＲＬ：http://www.kosen-k.go.jp/examination.html）

〔専攻科〕

第一一九条　高等専門学校には、専攻科を置くことができる。

②　高等専門学校の専攻科は、高等専門学校を卒業した者又は文部科学大臣の定めるところにより、これと同等以上の学力があると認められた者に対して、精深な程度において、特別の事項を教授し、その研究を指導することを目的とし、その修業年限は、一年以上とする。

本条の概要

本条では第一項において高等専門学校に「専攻科」を設置できること、第二項においてこの専攻科への入学資格や専攻科の目的、修業年限を規定したものである。

高等専門学校の特色は五年間の一貫教育であることは既述の通りである。そこで、高等専門学校が制度化された当初はこの「専攻科」は法定されていなかった。しかし、科学技術が高度化してきたことに伴い、五年間の本科修了だけではとどまらず、高等専門学校で教育を受けることを希望する学生も増加したことから、本法の平成三年改

正により「専攻科」が新設された。

そこで、この「専攻科」への入学資格については「高等専門学校を卒業した者」と「文部科学大臣の定めるところにより、これと同等以上の学力があると認められた者」が入学資格となっている。なお、後者については本法施行規則第一七七条で規定されている。具体的には「短期大学を卒業した者」（第一七七条第一号）、そして「専修学校の専門課程を修了した者のうち学校教育法第百三十二条の規定により大学に編入学することができるもの」（同第二号）、「外国において、学校教育における十四年の課程を修了した者」（同第三号）等と定められている。

そして、この「専攻科」の組織編制や教育課程等については、高等専門学校設置基準第二八条において「専攻科に関する基準は、別に定める」とあるが法令における基準はない。ただし、「専攻科」の設置に関する認定については、独立行政法人大学評価・学位授与機構が定めた「短期大学及び高等専門学校の専攻科の認定に関する規則」（平成一六（二〇〇四）年四月一日・規則二九号）において示されている。

ポイント解説

高等専門学校の「専攻科」は今日、多くの高等専門学校に設置されており、修業年限は前述の通り、法令上は一年以上とされているが実態としては二年間となっている。また、高等専門学校の卒業生ばかりではなく、産業界の社会人技術者の再教育の場としても機能している。

注目すべきはこの専攻科を修了すると学士の学位を授与することが可能な点である。これは平成四（一九九二）年の本法の一部改正（以下、「平成四年改正」と略）により実現を見たものである。すなわち、本法第一〇四条第四項第一号には、機構が「短期大学若しくは高等専門学校を卒業した者又はこれに準ずる者で、大学における一定の単位の修得又はこれに相当するものとして文部科学大臣の定める学習を行い、大学を卒業した者と同等以上の学力を有すると認める者」であれば、学士の学位を授与することが定められている。ただし、この前提として、同機構により専攻科の教員組織や教育課程等を踏まえ認定されていることが必要であるが、すべての専攻科が現時点では認定されている。

そして、学士の学位を授与された者は当然ながら大学の学部卒業生と同様に取り扱われ、大学院に進学できることになっている。さらに、教職員免許状の取得と関わって、教科に関する科目については、課程認定を受けている大学が認めた場合には単位の一部として認められる。すなわち、教育職員免許法の別表第一の備考第五号ロには「認定課程以外の大学の課程又は文部科学大臣が大学の課程に相当するものとして指定する課程において修得したもの」については「当該者の在学する認定課程を有する大学が免許状の授与の所要資格を得させるための教科に関する科目として適当であると認めるもの」として単位として認定できる旨が示されている。なお、同法施行規則第二六条には、「大学の課程に相当する課程」について「高等専門学校の課程（第四学年及び第五学年に係る課程に限る。）及び高等専門学校の専攻科の課程とする」ことが明記されているとともに、同法施行規則第六六条の七においては単位数の限度について、「中学校又は高等学校の教諭の普通免許状」について、高等専門学校（第四学年及び第五学年に係る課程に限る）では一〇単位、専攻科では五単位と定められている。

本条を考える視点

高等専門学校の卒業生のライフプランニングを考える上で重要な規定である。

前述の通り、高等専門学校の卒業生は企業側からすれば即戦力として重宝され、就職希望者については早期に就職が内定する傾向がある。実際の高等専門学校の卒業生の進路状況（平成二五（二〇一三）年四月一日時点）をみてみると、卒業者数九二七三名のうち約五七％に当たる五三二九名が就職しているが、約三九％に当たる三七〇〇名は大学や専攻科へ進学となっており、このうち専攻科への進学は一四八四名（約一六％）である。また、専攻科を修了した一四二七名のうち、約三三％に当たる四七四名が大学院へ進学している。

大学進学率が高くなっている状況下で、高等学校への進学が大学進学や就職等への一般的なルートとして認知されているであろうが、このような高等専門学校に関する法規定や実際の進路状況も踏まえておけば、中学等における進路指導の幅も広がるものと考えられる。

関連条文　資料

■関連条文　本法第一〇四条〔学位の授与〕第四項第一号、本法施行規則第一七七条、高等専門学校設置基準第二八条、教育職員免許法別表第一の備考第五号ロ、教育職員免許法施行規則第二六条、第六六条の七

■関連資料　短期大学及び高等専門学校の専攻科の認定に関する規則（独立行政法人大学評価・学位授与機構・二〇〇四年四月一日・規則二九号）

〔職員〕

第一二〇条　高等専門学校には、校長、教授、准教授、助教、助手及び事務職員を置かなければならない。ただし、教育上の組織編制として適切と認められる場合には、准教授、助教又は助手を置かないことができる。

②　高等専門学校には、前項のほか、講師、技術職員その他必要な職員を置くことができる。

③　校長は、校務を掌り、所属職員を監督する。
④　教授は、専攻分野について、教育上又は実務上の特に優れた知識、能力及び実績を有する者であつて、学生を教授する。
⑤　准教授は、専攻分野について、教育上又は実務上の優れた知識、能力及び実績を有する者であつて、学生を教授する。
⑥　助教は、専攻分野について、教育上又は実務上の知識及び能力を有する者であつて、学生を教授する。
⑦　助手は、その所属する組織における教育の円滑な実施に必要な業務に従事する。
⑧　講師は、教授又は准教授に準ずる職務に従事する。

本条の概要

本条は高等専門学校の組織編制に必要な人的条件を規定したものであり、職制及びその職務が示されている。

本条第一項では、高等専門学校の組織編制上、必ず置かなければならない人的条件について「校長、教授、准教授、助教、助手及び事務職員」が定められているが、ただし書きにおいて場合により「准教授、助教、助手を置かないことができる」とされている。従って、最低限の人的条件は校長、教授、事務職員である。その上で、第二項には第一項に定める者以外に「講師、技術職員その他必要な職員」を置くことができる旨が規定されている。

第三項には校長の職務が定められており、この職務は小学校等の校長と同様となっている。ただし、校長の資格については小学校等と異なり、高等専門学校設置基準第一〇条の二において「人格が高潔で、学識が優れ、かつ、高等専門学校の運営に関し識見を有すると認められる者」となっている。そして、第四項から第八項には教授や准教授等の一般的な資格要件や職務が規定されている。教授、准教授、助教、そして講師について共通する資格要件は「教育上又は実務上」の「知識、能力」を有する点であり、異なる点は知識、能力が「特に優れた」（教授）、「優れた」（准教授）という点や、「実績」がない（助教）という点である。また、職務については助手以外は共通して「学生を教授する」ことが定められている。なお、具体的な資格要件については、高等専門学校設置基準第一一条から第一四条においてそれぞれ定められている。

また、本法以外で高等専門学校に求められる人的条件として、本法施行規則第一七五条第一項には「教務主事及び学生主事を置くものとする」とされていることのほかに、学校保健安全法第二三条に基づき、学校医（同条第一項）、学校歯科医及び学校薬剤師（同条第二項）を置くことが義務づけられている。なお、高等専門学校に独特の職種（任意設置）として「学生主事」（第一七五条第三項）や「寮務主事」が規定されている（同条第二項、第五項）。

ポイント解説

高等専門学校の教員は教授や准教授等とされているように、小・中学校、高等学校等の教員とは異なっている。すなわち、高等専門学校の教員は教育職員免許法の適用を受けないこととなっており（同法第二条第一項）、従って、本法や高等専門学校設置基準において具体的な資格要件が定められている。

教授や准教授等という職名は大学や短期大学等と同様のものであるが、法令上、資格要件や職務等において若干の相違がある。すなわち、大学の「教授」の資格要件や職務については、本法第九二条第六項において「専攻分野について、教育上、研究上又は実務上の特に優れた知識、能力及び実績を有する者であつて、学生を教授し、その研究を指導し、又は研究に従事する」と定められている。これを踏まえ、高等専門学校の教授と比較すると、資格要件については「研究上」、職務については「研究を指導し、又は研究に従事する」という文言が高等専門学校の教授等の規定には見られない。

これは、前述の通り、高等専門学校は純粋な研究機関ではなく、科学技術等の分野において即戦力となる人材育成を担う教育機関としての性格が期待されているからだと考えられる。なお、この点は高等専門学校設置基準における教授の資格要件について、「博士の学位」を有すること等（第一一条第一号～第六号）とともに、「高等専門学校における教育を担当するにふさわしい教育上の能力を有する」（第一一条）ことが基本的な要件として定められていることにも表れている。この要件は平成一三（二〇〇一）年三月の設置基準の改正により加わったものであり、この趣旨については文科省の通知（同年三月三〇日一二文科高第三四六号）で「教育上の能力を重視することを明確にしたこと」と示されている。そこで、この点については准教授や講師、助教にも共通であり、法の文言上にも基本的な要件として示されている。なお、講師については「教授又は准教授となることのできる者」のほかに、「高等学校（中等教育学校の後期課程を含む。）において教諭の経歴のある者で、かつ、高等専門学校における教育を担当するにふさわしい教育上の能力を有すると認められる者」と定められており（第一三条第二号）、この点は大学の講師と異なる。また、助手についても学士に加え、短期大学士又は準学士も有資格者として位置づけている点は大学のそれとは異なる点である。

そして、以上の教員について、高等専門学校の設置運営に必要な数については高等専門学校設置基準第六条において定められている。すなわち、学級数と学科数に応じて、一般科目担当と専門科目担当の教員についてそれぞれ必要な数が定められており、一学科一学級を設置する学校を例にしていえば、一般科目担当の教員数は一〇人、専門科目担当の教員数は八人（工学に関する学科についてのみ。それ以外は別に定めがある）が最低限の必要数として定められている（第六条第二項第一号及び第三項）。また、教授及び准教授の数についても定めがあり、「一般科目を担当する専任教員数と専門科目を担当する専任教員数との合計数の二分の一を下ってはならない」（第八条）とされており、教員の半数以上は前述の資格を有する専門性のある教員を確保しなければならないことが定められている。

本条を考える視点

高等専門学校で専門科目を担当する教授や准教授等には、大学の教授等と同等の資質が求められているといえる。なぜなら、高等専門学校設置基準第一一条では、教授の資格要件について具体的に「博士の学位」を有すること（同条第一号）や、「大学（短期大学を含む。以下同じ。）又は高等専門学校において教授、准教授又は専任の講師の経歴」のあること（同条第三号）等と定められているからである。

また、高等専門学校における高度な専門教育に当たっては、教授する内容が最先端のものであればあるほど研究とそれを踏まえた教育が当然に求められるわけであり、高等専門学校の教授や准教授等には法令上においては「研究」が職務として示されていないにしても、「学生を教授する」という職務の中に含まれているものと考えられる。

関連条文　資料

■関連条文　本法施行規則第一七五条、学校保健安全法第二三条、高等専門学校設置基準第六条、第八条、第一〇条の二、第一一条〜第一四条

■関連資料　「大学設置基準等の一部を改正する省令の施行等について（通知）」（平成一三年三月三〇日一二文科高第三四六号、発信者）

〔準学士〕

第一二一条 高等専門学校を卒業した者は、準学士と称することができる。

本条の概要

本条は高等専門学校の卒業者の取り扱いについて規定したものである。すなわち、高等専門学校の卒業者は「準学士」を称することができることが定められている。

この「準学士」の称号は本法の平成三年改正により新設されたものである。この背景には国際化の進展と、それに関連して高等専門学校の外国人学生等からの要請があった。すなわち、外国人学生の帰国後の就職や、卒業生の留学等に際して学修成果を証明するものが国際的には求められることもあるためである。そこで、法改正により「準学士」の称号が新設されたのである。新設当初は高等専門学校のみならず、短期大学の卒業者にも「準学士」を称することができるようにされた。しかし、その後、平成一七（二〇〇五）年の本法改正によって、短期大学の卒業者に対しては「短期大学士」の「学位」が与えられることになったため（本法第一〇四条第三項）、現時点で「準学士」と称することができるのは高等専門学校の卒業者のみである。

ポイント解説

高等専門学校は大学や短期大学と並ぶ高等教育機関ではあるものの、「準学士」は「学位」ではなく、あくまでも「称号」である点に注目しなければならない。

そもそも「学位」とは、文部科学省によれば㈠大学が与えるもので、㈡一定水準の教育を受け、知識・技能を持つと認められる者に対して与えられるものであり、㈢授与された学位は国際的にも通用するものであると説明されている。なお、学位授与に関しては本法のほかに「学位規則」（昭和二九年四月一日文部省令第九号）において定められている。

条文中の文言を見ると、学士や修士、博士、そして短期大学士等の「学位」については大学や短期大学がそれらの学位を「授与するものとする」や「授与することができる」と定められているが（本法第一〇四条第一項～第三項）、「準学士」については「称することができる」となっている。つまり、「準学士」は卒業者が自称できるというものである。なお、「準学士」と同様に「称号」として規定されているものに「専修学校」の専門課程の修了者の「専門士」や「高度専門士」がある。これらの称号は文科省の告示「専修学校の専門課程の修了者に対する専門士及び高度専門士の称号の付与に関する規程」（平成六年六月二一日文部省告示第八四号）で定められている。すなわち、同規程第二条や第三条においては、一定の要件を満たすと文部科学大臣が認めるものを修了した者は「専門士」（規程第二条）、「高度専門士」（規程第三条）と「称することができる」と定められている。

専修学校との関連でいえば、「専修学校設置基準」（昭和五一年文部省令第二号）において、「短期大学士の学位又は準学士の称号を有する者」で「四年以上、学校、研究所等においてその担当する教育に関する教育、研究又は技術に関する業務に従事した者」は専門課程の教員（基準第四一条第二号）、そして「二年以上、学校、研究所等においてその担当する教育に関する教育、研究又は技術に関する業務に従事した者」（基準第四二条第三号）は高等課程の教員としての資格を有するものとして定められている。また、高等専門学校設置基準第一四条第一号において、高等専門学校の「助手」の資格として、学士もしくは短期大学士の学位または「準学士の称号」を有する者が示されている。以上を踏まえると、「準学士」は学位である「短期大学士」と同等に扱われており、「称号」とはいえ実質的には学位としての価値があるものと捉えられる。

本条を考える視点

「準学士」は前述の通り「称号」ではあるものの、高等専門学校の卒業生は産業界から高い評価を得ている。また、前述の通り、本法第一〇四条第四項第一号において、高等専門学校の「専攻科」を修了した者に対しては、大学評価・学位授与機構が「学士」の学位を授与することが規定されている。そして、高等専門学校の卒業者は本法第一二二条において、大学に編入学することができる旨が定められており、準学士は称号であるものの高度な専門教育を修了した証として十分に価値があるものと考えられる。ただ、「準学士」の英語表記について、欧米諸国にあるコミュニティ・カレッジの修了者に与えられる〝Foundation Degree〟や〝Associate degree〟としてもよいのかという点は「短期大学士」がそのように訳されるため、高等専門学校は短期大学とは異なる独自の教育機関として設立され、発展してきた経緯も踏まえると課題として残っている。

関連条文　資料

■**関連条文**　本法第一〇四条〔学位の授与〕第一項～第四項第一号、専修学校の専門課程の修了者に対する専門士及び高度専門士の称号の付与に関する規程第二条、第三条、専修学校設置基準第四一条第二号、第四二条第三号

〔**卒業者の大学編入学資格**〕

第一二二条　高等専門学校を卒業した者は、文部科学大臣の定めるところにより、大学に編入学することができる。

本条の概要

本条は高等専門学校の卒業者が大学に編入学できることを規定するものである。

前述の通り、本法第一二一条には高等専門学校の卒業者は「準学士」を称することができることが定められているが、この規定を合わせて考えると、準学士は大学への編入学資格と捉えることができる。

具体的な編入学に係る規定については、文部科学大臣の定めとあるように本法施行規則に定められている。すなわち、施行規則第一七八条には「高等専門学校を卒業した者は、編入学しようとする大学の定めるところにより、当該大学の修業年限から、二年以下の期間を控除した期間を在学すべき期間として、当該大学に編入学することができる」と定められている。つまり、具体的な編入学の資格や編入学後の修業年限等の取り扱いについては大学の学則等により定められることになっている。

ポイント解説

本条で定められている通り、高等専門学校の卒業者は大学への編入学資格を得られる。他方で、高等専門学校の卒業前に大学への進学が可能であるかという問題がある。なぜなら、本法第九〇条第一項において、大学入学資格は一二年の学校教育を修了した者とされているためである。つまり、高等専門学校の三年次を修了した者は大学への入学資格を有するかという問題である。

これについては行政実例があり、文部科学省（当時、文部省）は現行の本法第九〇条第一項（当時、第五六条第一項）において、大学入学資格は「大学に入学することのできる者は、高等学校若しくは中等教育学校を卒業した者若しくは通常の課程による十二年の学校教育を修了した者」と定められていることから、これに該当するものとして大学入学資格を有すると解釈している。そして、この旨について、国公私立大学長や国公私立高等専門学校長等にあてた通知「大学入学資格について」（昭和四二年二月二八日学大六七号）を発出している。

そこで、今日の大学入試センター試験においても、出願資格として『高等専門学校』第三学年を修了した者」が明記されるとともに、証明として高等専門学校長の発行する「第三学年修了若しくは修了見込みの証明書」の提出を求めている。

他方で、高等専門学校を中途退学した場合等、三年まで修了せずに「高等学校卒業程度認定試験」を受験する場合には、試験科目について高等専門学校で相当する授業科目を修得したと認められる者については、願い出により該当する試験科目の免除が定められている（高等学校卒業程度認定試験規則　平成一七年一月三一日文部科学省令第一号）。

本条を考える視点

高等専門学校の卒業生の進路の幅を広げるものとして重要な規定である。

参考までに、国立高等専門学校の卒業生の進路状況（平成二五（二〇一三）年四月一日時点）を見ると、卒業者数九二七三名のうち五三二九名（約五七％）が就職、一四八四名（約一六％）が専攻科への進学、そして二一四九名（約二三％）が大学へ編入学となっている。この大学編入学の内訳は、国立大学への編入学が二〇三六名、公立大学へ四四名、私立大学へ六九名となっている。

以上を踏まえると、約四割の卒業生が高等専門学校の本科五年にとどまらず専科や大学へ進学しており、高等専門学校の卒業生の約四割は「学士」以上の学位を有しているという実態が窺える。他方、中学卒業後の進路指導において、大学進学を見据えた場合に高等学校への進学を奨める場合が一般的かもしれないが、高等専門学校の卒業後に大学へ編入学することが可能である点や、高等専門学校三年修了時にも大学受験が可能であることが法的にも認められている点を留意しておく必要がある。

関連条文　資料

■関連条文　本法第九〇条〔入学資格〕第一項、本法施行規則第一七八条、高等学校卒業程度認定試験規則（平成一七年一月三一日文部科学省令一号）

■通知　「大学入学資格について（通知）」（昭和四二年二月二八日学大第六七号、文部省大学学術局長）

〔準用規定〕

第一二三条　第三十七条第十四項、第五十九条、第六十条第六項、第九十四条（設置基準に係る部分に限る。）、第九十五条、第九十八条、第百五条から第百七条まで、第百九条（第三項を除く。）及び第百十条から第百十三条までの規定は、高等専門学校に準用する。

第一一章　専修学校

〔専修学校の目的等〕

第一二四条　第一条に掲げるもの以外の教育施設で、職業若しくは実際生活に必要な能力を育成し、又は教養の向上を図ることを目的として次の各号に該当する組織的な教育を行うもの（当該教育を行うにつき他の法律に特別の規定があるもの及び我が国に居住する外国人を専ら対象とするものを除く。）は、専修学校とする。

一　修業年限が一年以上であること。

二　授業時数が文部科学大臣の定める授業時数以上であること。

三　教育を受ける者が常時四十人以上であること。

本条の概要

専修学校の制度は、昭和五〇（一九七五）年の本法の改正（以下、「昭和五〇年改正」と略）により創設された。従来、本法上の学校には、本法第一条に定める学校のほかに、「学校教育に類する教育を行うもの」として各種学校が規定されていた（当時の旧法第八三条）。この規定の下に、大規模な組織的教育を行うものから極めて小規模のものまで、様々な教育形態の各種学校が存在していたが、一定の規模と水準を有し、組織的な教育を行うものを新たに専修学校として制度化したものである。専修学校が制度化されたことにより、教育施設・設備の充実や振興策及び生徒の処遇などへの適切な措置を講じなければならないことになった。

専修学校の目的は、「職業若しくは実際生活に必要な能力を育成し、又は教養の向上を図ること」であり、極めて実用的かつ専門的な教育機関としての性格をもっている。修業年限については、十分な教育効果を上げるためには最低一年は必要であるという認識が示されている。これに対して、各種学校の場合は、一年以上であることが原則だが、「簡易に修得することができる技術、技芸等の課程については、三月以上一年未満とすることができる」(各種学校規程第三条)とされている。

授業時数については、「文部科学大臣の定める授業時数以上」とされている。その定めは、専修学校設置基準第五条に示されており、「学科ごとに、一年間にわたり八百時間以上」である。ただし、夜間学科等においては、修業年限に応じて授業時数を減じることができるが、「四百五十時間を下ることができない」とされている。

教育を受ける者の人数が、「常時四十人以上」とされている理由は、組織的な教育活動としては、学校の一学級編制基準が四〇人とされていることもあり、それ以上の受講生を擁することが社会的な需要という観点からは必要であるという点に求められよう。ただし、一つの授業科目について同時に授業を行う生徒数は、四〇人以下とされている(専修学校設置基準第六条)。

ポイント解説

専修学校の性格

専修学校は、同年齢の者が行く高等学校、短大及び大学とどのような点が異なっているのだろうか。まず、高等学校だが、高等学校は「高度な普通教育及び専門教育を施すことを目的」(本法第五〇条)としており、普通教育と専門教育の双方を施すことを目的としているが、専修学校の場合は、「職業若しくは実際生活に必要な能力を育成し、又は教養の向上を図ること」であり、いずれか一方でも構わないことになっている。

これに対して、短期大学は、「深く専門の学芸を教授研究し、職業又は実際生活に必要な能力を育成することを主な目的」（本法第一〇八条）としており、後段の部分は専修学校と重なるが、前段の「専門の学芸を教授研究」する研究機関であることをその特徴としている。また、大学は、「学術の中心として、広く知識を授けるとともに、深く専門の学芸を教授研究」（本法第八三条）することを目的としており、学術の中心としての教育研究機関であるが、専修学校にはこのような性格は与えられていない。すなわち、専修学校は、本法一条校とは異なり、入学資格、修業年限、教育内容など極めて多様な広範な分野の教育を弾力的に実施する、実用的、教養的又は専門的な教育に特化した教育機関であると性格づけることができよう。

生徒の入学・退学、学年の始期・終期

専修学校の生徒の入学、退学及び休学については、本法施行規則第一八一条の規定により、また、学年の始期、終期については、同施行規則第一八四条の規定に基づき、いずれも校長が定めるものとされている。

専修学校の範囲

本条の規定は、専修学校の範囲について、「当該教育を行うにつき他の法律に特別の規定があるもの及び我が国に居住する外国人を専ら対象とするものを除く」としている。「当該教育を行うにつき他の法律に特別の規定があるもの」とは、その設置や目的及び教育課程等が本法以外の法律による規定のあるものを指している。例えば、防衛省設置法による防衛大学校や防衛医科大学校、自治大学校設置法による自治大学校、国土交通省所管の独立行政法人航空大学校、農林水産省が所管する独立行政法人水産大学校などが挙げられる。

「我が国に居住する外国人を専ら対象とするもの」とは、いわゆる日本国にある外国人学校のことだが、すべてではない。日本には二〇〇校以上の外国人学校があるが、そのうち一条校となっているのは、三校で、いずれも韓国学校である。一条校になると、学習指導要領への準拠、検定教科書の使用、免許教員の採用などが義務づけられる。

現在、専修学校の位置づけにある外国人学校は存在せず、外国人学校の約半数（百数校）が各種学校となっており、残りの半数が未認可の学校である。

本条を考える視点

本条は、専修学校の教育目的を規定したものであるが、本法一条校（幼稚園、小学校、義務教育学校、中学校、高等学校、中等教育学校、特別支援学校、大学及び高等専門学校）との教育目的との相違を押さえておくことが必要であろう。その上で、専修学校の性格が、一条校とは異なり、入学資格、修業年限、教育内容など極めて多様な広範な分野の教育を弾力的に実施する、実用的、教養的又は専門的な教育に特化した教育機関であることを認識しておきたい。

関連条文　資料

■**関連条文**　本法第一条〔学校の範囲〕、第五〇条〔高等学校の目的〕、第八三条〔大学の目的〕、第一〇八条〔短期大学〕、本法施行規則第一八一条（専修学校の生徒の入学、退学、休学等）、第一八四条（専修学校の学年の始期・終期）、各種学校規程（昭和三二年一二月五日文部省令第三一号）第三条（修業期間）、専修学校設置基準（昭和五一年一月一〇日文部省令第二号）第五条（授業時数）、第六条（同時に授業を行う生徒）

〔課程〕

第一二五条 専修学校には、高等課程、専門課程又は一般課程を置く。

② 専修学校の高等課程においては、中学校若しくはこれに準ずる学校若しくは義務教育学校を卒業した者若しくは中等教育学校の前期課程を修了した者又は文部科学大臣の定めるところによりこれと同等以上の学力があると認められた者に対して、中学校における教育の基礎の上に、心身の発達に応じて前条の教育を行うものとする。

③ 専修学校の専門課程においては、高等学校若しくはこれに準ずる学校若しくは中等教育学校を卒業した者又は文部科学大臣の定めるところによりこれに準ずる学力があると認められた者に対して、高等学校における教育の基礎の上に、前条の教育を行うものとする。

④ 専修学校の一般課程においては、高等課程又は専門課程の教育以外の前条の教育を行うものとする。

本条の概要

本条の通り、専修学校には高等課程、専門課程及び一般課程の三つがあり、それらのうち一つ以上の課程が置かれる。高等課程とは、後期中等教育段階の青少年を対象として、「中学校における教育の基礎の上に、心身の発達に応じて」行われるものであり、専門課程とは、高等教育段階の青少年を対象として、「高等学校における教育の基礎の上に」行われるものである。そして、特定の学校教育を前提としない者を対象として行われる「高等課程又は専門課程の教育以外」の教育を一般課程として位置づけている。

高等課程へ入学を許される者は、「中学校の卒業者」、「中学校に準ずる学校の卒業者」、「義務教育学校の卒業者」、

「中等教育学校の前期課程の修了者」又は「文部科学大臣の定めるところによりこれと同等以上の学力があると認められた者」である。「中学校に準ずる学校の卒業者」とは、特別支援学校の中学部の修了者がこれに当たる。

専門課程へ入学を許される者は、「高等学校の卒業者」、「高等学校に準ずる学校の卒業者」、「中等教育学校の卒業者」又は「文部科学大臣の定めるところによりこれに準ずる学力があると認められた者」である。「高等学校に準ずる学校の卒業者」とは、特別支援学校の高等部の修了者がこれに当たる。

一般課程への入学を許される者については特に規定はなく、年齢や入学資格等に関わりなく、幼児から成人に至る幅広い年齢層を対象としており、いわば生涯教育の課程として位置づけられる。

以上のように、専修学校は課程の三つの類型に応じてそれぞれ異なった性格を有し、異なった機能を果たすものとして位置づけられている。すなわち、高等課程は後期中等教育に相当する教育機関であり、専門課程は高等教育に相当する教育機関である。これらの課程は一般課程とともに、実践的で専門的な職業教育や技術教育又は教養的な教育を行い、ともに生涯学習のための教育機関として重要な役割を果たしている。

ポイント解説

文部科学大臣の定め

本条では、第二項と第三項にいずれも「文部科学大臣の定めるところにより」とする規定があるが、その具体的な意味について明らかにしておきたい。ここでいう「文部科学大臣の定め」とは、第二項の場合は本法施行規則第一八二条にその定めがあり、第三項の場合は同施行規則第一八三条にその定めがある。

高等課程の入学資格

本法施行規則第一八二条は、高等課程の入学資格について規定したものであり、中学校の卒業者と同等以上の学力があると認められる者として、同施行規則第九五条に定めるいずれかに該当する者としている。その該当者は以下の五通りである。

① 外国において、学校教育における九年の課程を修了した者
② 文部科学大臣が中学校の課程と同等の課程を有するものとして認定した在外教育施設の当該課程を修了した者
③ 文部科学大臣の指定した者（旧制学校の修了者）
④ 就学義務猶予免除者等の中学校卒業程度認定規則により、中学校を卒業した者と同等以上の学力があると認定された者
⑤ その他専修学校において、中学校を卒業した者と同等以上の学力があると認めた者

専門課程の入学資格

本法施行規則第一八三条は、専門課程の入学資格について定めたものであり、高等学校の卒業者に準ずる学力があると認められる者として、本法第九〇条の定める「通常の課程による十二年の学校教育を修了した者」、同施行規則第一五〇条第一号、第二号、第四号又は第五号に該当する者、又は同施行規則第一八三条に定める者としている。

これを全体としてまとめれば、以下のようになる。

① 通常の課程による一二年の学校教育を修了した者
② 外国において一二年の課程を修了した者
③ 文部科学大臣が高等学校の課程と同等の課程を有するものとして認定した在外教育施設の当該課程を修了した者
④ 文部科学大臣の指定した者（旧制学校の修了者、国際バカロレア有資格者等）

⑤　高等学校卒業認定試験に合格した者
⑥　修業年限が三年以上の専修学校の高等課程を修了した者
⑦　大学に「飛び入学」した者で、高等学校卒業者に準ずる学力があると認めた者
⑧　個別の入学資格審査で、高等学校卒業者に準ずる学力があると専修学校が認めた者で、一八歳に達した者

専門士の称号

専門課程の修了者の社会的評価を高めるために、修業年限が二年以上で、一定の要件を満たす専門課程の修了者に対して、平成七年から「専門士」の称号が付与されるようになった。また、修業年限が四年以上で、一定の要件を満たす専門課程の修了者に対して、平成一七（二〇〇五）年から「高度専門士」の称号を付与する制度が創設された。

本条を考える視点

専修学校は高等課程、専門課程及び一般課程の三つの類型があり、それぞれ異なった性格を有し、異なった機能を果たすものとして位置づけられていることに注目したい。

高等課程は、中学校における教育の基礎の上に、心身の発達に応じて教育を行う機関であり、後期中等教育に相当する。専門課程は、高等学校における教育の基礎の上に、教育を行う機関であり、高等教育に相当する。そして一般課程は、高等課程又は専門課程の教育以外の教育を行う機関である。

専修学校の目的は、「職業若しくは実際生活に必要な能力を育成し、又は教養の向上を図ること」（本法第一二四条）であり、極めて実用的かつ専門的な教育機関としての性格をもっている。いずれも、実践的で専門的な職業教育や技術教育又は教養的な教育を行い、生涯学習のための教育機関として重要な役割を果たしている。

関連条文　資料

■**関連条文**　本法第九〇条〔入学資格〕、本法施行規則第九五条（高等学校：中学校卒業者と同等以上の学力認定者）、第一五〇条（大学：高校卒業者と同等以上の学力認定者）、第一八二条（専修学校：中学校卒業者と同等以上の学力認定者）、第一八三条（専修学校：高等学校卒業者と同等以上の学力認定者）

〔高等課程、専門課程の名称〕

第一二六条　高等課程を置く専修学校は、高等専修学校と称することができる。

②　専門課程を置く専修学校は、専門学校と称することができる。

本条の概要

本条は、高等課程を置く専修学校を「高等専修学校」と称し、専門課程を置く専修学校を「専門学校」と称することを規定している。これらの名称について、本法第一三五条第一項では、「専修学校、各種学校その他第一条に掲げるもの以外の教育施設は、同条に掲げる学校の名称又は大学院の名称を用いてはならない」とし、専修学校以外の教育機関はその名称を用いてはならないとしている。

また、本法第一三五条第二項では、「高等課程を置く専修学校以外の教育施設は高等専修学校の名称を、専門課程を置く専修学校以外の教育施設は専門学校の名称を、専修学校以外の教育施設は専修学校の名称を用いてはならない」とし、高等課程を置く専修学校以外の教育施設は「高等専修学校」の名称を、また専門課程を置く専修学校以外の教育施設は「専門学校」の名称を用いてはならないとしている。

これらの条項によって、専修学校、高等専修学校及び専門学校という名称の専用が保障されている。

ポイント解説

名称違反の罰金規定

本条と本法第一三五条の規定に違反した場合には、どのような処置が下されるのであろうか。それについては本法第一四六条の「学校名称使用の禁止違反の処罰」の規定が適用される。すなわち、本法第一四六条には「第百三十五条の規定に違反した者は、十万円以下の罰金に処する。」と規定されている。この条文の適用は、刑法第一五条の「罰金」の規定と併せて解釈されなければならない。

刑法第一五条は「罰金は、一万円以上とする。ただし、これを減軽する場合においては、一万円未満に下げることができる。」と規定されている。この規定を本法第一四六条の規定と併せて解釈すると、罰金は「一万円以上十万円以下、ただし、これを軽減する場合においては、一万円未満に下げることができる」ということになる。

名称の使用の仕方

例えば、専門課程とともにその他の課程を併置する専修学校はどのような名称を用いることができるのだろうか。この場合には、「専門学校」の名称を用いることができるが、専門課程とは別に一般課程又は高等課程のあることが学則等に明記され、それぞれ別の課程の学修であることが分かるとともに、実際にもそれらの課程を混合した授業を行ってはならない。というのも、それらは教育目的、入学資格及び卒業要件等が異なっているからである。また、高等課程と一般課程を有する専修学校も、高等専修学校の名称を用いることができるが、この場合も事情は同様である。

専修学校設置基準は、「専修学校の名称は、専修学校として適当であるとともに、当該専修学校の目的にふさわしいものでなければならない。」（第二八条）と規定し、本法一条校と間違えたり、あるいは研究機関や塾と間違われたりするような名称の使用を禁止している。

本条を考える視点

本条は、本法第一三五条及び第一四六条とともに、専修学校、高等専修学校及び専門学校の名称を保障することにより、その名にふさわしい教育目的が実施されることが期待されている。それらの名称に従って、専修学校は、高等課程、専門課程又は一般課程から構成されており、それぞれ異なった性格を有し、異なった機能を果たすものとして位置づけられている。こうしたそれぞれの課程が専修学校の目的に応じたふさわしい名称を用いることが期待されている。

関連条文　資料

■**関連条文**　本法第一三五条〔名称の専用〕、第一四六条〔学校名称使用の禁止違反の処罰〕、刑法第一五条〔罰金〕、専修学校設置基準（昭和五一年一月一〇日文部省令第二号）第二八条〔名称〕

（設置者）
第一二七条　専修学校は、国及び地方公共団体のほか、次に該当する者でなければ、設置することができない。
一　専修学校を経営するために必要な経済的基礎を有すること。
二　設置者（設置者が法人である場合にあつては、その経営を担当する当該法人の役員とする。次号において同じ。）が専修学校を経営するために必要な知識又は経験を有すること。
三　設置者が社会的信望を有すること。

本条の概要

本条は、専修学校の設置者になることができる者についての規定である。専修学校の設置者になることができる者は、国及び地方公共団体のほか、本条に定める次の要件に該当する者である。すなわち、①経営のために必要な経済的基礎があること、②経営のために必要な知識又は経験があること、③社会的信望のあることである。

専修学校と各種学校については、本法に定めはあるものの、本法でいう学校（一条校）ではなく、専修学校又は各種学校を経営するのに足りる財産や社会的信望をもっていることを要件に、行政機関に認可されれば、個人でも法人でも設置することができるようになっている。また、私立学校法によれば、「専修学校又は各種学校の設置のみを目的とする法人を設立することができる」（第六四条第四項）とされており、学校法人でなくとも、いわゆる準学校法人を設立して設置することが可能である。

専修学校や各種学校については、学校法人以外の者でも設置することができるため、法人としては、学校法人及び準学校法人のほか、社団法人、財団法人、社会福祉法人、医療法人、宗教法人などが経営している場合が多く見られる。ビジネス系専門学校を商工会議所が運営していたり、株式会社による設置の例も比較的多い。

個人（自然人）も専修学校や各種学校を設置することができるが、認可の条件として、教育施設の経営に関する行為とそうでない行為を区別すること、特に会計に関しては完全に分離して行うことが求められており、複雑な事務処理が必要となるため、比較的小規模校に若干見られる程度である。

ポイント解説

本条で示されている、専修学校の設置者になることができる者についての三つの要件について、その意味を探っておきたい。

必要な経済的基礎

本条第一号は、「専修学校を経営するために必要な経済的基礎を有すること」という要件である。これは専修学校の教育目的を達成するための第一の必須の条件ともいえよう。本法第一二八条（適合基準）及び専修学校設置基準には、専修学校に必要な教員数とその資格並びに校地・校舎等必要な施設・設備について細かく規定しているが、それらに必要とされる不動産や財源の裏付けがなければ安定した経営を行うことはできない。教員の人件費やランニングコストなどを賄える資金も不可欠である。専修学校の安定した経営を導くためには、何よりもまず「必要な経済的基礎」が求められる所以でもある。

必要な知識又は経験

本条第二号は、設置者は「専修学校を経営するために必要な知識又は経験を有すること」という要件である。これも専修学校の教育目的を達成するための重要な条件の一つである。専修学校の設置者とは、具体的には当該学校を設置し、経営する責任者であり、法人が設置者の場合は、その理事などの役人がこれに当たり、個人が設置者の場合には、経営者である個人がこれに当たる。

以上の設置者に対して、本条第二項は経営のための「必要な知識又は経験」を求めているのであるが、その場合の知識とは、学校教育一般に対する識見、専修学校の管理・運営に関する知識、専修学校の教育内容に対する理解などを意味し、経験とは、本法一条校や専修学校を含めて、様々な学校の設置・経営経験や役員・校長・教員などの管理・教育経験を意味している。こうした知識と経験を有していることが、専修学校の健全な発達と教育水準の向上に寄与すると考えられているのである。

社会的信望

本条第三号は、設置者は「社会的信望を有すること」という要件である。「社会的信望」を要件とする職種には多数ある。例えば、婦人相談所の婦人相談員、母子自立支援員、特別免許状を有する教員、職業相談員（障害者職業相談担当）、労働者派遣事業適正運営協力員及び保護司等であり、人助けや人間の健全育成に携わる職業に多く見られる。

本法の定める教育機関である専修学校の設置者に対して、それにふさわしい「社会的信望」が求められることは、当然といえば当然のことであろう。

本条を考える視点

専修学校の設置者には、既述のように、学校法人、準学校法人、社団法人、財団法人、社会福祉法人、医療法人、宗教法人などのほかに、商工会議所や株式会社及び個人が設置している例も見られる。しかし、専修学校はあくまでも教育機関であり、営利機関ではない。従って、専修学校の経営は営利事業を目的として行われてはならず、教育事業としての立場からその経営の是非が問われなければならない。

関連条文　資料

■関連条文　本法第一条〔学校の範囲〕、第二条〔学校の設置者〕、第一二八条〔適合基準〕、私立学校法第六四条第四項（私立専修学校等）、専修学校設置基準第一八条

〔適合基準〕

第一二八条　専修学校は、次に掲げる事項について文部科学大臣の定める基準に適合していなければならない。

一　目的、生徒の数又は課程の種類に応じて置かなければならない教員の数

二　目的、生徒の数又は課程の種類に応じて有しなければならない校地及び校舎の面積並びにその位置及び環境

三　目的、生徒の数又は課程の種類に応じて有しなければならない設備

四　目的又は課程の種類に応じた教育課程及び編制の大綱

本条の概要

本条は、専修学校の設置基準となる事項を取り上げ、目的、生徒の数又は課程の種類に応じて有しなければならない教員数、校地・校舎の面積、位置・環境、設備、教育課程とその編制の大綱のそれぞれが、文部科学大臣の定める基準に適合していなければならないことを規定している。これらの事項に関する具体的基準は専修学校設置基準（以下、「基準」と略）に定められている。

本条及び「基準」に示されていることは、専修学校を設置する際の「最低基準」（「基準」第一条第二項）であり、「専修学校は、この省令で定める設置基準より低下した状態にならないようにすることはもとより、広く社会の要請に応じ、専修学校の目的を達成するため多様な分野にわたり組織的な教育を行うことをその使命とすることにかんがみ、常にその教育水準の維持向上に努めなければならない」（「基準」第一条第三項）と定められている。

本条の各号で取り上げられている「目的」とは、例えば、工業、農業、商業実務、教育・社会福祉、服飾・家政、医療、衛生及び文化・教養関係などの分野のうちのどの教育を行おうとするものであるかを意味し、「課程」とは、専修学校の三類型である高等課程、専門課程及び一般課程を意味している。

以上のような専修学校の目的及び課程の別に応じて、教育上の基本となる組織を置くことになっており（「基準」第二条第一項）、このような組織として、教育上必要な教員組織その他を備えなければならない（「基準」第二条第二項）。

ポイント解説

本条の各号における教員数、校地・校舎、位置・環境、設備、教育課程とその編制の大綱に関する「文部科学大臣の定める基準」について見ておきたい。いずれも「基準」に定められている。

教員数

専修学校に置かなければならない教員の半数以上は、専任の教員（常勤の校長が教員を兼ねる場合にあっては、当該校長を含む）でなければならず、三人を下回ってはいけない（「基準」第一七条第二項）。「基準」第一七条別表第一によれば、生徒定員八人までは最低三人以上であり、生徒定員がこれを上回る場合は、課程と教育分野に応じて加算することになっている。例えば、工業、農業、医療、衛生、教育・社会福祉分野では、生徒定員が八一人から二〇〇人までの場合は「三＋（生徒定員－八〇）÷四〇」、生徒定員が二〇一人から六〇〇人までの場合は「三＋（生徒定員－二〇〇）÷五〇」人、六〇〇人以上の場合は「三＋（生徒定員－六〇〇）÷六〇」人となっている。

位置・環境、校地・校舎

専修学校の位置・環境は、教育上及び保健衛生上適切なものでなければならない（「基準」第二一条）。また、校舎には、生徒数又は課程に応じて、教室（講義室、演習室、実習室等）、教員室、事務室その他必要な附帯施設を備えなければならないほか、なるべく図書室、保健室、教員研究室等を備えるものとし、目的に応じた実習場その他必要な施設を確保しなければならないと規定されている（「基準」第二三条）。このような校舎等を保有するに必要な面積の校地及び運動場その他必要な施設の用地を備えなければならないとされている（「基準」第二二条）。専修学校の校舎の面積については、課程、教育分野及び生徒定員に応じてその具体的な算出方式が示されている（「基準」第二四条別表第二）。

設備

専修学校は、当然のことであるが、目的、生徒数又は課程に応じて、必要な種類及び数の機械、器具、標本、図書その他の設備、適当な照明設備を備えなければならない（「基準」第二五条、第二六条）。特別の事情があり、教育上及び安全上支障がない場合は、他の学校等の施設及び設備を使用することが許されている（「基準」第二七条）。

教育課程とその編制の大綱

教育課程と編成の大綱に関しては、高等課程、専門課程又は一般課程における教育上基本となる組織として、一又は二以上の学科を置くものとしている。この学科は、専修学校の教育を行うため適当な規模と内容がなければならない（「基準」第二条、第三条）。一つの授業科目の受講生は、原則四〇人以下だが（「基準」第六条）、教育上必要があるときは、学年又は学科を異にする生徒を併せて授業を行うことができるとされている（「基準」第七条）。

本条を考える視点

「平成二六年度学校基本調査」によると、平成二六年三月の高校卒業者数一〇五万一三四二人のうち、進路の内訳は大学学部五〇万五二九七人、短大本科六万一一六三人、専門学校一七万八六三六人となっている。専門学校の進学率は一七・〇パーセントで、専門学校は大学学部に続く高校生の主要な進路先となっている。このことは、専門学校を含む専修学校が、時代の趨勢と科学技術の急速な発展に対応して、専修学校という柔軟な組織構造を利用して、青少年の多様な学習ニーズを受け止め、特色ある教育を実施してきたことを物語っている。専修学校はこのような特色をさらに生かして、教育内容の一層の充実と多様な履修方法の工夫を図り、時代の要請により機敏に対応することが求められている。

関連条文　資料

■関連条文　本法第一二六条〔高等課程、専門課程の名称〕、第一二七条〔設置者〕、第一二九条〔校長・教員〕、本法施行規則第一八〇条（専修学校設置基準）、専修学校設置基準

■関連資料　学校基本調査　平成二六年度（文部科学省）

〔校長・教員〕

第一二九条　専修学校には、校長及び相当数の教員を置かなければならない。

②　専修学校の校長は、教育に関する識見を有し、かつ、教育、学術又は文化に関する業務に従事した者でなければならない。

③　専修学校の教員は、その担当する教育に関する専門的な知識又は技能に関し、文部科学大臣の定める資格を有する者でなければならない。

本条の概要

本条は、専修学校における教育組織の中核となる校長と教員の配置及びその資格要件について定めたものである。校長の資格については、本条第二項で「教育に関する識見を有し、かつ、教育、学術又は文化に関する業務に従事した者でなければならない」と規定され、教員の資格については、本条第三項で「その担当する教育に関する専門的な知識又は技能に関し、文部科学大臣の定める資格を有する者でなければならない」と規定されている。

本法第七条の「校長・教員」に関する規定及び本法第八条の「校長・教員の資格」に関する規定は、本法一条校についての規定であり、専修学校の校長及び教員についての規定は本条が適用される。その際、専修学校の教員には、一条校の教員のように教員免許状の所有は義務づけられていない。ただし、担当する科目に関しては、専修学校の三類型に対応した「文部科学大臣の定める資格」を有していなければならない（専修学校設置基準第一八条～第二〇条）。

なお、専修学校等からなる業界団体では、専修学校設置基準に定める教員の資格を有し、専修学校の教員を志望する者や教員となって三年未満の者に新任研修を実施しており、修了者に「専修学校教育認定証」を交付している。専修学校の教員資格は専修学校設置基準に公に認定されているものであり、当該「認定証」は何らかの公的な資格を付与するものではないが、その目的は、専修学校の教員たる資質を確保するためであり、本条が規定するように、その担当する教育に関して、教員に専門的な知識又は技能を保障するためである。

実施団体としては財団法人専修学校教育振興会があるが、社団法人群馬県専修学校各種学校協会などのように、都道府県単位の業界団体等でも同様の事業を実施している例もある。

ポイント解説

本条第三項の専修学校の教員に対する「文部科学大臣の定める資格」について、具体的に見ておきたい。

専門課程の教員の資格

専門課程の教員の資格については、専修学校設置基準第一八条に次のように規定されている。

「専修学校の専門課程の教員は、次の各号の一に該当する者でその担当する教育に関し、専門的な知識、技術、技能等を有するものでなければならない。

一　専修学校の専門課程を修了した後、学校、専修学校、各種学校、研究所、病院、工場等（以下「学校、研究所等」という）においてその担当する教育に関する教育、研究又は技術に関する業務に従事した者であつて、当該専門課程の修業年限と当該業務に従事した期間とを通算して六年以上となる者

二　学士の学位を有する者にあつては二年以上、短期大学士の学位又は準学士の称号を有する者にあつては四年以上、学校、研究所等においてその担当する教育に関する教育、研究又は技術に関する業務に従事した者

三　「高等学校」（中等教育学校の後期課程を含む）において二年以上主幹教諭、指導教諭又は教諭の経験のある

者
四　修士の学位又は学位規則（昭和二十八年文部省令第九号）第五条の二に規定する専門職学位を有する者
五　特定の分野について、特に優れた知識、技術、技能及び経験を有する者
六　その他前各号に掲げる者と同等以上の能力があると認められる者」

高等課程の教員の資格

高等課程の教員の資格については、専修学校設置基準第一九条に次のように規定されている。

「専修学校の高等課程の教員は、次の各号の一に該当する者でその担当する教育に関し、専門的な知識、技術、技能等を有するものでなければならない。
一　前条各号の一に該当する者
二　専修学校の専門課程を修了した後、学校、研究所等においてその担当する教育に関する教育、研究又は技術に関する業務に従事した者であつて、当該専門課程の修業年限と当該業務に従事した期間とを通算して四年以上となる者
三　短期大学士の学位又は準学士の称号を有する者で、二年以上、学校、研究所等においてその担当する教育に関する教育、研究又は技術に関する業務に従事した者
四　学士の学位を有する者
五　その他前各号に掲げる者（高等課程の教員の資格についての前記各項目）と同等以上の能力があると認められる者」

一般課程の教員の資格

一般課程の教員の資格については、専修学校設置基準第二〇条に次のように規定されている。

「専修学校の一般課程の教員は、次の各号の一に該当する者でその担当する教育に関し、専門的な知識、技術、技能等を有するものでなければならない。

一　前二条各号の一に該当する者

二　高等学校又は中等教育学校を卒業後、四年以上、学校、研究所等においてその担当する教育に関する教育、研究又は技術に関する業務に従事した者

三　その他全各号に掲げる者と同等以上の能力があると認められる者」

本条を考える視点

専修学校は、資格取得や即戦力をスローガンに実践的な職業教育を特徴としてきたが、平成三（一九九一）年の大学設置基準及び短期大学設置基準の一部改正以来、短大及び大学でも資格取得や職業教育に力を入れるようになり、専修学校との境界線が曖昧になってきている。すなわち、専修学校の資格取得や実務教育一辺倒の教育は、科学技術革新や社会の急激な変化に柔軟に対応した能力の育成という今日的課題に応えきれているだろうか。この点に大きく関係しているのが、専修学校と大学及び短大との教員資格の格差の問題である。

高度産業社会及び知識基盤社会といわれる現代において、グローバルに活躍する人材養成が求められている中で、学問的基礎がなければこれらの人材を養成することは不可能である。この点で、大学及び短大では、教授、准教授、助教、助手といった役職に対応した資格規定が設けられており、何よりも研究に裏付けられた教育を行わなければならないのに対して、専修学校は教育機関ではあるが、研究機関としての性格がなく、教員資格はあくまで「教員」という枠にとどめられている。専修学校の法一条校化が課題とされる中で、教育資格の格差も併せて考えなければならない問題であるといえよう。

関連条文 資料

■関連条文 本法第七条〔校長・教員〕、第八条〔校長、教員の資格〕、専修学校設置基準第一七条、第一八条（教員の資格）

〔認可事項〕

第一三〇条 国又は都道府県が設置する専修学校を除くほか、専修学校の設置廃止（高等課程、専門課程又は一般課程の設置廃止を含む。）、設置者の変更及び目的の変更は、市町村の設置する専修学校にあつては都道府県の教育委員会、私立の専修学校にあつては都道府県知事の認可を受けなければならない。

② 都道府県の教育委員会又は都道府県知事は、専修学校の設置（高等課程、専門課程又は一般課程の設置を含む。）の認可の申請があつたときは、申請の内容が第百二十四条、第百二十五条及び前三条の基準に適合するかどうかを審査した上で、認可に関する処分をしなければならない。

③ 前項の規定は、専修学校の設置者の変更及び目的の変更の認可の申請があつた場合について準用する。

④ 都道府県の教育委員会又は都道府県知事は、第一項の認可をしない処分をするときは、理由を付した書面をもつて申請者にその旨を通知しなければならない。

本条の概要

本条は、専修学校の設置廃止の「認可」に関する事項について定めたものであり、「届出」に関する事項については本法第一三一条で規定している。その際の認可要件は、設置廃止（高等課程、専門課程又は一般課程の設置廃止を含む）事項、設置者変更事項及び目的変更事項の三つであることが指示されている。本法一条校の場合は、本法第四条で認可事項が定められており、本法施行令第二三条に認可事項が列挙されている。

認可を行うのは、市町村立の専修学校にあっては都道府県の教育委員会であり、私立の専修学校にあっては都道府県知事である。設置廃止、設置者変更及び目的変更の三つの事項に関してそれぞれ認可申請があった場合には、申請内容が本法第一二四条、第一二五条及び前三条（第一二七条～第一二九条）の基準に照らして、適合しているかどうかを審査し、認可に関する処分を行うことになっている。設置認可のための基準としては、本法のこれらの条項以外に、本法施行規則、専修学校設置基準がある。専修学校設置基準は、専修学校を設置する際の最低基準を示したものであり、組織編制、教育課程、教員、施設及び設備等について、設置に必要な要件が定められている。

都道府県教育委員会又は都道府県知事は、不認可処分をするときは、申請者に理由書を通知しなければならない。不認可処分を受けた申請者は、その通知に基づいて瑕疵を修正し、再度申請することができる。全く承服しかねる場合には、行政不服審査法に基づく不服申し立てをするか、もしくは行政事件訴訟法に基づく訴訟を裁判所に提起し、審査を仰ぐことができる。

ポイント解説

ここでは、専修学校の設置廃止、設置者変更及び（又は）目的変更を行う場合に、認可申請書に記載しなければならない事項について見ておくことにする。

設置廃止の認可申請

専修学校の設置についての認可申請は、本法施行規則第一八七条の準用規定で、本法施行規則第三条及び第四条を適用することになっている。その際、認可申請書には、①目的、②名称、③位置、④学則、⑤経費の見積り及び維持方法、⑥開設の時期を記載した書類並びに校地、校舎、土地及び建物等の図面を添えて提出しなければならない（同法施行規則第三条）。

学則に関する記載事項としては、少なくとも次の事項を記載しなければならない。①修業年限、学年、学期及び授業を行わない日（休業日）に関する事項、②部科及び課程の組織に関する事項、③教育課程及び授業日時数に関する事項、④学習の評価及び課程修了の認定に関する事項、⑤収容定員及び職員組織に関する事項、⑥入学、退学、転学、休学及び卒業に関する事項、⑦授業料、入学料その他の費用徴収に関する事項、⑧賞罰に関する事項、⑨寄宿舎に関する事項、である（同施行規則第四条）。

廃止に関する認可申請書には、本法施行規則第一八八条の準用規定で、同第一五条を適用することになっている。この規定によれば、廃止の事由、廃止の時期、生徒の処置方法を記載した書類を提出しなければならない。

設置者変更の認可申請

個人立の専修学校を法人立の専修学校としたり、社団法人立の専修学校を学校法人立の専修学校としたりする場合などがこれに当たる。専修学校の設置者変更の認可申請に関しては、本法施行規則第一八九条の準用規定で、関連規定を適用することになっている。それに基づいて、設置者の変更に関わる地方公共団体、法人又は私人の連署により、変更前と変更後の目的、名称、位置、学則、経費の見積り及び維持方法並びに変更の事由と時期を記載した書類を提出しなければならないとされている。

目的変更の認可申請

目的の変更とは、専修学校の教育目的に応じた分野の変更を行う場合である。専修学校には、工業、農業、医療、衛生、教育・社会福祉、商業実務、服飾・家政及び文化・教養関係の八つの分野があるが、農業分野を工業分野へ変更したり、工業分野に加えて、新たに商業分野を新設したりする場合には、目的変更の認可を受けるとともに、学則変更の届出を出さなければならない（本法施行規則第一八八条）。

専修学校の目的変更の認可申請は、本法施行規則第一八九条の準用規定で、関連規定を適用することになっている。それに基づいて、事由、名称、位置、学則の変更事項、経費の見積り及び維持方法、開設の時期を記載した書類を提出しなければならない。

本条を考える視点

都道府県教育委員会又は都道府県知事は、不認可処分をするときは、申請者に理由書を通知しなければならない。不認可処分を受けた申請者は、その通知に基づいて瑕疵を修正し、再度申請することができる。全く承服しかねる場合には、行政不服審査法に基づく不服申し立てをするか、もしくは行政事件訴訟法に基づく訴訟を裁判所に提起し、審査を仰ぐことができる。

なお、平成六年に施行された行政手続法によれば、許認可等の拒否処分に関して、その理由の提示が義務づけられたが、これに関連した本条第四項の改正は行われておらず、専修学校の不認可処分については、本条第四項の規定が適用されることになる。

関連条文　資料

■関連条文　本法第一条〔学校の範囲〕、第四条〔設置廃止等の認可〕、第一二四条〔専修学校の目的等〕、第一二五条〔課程〕、第一二七条～第一二九条〔設置者、適合基準、校長・教員〕、本法施行規則第一八七条～第一八九条〔準用規定〕、専修学校設置基準、行政不服審査法（昭和三七年九月一五日法律第一六〇号）、行政手続法

〔届出事項〕

第一三一条　国又は都道府県が設置する専修学校を除くほか、専修学校の設置者は、その設置する専修学校の名称、位置又は学則を変更しようとするときその他政令で定める場合に該当するときは、市町村の設置する専修学校にあつては都道府県の教育委員会に、私立の専修学校にあつては都道府県知事に届け出なければならない。

本条の概要

本条は、専修学校がその名称、位置又は学則を変更する際の「届出」に関する事項について定めたものである。「認可」に関する事項については前条で定めている。

都道府県教育委員会又は都道府県知事に提出しなければならない届出事項は、本条では①名称の変更、②位置の変更、③学則の変更の三つであるが、本法施行令第二四条の三（法第一三一条の政令で定める場合）の規定も同時

に適用されるので、④分校の設置又は廃止、⑤校地、校舎その他直接教育の用に供する土地及び建物に関する権利の取得、処分又は用途の変更、改築等による土地及び建物の現状の重要な変更、が加わる。ただし、市町村立の専修学校の場合は、⑤は除かれる。

ポイント解説

ここでは、専修学校の名称変更、位置変更、学則変更、分校の設置・廃止及び（又は）校地・校舎等の現状変更の場合に、届出書に記載しなければならない事項について見ておくことにする。

名称、位置又は学則の変更

専修学校がその名称、位置又は学則を変更する場合には、本法施行令第二八条による施行規則への委任規定に基づき、本法施行規則第一八九条の準用規定で、同施行規則第五条を適用することになっている。それによれば、名称、位置又は学則の変更についての届出は、届出書に、変更の事由及び時期を記載した書類を添えて提出しなければならない（同施行規則第五条）。

目的変更に係らない学科の設置と廃止による学則変更

専修学校の目的変更ではないが、学科の設置に関する学則変更の場合は、本法施行規則第一八九条の準用規定で、同第一一条と第七条を適用する。それによれば、事由、名称、位置、学則の変更事項、経費の見積り及び維持方法、開設の時期を記載した書類のほかに、校地、校舎、土地及び建物等の図面を添えて提出しなければならない（同施行規則第七条）。また、同様に、目的変更ではないが、学科の廃止に関する学則変更の場合は、同施行規則第一八八条の準用規定で、同第一五条を適用する。それによれば、届出書に、廃止の事由、時期、生徒の処置方法を記載した書類を添えて提出しなければならない。

分校の設置と廃止

専修学校の分校の設置についての届出は、本法施行規則第一八九条の準用規定で、同施行規則第七条を適用するので、学科の設置に関する学則変更の場合と同様に、事由、名称、位置、学則の変更事項、経費の見積り及び維持方法、開設の時期を記載した書類のほかに、校地、校舎、土地及び建物等の図面を添えて提出しなければならない（同第七条）。また、分校の廃止についての届出は、同第一八八条の準用規定で、同第一五条を適用するので、学科の廃止に関する学則変更の場合と同様に、届出書に、廃止の事由、時期、生徒の処置方法を記載した書類を提出しなければならない。

校地・校舎等の現状変更

校地、校舎その他直接教育の用に供する土地及び建物に関する権利の取得、処分又は用途の変更、改築等による土地及び建物の現状の重要な変更に関する届出は、本法施行規則第一八八条の準用規定で、施行規則の第六条を適用する。それによれば、届出書に、その事由及び時期を記載した書類のほかに、当該校地等の図面を添えて提出しなければならない。

本条を考える視点

専修学校の設置や廃止の認可申請、専修学校の名称、位置又は学則の変更届出は、専修学校が時代や社会の要請に応じて、柔軟に組織変更ができるという利点に基づいて、全国各地で、毎年頻繁に行われている。管轄機関である各都道府県の担当部署にそのための基準や手続きが定められているので、具体的にはそれに沿って認可申請や届出をしなければならない。

専修学校の問題点の一つは、私立専修学校に典型的に表れている。本法一条校でないために、私立学校振興助成法の適用が受けられず、私立学校振興助成費が受けられない中で、自力経営によって生徒・学生を教育し、社会へ送り出しているということである。つまり、専修学校の生徒・学生は、学費のみで教育を受けている。また、文部科学省は、大学や短大の就職支援活動の取り組みに財政支援をしているが、専門学校にはその適用が図られていない。こうした問題を解決することが、社会に大きな貢献をしている専修学校の一層の安定した経営と充実した教育の振興につながるものと思われる。

関連条文　資料

■関連条文　本法施行令第二八条（文部科学省令への委任）、本法施行規則第五条（変更の認可申請、届出手続き）、第六条（校地校舎等の取得・処分等の届出手続き）、第七条（分校設置の認可申請・届出手続）、第一一条（課程・学科・専攻科等の認可申請・届出手続）、第一五条（学校等の廃止の認可申請・届出手続）、第一八八条、第一八九条（準用規定）

〔大学への編入学〕

第一三二条　専修学校の専門課程（修業年限が二年以上であることその他の文部科学大臣の定める基準を満たすものに限る。）を修了した者（第九十条第一項に規定する者に限る。）は、文部科学大臣の定めるところにより、大学に編入学することができる。

本条の概要

　編入学とは、異なる学校間の途中入学を意味する概念であり、入学の一形態である。つまり、第一学年の始期に入学することは新入学といい、編入学は、通常の入学である新入学以外の入学形態の一種ということになる。

　本条は、修業年限が二年以上の専修学校の専門課程の修了者が、大学に編入学することができることを定めている。その際、大学への編入学が許される専修学校の専門課程とは、文部科学大臣の定める基準を満たさなければならないこと、専修学校の専門課程の修了者とは、本法第九〇条第一項に規定する者に限るとされている。

　編入とは、入学の際に行うかどうかを問わず、学生等を年齢や心身の発達状況などに応じた相当の学年に組み入れることをいう。従って、編入学とは、一般的には、入学と編入を同時に行う行為を意味し、その学校に在籍していなかった者が、第一学年の中途又は第二学年以上の学年に、過去に同種の学校等に在学していた者か又は外国にある学校などから入学することである。類似の言葉として転入学があるが、編入学とは異なるので注意したい。

　大学の編入学試験は、短期大学や高等専門学校のほか、専修学校専門課程の卒業者又は卒業見込みの者、四年制大学二年次修了者などを対象とし、編入学年次を二年次とするところもあるが、主に大学三年次に入学する者を選抜する試験である場合が多い。編入学の際には、編入学試験を課されることが多く、高等学校以上の学校に編入学にする場合は、取得単位の認定が必要である。

　本条の規定により、大学への編入学が認められる専修学校の卒業者に対して、短期大学や高等専門学校の卒業者と同様に、学士の学位授与の資格が認められている。学位授与の資格認定は、独立行政法人大学評価・学位授与機構が行う（学位規則第六条第一項第二号）。

ポイント解説

本条では、大学への編入学が許される専修学校の専門課程は、文部科学大臣の定める基準を満たさなければならず、専修学校の専門課程の修了者は、本法第九〇条第一項に規定する者に限るとされている。ここでは、「文部科学大臣の定める基準」及び「第九十条第一項に規定する者」についての具体的内容について明らかにしておきたい。

文部科学大臣の定める基準

文部科学大臣の定める規準とは、本法施行規則第一八六条のことであり、以下のように定められている。

「学校教育法第百三十二条に規定する文部科学大臣の定める基準は、次のとおりとする。

一　修業年限が二年以上であること。

二　課程の修了に必要な総授業時数が別に定める授業時数以上であること。

2　前項の基準を満たす専修学校の専門課程を修了した者は、編入学しようとする大学の定めるところにより、当該大学の修業年限から、修了した専修学校の専門課程における修業年限に相当する年数以下の期間を控除した期間を在学すべき期間として、当該大学に編入学することができる。ただし、在学すべき期間は、一年を下つてはならない」

本法施行規則第一八六条第二項の「別に定める授業時数」とは、「大学の編入学に係る専修学校の専門課程の総授業時数を定める件」（平成一〇年文部省告示第一二五号）において、「課程の修了に必要な総授業時数が千七百時間以上であること」とされている。

第九〇条第一項に規定する者

「第九十条第一項に規定する者」とは、「大学入学資格を有する者」のことであり、大学に入学することのできる者は、高等学校又は中等教育学校を卒業した者、通常の課程による一二年の学校教育を修了した者（通常の課程以外の課程によりこれに相当する学校教育を修了した者を含む。）、文部科学大臣の定めるところにより、これと同等以上の学力があると認められた者である（本法第九〇条第一項）。「文部科学大臣の定めるところにより、これと同等以上の学力があると認められた者」については、本法施行規則第一五〇条に定められているので参照されたい。

本条を考える視点

「編入学」に類似する概念がいくつかあるので注意したい。ある学校に在籍している者がそのまま別の学校に学籍を移動する場合は「転学」（本法第五九条、第一三三条、本法施行規則第二四条、第九二条、第百四四条）であり、同一学校内で学籍が移動する場合を「転籍」（同施行規則第九二条）という。また、同一学校内で学部や学科が移動する場合は、「転部」「転科」と呼ばれる。転学による入学は、転入学とも呼ばれる。

校種が同一の学校間を移るときには「転学」の手続きが必要であり、校種が異なる学校間を移るときには「退学」と「編入学」の二つの手続きが必要となる。外国の学校に通っていた者が帰国し日本の学校に通うときは、「退学」と「編入学」の手続きが必要である。

関連条文　資料

■**関連条文**　本法第九〇条（入学資格）第一項、本法施行規則第一八六条（大学への編入学）、学位規則（昭和二八年四月一日文部省令第九号）第六条第一項第二号（学士、修士及び博士の学位授与の要件）

■**関連資料**　「大学の編入学に係る専修学校の専門課程の総授業時数を定める件」（平成一〇年八月一四日文部省告示第一二五号）

〔準用規定〕

第一三三条　第五条、第六条、第九条から第十二条まで、第十三条第一項、第十四条及び第四十二条から第四十四条までの規定は専修学校に、第百五条の規定は専門課程を置く専修学校に準用する。この場合において、第十条中「大学及び高等専門学校にあつては文部科学大臣に、大学及び高等専門学校以外の学校にあつては都道府県知事に」とあるのは「都道府県知事に」と、同項中「第四条第一項各号に掲げる学校」とあるのは「市町村の設置する専修学校又は私立の専修学校」と、「同項各号に定める者」とあるのは「都道府県の教育委員会又は都道府県知事」と、同項第二号中「その者」とあるのは「当該都道府県の教育委員会又は都道府県知事」と、第十四条中「大学及び高等専門学校以外の市町村の設置する学校については都道府県の教育委員会、大学及び高等専門学校以外の私立学校については都道府県知事」とあるのは「市町村の設置する専修学校については都道府県の教育委員会、私立の専修学校については都道府県知事」と読み替えるものとする。

②　都道府県の教育委員会又は都道府県知事は、前項において準用する第十三条第一項の規定による処分をするときは、理由を付した書面をもつて当該専修学校の設置者にその旨を通知しなければならない。

第一二章　雑則

〔各種学校〕

第一三四条　第一条に掲げるもの以外のもので、学校教育に類する教育を行うもの（当該教育を行うにつき他の法律に特別の規定があるもの及び第百二十四条に規定する専修学校の教育を行うものを除く。）は、各種学校とする。

② 第四条第一項前段、第五条から第七条まで、第九条から第十一条まで、第十三条第一項、第十四条及び第四十二条から第四十四条までの規定は、各種学校に準用する。この場合において、第四条第一項前段中「次の各号に掲げる学校」とあるのは「市町村の設置する各種学校又は私立の各種学校」と、「当該各号に定める者」とあるのは「都道府県の教育委員会又は都道府県知事」と、第十条中「大学及び高等専門学校にあつては文部科学大臣に、大学及び高等専門学校以外の学校にあつては都道府県知事に」とあるのは「都道府県知事に」と、第十三条第一項中「第四条第一項各号に掲げる学校」とあるのは「市町村の設置する各種学校又は私立の各種学校」と、「同項各号に定める者」とあるのは「都道府県の教育委員会又は都道府県知事」と、同項第二号中「その者」とあるのは「当該都道府県の教育委員会又は都道府県知事」と、第十四条中「大学及び高等専門学校以外の市町村の設置する学校については都道府県の教育委員会、大学及び高等専門学校以外の私立学校については都道府県知事」とあるのは「市町村の設置する各種学校については都道府県の教育委員会、私立の各種学校については都道府県知事」と読み替えるものとする。

③ 前項のほか、各種学校に関し必要な事項は、文部科学大臣が、これを定める。

（名称の専用）

第一三五条　専修学校、各種学校その他第一条に掲げるもの以外の教育施設は、同条に掲げる学校の名称又は大学院の名称を用いてはならない。

②　高等課程を置く専修学校以外の教育施設は高等専修学校の名称を、専門課程を置く専修学校以外の教育施設は専門学校の名称を、専修学校以外の教育施設は専修学校の名称を用いてはならない。

（設置認可の申請の勧告、教育の停止命令等）

第一三六条　都道府県の教育委員会（私人の経営に係るものにあつては、都道府県知事）は、学校以外のもの又は専修学校若しくは各種学校以外のものが専修学校又は各種学校の教育を行うものと認める場合においては、関係者に対して、一定の期間内に専修学校設置又は各種学校設置の認可を申請すべき旨を勧告することができる。ただし、その期間は、一箇月を下ることができない。

②　都道府県の教育委員会（私人の経営に係るものにあつては、都道府県知事）は、前項に規定する関係者が、同項の規定による勧告に従わず引き続き専修学校若しくは各種学校の教育を行つているとき、又は専修学校設置若しくは各種学校設置の認可を申請したがその認可が得られなかつた場合において引き続き専修学校若しくは各種学校の教育を行つているときは、当該関係者に対して、当該教育をやめるべき旨を命ずることができる。

③　都道府県知事は、前項の規定による命令をなす場合においては、あらかじめ私立学校審議会の意見を聞かなければならない。

〔社会教育施設の附置・目的外利用〕

第一三七条　学校教育上支障のない限り、学校には、社会教育に関する施設を附置し、又は学校の施設を社会教育その他公共のために、利用させることができる。

第二部関連頁　六九七頁

〔行政手続法の適用除外〕

第一三八条　第十七条第三項の政令で定める事項のうち同条第一項又は第二項の義務の履行に関する処分に該当するもので政令で定めるものについては、行政手続法（平成五年法律第八十八号）第三章の規定は、適用しない。

〔不服申立ての制限〕

第一三九条　文部科学大臣がする大学又は高等専門学校の設置の認可に関する処分又はその不作為については、審査請求をすることができない。

〔都の区の取扱〕

第一四〇条　この法律における市には、東京都の区を含むものとする。

〔学部・研究科以外の組織への学部・研究科規定の適用〕

第一四一条　この法律（第八十五条及び第百条を除く。）及び他の法令（教育公務員特例法（昭和二十四年法律第一号）及び当該法令に特別の定めのあるものを除く。）において、大学の学部には第八十五条ただし書に規定する組織を含み、大学の大学院の研究科には第百条ただし書に規定する組織を含むものとする。

〔本法施行事項の政令・文部科学大臣への委任〕

第一四二条　この法律に規定するもののほか、この法律施行のため必要な事項で、地方公共団体の機関が処理しなければならないものについては政令で、その他のものについては文部科学大臣が、これを定める。

第一三章　罰則

（学校閉鎖命令違反等の処罰）

第一四三条　第十三条第一項（同条第二項、第百三十三条第一項及び第百三十四条第二項において準用する場合を含む。）の規定による閉鎖命令又は第百三十六条第二項の規定による命令に違反した者は、六月以下の懲役若しくは禁錮又は二十万円以下の罰金に処する。

（就学義務違反の処罰）

第一四四条　第十七条第一項又は第二項の義務の履行の督促を受け、なお履行しない者は、十万円以下の罰金に処する。

② 法人の代表者、代理人、使用人その他の従業者が、その法人の業務に関し、前項の違反行為をしたときは、行為者を罰するほか、その法人に対しても、同項の刑を科する。

（学齢児童等使用者の義務違反の処罰）

第一四五条　第二十条の規定に違反した者は、十万円以下の罰金に処する。

〔学校名称使用の禁止違反の処罰〕

第一四六条　第百三十五条の規定に違反した者は、十万円以下の罰金に処する。

は行

ま行

や行

ら行

わ行

た行

な行

索引

さ行

学校教育法実務総覧

索　引

事項索引

あ行

か行

法令上、就学を猶予する病弱等の身体的事由の具体的な程度は明確にされていませんが、指導上の観点から、特別支援学校における教育に耐えることのできない程度のものであるとすることが妥当です。治療または生命、健康の維持のため療養に専念することを必要とし、教育を受けることが困難または不可能な者がこれに該当すると考えられます。

この事例について、教育委員会は、就学適正委員会において十分に検討し、特別支援学校への入学という選択も含めて保護者と協議を進め、就学についての判断を行うようにします。

なお、学齢を超えた者が小学校に入学できるかという点については、その者の学習権を保障するという観点から、学力等の事情を考慮して、適当と認められる学年への就学を許可してもよいことになっています。

学校教育法施行令第18条

未熟児で生まれた児童の就学猶予

Q 就学時健康診断のときに、「未熟児で生まれた子どもが１年生になるのだが､体も小さく発達が遅いので１年間遅らせて入学させたい」と保護者より校長に申し出がありました。入学年齢に達した児童は、学校に入学させることが決められていますが、こうした場合にはどのように保護者へ説明すればよいでしょうか。

A 病弱や発育不全の子どもの場合には、心身の障害の状況に対応した養護学校または、訪問教師制度による在宅就学や病院教室等への就学によって義務教育を保障しようという提案があり、一部実現に向かっています。また、就学義務者（保護者）に対する啓発や社会教育における障害者教育や就学奨励によって、就学猶予・免除者、未就学者をなくそうという運動が進められています。これらを受け、各教育委員会は、就学適正委員会等を設置し、医師や心理学者から意見を求めて適正な就学を推進しています。

学校では、児童委員、児童相談所、福祉事務所等の児童福祉・生活保護実施機関等と連携しながら、病弱や発育不全などの児童生徒の教育活動を充実させるための条件づくりを行うことが必要です。

この事例では、保護者が１年間の猶予期間によって子どもが学校生活に適応できると申し出ています。本法施行令第 18 条に定められているように、就学先の決定に際しては保護者の意見を聴くことが義務付けられていますが、そうはいっても保護者の判断が優先されるわけではないことを伝える必要があります。

から選択が可能なもの（自由選択制）、当該市町村をブロックに分けそのブロック内の希望する学校に就学を認めるもの（ブロック選択制）、従来の通学区域は残したままで、隣接する区域内の希望する学校に就学を認めるもの（隣接区域選択制）、従来の通学区域に関係なく当該市町村内のどこからでも就学を認めるもの（特認校制）等があります。

またこれらの制度がなくても保護者の申し立てにより、相当の理由があると認められる場合には、市町村の教育委員会は、指定校の変更を認めています。相当の理由としては、他の学校に入学する場合に比べ、児童生徒に精神的・身体的に過度の負担が生ずることが客観的に認められる場合等が挙げられますが、いじめによる転校希望についても、就学すべき学校の指定の変更を認めています。

児童生徒の就学校や指定校の変更については、学校としても地区の教育委員会の制度などについて理解しておくことが大切ですが、保護者に対しては、教育委員会の就学担当部署に確認し、適切な手続きを行うように伝えることが必要です。

学校教育法施行令
第5条・第9条

就学すべき学校の指定と変更

Q 次年度入学予定の生徒の保護者から、就学通知書に記載されている学校以外の学校へ入学したいという申し出がありました。通学区域や就学先の学校はどのように決められ、また、指定校を変更する条件はどのようになっているのでしょうか。就学事務担当者として、保護者にどのように説明したらよいでしょうか。

A 児童生徒の通学区域については、本法施行令第5条第2項において、「市町村の教育委員会は、当該市町村の設置する小学校または、中学校が二校以上ある場合においては、（略）就学予定者の就学すべき小学校、中学校又は義務教育学校を指定しなければならない」と規定されています。しかし、通学区域や就学先の学校については、法律上の規定はなく、就学すべき学校の指定を含め、就学に関する事務に関する職務権限をもつ市町村教育委員会（地方教育行政の組織及び運営に関する法律第23条第4項）が、長い通学距離等の通学に伴う児童生徒の負担、学校の施設設備や教員配置の状況等に基づく学校の収容能力等を総合的に勘案し、特定校への集中を回避し、円滑な教育活動や教育の機会均等を保つために、通学区を指定しています。

近年、国の規制緩和政策のもとで、学校選択制や通学区域の弾力化が推進され、全国に広がっています。学校選択制には、従来の通学区域を残したままで、特定の地域に居住する者について学校選択制を認めるもの（特定地域選択）、当該市町村内の全ての小中学校め、平成 17 年 4 月 21 日付「外国人児童生徒に対する就学ガイドブックについて」において周知し、外国人に対する教育関係の情報提供の充実や就学手続時の居住地確認方法の弾力化、関係行政機関との連携などについて通知しています。

校長は、事実を確認して、教育委員会に連絡をすることが必要です。連絡を受けた教育委員会は、子どもの実状を把握し、保護者に連絡をとり、就学案内をします。その際、日本語ばかりでなく、中国語や韓国語、英語などの言語で書かれたものを用意することが望まれます。

子どもが入学した場合、学校は、保護者や子どもと面談を行い、日本語の習得状況や学習の状況などについて必要な情報を得るようにします。そして、日本語指導講師の必要性や日本語教室等への取り出し指導等について、副校長や担当教員、日本語指導教員等と協議し、今後の中長期的な方策を練り、保護者及び教育委員会に報告します。

担任となった教員にも今後の方策等を伝え、当該児童への教育的配慮を行うようにします。

学校教育法施行令第1条

外国人児童生徒の就学

Q 地域の住民から、学校に「子どもたちが学校に行っている時間帯に、いつも公園で遊んでいる小学校3年生くらいの外国人と思われる子どもがいます。保護者の姿は見えません。このまま、放置しておいてよいのでしょうか」という電話が入りました。

校長は、このことについてどのように対応すればよいでしょうか。

A 本法施行令第1条には、教育委員会が区域内に住所を有する学齢児童及び学齢生徒について、学齢簿を編製しなければならないこと、それは住民基本台帳に基づいて行うことが定められています。

両親あるいは一方の保護者が外国人であり、何らかの事情により住民登録をしていなければ入学通知書も届きません。このような場合の取扱いについては、昭和42年10月2日付文部省初等中等教育局長通達「住民基本台帳法の制定に伴う学校教育法施行令及び学校教育法施行規則の一部改正について」において、住民基本台帳に記載されていない者であっても、当該市町村に住所を有する者であれば、この者についても学齢簿を編製することとされています。このような就学を勧める考え方は、外国人児童生徒にも当てはまると考えてよいでしょう。ただし外国人については、学齢簿を編製せず、入学期日の通知や就学校の指定も行わないことになっています。

平成18年6月23日付文部科学省初等中等教育局長通知「外国人児童生徒教育の充実について」では、不就学等の課題に対応するた特別支援学校における危機管理は、児童生徒の障害の状況等を十分に把握し、生命や心身等に危害をもたらす様々な危機を未然に防止するとともに、事件・事故や災害が発生した場合に、被害を最小限にするために適切かつ迅速に対処することが重要です。

また、肢体不自由特別支援学校には、吸引や注入、導尿などの医療的ケアを日常的に行っている児童生徒も多くいます。安全かつ適正な医療的ケアの実施と万全な危機管理体制を整備しての対応を心がけることが大切です。

最近、リスクマネージメント（平常時の未然防止）として、医療現場や工場などでの事故防止に用いられている「ヒヤリハット報告」を導入している特別支援学校が増えています。些細なことであっても日常と異なる対応をしたことや、事故に至らなくても気をつけておくべきことなどを、お互いに報告し合うことで、大きな事件・事故になる前に防止できる効果があります。障害のある児童生徒の安全を守り、安心を得るために、「ヒヤリハット報告」の導入が効果的です。

学校教育法施行規則第122条　特別支援学校での危機管理

Q 特別支援学校の保健主任として、校長から、「最近、児童生徒の事故が多くなってきたようだ。管理職への事故報告もないことがあった。教職員に危機管理意識をもたせるための方法を考えてもらいたい」と指示されました。どのような点に留意したらよいでしょうか。

A 平成26（2014）年度の学校事故の集計（日本スポーツ振興センター）では、特別支援学校での死亡事故は6件発生し、その発生率は、小学校や中学校、高等学校での発生率と比べると、極めて高い状況にあります。

特別支援学校には、様々な障害のある児童生徒が在籍しています。障害により安全への注意が難しい児童生徒や、病気等で健康面での課題が多い児童生徒も少なくありません。他の校種と違って、転倒・転落事故や骨折事故、誤嚥、急な体調不良、感染症などが多く発生しています。

また、特別支援学校では、本法施行規則第122条にあるように教員数が多く、その分児童生徒の管理が行き届いているかのように思えますが、逆に、指示系統が複雑になってしまったり、自分が気をつけていなくても誰かが見ていてくれるだろうという油断による注意不足が起こったりすることもあります。管理職にとっても、教職員が多く、管理する範囲が大きすぎて安全管理や安全確認の難しさがあります。

①　前期課程では、各学年において各教科の授業時数を70単位時間（1教科あたり35単位時間以内）の範囲内で減じ、当該教科の内容を代替できる内容の選択教科の授業時数にあてることができる。

②　後期課程については、普通科における学校設定教科・科目について、卒業に必要な修得単位数に含めることができる。

③　前期課程と後期課程の指導内容については、各教科や各教科に属する科目の内容のうち、相互に関連するものの一部を入れ替えることができる。

④　前期課程における指導内容の一部については、後期課程の指導内容に移行して指導することができる。

⑤　後期課程における指導内容の一部については、前期課程における指導内容に移行して指導することができる。この場合には後期課程において移行した内容を再度指導しないことができる。

⑥　前期課程における各教科の内容のうち、特定の学年において指導することとされているものの一部を他の学年における指導内容に移行することができる。この場合においては、当該特定の学年において、他の学年に移行した内容は再度指導しないことができる。

（参考　文部科学省「中高一貫教育Q & A」平成24年2月）

学校教育法施行規則第75条　中等教育学校の教育課程

Q 中等教育学校の教務主任として、教育課程編成にあたり、原案を作ることになっています。校長からは、中高一貫教育を実施する中等教育学校の利点を生かした、特色ある教育課程を編成するように指示されました。中等教育学校の利点とは何でしょうか。また中等教育学校の教育課程の編成についてはどのような点に注意したらよいでしょうか。

A 一般に、中等教育学校で行われる中高一貫教育の利点としては、次のようなものが挙げられます。

① 高等学校選抜の影響を受けずに、6年間の安定した教育環境を与えることができる。

② 6年間という長期間での計画的、継続的な教育指導を展開できるので、個性を伸張したり、優れた才能を発見したりできる。

③ 幅広い異なる学年の生徒が協力して活動することにより、社会性や豊かな人間性を育成することができる。

これらの利点を生かした教育課程を編成します。中等教育学校は、中学校段階の前期課程と高等学校段階の後期課程に分けられますが、前期課程は中学校学習指導要領、後期課程は高等学校学習指導要領がそれぞれ適用されます。しかし、本法施行規則第75条第1項で「当該中学校の設置者が当該高等学校の設置者との協議に基づき定めるところにより、教育課程を編成することができる」とし、教育課程編成上の特例を設けています。特例の内容は次のとおりです。

の所属意識を高めていくことができるように配慮していくことも大切です。職員会議が単に、管理職や幹部職員からの伝達事項を伝え、周知徹底することを目的とするだけでは、校務運営への参加意欲が低下し、円滑な校務運営に支障が生ずることにもなります。職員会議において教職員が建設的な話し合いを行ったり、校務分掌の担当者がそれぞれの立場から学校運営の効率化や学校教育の向上を図るための情報提供や提案などを行えるようにすることが求められます。

校長を補佐する教頭としては、このような職員会議の位置付けと意味を教職員に理解させ、学校組織の一員として、職員会議に臨むようにさせることが大切です。

また、職員会議が円滑にしかも充実したものとなるように、教職員に対し指示伝達を徹底させる議案と、教職員の意見を広く求め、協議を深める議題などとを整理するとともに、議案の提案者に対し、説明の工夫や資料の提供などについて、事前に指導や調整を行っておく必要もあります。

学校教育法施行規則第48条　職員会議の位置付けと運営の方法

Q 最近は、職員会議が短時間で、円滑に行われるようになってきましたが、一方では、職員会議が管理職や幹部職員からの伝達に終わり、教職員の意見交換や議題に対する協議が不十分ではないかという不満が聞かれるようになってきました。教頭として、職員会議の位置付けについて教員に理解を図るとともに、有意義な職員会議にしたいと考えていますが、どのようにしたらよいでしょうか。

A 職員会議の位置付けには、これまで「補助機関説」「諮問機関説」「議決機関説」などの見解が示され、論争が繰り広げられてきました。しかし、平成12（2000）年の本法施行規則の改正により、「設置者の定めるところにより、校長の職務の円滑な執行に資するため、職員会議を置くことができる」「職員会議は校長が主宰する」（第48条）と規定され、職員会議が「補助機関」としての位置付けが明確にされ、職員会議を主宰する校長が、職員会議の開催や運営等に関する権限をもつことになりました。

「補助機関」とは、職員会議を校長の職務の円滑な執行に資するために教職員の意思疎通や共通理解の促進、意見交換を行う場とするということです。つまり校長の経営方針や校務運営上の判断等の徹底を図り、校長の校務運営を補助することを職員会議の目的としたものと言えます。しかし、一方では、校長の意思決定の補助を行う機関であるということから、積極的に意見を述べることを通して各教職員が、学校経営に参画しながら、職務に対する意欲と自校へ案を参考とするのか、職員団体との話し合いを必要ないものとして断るのかを判断して、対応する必要があります。

校長は、校務分掌が学校の教育目標の実現に向け、教職員全員が何らかの役割を担い、学校運営にかかわるものであることを踏まえる必要があります。そして校務分掌を組織するにあたっては、所属する教職員の意見や希望を反映させるような方法で組織編成を行うことが大切です。教職員一人一人の意思を尊重しながら役割分担を決定するなどして、校務分掌が教職員の参加と合意の形成を得て、民主的に組織化されることは、学校経営を円滑に行う上で大切な条件であると言えます。

校長は、校務分掌の組織化にあたっての考え方、方針などを明確に教職員に示し、理解を得るとともに、校務分掌の組織や人材の配置について、全教職員に対して公平に意見聴取などを行い、適材適所の人事配置を行うことが必要です。

学校教育法
施行規則
第43・44・47条

校務分掌と職員団体

Q 校長として、次年度の組織や校務分掌についての構想を練ろうとしている最中、職員団体から、民主的で円滑な校務運営が行われるためには、校長は教職員の意見を積極的に聞いて、人事や校務分掌を行うべきであるという申し入れがあり、校務分掌案を提示されました。この校務分掌案をどのように処理し、対応したらよいでしょうか。

A 校長が、校務分掌を組織し、担当する教職員に命ずることは、本法第37条第4項「校長は、校務をつかさどり、所属職員を監督する」に規定される校長の校務掌理権に属しており、学校経営上、最も重要な職務の一つです。

また、校務分掌については、本法施行規則第43条「校務分掌」、第44条「教務主任、学年主任の設置」、第47条「校務を分担する主任等」に規定されており、分掌組織の整備や主任等の設置は法令に定められています。

一方、職員団体が、学校の組織運営や人事にかかわる内容などの管理運営事項に関して校長と交渉することは認められていません。(地方公務員法第55条第3項)。このことから、校長が校務分掌について職員団体から意見を聴取したり、交渉に応じたりする必要はありません。

したがって、校長はこれらの法的な根拠を理解した上で、職員団体としてではなく、所属職員として話し合いの場を設け、校務分掌

児童生徒に対する懲戒行為が体罰に相当するかどうかについては､｢生徒に対する体罰禁止の教師心得｣（昭和24年法務府）で､｢用便に行かせなかったり、食事時間が過ぎても教室に留め置くこと」「遅刻した生徒を教室に入れずに、授業を受けさせないこと（短時間でも)」｢授業中怠けた、騒いだからといって教室外に出すこと」などは行ってはいけないとしており、体罰にならない程度に「教室内に立たせること」「放課後に残すこと」「掃除当番などの回数を多くする」などは懲戒の範囲としていました。

しかし、平成19（2007）年文部科学省の通知「問題行動を起こす児童生徒に対する指導について」は、「体罰に当たるかどうかは、児童生徒の年齢、健康、心身の発達状況、場所、時間、懲戒の態様などを総合的に考えて判断する」とする見解を示しています。

学校においては、いかなる体罰も許されないことを徹底するとともに、予防的な生徒指導に努めることを共通理解する必要があります。

学校教育法施行規則第26条　児童生徒への懲戒

Q 昨今、学級を混乱させたり、暴力をふるったりするなど課題のある児童生徒が増え、教員の指導も難しくなってきています。生徒指導担当として、教員の体罰や不適切な指導を防止するためにも学校で許される懲戒について教えてください。

A 本法施行規則第26条には、「校長及び教員が児童等に懲戒を加えるに当つては児童等の心身の発達に応ずる等教育上必要な配慮をしなければならない」とあり、懲戒の範囲と内容を規定しています。

児童生徒に対する懲戒は、二つの種類に分けられます。一つは、児童生徒を叱ったり、起立させたりするなどの日常的な教育活動に見られる行為として行われるものです。もう一つは、退学及び停学のように学校での教育を受けることに対して法的効果を伴うものです。ただし、この場合、停学は義務教育学校の児童生徒に対して行うことはできません。また、退学は公立義務教育学校の児童生徒には行えないことになっています。

日常の教育指導として行われる懲戒には、説諭、叱責、罰行為などがあり、校長をはじめ全ての教員が行うことができます。しかし、肉体的苦痛を伴う懲戒は、体罰であるとして禁止されており、体罰行為を行った教員は、公務員法上の懲戒処分（免職、停職、減給、戒告）及び訓告等の対象となるばかりでなく、被害の状況によっては、刑法上の暴行罪、傷害罪や民法上の不法行為責任（損害賠償責任）に問われることにもなります。

にすることが必要です。

指導要録の開示については、学校の保有する情報として、「行政機関の保有する情報の公開に関する法律」に基づいて開示請求がなされるので、地区の教育委員会が開示の可否について判断することになります。したがって、各学校が、開示について個別に判断を行ったりすることはありません。学校に対して開示に関する問い合わせがあった場合には、教育委員会に報告するとともに、連携を図りながら請求者への対応を行ったり、開示に向けた事務手続きを行うことが必要です。指導要録の開示請求に対しては、数値等による段階評価、検査結果などの部分開示や全面開示を行う場合もあります。

校長としては、指導要録の記述については、開示請求の有無にかかわらず、指導資料及び証明書の原本としての性格を教員に理解させるとともに、適正・適切な記録の記述を行うよう指導することが大切です。

学校教育法
施行規則
第24条

指導要録の開示

Q 卒業生の保護者から、在籍中の指導要録を見せてほしいという問い合わせが学校にありました。このような場合、学校としてはどのような対応をしたらよいでしょうか。

また、今後、指導要録の開示に備えて、校長として、教員にどのような指導を行ったらよいでしょうか。

A 指導要録は、校長がその学校に在籍する児童生徒の学習状況や健康の状況を記録として作成し、学校に備えておかなければならない表簿の一つとされています（本法施行規則第24条）。また保存年限は、学籍の記録は20年、指導の記録は5年と定められています（同第28条）。

指導要録は、児童生徒の学籍並びに指導の状況を記録し、一貫した指導に役立たせるとともに、外部に対する証明書等の原本ともなっています。そのため、指導の記録としての活用からすれば、記載内容が指導に役立つよう具体性のある記述であることが求められますが、対外的な証明書としての性格を考えれば、記述する教師による差異が生じないよう学校としての統一性や簡明な記録、平易な記入の仕方が求められることになります。

各学校においては、教員に対しこのような指導要録の二つの性格についての理解を図るとともに、記述の仕方や内容についても共通理解を図り、適切な記述が行われるようにする必要があります。特に、人権への配慮に欠ける記述や不適切な表現などにならないようけでなく、将来における教育上の支障が生ずるおそれが明白に認められる場合も含まれています（最高裁平成 18 年 2 月 7 日判決）。このように、管理者は、単に、物理的な問題による判断だけではなく、使用によってもたらされる教育的な問題も十分に考慮する必要があります。特定の政治団体が使用することは、教育的配慮に基づいて慎重に検討しなければなりません。

この事例の場合、公職選挙法による演説会である場合を除けば教育基本法第 14 条第 2 項に基づき、学校が特定の政党を支持しまたはこれに反対するための政治教育その他の政治的活動を支援することになるので、使用を認めることはできません。

学校教育法 第137条　政治団体からの要望への対応

第一部 668 頁

Q 副校長のところに、地元の議員から選挙にかかわって演説会を行いたいとの申し出がありました。特定の政治団体に貸し出すことにより、他の政治団体からも申し出があるのではないかという心配をしています。学校が特定の政治団体に場を提供してよいものかどうか教えてください。

A 本法第137条は、学校施設の目的外使用を定めています。「学校教育上支障のない限り」とあるように教育活動を阻害することがあってはなりません。しかし、「公共のため」に利用することができることも示されています。

例えば、社会教育法第44条では、社会教育のために利用するよう努めなければならないこと、スポーツ振興法第13条では、当該学校のスポーツ施設を利用のために供するよう努めなければならないこと、公職選挙法では、投票所や立会演説会場、個人演説会場に使用することができることなどが定められています。さらに、災害救助や応急処置等の人命にかかわる緊急時の使用も含まれます。

このように、学校施設は、法律または法律に基づいて使用する場合、管理者または学校長の同意を得て使用が認められています。

学校教育上の支障とは、物品が破損されたり、火災や盗難などのおそれがあったりするような物理的支障に限りません。教育的配慮の観点から、児童生徒に対し精神的悪影響を与え、学校の教育方針にもとることとなる場合も含まれ、さらに、現在の具体的な支障だ領域・教科を併せた指導を多く設定したりするなどして、より専門的な指導ができるように対応しています。

大切なことは、個別の教育支援計画や指導計画に基づき、主たる障害種への指導と、併せ有する障害への指導を計画的に実施していくことです。また、学校行事や宿泊行事などの実施においては、全ての児童生徒が参加できるものにしなければなりません。重複障害のある児童生徒や障害が重い児童生徒の実態も考慮した指導計画を立てていくことが大切です。

重複障害の児童生徒が、在籍している特別支援学校以外の特別支援学校にも通って専門の教育を受けるということは、生徒の負担が大きいという課題があります。重複障害の児童生徒の就学を検討する際には、様々な障害による学習面や生活面の困難を改善・克服するための専門的な視点から指導できる特別支援学校を選ぶことが大切です。

学校教育法
第80条

第一部 411 頁

重複障害のある児童生徒への指導

Q 知的障害特別支援学校において、重複障害のある生徒の保護者から、「最近、学校は、軽度の知的障害の生徒の職業教育や就労支援に力を入れているようだが、重複障害の生徒の教育がおろそかになっていないでしょうか」との苦情が寄せられました。教務主任として、どのような教育計画の工夫をしていけばよいでしょうか。

A 特別支援学校には、単一障害の児童生徒だけではなく、複数の障害を併せ有する重複障害の児童生徒も多く在籍しています。特に、肢体不自由特別支援学校に在籍している児童生徒の多くは、肢体不自由とともに、知的障害を併せ有する児童生徒が圧倒的に多い状況です。平成26（2014）年度の特別支援教育資料（文部科学省）によると、特別支援学校小・中学部の全児童生徒のうち、37.7％が重複障害の児童生徒となります。

平成18（2006）年の本法の改正により、現在、全国で複数の障害種に対応する特別支援学校が増えてきています。それらの特別支援学校では、障害部門ごとの専門性を生かし、重複障害の児童生徒の教育内容の充実を図っています。学校によっては、理学療法士（ＰＴ）や作業療法士（ＯＴ）、言語聴覚士、さらに介護の専門家や看護師などが役割分担を明確にし、協力して指導に当たる体制をつくっています。また、単一障害部門の特別支援学校であっても、重複障害の児童生徒のための学級編成（重複障害学級）を行い、自立活動を中心とした指導を多く設定したり、教科別の指導ではなく、と転学の具体的方法が示されています。

平成18（2006）年に46都道府県で計600校以上、8万人を超える生徒の単位不足が発覚した高等学校必履修科目未履修問題がありました。高等学校では学習指導要領で必履修科目となっている教科・科目があります。高等学校は、どの学年でどの教科・科目を学ばせるかは学校によって教育課程が異なります。転学または編入学したことによって必履修教科・科目を履修しなかったり、単位が足りなくなったりしないように注意することが必要です。保護者や生徒の支援においては機械的に校内の規定を適用するのではなく、個々の事情に応じて生徒や保護者の理解を得られるよう、柔軟に対応する必要もあります。

学校教育法 第52条　転入生の単位認定

第一部 306 頁

Q 保護者の仕事の都合で転居の必要性が生じた生徒がいます。高等学校の場合、希望する高等学校に欠員があっても、教育課程が学校によって違うので、転学は難しいと聞きました。高等学校の生徒の転学、編入学について、法令上の定めはどのようになっていますか。また、学校で留意すべき点は何でしょうか。

A 高等学校の教育に関しては本法第52条に「高等学校の学科及び教育課程に関する事項は、前二条の規定及び第六十二条において読み替えて準用する第三十条第二項の規定に従い、文部科学大臣が定める」とされ、本法施行規則第59条に基づき入学選抜が実施され、入学の許可は校長が行います。

高等学校の転入生の受け入れについては、通常欠員が生じた場合に補欠募集を行います。補欠募集には「転学」と「編入学」の二通りがあります。「転学」は高等学校に在籍したまま、引き続き他の高等学校の相当学年に移る場合です。「編入学」は、高等学校を一度退学した後相当年齢に達し、相当学年の者と同等以上の学力があると認められた者に対し、受け入れ高等学校長が教育上支障がない場合に試験等を実施した上で編入学を許可します。

本法施行規則第92条には「他の高等学校に転学を志望する生徒のあるときは、校長は、その事由を具し、生徒の在学証明書その他必要な書類を転学先の校長に送付しなければならない。転学先の校長は、教育上支障がない場合には、転学を許可することができる」

ことについては制約が多く、個性的な学校運営の実現は限定的であると言えます。

しかし、このような中でも、公立学校としてぜひ押さえておきたい点は、平成10（1998）年版の学習指導要領から「特色ある教育」の重要性が強調されたことです。また、同時にこの趣旨を生かすために総合的な学習の時間が導入されましたが、これらの動向はいわゆる公立学校の横並び主義を排して、各学校の教育の充実・発展を実現するため、それぞれの実態に応じて創意・工夫を重ね、特色ある教育活動を積極的に展開していくことを求めたものです。

自治体によっては、各学校の特色ある教育を積極的に支援しながら、学校選択制等を取り入れて学校の活性化を推進しているところもあります。また、学校週5日制を弾力的に扱い、土曜授業を実施しているところもあります。

公立学校として重要なことは、私立学校の教育に追従しようとするのではなく、公立校としての良さを追求し、地域の特性を生かしながら既成概念を払拭して、特色ある教育を積極的に展開していくことにあります。

学校教育法 第44条 私立学校と公立学校の教育課程

第一部 256 頁

Q 本校の周辺には私立学校が多く、毎週土曜日も授業を実施している学校もあります。また、私立小学校では英語を教科として実施したり、私立中学校では数学や英語の授業時数を増やしたりして、独自の教育を進めています。公立学校である本校の保護者からは私立学校と同じようにできないかという要望が高まっています。今後、公立学校としてどのような方針で教育活動を展開していくことが望ましいのでしょうか。

A 本法第 44 条では、私立小学校は都道府県知事が所管することを規定しています（同第 49 条・第 62 条で中学校及び高等学校に準用）。このため、私立学校の所管は教育委員会ではなく、知事部局であり、通常、教育委員会が公立学校に対して行うような指導・助言は行われていないのが実態です。

私立学校は、建学精神に基づいて独自の教育方針に基づいた斬新な教育課程を編成することが特長であり、それが私学の魅力の一つにもなっています。もちろん、学習指導要領に定める教育課程の基準を基準とすることが基本ですが、多くの私立学校では、教育課程の最低基準を定めた学習指導要領を遵守し、さらにそれに上乗せする形で様々な取り組みを進めています。

これに対して、公立学校は、全ての学校において均質な教育指導を実現していくことが求められており、幅広く教育を保障していく点では優れていますが、個に応じたより高度な教育を展開していく

正に閲覧や改竄できないようにします。記録媒体や紙資料等の廃棄にも細心の注意を払います。さらに、教職員の自宅の個人用コンピュータには、ファイル交換ソフトなどをインストールしないことが大切です。

そして、個人情報の保護に関する意識を高める教職員の研修を実施していくことが大切です。

次に、情報公開に関しては、まず、個別の教育支援計画や指導計画に関する保護者への情報提供が重要です。欧米では、すでに個別教育計画（ＩＥＰ）が学校と保護者との契約書としての機能をもち、保護者は、特別支援学校等で提供される教育の内容や方法等に意見を述べたり、支援会議の開催を要求したりできる権利をもっています。学校も指導計画等の情報を提示する義務があります。障害者の権利条約が批准され、日本でも、このような仕組みを早期に確立していくことが大切です。また、特別支援学校のセンター的機能の充実が必要です。平成 18（2006）年の本法改正により、特別支援学校が地域の特別支援教育のセンター的役割を担うことが明記され、今後、特別支援学校の教育内容や障害理解教育に関する情報などを積極的に発信していくことが大切となります。

学校教育法
第43条

特別支援学校における情報化への対応

第一部 253 頁

Q 特別支援学校である本学では全ての教職員に、パソコンが一台ずつ支給されており、学校全体での情報化への対応を考えていかなければならないと考えています。折しも、本学に在籍する児童の保護者から、年度当初に個別の教育支援計画をきちんと説明してほしいとの要望がありました。どのように対応していけばよいでしょうか。

A 学校の情報化への対応については、二つの視点が大切です。一つは個人情報の保護の視点であり、もう一つは、情報公開の推進の視点です。

個人情報の保護は大切です。特に、特別支援学校においては、児童生徒の個人情報として、医療的な対応の記録や障害の認定等に関する情報など、かなり多くの個別的で詳細なものが学校にあります。また、個別の教育支援計画や指導計画の作成・実施・評価に際しては、多くの関係機関からの情報を集約することもあります。それらの情報は極めて機密性の高い情報であり、その保管や管理に際しては、万全の体制を整えることが必要です。

まず、個人情報等を含んだ資料や記録媒体（ＵＳＢフラッシュメモリなど）等を、自宅に持ち帰ったり、電子メールで送信したりしないことを、教職員一人一人に徹底します。また学校全体で、個人情報を保護するセキュリティ環境を整備することも必要です。個人情報を扱うコンピュータ、記録媒体等を限定し、適切に管理するとともに、個人ＩＤ・パスワードを設定したり暗号化したりして、不指導、児童生徒、安全管理・保健管理、経理、保護者や地域住民等との連携、学校評価に関する情報」が例として挙げられています。これを参考に校長は提供する情報の種類や量について判断し、分かりやすく公表することが求められます。学校では、従来から学校便りや学年便りなどで学校長の学校経営方針を伝えたり、児童生徒の学習や行事などの状況を伝えたりしてきました。また、上記の自己評価や関係者評価の結果についても公表する学校が増えています。

公表にあたっては、単に集計結果を提示するのではなく、結果に基づいた今後の方策や中長期的な方針も併せて公表し、保護者や地域住民からの信頼を得ることができ、連携及び協力の推進に資するよう工夫します。併せて、学校や児童生徒が不利益を被ることがないよう、情報提供にあたっては、個人情報の保護や提供する範囲、方法などを十分に検討する必要があります。

学校教育法 第43条　保護者や地域住民への情報公開

第一部 253 頁

Q 学校教育法第 43 条には学校は、「教育活動その他の学校運営の状況に関する情報を積極的に提供するものとする」とありますが、どのようなことを、どの程度まで提供すればよいのでしょうか。児童生徒の個人情報は保護しなければならず、情報の提供の仕方によっては学校や個人が不利益を被ることもあるように思います。具体的に何を、どの程度提供すればよいか教えてください。

A 本法第 42 条には、「当該小学校の教育活動その他の学校運営の状況について評価を行い、その結果に基づき学校運営の改善を図るため必要な措置を講ずることにより、その教育水準の向上に努めなければならない」とあります。

このことを踏まえた上で、同第 43 条があることを理解することが大切です。また、この第 43 条は、情報を公開することの目的として「当該小学校に関する保護者及び地域住民その他の関係者の理解を深めるとともに、これらの者との連携及び協力の推進に資するため」と示しています。情報を公開することの意味や価値を十分に理解しなければなりません。

また、本法施行規則第 66 条「自己評価と公表義務」、第 67 条「保護者等評価と結果の公表」、第 68 条「設置者への報告義務」などについても踏まえておくようにします。

文部科学省から示された「学校評価ガイドライン」（平成 22 年）には、提供すべき情報として、「目標及び計画、学校の概要、学習生徒指導など多岐にわたりますが、その中のどこに問題があり、それぞれの項目の何に問題があったのかを洗い出します。そして、次にその問題の背景や原因についてそれぞれの担当者と共に明らかにし、学校としての改善のための方策を立てます。公表する場合には、結果のみではなく、具体的課題とその改善策も公表することで、より理解を得ることができます。また、学校関係者評価の中でも、児童生徒からの評価や保護者による評価は、集計した結果を公表し、何が課題であるのかを全校的視野で見られるようにします。また、尺度を使った満足度評価だけでなく、自由記述の欄に書かれていることも取り上げ、誠実にそれらにも回答し公表するようにします。原則、学校関係者評価を踏まえての自己評価になることが多いと考えられますので、自己評価と関係者評価の結果が食い違う場合には、丁寧な説明も必要となります。

いずれにしても、公表することは、その改善を学校の内部にも外部にも約束することになるので、各担当者はそれぞれが、何をいつまでにどう改善するのか、きちんとした計画を立て、実施の手順が示せるようにしていかなければなりません。

学校教育法 第42条　学校評価はどう使われるのか

第一部 249 頁

Q 教務主任として、今年度1年間の、学校の自己評価、学校関係者評価を踏まえ、それをどう来年度計画に生かしていくのかを考えるよう、校長から指示を受けました。

それぞれの評価のどこに視点を当て、どんな手順で計画に生かしていったらいいのでしょうか。内容が多岐にわたるため全てを取り上げていくことは難しく、自己評価と関係者評価で食い違うところもあります。

A 本法第42条には、「教育活動その他の学校運営の状況について評価を行い、その結果に基づき学校運営の改善を図るため必要な措置を講ずることにより、その教育水準の向上に努めなければならない」と定められ、各学校では、自己評価や学校関係者評価が積極的に実施されるようになりました。

平成26（2014）年度の文部科学省の調査によると、自己評価を92％の学校が、学校関係者評価を85％の学校が実施し、そのうちそれを学校改善に生かしたと回答している学校はそれぞれ80％を超えています。そして、本法施行規則には、自己評価の実施と結果公表の義務、学校関係者評価の実施と結果公表の努力義務が明記されています。外部に向かって公表するということは、それをもとにどう改善するかという方策が当然求められ、それが今後の実践につながらなければ評価の意味がありません。

評価項目としては、教育目標、学習指導、安全管理、保護者連携、ためにはどのようなことに重点を置いて学習を進めていったらよいのかを具体的に、学力調査の結果を根拠に示しながら説明をします。

また一方において、学力調査の目的は教師自身の指導改善、学校全体の指導計画や教育課程の改善につなげる意味があることを具体的に伝えます。例えば、本校は国語の読解力に問題があり、文章を正確に理解したり表現したりすることに課題があるため、本年度は校内研究でそのことを取り上げ、多くの文章にふれさせる時間をどう確保するか全職員で検討を加えながら実践研究を進めているなどと伝えます。

多くの場合、自治体の予算で行われることが多いので、貴重な税金を無駄なく使い、児童生徒のために生かしていることを伝えます。また、保護者負担により行っている場合には、その成果がきちんと児童生徒の学習指導に還元されていることを伝えます。

学校教育法 第42条 学力調査に対する予算措置

第一部 249 頁

Q「学校は最近よく学力調査を行っているが、その問題の作問、採点をテスト業者に委ねているようだ。そのようなことに教育予算を使うのは無駄である。そのテストの結果が、子どもたちの教育にどう生かされているのか分からない」と個人面談で保護者に言われたと担任から管理職に報告がありました。このことについてどう対応したらよいでしょうか。

A 教育基本法の改正を受け、本法も改正され、学校評価及び情報提供に関する規定が整備されました。児童生徒の学力を調査することは、学校の児童生徒に対する指導状況を評価することであり、重要なことと言えます。また、最近の学力低下論争の中で、自校の児童生徒の学力を把握することは、日々の授業の改善にもつながります。日々の授業を評価するために各教師は自分でテスト問題を作成し、指導後に評価しそれを生かしながら児童生徒の状況や自分の授業改善を行っています。しかし、自校の評価だけでは、全国や他校の児童生徒と比較することは難しく、客観的な学力の把握は十分ではありません。その意味では広い範囲で行われている業者による学力調査は適しています。

上記の保護者の訴えに対する回答ですが、指摘されている学力調査がどのように生かされているか、きちんとした情報提供が必要です。その保護者の児童生徒の学力の状況はどうか、どの教科のどの部分が優れていて、どこに課題があるのか、また、課題を克服することは児童の負担になりますし、心情的に訴えたくなる保護者の気持ちも分かります。特に通学路上にこれまでにない危険箇所がある場合などは、余計不安が募ります。

保護者に対し、いきなり国基準の話などすれば、逆に保護者からの反発を買いかねません。まずは保護者からの不安用件をしっかり聞き、その不安をどう解決するか、十分に相談に乗り、何が可能かを提示していきます。通学途中の安全については、警察や行政機関ともよく相談し、最大の配慮をします。あらゆる面で、校長は児童の安全を最優先に考えている姿勢を示します。

その一方で、教育的な見地から、学校統廃合のデメリットもあるが、それを上回るメリットがあることを訴えていき、地域・保護者の理解を得る努力をすることが大切です。

学校教育法 第38条　学校の統廃合と遠距離通学

第一部 229 頁

Q 児童生徒数の減少により、学校の統廃合の具体案が、保護者・地域住民に示されました。その案によると、現在本校に通っていて一番新校から遠い地区に住んでいる児童は、徒歩で20分以上通学にかかるようになります。特に低学年児童は、安全面で心配であるとの声が多くの保護者から寄せられています。校長として、どのような対応をしたらよいのでしょう。

A 本法第38条は、市町村に対し、その区域内にある学齢児童生徒を就学させるために必要な小・中学校を設置しなければならないと定めています。また、学校の設置・廃止は各市町村の教育委員会の権限と責任において行われることも定めています。

実際に学校に通う児童生徒のことを考えると、通学距離や時間の負担、安全についての配慮がなされるのは当然のことです。学校を設置する場合は、本来の学校教育の目的を十分果たせるということが大切な条件になります。文部科学省では、このような点に配慮して、学校統廃合にあたっての通学距離の標準的な目安を小学校で4キロ、中学校で6キロと定めています。しかし、過疎化が進む地方ではこの条件での対応が難しくなり、中教審の学校統廃合を扱う部会では、バス利用を含めた通学時間でおおむね1時間を標準と規定しようとの動きもあります。

したがって、この事例で示された通学時間は十分通学可能な範囲と考えられます。しかし、これまでの通学時間より長くなるというとや考え方が異なる場面も当然出てきます。特に生活指導に関しては意見の食い違いが出やすいので、よく話し合って共通理解を徹底しないと学校運営に悪影響を及ぼす可能性があります。

ご質問のように、副校長同士の意見が食い違う場合には、指示を仰ぐ立場としては困ってしまいます。副校長同士で意見の統一を図るべきですが、最終的には校長が判断することになります。

では、校長が不在のときや事故などの場合はどうすればよいでしょうか。本法第37条第6項に「副校長が二人以上あるときは、あらかじめ校長が定めた順序で、その職務を代理し、又は行う」とあります。副校長に順位が決まっていますので、上位の副校長の指示に従うことになります。

職員の共通理解が生徒指導の基盤であり、学校が正常に機能するための唯一の方策であることは間違いありません。このことは、中等教育学校に限らずどの校種の学校にも当てはまることです。

学校教育法 第37条　中等教育学校における服務管理

第一部 221 頁

Q 中学校から中等教育学校の主幹教諭として転任しました。前期課程の生活指導主任として、生徒指導方針の原案を提案しましたが、後期課程の副校長より原案を見直すように指示されました。前期課程の副校長に相談したところ原案のままでよいとの指示を受けました。このように、副校長同士の意見が食い違った場合、どうしたらよいのでしょうか。

A 中等教育学校の修業年限は６年で、前期課程３年、後期課程３年に分けられます。職員組織は、学校ごとに異なりますが、校長１名、前期課程副校長１名、後期課程副校長１名、教務主任２名（前期、後期)、生活指導主任２名（前期、後期)、進路指導主任２名（前期、後期）というような編成が多いようです。前期課程の職員を前期課程副校長が統括し、後期課程の職員を後期課程の副校長が統括し、全体を校長が束ねるという経営方法をとる学校が一般的なようです。もちろん、中等教育学校は、中高６年間の教育を一貫して行う一つの学校ですから、統一した一つの組織として学校運営がなされなければなりません。

中等教育学校の職員は、中学校から転任してきた職員と高等学校から転任してきた職員に分けられます（初任校が中等教育学校の職員はまだそれほど多くありません)。中学校と高等学校とでは、どうしても学習指導や生活指導において、生徒の発達段階の違いから生じる指導方法の違いがあります。その違いから意見が食い違うこられています。

職務命令については一般的に、「職務上の命令」と「身分上の命令」とに区別され、事例の受診命令は「身分上の命令」にあたります。校長は所属教員の保健、安全確保に十分留意し、職員の健康を保ち、学校教育の正常な運営を図るべき責任と権限があります。特に必要と認められる場合には医師の診断を受けるよう、職務命令をもって命ずることができると解されています。

また、本法第37条第4項「校長は、校務をつかさどり、所属職員を監督する」という規定は、教諭の職務の主たる内容を摘示したものであるとされ、具体的には校長の命令によって定まります。すなわち教諭が学級を担任し、授業を担当することも校長の職務上の命令があって初めて可能になるものであり、教諭という地位を保有することによって当然の権利としてその職務を行うというものではありません。したがって、年度途中であっても生徒の教育への影響を考慮し、校長が学級担任や授業担任から外す措置をとることは可能です。また当該教諭の後任に充てるために、校内の別の教員を学級担任等として命ずることもできます。

学校教育法 第37条 校長の職務「職員の管理」

第一部 221 頁

Q 学年主任から「同じ学年で担任をしている教諭の様子がおかしいようだ。授業中に異常な行動をとると生徒が話している」と相談を受けました。その教員は過去にも精神的な病歴があるらしいのですが隠しているようです。管理職として受診を勧めましたが、当該教諭は拒否しています。校長は、職務命令として受診命令を出すことができますか。また、校長は年度途中でも、当該教諭を学級担任や授業担任から外すことができますか。

A 教員は児童生徒の人格の成長に直接かかわる極めて専門的な職種であること、さらに、地域住民、児童生徒及び保護者といった様々な、かつ重層的な対人関係に対応していかなければならない立場にあります。「いじめ」への対応や、生活指導上の児童生徒間の調整等も教員のストレスの大きな要因を占めています。このような日常的なストレスをきっかけとして、多くの教員にこころの病が生じています。教員の健康状態は、生徒の教育や人格形成に大きな影響を及ぼすことになるため、教員は積極的に健康の保持増進を図ることが求められています。同時に管理職は日頃から教員の健康管理に留意する必要があります。

職場における労働者の安全及び健康の確保は、学校においても重要なことです。過重労働の防止やメンタルヘルスの充実のために、労働安全衛生法により、職場の条件に応じて衛生管理者や安全衛生推進者、産業医等を選任し委員会を設置しなければならないと定めるとともに、大きな問題になる前に、小さな芽のうちに摘み取っていくことが大切です。学級活動や道徳の時間に意図的に指導を積み上げていきます。全校体制として、全職員が全校の子どもたちに目を行き届かせ、担任のみならず、誰もが校内でのいじめを見逃さず、その場で指導ができ、その情報が全職員で共有できるようにします。そのために、職員は朝の迎えや休み時間等において、子どもとの挨拶、声かけを心がけます。声かけの中から会話が生まれ、その子の心の状態や悩みをつかむことにもなります。職員室でも、教員同士、子どもの話題が飛び交うような環境作りから、児童個々の情報が得られ、問題の早期発見・早期対応につながります。

また、地域・保護者との連携も重要です。いじめは校内だけでなく、放課後や休日等、校外でも起こります。日頃から、学校と地域保護者との交流を密にし、管理職のみならず職員誰もがネットワークをもてるようにします。小さな情報でも学校に届くような関係ができていれば、大きな力になります。

学校教育法第37条　校長の職務「いじめへの対応」

第一部221頁

Q 今年度着任した教頭は、校長から「いじめのない学校を目指した学校作り」を学校経営案に示し、具体的方策を立てるよう求められました。その背景には、昨年度5年生で大きないじめがあり、当該児童は、そのことが原因で転校してしまうという、大きな事件がありました。このようなことが二度と起きないよう、どのような対策を立て、実践に移せばよいでしょう。

A 本法第37条に示された校長のつかさどる校務の中で最も大切なことは、学校に通う児童生徒が日々安心して楽しく生活できる学校を作ることです。この事例のようなことが自校で起きれば、校長はじめこの学校の職員たちが校務を十分に遂行しているとは言えません。このようなことが起きないような学校体制をつくり、再発防止に努めることは学校管理者として当然のことであり、真っ先に取り組まなければならない課題です。

まず、いじめが起きた背景を様々な情報の中から分析します。学級経営上の問題なのか、児童個々の問題なのか、なぜ初期段階で対処できなかったのか、発覚した後どのような指導をしたのか、現在はどのような状況なのか、などです。一度起きてしまった状況を、正常な状況に戻すのは難しく、複数学級であれば学級編成替えをする、難しければ学級担任を替え、これまでの人間関係や環境を変えることなどは有効な手段の一つです。

いじめの問題は、日常の教育活動の中で子どもたちの心情を育て様々な事故が起き、死亡事故等の重大事故につながるケースが起きています。

万が一の事故を想定し、管理者の指示のもと、全職員で分担して校内の施設設備の安全点検を日常的に行う計画を立てることが大切です。また、管理者自らもチェックリストを作成し、日々点検活動を行い、気になるところがあれば、間を置かず迅速に改善します。ハインリッヒの法則にあるように、300のヒヤッとすることがあれば、29の軽い事故が起き、1件の重大事故につながると言われています。ヒヤッとした段階で、安全対策上必要な手は必ず打つことを心がけます。

また自然災害や、不審者の侵入などの人的災害についても、常に最悪の事態を想定して、そのようなことが起きた場合に備えて、被害からいかに児童生徒を守るか、組織的な対応策を常に考えておくことが大切です。そのための、安全点検、避難訓練の計画作りも、担当者を決め、全職員が共通理解・共通実践できるようにすることが必要です。

学校教育法 第37条　校長の職務、危機管理（施設の安全）

第一部 221 頁

Q 教頭（副校長）として、学校の施設の安全管理を進める計画書の作成を校長から指示されました。最近、施設管理上の問題から、児童生徒の事故が多発している状況があり、その必要性を感じていましたが、具体的にどのような視点をもって計画を立てたらよいのでしょうか。また、実際に事故が発生してしまったら、どう対処したらよいのでしょうか。

A 本法第 37 条では、校長、教頭、教諭、養護教諭、事務職員等の職層が定められ、それぞれの職務が定められています。校長の職務としては「校務をつかさどり、所属職員を監督する」とあり、これを受け、各地区の管理運営規則で、具体的な校長の職務が定められています。学校の管理監督者として、学校の施設設備の管理は当然の職務です。

最近でも、学校の施設設備に起因する児童の転落死亡事故で校長の業務上過失致死容疑が問われたケースがあります。最も大切にしなければならない児童生徒の安全確保は、学校の管理者である校長、教頭にとって、重要な職務です。

学校の施設設備の安全管理については、あらゆる事故を想定して考えなければなりません。まず考えられるのは、施設設備の瑕疵による児童生徒の事故です。遊具の老朽化による転倒事故もあります。また、サッカーゴールの転倒や校舎からの転落、防火シャッターや鉄製ドアに挟まれる事故、プールでの施設上の不備による事故など、には、あらかじめ保護者の意見を聴取するとともに、理由及び期間を記載した文書を交付することが示されています。

これは、出席停止に至った理由や制度の趣旨等について、保護者に正しい理解を促すことはもとより、出席停止中の家庭での過ごし方や学校が行うべき個別の指導への理解と協力を仰ぐためにも必要なことです。また、その後の学校における生徒指導を円滑に効果的に進めていくためにも大切なことです。

ところで、本法第35条第4項では、市町村教育委員会は、出席停止となった児童生徒に対して、該当期間における学習に対する支援、その他の教育上必要な措置を講じなければならないことが明記されています。しかし、実際に指導を担っていくのは学校であり、児童生徒の出席停止に伴い、具体的な家庭学習や家庭訪問等の計画及び実施については、学校が教育委員会と協議して速やかに立案し、きめ細かく実践していくことが求められます。

これらは、当然のことながら出席停止という状況下で実施していく指導ですから、家庭を中心に学校外で行わなくてはなりません。したがって、特定の担当者だけで行っていくことは難しく、全校体制で組織的・計画的に推し進めていくことが重要です。

学校教育法 第35条　児童生徒の出席停止

第一部 213 頁

Q 授業妨害などの問題行動を繰り返し、校内の秩序を乱し続けている生徒に対して、粘り強く生徒指導を継続してきましたが、一向に指導の効果が見られません。そこで、指導の在り方について教育委員会と協議を重ねたところ、教育委員会は当該生徒の出席停止について検討を始めました。性行不良の生徒が出席停止となる要件はどうなっているのでしょうか。また、出席停止となった場合、学校にはどのような指導が求められるのでしょうか。

A 出席停止の制度は、問題行動等を起こしている児童生徒に対する懲戒という観点ではなく、学校全体の秩序を守り、他の多くの児童生徒の教育を受ける権利を保障する観点から設けられたものと言えます。

本法第35条では、市町村教育委員会は、次に掲げる行為を繰り返し行うような性行不良が認められ、他の児童生徒の教育を妨害する児童生徒については、その保護者に対して、当該児童生徒の出席停止を命ずることができるとしています。

1. 他の児童に傷害、心身の苦痛または財産上の損失を与える行為
2. 職員に傷害または心身の苦痛を与える行為
3. 施設または設備を損壊する行為
4. 授業その他の教育活動の実施を妨げる行為

なお、出席停止を命ぜられるのは、児童生徒本人ではなく、その保護者です。また、本法第35条2項には、出席停止を命ずる場合

たり、教室や図書室に保管しっぱなしであったりすることにもなりがちです。

特別支援学校において教科用図書を適切に使用するためには、特別支援教育についての専門性が必要です。一人一人の児童生徒の障害の状況に合わせるとともに、各教科等の年間指導計画に基づき、主たる教材としての図書を選びます。また実際の指導においては、挿絵を大きく黒板に掲示したり、動作化のために登場人物などの人形やお面を用意したりして、児童生徒が理解しやすいように教材・教具を工夫していくことも求められます。大切なことは指導計画の中で、教科ごとのねらいや児童生徒一人一人の学習目標をもとに、適切に単元構成し、児童生徒が理解しやすい教材を使用していくことです。

学校教育法第34条 特別支援学校での教科書使用

第一部 186 頁

Q 特別支援学校の初任の教員から、「児童生徒の障害の状況や発達段階に大きな違いがあり、教科書が使えなくて困っている。また、教科によっては、幼児向けの絵本を教科書にしているが、年間を通じて使うことはよいのか」と相談がありました。どのように対応すればよいでしょうか。

A 教科書は、学校において各教科の主たる教材として使用される児童生徒用の図書です。全ての児童生徒は、教科書を用いて学習することが本法第 34 条に示されています。教科書には、文部科学省検定済教科書と文部科学省著作教科書があります。また学校で使われる教科書は国庫負担によって無償で給与されます。これらの教科書の位置付けは当然のことながら特別支援学校の小中学部や特別支援教室でも同じです。

しかし、特別支援学校や特別支援学級においては、児童生徒の障害の状態によって教科書の使用が難しい場合には、一般図書等を教科書として使用することができます。知的障害特別支援学校に在籍する児童生徒にとっては、小中学校の検定済教科書は非常に難しい内容であり、一般図書から、主たる教材を選ぶことが多いのです。一般図書の多くは幼児や小学生向けの絵本や歌集、図鑑などです。これらは教科用図書の選定委員会を経ての採択となっているものですが、日々の授業の中での利用範囲は限られているという現状があります。また、重たい本もあり、家庭に持ち帰らせてそのままであっ

内容を実現するための「主たる教材」であるという考え方に立っているのです。児童生徒の実態に即して教材を工夫することは大切なことで、そうした教師の意欲や努力は尊重されるべきです。

このことについては、本法第34条第2項に、「前項の教科用図書以外の図書その他の教材で、有益適切なものは、これを使用することができる」と規定されています。「有益適切なもの」については、地方教育行政の組織及び運営に関する法律第33条に「学校における教科書以外の教材の使用について、あらかじめ、教育委員会に届け出させ、又は教育委員会の承認を受けさせること」と規定され、偏りのない適正なものが使用されるよう配慮しています。しかし、使用する教材の全てについて教育委員会への届出を要請するものではなく、日常的に使用する資料集やドリルなどの教材は学校長の判断に委ねられています。その基準は各教育委員会が学校管理運営規則に定めています。

教科書は当該教科の指導についての専門家が作成に当たり、文部科学省の綿密な検定を経て発行を認められたものです。保護者の信頼を得るためにも、教科書を使用しつつ、提示の仕方や補助教材を工夫して、分かる授業を追究することが望ましいでしょう。

学校教育法 第34条　教科書の使用

第一部 186 頁

Q 保護者から、担任が教科書を使わずに、いつも自作教材や市販の教材で授業をしているので不安だという訴えがありました。校長として担任に指導しなければなりませんが、法的根拠をもって指導することはできますか。

A 本法第 34 条には「小学校においては、文部科学大臣の検定を経た教科用図書又は文部科学省が著作の名義を有する教科用図書を使用しなければならない」と規定されています（中学校・高等学校等も同条を準用することとなっています)。これは、教育の機会均等の考えのもとに、全国的に同質の教育内容を保障するために規定されているものです。

したがって、教科書を一切使用しないことは学校教育法違反ということになります。このことに関して、昭和 53（1978）年に出された福岡伝習館高校事件判決では、「教科書は、学習指導要領の目標及び内容によって編成されており、これを使用することは、教育の機会均等の確保と一定水準の維持という普通教育の目的に対して有効なものであり、さらに教育技術上も教科書を使用して授業することは、教師及び生徒の双方にとってきわめて有利である」とされています。しかし、「1 年間にわたる当該科目の授業の全部にわたり」教科書を教材として使用することを厳密に要請されるとは言えないとしています。

つまり、教科書を唯一絶対の教材とするのではなく、教科の目標・

ができる」とされています。このように国の定める基準のもと、各地域・各学校の教育課程が編成・実施・評価され、我が国の教育水準は世界的にも高い水準を維持してきました。

しかし、平成に入ってから急速な国際化や少子・高齢化、情報社会の進展など社会経済情勢の変化に対応し、国際競争力を強化し、活き活きとした日本を実現するためには民間活力を発揮することが不可欠であるとの認識から、構造改革・規制緩和の方向性が打ち出されました。この方針は学校教育についても適用され、地域の特性に応じた教育を実施できるようになりました。具体的には教育特区として申請されたものを文部科学省が審査し認可するという手続きで行われています。

新しい教科は、教育課程の弾力化による小学校の英語教育に関するものが最も多く見られますが、ほかにも東京都品川区の市民科、同世田谷区の日本語科、兵庫県尼崎市の計算科（ソロバン特区)、埼玉県さいたま市の「潤いの時間」などがあります。

また、文部科学省は学校教育に関する多様な課題や要請に対応した、新しい教育課程や指導方法を開発するために研究開発学校制度を設けており、学習指導要領や国の基準によらない教育課程の編成･実施を認めています。

学校教育法第33条　公立の小中学校の教育

第一部 183 頁

Q 来年、小学校に入る子どもをもつ保護者です。友人と情報交換すると、隣接するＡ区では市民科という教科があるそうですし、Ｂ区では１年生から英語の授業があると聞きました。公立の小学校なのに、市や区によって違いがあるのは不公平に感じますが、どうでしょうか。

A 学校の教育課程（教科の種類や指導内容、授業時数等）は、本法第25条（幼稚園）、第33条（小学校）、第48条（中学校）、第49条の５～７（義務教育学校）、第52条（高等学校）、第68条（中等教育学校）、第77条（特別支援学校）に、文部科学大臣が定めることと規定されています。これに基づき、例えば、小学校の教育課程は、本法施行規則第50条に、「国語、社会、算数、理科、生活、音楽、図画工作、家庭及び体育の各教科、道徳、外国語活動、総合的な学習の時間並びに特別活動によって編成する」と定められ、標準の授業時数も示されています。これをさらに学校において具体的に実施できるようにするものが、学習指導要領（幼稚園は教育要領）です。

このことは、日本国憲法第26条に定める「教育の機会均等」を保障するための仕組みと言えます。ただし、私立学校については、建学の精神など私学の独自性を尊重するとして、本法施行規則第50条第２項に「前項の規定にかかわらず、宗教を加えることができる。この場合においては、宗教をもつて前項の道徳に代えること

（留年）とすることが適正な判断と言えます。

ただし、不登校に至った要因や本人及び保護者の意向等、種々の状況を勘案して、当該児童生徒にとって不利益とならないように、慎重に検討を重ねていくことが求められます。その結果、たとえ出席日数が著しく少ない場合でも、最終的には校長の判断によって進級や卒業を認定することも可能です。

なお、卒業要件に関しては、明確な基準等が法的に定められているわけではありません。そこで、個々の事例を丁寧に取り扱って、柔軟かつ適正な対応を図っていくことが求められています。その際、次に示す三つの事項を中心に検討を進めていくことが必要です。

1. 不登校となった主たる要因
2. 児童生徒及び保護者の進級や卒業に対する意向
3. 今後の登校の見通し

特に、中学３年生の場合には、翌年度に向けた進路について、本人や保護者の希望、現時点での見通し等を明確に把握した上で、本人の将来にとって最も有益な方法を見極めながら判断していくことが大切です。

学校教育法第32条　不登校の児童生徒の進級・卒業

第一部 179 頁

Q 不登校を続けていた生徒について、本人や保護者が卒業することを強く希望しています。すでに、卒業後の進路も決定しており、学校として卒業認定について検討を迫られています。この生徒は、出席日数が著しく少ないため卒業させると周囲から疑問の声が上がることが予想されます。不登校の児童生徒の進級・卒業について、どのように考えたらよいのでしょうか。

A 本法第32条には、小学校の修業年限は6年とすることが規定されています。また、同第47条では、中学校の修業年限は3年と規定されています。通常、卒業については、各学年の課程を順次修了して進級し、所定の修業年限を満たして全課程を修了することが基本的な要件となります。そして、最終的には校長が児童生徒の平素の成績を評価した上で卒業を認めることになります（本法施行規則第57条・同第79条）。

ところで、不登校の児童生徒数が増えている今日、各学校では該当の児童生徒の進級や卒業について、厳しい判断を迫られる機会が多くなってきています。実際には、欠席日数が長期にわたっていても、不登校児童生徒の進級や卒業については、弾力的に取り扱われていることもあり、様々な要件を総合的に判断していく必要があります。

しかし、本来、出席日数が不足している場合には、安易に進級や卒業を認定すべきではありません。この場合、原則として原級留置重視するとしています。

高等学校の総合的な学習の時間では、小・中学校の学習内容を十分に把握するとともに、発達段階に応じた目標設定を行うことが大切です。進路は高等学校で取り上げられるテーマの中心的な存在でもありますが、従来の進路指導は、受験指導的な色合いが濃く、確かな職業観や労働観をはぐくむキャリア教育・職業教育の立場から指導されることが少なかったようです。総合的な学習の時間に設定するなら、生徒が課題（問題）を見つけ、探究し、解決に向けて取り組む学習が必要になります。

総合的な学習の時間を設定するにあたり、各学校の教育目標や目標とする生徒像、伸ばしたい力、総合的な学習の時間の具体的な方針等を校内研修会等の機会を利用して全教職員で共通理解することが重要です。またそれは総合的な学習の時間だけでなく、各教科においても、それぞれで身に付ける資質や能力等を明確にしておくことが大切で、そこから総合的な学習の内容と各教科の関連が明らかになります。

学校教育法
第31条

高等学校の「総合的な学習の時間」

第一部 172 頁

Q 高等学校における教育課程の編成にあたっては、各教科の時間の確保が大きな課題です。進学指導に重点を置いた本校では、受験教科の授業時数を確保したいという思いがあります。その中で、総合的な学習の時間の意義はどれだけあるのでしょうか。保護者からも、もっと受験教科に力を入れてほしいという声も聞こえています。総合的な学習の時間と各教科の関係をどのようにするのがよいのでしょうか。

A 総合的な学習の時間には「生きる力」の育成、学び方やものの考え方の習得などのねらいがあります。学校で学ぶ知識と、実際の生活での体験の結びつき、知の総合化の視点を重視し、総合的な学習の時間の活動を通して得た知識、技能が実生活に生かされ、総合的に働くようにすることが大切です。

本法第 31 条には、「生徒の体験的な学習活動、特にボランティア活動など社会奉仕体験活動、自然体験活動その他の体験活動の充実に努めるものとする」とありますが、高等学校における総合的な学習の時間は、小・中学校と比べて進路学習を重視する傾向があります。また、『高等学校学習指導要領解説総則編』には、高等学校では「自らの意見や考えを持ち、論理的に表現したり、討論したりする力、社会に対する認識を深め、自己の在り方生き方について考え、主体的、自立的に学ぶ力を身につけることが強く求められており、この時間の意義は極めて大きい」とあり、自主的、自立的な学習をしかし、その一方で校外において体験活動やボランティア活動がさかんに実施されるようになって、児童生徒の活動中の事故が増えてきました。このような中で、平成13（2001）年9月には、文部科学省初等中等教育局長並びに生涯学習局長名による通知「学校教育及び社会教育における体験活動の促進について」が出され、体験活動に際しての安全確保や適切な応急措置などについて言及されています。この頃から、自治体の中には管下の児童生徒が職場体験等を実施するにあたり、活動中の事故による児童生徒の怪我や、受入先への損害などを想定した保険への加入のための予算を措置するケースが増えてきました。

一方、各学校においては、これまでにも増して、校外での活動にかかわる指導の重要性が問われるようになってきました。特に事前指導では、計画の立て方について安全に配慮したきめ細かな指導が求められています。また、事故等に備えて学校ごとに危機管理マニュアルを整備したり、組織的な取り組みが重視されたりしています。さらに、ボランティア保険の加入などについても、指導計画と照らして年度当初に適切に措置を講じることが求められています。

学校教育法第31条　体験活動の意義と留意点

第一部 172 頁

Q 職場体験など体験活動の機会が増え、多くの生徒たちは意欲的に取り組んでいますが、受入先での事故などが心配です。実施にあたって、その法的な根拠や指導の在り方、具体的な配慮事項等について、押さえるべき点を教えてください。

A 義務教育として行われる普通教育は、教育基本法第５条第２項に規定する目的を実現するため、本法第21条において掲げられた10項目にわたる目標を達成することが必要です。

これを受けて、本法第31条（同第49条・同第62条）では、各学校において教育指導を行うにあたっては、同第21条に示された10項目にわたる目標の達成を目指して、児童生徒の体験的な学習活動、特にボランティア活動など社会奉仕体験活動、自然体験活動その他の体験活動の充実に努めることが示されています。また、これに関連して社会教育関係団体その他の関係団体及び関係機関との連携に配慮していく必要性も示されています。

これらの規定により、学校教育における体験活動やボランティア活動の重要性が明確に位置付けられたと言えます。

このような体験活動やボランティア活動の重要性は、すでに平成元年告示の学習指導要領に「新しい学力観」の重要性が示され、体験的な活動を行う教科として、小学校には生活科が創設されたり、平成10年告示の学習指導要領には総合的な学習の時間が設けられたりするなど、体験重視の教育が求められ今日に至っています。

かす教育の充実に努めなければならない」と示されています。

この学力の3要素を踏まえ、各教科や内容についての評価の観点及びその趣旨が文部科学省から示されました（「小学校、中学校、高等学校及び特別支援学校等における児童生徒の学習評価及び指導要録の改善等について（通知）」平成22年5月11日付　初等中等教育局長）。各学校においては、授業レベルで適正に評価を行い、児童生徒に学力の3要素を着実に身に付けさせるように努めていくことを求めています。そのためには教員が指導と評価を一体的に実施し、一人一人の児童生徒に即したきめ細かな指導を意図的・計画的に行うことが重要となります。とりわけ、児童生徒の関心・意欲を喚起する授業展開を工夫すること、知識・技能の定着を図ること、学習活動において話し合いや学んだことを表現するなどの思考力をはぐくむ活動を実施することなど、学力の3要素の育成を図る授業の在り方を十分に研究することが必要です。その上で、児童生徒一人一人の学力が育つ指導を実践することが大切です。

学校教育法
第30条

第一部 165 頁

学校教育の目標と評価

Q 学校教育法には基礎・基本の充実、思考力・判断力・表現力の育成、学ぶ意欲の育成のいわゆる学習の３要素が規定されました。学校で育てるべき力が法律に規定されたことの意味は何ですか。また、何に基づいてこれらの内容が児童生徒に身に付いたかを判断すればよいでしょうか。

A 本法第30条第２項は、教育基本法第６条（「…教育を受ける者が、学校生活を営む上で必要な規律を重んずると共に、自ら進んで学習に取り組む意欲を高めることを重視して行わなければならない」）を反映したものであり、育成すべき能力や態度が法律に明確に示されたものとして、理解する必要があります。なお、第２項の文末には「特に意を用いなければならない」とあることにも注目しなければなりません。

学校で育てるべき学力が法律で明確に位置付けられたことにより、従前、繰り返されていた「知識量」と「考える力」のどちらが大事かという教育論争に終止符が打たれたといえます。

これを受け平成20（2008）年告示の学習指導要領総則においては、「…各学校において、児童（生徒）に生きる力をはぐくむことを目指し、創意工夫を生かした特色ある教育活動を展開する中で、基礎的・基本的な知識及び技能を確実に習得させ、これらを活用して課題を解決するために必要な思考力、判断力、表現力その他の能力をはぐくむとともに、主体的に学習に取り組む態度を養い、個性を生

とが望ましいのは当然ですが、小学校に比べて小規模・少人数で、教育時間が短いこともあり、養護教諭が置かれていないことが多いのが実状です。また、保健室についても特別の事情があるときは職員室と兼用できる（幼稚園設置基準第９条）とされており、実際に兼用している国も多いです。

こうした状況のもと、幼児の保健衛生や安全確保は園長はじめ教職員が最も意を用いなければならない毎日の課題です。幼児は動きが活発ですし、他人の動きを予測して危険を回避する能力も未発達です。そのため、教職員は日頃から病気や怪我についての知識をもち、応急処置の仕方を身に付けておく必要があります。また、園医をはじめ近隣の医療機関等と緊急連絡できる体制を整えておくことも欠かせません。また、園の施設や遊具の安全点検を行ったり、幼児自身の安全意識を高めたりして怪我の予防に努めることも重要です。さらに、保護者との連携を密にして、幼児に関する情報を共有しておくことも安全な園生活のために必要なことです。

養護教諭が配置されず、保健室もない状況下にあっても、幼稚園として講じている対応策を説明し、保護者の理解を深めて、安心して幼稚園に子どもを託してもらえるようにすることも大切です。

学校教育法
第27条

幼稚園における病気や怪我への対応

第一部 155 頁

Q 小中学校には保健室があり、必ず養護教諭がいます。ところが幼稚園は小さい子どもがいて怪我をしたり熱を出したりしやすいのに、養護の先生がいないことが多いです。これでよいのでしょうか。また養護教諭のいない幼稚園で留意すべきことは何ですか。

A 小中学校でも幼稚園でも、子どもが安全に楽しく生活・学習できるように条件を整える必要があります。その一つが施設・設備等の物的条件であり、もう一つが教職員など人的条件です。幼稚園について、本法第 27 条第 2 項では、「幼稚園には、副園長、主幹教諭、指導教諭、養護教諭、栄養教諭、事務職員、養護助教諭その他必要な職員を置くことができる」とされています。「置くことができる」という規定ですから、置くことも置かないこともできるということになります。

義務教育の小中学校については、校長、教頭、教諭、養護教諭、事務職員を置かなければならないことになっています（本法第 37 条）。そして、教育の機会均等とその水準の維持向上とを図ることを目的として義務教育費国庫負担法が定められ、国が教職員の給与の 3 分の 1 を負担することとし、教職員を確保する措置が行われています。

それに対して幼稚園の人件費は、設置者負担となります。したがって、財源も考慮して、地方自治体の方針によって教職員の配置が行われています。幼児の健康安全を考えたならば、養護教諭を置くこ性を育てることを目指していますから、3歳以上の保育内容は保育所でも幼稚園でも法令上は同様に実施されることになっています。

近年、社会の変化によって保育所と幼稚園の役割や機能を統合する「幼保一元化」が検討されてきましたが、制度の違いから難しい課題が多いのが現状です。しかし、保護者のニーズに対応して、幼稚園も標準4時間の教育時間を超えて、希望者に延長保育や預かり保育を行う園が増えています。また、平成18（2006）年からは保育所と幼稚園の機能を併せた「認定こども園」制度が始まっています。

ところで、幼稚園における教育は、遊びを通して幼児の主体的な活動を促し、豊かな人間性をはぐくむように指導することを基本とするもので、保育所も同様の考えに立っています。したがって、自由遊びと称してもただ遊ばせておくのではなく、保育者が適切に指導・援助を行うことが大切です。また、私立幼稚園は園の方針のもとに特色ある保育を行っています。英語や漢字を遊びの中で親しませることも行われていますが、幼児の負担過重にならないよう配慮することが大切です。

学校教育法
第23条

保育園と幼稚園の保育内容の違い

第一部 136 頁

Q 保育園では子どもを預かって遊ばせるだけで教育はしないように見えます。また、幼稚園でも、英語や漢字のように勉強に力を入れている園や自由保育のように遊び中心の園もあります。幼児教育についての国の方針はどうなっているのでしょうか。

A 就学前の幼児を保育する主な施設に幼稚園と保育所（保育園）があります。保育園は、児童福祉法第39条に「保育に欠ける乳児または幼児を保育することを目的とする」とあるように、病気や就労などの理由によって家庭で子どもを育てることができない場合の児童福祉施設です。厚生労働省の所管で0歳から小学校入学までの乳幼児を対象としています。一方、幼稚園は本法第1条に定める教育施設で、文部科学省の所管となり、3歳から小学校入学までの幼児を対象としています。このように保育所と幼稚園は、根拠法令も行政上の所管も異なっています。幼稚園の教育内容は、本法第25条において「幼稚園の教育課程その他の保育内容に関する事項は、第二十二条及び第二十三条の規定に従い、文部科学大臣が定める」と規定されています。また、保育園（保育所）については保育所保育指針に則って行うことになっています。保育所は3歳未満の乳児・幼児も保育しますから、健康状態の観察や昼寝など生命の保持や健康・安全の確保、情緒の安定に細心の留意を払う必要があります。しかし、3歳以上の幼児については、保育所保育指針（幼稚園教育要領に準じた内容になっている）によって保育を行い、豊かな人間

の指導を積み重ねて、生きた力として身に付けさせる指導が中心となります。このため、教科ごとの授業ではなく、領域・教科を合わせた指導として、「日常生活の指導」、「遊びの指導」、「生活単元指導」、「作業学習」といった指導形態で授業を行うことが多くあります。また、中学部からは、将来の職業自立に向けた指導が多く行われるようになります。高等部では、週に１～２日、作業学習に特化した授業を集中させる課程や類型・コースなどを設定している学校もあります。

就労に向けての指導は大切ですが、中学部・高等部の時期に、障害があるから職業実習ばかりの教育課程に偏ることは問題があります。基礎的な学力や教養を身に付けさせる教育も必要です。

領域・教科を合わせた指導は、題材の選定として、児童生徒の発達段階、生活経験、興味・関心等を考慮し、各教科、領域の指導内容との関連を図ることと、一人一人の指導のねらいを具体的に設定することが必要です。また、個別の教育支援計画や個別の指導計画の作成にあたっては本人や保護者の希望も聞き、またその実施については説明責任を果たしていくことが大切です。

学校教育法
第21条

第一部 125 頁

特別支援学校における、教科指導と自立支援

Q 特別支援学校に在籍する児童生徒の保護者から、「毎日の授業がいつも同じで、いつまでたっても言葉が増えないし、足し算や引き算もできない。特別支援学校では勉強を教えてくれないのですか」という苦情が来ました。特別支援における教育課程編成の考え方を教えてください。

A 特別支援学校の教育は、幼稚園、小学校、中学校または高等学校に準ずる教育を施すとともに、障害による学習上または生活上の困難を克服し自立を図るために必要な知識技能を授けることを目的としています（本法第72条）。「準ずる」ということは、一段低い教育内容ということではなく、同等の教育内容という意味です。また、プラスアルファとして、障害による困難の改善・克服のための「自立活動」の教育が行われます。

知的障害のある児童生徒に対しては、知的障害特別支援学校の各教科等による弾力的な教育課程の編成ができます。また、特例として、各教科の目標及び内容の一部を取り扱わないことや、下学年や下学部の教科等の目標や内容に替えることなどもできます。

知的障害のある児童生徒の多くは、知的発達や社会性の発達の遅れがあり、基本的生活習慣の確立や集団参加に必要な態度の形成、また、社会参加のための基礎的な知識、技能、態度の育成、数量や言語などの基礎的な概念形成を図ることなどの指導が大切です。具体的には、児童生徒の毎日の生活の流れに沿って、実際的な場面で

なければならないものである。

② 学習指導要領においては、「入学式や卒業式などにおいては、その意義を踏まえ、国旗掲揚をするとともに、国歌を斉唱するよう指導するものとする」とされており、したがって、校長・教員は、これに基づいて児童生徒の内心にまで立ち入って強制しようとする趣旨のものではなく、あくまでも教育指導上の課題として指導を進めて行くことが必要である。

例えば『高等学校学習指導要領解説特別活動編』第４章第３節「入学式や卒業式などにおける国旗及び国家の取扱い」には、「入学式や卒業式は、学校生活に有意義な変化や折り目を付け、厳粛かつ清新な雰囲気の中で、新しい生活の展開への動機付けを行い、学校、社会、国家など集団への所属感を深める上でよい機会になるものである」とあります。

このように学校における国旗・国歌の指導は、学習指導要領を基準として校長が教育課程を編成し、これに基づいて学習指導を行うことの一環なのです。これらの意義を、指導の中で十分に理解させることが大切で、保護者にも同様に誠意をもって伝えるようにします。

学校教育法 第21条 第3項

第一部 125 頁

国旗・国歌

Q 職員会議では反対意見の人もいる入学式・卒業式における国旗掲揚、国歌斉唱ですが、教育委員会からは実施を強く求められています。また、保護者の一部からも反対意見が寄せられる場合もあります。思想・信条の自由が認められている中で、実施する根拠は何でしょうか。

A 平成11（1999）年8月に「国旗及び国歌に関する法律」が公布されました。「日章旗」と「君が代」は、いずれも長い歴史を有しており、すでに慣習法として定着していたものでありますが、この成文法でその根拠が明確に規定されました。

本法第21条第3項では、「我が国と郷土の現状と歴史について、正しい理解に導き、伝統と文化を尊重し、それらをはぐくんできた我が国と郷土を愛する態度を養うとともに、進んで外国の文化の理解を通じて、他国を尊重し、国際社会の平和と発展に寄与する態度を養うこと」とされています。学校教育での指導は、児童生徒が国旗・国歌の意義を理解し、諸外国の国旗・国歌も含めてそれらを尊重する態度の育成をねらいとしています。

学校における国旗・国歌の指導については、平成6（1994）年10月に次のような政府の統一見解が示されています。

① 学習指導要領は、学校教育法の規定に基づいて、各学校における教育課程の基準として文部省告示で定められたものであり、各学校においては、この基準に基づいて教育課程を編成し

としての自覚をもって国を愛し、国家、社会の発展を願う態度を育てるのに役立つこと」とあります。また国語科の領域に、〔伝統的な言語文化と国語の特質に関する事項〕が新設され、低学年で神話や伝承を学び、中学年以上では古典やことわざ、故事成語などについても学習することになっています。

また社会科では、第3、4学年で「地域に残る文化財や年中行事」について勉強したり、第6学年で「代表的な文化遺産」について学んだりすることになっています。その他、生活科、道徳、特別活動などで、これに関連する学習をすることになっています。

教務主任としては、各学年の教科や領域の内容を整理し、教育活動全体で我が国の伝統と文化を子どもたちが享受できる教育課程を編成する必要があります。また、地域の伝統産業や伝統文化の特色を生かした学習内容になるよう工夫することで、郷土の文化に誇りをもつ子どもを育てることもできます。

その際、昔の遊びや暮らしの仕方、伝統的な技術や文化などを実際に子どもたちが体験できるような機会を設ける工夫が必要です。そのために、地域の図書館や郷土資料館などを活用したり、文化の継承者やお年寄りなど学校外の人材の協力を得たりして、有意義な学習になるように工夫することが大切です。

学校教育法
第21条

伝統と文化の尊重

第一部 125 頁

Q 小学校の教務主任ですが、次年度の教育課程の原案を作成するように校長から指示されました。校長の方針は、「来年度の教育課程には我が国の伝統と文化を尊重するような具体的な取り組みを入れる」ということでした。教育課程のどこにどのような工夫をしたらよいのでしょうか。

A 事例における校長の方針は、本法第21条第3項に「我が国と郷土の現状と歴史について、正しい理解に導き、伝統と文化を尊重し、それらをはぐくんできた我が国と郷土を愛する態度を養うとともに、進んで外国の文化の理解を通じて、他国を尊重し、国際社会の平和と発展に寄与する態度を養うこと」とあることに基づいています。このことについては、教育基本法の前文と第2条第5項にも次のような記述が見られます。

前文「前略－伝統を継承し、新しい文化の創造を目指す教育を推進する。」

第2条第5項「伝統と文化を尊重し、それらをはぐくんできた我が国と郷土を愛するとともに、他国を尊重し、国際社会の平和と発展に寄与する態度を養うこと。」

このように、我が国の伝統と文化を尊重する教育の充実は、日本の教育の大きな方針の一つとなっています。このことは学習指導要領にも反映されています。

例えば、小学校国語科では、教材選択の視点として「ケ　日本人

育成に支障をきたす可能性が高いと思われます。したがって、法の趣旨や子どもの成長のメカニズム、学校教育の価値などを説明し、保護者に粘り強く改善を求めていく必要があります。

また保護者が納得しているかどうかにかかわらず、所属するタレント事務所の意向で就学できないような場合もあります。この場合は、本法第 20 条に「学齢児童または学齢生徒を使用する者は、その使用によって、当該学齢児童または学齢生徒が、義務教育を受けることを妨げてはならない」とありますので、これに基づき、所属事務所に改善を求めることができます。ただし、保護者によっては、子どもが所属するタレント事務所と特別な契約を結んでいたり、すでに経済的な見返りを受け取っていたりするなど、複雑な関係が存在する場合もあるので、よく保護者と相談して対応することが必要です。

学校教育法 第20条　学齢児童のタレント活動

第一部 120 頁

Q 担任するクラスにタレント事務所に所属している児童（生徒）がいます。最近、テレビドラマに出演するようになり、学校を休んだり、遅刻したりすることが多くなりました。保護者に「まだ子どもなのだから学校にはきちんと登校させてください」と伝えました。保護者は申し訳ないと恐縮していましたが、一向に改善される様子はありません。どうやら、せっかくもらった役なので所属事務所に強く言うことができないようです。どうしたらよいでしょう。

A 学齢児童（生徒）の就学義務については、憲法第 26 条第 2 項に「すべて国民は、法律の定めるところにより、その保護する子女に普通教育を受けさせる義務を負ふ」とあり、また教育基本法第 5 条に「国民は、その保護する子に、別に法律で定めるところにより、普通教育を受けさせる義務を負う」とあります。義務を負うのは子どもでなく保護者なのです。

このように日本国民は、保護者の責任において保護する子を就学させなければいけないことになっています。ただし子どもが病弱、発育不全、その他やむを得ない事由のため就学困難と認められる場合、市町村の教育委員会は保護者に対して就学の義務を猶予または免除することができます。

事例の場合は、理由がタレント活動ですから、上記のやむを得ない事由にはあたりません。児童は現在、まったく登校していないわけではありませんが、このまま放置しておくと、児童の学習や健全よっても変更となります。また、いくつかの申請書類を整える必要もあります。申請書類は、各学校を通して配付されることもありますが、教育委員会の就学援助を取り扱っている担当課に備えられてもいます。また、教育委員会のホームページからダウンロードすることもできます。

援助内容は、上記の三項目のほか、給食費、移動教室費、臨海学校費、林間学校費、標準服費、卒業アルバム費、学校行事費、医療費、入学準備費、体育実技費（柔道着）など、様々な内容とその金額が定められています。これらは、教育委員会により異なっていますので、確認が必要です。

該当の保護者には、教育委員会の就学援助を取り扱っている担当課に出向き、どのような援助が受けられるのか、どのような手続きを、いつまでに行えばよいかなどを相談することを勧めます。

なお、副校長として、所属する教育委員会では、どのような制度をもち、どのような内容となっているのかを把握しておくことが大切です。

学校教育法 第19条 就学援助

第一部 115 頁

Q 保護者から副校長に、家庭の事情により就学援助を受けたいがどのような手続きが必要か、就学援助を受けるとどのような援助が受けられるのか、誰でも受けることができるのか等について、相談がありました。副校長は、この相談にどのように答えればよいでしょうか。

A 保護者は子どもに９年間の義務教育を受けさせる義務を負っており、憲法第 26 条第２項及び教育基本法第５条第４項などにより、義務教育を無償とすることが定められています。また、本法第 19 条には「経済的理由によって就学困難と認められる学齢児童または学齢生徒の保護者に対しては、市町村は、必要な援助を与えなければならない」と記されています。

さらに、「就学困難な児童及び生徒に係る就学奨励についての国の援助に関する法律」により、上記の市町村が援助する経費の一部について「…生活保護法第６条第２項に規定する要保護者であるものに対して、児童生徒に係る次に掲げる費用等を支給する場合には、予算の範囲内で補助する」と国が補助することが記されており、その内容は「一　学用品またはその購入費　二　通学に要する交通費　三　修学旅行費」とされています。

学校を設置する教育委員会では、就学援助についての申請方法や援助内容を詳しく説明しています。援助を受けることができる所得の目安は個々の家族構成によって異なり、生活保護基準の改定に

31日に満6歳に達したことになり、その翌日の4月1日には、小学校入学の要件を備えることになるのです。4月2日生まれの子は、4月1日に満6歳となるので、1年先の就学、つまり翌年就学ということになります。

4月1日までに生まれた子どもを早生まれというのは、この年齢計算の仕方に基づくものなのです。

我が国では、同年齢の子どもが同学年になる制度をとっていますから、同じ1年生に3月31日にようやく満6歳に達した子どもと、その子どもより約1年前に6歳になっている子どもが在籍し、同級生として一緒に学習・生活することになります。この年齢の時期は、成長・発達曲線が急で、例えば身長など体格の差や体力の差となって表れやすいほか、精神面や知能面でも差が見られることがあります。そのことが4月1日生まれの子は不利という受け止めになるのでしょう。幼稚園や保育園の生活で年齢や月齢の違いによる成長差を感じてきた保護者が、小学校で我が子が学習や友達との遊びについていけないような事態が生じないか不安を感じていることも十分考えられます。保護者の不安は子どもの不安定につながります。学校では、子どもの実態によって成長差に応じた配慮をするなどの対応をする必要もあるでしょう。しかし、小学校も中学年になれば、早生まれ、遅生まれの差はなくなるのが一般的ですので、そのことも保護者に伝えるとよいと思います。

学校教育法第17条

4月1日生まれの子の入学

第一部 106 頁

Q 我が子は４月１日生まれです。役所も会社も学校も年度は４月１日に始まり３月31日までです。それなのに、４月１日生まれの子どもは、前の年に生まれた子どもと一緒に入学することになっていると言われました。区切り方が納得いきません。大きい子と一緒の学年では不利だと思うのですが。

A 子どもの入学は親にとっても子どもにとっても一大関心事です。

我が国は入学資格を年齢で定めています。本法第17条に「保護者は、子の満六歳に達した日の翌日以後における最初の学年の初めから、満十二歳に達した日の属する学年の終わりまで、これを小学校または特別支援学校の小学部に就学させる義務を負う」とし、続く第２項で「子が小学校または特別支援学校の小学部の課程を修了した日の翌日以後における最初の学年の初めから、満十五歳に達した日の属する学年の終わりまで、これを中学校、中等教育学校の前期課程または特別支援学校の中学部に就学させる義務を負う」とし、満６歳になると小学校に入学し、満15歳で中学校を卒業することとなっています。

では、子どもが満６歳になるのはいつかということになります。

年齢は、「年齢計算ニ関スル法律」（明治35年法律第50号）により、出生の日より起算するとされています。そして、満了する日は、民法第143条に、「其起算日ニ応当スル前ノ日ヲ以テ満了ス」とされています。ですから、４月１日に生まれた子どもは、前日の３月とが求められます。

本法施行令第20条には、校長は、休業日を除き引き続いて7日間以上出席せず、出席状況が良好でない子どもについて「出席させないことについて保護者に正当な事由がないと認められるときは、速やかに、その旨を当該学齢児童又は学齢生徒の住所の存する市町村の教育委員会に通知しなければならない」とあります。また、同第21条には、市町村教育委員会は、子どもを学校に通わせる義務を怠っていると認められるときには、「その保護者に対して、当該学齢児童又は学齢生徒の出席を督促しなければならない」と定めています。ここで言う「正当な事由」に当てはまる内容について説明し、「義務を怠っている」という法令上の解釈について理解を求める必要もあります。

校長や教育委員会は、保護者の考えなどを十分に聞き取った上で、法令に沿った対応を行います。

学校教育法第16条　就学拒否への対応

第一部 103 頁

Q 3月の終わりごろ、日本国籍である保護者から、4月の就学にあたり我が子をアメリカンスクールに通学させたい、との申し出がありました。また、ほかの保護者からは、「家庭で教育をするので学校には行かせない」との連絡が入りました。学校としてこれらの申し出に対して、どのように対応すればよいでしょうか。

A アメリカンスクールなどのインターナショナルスクールは、本法第1条で定められている学校ではありません。同第134条に定められている各種学校としての位置付けとなっていることが一般的です。また、同第16条には、「保護者（略）は、子に9年間の普通教育を受けさせる義務を負う」とあり、アメリカンスクールを卒業しても、義務教育を修了したことになりません。さらに、将来、日本の学校や大学へ進学する際には、高等学校卒業程度認定試験（旧大検）や中学校卒業程度認定試験を受験することが必要となります。

一方、家庭で教育をしたいとの申し出については、日本では法令上、本法第1条で定められている学校に入学させる義務を負っているので、学校に行かせない、という選択はできません。家庭で教育を行いたいという理由としては、学校と家との距離が遠いこと、宗教的・思想的な理由で学校教育に合わないこと、健康面に問題があること、いじめなどの問題のため不登校になっていること、英才教育を行いたいと考えていることなど、多様であり、学校や教育委員会は、何が問題となっているかを的確に把握するこ

一　図書館資料を収集し、児童又は生徒及び教員の利用に供すること。
二　図書館資料の分類排列を適切にし、及びその目録を整備すること。
三　読書会、研究会、鑑賞会、映写会、資料展示会等を行うこと。
四　図書館資料の利用その他学校図書館の利用に関し、児童又は生徒に対し指導を行うこと。
五　他の学校の学校図書館、図書館、博物館、公民館等と緊密に連絡し、及び協力すること。」

学校図書館はこのような機能を果たさなければならないのですから、図書だけ児童生徒に提供するということでは不十分と言えます。

なお、学校図書館のように法的に設置を義務付けられたものを公立学校が設置しない場合について本法第14条は「設備、授業その他の事項について、法令の規定又は都道府県の教育委員会若しくは都道府県知事の定める規定に違反したときは、その変更を命ずることができる」としています。したがって事例の場合は、プレハブ校舎を建てるなり、会議室等を転用するなど、ほかの方法を考える必要があります。

学校教育法 第14条 学校施設

第一部 97 頁

Q 学区域に大規模なマンションができて、児童数が急増しています。来年度の新入生の数も増え普通教室が足りなくなりました。校舎増築の計画がありますが来年度には間に合いません。校内の運営委員会で相談したところ、現在図書室に使っている部屋を普通教室に改造して今年は乗り切ろうという意見が出ました。新校舎ができるまでは図書室はなくなりますが、各教室に図書を分散して学級文庫を充実させればよいという提案でした。この案は可能でしょうか。

A この問題を考えるには、まず図書室の法的な位置付けを知ることが必要です。本法第 14 条には学校の設備は法令または都道府県等が定める規程に従わなくてはならないとしています。そして、学校図書館法第 3 条には「学校には、学校図書館を設けなければならない」とあります。小・中学校では図書館の規模が小さく、校舎内の一教室を充てていることが多いので名称は図書室とすることが多いのですが、それは学校図書館法の規定に基づき設置されています。したがって勝手に普通教室に転用し、図書館のない状態にすることはできません。

また事例のように図書を普通教室に分散し、学級図書を充実させるという考えはどうでしょう。このことに関連して、学校図書館法第 4 条に学校図書館の運営内容が示されています。

「学校は、おおむね左の各号に掲げるような方法によつて、学校図書館を児童又は生徒及び教員の利用に供するものとする。

健康保持ですが、それと同時に感染症の拡大を防ぐこともねらっています。児童生徒が感染症にかかった場合は、その感染の拡大を防ぐために政令で定めるところにより出席を停止させることができます。これと同じ考え方で、教育職員が感染症にかかっていながら児童生徒の前に立つということは防がなければならないことです。そのためにも、学校に勤務する職員の定期的な健康診断を行い、疾病については早期発見しておく必要があるのです。

事例では、該当する教員が個人のプライバシーの保護を理由にして受診に応じていません。しかし健康診断の受診が、教育職員という公的な立場の人に対して法的に義務付けられているものであることを説明し、納得させなければなりません。校長の指示にも従わない、何年間か受診しないですませてしまっている等のことは、教育公務員としてあってはならないことです。職員の定期健康診断も、子どもたちの健康・安全を守るために必要なことであることを理解させましょう。

学校教育法
第12条

職員の健康診断

第一部 83 頁

Q 今年異動してきた教員の中に、職員の健康診断を受診しないベテランの教員がいます。校長が受診するように指示しましたが受け付けません。どうやら持病があるらしく、健康上の問題はプライバシーにかかわることなので、明らかにしたくないと言います。過去、何年間か受診せずにすませてしまったようです。この職員に対してどのように指導したらよいでしょうか。

A この問題は本法第 12 条にかかわっています。第 12 条は「学校においては、別に法律で定めるところにより、幼児、児童、生徒及び学生並びに職員の健康の保持増進を図るため、健康診断を行い、その他その保健に必要な措置を講じなければならない」とあります。第 12 条は、学校で学ぶ児童生徒並びに学校で教育活動に従事する教職員の健康を保持し、学校が健康で安全な場所として維持されることを目的としています。

「別に法律で定めるところにより」の「法律」の一つに学校保健安全法があります。学校保健安全法第 15 条には「学校の設置者は、毎学年定期に、学校の職員の健康診断を行わなければならない」とあり、同第 16 条には「学校の設置者は、前条の健康診断の結果に基づき、治療を指示し、及び勤務を軽減する等適切な措置をとらねばならない」とあります。このように職員の健康診断の実施と、それに伴う事後の措置は学校設置者（公立学校なら教育委員会）に義務付けられたことなのです。職場の健康診断の目的の第一は職員のとが効果的だなどと考えている教員がいたとするならば、大きな人権問題です。

多動な児童生徒に対しては、席に座ることをじっとがまんさせるという指導は効果的ではありません。個別に興味・関心をもって集中できる課題を用意したり、動作化や具体的な操作を行う活動などを用意したりして、徐々に、課題に集中できる時間を長くしたり、一カ所で活動できるようにしていく指導が必要です。

初任の教員や初めて特別支援学校に勤務する教員のためにも、年度当初に体罰防止の研修会を開催することが大切です。また、日頃、複数の教員等が協力して授業を行う中で、お互いに注意し合って行き過ぎた指導にならないように気をつけていくような体制をつくることが必要です。

また、平成23（2011）年に制定された「障害者虐待の防止、障害者の養護者に対する支援等に関する法律（障害者虐待防止法）」についての研修を行うことも大切です。

学校教育法 第11条

第一部 65 頁

特別支援学校における体罰の防止

Q 特別支援学校で、じっと席に着いていられない多動で知的障害のある児童生徒に対して、長時間、手足をつかんで動かないようにしている教員がいます。他の教員から体罰ではないかとの指摘がありました。今後、教務主任として、どのように対応していったらよいでしょうか。

A 教育は、児童生徒と教員との信頼関係があって初めて成り立ちます。学校教育においては、教員が児童生徒に対して、善悪の判断や決まりの遵守等を適切に指導することが重要です。しかし、指導に熱が入り過ぎて、体罰を行ってしまったという事例は後を絶ちません。

教員は、本法第 11 条で、体罰を行うことを禁止されていますが、教育上必要がある場合に、児童生徒に対して懲戒を加えることがあります。体罰の原因の一つに、この懲戒が合理的限度を超えてしまったということがあります。

特別支援学校においては、児童生徒が障害により、教員の指導や指示通りに行動できないことや、感覚が過敏であったり、授業に集中できなかったりすることがあります。特別支援学校における体罰は、障害のある児童生徒のこうした実態を理解できていないことや、適切な対応についての技術をもっていないなど、教員の指導力や専門性の未熟さを表している場合が多いのです。また、障害がある児童生徒は力ずくで指導したり、痛みを感じさせて指導したりするこ事例の場合、殴ったりする体罰は言語道断ですが、猛練習も時には本法第11条で禁止している体罰となります。運動部の練習がどの程度までよいかの判断には難しい点があります。練習の質や量は、その時点での生徒の体力や能力、目指す理想の姿、与えられた時間、気候や場所などの条件、さらに指導者の育成方針や計画性などで決まるものです。それに対して指導者が一時の感情のはけ口で行ったり、思いつきによって行ったりする練習は、生徒の限界を超えることが多いものです。

一般的には、試合や練習でミスしたことを理由に特別な練習を課したり、個人のミスに対して連帯責任を問うて練習を課したりするのは行き過ぎた練習につながることが多いといいます。

部活の顧問・指導者は学校の都合で頼まれることが通常で、それだけに校長は、教師への指導が遠慮がちになるものです。一定の配慮は必要ですが、教師が顧問を引き受けている以上、生徒の健康と安全、健全な成長に責任をもつように指導することが大切です。

学校教育法 第11条

第一部65頁

部活動における体罰の防止

Q ベテランのB教諭は指導力があり人間的な魅力もあるので、生徒や同僚から慕われています。普段温厚なB教諭ですが、顧問をしている野球部の指導には厳しいものがあります。部活は希望者が集まってきているのだから特別だと言っています。練習を怠けた生徒を殴ったという噂があります。また試合でエラーをした選手にグラウンド5周のランニングを命じたり、練習態度の悪い生徒に居残り練習を命じたりしています。校長はB教諭にどのような指導をしたらよいでしょう。

A 中学校において部活動の指導者の立場は微妙です。部活動は授業や学級経営とは性格が異なりますが、学校教育の重要な要素として、生徒の教育には大きな役割を果たしています。中学校に教師として赴任すると校長から部活動の顧問になることを求められます。教員が部活動にかかわる仕事をする場合、どうしても奉仕の精神がないとできません。それが結果的に部活動では何をしても許されるという誤った認識につながりがちです。特に運動部の場合、勝利を目指して頑張る姿は尊いのですが、それが行き過ぎると部員に対する行き過ぎた指導が横行することになります。特に運動系の部活では指導者を頂点にした縦の社会ができやすいものです。集団の意思を統一させる意味で縦社会には有効な部分があることは事実ですが、何も言わさずに服従させるという習慣は人権上問題が大きく、そのような状況では体罰が起こりやすいものなのです。

が必要でしょう。懲戒を加える場合には本人に納得させ、保護者と連携を図りながら教育の目標が達成できるように指導することが大切です。なお公立の義務教育学校では、懲戒の中でも停学・退学処分は認められていません。

また、懲戒の中でも、居残り、起立などは肉体的苦痛を伴うものですが、児童生徒が著しく苦痛を感じる程度まで行った場合は体罰となります。また肉体だけでなく、心にダメージを与える発言や行為も体罰になります。教師が何気なく発した言葉を、児童生徒が差別的な言動と受け止めたり、それによって深く傷ついたりしないよう配慮することが大切です。

教師は教育の選択肢に体罰はないということを強く認識する必要があります。もし教師が児童生徒に体罰を与えた場合様々な責任を問われます。第一に刑事上の責任として、暴行罪や傷害罪に問われます。次に民事上の責任として、児童生徒や保護者から治療費や精神的な苦痛を償うための賠償責任を追及されることが考えられます。そして行政上の責任として、職務上の義務違反が問われ、懲戒処分を受けます。若い先生方には特にこのような事実を教え、児童生徒の琴線に触れる教育を実現するようアドバイスしたいものです。

学校教育法
第11条

体罰と懲戒

第一部 65 頁

Q 昨年、子どもたちが担任の言うことを聞かない状態が続き、授業中も立ち歩きが多く学級崩壊とも言える状態のクラスがありました。そこで今年は、体力のある若手の男性を担任させることになりました。学級が大変な状態なので、新担任には子どもに指示が通る厳しい指導を求めたいのですが、若い教員なので体罰が起きることも心配です。管理職としてどのような助言をしたらよいでしょう。

A 本法第 11 条には「校長及び教員は、教育上必要があると認めるときは、文部科学大臣の定めるところにより、児童、生徒及び学生に懲戒を加えることができる。ただし、体罰を加えることはできない」とあります。このように懲戒は認められていますが、体罰は明確に否定されています。それは体罰が子どもの人権を侵害する重大な行為で、教育上大きなリスクを背負うものだからです。

本法で認められている懲戒処分とは、注意、しっ責、居残り、起立、文書指導、個別指導、訓告などのことです。子どもが校則違反をしたり、集団の秩序を乱したりした場合に懲戒を加えることができます。しかし、安易に懲戒を加えることが認められているわけではありません。本法施行規則第 26 条には「校長及び教員が児童等に懲戒を加えるに当つては、児童等の心身の発達に応ずる等教育上必要な配慮をしなければならない」とあります。児童生徒の行動が懲戒の対象になるような場合でも、本人の話をよく聞いたり反省を促したりする等、十分な指導をした上で行うものであるという認識ています。第33条の信用失墜行為の禁止は、公務員としての身分を有している限り適用されますので、公務員としての品位を傷つけることのないよう、常に気をつけなければなりません。

さらに、地方公務員法第29条では、懲戒処分の事由として、次の3点を挙げています。①法令に違反した場合　②職務上の義務に違反し、または職務を怠った場合　③全体の奉仕者としてふさわしくない非行のあった場合。懲戒は、公務員という特別な身分関係における秩序を維持するため、全体の奉仕者である職員としての義務違反を負うもので、信用失墜行為と同様の概念によるものです。

教員の場合は教育委員会が個々の具体的な事例に即して、社会通念に照らして判断を行いますので、その職の性質に照らしても特に厳しさが要求されます。

学校教育法
第9条

第一部55頁

教員の資格

Q 教員という職業は「人を育てる」という立場にある以上、信用・信頼ということが特に重要だと言われていますが、地方公共団体が教員を新規に採用するにあたりどのような条件があるのでしょうか。また、教員になってからどのようなことに気をつけなくてはならないのでしょうか。

A 本法第9条は、「次の各号のいずれかに該当する者は、校長又は教員になることができない。一（略）、二　禁錮以上の刑に処せられた者、三　教育職員免許法第十条第一項第二号又は第三号に該当することにより免許状がその効力を失い、当該失効の日から三年を経過しない者、四　教育職員免許法第十一条第一項から第三項までの規定により免許状取上げの処分を受け、三年を経過しない者、五（略）」と規定しています。

地方公共団体が教員を採用する際には、教員免許状の提出を求め資格の有無を確認するとともに、上記の一～五について該当する項目がないことを確認することが原則です。

また、教員として採用した後も、地方公務員法第33条で、「その職の信用を傷つけ、又は職員の職全体の不名誉となるような行為をしてはならない」と厳しく禁じています。

教員は、全体の奉仕者として公共の利益のために職務に専念する者であって、全体の奉仕者としてふさわしくない行為により、公務に対する住民の信頼を裏切らないように信用を保つ義務が課せられ務をさせることができると校長が判断したとすればそれは問題です。担任としての職務が遂行できるよう、教育委員会と相談をして、時間的な措置をすべきです。他の方法としては、教頭（副校長）が担任となり、講師と分担して学級の指導に当たることなどが考えられます。

また、このことを問題にする保護者の心情にも思いを馳せたいものです。担任としての講師の指導に何も不満がなければ、普通はこのような苦情は来ません。保護者からよく話を聞いて、この訴えの背景にあるものを探り、途中からでも適切に対処します。

このように、音楽や図工の専科教員が臨時の担任をする場合ですが、小学校全科の免許状をもっていれば法的には問題ありません。中学校の場合は、教科担任制をとっているので、教諭であれば誰が担任をしても問題はありませんが、小学校の場合、多くの授業を担任が行うので、全科の指導ができる教諭を充てることが望ましいといえます。

学校教育法
第8条

学級担任

第一部 50 頁

Q 音楽の非常勤講師として採用したA講師は、週20時間3、4年生の音楽の授業を担当していました。しかし、年度途中の9月、5年生の担任が急に病気で長期の休暇に入ったため、校長はこの非常勤講師が小学校全科の免許状をもっていたこともあり、その学級の担任としました。しかし、保護者から、校長に対して、講師が学級担任をするのは問題なのではないか。すぐ代えて欲しいとの訴えがありました。

A 本法第8条では、教育に携わる教員を次のように定めています。教諭は、児童生徒の教育をつかさどる学校職員のことで、教員採用試験合格を経て採用された正規教員であり、教育を行うことを主たる職務とし、校務も分掌します。一方、講師は、教諭または助教諭に準ずる職務に従事する学校職員のことであり、一般的に臨時教員であり、公立学校の講師なら1年を超えない期間の契約で勤務します。したがって、校内の重要な職務である学級担任は教諭の身分にある者が行うことが望ましいです。しかし、上記の事例のような場合、該当教員が、小学校全科の教員免許状をもっているということであるので違法ではありません。校内事情から、現状の学校体制の中ではこの方法が最善であると考えたのであろうし、この講師の力量を見て担任業務をこなせると校長が判断したものでしょう。ただこの場合、週20時間という決められた時間内での勤務になっているので、もしこの講師が時間外でも無償で勤務するので、担任の業

せん。担任本人の病気や事情で担任ができない場合にはそのような措置もありますが、学校全体の体制を変えるようなことは、容易にすることではありません。

本来校長は保護者の申し出がある前に状況をつかんでおくべきです。また、学級の状況、児童の実態はどうなのか、他の職員や保護者から情報を集め、校長自らも授業や学級の様子を観察して実態を把握し、何が課題なのかを明確にし、学級を立て直す方策を検討します。しかし、このまま担任を続けさせることが、児童の教育指導上好ましくないと判断したときは、担任を代えることもあり得ます。その場合、次の担任ができる人材がいるのか、外した担任をどのように配置し処理するのかが重要なポイントです。担任を外すことは、職員の地位を危うくするものではなく、職務上不利益処分にはあたりませんが、本人の意志によっては、トラブルになる可能性はあると言えます。いずれにしても学校教育の受益者である子どものことを第一に考え、判断することが大切です。

学校教育法
第7条

第一部 46 頁

学級担任への不信

Q 1学期の終了間際、4年2組の保護者数名から「学級が落ち着かず授業が成り立っていない、担任のS教諭を担任から外してほしい」との申し出が校長にありました。S教諭は、この4月に他地域から転任してきたばかりで、地域や学校にもまだ慣れていないため、学級も落ち着かないのだろうと校長は見ていました。このような保護者の申し出にどう対応したらよいのでしょうか。

A 本法第7条では「学校には、校長及び相当数の教員を置かなければならない」とあり、校長の職務規程にある「所属職員に校務を分掌させることができる」の規定により、各学級に必要と考えた学級担任を決めて分担させます。この事例も、4月当初に校長の権限と責任で、今年度の学級担任を決めスタートさせています。各担任は、少なくとも1年間はそのクラスの担任として見通しをもって計画的に学級経営をスタートさせています。しかし、子どもたちの実態は一様ではなく、学級経営が思い描いたようにはいかず、落ち着きがなくなったり、担任と子どもとの関係がぎくしゃくしたりすることもあります。今回のケースは、1学期終了の段階で一部保護者が、子どもたちの様子から、今後の学級の状況、授業の展開を心配して「担任を外してほしい」と要望してきたのです。

学級担任も校務分担の一つであり、校長の権限と責任で、必要とあれば外すことができます。しかし、1年間は任せるという前提条件で担任をさせた以上、安易に外すことは望ましいことではありま護者が負担することと定められています。給食費の問題については、最高裁判所まで争われた例もあり、すでに昭和39（1964）年2月に「憲法は義務教育の授業料を無償としており、それ以外の教材や給食費はこれに含まれない」という判決が出ています。実際に給食を作るにあたっては食材費以外に、人件費、光熱費、施設費、設備費、修繕維持費等、様々な諸費用が必要になります。保護者が負担するのは食材費のみであり、他の諸費用は、公費で負担されています。実際に一食あたりの総費用は、食材費を大きく上回る金額となり、各自治体では学校給食の実施にあたって相当な財政負担を強いられているのが現実です。

このような状況の中で、たとえ給食費の未納が増え続けても、当学校では児童生徒に給食を与えないわけにはいきません。そこで、素材を変更したり品数を減らしたりする等、給食の質を下げなければならない問題も発生してきます。したがって、学校としては何とか未納を解消しようと努力していますが、最近では経済的な理由に加えて、意図的に支払いを拒否している保護者も出現しています。

今後、給食費の徴収方法も含め、学校給食の在り方について、根本的に検討していくことも必要と言えます。

学校教育法
第6条

第一部 41 頁

給食費の未納

Q 給食費の未納問題がさかんに報道されるようになり、保護者から本校の状況について質問を受ける機会が多くなってきました。特に、給食の内容（メニュー）に悪影響があるのではないかといった心配や、未納者への厳格な取り立てを要求する声が高まっています。この問題をどのように考えたらよいでしょう。

A 給食費の未納は、これまでも一部の学校で深刻な問題として存在していました。しかし、近年この問題は拡大していく傾向にあり、マスコミも積極的に取り上げるようになったため、以前にも増して注目されるようになってきました。

こうした動向を踏まえ、文部科学省は平成 24（2012）年に「学校給食費の徴収状況に関する調査」を行っています。その結果、平成 24（2012）年度に全国の国公私立小学校で給食費の未納があった割合は 41.5％、中学校では 58.5％になっており、未納額の合計は約 4535 万円にのぼるという深刻な数値が示されました。これは、児童生徒数に換算すると約 1％の児童生徒の保護者に未納問題が生じていることになります。

本法第 6 条には、憲法や教育基本法の定めに基づいて義務教育における授業料は徴収しないことが明記されていますが、教科書以外に教育活動で必要な教材費や給食費等については、受益者負担が原則となっています。

なかでも学校給食については、「学校給食法」に、食材費等は保て必要な諸費用額を年度当初に保護者に通知して、毎月分割して徴収しているのが実態です。

実際に教育活動を進める際には、教科書を活用しながらも、教科の特性によって様々な材料や道具、資料集やワークブックなどが必要となります。また、遠足や宿泊行事にかかわる費用や給食の食材費なども必要となります。

これら教育活動や学校生活にかかわる諸費用は、学校や学年の実態、地域の特性や学校規模などによって様々であり、一律に算出できるものではありません。学校としては、保護者の過度な負担にならないように配慮しながら学校ごとに計画を立てて、通常、所管の教育委員会に届け出ることになっています。

こうした諸費用については、自治体ごとに低所得者層に対して援助を行っています。また、道徳の授業に活用する副読本や宿泊行事の費用の一部を公費で負担する場合もあります。しかし、日本国憲法第26条第2項の前段にある「すべて国民は、法律の定めるところにより、その保護する子女に普通教育を受けさせる義務を負ふ」ことを履行し、学校の教育活動を円滑に進めていくためには、保護者による一定の負担は必要なものと考えられています。

学校教育法
第6条

第一部 41 頁

副教材費や修学旅行費

Q 最近、給食費の未納問題がマスコミで取り上げられ、多くの関心を集めましたが、それに関連して教材費等の未納も多くなっています。また、過日修学旅行の費用が高額なので公費負担にすべきであると主張する本校の保護者が、教育委員会に抗議する事態が起きてしまいました。この問題はどのように考えたらよいでしょうか。

A 日本国憲法第 26 条第 2 項では、「義務教育は、これを無償とする」と定められており、教育基本法第 5 条では、公的機関が設置する義務教育を行う学校については、授業料を徴収しないことが明記されています。これらを受けて、本法第 6 条では、授業料について「国立又は公立の小学校及び中学校、義務教育学校、中等教育学校の前期課程又は特別支援学校の小学部及び中学部における義務教育については、これを徴収することができない」と明文化しており、私立学校を除く義務教育諸学校については、授業料は無償になっています。しかし、私立の小学校・中学校への就学は、保護者自身の選択によるものであり、公立学校における授業料無償の権利を自ら放棄したものと解釈されています。

また、教科書に関しては、公立と私立にかかわらず、全ての義務教育諸学校において、「義務教育諸学校の教科用図書の無償措置に関する法律」に基づいて無償となっています。

しかし、教科書以外に学校における教育活動にかかわる様々な費用については受益者負担となっており、多くの学校では年間を通し

動の管理などを行うことになっているのです。学校・園の設置者は、本法第２条で、「国（略）、地方公共団体（略）、私立学校法第三条に規定する学校法人（略）のみが、これを設置することができる」とされていますから、幼稚園・学校は、学校設置者である地方公共団体や学校法人の管理下にあり、公立ではその管理機関として教育委員会が設けられているのです。

したがって、公立幼稚園の遊具（固定施設）の設置は教育委員会が行うことになります。したがって、園長の個人的判断で進めるのではなく、教育委員会と緊密な連携をとりながら、園の教育目標の実現に向けて環境を整えることが大切です。実際には、学校・園が要望を出し、教育委員会が決定し、業者を選定し、工事を施行するという手順になります。多額の費用を伴う場合は、次年度予算に計上しないと実現しないことがあります。

また、施設・設備が老朽化したり瑕疵が見つかったりして安全確保に疑問が生じた場合には、速やかに使用禁止などの措置をとり、教育委員会に連絡をとって対応しなくてはなりません。幼い子どもたちが使用するわけですから、毎日の施設・設備点検は複数の目で行い、事故を未然に防ぐことが大切です。

学校教育法
第5条

第一部 36 頁

幼稚園の遊具の設置

Q 幼稚園に協力的な保護者から、「うちの園にAという遊具があったら子どもが喜ぶし運動能力も発達する。格安に頼める業者がいるので設置したらどうか」という申し出がありました。園としても幼児の体力向上を目指しているので、是非、設置したいのですが、園長権限で進めてもよいものでしょうか。

A 幼稚園の教育は、幼児期の特性を踏まえ、環境を通して行うことを基本とします（幼稚園教育要領　総則）。この環境とは、人的・物的環境の両方を指します。遊具（教具）等は、遊びを通した指導を中心とする幼稚園教育では重要な教育環境です。各幼稚園では、積み木やおもちゃなどを用意するほか、ブランコ、すべり台、砂場などの固定遊具を設置しています。

幼稚園設置基準第７条に「幼稚園の施設及び設備は、指導上、保健衛生上、安全上及び管理上適切なものでなければならない」とあり、設置にあたっては、これらの条件を満たしているか検討する必要があります。特に安全性の確保については、最近の幼児の運動能力や行動特性等も考慮して慎重に調査し、判断する必要があります。

さて、この施設・設備を誰が設置するかということについては本法第５条に、「学校の設置者は、その設置する学校を管理し、法令に特別の定のある場合を除いては、その学校の経費を負担する」と規定されています。すなわち、設置者管理主義をとっており、教育委員会が、教職員の任免や服務監督、校園舎の維持・管理、教育活えるものにあつては、これらの施設を第二階に置くことができる」。さらに園舎や運動場の面積も学級数によって最低限の基準が定められています。また、備えなければならない施設及び設備として、職員室、保育室、遊戯室、保健室、便所、飲料水用設備、手洗用設備、足洗用設備が示されています。

しかし、「ただし、特別の事情があるときは、保健室と遊戯室及び職員室と保健室とは、それぞれ兼用することができる（幼稚園設置基準第９条）」とされ、弾力的な運用も認められています。また幼稚園設置基準第12条で他の学校等の施設・設備を使用することも認められています。

緑の多い広々とした園庭で子どもたちをのびのびと遊ばせたいと思うのは、誰もが共通して抱く思いです。しかし、様々な事情で限られた園地や園舎、運動場の幼稚園もあり、そうした園では、物的条件を克服し質の高い保育を展開するよう、教職員が知恵を働かせて工夫していく必要があります。また、幼児と小中学生との交流、高齢者や地域の人々との触れ合いも教育要領に示されており、幼児が活動する場所を幼稚園外に広げていくこともできます。そうした園外の施設を上手に活用していくことも大切なことです。

学校教育法
第3条

幼稚園の施設

第一部 24 頁

Q 幼児をもつ母親同士でどの幼稚園に入れるか、情報交換をしたり、実際に園の見学に行ったりしています。幼稚園は保育園と違って教育機関としての学校であり、小学校と同様に様々な基準があると思うのですが、園庭が狭いなど施設面がずいぶん違うように思います。幼稚園の施設の基準はどのようになっているのでしょうか。

A 学校をつくり、一定の教育水準を確保するためには、教職員などの人的条件、教育課程など教育内容、物的条件としての施設・設備、運営していくための資金などを整える必要があります。本法第3条では、「学校を設置しようとする者は、学校の種類に応じ、文部科学大臣の定める設備、編制その他に関する設置規準に従い、これを設置しなければならない」とし、国として一定の基準を設けています。

幼稚園については、遊びを通しての指導を中心とする幼稚園教育の特質から、必要となる施設・設備は小学校以降の学校とは異なります。また、幼児という年齢から保健衛生面でも安全面でも指導面でも適切なものでなくてはなりません。そこで、幼稚園設置基準第8条に園舎や運動場、施設・設備等の要件が次のように示されています。「園舎は二階建以下を原則とする。園舎を二階建とする場合及び特別の事情があるため園舎を三階建以上とする場合にあつては、保育室、遊戯室及び便所の施設は、第一階に置かなければならない。ただし、園舎が耐火建築物で、幼児の待避上必要な施設を備

な教育効果を求めるなど、これまでの公立学校の優れた点を生かしつつ新たなタイプの教育を実施していくことになります。この背景には、子どもの身体的な成長の早まりや、不登校の増加などを生むといわれる中一ギャップの問題、さらには学力の向上等の課題があります。また、９年間を一貫した計画的な教育により子どもの変化への対応、教育課題の克服などの効果も期待されています。

今後は、法に基づいてどの地域も義務教育学校を設置することが可能になります。教育活動としては小学校の外国語活動を中学校籍の英語科教員が指導したり、５年生からの教科担任制や定期考査を実施したり、学校行事では、異学年合同宿泊体験や全学年による運動会を実施したりするなど、９年制の特性を生かした教育活動の活性化を図ること等も容易になります。

義務教育学校の導入に関しては、設置者である各自治体の判断に任せられており、管下全域で従来の６・３制を堅持したり、小学校・中学校・義務教育学校を共存させたり、管内の全ての学校を義務教育学校にしていくことも可能となります。

学校教育法
第1条

小中一貫校の法的位置付けと教育内容

第一部 14 頁

Q 全国各地で小中一貫校の開校が増えています。学校教育法でも、義務教育学校が認められ、今後さらに拡大していくものと思われます。小学校と中学校という異なる校種が一緒に教育活動を行っていくには、これまでにない創意と工夫が求められると思いますが、どのような点に留意したらよいでしょう。

A 本法第1条には、学校とは、「幼稚園」「小学校」「中学校」「高等学校」「中等教育学校」「特別支援学校」「大学」及び「高等専門学校」であることが示されていましたが、平成27（2015）年6月に法改正が行われ、新たに「義務教育学校」が加わり、平成28（2016）年4月に施行されました。

これまで、義務教育学校に関しては、小中一貫校（地域によっては小中一貫教育校など、多少表現が異なる）として、例えば東京都品川区の場合は、まず平成15（2003）年に国から「構造改革特別区域研究開発学校設置事業」の認定を受け、教育特区として教育課程の弾力化を可能にしました。そして、学習指導要領を基盤にその内容を包含して、他地区との共通性にも配慮しながら独自に「教育要領」を策定して従来の6・3制の壁を取り払い、施設一体型の9年制の新たな小中一貫校、すなわち事実上の義務教育学校を開校しました。

義務教育学校では、小学校と中学校の円滑な接続を図って、中学校入学期の不安を解消したり、大幅な異学年交流などを通して多様

第二部

実務　Q＆A

学校教育法実務総覧

2016年7月27日　初刷発行

編　著■入澤　充／岩崎　正吾／佐藤　晴雄／田中　洋一
発行者■大塚　智孝
発行所■株式会社 エイデル研究所
〒102-0073　東京都千代田区九段北4-1-9
TEL. 03-3234-4641／FAX.03-3234-4644
編集担当■熊谷　耕／村上　拓郎
装丁・本文DTP■大倉　充博
印刷・製本■シナノ印刷株式会社

Printed in Japan　ISBN978-4-87168-586-3　C3037
（定価はカバーに表示してあります）